HEYNE

Das Buch

P'taah, das Geistwesen von den Pleiaden, zeigt der Menschheit einen Weg der Hoffnung und Inspiration – in einer Zeit, die ebenso reich an Chancen wie an Bedrohungen ist. Voller Güte, Verständnis und Humor beantwortet er all die großen und kleinen Fragen der Menschheit: nach unseren bisherigen Kontakten mit Sternenwesen, nach den Ursachen von Krankheit und Gesundheit, nach Karma und Wiedergeburt, Liebe und Leid, Krieg und Frieden – bis hin zu so irdischen Dingen wie Ernährung und Sexualität. Er berichtet von großartigen Veränderungen, die im dritten Jahrtausend auf dem Planeten Erde geschehen werden, schenkt uns die Vision eines vor Leben vibrierenden Universums und bringt der unter Ängsten, Zweifeln und Sorgen leidenden Menschheit die Botschaft grenzenloser Liebe, Freude und Erfüllung.

All das – so betont P'taah immer wieder – dient dem einen Zweck: uns als Schöpfer des eigenen Lebens zu erkennen, als Lenker unseres Schicksals. Denn wir haben in jedem Moment die Wahl zwischen Angst und Liebe!

Die Autorin

Jani King wuchs in Neuseeland auf und lebt heute in Kalifornien. Als Sechsjährige wurde sie von Außerirdischen auf ihre künftigen Aufgaben als Vermittlerin von Botschaften von den Pleiaden vorbereitet. 1961 erschien ihr P'taah in einem materiellen Körper, danach ausschließlich in Form eines Geistwesens.

Jani King ist eine ruhige, gelassene Person mit viel Sinn für Humor. Sie führt ein normales, unauffälliges Leben, isst gerne gut und ist eine leidenschaftliche Seglerin. Sie hat ihr Leben jetzt ganz in den Dienst von P'taah gestellt und ermöglicht es großen und kleinen Gruppen, mit P'taahs liebevoller Energie in Kontakt zu treten.

Jani King

P'TAAH

Band 1: Botschaften des Lichts
Weisheit von den Pleiaden

Band 2: Hoffnung und Liebe für Erde und Menschheit
Neue Botschaften von den Pleiaden

WILHELM HEYNE VERLAG
MÜNCHEN

Jani King

P'TAAH

Band 1: Botschaften des Lichts
Weisheit von den Pleiaden

Aus dem Englischen von
Sonja Göschel Hunziker

WILHELM HEYNE VERLAG
MÜNCHEN

Die Originalausgabe erschien unter dem Titel »An Act of Faith.
Transmissions From The Pleiades« im Verlag Triad Publishers,
Scottsdale, Arizona.

Umwelthinweis:
Dieses Buch wurde auf chlor- und säurefreiem Papier gedruckt.

Taschenbucherstausgabe 07/2005

Printed in Germany 2005
Umschlaggestaltung: HildenDesign, München
Umschlagmotiv: © Sandra Taufer, München
Herstellung: Helga Schörnig
Druck und Bindung: GGP Media GmbH, Pößneck
ISBN 3-453-70019-8

www.heyne.de

Du bist wunderbar.
Du bist unermeßlich schön.
Du bist die Urquelle,
die sich in dieser Dichte der Realität ausdrückt.
Bald wirst du wissen: Du bist GOTT, DER ICH BIN.
man nennt es Heimkehr.
– P'TAAH –

Ihr habt euch selbst diese Inkarnation erschaffen, damit ihr Zeugen der kommenden Veränderungen auf eurem Planeten werdet und dazu beitragen könnt. Ihr habt nicht mehr allzuviel Zeit, denn sie stehen unmittelbar bevor. Jeder von euch trägt die Sehnsucht in der Brust, diese Veränderungen zu erfahren, die Veränderung im Bewußtsein der Menschheit, die Veränderung eurer Erde. Und wahrlich, es tut sich was!

Ihr habt weder die Worte, die ekstatische Explosion zu beschreiben, noch könnt ihr euch vorstellen, wie es sein wird, wenn jedes Atom und Molekül auf diesem Planeten, ja der ganze Planet selbst, mit dem göttlichen Licht in Schwingung gerät. Solch außergewöhnliche Schönheit ist jenseits jeder Vorstellungskraft. Wenn dieser Übergang stattgefunden hat, werden Wesen auf eurem Planeten auftreten, die freudig, dankend, segnend und jubilierend die feurigsten Hosiannas singen. Diese Wesen sind unsichtbar. Es sind Wesen von anderen Welten, die nicht auf dieselbe Weise erscheinen wie ihr. Und ihr werdet fähig sein, das Göttliche in allen Dingen zu erkennen. Form und Größe werden keine Rolle spielen. Ihr werdet Gott-Sein in allem erfahren.

– P'TAAH –

Inhalt

Gespräch mit Jani King

Sicher wird mancher Leser gern etwas über den ‹Channel› Jani King wissen wollen. Gerade weil die Aufmerksamkeit bei diesem Prozeß normalerweise auf das gechannelte Wesen gerichtet ist, vergißt man leicht die Tatsache, daß eine lebendige menschliche Person ihre Zeit und Energie zur Verfügung stellt, damit all dies überhaupt geschehen kann.

In Janis Fall treffen wir eine warmherzige Frau, die die Natur liebt und mit beiden Beinen auf dem Boden steht. Sie lacht gerne und hat einen sehr ausgeprägten Sinn für Humor.

Frage: Jani, ich wüßte gerne, wie ihr euch getroffen habt, du und P'taah?

Jani: Ich muß dafür etwas ausholen. 1947 lebte ich in Neuseeland, wo ich auch geboren wurde. Ich wohnte in einer entlegenen Gegend, inmitten eines 350 Quadratmeilen großen Pinienwaldes. Man muß bedenken, es war kurz nach dem Krieg, und es gab wenig Transportmöglichkeiten. Es war also wirklich sehr, sehr abgelegen. Als kleines Mädchen spazierte ich einmal von unserem Haus in den Wald. Ich erinnere mich noch ganz genau, wie ich in den Wald ging und daß dann etwas passierte. Ich hatte damals keine Ahnung, was es war, und einige Zeit später, als ich nach Hause zurückkehrte, war der Tag um einiges fortgeschritten. Ziemlich außergewöhnlich schien mir, daß niemand bemerkt hatte, daß ich weggewesen war. Alle Mütter kleiner Mädchen beginnen sich allmählich zu sorgen, wenn diese nur eine Stunde weg sind. Doch niemand schien mein Fortbleiben bemerkt zu haben – trotz der Tatsache, daß es sich um mehrere Stunden gehandelt hatte.

Im Jahre 1988 kam ich durch ein Medium mit der Wesenheit St.

Germain in Kontakt. Zu dieser Zeit fiel mir ein Buch von Whitley Streiber mit dem Titel «Communion» in die Hände. Als ich das Buch auf dem Kaffeetisch eines Freundes sah, fühlte ich mich auf äußerst seltsame Weise davon angezogen. Ich fragte meinen Freund, worum es sich handele, und er antwortete: «Irgendeine Sache über einen Typ, der von Außerirdischen entführt wurde.» Auf dem Umschlag des Buches sah man ein dreieckiges Gesicht mit großen Augen. Aus irgendeinem Grund bekam ich eine Gänsehaut und war sehr aufgewühlt, ohne zu wissen weshalb. Ich hielt das Buch in meinen Händen und mußte mich überwinden, es wieder hinzulegen. Am nächsten Tag schloß ich mich ein, stellte das Telefon ab, setzte mich hin und las das Buch von der ersten bis zur letzten Seite. Es kam mir alles so bekannt vor, außer dem Umstand, daß Whitley Streiber Angst bekam, als er realisierte, welch göttliche Aufgabe ihm gestellt wurde. Ich hatte dieses Gefühl überhaupt nicht. «Zufällig» sprach ich einige Tage später mit St. Germain und – ich weiß nicht, warum ich es tat – fragte ihn: «Könntest du mir etwas über das Erlebnis erzählen, das ich 1947 (als Kind) hatte, an das ich mich jedoch nicht erinnern kann.» St. Germain antwortete: «Man hat dich an Bord eines Raumschiffs gebracht. Dort wurde ein medizinisches Verfahren angewandt, um ein gewisses Wissen und bestimmte Erinnerungen zu plazieren, die in allernächster Zeit an die Oberfläche kommen werden.» Er erläuterte weiter, worum es bei dieser Entführung damals ging. Ich saß da, sagte nur «Oh» und «ja, ja, ja» und rollte die Augen. Und doch war ich nicht überrascht, nachdem er fertig war und ich alles vernommen hatte.

Ich fragte ihn auch nach einem Besuch, den ich von einem anderen Wesen hatte. Es war keine Erscheinung, sondern physische Wirklichkeit. Es geschah 1961, und es war P'taah, der in einem richtigen Körper erschien (ich weiß nicht, wie viele Körper er besitzt). Wir führten ein Gespräch, das wirklich sehr ungewöhnlich verlief. Dies war das einzige Mal, daß ich P'taah bewußt und in wachem Zustand getroffen habe. Inzwischen habe ich eine Rückführung unter Hypnose betreffend meines früheren Erlebnisses im Jahre 1947 gemacht, und ich kann mich jetzt an alles erinnern, was damals geschah. Was allerdings das Erlebnis im Jahre 1961 betrifft, so war das so außergewöhnlich, daß es mich immer noch ein bißchen traurig macht. *(Jani ist sehr bewegt, während sie sich daran erinnert und braucht eine Weile, um sich wieder zu fassen.)* Das ist, weil ich – wirklich – immer noch warte. Ich muß sagen, daß meine täglichen Erfahrungen mit P'taah ganz anders sind als eure. Für euch ist es irgendwie... Ich kann es nicht erklären – ihr erfahrt ihn anders als ich. Ich kann mit ihm in meinem Kopf sprechen. Er spricht mit mir, doch das ist viel flüchtiger, als wenn er zu euch von Person zu Person redet.

F: Hast du P'taah über dieses Gefühl, diese Trauer befragt?

Jani: Ja, das habe ich.

F: Was meinte er dazu, wenn ich fragen darf?

Jani: Nun, ich glaube, er sagte mir dasselbe, was er auch euch über Trauer sagt: Man könne alles umwandeln. Irgendwie komme ich jetzt besser damit klar. Lange Zeit habe ich wirklich gewartet, täglich gewartet. Heute tu' ich's nicht mehr, und es ist in Ordnung, auch wenn ich ihn nie mehr von Angesicht zu Angesicht sehen sollte. Aber da ist immer noch diese Sache in meinem Herzen.

F: Wenn P'taah kommt, scheint es, als wäre da ein Gefühl, denn deine Augen tränen leicht. Bis zu welchem Grad wirkt er über Gefühle? Ich nehme an, es ist anders mit ihm als mit uns. Weißt du irgendwas darüber?

Jani: Ich glaube, das müßt ihr ihn fragen. Ich kann nur soviel sagen: Nicht nur meine Augen tränen, meine Nase läuft genauso. Der «Boß» und ich haben ausführlich darüber geplaudert. Ich sagte ihm, daß ich keinen Einfluß darauf habe, was er mit meinem Körper tut, aber ich bat ihn, er solle es nicht allzu abscheulich werden lassen. Er macht das ziemlich gut, doch sehr oft komme ich zurück, und meine Nase läuft zwar noch nicht richtig, aber doch beinahe. Die andere Sache sind meine Augen. Sie tränen häufig, obschon ich während der Sitzungen gefühlsmäßig nicht beteiligt bin.

F: Jani, wohin gehst du, wenn P'taah kommt?

Jani: Ich habe keine Ahnung. Es ist, als wäre ich ungefähr hier – nicht sehr weit weg. *(Jani deutet auf den rechten, hinteren Teil ihres Kopfes.)* Manchmal habe ich eine Ahnung davon, was los war. Manchmal kann ich mich sogar an einige Dinge erinnern, von denen er gesprochen hat, aber ich habe keinerlei Erinnerung daran, was irgendein anderer gesagt hat. Manchmal fühle ich mich recht schlau. Neulich hatte Peter eine Sitzung mit P'taah. Als ich zurückkam, sagte ich zu Peter: «Diesmal hab ich's. Ich weiß genau, worum es ging.» Wie auch immer, als Peter mir von der Sitzung erzählte, merkte ich, daß ich nur einen kleinen Teil davon wußte. Was zeigt, wie schlau ich wirklich bin. Die Antwort ist: Ich habe keine Ahnung. Manchmal möchte ich am liebsten nicht zurückkommen, und ich weiß nicht, ob es mit dem zusammenhängt, was er *(P'taah)* während der Sitzung sagt oder tut. Einige von euch waren letzte Woche hier. Das war eine sehr aufwühlende Sache. Ich weiß nicht warum, aber ich wollte nicht zurückkommen. Doch als ich die Abschrift tippte, konnte ich nichts finden, was mich so hätte aufwühlen können. Ich weiß nur, daß ich es vorgezogen hätte, nicht hier zu sein.

F: Jani, als du das erste Mal deinen Körper verlassen wolltest, wie hast du das gemacht?

Jani: Ich habe nichts gemacht. Es geschah unbeabsichtigt.

F: Wie meinst du das? Kam er einfach rein und hat dich rausgeschubst?

Jani: Nein, nein, ich will damit nur sagen, daß ich wirklich nicht weiß, was vorging. Das erste Mal war es nicht so, daß ich irgendwie weg war. Da tönte diese Stimme aus meinem Mund wie aus einer Höhle. Ich sagte nur «Mist, was ist denn jetzt passiert?» Doch ich verstand sehr schnell, was vorging. Manchmal schneit P'taah einfach so rein. Ich weiß immer, daß er hier ist, doch er tritt niemals ohne meine Erlaubnis in mich ein. Für eine Sitzung wie diese mache ich allerdings eine kleine Übung. Ich sitze da mit geschlossenen Augen und murmle vor mich hin; dann gehe ich weg, und er kommt rein. Doch manchmal geschieht es von einem Augenblick zum anderen. Das kann eine ziemliche Aufregung verursachen, besonders wenn Leute in der Gruppe sind, die keine Ahnung haben, was passiert ist. Zuerst bin ich da, und im nächsten Augenblick spricht ein anderer zu ihnen. Das bringt mich dann ein wenig aus der Fassung. So unbeabsichtigt geschieht es meist dann, wenn ich sehr entspannt bin. Und ich sage darum «unbeabsichtigt», weil ich vorher nicht irgend so ein Hokuspokus veranstalte. Besonders dann, wenn es mir gut geht, wenn ich mich nach ein paar Gläsern Wein sehr entspannt fühle, dann, im nächsten Moment, Hoppla, ist er da. Gewöhnlich deshalb, weil er auch ein Glas Wein möchte. Versteht mich hier nicht falsch. *(Lachsalven.)*

F: Jani, als P'taah in einem richtigen Körper erschien, war er Mann oder Frau oder etwas ganz anderes? Vielleicht etwas, was uns gänzlich unbekannt ist?

Jani: Etwas anderes. Es war ein Lichtkörper und doch ein physischer Körper. Nicht so dicht wie unsere, aber eine menschliche Form. Er hatte unglaublich schöne, sehr große Augen. Doch ich kann dazu nicht allzuviel sagen, denn als dies geschah, wurde ich irgendwie programmiert. Wie wenn man einem Computer alle möglichen Daten eingibt. Andererseits wurde mein Herz mit einer solchen Liebe überschwemmt, wie ich es noch nie erlebt hatte. Später hatte ich das gleiche Gefühl mit St. Germain, gechannelt durch Azena Ramanda, und auch, als ich mit Walen im Meer schwamm.

F: Spricht P'taah mit dir darüber, was du als Individuum tun solltest, um zu wachsen?

Jani: Er legt mir glänzende Steinchen ins Ohr und gibt mir einen kräftigen Tritt in den Hintern, wenn ich mich nicht so verhalte, wie es *(spirituell)* für mich am besten wäre.

F: Nimmt es dich körperlich mit?

Jani: Es kommt darauf an. Wenn ich mich wohl und voller Energie fühle, bin ich nach der Sitzung energiegeladen, und das hält noch einige Stunden an. Wenn ich vor der Sitzung müde und nicht so klar bin, fühle ich mich wohl energiegeladen, wenn ich zurückkomme, aber wenn das ausklingt, bin ich erschöpft.

F: Wenn jemand eine persönliche Sitzung mit P'taah hat, weiß er dann alles über diese Person? Ihre Vergangenheit, was sie glaubt und all diese Dinge?

Jani: Ich weiß es nicht. Wer von euch hatte eine persönliche Sitzung?

Peter Erbe: Ich hatte eine, soll ich antworten?

Jani: Sicher.

Peter: Er weiß, welche Farbe die Unterwäsche hat, die du trägst, hat also sehr persönliche Kenntnisse. *(Lachsalven)*

F: Während der Sitzungen hört man immer mal wieder etwas über Schuppen. Worum geht es dabei?

Jani: Das ist ein Witz. Letztes Jahr in Melbourne, nach einem dreitägigen, gefühlsmäßig starken Workshop, sprach P'taah zu den Teilnehmern. Die Leute waren gefühlsmäßig äußerst aufgeladen. Wirklich aufs äußerste. P'taah sagte, wenn er in seinem eigenen Körper erschienen wäre, böte er ihnen eine Light-Show. Er würde ihnen ein Spiegelbild ihrer selbst zeigen, damit jeder sähe, wie ausnehmend schön er wäre und welch wunderschönes Licht alle ausstrahlten. Als er dies sagte, flackerte das Licht im Raum einige Male. Jemand fragte ihn: «Wie siehst Du aus?» P'taah antwortete: «Oh, ich bin wunderschön.» Zu P'taah gewandt, murmelte der Leiter des Workshops zwischen den Zähnen: «Ja, wenn man nichts gegen grüne Schuppen hat.» Jedermann schüttelte sich vor Lachen, und P'taah drehte sich zu diesem Freund um und antwortete: «Ah, mein Lieber, du würdest die Schuppen vor lauter Licht gar nicht sehen.» Das wurde für P'taah so eine Art immer wiederkehrender Witz.

F: Wolltest du mit zu den Pleiaden?

Jani: Anscheinend war ich dort. Er *(P'taah)* sagt, daß wir während der letzten dreißig Jahre oft zusammen dort gewesen seien. Ich muß euch allerdings sagen, daß ich keine bewußten Erinnerungen daran habe, daß ich mich auf den Pleiaden befand.

Ich kann mich aber erinnern, daß ich, abgesehen von dem einen Mal als Kind, auf einem Raumschiff war. Aber ich kann euch nicht viel darüber erzählen, denn innerhalb unseres logischen Auffassungsvermögens macht das alles nicht viel Sinn. Ich sage ihm immer wieder, daß ich mich wirklich gerne an all die anderen Erlebnisse erinnern würde, die ich gehabt haben soll. Aber er antwortet jeweils, daß ich mich an alles erinnern werde, wenn der richtige Zeitpunkt gekommen sei. Und das sei schon bald. Gott weiß, was er unter ‹bald› versteht. Nun, ich versuche mir nichts anmerken zu lassen. Manchmal löst irgendeine Sache dieses intensive Verlangen aus. Doch meistens komme ich damit ziemlich klar. Ich vertraue P'taah, wie auch meiner Seelenganzheit, daß, was auch immer, auf welche Weise auch immer passiert, zu meinem Allerbesten geschieht. Ich habe wie jeder andere auch meine Zweifel und meine schlechten Zeiten. Doch wenn ich es genau betrachte, liebe ich ihn, und ich möchte nirgendwo lieber sein als hier und heute. Ich denke, die meiste Zeit bin ich eine höchst glückliche Person.

Erste Übermittlung

29. August 1991

P'taah: Ich grüße euch, meine Lieben. Das, was man Menschheit nennt, ist in der Tat Sternensaat. Äonen vor eurer Zeit, vor der Zeit eurer Geschichtsschreibung, haben die Sternenwesen euren Planeten besät. Und in Wirklichkeit waren die Sternenwesen niemals weit entfernt von der Menschheit – während Tausenden von Jahren gab es ein ständiges Kommen und Gehen. In euren vorzeitlichen Büchern wurde viel darüber geschrieben – heute nennt man das Mythologie –, über jene großartigen Treffen zwischen den damaligen Menschen und den Sternenwesen, die dann zur Gottheit erhoben wurden. Die Sternenwesen sind allerdings nicht göttlicher, als ihr es seid. Heute besteht der einzige Unterschied darin, daß die Sternenwesen wissen, daß sie ein Ausdruck des Göttlichen sind, und ihr es vergessen habt. Die Menschen auf diesem Planeten leben im Getrennt-Sein des Selbst vom SELBST. Ihr habt vergessen, daß jede Facette eures Seins tatsächlich ein Ausdruck des Göttlichen ist.

Nun, manche Menschen in dieser Zeit glauben tatsächlich, daß dieses körperliche Leben einmalig ist. Dem ist nicht so. Reinkarnation ist wirklich eine Tatsache, ob ihr es glaubt oder nicht. Wohl sprechen einige eurer alten Religionen von Reinkarnation, doch da sind so viele Dogmen mit diesem Glauben verbunden, daß es nicht mit der sogenannten universellen Wahrheit übereinstimmt. Nun, wir werden dieses Thema kurz streifen, weil es wichtig ist, daß ihr es versteht. In vielen östlichen Religionen, wo man von Reinkarnation spricht, gibt es den Glauben, daß man für das, was man heute tut, morgen bestraft wird – und wir reden von mehreren Leben, nicht von einzelnen Tagen. Dem ist nicht so. Wenn ihr an Bestrafung denkt, dann denkt ihr an eine Verurteilung. Tatsächlich gibt es außerhalb eures Verstandes keine Beurteilung dessen, was oder wer ihr seid.

So etwas wie ein göttliches Gericht gibt es nicht. Es ist wichtig, daß ihr das versteht, denn wenn wir weiterfahren, werdet ihr zum Verständnis gelangen, daß Selbstverurteilung der Hauptgrund ist, der die Trennung des Selbst vom SELBST verursacht.

Nun, Reinkarnation, das Rad des Lebens, wie es manche eurer alten Religionen nennen, ist tatsächlich wie ein Rad. Wie auch immer, wir könnten es auch so beschreiben: Da gibt es etwas, was wir Seelenenergie nennen. Und diese Seelenenergie weiß um ihre Göttlichkeit. Mit jeder Inkarnation, mit jedem Leben gehen Aspekte der Person – wenn ihr so wollt – zurück zur Quelle, und der Faden führt weiter ins nächste Leben. Wir haben einen ziemlich amüsanten Wesenszug bei Menschen entdeckt, die anfangen, sich mit ihren vergangenen Leben zu beschäftigen, hm? Jedermann will wissen, wer und was er war. Nun, die Wahrheit ist, ihr wart alles, ihr seid jede Facette jeden menschlichen Lebens, ob ihr das verstehen könnt oder nicht. Natürlich sind die Menschen sehr glücklich, wenn ihnen jemand erzählt, sie seien Kleopatra oder Napoleon gewesen, hm? Und dann sagt bald ein anderer: «Aber das ist unmöglich, denn ich war in Wirklichkeit Kleopatra.» Nun, die Wahrheit ist: es gibt vermutlich Tausende, die Anteil hatten an der Seelenenergie des Wesens, das als Kleopatra bekannt war. Versteht ihr das? Die Aspekte kehren zur Quelle zurück, und wenn sie wiederkehren, werden sie verteilt. Und wie das Rad sich weiterdreht, gibt es mehr und mehr davon. Und letztlich, meine Lieben, sind alle Teile des Einen. Es gibt keine Teilung. Ihr seid alles, was je existiert hat!

Nun, wenn die Menschen geboren werden – und laßt uns von der heutigen Zeit sprechen –, wenn sie geboren werden und zu den Personen werden, die sie gewählt haben, wenn sie in die familiären Situationen kommen, die sie gewählt haben, dann vereinen sie bereits alle Aspekte der gesamten Menschheit. Tatsächlich seht ihr außerhalb eures Selbst Spiegelbilder dessen, was ihr seid. Wenn ihr noch ein Baby seid, zapft ihr das sogenannte kollektive Bewußtsein der Menschheit an, und so wachst ihr in die Glaubensstrukturen hinein, die für die jeweilige Kultur, das jeweilige Land, die jeweilige Rasse gelten. Und wie ihr ja wißt, variiert das von Land zu Land und manchmal gar von einem Teil des Landes zum anderen. Was jedoch alle gemeinsam haben, ist ein Wertsystem, die Bewertung als Kind. Und durch dieses Werten und Abwerten eures Selbst lernt ihr euch selbst zu bewerten. Und so hat sich das bereits verfestigt, wenn ihr erwachsen werdet.

Ihr habt bereits begonnen, das, was ihr seid, als nichtig zu beurteilen. Darum ist es so schmerzhaft für euch zu sehen, wer ihr seid, und darum projiziert ihr die Wertung außerhalb eures Selbst. Ihr müßt wirklich wissen, daß alles, was außerhalb von euch existiert, lediglich ein Spiegelbild dessen ist, was ihr selbst seid. Es gibt keine Facette menschlichen Verhaltens, die ihr nicht gewesen seid. Ihr wart, was man unter Opfer versteht, und ihr wart, was man unter Täter versteht. Es ist wichtig, daß ihr begreift, daß sich jeder seine absolut eigene Realität schafft. Was ihr seid, ist großartige, machtvolle Energie, doch ihr kennt eure eigenen Kräfte nicht. Ihr habt keine Vorstellung, welch wundervolle, kreative, multidimensionale Wesen ihr wirklich seid. Doch jetzt, meine Lieben, ist die Zeit großer Veränderungen gekommen. Da sind die zyklische Veränderung eurer Erde und auch die Veränderung des Bewußtseins der Menschheit. Eine Zeit, die für manche voller Angst ist; doch ihr müßt wissen, daß ihr wirklich alles selbst erschafft und auch alles verändern könnt. Wenn ihr die Veränderungen mit Angst vornehmt, dann werdet ihr die Verheerung und Verwüstung eures Planeten erfahren. Wenn ihr jedoch wirklich versteht, daß ihr die Realität selbst erschafft, dann könnt ihr ebenso ein wundervolles Paradies entstehen lassen. Wenn ihr mit Mut und Liebe im Herzen voranschreitet, dann, wahrhaftig, gibt es keinen Grund für eine Verheerung. Und mit der Zeit werdet ihr sehen, daß nichts wirklich vorbestimmt ist.

Wenn wir vom Multidimensionalen sprechen, meinen wir nicht bloß jene Bereiche, die ihr bewußt erreichen könnt wie z. B. andere Zeitzonen, wir meinen die Dimensionen dieser eurer Erde. Seht, es gibt nicht nur eine Erde. Es gibt nicht nur ein Leben. Es gibt nicht bloß unveränderbare Situationen. Es gibt praktisch so viele Dimensionen, wie es Menschen gibt. Und jeder einzelne von euch ist die zentrale Sonne seines Universums. Jeder erschafft sich sein eigenes Universum. Tatsächlich erschafft ihr es zusammen mit denen, die ihr in euer Leben hineinzieht. Ihr könnt alles haben; es gibt mehr als genug für alle auf diesem Planeten, alles, was ihr euch nur wünschen könnt.

Die Kunst des Manifestierens, meine Lieben, ist etwas, was ihr wirklich sehr gut kennt. Es ist nur so, daß ihr nicht wißt, wie man damit umgeht, doch ihr tut es jeden Tag. Ihr könnt Überfluß schaffen, Freude, Lachen, ihr könnt eine Welt der Liebe schaffen – hm? *Das könnt ihr alles haben.* Ihr solltet auch verstehen, meine Lieben, es gibt nur zwei Arten des Ausdrucks auf dieser Stufe: Die eine ist die Liebe und all die Wunder, die damit verbunden sind; und alles, was nicht ein Ausdruck der Liebe ist, ist in Wirklichkeit ein Ausdruck von Angst. Und immer, immer könnt ihr wählen. Darum, wenn sich für euch Möglichkeiten auftun, müßt ihr wissen, daß ihr euch für die Liebe oder für die Angst entscheiden könnt. Nun, wir würden es begrüßen, wenn ihr mit den Fragen beginnt.

F: (F)[1] Wir sind alle eins. Das heißt, daß du und was auch immer wir uns vorstellen, es existiere, Teile der gleichen Einheit sind. Warum sind wir dann begrenzt und du nicht?

P'taah: Nun, wir sind deshalb alle eins, weil wir alle aus derselben Quelle hervorgehen. Der einzige Unterschied besteht darin, daß wir verstehen, wie das Universum funktioniert, und ihr es nicht bewußt wißt. Doch seht, in Wahrheit liegt alles Verständnis und alles Wissen innerhalb jedes einzelnen von euch. Jeder von euch ist beschäftigt, eilt und hastet umher und sucht die Erleuchtung. Meine Lieben, all die vielen Worte und das viele Wissen, das je hervorgebracht wurde, sind wirklich mehr als genug. Denn seit ewigen Zeiten erzählen alle eure Lehrer in allen heiligen Schriften dasselbe. Alles ist bereits darin enthalten. Nun, sowie ihr euer Bewußtsein mehr und mehr ausdehnt, ist es, als hättet ihr eine Radioantenne in euch. Und wenn ihr ein größeres Bewußtsein erreicht habt, ist es, als würde die Antenne weiter

1 Der Zusatz «(F)» bedeutet, daß die Frage von einer Frau gestellt wird; «(M)» bedeutet, daß ein Mann fragt.

und weiter reichen und immer mehr Informationen empfangen. Und wenn dies geschieht, erhält der Computer in eurem Kopf immer mehr Möglichkeiten. Versteht ihr? Darum müßt ihr nicht außerhalb suchen – das ist nicht nötig. Der beste Lehrer, den ihr haben könnt, ist innerhalb eures Wesens. Und wahrlich, je mehr ihr euer natürliches Erbe, nämlich eure Gärten, eure Schöpfungen, eure Meere, euren Himmel, eure Jahreszeiten in Besitz nehmt, um so mehr schwingt ihr im wirklichen Rhythmus eurer Erde mit. Es ist auch so: je mehr ihr mit eurem Körper in Übereinstimmung lebt, desto kleiner wird die Trennung zwischen Körper und Geist. Ihr werdet dann verstehen, daß die physische Struktur eures Körpers tatsächlich ein Mikrokosmos eures Universums ist. Euer Körper spricht wirklich mit euch. Wenn der Körper krank *(im engl. disease)* ist, ist dies lediglich ein Spiegelbild einer emotionellen Unausgeglichenheit *(dis-ease)*, denn alles in der materiellen Wirklichkeit ist lediglich ein Spiegelbild – alles. Je mehr ihr in Übereinstimmung lebt, um so mehr versteht ihr euren Körper. Wenn ihr also beginnt, euer eigenes Wissen anzuzapfen, wird die Trennung des Selbst vom SELBST immer kleiner, versteht ihr das? Ihr werdet zum vollständigen, ganzen SELBST. Beantwortet das deine Frage, meine Liebe?

F: Es gibt mir genug nachzudenken danke.

P'taah: Frage?

F: (M) Was können wir tun, um mit diesem Wissen mehr in Übereinstimmung zu kommen, wie können wir das beschleunigen? Ich bin so ungeduldig.

P'taah: Wirklich, dann muß man langsamer gehen.

F: Gibt es nicht irgendeinen Weg, wie man aktiver sein Bewußtsein erweitern kann?

P'taah: Nun, wir würden sagen, je mehr ihr sucht, je mehr ihr rennt und hastet, um so kleiner ist der Fortschritt. Seht, das ist der große Widerspruch, wie alles auf eurer Ebene. Man muß mit dem Fluß des Lebens gehen. Man muß nur sein. Der beste Ausgleich ist das Lachen. Spielt öfter, lacht öfter. Denn so ist es. Es bedeutet nicht «tue dies, tue jenes nicht». So etwas wie richtig oder falsch gibt es nicht. Auch nicht gut oder schlecht. Und wahrlich, so etwas wie eine falsche Entscheidung gibt es auch nicht. Alles ist ein Lernprozeß. Deshalb seid ihr hier, meine Lieben. Es ist nicht wegen der Erleuchtung. Je mehr ihr sie sucht, um so weniger werdet ihr sie finden. Unsere Frau[2] hat dafür einen herrlichen Ausdruck: Wir sind hier für eine gute Zeit, nicht für eine lange. Und es kann eine gute Zeit sein mit viel Liebe und viel Lachen, viel nacktem Tanzen unter dem Mond – das bevorzugen wir. Geht feinfühlig mit eurer Natur um in aufrichtiger Gemeinschaft, und sorgt euch nicht um Erleuchtung. Denn wenn ihr euch darum sorgt, meine Geliebten, wird sie immer schwerer zu erreichen sein. Ihr müßt wissen, daß ihr wirklich ein Ausdruck des Göttlichen seid, gleich was ihr seid. Die Wahrheit ist, ihr seid alle erleuchtete Wesen – ihr habt es nur vergessen. Kein gut oder böse, kein richtig oder falsch, kein Werten, kein Urteilen, meine Lieben. Es gibt keinen Gott da oben, der sich über euer Tun Notizen macht. Wir sagen oft, daß die Menschen mit dem Konzept aufwachsen, daß der liebe Gott ein alter Mann ist und in den Wolken sitzt. Sogar wenn ihr erwachsen seid und intellektuell diesen Glauben fallengelassen habt, glaubt ihr tief in euren Herzen immer noch, daß oben auf einer Wolke ein Gott über euch Buch führt. Nun, meine Lieben, ich bin über den ganzen Himmel geeilt, habe gesucht und gesucht und habe ihn nicht gefunden. Ihr seid das, was man Gott nennt. Ihr seid der/die große Gott/Göttin. Das ist es, was ihr in Wirklichkeit seid.

F: (M) Aber wir leiden unter diesem Gedächtnisverlust!

P'taah: In der Tat. Es ist einfach verschleiert. Doch seht, alles, was ihr zu tun braucht, ist, so wie diese geliebte Kreatur zu sein, die sich überhaupt nicht um Gott kümmert, die einen absolut wundervollen Abend verlebt. *(P'taah zeigt auf die Hauskatze, die sich wohlig im Schoß der Gastgeberin zusammengerollt hat.)* Fragen?

F: (M) Wenn du sagst, da sei kein gut oder schlecht, wie legst du dann den Kurs für die Zukunft fest?

P'taah: Ohne Werturteile, mein Lieber.

2 Mit «unsere Frau» bezieht sich P'taah auf Jani King.

F: Nun, wenn da zwei Wege sind, bewerte keinen. Aber welchem folgst du?

P'taah: Tu, was immer dein Herz zum Singen bringt. Sieh, dort wo du herkommst – von einem Ort der Liebe –, wie kann es da eine falsche Entscheidung geben, hm? Es spielt keine Rolle. Tu, was im Moment dein Herz zum Singen bringt. Und wenn du ein wenig später merkst, daß es dein Herzenswunsch ist, etwas anderes zu tun, dann tu etwas anderes. Ihr müßt eure Entscheidungen nicht für ewig treffen. Ewig ist eine lange Zeit, meine Lieben. Ihr könnt eure Meinung jederzeit ändern. Nun, wir verstehen natürlich, daß man in eurer Kultur von euch erwartet, im Leben gewisse Entscheidungen zu treffen und sie auch zu befolgen. Nun, das scheint mir ein bißchen – hm – töricht, nicht? Es ist auch nicht nötig. Ihr mögt anderes entscheiden, wann immer ihr es wünscht, und das ist in Ordnung so. Nun, wir reden in keiner Weise über das gesellschaftliche Denken. Und für viele von euch bedeutet es, der Gesellschaft ein Dorn im Auge zu sein, wenn ihr tut, was euer Herz zum Singen bringt. Und dann müßt ihr entscheiden, was wichtiger ist: eure eigene Freude und Zufriedenheit oder die der Gesellschaft. Es gibt kein richtig oder falsch. Das existiert nur im menschlichen Verstand. Doch laßt uns die Urteilsfähigkeit nicht abtun! Wenn wir vom ‹Nicht-Werten› reden, meinen wir keinesfalls das Fehlen von gesundem Menschenverstand. Ihr mögt unterscheiden und sagen: «Ich würde dies oder jenes vorziehen.» Werten ist, wenn ihr etwas «richtig» oder «falsch», «gut» oder «schlecht» macht. Versteht ihr, was ich sage? Folgt dem Herzen, meine Lieben. Es gibt keine falschen Entscheidungen – wie könnte es die geben? Und das, was als schlecht beurteilt wird, ist normalerweise eine Folge der Angst. Und wenn ihr jemanden wegen seines Benehmens verurteilt – was auch immer er tut – müßt ihr wissen, daß diese Person lediglich ein Spiegelbild von euch selbst ist.

F: Wenn man also eine bestimmte Eigenschaft in jemandem sieht, so sieht man nur einen Teil von sich selbst, meinst du das?

P'taah: Genau. Nun, ihr müßt folgendes verstehen: In all euren Tausenden und Abertausenden von Leben wart ihr alles – ihr wart, was man Mörder nennt, und ihr wart, was man den

Ermordeten nennt. Ihr wart die Eroberer und die Eroberten. Ihr wart Sklaven und ihr habt versklavt. Ihr wart die Vergewaltiger und ihr wart die Vergewaltigten. Ihr wart die Kinder, und ihr wart die Kinderschänder. Es gibt nichts, was ihr nicht gewesen seid – ihr wart das alles. Darum müßt ihr euch daran erinnern und verstehen, welch ein Schmerz und welche Pein und welch ungeheure Angst mit solchen Taten einhergehen, die nicht der Liebe und dem Mitgefühl entspringen. Sogar in diesem Leben gibt es bei jedem von euch Bereiche, wo ihr es sicherlich vorzieht, daß niemand anderer davon weiß. Doch seht, es gibt kein Gericht. Ihr alle seid eine Schöpfung des Gedankens von Gott/der Göttin, dem «ALLES, WAS IST». Jedes Teilchen von euch ist ein Ausdruck davon, oder es würde nicht existieren. *(Eine lange Pause.)* Fragen?

F: (M) Meine Frage betrifft das Manifestieren. Warum gelingt der Versuch zu manifestieren manchmal, doch ein anderes Mal wieder nicht?

P'taah: Nun, das ist eine sehr gute Frage. In der heutigen Zeit wird unter euch viel über das Manifestieren geschrieben und geredet. Man lehrt euch, positiv zu denken, zu sagen: «Ich wünsche mir dies, oder ich möchte, daß sich dieses oder jenes ereignet.» Wenn ihr das oft genug tut, wird sich euer Wunsch auch tatsächlich erfüllen. Nun, ihr mögt die Worte sagen, doch wie auch immer, meine Lieben, im Grunde *manifestiert* ihr, indem ihr *Gedanken mit Gefühlen verbindet.* Wenn ihr euch Geldstücke im Überfluß wünscht und jeden Morgen beim Aufwachen sagt: «Ich wünsche mir, daß ich viel und reichlich Geld erhalte», und es dann doch nicht bekommt, dann wäre es nötig, sich zu fragen, warum. Nun, wir nehmen Geld als ein Beispiel, weil die Menschheit stark darauf fixiert ist. Und wir möchten euch folgendes fragen: Was denkt ihr wirklich über Geld? Nun, wir hören die Leute viele Dinge über Geld sagen. Unsere Frau hat gerade die letzten Tage davon gesprochen, und es war eine sehr gute Übung, denn sie hat aufgeschrieben, was sie über das Geld sagt und denkt. Und sie war höchst erstaunt: «Das verflixte Geld... man hat nie genug davon... nie hat man's, wenn man's braucht... man muß arbeiten, um Geld zu bekommen... Geld wächst nicht auf Bäumen... Geld ist die Wurzel allen Übels.» Tönt das irgendwie bekannt? Und dann wundert ihr euch, wenn es nicht kommt, wenn ihr danach fragt.

Wir möchten euch auch bitten, folgendes in Betracht zu ziehen: Geld ist eine Gedankenkonstruktion, ein Symbol. Es ist Energie. Wie auch immer, das, was ihr darüber denkt und die Gefühle, die ihr dabei habt, machen sein Wesen aus. Versteht ihr das? Nun, wenn ihr den Glauben habt, daß es nicht da sei, daß ihr es nicht wirklich gern habt – oder auch: Geld sei nicht spirituell und wenn ihr wirklich spirituell seid, würdet ihr darüber stehen und es nicht brauchen – wenn ihr es also von euch wegstoßt, wie könnt ihr dann erwarten, daß es zu euch kommt? Ich will damit sagen, daß ihr die Glaubensstrukturen erkennen müßt, die jeweils zugrunde liegen. *Es sind die zugrundeliegenden Glaubensstrukturen*, die eure gesamte Wirklichkeit erschaffen. Laßt uns die Beziehungen ansehen. Viele von euch sind in keiner Beziehung – in einer Ehe oder einer Liebesbeziehung – wünschen sich aber sehnlichst einen Geliebten, nur, der kommt nicht. Doch was denkt ihr wirklich über die Liebe? Im Grunde glaubt ihr, daß Liebe weh tue. Liebe sei Schmerz, denn das ist das, was ihr erfahren habt. Ihr glaubt, eine Beziehung dauere nicht. Ihr glaubt all dies über die Liebe und wundert euch, daß sie euch nicht begegnet. Versteht ihr? Wenn ihr also etwas wünscht, das sich nicht manifestiert, dann nehmt ein Papier und schreibt auf einer Seite auf, was ihr wollt. Auf die andere Seite schreibt ihr, was ihr in diesem Zusammenhang glaubt. Dann werdet ihr sehr erstaunt sein, hm? *Gedanken, verbunden mit Gefühlen, manifestieren sich in eurer Wirklichkeit.* Gedankenstruktur – das ist alles. Das, was ihr glaubt, bildet die Bausteine eurer Realität. Ihr glaubt, daß der Boden, auf dem ihr steht, fest sei. Er ist es nicht. Ihr glaubt, die Wand sei fest, da könne man nicht hindurchgehen. Sie ist nicht fest, meine Geliebten. Solidität ist ein allgemein verbreiteter Glaube der Menschheit. Ihr glaubt, daß eure Erde massiv sei. Sie ist nicht massiv. Es gibt große Zivilisationen in eurer Erde. Wenn eure Wissenschaftler viele Meilen tief in der Erde Proben holten, würden sie sie als massiv befinden. Doch ehrlich, sie ist es nicht – es ist nur der Glaube. Die Zivilisation innerhalb eurer Erde befinden sich allerdings in einem anderen Raum-Zeit-Kontinuum, doch sie sind wirklich dort. Es ist nur, daß ihr glaubt, daß sie es nicht sind. Das, was eure Erde ausmacht, ist nicht wirklich massiv. Denn es gibt in Wahrheit keinen großen Unterschied zwischen dem, was man Luft nennt, und dem, was man Wasser, oder dem, was man Erde nennt. Allgemeiner Glaube macht es zu dem. Was eigentlich sehr gut ist – denn wäre es nicht so, gäbe es ein großes Durcheinander, hm?

Ideen-Konstrukte[3] – die Glaubenskonzepte, welche die Menschen haben – entwickeln sich auch. Wir wollen als Beispiel von dem physischen Wesen reden, das als Joshua Ben Joseph, Christus, auf eurer Erde wandelte. Nun, mit dem, was eure Religionen aussagen, könnten wir beim jetzigen Stand der Dinge nicht übereinstimmen. Denn eure Religionen bilden die Struktur für eine riesige Versklavung. Doch dies nur am Rande. Jenes Wesen namens Joshua Ben Joseph hat nicht viel gemein mit dem Gedanken-Konstrukt, zu dem es während der letzten zweitausend Jahre gemacht wurde. Wie auch immer, das Gedanken-Konstrukt ist gültig. Es hat ein Wesen geschaffen, dessen wirkliches Leben nicht vergleichbar ist mit der Idee, zu der es wurde. Deswegen ist es allerdings nicht weniger mächtig. Es gibt nichts, keine Sache, die ihr in eurer Realität wahrnehmt, die nicht ihre Gültigkeit hätte. Alles hat seine Gültigkeit, und alles ist göttlicher Ausdruck. Sogar dann, wenn ihr nicht damit übereinstimmt. Ihr versteht, daß es viele Arten des Verhaltens, viele Glaubensstrukturen gibt, die wohl ihre absolute Gültigkeit haben, jedoch nicht zur Harmonie für die Menschen oder den Planeten beitragen. Wie auch immer, *das, was ihr ablehnt, das ermächtigt ihr.* Es ist wie mit der Angst. *Das, wovor ihr Angst habt, das zieht ihr an.* Die Menschen glauben, daß Gedanken in den Kopf gehören und außerhalb keine Wirkung haben. Dem ist nicht so. Gedanken

3 Der Ausdruck Ideen-Konstrukt ist grammatikalisch vielleicht nicht ganz akzeptabel, zusammen mit vielen anderen von P'taah's speziellen Ausdrükken bleibt er aber hier weitgehend unverändert. Mit diesem Ausdruck bezieht sich P'taah auf all jene menschlichen Wirklichkeiten *(Glaubensstrukturen)*, die mit der Wahrheit oder den Tatsachen wenig bis gar nichts zu tun haben.

sind Energiewellen. Sie sind, wie ihr es nennt, eine elektromagnetische Energie, die das, was sie enthält, anzieht. Das Universum wertet nicht, ob die Energie gut oder schlecht ist, sie IST einfach.

Sowie ein Gedanke sich ins Universum fortsetzt, habt ihr eure Wirklichkeit miterschaffen. *Wenn ihr einen Gedanken, verbunden mit einem Gefühl, aussendet, daß ihr euch dieses oder jenes wünscht, dann wird sich das gesamte Universum neu ausrichten, damit sich der Wunsch erfüllt.* Auf diese Weise zieht ihr auch diejenigen Leute an, die ihr mögt. Es gibt keine Unfälle. Es gibt keinen Zufall. Wirklich alles ist erschaffen, co-kreiert.

Nun gibt es viele, die sagen werden: «Und was ist mit dem Unfall, wo ein Kind vor ein Fahrzeug rennt und getötet wird? Und was ist mit den Eltern des Kindes? Und weiter, was ist mit dem, der das Fahrzeug fuhr und dessen Familie? Wie kann sich jemand etwas so Furchtbares wünschen?» oder «Wie kann sich ein Kind eine Geburt in einem Land erschaffen, wo es vor Hunger sterben wird?» Es geschieht tatsächlich wegen *der Erfahrung.* Denn seht, so etwas wie Tod gibt es nicht wirklich. Das ist eine große Illusion. Wie wir vorher schon sagten, gibt es nicht nur ein Leben, es sind Tausende und Abertausende von Leben. Und außerhalb dieses Raum-Zeit-Kontinuums finden sie alle gleichzeitig statt. Man könnte ein Leben nach dem anderen anschauen, wenn man sie wie eine Linie auf ein Blatt Papier zeichnen würde. Das, was man dann darauf sähe, könnte man Seelenenergie nennen. Aber in Wahrheit gibt es keine Vergangenheit und auch keine Zukunft, es gibt nur das Jetzt. Nun, wir verstehen, daß es für die Menschen schwierig zu begreifen ist, daß diese Leben gleichzeitig, simultan, alle zur gleichen Zeit stattfinden. Es wäre jedoch in diesem Stadium des Bewußtseins schwierig, wenn die Zeit nicht das wäre, was ihr darunter versteht. Es existiert auf anderen Planeten und in anderen Galaxien tatsächlich auch Zeit, aber es ist eine andere Zeit, und dort gibt es auch das Wissen darüber. Jene Sternenwesen können durch die Zeit reisen, so wie ihr euch das vorstellt. Darum können sie auch das sehen, was ihr unter Zukunft versteht. Doch fragt uns nicht über eure Zukunft, wir sind keine Hellseher, und ihr erschafft euch eure Zukunft vom einen Moment zum anderen selber. Nun, ich weiß, daß ihr dazu Fragen habt, darum bitte fragt.

F: (F) Ist es nicht so, daß ich mit einem Gedanken, den ich fasse, meine Zukunft erschaffe? Ist das so mit jedem Gedanken, ob ich den nun über Dich oder über die Zukunft habe? Indem ich meine Gedanken auswählen kann, kann ich auch meine Zukunft auswählen?

P'taah: In der Tat.

F: Weil dies jeder tut, haben wir viele verschiedene Wirklichkeiten, und da jede Wirklichkeit ihre Gültigkeit hat, sollte ich mich nicht um anderer Leute Wirklichkeit kümmern. Ist es meine Aufgabe als Kind Gottes, mir meine eigene Wirklichkeit zu schaffen?

P'taah: In der Tat, das ist so. Über das, was ihr Zukunft nennt, wollen wir noch etwas anderes sagen; wir werden kurz über mögliche Wirklichkeiten reden. Immer wieder während eines Lebens, wenn ihr zu einem Entscheidungspunkt gelangt – wenn wir Entscheidungspunkt sagen, meinen wir, daß ihr dies oder jenes tun könntet – ist mit jeder möglichen Wahl ein gefühlsmäßiger Gedanke verbunden. Nun, wir wollen ein Beispiel geben. Ein junger Mann trifft ein reizvolles Mädchen, und sie entschließen sich zu heiraten. Auf der einen Seite liebt er sie sehr, doch auf der anderen Seite möchte er noch die Welt bereisen. Er wäre gerne frei, um mit anderen auszugehen und weiß, wenn er heiraten würde, wäre das nicht mehr möglich. Er möchte vielleicht auch noch weiterhin zur Schule und weiß, daß auch dies nicht mehr möglich wäre. So wägt er vorsichtig ab, was sein Herzenswunsch ist und vielleicht auch, was praktischer wäre, hm? Und dann entscheidet er sich zu heiraten und tut es auch. Wie auch immer, er hat sein anderes Leben bereits in Bewegung gesetzt. Und weil es mit Gefühlen verbunden war, lebt es auch weiter als eine gültige Wirklichkeit. Der einzige Grund, warum er davon bewußt nichts weiß, ist, weil er seine Aufmerksamkeit außerordentlich scharf eingestellt hat. Darum sagen wir euch, daß euer Leben und eure Wirklichkeiten wahrhaftig fließend sind. Nichts ist festgelegt, darum habt ihr auch, wie ihr seht, Tausende und Abertausende möglicher Wirklichkeiten. So, wie sie auch eure Erde hat.

Nun, es wurde auch viel über die kommende Veränderung von der sogenannten dritten in die vierte Dimension oder Dichte gesagt, die in nächster Zeit stattfinden wird – und es wird sich auch viel Schrecken über diese Veränderungen und das, was während dieses Übergangs geschieht, verbreiten. Viele haben Angst davor, daß sie dann vielleicht weiterziehen, weil sie spirituell fortgeschrittener sind als jene, die sie lieben. Und diejenigen, die weniger fortgeschritten sind, würden in der dritten Dichte zurückgelassen oder müßten gar sterben. Dies ist menschliches, absolutes, konkretes Denken. Doch das steht alles nicht fest. Es gibt mehr als eine Erde – es gibt bereits eine Erde in der vierten Dichte. Jede Dimension existiert bereits. Es ist nicht so, daß, wenn die Menschen die Geschehnisse auf diesem Planeten nicht in den Griff kriegen, die Welt explodieren würde und dies das Ende von allem sei. Wir wollen es noch einmal sagen, meine Lieben, daß das eine Illusion ist. Ihr könnt nicht sterben, es gibt kein Ende. Es wird eine Zeit des Übergangs geben, bei dem man sagen könnte, daß es in Wirklichkeit, hm, wie ein sanfter Durchgang durch Schleier des Nebels ist, wo weder das eine noch das andere existiert. Es braucht kein Holocaust zu sein und keine Verwüstung. Natürlich wird es stufenweise Veränderungen geben, und einige von ihnen werden, in eurer Zeit gerechnet, bald stattfinden. Tatsächlich haben sie bereits begonnen, und wir möchten euch daran erinnern, daß die Veränderungen eurer großen Göttin von einem wunderbaren Gefühl begleitet sind. Dieses Wunder bietet Anlaß zur Freude. Und wenn ihr über jene lest, die sterben, dann denkt daran, daß es ihre eigene Wahl ist und daß es den Tod nicht gibt. Sie tun es wegen der Erfahrung, das ist alles. Es gibt keinen Tod, kein Ende. Fragen, meine Lieben?

F: (M) Waren wir in früheren Inkarnationen vielleicht eine Katze, ein Baum oder eine Blume?

P'taah: Es ist nicht so, daß die Seelenenergie – die ganze

Seelenenergie – zu einer Katze, einer Blume oder einem Baum wird. Aber auf der Seelenebene kann sich ein Teil der Seele jede Erfahrung auswählen, die sie wünscht, etwa als Kristall zu inkarnieren oder in einer gänzlich anderen Dimension der Wirklichkeit. Seht, ihr seid in eurer ganzen Größe nicht bloß als menschliche Wesen geschaffen, ihr seid viele Dinge – was immer ihr auf der Seelenebene ausgewählt habt. Doch wir wollen damit nicht sagen, meine Lieben, daß ihr als Katze wiederkommt. Das, was man Tier nennt *(und wir sprechen nicht von Cetaceans*[4]*, denn sie haben die gleiche Seelenenergie wie Menschen)*, das, was man Fauna und Flora nennt, hat eine Dimension, die ihr ‹zweite Dichte› nennen würdet. Darum würde nicht die ganze Seelenenergie ein Baum werden oder in die sogenannte zweite Dichte oder Energie gehen wollen. Aber die Seele kann sich in der Tat, wo auch immer, wie auch immer, die Erfahrung aussuchen, die sie wünscht. Ihr seht, ihr seid sehr mächtig.

F: (M) Können wir unsere Gedanken beeinflussen und uns auf eine bestimmte Seelenebene wünschen?

P'taah: Meinst du eine Inkarnation in der zweiten Dichte?

F: Eher in der vierten Dichte.

P'taah: Es ist nicht so, daß euer Wesen in der dritten Dichte so viel Einfluß hat auf das, was man Seele nennt. Eher wird die Seele das Wesen in der dritten Dichte beeinflussen. Natürlich könnt ihr eure Seele, den Gott/die Göttin eures Wesens, um etwas bitten. Und zu gewissen Zeiten geht das auch in Ordnung. Aber seht, euer höheres Selbst weiß, was zu eurem Besten ist.

F: Erschaffen wir uns also unseren bestmöglichen Weg, indem wir uns nach unserem inneren Gott ausrichten?

P'taah: Mein Lieber, du hast im Sinne der Lektionen, die du lernen willst, bereits deinen besten Weg erschaffen. Verstehst du das? Wenn du dich nach dem göttlichen Faden, wenn du so willst, ausrichtest, dann erkennst du natürlich immer, was für dich harmonisch ist. So ist es in der Tat.

4 Cetaceans: Säugetiere in Fischform, einschließlich Wale und Delphine.

F: Ist es möglich, körperlich zu sterben, das Bewußtsein zu behalten und zurückzukommen?

P'taah: Das geschieht doch öfters. Es gab Energien, die klinisch tot waren und wiederbelebt wurden.

F: Ich denke eher an die vielen Leute, die Angst vor dem Sterben haben. Ich erinnere mich an meinen Vater, der Anfang dieses Jahres ging, jedoch nicht gehen wollte. Er hatte Angst zu gehen. Wenn also jemand stirbt – ich würde mich dafür zur Verfügung stellen – und dann zurückkäme und den anderen zeigte, wie es ist, dann wäre diese Angst um vieles kleiner. Man könnte so den Alten und Leidenden helfen.

P'taah: Mein Lieber, selbst wenn du sterben und zurückkommen würdest – und du weißt, das ist schon vorgekommen – hülfe das den Leuten in ihrer Angst vor dem Tod keineswegs. Euer Joshua Ben Josph starb tatsächlich und kam wieder zurück, hm, doch es verhalf nicht vielen Leuten zum wirklichen Verständnis, daß es den Tod nicht gibt, daß er nur eine Illusion ist. Darum, Geliebter, selbst wenn du das tätest, würdest du den Leuten nicht helfen. Denn zu diesem Verstehen muß jeder selber gelangen, weil sich jeder seine eigene Wirklichkeit erschafft. Nun, es gibt viele, die durch diese körperliche Übersetzung[5] gehen und fest daran glauben, daß es einen Himmel und eine Hölle gibt. Und sie haben ein Bild im Kopf, wie der Himmel und wie die Hölle aussieht. Das ist dann genau das, was sie vorfinden, wenn sie ihren Übergang machen.

F: Meinst du Übergang?

P'taah: Genau. Dann werden sie begreifen, daß das nicht so sein muß. Dann gibt es auch einige, die glauben, daß nach dem Tod gar nichts mehr passiert – nun, die werden sehr überrascht sein.

F: Was passiert denn wirklich, wenn man stirbt?

P'taah: Erstens nimmst du dein Bewußtsein mit. Wirklich, deine sogenannte Energie nimmst du mit. Viele Leute verstehen nicht richtig, daß sie physisch nicht mehr sind, weil sie sich

5 Einer von P'taah's Ausdrücken für physischen Tod.

immer noch so fühlen, als hätten sie einen Körper. Diejenigen unter euch, die außerkörperliche Erfahrungen hatten – das ist, wenn das Bewußtsein den Körper verläßt –, haben ihren Körper auf dem Bett liegen sehen und sich gesagt: «Wie kann das sein, ich fühle doch meinen Körper immer noch?» Hm? Darum ist diese Erfahrung für viele Leute sensationell. Jedoch euer Bewußtsein geht mit euch. Das wird sich aber ändern. Doch wie auch immer, es ist sehr schwierig für mich, euch zu sagen, was wirklich passiert. Das ist, wie wenn man einem Fötus in der Gebärmutter erklären würde, wie es nach der Geburt sein wird.

Viele dieser Konzepte werden sehr kompliziert, weil sie doch in die beschränkten Schachteln eurer Glaubensstruktur, in euer bewußtes Verständnis passen müssen. Darum versuchen wir hiermit euer Bewußtsein ein wenig mehr auszudehnen, so daß ihr ein größeres Verständnis erlangt – damit ihr das umfassende Wissen darüber, wer ihr wirklich seid, nutzen könnt. Und wißt auch folgendes, meine Lieben: Sowie ihr eure Frage stellt, und ihr könnt alles fragen – nichts wird für zu bedeutungslos erachtet –, wißt ihr in Wahrheit bereits die Antwort. Nun, meine Lieben, wir verstehen, daß ihr viele Fragen habt. Trotzdem meinen wir, daß es für den Moment genug ist. Diesen Abend gab es viel Information, und wir wollen den Stromkreis nicht sprengen, den Computer nicht überladen, hm?

Wir möchten noch sagen, daß es immer eine Freude ist, mit euch zu sein. Wir haben die Menschen in unser Herz geschlossen, und wir freuen uns auf unser nächstes Zusammensein. So, nun könnt ihr euch mit eurem Papier beschäftigen und neue Fragen vorbereiten. Wir werden versuchen, sie nach Möglichkeit zu beantworten.

(P'taah wendet sich einer Frau zu, die leise weint.) Es ist schon gut, geliebtes Wesen. Man muß es nicht so ernst nehmen – zu wissen, daß du es warst, die diese wundervolle Erfahrung, genannt Leben, ausgesucht hat und daß das ‹Getrennt-sein› diese Zusammenkunft um so wertvoller macht.

Meine Lieben, macht weiter in Liebe und lacht. Wir würden sagen, spielt mehr, seid albern. Ich spaße nicht. Na ja, natürlich spaße ich, aber auch wieder nicht. Wir bedanken uns.

Zweite Übermittlung
6. September 1991

P'taah: Guten Abend, meine Lieben, wie geht es euch heute abend?

Publikum: Sehr gut, danke.

P'taah: Wirklich, es ist mir eine Freude, bei euch zu sein. *(P'taah wendet sich kurz der Person zu, die sich um die Aufnahmeausrüstung und die Aufzeichnungen kümmert.)* Ist dein Gerät in Ordnung? Sehr gut. Wir hoffen wirklich, mein Lieber, daß die Worte für dich einen Sinn ergeben. Wie du weißt, haben wir bis jetzt vor allem darüber gesprochen, daß die Energie eins zu eins rüberkommt. Denn in Wirklichkeit kommunizieren wir auf mehreren Ebenen. Nicht nur über die Sinne, wie ihr es versteht. Wir sprechen auch andere Dimensionen eures Seins an. Weil wir auf diese Art mit euch kommunizieren, wird in euch ein Verständnis reifen, das nicht zustande käme, wenn ihr nur die Worte lesen würdet. Darum ist es an dir, mein Lieber, den Sinn zu erfassen. In Ordnung?

Seid willkommen, meine Lieben! Nun, die Grundsteine eurer Realität sind eure Glaubensstrukturen. Dies sind die Bausteine, wenn ihr so wollt, aus denen ihr eure tägliche Realität, ja das ganze euch bekannte Universum bildet. In mancher Hinsicht setzen wir sogenanntes Grundwissen voraus; ihr habt solche und ähnliche Worte schon oft gehört. Doch obwohl ihr es intellektuell versteht, wurde viel von diesem Grundwissen noch nicht gefühlsmäßig verarbeitet. Die Bausteine eures Seins setzen sich aus dem zusammen, was ihr von euch glaubt, und diese Bausteine entstehen bald nach eurer Geburt. Euch wird beigebracht, was ihr über euer Selbst zu glauben habt. Nur leider weist man euch eher auf die sogenannten negativen Aspekte eures Seins hin.

Eure Rollenmodelle aus der Vergangenheit – und natürlich ist das von Kultur zu Kultur etwas verschieden – sind so großartig, daß ihr das Gefühl habt, ihr könntet ihnen nie wirklich gerecht werden. Nun, wir sprechen hier speziell über die grundlegende Religion der heutigen Zeit. Zwar wird in eurer Kultur die Religion von Millionen von Menschen verdrängt, doch wie auch immer, meine Lieben, gefühlsmäßig ist sie in euch. Sie ist auch in eurem sogenannten kollektiven Bewußtsein. Wir sprechen hier von Joshua Ben Joseph, dem Christus. Man lehrt euch in frühen Jahren, daß dieser starb, weil ihr so schlecht seid. Er starb, um euch zu retten, hm? Das ist nicht so. Ihr brauchtet noch nie Rettung. Und dieser als Christus bekannte Mann starb sicherlich nicht für euch. Eher als Erfahrung für sein eigenes Selbst, und, wenn ihr so wollt, zur Demonstration. Der Grund für diese Demonstration war, der Menschheit zu zeigen, daß es so etwas wie den Tod nicht gibt. Nun ihr wißt ja, wie das alles verdreht wurde. Deshalb wachst ihr seit eurer Geburt mit dem Glauben an Schuld und Sünde auf. Und so kommt das Verurteilen zustande.

Nun, wir sprechen jetzt darüber, weil es für euch wichtig ist, diese Glaubensformen, die ihr seit eurer Kindheit in euch tragt, zu erkennen. Eure Erfahrungen als Kind – selbst wenn man sie nicht als traumatisch bezeichnen kann – werden zur Linse, durch die ihr eure Welt betrachtet, während ihr zum Erwachsenen heranreift.

Ihr glaubt, daß ihr nichts wert seid, daß ihr die Liebe nicht verdient, daß ihr all die Wunder, die Euer Universum für euch bereithalten könnte, nicht verdient, daß ihr der Liebe Gottes nicht wert seid, daß manche Menschen es nicht einmal verdienen zu atmen. Es ist höchst interessant, jene auf eurem Planeten zu beobachten, die Schwierigkeiten mit dem Atmen haben. Denn in Wahrheit glauben diese Menschen wirklich, daß sie nicht wert sind zu leben. Ihr glaubt, ihr endet dort, wo eure Haut endet. Dem ist nicht so. Ihr glaubt – und wir haben darüber bereits gesprochen –, daß eure Erde rund und fest sei. Dem ist nicht so. Ihr glaubt, Gedanken seien etwas, was in euren Köpfen bleibt und den Rest des Universums nichts angeht. Dem ist nicht so. Es ist eine sehr interessante Übung für euch, eure Glaubenssätze zu erkennen, aufzudecken, was ihr über euer Selbst glaubt. Was ihr von anderen Leuten glaubt. Was ihr von eurem Planeten glaubt, von eurer Flora und Fauna. Seht, wenn ihr beginnt, das, was ihr glaubt, genau anzusehen – die Glaubensformen, die ihr mit euch herumtragt und von denen ihr intellektuell genau wißt, daß sie Unsinn sind –, werdet ihr erstaunt sein. Ihr glaubt, daß ihr nicht wirklich Teil Gottes/der Göttin seid, Teil von ALLEM, WAS IST. Wir kennen diese Sehnsucht, ganz zu werden, die in jeder Brust steckt. Sie ist fühlbar. Doch schaut, in Wahrheit seid ihr in einem gewissen Sinne bereits ganz. Die sogenannte Trennung des Selbst vom SELBST ist die bitterste Pille für euch alle, für die gesamte Menschheit. Alle Menschen leiden unter dem Kummer dieser Trennung, dem inneren Wissen, daß ihr nicht ganz seid und dem verzweifelten Wunsch, ganz zu werden. Mit dem Glauben, daß ihr es nicht wert seid, daß ihr nicht gescheit genug seid, daß ihr nicht schön genug seid, daß ihr *nicht genug* seid, haltet ihr diese Trennung aufrecht. Wir haben euch gesagt, daß alles außerhalb von euch ein Spiegelbild sei, eine große Reflektion für euch. Und wir haben gesagt, daß, wenn ihr jemanden streng beurteilt, ihr bloß ein Spiegelbild eures Selbst seht. Doch, meine Lieben, laßt euch sagen: Geht in euren Garten, schaut in den Himmel, schaut die Bäume an, den Mond, den Sonnenaufgang, den Sonnenuntergang, die Schönheit dieses Augenblicks, und seid gewiß: dies ist auch ein Spiegelbild dessen, was ihr seid. Ihr seid auf wunderbare Weise schön, jeder einzelne von euch, und ihr wißt es nicht. *(An diesem Punkt wird P'taah's Stimme unglaublich sanft.)*

Wahrlich, ihr wißt es nicht. Und wir möchten, daß ihr Ehrfurcht vor eurer eigenen Schönheit bekommt, daß ihr lernt, wie es ist, wenn ihr mit dem, der ihr seid, eine wundervolle Liebesaffäre habt. – Wie liebt ihr die Person, die ihr seid? *(Eine lange Pause)* – Genau, wie liebt ihr das, was ihr seid?

Schau in den Spiegel und wisse, daß du ein einzigartiger Edelstein bist, eine Facette des Juwels, das die Menschheit ausmacht. Aber alles, was ihr wirklich kennt, ist Schmerz, Leid und Verlassenheit. Nun ist wirklich die Zeit für die Veränderung gekommen. Die Menschheit, ja das ganze Universum, ist im Begriff, sich von der sogenannten männlichen Energie, dem männlichen Tun zu verabschieden. Jetzt ist die Zeit für menschliches *Sein*[6] gekommen.

Männliche Energie bedeutet sich bemühen, organisieren, vorstoßen. Weibliche Energie ist das Nährende, das Zulassende dessen, was sich von selbst ergibt. Nun, es spielt keine Rolle, welches Geschlecht ihr habt. Die Seele hat kein Geschlecht. Die ganze Menschheit – auch das, was man Frau nennt – orientiert sich an der männlichen Energie, den Bemühungen zu tun, zu überleben. Die Frauen auf eurem Planeten haben sich sehr über die sogenannte Frauenbewegung gefreut: New Age – Frauen an die Macht. Diese Frauen waren sehr glücklich. Sie sagten: «Nun werden wir's ihnen zeigen – diesmal kriegen wir sie, diese Bastarde.» Hm? Ihr kennt das sicher. Doch seht, in Wahrheit haben sich die Frauen an der männlichen Energie orientiert, weil sie überleben mußten und weil in eurer Kultur die weibliche Energie verachtet wurde. Es war ganz einfach unverzeihlich, wenn ein Mann einmal weinte, wenn er sanft und fürsorglich war und die Dinge einfach auf sich zukommen ließ. Nun, ihr alle hier wißt, daß sich manches verändert hat. Es wird sich immer mehr verändern. Die männliche Energie soll nicht schlechtgemacht werden, doch es soll ein Gleichgewicht entstehen – in Männern und Frauen soll die männliche und weibliche Energie im Gleichgewicht sein. Man könnte es mit den beiden Flügeln einer Taube vergleichen. Mit nur einem Flügel würde die Taube nicht fliegen können. Das, was ihr seid, *zulassen*. Jedem Menschen erlauben, der zu sein, der er ist. Das bedeutet enorme Veränderungen bei der Erziehung eurer Kinder. Sehr bald, in eurem Zeitbegriff gesprochen, werden die Kinder nicht mehr in die Schule gehen. Wirklich, es wird eine ganz andere Art Lernerfahrung geben.

Wenn das Gleichgewicht erreicht ist, wird sich das auf eurem ganzen Planeten widerspiegeln. Bis dahin möchten wir nur soviel sagen: Bei einem planetarischen Aufstieg geschehen viele Dinge, die äußerst unharmonisch sind. Wir haben bereits erwähnt, daß

6 Anm. des Übersetzers: *Human being* bedeutet menschliches Wesen, *being* heißt gleichzeitig auch Sein, *doing* bedeutet das Tun. Im Englischen ist deshalb ein Wortspiel mit diesen beiden Ausdrücken möglich. Human doing, statt human being.

viele Leute die kommenden Veränderungen in Angst und mit Bestürzung erleben werden. Doch, ihr Lieben, ihr habt es so ausgesucht. Ihr wolltet hier sein, um Zeuge dieser Veränderungen zu werden, um zu helfen, damit diese Veränderungen harmonisch verlaufen. Damit ihr verstehen könnt, daß es eine *solche Sache wie den Tod wirklich, wirklich nicht gibt.* Wenn ihr glaubt, daß es den Tod nicht gibt, wenn ihr glaubt, daß ihr alle Dinge in eurer physischen Welt verändern könnt, wenn ihr zum Verständnis gelangt, daß jedes Wesen auf eurem Planeten dazu die Macht hat, wie denkt ihr wird dann diese Veränderung für euch sein? Wenn ihr wißt, daß ihr die Dinge verändern könnt, euer Leben verändern könnt, dann habt ihr keine Angst mehr. Ihr könnt anderen zeigen, daß es nicht nötig ist, Angst zu haben, daß die kommenden Veränderungen absolut in Ordnung sind. Das, was man eine Katastrophe nennt, kann eine Chance sein, und was euch als schreckliche Umstände erscheinen mag, kann in Wirklichkeit ein Grund zur Freude und zum Feiern sein. Denn durch solche Situationen werden die Veränderungen für die neue Ordnung in die Wege geleitet. In diesem Zusammenhang werdet ihr begreifen, wie wichtig es ist zu erkennen, was ihr glaubt und vor allem, was ihr von euch selbst glaubt. *Zu verstehen, daß alles außerhalb eures Selbst ein Spiegelbild ist.* Wenn ihr mehr und mehr zur Ganzheit findet, ein immer mehr erweitertes Bewußtsein erlangt, werdet ihr das für alle anderen um euch herum ausstrahlen. *Ihr erschafft euch eure gesamte Wirklichkeit absolut selber.* Es gibt keine Unfälle, keine Zufälle. Ihr seid es, meine Lieben, ihr seid die Verantwortlichen. Und ihr habt auch die Macht, ein wunderbares, wundervolles Paradies zu erschaffen.

Nun, bei den kommenden Treffen werden wir Schritt für Schritt besprechen, wo ihr in eurem Leben steht, wie ihr eine Veränderung innerhalb eures Selbst bewirken könnt, wie ihr Schmerzen und Pein annehmen könnt, wie ihr körperliche Krankheiten umwandeln könnt und wie ihr euch integriert, ganz werdet, mehr und mehr zu dem werdet, der ihr wirklich seid. Nun, habt ihr Fragen, meine Lieben?

F: (M) Wenn du von einer neuen Ordnung sprichst, meinst du

dann dasselbe wie die Politiker, wenn sie von einer neuen Weltordnung reden? Ich glaube nicht. Aber ich hätte das gerne bestätigt.

P'taah: Du meinst vielleicht, das sei nicht der korrekte Ausdruck, wenn wir von einer neuen Ordnung reden, einer neuen Ordnung für die Menschheit. In Wirklichkeit könnte man beinahe von einer neuen Art Mensch sprechen. Das wurde jedenfalls für die Veränderung von der dritten zur vierten Dichte oder Dimension der Wirklichkeit verkündet. Nun, wir möchten dazu folgendes sagen: Wir gebrauchen diese Ausdrücke nicht so gerne. *Denn was wir im Hinblick auf diese Veränderung sagen, ist wirklich jenseits eures jetzigen Verständnisses.* Viele von euch haben schon einen flüchtigen Eindruck, wie es sein wird. Doch wie wir bereits erwähnten: *Zu beschreiben, wie es sein wird, ist, wie wenn man einem Fötus im Mutterleib beschreibt, wie das Leben nach der Geburt sein wird.* Eigentlich wißt ihr bereits, wie es ist, denn jenseits eurer jetzigen bewußten Wahrnehmung seid ihr bereits dort. Wie auch immer, in der sogenannten neuen Ordnung werdet ihr bewußt wissen. Ihr werdet das bewußte Verständnis erlangen, daß ihr Lichtwesen seid. Und ihr werdet ein großartiges technologisches Wissen erlangen. *Ihr werdet wirklich erkennen, daß alles, alles* EINS *ist,* daß es keine Trennung innerhalb eures Selbst gibt und auch keine Trennung zwischen den einzelnen Personen. Daß ihr alle von derselben Quelle abstammt, ja Teil dieser Quelle seid, ein Ausdruck des Göttlichen. Ihr werdet verstehen, wie man Materie erschafft und daß ihr der Gedanke Gottes seid. Mit diesem Wissen werdet ihr das Verständnis erlangen, wie man Materie verändert. Ihr werdet zwischen Galaxien reisen und auswählen könne, *wie* und *wo* ihr sein wollt. Wie sich Teile eurer Seelenenergie an verschiedenen Orten gleichzeitig befinden, werdet ihr erkennen und auch, daß ihr telepathisch kommunizieren könnt, daß ihr die Lichtenergie jedes Atoms und jedes Moleküls erfassen könnt. Das wird die neue Ordnung sein, meine Geliebten.

F: Was du erzählst, bringt jedes Herz zum Jubeln.

P'taah: Genau. *(P'taah geht zu dem Fragesteller und berührt sanft seine Stirn.)* Du weist es mein Lieber, du hattest diese Erfahrung und weißt, wie es ist, mit allem eins zu sein. Doch manchmal ist es beinahe schwerer, wenn man diese Erfahrung hat, weil man dann immer, immer trauert und wartet. *(Eine lange Pause entsteht, während P'taah die Stirn dieses Mannes küßt.)*

(P'taah wendet seine Aufmerksamkeit wieder dem Publikum zu.)

Fragen?

F: (M) Dieser Prozeß findet also bereits statt, und man muß die Dinge nur geschehen und sich entfalten lassen?

P'taah: Genau so ist es. *Es gibt nichts zu tun, Lieber, nur zu sein.* Weißt du, daß es kein «Morgen» gibt? Es gibt nur die Fülle des Moments – die Freude des Moments. Und sogar dann, wenn es keine Freude ist, Lieber, bleibe jedenfalls in der Fülle dessen, was ist. Es mag sein, daß du Kummer und Schmerz leidest, *aber auch das muß man in vollem Umfang annehmen,* denn nur auf diese Weise schafft ihr euer «Morgen».

Seht, eure Vorstellung von der Zeit gilt wirklich nur lokal – örtlich. Außerhalb dieses Raum-Zeit-Kontinuums existiert eine andere Zeit. Und diese Zeit ist das «Jetzt», und das kann irgendwann sein. Wir möchten euch daran erinnern, daß es kein «Morgen» gibt. Und wenn ihr in eurer Vergangenheit lebt oder euch um eure Zukunft sorgt, lebt ihr nicht im *«Jetzt».* Denn nur wenn ihr im «Jetzt» lebt, können sich die «Morgen» in ihrer gesamten Fülle und in ihrer eigenen Schönheit entfalten. Geschehen lassen, hm? Großartige, weibliche Energie geschehen lassen. Das ist extrem vielseitig. Seht, ihr erschafft jeden nächsten Moment aus dem «Jetzt». Und wenn ihr euch sorgt, wie es sein wird, was sich manifestieren wird, und wenn ihr dann sagt: «Ich möchte dies und jenes, und ich möchte, daß es zu dieser oder jener Zeit und auf diese oder jene Weise stattfindet», was glaubt ihr, was dann geschieht? Ihr schließt in diesem Moment Millionen von Möglichkeiten aus. Die große Kunst des Manifestierens besteht darin, daß man schlicht sagt: «Ich wünsche mir von dem Gott/der Göttin meines Seins dies und das.» Sendet dies ins Universum und *seid gewiß, daß es bereits unterwegs ist.* Es mag eine Weile dauern, bis es sich manifestiert. Das jedoch nur, weil ihr nicht genau wißt, *wie* es stattfinden wird. Doch wisset: wenn der Wunsch, verbunden mit Gefühl, einmal geäußert wurde, geht er bereits in Erfüllung. So einfach ist das. Wenn ihr dogmatisch seid und dies und jenes vorbestimmt, habt ihr sogleich die Möglichkeiten verändert. Denn es gibt immer Millionen von Variationen. Fragen?

F: (F) Wie wichtig ist der Körper? Welche Rolle spielt er in bezug auf das aufsteigende Bewußtsein.

P'taah: Nun, der Körper ist in der Tat ein wunderbares Gefäß, ein Tempel für die Seele, hm? *Eure Körper wurden so entworfen, daß sie Hunderte von Jahren existieren können.* Wenn ihr glaubt, daß sie das nicht können, dann wird es nicht so sein. Euer Körper ist ein Gefährt, um diese Dimension der Wirklichkeit zu erfahren. Er ist auf seine eigene Weise vollständig, seine Zellen haben ihre eigene Erinnerung. Er schwingt auf wunderbare Weise mit eurem Planeten mit. Es gibt kein Material auf eurem Planeten, das nicht in eurem Körper vorkommt. Wir haben festgestellt, daß der Körper oft mit Verachtung behandelt wird. Es gibt viele große, spirituelle Leute, die glauben, daß ihr Körper nicht wichtig sei. Und sie würden in der Tat alles tun, um ihn loszuwerden. Sie haben das Gefühl, daß einzig der Körper sie davon abhält, das Paradies zu erlangen. Diese Leute verstehen nicht, daß sie ihren Körper wegen seiner großartigen Ausdrucksmöglichkeiten gewählt haben, die auch göttlicher Ausdruck sind. Ohne den Körper würdet ihr auf viele, viele Freuden verzichten müssen. Eure Körper haben viele Veränderungen durchgemacht, und dazu gehören auch die Veränderungen, die durch sogenannte Verschmutzungen oder Mißhandlungen entstehen. Wie auch immer, der Körper ist wirklich ein wundervolles Instrument, ein wunderbares Wesen: elastisch, kreativ, unglaublich kreativ. Und wenn wir von Vollständigkeit reden, meinen wir das auch auf zellularer Ebene. *Der Körper ist manifestierter Geist.* Versteht ihr das? Ein Grund für Lobpreisungen. Wenn ihr keinen Körper hättet, wäre die dritte Dichte höchst langweilig. Es ist sehr interessant für euch, die Zusammenhänge zu erkennen zwischen euren Körpern und dem, was ihr von euch selbst glaubt.

Die Menschen sind als sexuelle Wesen gemacht. Ihr habt ein Geschlecht, und wir haben festgestellt, daß innerhalb der Menschheit eine außergewöhnliche Unruhe wegen der Sexualität besteht. Es gibt viele, die glauben, daß ihr Körper schmutzig sei. Wir haben nicht bemerkt, daß deren Körper schmutzig sind, es sei denn, sie kommen gerade aus dem Garten, hm? Euer Körper spricht die ganze Zeit mit euch. Er ist wie ein Barometer. Das Unwohlsein des Körpers zeigt lediglich ein *Un*-wohlsein des Selbst an. Es ist interessant zu sehen, welche Bereiche des Körpers krank sind. Je mehr ihr erkennt, wer ihr seid, um so besser versteht ihr, was der Körper euch über euer Befinden mitteilt. Es gibt viele Leute, die sagen, daß dies und jenes nicht gut für den Körper sei: gewisse Nahrung, die ihr eßt, oder was ihr trinkt. Wir möchten euch sagen, daß euer Körper ziemlich schwer umzubringen ist – es ist beinahe unmöglich, *vorausgesetzt ihr lebt in Freude und Harmonie. Dann könnt ihr sogar Gift essen und werdet dieses Gift automatisch transmutieren.* Wir werden später mehr über den Prozeß der Transmutation sagen.

Meine Lieben, wir werden eine Pause machen, damit ihr neue Fragen vorbereiten könnt, hm?

F: (M) Eine Frage noch, bevor du gehst: Du bist ein großer Lehrer für uns. Hast du auch irgendwas davon?

P'taah: *(mimt den Empörten)* Meine Lieben! Ihr müßt wissen, daß so etwas nie einseitig ist. Wirklich! Ihr seid großartige Lehrer für mich. Es ist eine Freude, mit euch zusammen zu sein. Es ist eine große Lernerfahrung für uns – und wir lieben euch so sehr. Weshalb sollten wir nicht mit euch zusammen sein?

(P'taah entfernt sich, um den Zuhörern eine kurze Verschnaufpause zu gönnen.)

(Nach der Pause)

P'taah: Nun, meine Lieben?

F: (F) Ärgerst du Dich nie, daß wir immer wieder vergessen, daß wir wohl die Worte hören, doch die Tiefe und die Wahrheit dessen, was du uns lehrst, nicht erfassen, obwohl du sie uns genau darlegst? Langweilst du Dich nicht mit uns? Mir ist meine Vergeßlichkeit nämlich lästig.

P'taah: Geliebte Frau, wie könnte ich mich langweilen? Jeder einzelne von euch bemüht sich um Erkenntnis, und natürlich vergeßt ihr auch. Denn jetzt müßt ihr auflösen, was sich seit Äonen festgesetzt hat. *Das, wovon wir hier reden, widerspricht genau dem, was man euch in all den vielen Leben gelehrt hat.* Das, wovon wir sprechen, ist dem morphogenetischen[7] Bewußtsein der Menschheit wirklich genau entgegengesetzt. *Das menschliche Bewußtsein bewegt sich auf einen Quantensprung zu.* Gerade weil wir eure Sehnsucht, euren Schmerz, euren Kummer und eure gebrochenen Herzen erkennen, bricht es unser Herz in der Tat genauso, wenn ihr nicht hören wollt, was wir sagen. Doch wir sind sehr geduldig, und wir wissen und begreifen, wo ihr jetzt steht. Wir wissen auch, wohin es mit euch geht, denn in einem gewissen Sinne seid ihr bereits dort. Soviel wissen wir. – Habt ihr eine weitere Frage, ihr Lieben?

F: Meine Frage ist etwas persönlich. Ich sorgte mich diese Woche und hatte Überlebensängste. Ich habe mich dann bemüht und versucht, sie mit Gewalt zu überwinden, bis ich gemerkt habe, daß sie ja auch zu mir gehören. Ich habe es dann vorgezogen, mich der wundervollen Energie hinzugeben, von der ich weiß, daß sie mich umgibt. Diese Energie ist so vielseitig! Doch ich vergesse das immer. Ich schließe mich von ihrer Schönheit aus, wenn ich mich um etwas sehr bemühe.

P'taah: Darin liegt die Lektion, meine Liebe, hm? Wie glücklich du bist, daß du es wenigstens weißt. Für alle, die sich bemühen: Es kommt der Moment, wo ihr euch sagt: «Was zum Teufel tue ich denn da? Wo bleibt die Liebe und die Freude in meinem täglichen Leben? Warum lasse ich mich so einspannen?» Dann sollte man sich an die ruhigen Momente erinnern. Manchmal sind die einzigen ruhigen Momente, die ihr habt, jene im Bett, bevor ihr einschlaft. Bevor ihr dann ins Träumen abgleitet, könnt ihr über euren Tag nachdenken und versuchen zu erkennen, was ihr aus eurem Bewußtsein verdrängt habt. Das genügt. Ihr braucht es nicht zu bewerten und euch auch nicht schuldig zu fühlen. Ihr sollt euch immer so annehmen, wie ihr seid. Wißt, daß

7 Morphogenetische Resonanz oder morphogenetisches Bewußtsein: Kollektives Bewußtsein oder Massen-Bewußtsein oder globale Gedankenform.

ihr in Ordnung seid und mehr Harmonie für euer Selbst erschafft, wenn ihr nur im «Jetzt» lebt. Das braucht jeweils nicht für lange zu sein. Nehmt euch Zeit für euer Selbst, um zu integrieren, um euch umzusehen, den Himmel anzuschauen und den Vögeln zuzuhören. *(An diesem Punkt schreit irgendwo ein Hahn und unterbricht damit die Stille der Nacht, und P'taah bemerkt)*: Auch diesem. *(Der Gastgeber witzelt, weil er wegen bestimmten Erfahrungen mit «diesem» nicht einverstanden ist, und fragt)*:

F: Auch um drei Uhr nachts?

P'taah: In der Tat. In der Tat. Und wenn ihr um drei Uhr nachts aufwacht und den Hahn krähen hört, solltet ihr euch freuen – denn er hat keine Probleme mit der Zeit.

F: Allerdings.

P'taah: Ihr, die ihr an diesem Ort lebt, habt Glück. Ihr lebt in einer wundervollen Umgebung und habt sie wegen deren Schönheit ausgewählt. Es ist deshalb eure Pflicht, sie auch zu genießen. Die Natur lehrt euch mehr als irgendein Buch, irgendein Film, irgendeiner eurer Gurus und sicherlich auch mehr, als ich euch lehren kann. – Fragen?

F: (F) Betreffend der Träume, P'taah: Kannst du mir sagen, warum uns die Träume manchmal genau sagen, was am nächsten Tag passieren wird, und warum das nicht immer so sein kann?

P'taah: Sieh, meine Geliebte. Das Schlafen erlaubt euch, eure Multidimensionalität auszuleben. Nicht nur wegen der Lektionen, die ihr auf diese Weise lernt, auch wegen der großen Abenteuer, die ihr so erlebt. Im Schlaf reist ihr und trefft Leute, mit denen ihr körperlich nicht in Kontakt steht; sowohl auf diesem Planeten und auf dieser Ebene wie auch auf anderen Planeten und Ebenen. Ihr seid sehr beschäftigt in euren Träumen. Tatsächlich würdet ihr nicht existieren, wenn ihr sie nicht hättet. Denn das ist die wahre Realität auf eine andere Weise. Es ist Wirklichkeit, es hat Gültigkeit, und wenn ihr in einem anderen Bereich eures Bewußtseins weilt, ist das hier der Traum.

F: Wie können wir jenes Bewußtsein erhalten, wenn wir aufwachen? Gibt es irgendeine Technik, um das zu erreichen?

P'taah: Das ist nicht nötig, meine Liebe, das ist nicht nötig. Du bemühst dich um ein bewußtes Verständnis der Multidimensionalität, und das wird sowieso kommen. Doch es gibt tatsächlich etwas, was ihr tun könnt, um diesen Makel des Getrenntseins zu beheben. Einerseits braucht ihr keine langen Schlafperioden. Ihr müßt nicht länger als sechs Stunden in einer Nacht schlafen. Ihr könnt diese Zeit so aufteilen, daß ihr in Intervallen von drei Stunden schlaft. Denn die frühen Morgenstunden nach Mitternacht, vor vier Uhr morgens, sind die Zeit, wo das Getrenntsein der Wirklichkeiten am wenigsten spürbar ist. Ihr könnt diese Zeit am frühen Morgen dazu nutzen, ein erhöhtes Bewußtsein zu erlangen, Abenteuer zu erleben und bewußt den Körper zu verlassen. Ihr nennt dies «außerkörperliche Wahrnehmung». Das erreicht ihr in den frühen Stunden des Morgens ganz einfach. Entspannt euch, bevor ihr einschlaft und äußert den Wunsch, daß ihr nur drei Stunden zu schlafen wünscht und dann gerne spielen möchtet. So könnt ihr diese wundervollen Bereiche des Bewußtseins erleben. Es wäre auch sehr nützlich, wenn ihr eure Träume aufschreibt. Wenn ihr zwischen diesen kurzen Schlafintervallen aufwacht, werdet ihr sehen, daß eure Träume sehr lebendig bleiben. Doch wenn ihr sie aufschreibt, tut dies auf alle Fälle mindestens während einundzwanzig Tagen. Ich kenne viele Leute, die ein Traumbuch führen und ihre Träume immer aufschreiben. Nach einer gewissen Zeit werdet ihr feststellen, daß eure Träume ein Muster aufweisen. Mit diesem Muster spricht euer Unterbewußtsein zu eurem Bewußtsein. Es ist ein großes Abenteuer, das bestimmt den Aufwand wert ist.

F: (M) Ich möchte an diesen Punkt anknüpfen und möchte gerne Klarheit über eine immer wiederkehrende (außerkörperliche) Erfahrung, während der ich im physikalischen Sinne in verschiedene Höhen reise. Letzte Nacht, zum Beispiel, stieg ich so hoch wie die äußere Atmosphäre. Was passiert da genau?

P'taah: Nun, es kommt vor, daß ihr innerhalb dieser Dimension der Wirklichkeit reist. Das erkennt ihr daran, daß ihr nicht das Gefühl habt, ihr würdet sehr weit abheben. Wenn ihr dies bewußt tut, könnt ihr eure Aufmerksamkeit auf irgendeinen Punkt dieses Globus lenken. Ihr könnt eure Freunde besuchen.

Zu anderen Zeiten seid ihr jenseits dieser Wirklichkeit. Mit euren Worten wäre das jenseits eurer Erde. Nun, wenn ihr am Anfang einer solchen Erfahrung steht, könnt ihr darum bitten, daß ihr bewußt erkennt, was geschieht. Und das könnt ihr, ob ihr schlaft und träumt oder ob ihr wach seid und eine außerkörperliche Wahrnehmung erlebt. Wenn ihr sehr oft außerhalb eurer bekannten Dimension der Realität reist, könnt ihr euch nicht bewußt daran erinnern. Selbst dann nicht, wenn ihr eine außerkörperliche Wahrnehmung habt, also bewußt auf euren Körper zurückblickt. Doch das heißt nicht, daß dies euer tägliches Leben nicht beeinflußt. Ihr habt nur keine bewußte Kenntnis davon. Doch ihr könnt eure Träume beeinflussen. Es ist möglich, daß ihr im Traum sagt: «Ich wünsche, bewußt zu erleben, daß ich mich an die Abenteuer erinnern kann.» Das könnt ihr tun. Ihr könnt ein Traumgeschehen manipulieren. Ihr könnt bewußt träumen, daß ihr träumt.

F: Als Nebeneffekt erfährt man vielleicht eine sensationelle Heilung oder ein extremes Gefühl des Wohlbefindens. Womit hat das zu tun?

P'taah: Genau so ist es. Wenn du weiter reist und dich mit deinen Brüdern und Schwestern aus anderen Wirklichkeitsdimensionen verbindest, wenn du an deren große Weisheit und große Freude anknüpfst, was denkst du, was dann geschieht, mein Geliebter? – Was denkst du, welchen Nutzen du daraus ziehst? Es leitet eine große Heilung ein. *Bittet darum, und es wird sich für euch manifestieren.* Bemüht euch nicht. Fragt danach und *laßt es ohne Erwartungen geschehen.* Wie wir bereits erwähnt haben: Erwartungen verringern die Möglichkeiten und engen das Feld der Manifestationen ein. Und das geschieht so in allen Dimensionen.

F: Besteht dabei die Gefahr, daß man nicht mehr in den Körper zurückfindet?

P'taah: Da besteht keine Gefahr. Die Frage ist aber angebracht. Es haben viele Leute Angst, daß sie ihren Weg nicht mehr zurückfinden. Wir möchten dazu folgendes sagen: *Ihr lebt in einem sicheren Universum. Nichts kann euch verletzen. Ihr könnt nicht sterben.* Eure Seele ist absolut unversehrbar, denn ihr seid souveräne Wesen. Nichts kann euch geschehen. Wo auch immer ihr im Multiversum umherreist – ihr seid sicher in der göttlichen Ganzheit eures Seins.

F: (F) Zu Julias und Gittas Frage: Was macht uns körperlich krank? Sind es vielleicht unsere Gedanken, die uns vom ursprünglichen Pfad abbringen?

P'taah: Es sind nicht die Gedanken, meine Liebe. Die Gefühle verursachen die Krankheit. *Euer physischer Körper ist ein Ausdruck eures gefühlsmäßigen Wohl-Seins oder Unwohl-Seins. Er ist natürlich auch ein Spiegel eurer Glaubensstrukturen,* eurer Vorstellung von euch selbst, eurer Vorstellung von eurer Umgebung. Wenn ihr glaubt, daß ihr nicht in einem sicheren Universum lebt, dann wird sich das Universum tatsächlich um-ordnen, um sich diesem Glauben anzupassen. Versteht ihr das? Wenn ihr glaubt, ihr wärt ein Opfer, werdet ihr ein Opfer sein. Die Menschen verstehen nicht wirklich, daß, wenn ihre Gefühle Schmerz widerspiegeln, ihr Körper diesen Schmerz ebenfalls widerspiegelt. Jetzt kommen wir in Bereiche, die ich lieber später behandeln würde. Doch wir werden jetzt trotzdem kurz darauf eingehen.

Wenn ihr also geboren werdet und mit eurem Minderwertigkeitsgefühl lebt und von euch selber glaubt, daß ihr nicht genügt und nichts wert seid, so spiegelt das Leben diesen Glauben wider. Das erschafft eine Situation, bei der ihr euch selbst verurteilt und auch die Situation verurteilt. Eure Angst vor dem Schmerz erschafft eine Mauer der Unverletzlichkeit. Wir benutzen dies nur als Beispiel, meine Lieben. Und sowie ihr unverletzlich werden wollt, erschafft ihr eine Trennung. Wegen der Furcht vor Kummer und der Furcht, daß jemand außerhalb eures Selbst euch Leid zufügen könnte, baut ihr diese Mauer der Unverletzlichkeit um euch, damit ihr nichts zu fühlen braucht. Das funktioniert natürlich nicht. Nun sind die Ängste und Gefühle zwar in einer Flasche mit einem festen Korken eingeschlossen, können aber nicht darin festgehalten werden. Denn ihr seid aus Gedanken, verbunden mit Emotionen, gemacht. *Und wo einer Emotion kein Zugang zu einem Ausdruck verschafft wird, kreiert der Körper eine Krankheit, um euch zum Handeln aufzufordern.* Das wird zu einer

Art Spirale, die zum Untergang führt. Nehmen wir zum Beispiel eine der größten Krankheiten eurer Zeit: AIDS. Ihr kennt sie doch, hm? Seht euch die Menschen an, die sie für sich kreiert haben. Ihr wißt, daß niemand eine Krankheit *«kriegt»*. Die Menschen haben sich die Vorstellung geschaffen, daß sie, wenn sie in ihren zerbrechlichen kleinen Körpern um den Planeten rasen, verletzlich für die ekelhaften kleinen Viren sind, die den Körper befallen. Das ist nicht so. Ihr seid keine Opfer, ihr seid Schöpfer. Das menschliche Bewußtsein wird immer die Situation erschaffen, die ein Ausdruck der Gefühle ist. Männliche Homosexualität ist in eurer Gesellschaft eine riesige Schande, was ziemlich außergewöhnlich ist, denn in Wahrheit sind menschliche Wesen von Natur aus bisexuell. Wir wissen, dies ist für viele Leute kein angenehmer Gedanke, doch wie auch immer, er ist für euch emotionelle Wirklichkeit. Leute, die Chemikalien in ihre Körper einspritzen, sind sehr angreifbar für diesen Virus. Wie ist das für sie? Wir sprechen von Schuld. Wir sprechen über einen Mangel an Akzeptanz, Liebe und Unterstützung. Wir sprechen von einer Art des Unwürdigseins. Wir sprechen von Leuten, deren Kindheit mit riesigen Traumas behaftet ist. Wir sprechen von Leuten ohne Hoffnung, ohne Freude. Als Folge davon kommt dann diese Krankheit, die – wir dürfen es ruhig sagen – *von euch auf der Erde zu Vernichtungszwecken ins Leben gerufen wurde.* Und seht, was sie angerichtet hat!

Es gibt auch die sogenannten Kinderkrankheiten, und jedermann rennt umher und impft sich dagegen. Da wäre noch der gesamte Bereich der Medizin zu erwähnen. Wir finden es äußerst außergewöhnlich, daß die Frauen ermutigt werden, ihren Körper auf Krankheiten untersuchen zu lassen. Wir halten es nicht für sehr vernünftig, Ausschau nach einer Krankheit zu halten. Erkennt ihr mit dem Verstehen, daß ihr eure Wirklichkeit selbst erschafft, was da passiert? Wenn eure Gedanken, verbunden mit Gefühlen, Materie und physische Realität erschaffen? Dann sagt mir, ob es vernünftig ist, wenn eine Frau ihren Körper jeden Monat auf Krankheiten hin untersucht. Das ist sehr unvernünftig. Sich gegen eine grassierende Krankheit zu impfen, was ist das anderes, als sie zu unterstützen. Doch seht, es steckt in der morphogenetischen Resonanz, im kollektiven Bewußtsein. Nun sagen wir aber nicht: benutzt keine Medikamente! Das sagen wir nicht, denn die Menschen glauben, daß sie wirken. Wir sagen aber: Ihr werdet – je mehr ihr zum Verständnis gelangt, wie ihr eure Wirklichkeit erschafft, und je wohler ihr euch fühlt und je mehr ihr mit eurer Wirklichkeit im Einklang steht – erfahren, daß ihr immer weniger Medikamente braucht. Sie haben durchaus ihre Gültigkeit. Wir möchten hierüber keine Mißverständnisse aufkommen lassen, meine Lieben. Wir zeigen euch nur auf, wie es mit ihnen ist. Ihr Da-Sein bedeutet, daß sie existieren. Darum haben sie ihre Gültigkeit und sind Ausdruck des Göttlichen, sonst gäbe es sie nicht. Wenn euer Körper krank ist, müßt ihr euch fragen, warum. Was ist das Gefühl, das hinter der körperlichen Krankheit steckt? Dann müßt ihr dieses Gefühl annehmen und natürlich auch die körperliche Krankheit. Ihr müßt wissen, daß sie nur existiert, damit ihr daraus lernt. Und mit dem Annehmen bewirkt ihr die Veränderung. Wir werden bald mehr darüber reden. Beantwortet das deine Frage, Geliebte?

F: Ja, danke Dir.

F: (M) P'taah, gibt es irgendwo andere Planeten, deren Bewohner sich ein so krasses Getrenntsein ausgesucht haben wie wir hier auf der Erde?

P'taah: Die gibt es.

F: Könntest Du das genauer ausführen, bitte?

P'taah: Das ist nicht nötig, aber es gibt natürlich viele, die zwar auf ihren Planeten technologisch fortgeschritten sind, sich aber spirituell kaum entwickelt haben. Und wo Menschen über kein spirituelles Wissen verfügen, da ist Getrenntsein. Wir möchten folgendes sagen, und es ist sehr wichtig für euch auf diesem Planeten: In der heutigen Zeit besteht ein großes Interesse am technologischen Fortschritt; wir werden wahrscheinlich später darüber mehr sagen. Im Moment dazu folgendes: Wenn sich die Technologie weiter entwickelt, folgen große Veränderungen. Viele dieser neuen Technologien, genauer gesagt, die kristalline Technologie, die auf einem Mechanismus ohne bewegliche Teile beruht – und wir sprechen hier speziell vom Transportwesen, obschon es manches mehr betrifft –, benutzen als Antriebskraft die Gedankenenergie. Und da, wo es kristalline Technologie gibt, herrscht enormes Wachstum. Es gibt auf eurem Planeten – eigentlich in jeder Realität – zwei schöpferische Kräfte: die Angst und die Liebe. *Wo es technologischen Fortschritt ohne Spiritualität gibt, sprechen wir von Angst.* Wenn die Gedanken derjenigen, die die Macht über die Technologie besitzen, von Angst geprägt sind, wird diese Angst millionenfach verstärkt. Daraus entsteht dann Zerstörung und Verwüstung. Wo Technologie auf Gedankenenergie beruht, die von Liebe durchdrungen ist, vervielfacht sich die Liebe. Solange die Menschen nicht verstehen, wie wichtig Gedanken sind, wie wichtig es ist zu wissen, daß sie ein Ausdruck des Göttlichen sind, solange sie nicht verstehen, wie ihr Universum funktioniert, wird eine solche Technologie die Zerstörung eures Planeten bedeuten.

Wie auch immer, meine Geliebten, ihr braucht das, was ihr euch ausgesucht habt, nicht zu fürchten. Deshalb sind wir hier. Um mitzuhelfen, damit diese wunderbare Idee Früchte trägt, damit ihr diese großartige Technologie erreichen werdet, damit ihr das Wissen und das Verständnis erlangt und ins Gleichgewicht kommt, damit sich die Menschheit der sogenannten Großen Föderation der Seelen, die euch erwartet, anschließen kann. *Es wird Zeit für euren Planeten, seinen rechtmäßigen Platz einzunehmen.*

F: (F) In der heutigen Zeit betrübt es mich, Zeuge von Sklaverei zu sein. Sei es nun auf anderen Welten oder auf dieser. Ich komme wohl mit der Natur zurecht, aber ich finde es sehr schwierig, wenn ich sehe, was in der Welt geschieht. Das betrübt mein Herz...

(Die Frau, die die Frage gestellt hat, wird für einen Moment von ihren Gefühlen überwältigt.)

P'taah: In der Tat, meine Liebe. Das wird sogar mehr und mehr so sein. Sagen wir es so: In dem Maße, wie sich die Menschheit auf ein größeres Verständnis zubewegt, wird der Widerstand derjenigen wachsen, die nicht den Wunsch haben, daß dies geschieht. Laßt hier keine Mißverständnisse aufkommen. Es gibt viele, die sich sträuben werden und in ihrer Angst und ihrem

Schrecken so viele Probleme verursachen, wie sie nur können. Und du hast ganz recht, meine Liebe: das einzige, was eine Veränderung bewirkt, ist, sie anzunehmen und zu wissen, daß alles, was nicht Liebe ausdrückt, ein Ausdruck von Angst ist. Jene mit einer Gier nach Macht haben in Wirklichkeit Angst, sie wären machtlos. Jene, die nach den Reichtümern der Welt trachten, leben in Angst, keinen Reichtum zu erlangen. Und sie verstehen nicht, daß es einen Reichtum des Geistes gibt. Jene, die dich tatsächlich versklaven wollen, sind die, die Angst davor haben, versklavt zu werden. Es heißt, all dies anzunehmen. Und indem ihr annehmt, bewirkt ihr die Veränderung.

F: Mit anderen Worten bedeutet das also: Wenn ich fürchte, von jemandem versklavt zu werden, versuche ich, irgendwie diesen Jemand zu versklaven.

P'taah: Genau. Wenn du in Angst lebst, versklavt zu werden, meine Liebe, ist es genau das, was du hervorbringen wirst. *Das Universum wertet nicht.* Es spielt keine Rolle, ob du Gedanken, verbunden mit Angst oder Liebe, aussendest. Das Universum unterscheidet nicht. Du wirst anziehen, was du aussendest.

F: Das würde heißen, was sie machen, ist in Ordnung, und wenn ich das einmal weiß, brauche ich nicht mehr traurig zu sein.

P'taah: Genau. Wenn du verstehst, was du damit kreierst, dann hast du einen Überblick. Man muß einen Schritt zurücktreten, um die Situation zu überblicken. Man muß erkennen, daß sich alle Leute auf diesem Planeten abmühen, um das zu erreichen, was sie sich wünschen, ob dies nun bedeutet, jemanden zu versklaven oder umgekehrt. Sowie du einen Gedanken aussendest, ziehst du genau das an, was das dazugehörige Gefühl beinhaltet. Du bestehst aus schwingender Frequenz, das ist *alles*, was du bist. Doch tatsächlich ist dies das Größte überhaupt. Ihr seid schwingende Frequenz. Und Gedanken sind schwingende Frequenz, verbunden mit Gefühl. Wenn ihr begreift, daß ihr in einem sicheren Universum lebt, daß ihr unabhängige Wesen seid, daß der einzige, der euch tatsächlich versklaven kann, ihr selber seid, wenn ihr versteht, daß ihr genau das anzieht, was ihr glaubt, dann habt ihr auch verstanden, daß ihr so euer Dasein mitkreiert. Auf diese Weise werden die Leute nach und nach verstehen lernen. *Wenn ihr erkennt, daß ihr in einem sicheren Universum lebt, daß ihr eure Wirklichkeit absolut selber erschafft, wenn ihr versteht, daß die größte Macht im Multiversum die Liebe ist und ihr von Nichts und Niemandem getrennt seid und daß alles, was ihr erblickt, ja alles, was in den euch bekannten und unbekannten Daseinsebenen existiert, ein Ausdruck ist von* ALLEM, WAS IST, *dann werdet ihr zu einem Licht auf dieser Welt und erschafft somit die Veränderungen, die ihr euch alle so sehr wünscht. Und sowie ihr euch Freude wünscht und Friede und Ruhe, und sowie ihr euch wünscht, auf euerem Planeten ein Paradies zu erschaffen, so werdet ihr dies manifestieren. Ihr müßt in euren Herzen wissen, daß nichts wirklich zerstört werden kann. Ihr seid heilig, euer Planet ist auch heilig, das, was ihr seid, macht meinem Herzen Freude.* Ihr müßt jedoch das, was ihr seid, akzeptieren, meine Lieben. Ihr müßt jede Facette eures Seins als göttlichen Ausdruck anerkennen. Denn seht – alles fällt auf euch zurück, und ihr braucht nichts zu tun. Ihr braucht nur einfach zu *sein*, mit dem Wissen, daß ihr nichts Falsches tun könnt. Es gibt nichts, das ihr sein könnt, was nicht auch ein Ausdruck des Göttlichen ist. Und je mehr ihr euer Sein akzeptiert und anerkennt, desto mehr könnt ihr alles andere akzeptieren und anerkennen. Das nennt man dann Unabhängigkeit und Freiheit. Und man nennt es zum Licht vordringen, man nennt es nach Hause kommen, zu seinem wirklichen SELBST.

Das ist, meine Lieben, genug für heute. Ich wünsche mir, daß ihr mit Liebe und Freude gehen mögt und nichts tut – nur seid. Und wenn ihr am Morgen in den Spiegel blickt, schaut euch in die Augen und sagt: Tatsächlich, Geliebter, du bist ein Ausdruck des Göttlichen.

Denn das seid ihr tatsächlich. Ich wünsche euch einen schönen Abend.

Ich liebe euch.

Dritte Übermittlung

11. September 1991

P'taah: Guten Abend. *(Mit seiner dynamischen Art zu grüßen gewinnt P'taah die volle Aufmerksamkeit jedes Anwesenden.)*

Nun meine Lieben – welch eine Freude, wieder bei euch zu sein! Und auch diejenigen unter euch, für die das eine neue Erfahrung ist, seien willkommen! In der Tat, ihr seid willkommen, denn die Zeit ist reif.

Nun, wir wollen den heutigen Abend zunächst den Beziehungen widmen. Der Beziehung vom Selbst zum SELBST und natürlich den Beziehungen zu den Wesen, die ihr – aus welchen Gründen auch immer – in euer Leben hineinnehmt. Wir haben früher erwähnt, daß ihr eure Realität selber erschafft, daß es tatsächlich *keine Sache wie einen Unfall gibt, daß es keinen Zufall in euren Leben gibt.* Wir haben mit euch über eure persönliche Realität und die kollektive Realität gesprochen. Beide basieren auf euren Glaubensstrukturen. Wir haben des öfteren gesagt, daß ihr das, was ihr über euer Selbst glaubt, also genau das, woran ihr glaubt, auch anzieht.

Laßt uns zuerst einmal über die Liebe reden, die ihr euch alle so dringend wünscht und die den meisten ebenso schnell wieder entgleitet. Sowie ihr glaubt, jeder einzelne von euch, daß ihr nicht wert seid, geliebt zu werden – und wir werden das noch weiter ausführen – so erschafft ihr genau dies. *Wenn ihr als Menschen euer Selbst wirklich lieben würdet, wenn ihr in das, was ihr seid, verliebt wärt, wenn ihr euch – mit dem Wissen, daß ihr göttlicher Ausdruck seid – gänzlich anerkennen und akzeptieren könntet, wäre jede Beziehung auch tatsächlich eine Liebesbeziehung.* Daß dem nicht so ist, ist das direkte Spiegelbild davon, *wie ihr euch selber seht,* wie sich diese Sicht in allem außerhalb eures Selbst wiederspiegelt.

Die meisten Menschen haben einen ziemlich engen Gesichtskreis, was ihr Verständnis der Liebe angeht. Wenn ein Kind geboren wird, dann zeigt sich gewöhnlich eine große Liebe und Zärtlichkeit für das neugeborene Baby. Die offensichtliche Hilflosigkeit erweckt eine wunderbare Zärtlichkeit und ein wunderbares Mitgefühl. Sowie das Baby heranwächst und eine Person mit einem eigenem Willen wird, werden ihm die sozialen Konventionen auferlegt: Die Eltern erwarten vom Kind, so zu sein, wie sie das wollen, ohne Rücksicht darauf, wer oder was das Kind sein will. Sehr oft empfindet das Kind das als Mangel an Liebe, und es spielt keine Rolle, welch gute Eltern sie sonst sein mögen. Wenn das Kind mit diesem Mangel an Selbstwert und an echter Kommunikation mit seinen Eltern aufwächst, sind die Mißverständnisse bereits programmiert. So kommen in eine Liebesbeziehung auch die Beschränkung der betreffenden Personen mit hinein. Ob es sich hierbei um eine Beziehung zwischen Mann und Frau, Frau und Frau oder Mann und Mann handelt, macht dabei keinen Unterschied.

Denn in Wahrheit sprechen wir von der Herzensliebe, und wie auch immer sie sich zeigt, ist es in Ordnung. Doch wir bitten euch, es einmal auf diese Weise zu betrachten: Das, was ihr von euch selber und von der Liebe glaubt, und das, was ihr von anderen Leuten glaubt, diese Gedanken werden durchs Universum gesandt. Gedanken – die euer mächtigstes Werkzeug, ja sogar viel mehr sind – haben ihre eigene Macht, ihre eigene *(nennen wir es elektromagnetische)* Energie, und ziehen genau das an, was sie aussenden. Und deshalb, wie wir schon erwähnt haben, wenn ihr glaubt, daß Liebe Schmerz bedeutet, wenn ihr glaubt, daß Liebesbeziehungen nicht ewig halten, wenn ihr glaubt, daß ihr in Wahrheit der Liebe nicht wert seid, ist das natürlich genau das, was ihr auch anzieht. Es ist dann eine Person und eine Situation, die euch widerspiegelt, was ihr glaubt. So einfach ist das.

Nun, da gibt es auch folgendes zu bedenken: Liebe, die nach außen projiziert wird – und wir meinen damit das, was bei den Menschen der bedingungslosen Liebe am ehesten nahe kommt – ist da, um euch zu zeigen, wie es sein könnte, wenn ihr euch selbst lieben würdet. Es ist eine Lektion, ein Spiegelbild, denn: *Bevor ihr nicht wirklich das lieben könnt, was ihr seid, ihr nicht wirklich jede*

Facette dessen, was ihr wirklich seid, anerkennen und akzeptieren könnt, wißt ihr nicht, was Liebe ist. Sowie ihr jedoch das, was ihr wirklich seid, akzeptieren und annehmen könnt, spiegelt sich das auf dem ganzen Planeten wider. Diese wundervolle Liebesbeziehung des Selbst zum SELBST wird ins Universum ausgesandt. So gesehen, vereint sich das Selbst mit dem SELBST. Auf diese Weise nämlich: Wenn ihr euch erlaubt zu *sein*, erreicht ihr den Ausgleich zwischen männlicher und weiblicher Energie innerhalb eures Selbst. Dieser Ausgleich spiegelt sich außen, in eurem Universum wider. Somit seht ihr, meine Geliebten, was auch immer ihr lesen mögt, was auch immer ihr sucht, wem auch immer ihr zuhört, welchem wunderbaren Lehrer oder Guru ihr auch immer folgt, immer, immer fällt es auf euch selbst zurück.

In letzter Zeit, wenn wir mit der heutigen Menschheit gesprochen haben, war immer eine enorme Neugier nach dem «da draußen» vorhanden, hm? Nach den Wesen von anderen Orten, seien es nun Wesen von anderen Sternensystemen oder die Menschen innerhalb eurer Erde oder sei es eine große Technologie jenseits der wildesten Vorstellung der Menschheit. Ich werde euch immer die gleiche Antwort geben: Bevor ihr nicht wißt, wer ihr seid, könnt ihr euch auch nicht wirklich vorstellen, was jenseits des Bewußtseins der Menschheit der heutigen Zeit liegt. Meine Lieben, das könnte man auch «die Verantwortung auf eure Schultern legen» nennen. Denn sowie jeder einzelne von euch ein größeres Wissen erlangt, steuert er das zu einem größeren Wissen der gesamten Menschheit bei.

(P'taah's folgender Punkt bezieht sich auf ein Prinzip, welches das Gesetz der Resonanz und Affinität genannt wird. Ein gewisser Aspekt, der vielleicht besser bekannt ist unter «the hundred monkey syndrom».) Das Wissen der Menschheit ist Teil der sogenannten morphogenetischen Resonanz, Teil des kollektiven Bewußtseins. Diese Resonanz hat sich verändert, wenn eine gewisse Energie – einige sagen, es benötigt eine Anzahl von Leuten, aber in Wirklichkeit ist es eher eine Schwingung – wenn diese Schwingung des Wissens einen bestimmten Grad erreicht, wird ein Quantensprung eingeleitet, und das gesamte menschliche Bewußtsein wird einen Sprung vorwärts in die Erkenntnis tun.

Dieser Sprung erfolgt nicht wegen eines intellektuellen Wissens. Wir wollen den Intellekt nicht schlechtmachen, meine Lieben, bestimmt nicht, aber wir sagen euch, daß echtes intellektuelles Wissen nicht ohne das spirituelle Wissen aus dem Herzen jedes einzelnen aufkommen kann. Was ihr bis jetzt alle kennt, ist Unausgewogenheit. Was in eurer jetzigen Kultur vorherrscht, ist ein Intellekt, der die Gefühle verachtet. Doch seht, ihr alle seid vibrierende Frequenz, die von Gefühlen angetrieben wird. Ihr seid der Gedanke des ALLES, WAS IST, angetrieben von Gefühlen. In der euch bekannten Kultur, also in jüngerer Zeit, wurden die Gefühle und die Vorstellungskraft mit viel Verachtung betrachtet. Eure Vorstellungskraft ist jedoch das größte Werkzeug, das ihr besitzt, eure größte schöpferische Kraft. Denn ihr seid kreativ, jedes Atom, jedes Molekül eures physischen Körpers ist kreativ, machtvoll und absolut integer, sonst wärt ihr nicht hier. Eure Vorstellungskraft kann euch jenseits von Ort und Zeit tragen, aber Gefühle können das auch. Weibliche Energie ist tatsächlich das, was euch einmal leichter zum Verständnis der Gefühle führt. Geschehen lassen, fühlen, intuitiv sein! Was heißt intuitiv sein? Viele Menschen haben keine Ahnung davon, und tatsächlich haben wir häufig gehört, daß Frauen oft großem Spott ausgesetzt sind, wenn sie zum Beispiel sagen: «Ich möchte dies und jenes tun, denn ich habe das Gefühl», hm? Das wird «ausgebuht», das ist nicht logisch, das kommt nicht vom Intellekt, das ist Unsinn, das ist Frauenzeugs, hm? Nun wir stellen mit Freude fest, daß dies immer seltener vorkommt. Die Menschheit lernt besser zu verstehen, daß Intuition niemals falsch ist, sonst wäre es keine *Intuition*. Nun ist es aber für viele schwierig, sich daran zu gewöhnen, ihrer Intuition zu folgen, denn sie macht sich nur während einer Mikrosekunde bemerkbar. Wenn ihr mit eurem gestreßten täglichen Leben beschäftigt seid und eine Entscheidung trefft, und dann sagt euch in einer Mikrosekunde eine Stimme: «Nein», oder sie sagt auch: «Ja, tu dies» oder «jenes», und ihr seid beschäftigt und unausgewogen, dann hört ihr nicht darauf. *Was ihr Intuition nennt, ist weibliche Energie*. Es würde euch allen gut anstehen, wenn ihr auf diese leise innere Stimme hören würdet, hm? Damit in Berührung zu kommen, ist ähnlich – wie wir schon gesagt haben – wie auf euren Körper zu hören: Wenn euer Körper mit euch spricht, wenn da ein Unwohl-Sein eures Körpers ist, dann will er euch etwas sagen, hm?

Nun, in diesem Sinne haben die Menschen Angst vor ihren Gefühlen. Eine bekannte Geißel der Menschheit wird Schmerz genannt, auch Pein, Verlassenheit, gebrochenes Herz. Vom Zeitpunkt eurer Geburt an, von dem Moment an, wo ihr die erste schmerzvolle Erfahrung des Ungenügendseins macht, errichtet jeder einzelne eine Mauer der Unverletzlichkeit um sich selbst. Ihr alle habt Angst, wieder verletzt zu werden. Enttäuschungen, die Qual des Lebens, Schmerz, ihr alle kennt das sehr gut. Das findet ihr bereits in jungen Jahren heraus. Und ihr verwechselt dann Schmerz mit Gefühlen. Doch seht, meine Geliebten, *Schmerz ist kein Gefühl.* Das, was Schmerzen macht, ist der Widerstand, den ihr gegen die Gefühle habt. Es ist wichtig, daß ihr das versteht: *Schmerz ist Widerstand gegen die Gefühle.*

Wir möchten das so erklären: Wenn ihr in einer eurer Lebenssituationen große Freude empfindet, ist das Gefühlszentrum, das sich im Bauch befindet, offen. Wenn ihr richtig lachen müßt, dann kommt es aus dem Bauch, hm? Wenn ihr also eine Situation als lustig und freudig beurteilt, dann sind die Energiezentren in eurem Körper offen. Gefühle sind Energie, sonst nichts. Das ist, woraus *alles* besteht: Energie. Wenn also eine Situation entsteht, die ihr als freudig beurteilt, sind alle Chakras, alle Energiezentren innerhalb eures Körpers offen. Und so beginnt die Freude im Bauch und bewegt sich ohne Widerstand durch alle offenen Energiezentren weiter, und euer Herz wird lebendig. In diesem Moment der Freude lebt ihr im Jetzt, ohne Vergangenheit und ohne Zukunft, und jedes Atom und Molekül in eurem Körper schwingt mit dieser Freude mit. *Meine Geliebten, frohe Menschen haben keine körperlichen Krankheiten.*

Wenn ihr nun aber in eine Situation kommt, die ihr als schmerzvoll beurteilt, vor der ihr Angst habt und zittert, weil sie euch Schmerzen zufügen wird, dann ist das Energiezentrum im Bauch geschlossen. Jeder von euch kennt das. Wenn ihr in eine solche Situation geratet, schockiert seid und Schmerz empfindet, wo fühlt ihr's dann, hm? Im Bauch! Wir haben den Ausdruck gehört: «Das war ein Tritt in die Magengegend», ja? Negatives Verurteilen fühlt sich im Bauch an wie Stahlklauen, und die Energie kann nirgendwo hin. *Das* nennt man dann Schmerz. Nun, was denkt ihr, erzeugt Schmerz? – *Verurteilen. Es gibt keinen anderen Grund für Schmerzen.* Es ist das Verurteilen, das diesen Widerstand schafft, den man Schmerz nennt. Schmerz, meine Lieben, häuft sich an. Ihr kennt das seit Urzeiten, von einem Leben zum anderen. Das ist euch allen wohlbekannt.

So, was geschieht in euren Leben? Als kleines Kind werdet ihr minderwertig gemacht. Das braucht keine «große Angelegenheit» zu sein. Etwas ganz Einfaches. Man gibt euch einen Schlag hinten drauf und sagt, ihr wäret ungezogen, obschon ihr es nach eurer Auffassung gar nicht wart. Man sagt euch, ihr seid nicht schön, man sagt euch, ihr seid dumm und vieles mehr. Und so beginnt ihr, euch für minderwertig zu halten, und dadurch erfahrt ihr Schmerz. Wenn ihr dann größer werdet, lernt ihr damit umzugehen. Und was heißt das, damit umzugehen? Das heißt, daß ihr eine Mauer um euch errichtet, damit ihr unverletzbar werdet, so daß ihr nicht mehr verletzt werden könnt. Aber natürlich werdet ihr doch wieder verletzt. Also baut ihr eine noch größere, noch dickere Mauer. Und während ihr zum Erwachsenen heranreift, wird die Mauer natürlich noch höher und dicker. Ihr lernt dann, eure Gefühle nicht mehr zu zeigen. Ihr lernt sie zu verstecken und habt Angst, euer Herz zu öffnen. Denn wenn ihr es tätet, würdet ihr verwundet werden. Jedes Mal, wenn ihr Schmerzen habt, «überwindet» ihr sie. Und es geschieht wieder, und es wird immer mehr und mehr. Ihr verurteilt euch selbst zunehmend und verurteilt den Rest der Menschheit. Häufig seid ihr ein «Opfer» der Regierung, «Opfer» der Personen in eurem Leben. Und mit wachsender Angst zieht es euch mehr und mehr zu solchen Situationen und Leuten, die euch genau das geben, was ihr glaubt. Versteht ihr nun, wie das zu einem Kreislauf wird? Wovor ihr alle so Angst habt, ist, zu sagen: «Ich habe Angst» oder «Ich bin verletzt.» Ihr habt Angst zu sagen: «Ich lebe mein tägliches Leben, aber in Wahrheit sterbe ich an einem gebrochenen Herzen.» Und seht, ihr Lieben, ihr alle sterbt an gebrochenen Herzen und könnt nicht darüber reden, habt Angst, euch das einzugestehen, Angst, das, was ihr seid, anzuerkennen. Ihr habt solche Angst, nicht zu genügen, und wagt es nicht, es zuzugeben. Denn ihr glaubt, daß alle anderen die Antworten haben, daß ihr tief in eurem Herzen tatsächlich schlimmer seid als alle anderen. Ihr begutachtet alle Bereiche eures Lebens, eure geheimsten Gedanken und euer sogenanntes verstecktes Betragen. Und dann «wißt» ihr, daß ihr unwürdig seid, ihr «wißt», daß ihr niemals «dorthin gelangen werdet». Für viele von euch scheint es, als wäre dies alles eine völlig absurde Heuchelei. *Obwohl doch alles, was ihr wirklich wünscht, Ganzheit ist.*

Und das alles geschieht nur, weil ihr nicht wirklich versteht, daß das, was ihr seid, ein Ausdruck des Göttlichen ist. Wer und was ihr wirklich seid, ist so wunderbar, man kann es mit Worten gar nicht ausdrücken. Wenn wir euch sagen: Wirklich, ihr seid der Gedanke des ALLES, WAS IST, der Urquelle, dann tut ihr folgendes: Ihr personifiziert dieses ALLES, WAS IST. Wenn wir Gott/Göttin sagen, glaubt ihr tatsächlich, daß es einen personifizierten Gott gebe. Doch seht, das ist ein Mangel an Verständnis für die Natur der «Ersten Ursache». *Wenn ihr euch vorstellen könnt, daß dieses* ALLES, WAS IST *keine Person ist, dann könnt ihr wirklich erkennen, daß es alles einschließt, auch das, was ihr seid.* Der göttliche Faden geht durch jedes Atom und Molekül, durch jedes Universum. *Diese Kraft ist innerhalb von allem.* Ihr könnt alle Dinge betrachten und tief in eurem Herzen *wissen:* jeder Grashalm, jeder Vogel, jede Blume, jeder Baum und jede Kreatur, jeder Fels und sogar das, was ihr als von Menschenhand gemacht betrachtet – all dies, wirklich alles ist dieses ALLES, WAS IST. Wenn ihr dies im Spiegel außerhalb von euch erkennen könnt, kann das helfen zu verstehen, daß ihr es wirklich ebenfalls seid. Manchmal ist es viel einfacher, euch davon ein Bild zu machen, was sich außerhalb von euch befindet als ein vollständiges Bild darüber, was ihr tatsächlich seid.

Nun gut, ihr Lieben, an dieser Stelle möchten wir euch um eure Fragen bitten.

F: (F) Danke, P'taah. Was du gerade gesagt hast, könnte auch so interpretiert werden, daß es kein Modell für Perfektion gibt. Wir haben uns während unserer langen Geschichte immer an ein Modell der Perfektion gehalten.

P'taah: Das ist eine sehr gute Feststellung. Wir haben uns mit euch schon früher über die Rollenmodelle eurer kulturellen Gesellschaft unterhalten. Vielleicht sollten wir es wiederholen. Schaut, das gehört zu eurem Gefühl des Unwertseins, denn es wurde euch ein Ideenkonstrukt übermittelt, das in Wahrheit jeglicher Realität entbehrt. Das meinen wir im Sinne eines universellen Gesetzes. Da war – nicht nur in dieser Kultur, auch in vielen anderen Kulturen – diese eine Person, die das gesamte Wunder perfekt verkörperte, und darum strebt ihr gefühlsmäßig alle nach diesem Rollenmodell. Wir nehmen jetzt als Beispiel dafür den, der Jesus genannt wird, den Christus. Wir haben sehr wohl festgestellt, daß dieser in eurer Kultur vorherrscht. Und wie wir schon gesagt haben, ob ihr intellektuell damit einverstanden seid oder nicht, so strebt ihr doch gefühlsmäßig nach diesem Rollenmodell. Wir sprechen hier über das kollektive Bewußtsein, die morphogenetische Resonanz eurer Kultur, in der ihr gefangen seid, ob ihr das erkennt oder nicht.

Nun, dieser Perfekte: so solltet ihr auch alle sein, solltet jedenfalls danach streben. Doch seht, das birgt in sich einen Widerspruch. Denn was ihr unter Perfektion versteht, nennt man ein fertiges Produkt. Seid ihr das? Ihr seid nicht fertig und werdet es auch nie sein, nicht in dieser Realitätsdimension und wahrlich auch in keiner anderen Realität. Denn sollte etwas einmal fertig sein, ist es nicht mehr. Versteht ihr das? Alles ist im Begriff zu werden, befindet sich in einem Stadium des Wachstums, der Ausdehnung. Alles, wirklich alles. Jede Zelle in eurem Körper ist berstend voll mit Kreativität, steht nie still. Da gibt es kein Molekül, das still steht, sonst wäre es nicht. Schaut den Mikrokosmos und den Makrokosmos an – steht irgend etwas in eurem Universum still? Natürlich nicht. Darum ist diese zum Abschluß gekommene Perfektion, wonach ihr so strebt, ein absoluter *Unsinn*. Glaubt ihr, wenn ihr erleuchtete Meister seid, dann wäre mit allem Schluß? Ich will euch sagen: Es ist nicht so! Denn die verschiedenen Dimensionen der Wirklichkeit sind unendlich. Die Energie der Ersten Ursache steht nicht still. Sie dehnt sich immerfort aus, bewegt sich, sonst wärt ihr nicht hier, und auch alles andere wäre nicht da. Versteht ihr das? Darum ist es an euch, das genauer anzusehen, zu begreifen, daß dieses Rollenmodell, das verbreitet wurde, ein nützliches Werkzeug war, euch zu versklaven. *Wir wollen hier keine Mißverständnisse aufkommen lassen: Das, was ihr auf dieser Ebene Religion nennt, war immer und ist immer noch ein Werkzeug zur Versklavung. Es wird benutzt, um euch in Ketten zu halten, um euch unter Kontrolle zu halten, damit ihr keine Eigenständigkeit und Entscheidungsfreiheit kennenlernt.* Beantwortet das deine Frage, Geliebte?

F: Ja.

F: (M) Für Joshuah Ben Joseph muß das ja sehr enttäuschend sein, wenn er sieht, was wir aus seinen Lehren gemacht haben.

P'taah: Nicht wirklich, Geliebter. Der, den ihr Joshuah Ben Joseph nennt, ist in Wirklichkeit jetzt ein *Ideenkonstrukt*. Was die Leute von ihm, der wirklich einmal physische Realität war, glauben, hat nichts mit seiner wirklichen Person zu tun. Er wurde zu einem Ideenkonstrukt, und dieses hat genauso seine Gültigkeit und seine Wirklichkeit. Es ist Wirklichkeit, aber es liegt an euch, an dieser Realität *nicht* teilzunehmen. Es gibt kein Verurteilen außerhalb von hier, meine Geliebten. Ob dies nun euer Hier ist, oder das «Hier» von jemand anderem, hm?

Es gibt kein Gericht im Universum, es gibt auch keinen Joshuah Ben Joseph in den Wolken oben, auch keinen Gott oben im Himmel, der Buch über euch führt und sagt: «Du wirst es nicht schaffen.» Es ist eure Wirklichkeit, es liegt bei euch, Tag für Tag, daß ihr genau das anzieht, was ihr noch lernen müßt. Und was ihr gelernt habt, braucht ihr nie mehr zu erleben. Fragen?

F: (M) Es scheint also, daß dieses Verurteilen einer größeren Harmonie im Wege steht. Wie läßt man dann dieses Verurteilen hinter sich? Es passiert ja immer wieder.

P'taah: Meine Geliebten, laßt uns Verurteilen nicht mit Einsicht verwechseln. Versteht ihr den Unterschied? Verurteilen ist, wenn ihr sagt: «Dies ist richtig und jenes ist falsch.» «Dies ist gut und jenes ist schlecht.» Denn in Wahrheit gibt es kein richtig oder falsch, kein gut oder schlecht – es IST einfach. Nun, wir haben noch etwas anderes speziell unter den «New Age» Denkern bemerkt. Ihr wißt, wen ich meine, hm? Die «New Agers» – wie hieß das Wort schon wieder, meine Geliebte *(P'taah wendet sich an eine Freundin von Jani King)*, das Wort, das man für die New Agers benutzt – «whoofties»[8]? Nun, wir scherzen, denn es gibt die New Age Bewegung, und natürlich hat sie ihre Gültigkeit. Es ist eine Bezeichnung für alle, die begierig an einer Ausdehnung des Bewußtseins teilnehmen wollen. Wie auch immer, wir haben bemerkt, daß viele, die zu dieser New-Age-Bewegung gehören, alle Scheinheiligkeiten und Heucheleien der alten Religionen übernommen und sie einfach in ein New-Age-Denken übersetzt haben. Die Heuchelei ist: «Meine Einstellung ist heiliger als deine», was kaum mit Erweiterung des Bewußtseins zu tun hat. Wir haben viele dieser Leute sagen hören: «Dies ist falsch und jenes ist richtig, und wenn du es nicht auf diese Weise tust, bist du keiner von uns und wirst es nie schaffen», oder «Nun gut, der ist halt noch weit entfernt von der Erleuchtung», oder «Der dort ist zu kriegerisch eingestellt, der wird's nie schaffen», hm? Nun, das ist alles in Ordnung: gut, schlecht, richtig, falsch – grundlegendes Verurteilen. Es ist nicht einfach, das, was seit Urzeiten Teil eurer Kultur war, zu überwinden. Von einem Leben zum nächsten habt ihr gut, schlecht, richtig, falsch gekannt – das ist in Ordnung so. Einsicht bedeutet, wenn ihr sagen könnt: «Dies ist eine Form, und jenes ist eine andere, und dies ist meine Wahl.»

Seht, meine Frau sagt oft: «Hm, was für ein Schweinehund!», und die Leute sind äußerst schockiert. Wie kann jemand, der sich mit diesen wunderbaren Themen beschäftigt, so etwas sagen. Das ist nicht einmal alles, was sie so sagt. Sie kann sehr farbig werden. *(Gelächter im Publikum.)* Wie auch immer, das Wort spielt keine Rolle, es ist die Absicht, die zählt. Es gibt viele, die solche New-Age-Plattheiten von sich geben, während in ihren Herzen die Vorurteile toben – und das ist in Ordnung so. Es muß euch nur bewußt werden, dann werdet ihr erkennen, was Verurteilen ist.

8 Anm. d. Ü.: «Whoofties» sind die Mitglieder der New-Age-Bewegung, die bereits in «höheren Dimensionen» schweben und den «noch nicht so Erleuchteten» Ratschläge erteilen, was man tun darf und was nicht.

Wißt ihr, ihr Lieben, was den Leuten passiert, die der Erleuchtung nachjagen ? Sie wissen: Verurteilen «tut man nicht», Verurteilen ist «falsch», und so verurteilen sie das Verurteilen. Man kann nicht das Verurteilen als falsch verurteilen, das ist keine Erleuchtung. Ist das nicht albern? Das Verurteilen als falsch zu verurteilen, wirft euch auf dem direkten Weg zurück in die alten Geleise. Doch man soll sich darüber nicht lustig machen. Verurteilen hat seine Gültigkeit, weil es existiert. Das Verurteilen ist ein göttlicher Aspekt eures Wesens. Und der einzige Weg, der zu einer Veränderung führt, ist zu akzeptieren, daß ihr verurteilende Wesen seid. Wenn ihr eine Veränderung wünscht, und wenn ihr annehmen könnt, daß ihr verurteilende Wesen seid, dann bewirkt ihr diese Veränderung. Doch was ihr ablehnt, das ermächtigt ihr, das werdet ihr anziehen.

Ihr seht, das ist alles äußerst paradox, widersprüchlich. Doch es besteht kein Grund, alles so ernst zu nehmen. Ich möchte euch folgendes sagen, meine Lieben:

Den größten Ausgleich schafft das Lachen – wenn ihr wirklich aus dem Bauch lachen könnt. Ich würde sagen, daß viele Dinge in diesem Leben, und gerade viele dieser ungemein wichtigen Angelegenheiten, äußerst komisch sind. Wenn ihr darüber lachen könnt und Freude daran findet, auch an den Widersprüchen, dann lebt ihr im Jetzt, nicht in der Vergangenheit und nicht in der Zukunft. Auf diese Weise kreiert ihr Freude.

An diesem Punkt wollen wir eine Pause machen, meine Lieben, so daß ihr eure Körper erfrischen könnt. Dann werden wir zurückkehren, und ihr mögt noch viele Fragen stellen.

(P'taah entfernt sich und kehrt nach der Pause zurück.)

P'taah: So meine Lieben – Fragen?

F: (M) Wegen dem Lachen und daß das Lachen ausgleicht. Könnt ihr auf Eurer Ebene des Bewußtseins auch von Herzen kindlich und albern sein?

P'taah: Aber natürlich. Kindlich, im Sinne dieser Bedeutung: offen für Wunder sein. Seht, kindlich ist nicht kindisch, versteht ihr das?

F: Ja.

P'taah: Und Wunder in diesem Sinne machen alle Dinge neu. Staunen bedeutet Anerkennen, ja die Ehrfurcht, mit der ihr euer Universum betrachtet: Das Erkennen des Göttlichen in allen Dingen.

F: Wie steht's mit zynischem Witzeln?

P'taah. Hm, weißt du, mein Lieber, das ist auch in Ordnung. Zynisch sein, über die Schwächen der Menschen lachen und dabei erkennen, daß du über dich selber lachst, hm? Da ist nichts Falsches dabei.

F: Aber lachst du wirklich auf Eurer Ebene?

P'taah: Aber natürlich. Sollte ich nicht lachen auf dieser Ebene? Wir hätten's nicht gerne, wenn ihr denken würdet, daß wir sehr ernst sind, daß wir nicht gerne lachen und uns necken. Das ist alles Teil der Freude. Andererseits haben wir bemerkt, daß viele bei einem gewissen Grad der Verzweiflung lachen. Und wäre es nicht zum Lachen, würdet ihr weinen müssen. Wir haben auch bemerkt, daß das Lachen von den Tränen ablenkt. Doch seht, was für ein Gefühl auch immer ihr habt: wenn es sich stark anfühlt, heißt das, daß ihr euch im Jetzt befindet. Obschon das alles seine Gültigkeit hat, ist es natürlich unser Herzenswunsch, daß eure starken Gefühle die der Freude sind. – Fragen?

F: (F) Du hast von schmerzvollen Gefühlen gesprochen, die wir in uns anhäufen. Ich würde nun gerne wissen, wie man das verhindert.

P'taah: Nun, damit wendest du dich einem Thema zu, das wir später noch ausführlicher besprechen wollen. Jetzt möchten wir folgendes sagen: Da gibt es, wie ich schon erwähnte, in den Menschen diese Angst vor Gefühlen. Nun, wenn sich die Energie dieser Gefühle im Körper ansammelt, kann man sie sowohl ausdrücken als auch unterdrücken. Wenn die Gefühle unterdrückt werden, ist das der Grund dafür, daß der Körper mit schweren Krankheiten reagiert. Es gibt viele neue Therapien, und wenn wir neu sagen, meinen wir in jüngster Zeit, wo die Leute dazu ermutigt werden, Gefühle auszudrücken. Wo die Leute in ihrem Leben zurückgehen, um die großen Schmerzmomente nochmals zu erleben und den Schmerz auszudrücken. Und das ist sehr gut; man könnte es vergleichen mit «den Topf vom Feuer nehmen». Wie auch immer, Ausdruck und Unterdrückung sind Polaritäten, und dazwischen liegt deine Antwort: Sie heißt Erkennen und Annehmen. Mit Erkennen und Annehmen bewirkt man die Verwandlung von Schmerz in Freude, was man auch Transmutation nennt. Wie auch immer, wenn du etwas Geduld hast, werden wir bald ganz ausführlich darüber sprechen. Doch wegen des Manuskripts, das wir hier produzieren, gehen wir etwas langsam und der Reihe nach vor. Doch du wirst bei uns bleiben, meine Liebe und wirst nichts verpassen.

F: (F) Ich möchte dich noch etwas über Träume fragen. Du sagtest, zum Lachen gehörten die Phantasie und die Gefühle, und die Energie fließe dann frei durch die Chakras.

P'taah: Genau.

F: Wenn ich träume, erlebe ich manchmal Einzelheiten des Tages wieder, vieles, was ich tat oder gedachte zu tun oder aber noch tun sollte. All dies erlebe ich in meinen Träumen. Was ist das genau, wenn wir schlafen? Ist das unsere Phantasie, oder was ist es?

P'taah. Es ist das und noch vieles mehr. Euer Traumzustand ist eine multidimensionale Wirklichkeit. Es ist viel mehr als das Ordnen der täglichen Gegebenheiten, viel mehr als ein Ausleben eurer Vorstellungskraft. Ihr befindet euch auf vielen, vielen Ebenen, denn ihr reist auch, wenn ihr träumt. Wenn ihr schlaft, seid ihr in ein und demselben Moment auf verschiedenen Ebenen der Realität. Auf diese Weise kommt das ganze SELBST – die Seelenenergie, wenn ihr so wollt – mit anderen Teilen der Seelenenergie zusammen, die auf diesem Planeten zur selben Zeit und im selben Raum zugegen sind. Es gibt auch Reisen mit dem Super-Bewußtsein in ganz andere Bereiche. Dies können andere Planeten sein, es können aber auch andere Dimensionen der Wirklichkeit sein, die sich nach eurem Verständnis außerhalb von Raum und Zeit befinden. Und ihr müßt wissen, das ist auch Realität, das ist auch gültig. Im Traumzustand lernt ihr andere Lektionen, und sehr oft kommen diese Erfahrungen eurem Leben in dieser Realität hier zugute. Das sind allerdings Lektionen, Lehren oder Erkenntnisse außerhalb eures jetzigen Verständnisses. Darum schafft euer Bewußtsein Bilder, die ihr verstehen könnt. Nun, wir haben schon erwähnt, daß sich das Bewußtsein auf dieser Ebene an solche Bilder hält. Wir haben einige Tage vorher schon bemerkt, daß es ganz nützlich ist, wenn ihr euch ein Heft neben euren Schlafplatz legt. Wenn ihr von euren Träumen aufwacht und sie immer noch klar im Gedächtnis habt, dann macht euch Notizen. Das braucht nicht ausführlich zu sein, vielleicht ein Schlüsselwort oder ein paar Sätze, damit ihr euch erinnern könnt – und das werdet ihr dann auch. Wenn ihr das Nacht für Nacht auf diese Weise tut, wird sich ein Muster herauskristallisieren, das ihr mit eurem Bewußtsein erkennen könnt, so daß ihr bewußt versteht, was ihr auf einer unbewußten Ebene bereits wißt. Begreift ihr das? Da gibt es natürlich Dinge, die ihr im Traum erlebt und die sich wirklich jenseits eures jetzigen Bewußtseins befinden – in anderen Wirklichkeitsbereichen. Von dort aus gesehen, meine Lieben, ist dann *dieser* Bereich hier in Wirklichkeit der Traumzustand. Das ist für euch ein wunderbarer Spielplatz. Dies alles, der Traumzustand, die Träume, Phantasien, das Ausleben von Wirklichkeiten, die für euch unerreichbar scheinen, ist genauso wirklich und gültig wie diese tägliche Realität hier, die ihr bewußt erkennt. Zufrieden, meine Liebe?

F: (F) Ich begreife, daß wir göttlich sind, aber gibt es etwas, was uns hilft zu verstehen, wer und was wir sind?

P'taah: Wirklich, jeder Moment ist ein Schlüssel zu diesem Verständnis. Schau, meine Liebe, es ist tatsächlich so einfach, und das ist der große Widerspruch, denn es ist in Wahrheit recht schwierig für die Menschheit. Der wahre Schlüssel ist, daß ihr erkennt, wer ihr seid, erkennt, was ihr glaubt. Eure Glaubensstruktur ist der Schlüssel. Wenn ihr herausfindet, was ihr glaubt und dann realisiert, daß vieles davon Unsinn ist und daß ihr nicht einmal gewußt habt, daß ihr dies oder jenes geglaubt habt, und wenn ihr Schichten um Schichten erkennt und wirklich jede Facette eures Wesens annehmen könnt, so werdet ihr eure eigene

Göttlichkeit erfahren. *Dann werdet ihr* GOTT, DER ICH BIN *erkennen.* Ich habe zwar gerade erklärt, wie einfach es in Wirklichkeit ist, aber wir verstehen, daß es für euch nicht so ist. Deshalb machen wir einen Schritt nach dem anderen und bringen ans Licht, was ihr bereits wißt, damit es sich in euch verstärkt, damit ihr zur Erkenntnis vordringt. Wenigstens wollen wir es versuchen, meine Liebe.

Meine Lieben, Erleuchtung hat nichts mit gut sein zu tun. Erleuchtung hat nur mit SEIN zu tun. *(Und P'taah wiederholt ganz sanft):* Erleuchtung bedeutet nicht gut sein! Erleuchtung bedeutet SEIN!

F: (F) Meine Frage betrifft das Schlafen und Träumen. Oft wache ich ganz plötzlich auf, ohne ersichtlichen Grund. Kannst du mir das erklären?

P'taah: Das geschieht jedem. Der Grund dafür liegt auf verschiedenen Ebenen. Es kann sein, daß einige Muskeln mit spastischen Zuckungen reagieren, wenn der Körper sich entspannt – eine eher triviale Erklärung. Die andere ist, daß sich häufig die Schwingungen im Körper erhöhen, oft als ein Vorspiel, wenn das Bewußtsein seine körperliche Hülle verlassen will. Manchmal sind es die Schwingungen selber, die den Körper aufwecken, weil das Bewußtsein weiß, aus dem einen oder anderen Grund, daß es nicht der richtige Zeitpunkt zum Weggehen ist. Es kommt dann in den Körper zurück, und weil dies wie ein Schock wirkt, wacht man davon auf. Doch für dieses Geschehen gibt es mehr als eine Antwort, weil es sich auf verschiedenen Ebenen des Körpers abspielt, und auch wegen der Beziehung des Bewußtseins zum Körper. Ihr alle macht solche Reisen außerhalb eures Körpers ständig, obwohl ihr meist keine bewußte Erinnerung dafür behaltet. Manche wenden dieses Wissen bewußt an und verlassen ihren Körper im Wachzustand, nicht im Schlaf. Doch dies ist ein Zustand, den man beinahe hypnagogisch nennen könnte. Das Stadium, kurz bevor man in den Schlaf fällt, wenn der Körper total entspannt ist, nennen einige auch Alphastadium. Manchmal, wenn ihr meditiert, fällt der Körper auch in dieses Stadium. Und in diesem Stadium verlassen die Leute oft ihre Körper.

F: (F) Du sagtest, daß wir unseren Schmerz leichter nehmen sollten. Das scheint für diejenigen unter uns, die mehr Glück in ihrem Leben erfahren, einfacher zu sein als für jene, die mit Tod, Krankheit und Unglück konfrontiert werden, also offensichtlich weniger Glück haben als wir. Daß wir hier Spaß haben, während diese anderen leiden, führt leicht zu Schuldgefühlen.

P'taah: Schuld ist eine noch nicht gelernte Lektion. Und was ist Verantwortung, meine Liebe?

(Die angesprochene Frau zögert einen Moment mit ihrer Antwort. Die Situation verleitet einen der Männer dazu, durch den Raum zu gehen, um der Frau zu Hilfe zu eilen. Er flüstert: «Die Fähigkeit, auf etwas zu antworten...», aber P'taah schwingt sich herum und unterbricht ihn, macht zum Schein das Verhalten eines strengen Schullehrers nach.)

P'taah: Wir reden nicht mit dir, mein Lieber.

(Das Publikum bricht in Gelächter aus.)

P'taah: Wir wissen, daß du der Klassenbeste bist.

(Alle Anwesenden sind von diesem kleinen Intermezzo fröhlich gestimmt, und herzliches Gelächter macht sich breit. Um dem Mann über seine Verlegenheit hinwegzuhelfen, sagt sie ganz lieb):

F: Er versuchte doch nur, mir zu helfen, mich zu erinnern...

(Der Betroffene fühlt sich nun wie ein Schuljunge, den man soeben erwischt hat und sich entschuldigen will; er schaut P'taah an und sagt):

F: Es tut mir ehrlich leid.

P'taah: Fühlst du dich schuldig?

F: Nein!

(Das Publikum brüllt nun vor Lachen; erst nachdem sich jedermann wieder beruhigt hat, fährt P'taah fort:)

P'taah: Verantwortung, meine lieben Kinder, Verantwortung heißt auf das antworten, was euer Herz zum Singen bringt. Verantwortung ist nicht mit Pflicht zu verwechseln. Wenn ihr wirklich tut, was eure Herzen zum Singen bringt, dann antwortet ihr auf das, was ihr seid. Dann macht ihr die Welt glücklich. Ihr seid nicht für Leben und Glück von anderen verantwortlich, sondern nur für euer eigenes Leben. Denn das Leben ist ein *Zusammenwirken aller Wesen*. Nun, da werden viele sagen: «Aber P'taah, was können wir tun, wenn unsere Wünsche mit den

Wünschen derer, die wir lieben, nicht übereinstimmen?» Nun, meine Lieben, wenn ihr jemanden liebt, dann wünscht ihr ihm Glück und wenn ihr euer SELBST liebt, wünscht ihr euch selber Glück. Wenn Entscheidungen aus Liebe zum Selbst getroffen werden, dann bewirken sie Harmonie, Wohlgefühl und Freude. Wenn ihr etwas nicht aus Liebe, sondern aus Verantwortung tut, dann entsteht Unwille. Glaubt ihr, das merken die Leute nicht? Es spielt keine Rolle, ob ihr dabei lächelt und schöne Worte gebraucht. Wenn Unwille wegen einer Pflicht aufkommt, merken das alle. Dann könnt ihr sagen: «Ich verstehe, was du mir wünschst, aber im tiefsten Herzen wünsche ich mir etwas anderes, nicht weil ich dich nicht liebe, denn das tue ich wirklich, aber ich muß mein Leben mit Freude leben können.» Wenn euch das jemand krumm nimmt, ist das nicht eure Verantwortung. Das haben sie sich dann selber zuzuschreiben, und was *ein anderer von euch denkt, braucht euch nicht zu kümmern.* Denn jedermann reagiert aufgrund seiner eigenen Ängste und seiner eigenen Urteile. Seht, wenn jemand stirbt, den ihr sehr liebt, dann seid ihr wirklich traurig, denn ihr wißt, daß der Kontakt auf der körperlichen Ebene abgebrochen ist. Aber ihr wißt jetzt, meine Lieben: Wenn jemand stirbt, den ihr liebt, ist das nicht das Ende, denn in Wahrheit gibt es keinen Tod.

Es gehört sich so bei euch, daß ihr lange trauert. Das hat zwar in der heutigen Zeit nachgelassen, doch besteht eine große Tradition, daß man dies oder jenes nicht tut, weil man in Trauer ist. Wenn euer geliebter Verstorbener euch auch geliebt hat, würde er dann wollen, daß ihr mit einem langen Gesicht herumlauft – oder noch schlimmer, so tut, als ob ihr Trauer empfändet? In vielen eurer alten Kulturen war der Übergang von einer Realität in die andere, also der Tod, ein Grund für große Festlichkeiten. Ganz sicher sind die Trauer und die Sehnsucht, sich mit dem Verschiedenen wieder zu vereinen, ganz natürlich. Doch man muß sich immer erneut daran erinnern, daß es für die Liebe kein Ende gibt. Wenn ihr jemanden liebt, setzt sich diese Liebe bis in die Unendlichkeit fort – da gibt es keine Trennung.

F: Ich habe ganz speziell an die Leute in den Ländern gedacht, denen es weniger gutgeht. Wenn ich also denke, daß deren Tod und deren Krankheiten keine Realität haben sollen, dann gefällt mir das gar nicht.

P'taah: Jeder wählt sich seine eigene Wirklichkeit aus, das, was er noch zu lernen wünscht. Wir verstehen, daß ihr, die ihr in dieser Dimension der Realität gefangen seid, sagt: Warum sollte sich jemand auswählen, geboren zu werden, nur um sich als Baby zu Tode zu hungern oder ohne jegliche körperliche Fähigkeiten zu bleiben, oder in Zeiten von Krieg, Verwüstung und Zerstörung geboren zu werden oder in eine Familie, wo Haß und Gewalt herrscht. Warum sollte sich jemand so etwas aussuchen? Wegen der Erfahrung. Denn wißt, das Leben ist keine einmalige Sache. Ihr könnt versichert sein, daß, wenn ihr in eine harmonische Situation mit viel Freude und Fülle geboren werdet, ihr das genaue Gegenteil davon in anderen Leben erfahren mußtet.

Wir haben es schon gesagt: Ihr wart schon einmal der Unterdrückte wie auch der Unterdrücker. Ihr wart der Mörder wie auch das Opfer. Ihr wart schon sozial sehr wohlgestellt wie auch von sehr niedrigem Status. Ihr wart Mann wie Frau. Ihr wart jede Facette jedes möglichen Wesens, das je auf diesem Planeten wandelte. Und so erschafft ihr eure Wirklichkeiten wegen dieser Erfahrungen.

F: (M) P'taah, könntest du mir erklären, wie man am besten zum Stadium des Seins gelangt?

P'taah: Mein Lieber, ich bin sehr glücklich, darüber zu sprechen. Ein «human being» sein – nicht ein «human doing», eh? *(Das Publikum lacht und P'taah bemerkt, daß er diesen Ausdruck bereits einmal gebraucht hat.)* Also mehr im Sein als im Tun leben, hm? Immer wieder in der Fülle des Jetzt leben, das ist es, was wir meinen. Nicht in eure Vergangenheit vertieft und nicht besorgt um eure Zukunft sein, weil ihr dann nicht euer jetziges Leben lebt. Was soll ich euch sagen, damit ihr ruhiger werdet, damit ihr weniger verurteilt, damit ihr weniger in Erwartungen lebt und dafür offen bleibt für das, was kommen mag? Wie man wie ein Delphin lebt? Wie ein Kind?

Nun, wir würden sagen, daß es Übung braucht. Ihr mögt euch

dabei ertappen, wie ihr in die Vergangenheit vertieft seid oder euch Sorgen über eure Zukunft macht. Dann soll man sich einfach sagen: «Jetzt sind wir wieder mal soweit», und sich fragen: «Aber was tu ich denn *jetzt*?» So wird es für euch immer einfacher, und ihr braucht euch nicht zu sorgen und euch auch nicht zu verurteilen. Ihr braucht euch nur manchmal zu ertappen. Und dann mögt ihr euch sagen: «Jetzt bin ich wieder so mit meiner Zukunft beschäftigt, ich will aber einfach nur sein.» Hilft das etwas?

F: Ja.

P'taah: Im Jetzt zu leben, gehört nicht zu eurer Ausbildung, denn in eurer Gesellschaft lehrt man euch von Geburt an, an eure Zukunft zu denken. Wenn ihr dann älter werdet, kommt häufig eine Bitterkeit auf, weil ihr die Lektionen nicht verstanden habt, die ihr hättet lernen sollen. Ihr klammert euch an euer Versagen. Doch wenn ihr die Lektionen gelernt, integriert und angenommen habt, könnt ihr es zu den unwichtigen Dingen ablegen. Auf diese Weise vermögt ihr sogar eure Vergangenheit zu verändern. So machtvoll seid ihr. Wir werden später darüber ausführlicher reden, wie ihr eure Vergangenheit und eure Zukunft verändern könnt. Denn das ist alles das gleiche.

F: (M) Vorhin sagtest du, daß Gedanken viel mehr als nur ein Werkzeug seien. Könntest du das noch ausführen?

P'taah: Gedanken sind die wirklichen Schöpfer eures Universums. Darum sind sie in Wirklichkeit das Werkzeug der Manifestation. Was in eurer Wirklichkeit auch immer geschieht, es könnte nicht ohne Gedanken geschehen. Verstehst du das?

F: Ich glaube, ja.

P'taah: Also, wenn es Krieg gibt, könnte er nicht ausbrechen, wenn nicht jemand vorher daran gedacht hätte. Bevor sich etwas in physischer Wirklichkeit, in dreidimensionaler Realität manifestieren kann, muß es mit einem Gedanken beginnen. Physische Materie ist Bewußtsein, und Bewußtsein besteht in Wirklichkeit aus Gedanken. Aber Gedanken sind ebenso eine Quelle der Kraft, und wir beziehen uns hiermit auf eine Technologie, die heute noch jenseits dessen liegt, was bekannt ist. Wir haben schon einmal gesagt, daß in einer höheren Technologie Gedanken als Antriebskraft benutzt werden, wie Benzin, wenn ihr so wollt. Eure großartigen Computer zum Beispiel werden mit Elektrizität betrieben. In der künftigen Technologie jedoch werden die Computer mit Gedanken betrieben.

F: Das würde mein Gefühl erklären, daß an Gedanken mehr dran ist.

P'taah: In der Tat, mein Lieber. Eure Wissenschaftler, genauer eure Physiker, verstehen jetzt langsam, daß es die Gedanken sind, die die Materie erschaffen. Und in Wirklichkeit ist das, was ihr seid, der Gedanke des ALLES, WAS IST.

Gedanken befinden sich in einem höheren Spektrum der Vibration als Licht. Versteht ihr das? Früher einmal haben eure Physiker gedacht, es gebe keine höheren Schwingungen als die des Lichts, und deshalb könne sich auch nichts schneller als Licht fortbewegen. Dem ist nicht so.

(Eine junge Dame, ganz interessiert):

F: Wenn Gedanken eine höhere Schwingung als Licht haben, dann sollten wir fähig sein, Dinge und auch uns selbst mittels eines einzigen, konzentrierten Gedankens zu bewegen.

P'taah: Aber das könnt ihr tatsächlich.

F: Warum gelingt es dann nicht, wenn wir es versuchen?

P'taah: Weil euch das Verständnis zum klaren Denken fehlt, und *weil ihr nicht glaubt, daß ihr es könnt.* Seht meine Lieben, eure Glaubensstrukturen sind die Grundmauern eurer Wirklichkeit. Wir haben es schon oft gesagt, und wir werden es sicher noch häufig sagen: wenn ihr wünscht, durch eine solide Wand zu gehen, dann könnt ihr das auch. Aber wenn ihr glaubt, daß ihr das nicht könnt, dann gelingt es auch nicht.

(Eine Dame wünscht Klarheit betreffend eines anderen Themas.)

F: P'taah, könntest du mir erklären, warum alle spirituellen Meister der Vergangenheit wie zum Beispiel Jesus und Buddha, aber auch Wesen wie du, männlichen Geschlechts sind?

P'taah: Nun, warum sie alle männliche und nicht weibliche Energien sind? Es ist nicht so. In eurer Geschichte wurde die maskuline Seite überbetont und die feminine Seite vernachlässigt, oder einfach verschwiegen. Das, was männlich ist, hatte furchtbare Angst vor den Frauen, denn in eurer frühgeschichtlichen Zeit waren es die Frauen, welche die Macht besaßen. Denn die Frauen sind als Schöpfer des Lebens der Göttin, eurer Erde, sehr nahe. In der herrschenden Geschichtsepoche hat sich das Maskuline, das männliche Geschlecht, immer vor ihrer Macht gefürchtet. Darum wurden die Frauen auch so furchtbar unterdrückt. Das ändert sich nun ganz bestimmt. Wesen, die auf diese Weise zu euch sprechen, so wie wir, sind in Wahrheit keine männlichen Energien. Doch ist es tatsächlich so, daß die Leute besser auf uns als männliche Erscheinung ansprechen, als wenn wir als *weibliche* Wesen in Erscheinung träten. Im menschlichen Bewußtsein ist es die männliche Energie, welche die Autorität besitzt, die über Wissen verfügt. Versteht ihr das? Und so, auf diese Weise, habt ihr eine männliche Energie hervorgerufen.

F: Dann ist es also wegen unserem Glaubenssystem, einschließlich dem meinen, daß wir besser auf eine männliche Energie ansprechen und diese deshalb hervorrufen?

P'taah: Meine Liebe, die Frauen wurden in einer schwachen Position gehalten, weil die Männer Angst hatten, machtlos zu werden. Deshalb haben sie Macht ausgeübt. Und sie werden es in eurer Kultur sicher nicht gerne zugeben, daß alle Kenntnis und alle Weisheit von den Frauen kommt. Doch seht, was diese Energie angeht, so ist die nicht so männlich.

F: Implizierst du hiermit eine androgyne Energie?

P'taah: Meine Liebe, die Seelenenergie hat kein Geschlecht.

F: Befindet sie sich jenseits des Geschlechts?

P'taah: In der Tat, sie verkörpert beides. Eure Seele hat kein Geschlecht. Wirklich, ihr wart Mann und Frau in euren vielen Leben. Eure Seele verkörpert beides.

F: Wenn wir also für jedes Leben auswählen, ob wir als Mann oder Frau kommen wollen, warum gibt es dann Homosexuelle und Lesbierinnen? Warum inkarnieren sie dann nicht gleich zu Mann oder Frau?

P'taah: Dafür gibt es viele Gründe. Wie wir schon gesagt

haben, sind die Menschen eigentlich bisexuell, um der Liebe auf der physischen Ebene einen erweiterten Ausdruck zu ermöglichen, egal zu welchem Geschlecht. Nun, wir wissen, daß diese Gedanken nicht populär sind und daß große Vorurteile gegenüber den Homosexuellen bestehen. Wie auch immer, man muß auch folgendes bedenken: Es gibt Situationen, wo es fast ein kleines Durcheinander gibt. Wir meinen in dieser physischen Verkörperung bei den sogenannten Chromosomen. Meistens wird jemand aufgrund eines Traumas homosexuell. Wir sprechen nicht von einem sexuellen Ausdruck, wenn wir sagen, daß ihr auf der Seelenebene kein Geschlecht habt. Dort wird Homosexualität einfach nicht verurteilt. Doch die Menschen bekennen sich trotzdem zum einen oder anderen, obwohl sie doch in Wirklichkeit Liebe und Freude physisch bei beiden Geschlechtern ausdrücken könnten. *Seht, Sexualität ist nicht nur im Sinne der Fortpflanzung gemeint.* Das war nur eine weitere Methode, um die Menschheit zu versklaven. Wenn es nur zur Fortpflanzung gedacht wäre, dann würde es wahrscheinlich nicht so viel Spaß machen, hm? Doch wir verstehen, daß dies für die Menschen ein heikles Thema ist.

Meine Lieben, wir haben das Gefühl, es reicht für heute – das heißt, die Aufnahmefähigkeit hat eine Sättigung erreicht. Ich möchte wirklich mit großer Liebe und Achtung euch allen meinen Dank aussprechen. Es ist meinem Herzen wie immer eine große Freude, mit euch zu sein, und es macht mich wirklich traurig, mich von euch jetzt zu verabschieden. Wie auch immer, wir werden schon sehr bald wieder zusammenkommen, und ihr sollt auch wissen: Wenn ich auch nicht auf dieselbe Weise erscheine, so bin ich doch für euch da, wenn ihr in einem eurer stillen Momente nach mir ruft. Wirklich, meine Lieben, unser Dank gilt euch allen. Und so wünschen wir euch einen guten Abend und bitten euch: Geht fort in Liebe und in Freude, in Licht und mit Lachen, und seid gewiß, daß ich euch wirklich liebe. *(Die Zuhörer versichern ihrerseits P'taah, daß sie ihn lieben.)*

P'taah: Aber das weiß ich doch!

Vierte Übermittlung
18. September 1991

(P'taah grüßt das Publikum in seiner gewohnt lebhaften Art):

P'taah: Ich grüße euch, ihr Lieben. Ich wünsche euch allen einen schönen Abend:

(Er hält Ausschau nach Neuzugängen und erkennt darunter Personen, die er vor vierzehn Monaten gesehen hatte.) Nun, so sehen wir also alte Freunde wieder und neue dazu. Ihr seid alle willkommen. Ihr habt darum gebeten, daß sich die vibrierenden Schwingungen der Menschheit auf dieser Erde verstärken. Nun, wir nehmen in keiner Weise an, daß dies ein bewußter Wunsch von euch ist. Wir erkennen aber, daß der bewußte Wunsch eines jeden von euch das Trachten nach Erkenntnis ist. Wie auch immer, auf der Ebene eures Unterbewußtseins oder auch eures höheren Bewußtseins besteht der glühende Wunsch, in eine allumfassende, harmonische Schwingung mit ALLEM, WAS IST zu gelangen, mit der ERSTEN URSACHE – dem Gott/der Göttin. Wie auch immer, wir haben schon des öfteren gesagt, daß wir die Worte Gott/Göttin nicht so gerne gebrauchen, denn die Menschen personifizieren den Gott/die Göttin, dieses ALLES, WAS IST. Sowie ihr aber an eine Person denkt, *limitiert ihr diese Quelle.* Wenn ihr die Quelle personifiziert, dann neigt ihr stark dazu zu vergessen, daß alles auf eurem Planeten, ja das gesamte Universum, ein Spiegelbild, ein Ausdruck dieser Quelle ist. Nun, ihr besteht alle aus vibrierender Schwingung. Gedanken sind vibrierende Schwingungen, und ihr alle seid der Gedanke, wenn ihr so wollt, dieser Quelle. Ihr seid eine vibrierende Frequenz, die sehr oft nicht mit den Schwingungen eures Universums übereinstimmt. Daher kommen die Mißklänge. Es ist nicht harmonisch, weil ihr vergessen habt, wer ihr seid, meine Lieben, ihr spiegelt die Schwingungen des Göttlichen nicht wider, obwohl ihr in Wahrheit natürlich *göttlich* seid.

Wir haben es schon viele Male gesagt, doch damit es ein Teil eurer Glaubensstruktur wird, können wir es nicht oft genug wiederholen: *Ihr seid die Schöpfer eurer gesamten Realität.* Es sind eure Glaubensstrukturen, euer Bewußtsein, welche die physische Realität erschaffen und natürlich auch alle anderen Realitäten. Doch dieses Mal werden wir nur über die physische Wirklichkeit sprechen. Was ihr von euch selbst glaubt, spiegelt sich in allem um euch herum wider. Alles, was ihr außerhalb eures Selbst wahrnehmt, ist eine göttliche Wiedergabe, ein Spiegelbild.

Wenn ihr also mit eurem Selbst in Harmonie lebt, offenbart sich für euch alles: alles Wissen, alles was ihr euch erträumt – wie z.B. intergalaktische Reisen und das gesamte Multiversum. Wir erkennen, daß die Menschheit den glühenden Wunsch hat, die Stücke dieses Puzzles zusammenzufügen. Und jedes Mal, ihr Lieben, sagen wir euch, daß alle Antworten zu den einzelnen Puzzle-Teilchen, alle Lösungen in euch selbst stecken, nicht außerhalb. Es spielt keine Rolle, wie viele Bücher ihr lest oder welche Kapazitäten ihr auf dem Gebiet der Physik seid, denn die Antwort findet ihr nur, wenn ihr mit dem Göttlichen im Gleichklang schwingt. Auf diesem Planeten hat es schon viele Zivilisationen gegeben, sowohl während eurer Geschichtsschreibung wie auch in der vorgeschichtlichen Zeit, große Zivilisationen, die dieses Wissen besaßen und es vorgezogen haben, aus dem einen oder anderen Grund von hier zu verschwinden.

Nun, wir haben in den letzten Wochen viel über eure Glaubensstrukturen gesprochen und über das, was ihr von euch selbst glaubt, wie sich dies in eurem Leben widerspiegelt, wie ihr auf diesen Glaubensstrukturen aufbaut, wie ihr von eurer frühen Kindheit an eure Welt durch eine Linse seht und wie ihr vom Zeitpunkt eurer Geburt an, das heißt, sobald ihr euch der morphogenetischen Resonanz, dem kollektiven Bewußtsein der Menschen anschließt, euer Leben entsprechend aufbaut. Wir haben schon oft davon gesprochen, daß die Menschen mit einem gebrochenen Herzen leben, jeder einzelne von euch. Das ist wahr, ihr Lieben: ihr sterbt an gebrochenen Herzen. Jeder von euch lebt seit seiner Kindheit in Schmerz und Einsamkeit. Nun sagt ihr zu mir: «Das ist ja alles gut und schön, aber was kann ich dagegen tun?» Nun, heute Abend werden wir nochmals darüber reden – manche haben es bereits gehört, und für andere ist es neu – doch für euch alle ist es äußerst wichtig. Es gehört zu eurer Entwicklung: *Bevor ihr nicht das, was ihr als schmerzvoll verurteilt, annehmen könnt, werden eure Energiezentren nie frei werden und ihr kommt an all das Wissen, das in euch angelegt ist, nicht heran.* Darum, meine Lieben, werden wir heute abend über Transmutation sprechen. Und wir werden es wieder und wieder tun. Transmutation – man nennt es auch Alchimie. Wißt ihr, was Alchimie ist? Es bedeutet, in der molekularen Struktur eine Veränderung zu bewirken. Emotionale Transmutation findet statt, wenn man Agonie in Ekstase verwandelt. Und was ist wohl Ekstase? Nun, *das ist das göttliche All-Eins-Sein. Da ist die Trennung aufgehoben und das Selbst integriert sich in alles andere.* Göttliche Ekstase ist etwas ganz Wundervolles, denn die Kunst des Alchimisten besteht nicht nur darin, Agonie in Ekstase zu verwandeln, sie bewirkt auch eine molekulare Veränderung innerhalb der zellularen Struktur eures Körpers. Sie bewirkt eine Veränderung in eurem Hirn. Es verändert sich das, was ihr mit Vergangenheit bezeichnet. Es verändert sich eure Zukunft, und es verändert sich sogar das Aussehen eures Planeten. Ein wahres Wunder!

Nun, ihr Lieben, wir wollen uns klar ausdrücken: Was wir euch erzählen, ist ganz einfach. Es ist nicht etwas, was ihr zwar erreichen möchtet, aber von dem ihr denkt: «Das werde ich nie schaffen.» Es handelt sich nicht um ein «Luftschloß». Es sind keine Geschichten über erleuchtete Meister, wo man sich sagen muß: «Hm, ich wünschte, das wäre ich.» Jedes einzelne Wesen auf eurer Ebene kann verstehen, wovon ich rede. Ehrlich, *es ist für euch nicht unerreichbar.* Und wir möchten keinesfalls, daß ihr euch Sorgen macht, ihr würdet es nicht verstehen. Nun, wir wollen rekapitulieren:

Seit eurer Geburt wurdet ihr abgewertet, verletzt, verwundet und verurteilt. Daraus macht ihr euch ein Bild von euch selbst und eurer Wirklichkeit. Wenn ihr dann junge Erwachsene seid, hat sich eure Glaubensstruktur über das, was und wer ihr seid, bereits geformt. Ihr alle glaubt, daß ihr nichts wert seid, daß ihr den Anforderungen nicht genügt. Was ihr den Menschen vorspielt, ist unwichtig. Davon reden wir nicht. Wir reden auch nicht von eurem großen Mut und wie ihr euch nach außen hin tapfer gebt. Wir reden von dem, was ihr wirklich seid. Dieser Gedanke des Unwertseins ist sicherlich ein allgemeiner Aspekt der Menschheit. So wie ihr euch selbst verurteilt, ist oft so schmerzhaft, daß ihr euch kaum mehr anschauen mögt. Ihr wißt eben nicht, wer ihr seid. Deshalb projiziert ihr alles Verurteilen nach außen. Wir möchten da nicht tiefer eindringen, denn wir haben schon ausführlich über das Verurteilen gesprochen und werden es sicherlich wieder tun. Wie auch immer, für dieses Manuskript sagen wir nur so viel: Wenn ihr euch als ungenügend verurteilt, wenn ihr euch als «der Liebe nicht wert» betrachtet, wenn ihr das, was ihr seid, nicht bedingungslos lieben könnt und wenn ihr nicht jede Facette eures Selbst akzeptieren könnt, so spiegelt sich das in allen Phasen eures Lebens wider. Und so werdet ihr verletzt und erlebt Schmerz. Nicht nur, weil ihr von anderen Leuten verurteilt und abgewertet werdet, was ja nur eure eigenen Werturteile und Minderwertigkeiten widerspiegelt, es schmerzt auch, weil die Energie nicht frei fließt. Wie wir schon sagten, Schmerz ist der Widerstand gegen die Gefühle. *Schmerz ist kein Gefühl – Schmerz ist Widerstand gegen Gefühle.* Das ist so, weil ihr verurteilt. Schmerz entsteht wegen dem Verurteilen, wegen dem Widerstand. Wir werden euch das in den folgenden Wochen wieder und wieder sagen. *Wenn ihr in eurem Leben eine Situation verurteilt, dann erlaubt dem Gefühl der Freude, euer Wesen zu durchdringen.* Dann gibt es keinen Widerstand, die Energiekanäle öffnen sich, und das Gefühl kann vom Solarplexus zu eurem Herzen hinauf und weiter zur Krone fließen. Es schwingt auf diese Weise durch das Universum und steht in Verbindung mit *allen* Dingen, mit *allem* Bewußtsein. Wenn ihr fürchtet, daß ihr verletzt werden könntet, wenn ihr eine Situation als gefährlich beurteilt, kommt sofort Widerstand auf, der sich wie Stahlklauen im Solarplexus anfühlt. Als Folge davon schließen sich die Energiezentren, die Energie kann dann nirgendwohin abfließen, und so entsteht Schmerz. Wenn nun eine Situation aufkommt, die ihr als schmerzhaft beurteilt, reagiert ihr normalerweise darauf so, daß ihr eine Wand aufbaut, um euch dahinter zu verstecken. Wie wir schon sagten, wird diese Wand in eurem Leben immer höher und höher, dicker und dicker, damit ihr nicht mehr verletzt werden könnt. Doch damit ändert sich überhaupt nichts, denn ihr werdet natürlich doch wieder verletzt.

Also, Transmutation – wir werden es euch in ganz einfachen Schritten aufzeigen. Der erste Schritt heißt *Verantwortung* übernehmen, denn ihr habt euch eure Realität selbst erschaffen. Es gibt keine Situation, kein Ding in eurem Leben, das ihr nicht miterschaffen habt. Darum Verantwortung: «Ich habe das getan.» Es ist nur dann einfach, wenn eine Situation Freude bereitet. Aber es ist gar nicht so einfach, wenn es im Herzen weh tut.

Schritt Nummer zwei: *Verurteilen.* Wenn ihr jemanden verurteilt, weil er etwas falsch gemacht hat und es euch betrifft, was sagt ihr dann? «Dieser Schweinehund!» Hm? Wir können euch hören! Wir hören auch unsere Frau. Doch *in dem Moment, wo ihr jemand anderem die Schuld gebt, übernehmt ihr nicht die Verantwortung.* Wenn ihr etwas in eurem Leben mitkreiert habt, das schlecht ist, dann liegt das an der Lernerfahrung. Alles, was ihr euch aussucht, sucht ihr euch wegen der Erfahrung aus, einzig wegen der Erfahrung. In jeder Situation versteckt sich eine Perle, ein Juwel, wie auch ihr Juwelen seid, meine Lieben. Immer noch nicht einfach genug? Wie kann man demjenigen dankbar sein, der einem soviel Schmerz zugefügt hat? Trotzdem sollt ihr sagen: «Das habe ich mir mit dieser Person oder diesen Personen zusammen kreiert.» Und dann fügt ihr hinzu: «Oh mein Gott, ich bin wieder schwer am Verurteilen.» Doch das ist in Ordnung, meine Lieben, wirklich. Das Verurteilen ist eine gültige und göttliche Ausdrucksweise eures Wesens. Ihr müßt euer Werturteil annehmen, ebenso die Personen sowie euch selbst und dann den Schmerz segnen. Denn in diesem Schmerz, der sich über Äonen eurer Zeit – von einem Leben zum anderen – angesammelt hat, steckt eine Perle der Weisheit. Er hat sich angesammelt, damit ihr diese Perle jetzt entdecken mögt. Darum müßt ihr alles annehmen und anerkennen. Führt alles zum Licht eures wirklichen Wesens. Indem ihr dies tut, lösen sich die Klauen des Schmerzes, die den Energiefluß unterbinden. Als Folge davon findet eine Transmutation statt. Es beginnt im Bauch, fließt zum

Herzen und dann zur Krone. Dann werdet ihr Ekstase kennenlernen und wirkliches Eins-Sein verstehen.

Seht, ihr braucht nichts zu tun, meine Lieben, ihr könnt Transmutation nicht *tun*. Das ist nicht möglich, denn wenn ihr es tut, benötigt ihr dazu männliche Energie. Ihr bemüht euch dann, Transmutation aber kann man nur geschehen lassen. Geschehen lassen = akzeptieren. Sie schöpft aus dem nährenden Teil eures Wesens. Man nennt es *Aufgeben*. Für viele von euch ist das beinahe ein schmutziges Wort. Denn in eurer Kultur gilt es nicht als edel, wenn man aufgibt, sondern als feige. Ich will euch etwas sagen, meine Lieben: *Aufgeben heißt, Kräfte zusammenlegen*. Aufgeben, ihr Lieben, heißt das, was ihr seid, akzeptieren und annehmen. Und ihr seid wirklich ein Ausdruck des Göttlichen, ihr Lieben. Solange ihr nicht begreift, daß ihr göttlich seid – denn sonst wärt ihr gar nicht hier – solange ihr nicht wirklich versteht, daß jede Facette eures Wesens, jeder Gedanke, den ihr je hattet, jede noch so hart verurteilte Tat wirklich ein Ausdruck des Göttlichen ist, solange ihr nicht versteht, daß alle Dinge in den bekannten und unbekannten Dimensionen wirklich Gedanken der Quelle sind, werdet ihr nicht erkennen, daß ihr tatsächlich Gott seid. Gott, der die Rose riecht. Das ist die Ekstase der dritten Dichte.

So, ihr Lieben, ihr habt viele Fragen. Laßt uns anfangen. Keine Fragen?

Dann kann ich ja gehen.

F: (F) Ist es möglich, daß du mit Janis Bewußtsein ganz besonders verbunden bist, vielleicht gar ein Teil ihres Bewußtseins bist? Können wir alle mit unserem höheren Bewußtsein Kontakt aufnehmen, mit ihm kommunizieren, um so auf eine bewußtere Weise mehr über uns zu lernen? Sind die außerirdischen und anderen Wesen, die in dieser Dimension immer öfter erscheinen, auch Teile der Menschheit?

P'taah: War das alles ein Satz?

(Ein Schmunzeln liegt auf allen Gesichtern.)

F: Nein, das waren drei.

P'taah: Ganz großartig, meine Geliebte. Nun, dafür haben wir eine ganz einfache Antwort: Es gibt keine Trennung. Es gibt wirklich keine Trennung zwischen dem, was ihr für euer Bewußtsein und dem, was ihr für euer höheres Bewußtsein haltet. Es gibt natürlich Schwingungen in verschiedenen Wellenlängen. Schließlich besteht alles in eurem Universum – ja auch im Multiversum – aus schwingender Frequenz. Was nun diese Energie betrifft, die da mit euch spricht und das Bewußtsein von unserer Frau angeht: Wir haben zwar die gleiche Wellenlänge, doch könnt ihr mit meinem Wesen natürlich nicht nur über unsere Frau in Kontakt kommen. Wie du ja weißt, Geliebte, denn du hast auch schon mit mir gesprochen. Darum sagen wir euch, wie wichtig es ist, daß ihr noch bewußter erkennt, daß es keine Trennung gibt. Auch nicht von einer Person zur anderen, egal ob ihr sie als eure Feinde oder eure Freunde betrachtet. Ehrlich, wenn ihr verstehen würdet, daß es keine Trennung gibt, gäbe es in euren Leben *nur* Liebende. Tatsächlich bestände die ganze Welt aus Liebenden. Dann würden wir für immer in unserem Körper hierherkommen. Denn wir lieben Liebende. Fragen?

F: (F) Bei einigen Leuten scheint es, als würden sie sich ein Leben lang immer wieder um die gleichen Probleme oder Lektionen im Kreise herum drehen. Ständig wiederholt sich das gleiche unbefriedigende Thema. Da habe ich ein ganz großes Fragezeichen. Ich frage mich, was kann ich tun, um den Lernprozeß abzuschließen?

P'taah: Schau, das ist eine ganz gute Frage, meine Geliebte. Wenn die Menschen im Erwachsenenalter einen Blick zurück auf ihr Leben werfen, erkennen sie tatsächlich eine Reihenfolge immer wiederkehrender Situationen. Die verschiedenen Geschehnisse mögen sich da voneinander unterscheiden, es können viele Personen oder nur eine daran beteiligt sein, doch die Gefühle sind die gleichen. Beziehungen sind von allen Lektionen die besten, denn da könnt ihr lernen, was inwendig abläuft. Ihr müßt die hervorgerufenen Gefühle betrachten, die Geschichte selbst ist nicht wichtig. Es wäre nicht schlecht, wenn ihr euch erinnern würdet, daß ihr euch Leben für Leben die Menschen für eure Lektionen aussucht, die ihr am meisten liebt. Also, *Realität ist*

Gedanke, verbunden mit Gefühl. Wir haben euch erklärt, wie ihr das Wunderbare, wir meinen damit ganz speziell jene Momente des Eins-Seins, wieder einfangen könnt. Man braucht sich an die physikalischen Aspekte wie «es war ein wunderschöner Tag, und die Sonne schien; ich war an der See, und viele Blumen blühten» nicht zu erinnern. Das ist nur eine Beilage. In Wirklichkeit bedeutet die Szenerie in diesem Zusammenhang nichts. Nur wenn ihr an die dabei ausgelösten Gefühle anknüpft, habt ihr den Moment wieder eingefangen. Wenn ihr eure Beziehungen überdenkt – nicht nur eine einzige –, werdet ihr feststellen, daß viele Male Dinge geschehen sind, welche die gleichen Gefühle in euch ausgelöst haben. Versteht ihr, was ich meine?

Damit habe ich dir auch gleich beantwortet, was du mit ihnen tun kannst *(mit den immer wiederkehrenden, unbefriedigenden Situationen).* Und dann wirst du auch die äußere Realität verändern. Wir möchten euch auch folgendes zu bedenken geben: Es ist für euch überaus wichtig zu erkennen, daß ihr alle sehr viel in den Schmerz investiert habt. Ihr habt enorm viel in Ärger, in Aggressionen investiert, weil ihr das so gut kennt. Es ist dann hilfreich, wenn ihr euch erinnert, daß alles, *was nicht Ausdruck der Liebe ist, Ausdruck der Angst ist.* Wenn ihr euch in Situationen wiederfindet, wo Angst aufkommt, die dann Ärger, Feindseligkeit und so fort zur Folge hat, müßt ihr wissen, daß ihr nur die Angst anzunehmen braucht. *Sobald ihr ein Gefühl ablehnt, ermächtigt ihr es.* Wenn ihr Feindseligkeiten und Ärger ablehnt, wenn ihr Ungeduld oder Gemeinheit ablehnt – sei dies bei euch selbst oder bei jemand anderem, der euch als Spiegel dient – dann ermächtigt ihr das. Darum dürft ihr das nicht unterdrücken, dürft es nicht von euch weisen. Ihr müßt es annehmen, ihr Lieben. Nehmt jeden Aspekt an und erkennt, daß alles Teil eures Selbst ist. Er hat seine Gültigkeit, er ist ein Ausdruck des Göttlichen und wartet nur darauf, angenommen zu werden, damit eine Veränderung stattfinden kann. Führt ihn zum Licht dessen, was ihr seid. Indem ihr das tut, kreiert ihr immer mehr *Licht* und Harmonie.

F: (M) Wenn ich mich in diesen Zustand des Geschehenlassens und Annehmens begebe, kommt Furcht auf, daß mir die Situation entgleiten könnte. Es ist dann schwierig, diesen Zustand aufrechtzuerhalten.

P'taah: Genau. Weißt du, warum das so ist? Es ist die Furcht vor Vernichtung. In eurer Kultur wird euch beigebracht, daß ihr immer die Kontrolle behalten müßt. Wenn ihr nicht selbst kontrolliert, wird es ein anderer tun, und dann werdet ihr sterben. Sogar das ist in Ordnung, wenn ihr wahrhaftig versteht, daß es keinen Tod gibt. Das ist dann gut so, Geliebter. Erlaube dir die Angst. Weißt du, es ist dir gestattet, jemandem einzugestehen: «Ich habe schreckliche Angst, denn ich fühle, daß ich die Kontrolle verliere.» Du mußt wissen, Geliebter, daß Aufgeben nur ein Ausliefern an das Selbst bedeutet. Es ist dieses Gewährenlassen, das für dich Licht schafft, das Liebe hervorbringt. Verurteile dich nicht für deine Angst. Jeder hat Angst, weiß du das? Das ist in Ordnung. Seht, ihr Lieben, eigentlich ist es ziemlich amüsant, wenn ihr darüber nachdenkt. Ihr alle glaubt, daß alle anderen alle Antworten hätten, daß ihr die einzigen seid, die es nicht wissen und den Zug verpassen werdet. Da gibt es solche, die viel gelernt haben, und andere, die so gut spirituelle Phrasen dreschen können – das ist in Ordnung. Dann erinnert euch, daß es dafür eine weise Redensart gibt, die sagt: Jede Seele steht eigentlich am Anfang. Wenn ihr versteht, was zyklische Harmonie bedeutet, erkennt ihr auch, daß es in Wirklichkeit keinen Anfang und kein Ende gibt. Wir hören manche Leute sagen: «Das ist eine ganz alte Seele.» Nun, ihr seid alle alte Seelen, uralte. Fragen?

F: (F) P'taah, ich finde, die Zeit rennt immer schneller. Ich bin kaum mehr in der Lage mitzuhalten. Ich stehe am Morgen auf, und im nächsten Moment gehe ich schon wieder schlafen. Die Zeit scheint zu fliegen.

P'taah: Das ist ganz einfach. Halte sie an!

F: Wie meinst du das? Einfach nicht mehr tun, was ich gerade tue?

P'taah: Du kannst die Zeit verändern, Geliebte. Du bist ein mächtiges Wesen. Äußere den Wunsch! Du kannst sagen: «Das geht mir alles zu schnell. Ich wünsche mir mehr Zeit», und du wirst sie haben. Du kannst dir Zeit *nehmen*. Doch ich gebe zu,

Geliebte, die Zeit fließt mit Lichtgeschwindigkeit hm? Du bist nicht die einzige, die das empfindet. Die Zeit ist in Ordnung so, aber du vermagst sie zu verändern, wenn du möchtest.

F: Wie?

P'taah: Mit der *Gewißheit*, daß du dir Zeit nehmen kannst.

Sehr gut. Wir werden eine Pause machen, damit ihr euch etwas erfrischen könnt. Wenn ihr dann weitere gute Fragen für uns formuliert habt, werden wir zurückkommen. Wir möchten euch bitten, für zwei Minuten ruhig zu sein. Ich danke euch. Ihr Lieben, es ist solch eine Freude, bei euch zu sein. Sehr schön.

(Nach der Unterbrechung):

P'taah: So, meine Lieben, haben sich eure Körper erholt? Wir wollen mit Fragen fortfahren.

F: (F) Erhalten wir bei unserer Geburt ein Talent, eine Gabe, die uns hilft auszuhalten und uns in unserem Leben behilflich ist?

P'taah: Das ist eine sehr gute Frage. Vieles setzt sich aus dem Drama, dem Trauma zusammen, das mit jedem Leben neu hervorgebracht wird. Das größte Geschenk jedoch, das ihr von Geburt an mitbringt, heißt Integrität der Seele. Darin steckt der Wille, der Wunsch der Seele, sich im Leben zu entfalten, mit der Bereitschaft, alles zu erleben, was geschehen mag. Ich meine in einem göttlichen Sinne. Verstehst du? Wenn ihr nun über eure Leben nachsinnt, wenn ihr zurückblickt und an ein Leben nach dem anderen denkt, dann stellt ihr euch das immer chronologisch vor. *In Wahrheit aber verlaufen die vergangenen und die zukünftigen Leben gleichzeitig.* So gesehen habt ihr immer die größten Entwicklungsmöglichkeiten. Und dazu noch all das, was ihr in anderen Leben noch nicht erforscht habt. Versteht ihr? Falls ihr ein Interesse daran entwickelt, was in euren anderen Leben geschieht: viele Leute wenden verschiedene Methoden – genannt Rückführungen – an, um zu erkennen, was sie in ihren anderen Leben so alles ausgeheckt haben, ja? Die meisten wissen nicht, daß sie auch «zukünftige» Leben erforschen können. Denn außerhalb dieses lokalen Zeitverständnisses, also jenseits des Raum-

Zeit-Kontinuums sind diese bereits im Gange. Nun empfangen viele während solcher Erkundungen Bilder, die sie vergangenen Leben zuschreiben; doch in Wirklichkeit sind diese Leben ganz und gar nicht vergangen. Sie sind das, was ihr als zukünftige Leben bezeichnen würdet. Wir wollen hier nicht die *möglichen* Leben vergessen. An dieser Stelle wird es aber kompliziert. Es gibt nicht nur vergangene und zukünftige Leben, es gibt auch noch die Dimensionen der Schwingung. Wir haben es schon erwähnt, daß ihr in Wirklichkeit bereits erleuchtete Meister seid, daß ihr alles seid. Die Seelenenergie ist nicht auf diesen Planeten oder diese Zeit beschränkt. Dann gibt es auch noch die sogenannten möglichen Realitäten in jedem Leben. Folglich sprechen wir von einer unendlichen Anzahl Leben. Wenn ihr euch jetzt mit all diesen Leben beschäftigen würdet, hättet ihr gar keine Zeit mehr, euch mit diesem hier zu befassen. Und wirklich, es ist auch nicht wichtig, denn jedes Leben ist eine Geschichte für sich. Wenn ihr euch wirklich in dieses Leben hier einbringt, wenn ihr euch jedem Moment neu hingebt und jeden in seiner ganzen Fülle und seiner ganzen Vielfalt erlebt, dann habt ihr bestimmt nicht den Wunsch, mit euren Gedanken in andere Leben zu entfliehen. Ihr müßt wirklich erkennen, daß das Bedeutendste, was ihr besitzt, euer Selbst ist. In diesem SELBST ist nur Ehrbarkeit, dort ist die Seele integer, dort sind die Möglichkeiten, all eure Anlagen zu entfalten, unendlich.

(Der nachfolgende Dialog ist so wichtig, daß er eine zusätzliche Bemerkung rechtferigt: Der Fragende befaßt sich mit traditionellen spirituellen Lehren, die eine Personifizierung der Urquelle nach außen projizieren. Im Gegensatz dazu steht das Verständnis, daß sich diese Quelle innerhalb jeden Seins befindet. Die Quelle ist das ICH BIN. P'taah bringt in diesen scheinbaren Widerspruch Klarheit, indem er aufzeigt, daß der heutige Mensch eine größere Fähigkeit hat, um dieses Verständnis auszudehnen. Für die damalige Zeit betrachtet, waren die alten Lehren also genau richtig.)

F: Geliebter P'taah, wir sind die individuelle Ausdehnung des Unendlichen, sind Teil der Urquelle; wir sind alle EINS und sollten also Gott in uns suchen. Und doch haben die großen Meister immer den Vater, den Schöpfer verehrt, der jedoch außerhalb von uns zu sein scheint. ER scheint sowohl ein geliebter Bruder wie auch das Oberhaupt zu sein. Wie zum Beispiel in dem bekannten Gebet: «Vater unser...». Könntest du das bitte erläutern?

P'taah: Diese großen Meister eurer Geschichte, die für euch ja auch Rollenmodelle gewesen sind, haben immer zu dem vorherrschenden kollektiven Bewußtsein gesprochen. In der heutigen Zeit ist das kollektive Bewußtsein der Menschen am Zunehmen, befindet sich im Stadium einer wundervollen Veränderung. Heute ist die Menschheit bereit, ein größeres Ideen-Konstrukt aufzunehmen. Wenn wir euch sagen, es ist nötig, sich vorzustellen, daß die Urquelle mehr als nur eine Personifizierung darstellt, dann bedeutet das für die Menschheit so etwas wie ein Quantensprung. Denn bis heute brauchten die Menschen eurer Kultur eine Autoritätsperson, eine Vaterfigur. Es ist einfacher, wenn die Menschen an eine große Mutterfigur oder Vaterfigur denken können. Wir bezeichnen auch das große Wesen, eure Erde, als die große Göttin. Das ist für die Menschheit tatsächlich ein großartiges Konzept. Die Quelle wird dann etwas viel Gewaltigeres, als es die Vorstellung einer Autoritätsfigur ist. Verstehst du das? Wir möchten die Worte der großen Meister ganz bestimmt nicht schmälern, Geliebter. Wir schlagen bloß vor, daß du deine bewußten Gedanken ausdehnst, damit deine «Radioantenne» sich einem größeren Aspekt deines Seins öffnet. Beantwortet das deine Frage?

F: Ja, darüber muß ich nachdenken.

P'taah: Schau, das müßtest du eigentlich nicht. Du weißt es bereits. Es ist wirklich eine Freude, dich wiederzusehen. Und wie geht es so im weiten Outback? *(P'taah bezieht sich auf das Landesinnere von Queensland, wo der Mann seinen Beruf ausübt.)*

F: Es könnte nicht besser gehen.

P'taah: Das ist wirklich großartig.

(Ein anderer Zuhörer wendet sich an P'taah.)

F: Da ich nicht wirklich weiß, was für mich das Beste wäre, was soll ich mir da wünschen? Und beeinträchtigt das Wünschen nicht das Loslassen?

P'taah: Es ist nicht so, daß du nicht weißt, mein Lieber, du weißt nur mit deinem logischen Verstand nicht. Wenn du das Loslassen übst, wirst du mit der sogenannten Intuition in Kontakt kommen. Dein logischer Verstand war bis jetzt ein ausgezeichnetes Hilfsmittel zum Überleben. Doch schau, heute hängt das *Überleben eurer Spezies von der Intuition ab, vom nährenden Prinzip des Aufgebens, Loslassens.* Zu wissen ist nicht nötig, nur zu fühlen. *(P'taah spricht jetzt ganz liebevoll.)* Stell dir vor, du erlaubst der Liebe in dir, wirklich zu erblühen. Das wäre dann ein Sprung vorwärts zum Vertrauen hin, denn du bist wirklich großartig, Geliebter. Dein Wesen erkennt das Göttliche. Du bist etwas ganz ehrbares, ganzheitliches, und du steckst voller schöpferischer Freude. Dein Wesen wartet darauf zu erblühen. Glaubst du, Geliebter, daß sich die Blumen darüber sorgen, wo sich ihre Wurzeln befinden, glaubst du, sie sorgen sich, ob Regen kommt oder nicht? Sie tun es nicht. Das nennt man Ganzheit – das ist Gewißheit. Jede Zelle in deinem Körper hat diese Gewißheit, und du hast sie auch. Du erinnerst dich nur nicht mehr daran. Darum mußt du deinem Wesen vertrauen und dieser Gewißheit erlauben, sich zu offenbaren. Wir werden noch oft mit dir reden, und du wirst sehen, wie sich diese Gewißheit entfaltet. Das ist keine «große Sache», du hast damit keine Schwierigkeiten, mußt dich nicht abmühen. Abmühen gehört zum physischen Überlebenskampf, Loslassen und Aufgeben dagegen zum Überleben der so wunderbaren, geistigen Natur der Menschheit. Fragen?

F: (F) Du sprachst vom Verstehen, in dem man mit dem Göttlichen mitschwingt. Heißt das, daß wir gar nichts zu lernen brauchen und uns nur auf die Urquelle einstimmen müssen, um zu wissen?

P'taah: Das ist wirklich die kürzeste Antwort, soviel steht fest. *(Die Zuhörer amüsieren sich.)* Ganz genau so ist es. Das, was ihr als so dringend nötige Ausbildung für eure Kinder erachtet, wird sich mit der zyklischen Veränderung der Menschheit ebenso verändern. Die Kinder, die in den letzten Jahren zur Welt gekommen sind, bringen ein ganz anderes Wissen mit als jene, die vor ungefähr zehn Jahren, ja vielleicht noch etwas weiter zurück geboren wurden. Die Neugeborenen von heute haben das Bewußtsein der Delphine, sie kommen von den Sternen und bringen ein viel größeres inneres Wissen mit. Sie werden große Veränderungen herbeiführen, und vieles aus eurem jetzigen Ausbildungssystem benötigen sie deshalb gar nicht. Es wurde auf genetischem Wege manches in die Wege geleitet, um die Menschheit zu verändern. Alles, um dem Bewußtsein bei diesem Quantensprung zu helfen.

F: Könntest du etwas über vererbte Krankheiten sagen, und wie sie mit Eltern und Großeltern in Verbindung stehen?

P'taah: Krankheiten des Körpers sind Krankheiten der Gefühle. Wir haben schon darüber gesprochen. *Vorstellungen von Krankheiten schaffen Krankheiten.* Vererbte Krankheiten sind nicht in Stein gehauen, sie können verändert werden. Wir haben von der morphogenetischen Resonanz der Zellstruktur des Körpers gesprochen und auch von der morphogenetischen Resonanz einer Familie, einer Kultur oder eines Landes und so weiter. Wenn eine Familie glaubt, daß sich eine Krankheit vererben wird, dann vererbt sie sich auch. Das sogenannte genetische Programm einer vererbten Krankheit macht nur einen winzigen Anteil aus. Es betrifft ausschließlich die physische Ebene. Was ihr glaubt, IST. Wir haben über die Medikamente gesprochen; ihr glaubt, sie heilen euch, und sie tun es. Ihr glaubt, ihr seid die Opfer von Krankheiten, und deshalb seid ihr es auch. Was denkst du, warum es so oft vorkommt, daß eine Person innerhalb der Familie eine Krankheit hat, und das Kind bekommt sie ebenfalls?

F: Ich dachte, das ist eine Co-Kreation. Wir suchen uns unsere Eltern aus, und wir suchen uns einen Körper aus, der unser Bewußtsein widerspiegelt. Krankheiten sind das Ergebnis unseres Bewußtseins, also schwingt unsere morphogenetische Resonanz mit den Menschen mit, welche die gleichen Symptome haben wie wir.

P'taah: Sehr gut. Und doch kann das verändert werden. Wenn

Schwächen auftreten, wenn zum Beispiel eine Person mit einer körperlichen Schwäche geboren wird, hat sie sich das ganz bestimmt so ausgesucht. Und es ist sicherlich eine Co-Kreation, wenn sich Personen in einer Familie mit einer körperlichen Schwäche zusammenfinden. Das bietet diesen Leuten eine wunderbare Möglichkeit zu lernen, daß der Körper einen nicht einschränkt.

(Eine andere Hörerin weitet das Thema auf Krankheiten bei Tieren aus):

F: P'taah, könntest du erklären wie es mit Krankheiten bei Tieren ist? Gehört das zu ihrem Karma, oder spiegeln sie nur unser Bewußtsein wider? Bei einer meiner Hennen zum Beispiel zeigt sich ein Katarakt in den Augen. Ich weiß nicht, wie ich mich dazu stellen soll?

P'taah: Wenn du von den Haustieren sprichst, also jenen, denen ihr euch verbunden fühlt, etwa einer Katze, einem Hund oder einem Pferd, wo also eine starke, gefühlsmäßige Bindung besteht: diese Geschöpfe zeigen häufig körperliche Symptome. Nicht nur, damit ihr euch in ihnen widerspiegeln könnt, sondern auch, um euch eine Idee zu vermitteln, wie das Tier seine Beziehung zu euch empfindet. Wo keine gefühlsmäßigen Bande bestehen, könnte man sagen, daß sie sich das meist für ihre eigene Erfahrung kreieren. Wie auch immer, da es sich um deine Henne handelt, meine Liebe, die Probleme mit den Augen hat, schaust du vielleicht einmal genauer hin, wie du deine Henne[9] siehst.

F. Oh, ich verstehe.

(Die Zuhörer sind wegen der Doppeldeutigkeit dieser Antwort entzückt, und ein anerkennendes Lachen bricht aus.)

P'taah: Sehr gut.

F: (F) Ich frage mich, ob Kristalle einem dazu verhelfen können, die Schwingungsebene und das Bewußtsein zu heben?

P'taah: Kristalle in diesem Sinne sind ein Werkzeug, mehr

9 Anm. d. Ü.: Im Englischen heißt Henne *chicken. To chicken out of some place* bedeutet, daß man sich vor etwas fürchtet, vor etwas davonrennt.

nicht. Eure Erde ist ein Kristall. Die Menschen sind ebenfalls kristallin. Doch du meinst die Kristalle, die ihr bei euch tragt und als Kraftinstrumente gebraucht. Sie sind in der Tat ein Werkzeug und können als Verstärker benutzt werden. Sie sind auch nützlich, um Informationen zu speichern. Aber eigentlich brauchst du keinen, um dein eigenes Bewußtsein anzuheben. Wenn es dir aber Freude macht, Kristalle zu gebrauchen, dann haben sie durchaus ihre Gültigkeit.

F: (F) Man kann es sich vorstellen, daß sich die Menschen ihre Erfahrungen aussuchen, doch wie ist das mit den Tieren? Suchen sich die Tiere auch ihre Erfahrungen aus? Wir sehen viele mißhandelte Tiere. Wählen die sich einen Platz aus, wo sie mißhandelt werden? Wie geht das vor sich?

P'taah: Meine Liebe, alles ist eine Co-Kreation. Haustiere sind wirklich da, um die Gefühle der Menschen widerzuspiegeln. Sie geben euch die Gelegenheit zu großen Lernerfahrungen. *Wale und Delphine haben die gleiche Seelenenergie wie die Menschen.* Und das war ihre bewußte Entscheidung. Die Geschöpfe der zweiten Dichte wählen nicht bewußt aus, genausowenig wie das die meisten Menschen bewußt tun. Sowie die Menschheit mehr und mehr Verständnis erlangt und ihr Bewußtsein ausdehnt, wird sich das Bewußtsein aller Dinge auf diesem Planeten ausdehnen. Es schwingt mit. Wenn sich die schwingenden Frequenzen erhöhen, erhöhen sie sich überall. Wenn die Menschheit dann in die vierte Dichte voranschreitet, tut das auch jedes Geschöpf und jeder Grashalm.

F: Sagtest du die gesamte Menschheit?

P'taah: Nun, es werden nicht wirklich alle sein.

F: Werden es alle zur gleichen Zeit tun?

P'taah: Diejenigen unter euch, die das wünschen.

F: Wenn sich aber manche früher entscheiden als andere, was geschieht dann mit den Tieren? Verstehst du, was ich...?

P'taah: Aber natürlich, ich verstehe dich genau, Geliebte.

F: Meine Katze zum Beispiel. Es scheint, als... oh, mein...

(Die Sprecherin hat Schwierigkeiten, ihre Gedanken auszudrücken, und P'taah schlägt freundlich vor, zuerst die Frage von jemand anderem

zu beantworten. Das werde ihr Zeit geben, ihre Gedanken klarer zu formulieren.)

F: (F) P'taah, haben Tiere die Wahl, wo sie existieren?

P'taah: Das haben sie. *(Nach einer kurzen Pause wendet sich P'taah noch einmal der Dame von vorhin zu.)*

Nun, was du sagen willst, ist folgendes: Alle sorgen sich darum – hier schweifen wir etwas vom Thema ab –, was während der Veränderung von der dritten in die vierte Dichte mit denen geschieht, die nicht in die vierte Dichte vorangehen möchten, hm? Du machst dir jetzt Sorgen, daß einige Tiere ebenfalls nicht weitergehen wollen. Das ist in Ordnung so, Geliebte. Wirklich, es ist sehr gut – daß es dich bekümmert. *(Er hält kurz inne.)* Ich necke dich nur ein wenig, denn eigentlich handelt es sich hier um Mitgefühl.

F: Sicher.

P'taah: Wenn die Menschen ihre energetischen Kräfte für diese große Umwandlung zusammenfassen, dann ist es nicht... Seht, wir finden es ziemlich schwierig, die richtigen Worte zu finden, damit es in die Schubladen eures Verständnisses paßt, also einen Sinn macht. *Verschiedene Menschen werden es vorziehen, in dieser Dimension zu bleiben, und sie werden sich bestimmt auch Tiere erschaffen.* Wie auch immer, auf einer anderen Ebene des Bewußtseins werden sich *alle* Tiere ebenfalls durch Umwandlung weiterentwickeln.

F: Könnte man sagen, daß die Seele der Tiere sich fortentwikkelt, aber eine Art Hologramm zurückläßt?

P'taah: Es ist nicht ganz so einfach. Die Seelenenergie der Tiere ist irgendwie bruchstückhaft. Wenn die Seele eines Wesens der dritten Dichte – also ein Mensch – entscheidet, daß er die Erfahrung als Tier machen möchte, dann geschieht das nicht mit dem Bewußtsein der dritten Dichte. *Menschen verwandeln sich nicht in Tiere.* Die Seelenenergie kann sich auch entscheiden, Erfahrungen als kristalline Form zu machen, als Fels, als Pflanze, versteht ihr? Auf einer bestimmten Schwingungsebene vermag die Seele in jeder Dichte Erfahrungen zu sammeln.

Ihr Lieben, ihr seht alle sehr müde aus.

(Ein Zuhörer hat noch eine Frage.)

F: Gelieber P'taah, eine Frage noch: Das kollektive Bewußtsein der Menschen auf diesem Planeten schien vor zehn Jahren noch ziemlich destruktiv zu sein. Hat sich das verbessert? Kommen wir dem Quantensprung näher?

P'taah: Im Sinne der zyklischen Veränderungen kommt ihr sicherlich näher. Und ihr seid bestimmt auch deshalb näher dran, weil sich in diesen zehn Jahren schon viele Leute für das Leben und die Liebe statt für Tod und Zerstörung entschieden haben. Beantwortet das deine Frage, mein Lieber?

F: Ja.

P'taah: Meine lieben Kinder, für heute ist es genug. Es war uns ein Vergnügen, mit euch zusammenzusein. *(Er wendet sich an den Gastgeber dieses Treffens):* Auch dir sei gedankt, Geliebter.

F: Ich habe zu danken.

P'taah: *(Er wendet sich auch an die Gastgeberin):* Wirklich, wir danken dir, geliebte Frau. *(Dann zu den Zuhörern):*

Es macht meinem Herzen wirklich Freude, mit euch zu sein. Und indem ihr euch ausweitet und euch ehrlich wünscht zu lernen, selber das Göttliche auszudrücken, bewirkt ihr eine Ausdehnung für die Energien in allen Galaxien. Und euer Mut erfüllt uns mit tiefer Ehrfurcht. Es ist wirklich schön, bei euch zu sein.

Guten Abend.

Fünfte Übermittlung
25. September 1991

P'taah: Guten Abend, ihr Lieben!

(P'taah sieht jeden einzelnen an und macht sich mit dessen Energie und dessen Geisteszustand vertraut.)

So, ihr Lieben, es freut uns wirklich, bei euch zu sein. Das Abenteuer geht weiter. Zu Beginn des heutigen Abends werden wir euch mehr über Transmutation erzählen. Es ist sehr wichtig, daß ihr genau versteht, was das ist und wie es geht. *(Er wendet sich an einen Zuhörer)*: Hast du schon Fragen, Geliebter? Gedulde dich noch eine Weile, denn ich möchte, daß du nicht nur damit, *(er zeigt auf seinen Kopf)* sondern auch damit *(er zeigt auf sein Herz)* zuhörst.

Man nennt das doch «bleib am Apparat» – ist das richtig? Siehst du, *(spaßeshalber)* ich kenne all diese Dinge. Nun, wir wollen rekapitulieren: Transmutation – die ultimative Alchimie der Seele. Agonie in Ekstase transmutieren. Und wie macht man das? Es sind ganz einfache Schritte, ihr Lieben, so geht es: Übernehmt die Verantwortung in dem Wissen, daß sich jeder absolut seine eigene Wirklichkeit schafft. Alles innerhalb eures Universums, innerhalb eines jeden persönlichen Universums, ist eine Co-Kreation. Schritt Nummer zwei: Bringt eure Werturteile ins Gleichgewicht. Nun, wie gleicht ihr eure Werturteile aus? Ihr müßt einfach nur die Tatsache anerkennen und akzeptieren, daß ihr urteilende Wesen seid. Denn das seid ihr, und das hat seine Gültigkeit. Es ist ebenfalls ein Ausdruck des Göttlichen. Versteht ihr das? Es ist ein göttlicher Ausdruck, weil es IST, weil es existiert. Die Veränderung geschieht, indem ihr das annehmt, akzeptiert und anerkennt. Das schafft den Ausgleich – wenn ihr akzeptiert und sagt: «Ich bin ein wertendes Wesen, ich bewerte mich selber, ich bewerte die Situation, ich bewerte die beteiligten Personen. Was für eine Situation es auch immer ist, ich habe sie mir geschaffen, damit ich die Lektion lernen kann, die sie beinhaltet.»

Auf diesem Wege gelangt ihr zur Harmonie. Seid gewiß, daß sich im Schmerz, den ihr ja auch so hart verurteilt, eine Perle der Weisheit verbirgt. Nun, wie wir schon sagten, es ist sehr schwierig für euch, ein Werturteil auszugleichen, wenn ihr eigentlich am liebsten jemanden umbringen möchtet. Wir spaßen. Aber auch wieder nicht, denn sehr oft ist es doch genau das, was ihr tun möchtet. *Übernehmt die Verantwortung, gleicht die Werturteile aus und fühlt das Gefühl.* Wir möchten euch nochmals daran erinnern: *Schmerz ist kein Gefühl, Schmerz ist Widerstand gegen Gefühle.* Wenn ein Ausgleich erreicht ist, wird die Energie befreit, die durch den Widerstand im Bauch zurückgehalten wurde, und kann dann frei vom Solarplexus zum Herzen fließen. Es ist wirklich so einfach. Nicht, daß ihr etwas tun müßt, ihr müßt es nur geschehen lassen. *Indem ihr geschehen laßt, bewirkt ihr die Transmutation.* Habt ihr zu diesem Prozeß irgendwelche Fragen? *(Da keiner eine Frage zu haben scheint, sagt P'taah mit einem Lächeln).* Sehr gut, ihr seid alle Klassenbeste.

Nun, obschon diese Vorgehensweise ganz einfach ist, könnt ihr doch leicht steckenbleiben, weil ihr so eifrig versucht, dem Schmerz auszuweichen. Doch Schmerz ist nur Widerstand. Ihr müßt ihm nicht ausweichen, ihr müßt ihn umfangen, annehmen, damit ihr *fühlen* könnt. Ihr habt vergessen, wie man fühlt, ihr Lieben. Ihr habt vor allem solche Angst vor dem Sterben. Man nennt das Unverletzlichkeit. Wenn ihr Freude fühlt, wenn ihr gerade auf eine Erfahrung zusteuert, die euch mit Glück erfüllen würde, ihr aber das Vorurteil habt, daß es unerfreulich sein wird, dann kommt sofort diese Beklemmung. *Übernehmt die Verantwortung, gleicht die Werturteile aus, fühlt das Gefühl!* Das ist alles.

Die Veränderungen, die auf euren Planeten zukommen, werden geschehen, ob ihr sie nun erwartet oder nicht, ob ihr daran glaubt oder nicht. Dies alles hier, meine Lieben, tun wir nur, damit die Umstände harmonisch sein werden, damit ihr euren Lohn erntet. Wir reden von der Harmonie, die ihr alle in euch selbst finden könnt. Wenn alle Dinge in Harmonie sein werden, ist das das neue Zeitalter. Das wird geschehen. Weil sich euer gesamtes Universum auf diese Veränderung einstimmt, wirkt sich das auch auf euch belebend aus, auf euch alle, die ihr so verzweifelt um Erleuchtung kämpft. Deswegen sind wir hier. Und dieses «wir» ist nicht in einem königlichen Sinne gemeint. Damit meinen wir alle Wesen, alle Seinsformen, die sichtbaren und die unsichtbaren, die dem Wesen Erde, eurem Planeten, der Göttin Erde und allen dazugehörigen Seinsformen bei diesem Übergang helfen. Wir haben früher bereits darüber gesprochen, wie wichtig es für die Erdenmenschen ist, ihre spirituelle Ganzheit zu erlangen, damit sie mit ihrem Planeten und mit den kommenden Technologien in Harmonie kommen. Und das wird alles viel schneller Früchte tragen, als die meisten von euch sich vorstellen können. Ihr werdet spirituell nicht erwachsen, wenn ihr nicht erkennt, daß ihr ganz sein könnt. Damit das kein Wunschtraum bleibt, damit ihr zu dieser Fülle, dieser Ganzheitlichkeit findet, ist es notwendig, daß ihr alle Teilstücke eures Seins zusammensucht, alle Facetten eures Wesens, die ihr so hart verurteilt, und sie in euch SELBST aufnehmt. Denkt an die schmerzhaften Situationen. Ob das nun gegenwärtiger Schmerz ist oder einer von vor langer Zeit – jedesmal, wenn ihr Schmerzen habt, wiederholt ihr nur eine Situation. Die jeweils dazugehörige Geschichte ist nicht wichtig. Es ist unwichtig, *welche* Situation eure Seele heraufbeschwört, damit ihr euch erkennen und annehmen könnt. Darum, immer, wenn wir mit euch reden, führen wir alles auf euer Selbst zurück. Denn bis ihr euch nicht wirklich über jede Facette eures Seins freuen könnt, werdet ihr nicht ganz. Doch wenn ihr ganz seid, meine Lieben, dann seid ihr *zu Hause angekommen.*

Euer Planet kommt nach Hause. Wir wünschen uns ernsthaft, daß sich jeder einzelne von euch mit all jenen Wesen vereinen kann, die darauf warten, euch willkommen zu heißen.

In euren Leben gibt es verschiedene Bereiche, mit denen ihr nicht in Harmonie lebt: unausgeglichene Teilstücke eurer Glaubenssysteme. Wir werden an den folgenden Abenden mit euch über eure Glaubensstrukturen reden, die ihr zwar aufrechterhaltet, von denen ihr aber nicht wirklich wißt, daß ihr sie überhaupt habt. Einige dieser Glaubenssysteme halten euch gefangen, denn sie führen immer wieder dazu, daß ihr euer Sein verurteilt. Wir würden nun vorschlagen, mit den allgemeinem Fragen anzufangen.

F: (F) Es geht um diese Veränderung. Heißt das, wenn wir uns selbst nicht ändern, daß wir dann bei dieser Veränderung nicht mit dabei sein werden, obschon sich unsere Erde verwandelt?

P'taah: Nun, das haben wir schon viele Male gehört. Immer, wenn ihr von den kommenden Veränderungen sprecht, kommt eine grundlegende Angst zum Vorschein, daß ihr die Prüfung nicht besteht, daß ihr nicht genügen werdet, daß man euch zurücklassen wird. Und selbst dann, wenn ihr überzeugt seid, daß ihr selbst nicht zurückbleibt, habt ihr Angst, daß jemand zurückbleiben wird, den ihr liebt. Das ist ein verständlicher Gedanke, aber so wird es nicht sein. Man kann sagen, daß niemand zurückbleiben wird. Und es gibt eigentlich gar kein «Zurückbleiben», versteht ihr das? Wir möchten euch sagen, daß ihr nichts tun müßt und daß es in diesem Prozeß keine Verlierer gibt. Jeder, der diesen Übergang wünscht, wird es fühlen, wenn es soweit ist. Ja, die gesamte Erde wird mit diesen Veränderungen mitschwingen. *Wie auch immer, in der Zeit vor dieser Veränderung werdet ihr auf diesem Planeten in Situationen geraten, die euch verunsichern.* Die Menschen werden sich selbst nicht mehr trauen. Und sehr oft, wenn sie mit Angst konfrontiert werden, reagieren sie auf außergewöhnliche Weise. Krieg ist ein gutes Beispiel für Angst, nicht wahr? Wenn die Leute glauben, daß sie eine Vernichtung zu befürchten haben, wenn sie glauben, daß sie zu Tode hungern oder daß die Natur so verrückt spielt, daß sie sterben müssen, dann werden sie darauf außergewöhnlich reagieren. Darum sollt ihr wissen, daß die kommenden Veränderungen wirklich etwas ganz Wundervolles sind. Denn sie verkünden das Wunder dieses Übergangs. Wenn wir nun sagen, daß sich Politik, Wirtschaft, Technologie und alle anderen Bereiche des Lebens verändern, gibt es immer diejenigen, die das Jüngste Gericht prophezeihen: «Der Jüngste Tag ist nahe», nicht wahr? Wir möchten, daß ihr euch immer dann, wenn ihr mit einer scheinbar absoluten Katastrophe konfrontiert seid, daran erinnert, daß ihr schon wieder einen Schritt weiter gekommen seid. Beantwortet das deine Frage, Geliebte?

F: Ja.

F: Mir scheint, wir können schon jetzt Tod und Verwüstung annehmen, statt an die Dinge zu denken, die da kommen werden. Wenn es dann geschieht, haben wir uns bereits durchgearbeitet, und es muß uns nicht mehr betreffen.

P'taah: Genau. Deshalb sind wir hier, damit die Menschen beginnen können darüber nachzudenken, um zur Erkenntnis zu gelangen. Nicht bloß als eine intellektuelle Übung, sondern um zu einer inneren Gewißheit in ihrem Herzen zu finden. Verstehst du?

F: Ja. Gerade kürzlich hatte ich im Zusammenhang mit deinen Lehren einige Gelegenheiten, das Annehmen der Polaritäten zu üben. Zum Beispiel mit Schmerz, Kopfweh und Angst vor dem Tod. Ich hatte das Gefühl, daß der Tod in Ordnung wäre – habe ihn sozusagen willkommen geheißen. Gehört das zum Prozeß?

P'taah: So etwas wie den Tod gibt es nicht. Wenn du es müde wirst, jeden Tag deines Lebens die gleiche Farbe zu tragen, dann ist es eine Freude, die Kleider zu wechseln, hm? Euren Körper könnte man als eine Art Kleidungsstück bezeichnen. Wenn du deine Kleider ausziehst, bleibst du trotzdem dasselbe wunderbare Juwel. So etwas wie den Tod gibt es wirklich nicht. Er ist lediglich ein Abenteuer des Bewußtseins. Und wenn ihr wirklich keine Angst mehr vor ihm habt, dann seid ihr einen Riesenschritt vorwärts gekommen. Denn wenn diese Angst endet, dann wißt ihr, daß es nicht mehr bloß eine intellektuelle Übung ist, sondern eine tiefe, innere Gewißheit. Der Tod ist ein natürlicher Übergang, so wie auch die Geburt ein Übergang ist: Nämlich der vom Fötus zu einem atmenden Organismus mit allem, was dazugehört. Doch das Bewußtsein nehmt ihr mit, und es geht immer weiter und weiter, selbst dann, wenn ihr das vergeßt.

(P'taah dreht sich um und wendet sich an einen Zuhörer.) Und du, Geliebter?

F: Geliebter P'taah. Ich habe kürzlich gelesen, daß es sehr hilfreich sein kann, wenn wir den Wesen, die uns umgeben, im Geiste die Erlaubnis geben, in uns einzudringen, damit sie uns zu einem besseren Verständnis der wahren Wirklichkeit führen. Könntest du bitte deine Meinung dazu äußern und uns vielleicht zeigen, wie das geht?

P'taah: Aber natürlich ist es hilfreich, wenn du dir diese Erlaubnis gibst. Denn andere Energien, auch deine eigene Seelenenergie, sind dir immer zugänglich. Siehst du, die Menschheit glaubt, sie wäre ganz alleine. Selbst wenn die Menschen vom vielen Lesen intellektuell wissen, daß sie von Energien, von Wesen umgeben sind, so geht es doch darum, daß dieses Wissen zur inneren Gewißheit wird. Wenn du dir also diese Erlaubnis gibst, dann brauchst du dich nur zu entspannen – bitte darum, Geliebter, und es soll dir gewährt werden! Was auch immer geschehen mag, laß es gewähren, was immer es ist. Seht, das ist auch eine ziemlich widersprüchliche Sache. Denn sehr oft sagt ihr: «Dieses verflixte Problem geht mir nicht aus dem Kopf», und dann sagt ihr: «Oh Universum, schick mir doch die Lösung, schicke mir das Verständnis, damit ich dieses Problem lösen kann!» Und dann wartet ihr alle auf eine himmlische Stimme. Nun, sehr oft kommt die Lösung überhaupt nicht in dieser Form, und ihr hört keine himmlische Stimme. Sie kann etwas ganz Weltliches sein, etwas, das in eurem täglichen Leben vorkommt. Und wenn ihr aufmerksam seid, dann werdet ihr sagen: «Aha, das ist also die Antwort auf meine Frage.» Versteht ihr? Wenn ihr aber Erwartungen habt, wie und wann die Lösung kommen muß, schließt ihr im selben Moment viele Möglichkeiten aus. Erlaubt euch zu bitten. Worum auch immer. Seht, eure Seele ist sehr trickreich. Darum verlaßt euch nicht auf «Engel mit goldenen Flügeln». *(In genau diesem Moment durchquert die Hauskatze den Raum und P'taah benutzt sie als Beispiel.)* Es könnte auch eure Katze erscheinen, um euch eine Lehre zu erteilen... Nicht wahr?

F: (F) Du sagst, Schmerz sei kein Gefühl, und man solle sich das tieferliegende Gefühl, das dahintersteckt, erlauben. Wenn ich also Schmerzen habe, und ich lasse dann zu, was auch immer kommen mag, fühle ich dann zuerst den Schmerz und warte dann auf irgendein Gefühl, das nachher kommt?

P'taah: Jetzt kommen wir der Sache auf den Grund, meine Liebe, und ich danke dir für diese Frage. Denn dies kann sehr verwirrend sein, und wir möchten, daß darüber bei jedermann Klarheit herrscht. Stellt euch vor, das wäre jetzt wahr: Jemand, den ihr sehr liebt, ist gestorben. Selbst wenn ihr wißt, daß Tod eine Illusion ist, löst der Verlust der körperlichen Nähe Trauer und Schmerz aus, einen wahren Schmerz des Herzens. Dann muß man wissen, daß dieser Schmerz nicht von diesem Verlust herrührt, sondern ein Trennungsschmerz ist, der sich seit Urzeiten angesammelt hat. Ihr dürft diesen Schmerz nicht verurteilen. Ihr müßt nicht denken, daß ihr die Prüfung nicht besteht, weil ihr jetzt Schmerz fühlt. Ihr müßt den Schmerz anerkennen und wirklich wissen, daß ihr ihn selbst hervorgebracht habt. Ihr habt ihn angesammelt und wachsen lassen. Ihr müßt ihn akzeptieren, ihn anerkennen und mit dem Wissen annehmen, daß er gültig ist als Ausdruck des Göttlichen. Versteht ihr? Wenn ihr den Schmerz mit rationalem Denken unterdrückt, nach unten drückt, um ihm auszuweichen, dann kann die Transmutation nicht stattfinden. Das ist, wie wenn ihr an einem sehr heißen Tag am Meer sitzt und ins Wasser schaut. Wenn ihr nicht hineintaucht, werdet ihr nie wissen, wie es sich anfühlt, wie erfrischend es ist und wie es euch abkühlt, wie es an jedem Nervenende prickelt und euch zu intensiverem Leben erweckt. Und genauso ist es mit dem Schmerz. Wenn ihr ihn ohne Vorurteile annehmen könnt, dann erlebt ihr Ekstase, und das ist *mehr*, als an einem heißen Tag schwimmen zu gehen. Dann werdet ihr wirklich wissen, was Fühlen heißt. Versteht jedermann, wenn wir sagen, daß Schmerz Widerstand gegen die Gefühle ist? *(Die Zuhörer bestätigen das.)* Ihr seid euch also im klaren darüber.

F: (M) P'taah, beim letzten Treffen, als du gingst, hast du unseren Mut bewundert. Hast du den Mut gemeint, den es braucht, um die bestehenden Glaubensstrukturen zu enthüllen, oder was meintest du genau?

P'taah: Das war nicht so spezifisch gemeint, eigentlich eher vielschichtig. Denn seht, es braucht ziemlich viel Mut, dieses Leben auszuwählen, ja irgendein Leben in dieser Ebene der Realität. Es braucht aber auch Mut, den ihr als Individuum aufbringt, um im Vertrauen voranzugehen. Wirklich, ihr Lieben, es ist tatsächlich ein Vertrauensakt, denn ihr bekommt keine Garantie. Und wir haben gehört, daß die Menschheit gerne eine Garantie hat – oder das Geld zurück. Es erwächst alles aus eurem Wunsch, mehr zu sein. Es liegt in den harmonischen Schwingungen eurer Zeit. Sogar die Luft ist erfüllt mit Erwartungen. Und viele von euch sind erstaunt, aber sie wollen nicht näher hinsehen, weil sie Angst haben, weil das, was ihr Lieben hier tut, nicht ganz in eure normale soziale Struktur paßt. Da sind viele Vorurteile vorhanden. Sogar unsere Frau sagt, wenn ihre Familie wüßte – nicht die ganze Familie – womit sie sich hier beschäftigt, kämen sie mit der Zwangsjacke. Ich bin sicher, ihr alle kennt jemanden, der euch in eine Zwangsjacke stecken würde, wenn er wüßte, womit ihr euch beschäftigt.

F: Sollte man nicht erwarten, daß sich die Menschheit mehr und mehr dem spirituellen Fortschritt anpaßt und öffnet?

P'taah: Aber natürlich, mein Lieber, das geschieht auch. Und ihr wißt ja, daß die Menschen manchmal verzagen und dann sagen: «Wenn doch all diese Wunder so bald passieren sollen, warum ist dann überall ein solches Durcheinander? Es gibt immer noch Kriege, es gibt immer noch Hungersnöte, und Mörder gibt es auch noch und überall diese Uneinigkeit.» Aber seht, das wird sogar noch zunehmen – *und dann wird es sich ändern.*

F: Mit anderen Worten: Hier teilt sich das Bewußtsein. Geht diese Trennung durch alles durch, oder...

P'taah: Es ist nicht wirklich eine Trennung des Bewußtseins. Es ist nur so, daß manche den jetzigen Zustand beibehalten möchten. Doch sie schwimmen gegen den Strom. Das wird mehr und mehr so kommen, besonders dann, wenn die Veränderungen der Erde immer offensichtlicher werden. Dann wird auch das Gefühl der Machtlosigkeit unkontrollierbar. Wenn Länder in Stücke zerfallen, wird es äußerst schwierig werden, sich an die finanziellen Strukturen und an die bürokratische Ordnung zu halten. *Das wird jedoch in diesem Land nicht so geschehen;* ihr werdet hier nicht diese Zerstörung kennenlernen wie andere Länder. Ihr habt also alle außerordentlich gut gewählt, hm? Wir sagen euch das deshalb, weil viel über die Zerstörung des Planeten geredet und damit viel Angst verbreitet wird. Nun, das hat auch etwas Gutes, meine Lieben. Unsere Frau würde hier sagen: «Es gibt ihnen einen Tritt in den Hintern.» Wir wollen es mal so ausdrükken: Wenn ihr euch selber immer besser kennenlernt und immer mehr mit dem, was geschehen wird, in Harmonie kommt – ihr müßt euch dessen nicht einmal bewußt sein – dann werdet ihr ganz einfach nicht anwesend sein, wenn ein Unglück passiert. Darum sagen wir: Verzichtet nicht auf eure Ferien, ändert auch euer tägliches Leben nicht, weil ein Unglück geschehen könnte. *Ihr müßt wissen, daß ihr in einem sicheren Universum lebt,* ihr erschafft es euch so. Wenn ihr das, was ihr seid, liebt und Liebe für euren Planeten ausstrahlt, wie könntet ihr dann nicht in Sicherheit sein. *Nicht in Sicherheit sein, heißt in Angst leben.* Wenn ihr in Angst lebt, was zieht ihr dann an? Verwüstung – nicht Sicherheit, nicht wahr?

F: (F) Was du gerade sagst, habe ich erfahren. Und doch hat ein Teil von mir immer noch Angst, fürchtet sich immer noch vor Vernichtung, fürchtet den Tod, fühlt sich minderwertig. Wenn ich auf mein Leben zurückblicke, dann sind wundervolle Dinge geschehen, und trotzdem ... Gestern habe ich mich für eine kurze Weile absolut verachtet. Dieses Gefühl ist da, also ...?

P'taah: Geliebte, warum sollte es dir anders ergehen als allen anderen? – Ich will dich nur necken.

F: Ja, ich weiß. Ich möchte dich bitten, dich zu dieser Sache zu äußern. Wir wissen darüber Bescheid, und trotzdem ist da drinnen immer noch dieses andere ...

P'taah: Natürlich ist es noch da. Also, eines nach dem anderen. Wie heißt die Antwort, meine Liebe? – Genau, aufgeben. Dieses Gefühl der Selbstverachtung, der Schrecken vor dem Ausgelöschtwerden ist ein Grundgefühl der Menschheit. Viele haben sogar noch größere Angst aufzugeben als zu sterben. So sag mir, was tatest du in diesem Moment der Selbstverachtung?

F: Ich habe viel darüber nachgedacht. Ich habe es lange im Kopf herumgedreht, und vielleicht realisierte ich, daß es auch ein gültiger und göttlicher Aspekt meines Wesens ist, und dann verblaßte es.

P'taah: Wie außergewöhnlich, Geliebte. Es verblaßte einfach, hm? Schau, auch wenn es wirklich ein momentanes Gefühl des Schreckens gewesen wäre, hättest du es transmutieren können. Offenbar, Liebes, kam dir das in dem Moment nicht in den Sinn.

F: Ich denke, mein Kopf war...

P'taah: ... dir im Wege. Wir möchten euch allen vorschlagen: Wenn ihr großen Schmerz verspürt, wenn ihr durcheinander seid, wenn ihr Angst empfindet, dann gibt es eine ganz einfache Lösung: Schraubt euren Kopf ab und nehmt ihn unter den Arm. Er ist dort viel nützlicher. *(P'taah steht vor einem amüsierten Publikum.)* Denn ehrlich, ihr Lieben, seht, im Leben geht es um das Fühlen, um die Emotionen, darum, Gefühle zu kreieren. Wenn ihr den Energiekanälen erlaubt, offen zu sein, dann ist kein Kopf im Wege. Ihr fühlt nicht hier *(P'taah deutet auf den Kopf)*, ihr fühlt hier *(Er deutet auf den Solarplexus)*. Also, übernehmt Verantwortung, gleicht die Werturteile aus, nehmt euren Kopf unter den Arm, und fühlt das Gefühl. *(Lachen.)* Wir werden das als neue Regel einführen, hm?

F: (F) Ich glaube, wir haben diese Vorstellung von Spiritualität: Solche Dinge sollten uns nicht mehr passieren. Darum fühlen wir uns immer schuldig, wenn wir Schmerzen haben. Doch mir scheint jetzt, daß ich diese Idee verwerfen kann. Wie du ja sagst: Es ist in Ordnung, wenn man weint, es ist in Ordnung, wenn man traurig ist.

P'taah: Wenn dir Personen begegnen, die überaus spirituell sind und keinen Schmerz verspüren, die – wie heißt das wieder – scheinheilig sind, hm, dann kannst du sicher sein, daß sie eine gute Fassade haben. Es sei denn, du siehst sie tatsächlich vor deinen eigenen Augen in den Himmel steigen.

F: Mir scheint auch, wir schätzen die Freuden in unserem Leben viel zu wenig. Wenn wir zum Beispiel mit einem Freund streiten, dann ist das ein Spiegelbild. Wir fühlen uns dann wegen dieser schlechten Projektion schuldig. Du bist aber genauso ein Spiegelbild – wir haben so viele wunderschöne Spiegelbilder, deren Wert wir nicht schätzen. Wir scheinen jene, die wir nicht schätzen, viel eher zu bemerken.

P'taah: Genau – und du weißt natürlich auch, daß «Spiritualität etwas ganz Seriöses ist». Und wenn du spirituell bist, dann bist du *so gut*. Ihr habt in eurem Leben täglich Myriaden von Spiegelbildern. Einige bringen euch beinahe zum Wahnsinn. Damit meinen wir vor allem eure menschlichen Spiegelbilder. Wir fragen uns sogar oft, wie es wäre, wenn ihr keine Natur hättet, die eure eigene Schönheit widerspiegelt. Denn mir scheint, daß eure menschlichen Spiegelbilder oft ziemlich trübe sind und nicht viel Spaß machen – sehr oft jedenfalls. Darum habt ihr euch vielleicht die Natur erschaffen, damit ihr darin eure eigene wirkliche Größe, eure eigene Schönheit, ja eure eigene ehrfurchterregende Stärke und Kraft erkennen könnt. Wir haben es schon einmal erwähnt: Spiritualität hat nichts mit gut sein zu tun. Sie hat mit SEIN zu tun – *human Being*. Sein, in jedem Moment, wie der auch immer sein mag, mit all seiner Freude, mit all seinem Schmerz und seinen Sorgen. Ihr müßt für den Moment leben und erkennen, wie auserlesen er ist. Sogar Wut und Ärger – was auch immer es ist – bedeutet, daß ihr lebt. Ihr habt es so gewählt. Es ist ein stürmischer Weg zur Erleuchtung. Seid dankbar dafür. Es wäre euch ziemlich langweilig, wenn es nicht so wäre. Ihr seid alle süchtig danach, ihr liebt es so. Würdet ihr es nicht lieben, dann wäre es nicht so. Und das ist der wunderbare und gleichzeitig so humorvolle Widerspruch dabei.

Ihr Lieben, jetzt werden wir für eine Weile Pause machen. Darum bereitet jetzt eure Fragen vor. Wir werden gleich wieder zurück sein und freuen uns auf weitere Fragen. Sucht und verbalisiert, was euch beschäftigt und was euch wundert. Denn sowie ihr eure Fragen formuliert, wißt ihr bereits die Antwort. Genießt also eure Erfrischungen.

(Nach der Pause)

P'taah: So, ihr Lieben, habt ihr viele Fragen vorbereitet?

F: Ist Angst ein richtiges Gefühl, oder zeigt sie nur die Abwesenheit von Gefühlen an?

P'taah: Das ist eine sehr gute Frage. Angst ist eine Polarität. Nun, die Menschheit ist souverän, kann frei bestimmen, ist frei. Ihr könnt zwischen den Polaritäten wählen, nämlich zwischen Angst und Liebe. Wenn euch also die Angst packt und ihr euch dabei ertappt, dann könnt ihr sagen: «Also, was möchte ich jetzt wirklich?» Nachdem ihr das untersucht habt, werdet ihr häufig herausfinden, daß die Angst in eurem Glaubenssystem gründet, dem Glauben von euch selbst und von der Wirklichkeit, *so wie sie euch erscheint*. Wenn ihr eure Glaubensstruktur ändert und eure Vorstellung von euch selbst, dann ist die Angst weg. Wie auch immer, ihr Lieben, laßt uns nicht vergessen, daß Ängste ihre Gültigkeit haben. Sie sind ein Aspekt eures Wesens. Und es ist mit ihnen wie mit allem, was nicht Liebe ist. Sie sind transmutierbar. Ihr transmutiert die Angst aber nicht, indem ihr versucht, sie zu unterdrücken und wegzustoßen, oder indem ihr versucht, sie zu ignorieren. Denn dann wertet ihr sie ab. Und wir wiederholen: Was ihr abwertet, das ermächtigt ihr in Wirklichkeit. Angst, der Gegenpol der Liebe, wie auch jedes andere Gefühl, projiziert ihr ins Universum. Darum *zieht ihr das an, was auch immer ihr fürchtet*. Es würde euch allen gut anstehen, euch eurer Gedanken bewußt zu werden. Eure Gedanken sind mächtig. Sie bestehen aus elektromagnetischer Energie. *Es sind eure Gedanken, die eure Realität erschaffen*. Eure Gedankenstrukturen sind das Ideenkonstrukt eures eigenen Universums, und ihr, meine Lieben, seid die zentrale Sonne dieses Universums. Immer und immer wieder müßt ihr untersuchen, woran genau ihr glaubt. Wir haben es schon viele Male gesagt, daß eure Glaubensstrukturen oft wie Gefängnisse sind, wie Schachteln, die ihr mit eurem Bewußtsein bewohnt. Und jetzt ist die Zeit gekommen, die Wände dieser Schachteln niederzureißen und in ein erweitertes Bewußtsein, eine erweiterte Wahrnehmung umzuziehen. Es muß euch bewußt sein, daß ihr nur den Wunsch zu äußern braucht, zu lernen, und ihr werdet merken, daß Tag für Tag die entsprechenden Situationen auf euch zukommen, die euch lehren, die euch erkennen lassen, was ihr glaubt. Was glaubt ihr, wer ihr seid, hm?

Was glaubt ihr von euch selbst? Und ihr sollt keinen Aspekt *der Glaubensstrukturen* ablehnen. Ihr müßt einfach nur annehmen und akzeptieren, daß sie euer Wesen ausmachen. So werdet ihr wachsen. So einfach, meine Lieben, so einfach ist das.

F: (F) Ein Wesen sagte einem meiner Freunde, Alkohol sei das Schlimmste für uns. Könntest du uns sagen, wie du das siehst?

P'taah: Ich liebe ihn sehr. Alkohol sei das Schlimmste? Das ist wirklich ein nettes Werturteil, hm? Und wenn du das glaubst, dann ist es sicherlich so. Wie wir schon sagten, Geliebte, *wenn du ausgeglichen bist, kannst du Rattengift essen, und es wird dir nichts ausmachen.* Wir schlagen dir damit natürlich nicht vor, Rattengift zu probieren. Nun, noch einmal, laßt uns kurz über das «dürfen» und «nicht dürfen» sprechen: Eßt kein Gemüse, das im Wasser gewachsen (hydroponisch gewachsen) ist anstatt in der Erde. Trinkt keinen Alkohol. Keine...... was war denn da noch so Wunderliches? Raucht keine Zigaretten. Ja genau, darüber haben wir mit unserer Frau geredet. Ihr Lieben, ihr könnt alles tun, was euch gefällt. Maßvoll, das wäre hier vielleicht das Schlüsselwort. Man kann auf unterschiedlichen Wegen unterwegs sein. Und wer soll darüber richten, wenn einer die Erleuchtung auf dem Grunde eines Glases, gefüllt mit dem Saft der erleuchteten Traube, findet? Wir raten euch nicht, mit irgend etwas zügellos umzugehen. Wenn ihr eine Tomatendiät einhalten würdet, könnte euch das körperlich schwächen. Wie auch immer, wir raten euch, euren Körper als eine Erweiterung eures Lichtkörpers zu betrachten, also eurer Seele. Er ist schön und wertvoll. Und wenn ihr euren Körper nicht mit Ehrerbietung und Respekt behandelt, wie könnt ihr irgend etwas anderem mit Ehrerbietung und Respekt begegnen? Und was ist, wenn ihr glaubt, daß euch irgend etwas körperlich schaden könnte? Wir hören häufig: «Das ist sehr schlecht für dich.» Dazu möchten wir folgendes sagen: Niemand stirbt an der Wirkung des Alkohols, niemand stirbt an der Wirkung des Tabaks. Ihr sterbt an gebrochenen Herzen. Ihr macht es euch damit nur einfach, Krankheiten zu erklären. Wenn ihr euch natürlich damit beschäftigt, eurem Körper Chemikalien einzuverleiben, die ihm keine Freude bereiten, dann wäre es weise, darüber mal nachzudenken. Wir sagen nicht, daß Alkohol das Schlimmste für euch sei. Wenn ihr in so rigiden Dogmas steckt, dann blockt ihr damit nur den Informationsfluß ab. Euer Körper will euch immer, immer mitteilen, wie es euch geht. Er ist ein Spiegel. Darum könnt ihr euer Glas Alkohol ruhig genießen. *Ich tue es auch, sehr sogar,* manchmal erheblich zum Mißfallen unserer Frau. Doch wenn ihr wirklich liebt, was ihr seid, meine Geliebten, dann seid gewiß, daß er euch nichts anhaben kann. Fragen?

F: (F) P'taah, an meinem Arbeitsplatz erlebe ich zur Zeit viel Ärger über mich selbst und über andere. Ich beobachte auch viel Ärger, und er hat seine Gültigkeit. Aber was ist Ärger? Manchmal verschwindet er einfach wieder, und ein anderes Mal komme ich lange Zeit nicht davon los.

P'taah: Nun, was denkst du, liegt dem Ärger zugrunde?

F: Wertung, negative Wertung?

P'taah: Wie wäre es mit Angst? Wie mit Verletztsein und Schmerz?

F: Daran habe ich nicht gedacht.

P'taah: Jetzt kannst du darüber nachdenken. Und du hast ganz recht, Geliebte, Ärger ist ein ganz herrlicher Gefühlsausdruck, absolut gültig, sonst gäbe es ihn nicht. Und wenn du dich gerade ärgerst, dann genieße es. Habe eine wundervolle Wut. Denn, wenn du richtig ärgerlich bist, richtig wütend, dann lebst du bestimmt im Jetzt. Ganz besonders dann, wenn du mit Dingen schmeißt. *(Gelächter.)* Wir sagten schon: Es ist in Ordnung, dem Ärger Ausdruck zu verschaffen, aber dann muß man sich auch fragen: *Warum?* Wenn du das Warum kennst und dann den Schmerz spürst, dann kannst du ihn transmutieren. Übernimm die Verantwortung, löse dich von den Werturteilen und fühle das Gefühl. Ups, ich habe ganz vergessen – schraubt euren Kopf ab. *(Gelächter.)* Verstehst du?

F: (M) Es ist wirklich eine Freude, in deiner Gegenwart zu sein. Die letzte Woche hatte ich das Gefühl, du seist die ganze Woche bei mir gewesen, habest mein Leben intensiviert und mir irgendwie neue Dimensionen eröffnet. Ich frage mich nun: War das wirklich so? Und was genau machst du?

P'taah: Ich sehe, an allem habe ich die Schuld, hm? Das ist mir nicht neu. Ich bin stark genug, es zu ertragen. Geliebter, du eröffnest dir neue Dimensionen deines Seins. Ist das nicht wundervoll? Aber du bist es, der das tut, nicht ich. Denn du bist der Schöpfer deiner Realität. Du kannst mich natürlich rufen, damit ich sie mit dir teilen kann. Aber du bist es, der diese Herrlichkeit kreiert, der die Harmonie erhöht. Nicht ich bin es, der dies tut. Die gesamte Menschheit ist zu einem solchen Energieaustausch fähig. Nicht nur mit mir, auch mit allen euren andern Brüdern und Schwestern da draußen im Universum. Und wenn du die Harmonie deiner eigenen vibrierenden Frequenz erhöhst, dann wirst du von allen Menschen, die dich in dieser Dimension umgeben, wunderbare Energien anziehen. Denn schau, Geliebter, wenn sich die Frequenz erhöht, dann geschieht Folgendes: Du wirst unwiderstehlich. Ist das nicht wunderbar? Tatsächlich, und wenn du heute abend nach Hause zurückkehrst, mußt du in den Spiegel schauen und erkennen, wie wundervoll du bist und deinem Wesen dafür danken.

F: (F) P'taah, es gibt Tage, an denen wache ich mit der besten Absicht auf, einen ganz wundervollen Tag zu erleben. Doch alle Chancen stehen gegen mich, wie in einem Hindernislauf. Auch habe ich festgestellt, daß es speziell dann schwierig ist, wenn meine prämenstruelle Zeit naht. Dann ist es, als wären die Hindernisse unüberwindbar. Kannst du dazu etwas sagen?

P'taah: Da kommen zwei Dinge zusammen. Das eine ist die Veränderung der Balance innerhalb eines Zyklus, und viele Frauen glauben, daß es so sein muß. Über dieses sogenannte PMS wurde viel Propaganda gemacht, hm? Weißt du, vor nicht so langer Zeit hatten die Frauen noch nicht das Gefühl, ihr Körper müßte unausgeglichen sein. Nun ist es sicherlich die Glaubensstruktur der Frauen, die tatsächlich einen echten Mißklang geschaffen hat, verstehst du das? Das hat seine Gültigkeit – das ist wirklich, aber es wurde für einen bestimmten Zweck geschaffen. Nun zu den Tagen, an denen alles zuviel wird und man dir

Stolpersteine zwischen die Beine wirft. Du weißt, wovon ich spreche. Dann sagst du dir einfach: «Hier ist also ein Stolperstein, das wird bestimmt ein Scheißtag.» *(Große Erheiterung im Publikum.)* Dann entspanne dich und genieße es. Einen Scheißtag zu haben ist ziemlich gültig, weißt du? *(Noch mehr Gelächter.)* Wir finden, eines der wichtigen Dinge wäre, daß ihr allgemein einen gewissen Sinn für Humor entwickelt. Und wenn du über den Stolpersein lachen und dir sagen kannst: «Nun, das ist ja wieder ein Scheißtag», dann wirst du feststellen, daß er sich verändern wird. Denn schau, *wenn du aus dem Bauch heraus lachen kannst, dann hast du dich von deinen Werturteilen gelöst.* Wenn du so lachen kannst, dann bist du nicht in der Vergangenheit und nicht in der Zukunft, dann BIST du einfach. Das nennt man die Freude des Augenblicks, das ist Fülle, dann schwingst du mit dem Universum. Deswegen pflegen wir nicht so sehr das «Großspurige», den sogenannten «heavy stuff». Damit seid ihr selbst schon genug beschäftigt. Deswegen sind wir nicht so seriös. Verurteile dich nicht, geliebte Frau. Wie schon gesagt, die Menschheit lebt ihr Leben, indem sie aus jeder Erfahrung lernt. Wenn du erst eine erleuchtete Göttin bist, hast du keine Scheißtage mehr. Es ist in Ordnung. – Das wird Aufgeben genannt. *(Leise und zärtlich sagt er zu der Frau)*: Ich liebe dich.

F: (F) P'taah, ich möchte dich etwas über Träume fragen. Ich habe meistens fantastische Träume. Kürzlich träumte ich von einem gewaltigen Erdrutsch. Und dann hörte ich in den Abendnachrichten, daß sich in China tatsächlich ein Erdrutsch ereignete. Ich frage mich nun, ob dieser lebhafte Traum aktuelle Wirklichkeit war, ob ich da tatsächlich Zeuge war oder ob ich das nur im Traum erlebt habe?

P'taah: Dieser bestimmten Gelegenheit liegt sicher eine tatsächliche Begebenheit zugrunde. In euren Träumen träumt ihr oft von Dingen, die auf dem Planeten geschehen, aber weil es nirgends erwähnt wird, wißt ihr nichts davon, hm? Und natürlich gibt es Dinge in euren Träumen, die ihr prophetisch nennen würdet. Doch seht, was ihr nicht versteht, ist, daß ihr von all den Menschen auf eurem Planeten nicht getrennt seid. In Wirklichkeit ist in allen Dimensionen der Realität alles, was geschieht, miteinander verbunden. Erinnert euch, daß das absolut natürlich ist. Was nicht natürlich ist, ist euer Konzept der Trennung. Wir möchten hier noch einmal kurz über den Traumzustand sprechen, damit ihr euch erinnert. Oft sind die übermittelten Informationen für euren bewußten Geist nicht akzeptierbar. Deshalb kreiert ihr Bilder, die euer Bewußtsein verstehen kann. Häufig wird das Reisen in den Träumen mit Fliegen oder Schwimmen im Meer symbolisiert – sehr oft trefft ihr Freunde. Manchmal sind es Freunde, die ihr nicht aus diesem Leben, aus der derzeitigen bewußten Realität kennt. Das ist multidimensional. Egal wie oft wir es sagen: die Menschen bestehen darauf, daß sie individuelle Wesen sind. Ihr seid es nicht, ihr alle nicht. Versteht doch, es gibt keine Trennung. Ihr seid mit eurem Planeten, jedem einzelnen Menschen, jedem Blatt und jeder Blume, jedem Fels und jeder Kreatur verbunden. Ihr seid alle miteinander zu einem einzigen Geflecht verwoben. Ihr seid von eurer Seele nicht getrennt. Ihr seid von der göttlichen Quelle nicht getrennt. Ihr seid von keiner Facette eures Wesens getrennt. Euer Wesen ist wirklich wunderbar. Und je mehr ihr dieses Wunder akzeptieren könnt, um so mehr erkennt euer Bewußtsein die gesamte Fülle aller multidimensionalen Aspekte eures Selbst. Solange ihr nicht erkennt, wer ihr seid, werdet ihr immer unter dieser Trennung leiden. Doch wenn ihr die Transmutation geschehen lassen könnt, wenn ihr die Ekstase des Einsseins mit dem gesamten Universum erlebt, wird diese Trennung allmählich kleiner. *Das kann nur durch das Akzeptieren und Annehmen sowie durch die Liebe für das* SELBST *geschehen.* Es findet nicht statt, wenn ihr euch aus Angst versteckt.

Ihr in eurer Erhabenheit seid ehrfurchtgebietend, seid wahrhaftig ein Teil von all diesen Juwelen eures Universums. Da gehören alle Aspekte von euch dazu, und es gibt nichts, aber auch wirklich gar nichts, was für die göttliche Quelle unakzeptabel wäre. Ihr braucht nichts zu tun – *ihr müßt nur sein, was ihr seid*, und indem ihr seid und jede Facette anerkennt und akzeptiert, kreiert ihr die Veränderung, die ihr euch so sehnlichst wünscht. Aber ihr könnt das nicht *tun* – ihr könnt das nur *sein*. Jeder von euch ist ein Teil, der sich entfaltet, jeder von euch hat sein Gesicht dem göttlichen Licht zugewandt, und jeder von euch wird das Verständnis erlangen, daß er wahrhaftig ein Ausdruck des Göttlichen ist. *Was ihr seid, ist Gott, wie er gerade den Duft einer Rose genießt.*

Wenn ihr heute Abend diesen Ort verlaßt, schaut auf zum Himmel und seht die Herrlichkeit des Mondes. Seid gewiß, daß ihr ebenso zu dieser ehrfurchtgebietenden Schönheit gehört. Er weiß, wie wunderschön er ist; es ist ihm eine Wonne. Und indem auch ihr euch in eure eigene Schönheit versenkt, egal worin ihr euch spiegelt, werdet ihr ebenso verzückt sein.

Ihr Lieben, es reicht für heute. Ich liebe euch alle von ganzem Herzen, und ich habe ein großes Herz.

(P'taah dankt der Gastgeberin und dann dem Gastgeber): Geliebte, unser Dank. Wirklich, wir danken dir.

Der Gastgeber: Es ist mir eine Ehre.

P'taah: Und ehrlich, danke, euch allen. Es ist uns ein großes Vergnügen und eine große Ehre, hier mit euch zu sein. Ich liebe euch. Guten Abend.

Sechste Übermittlung
2. Oktober 1991

P'taah: Guten Abend, ihr Lieben.

Publikum: Guten Abend, P'taah.

P'taah: Wie geht's euch allen? Tatsächlich, wir können neue Freunde willkommen heißen! *(Einige neue Zuhörer sind zur Gruppe gestoßen.)* Heute abend werden wir damit fortfahren, einige eurer Glaubensstrukturen genauer anzusehen. Wir werden zuerst ein wenig mit euch plaudern, damit ihr euer Hirn und euer Herz in Gang bringen könnt und damit ihr eure Fragen äußert, um auf diese Weise zu mehr Klarheit zu gelangen. Dann werden wir über ein Thema sprechen, das man oft als heikel betrachtet. Denn wir wenden uns der menschlichen Sexualität zu. Das ist in der Tat «eine große Nummer». Wir haben früher schon ausführlich über Beziehungen zwischen zwei Personen gesprochen. Wir haben das Thema der Beziehungen zwischen Eltern und Kindern gestreift, wobei es uns auf eure eigene Kindheit besonders ankam, denn auf frühkindlichen Erfahrungen habt ihr eure Glaubensstrukturen aufgebaut, die bewirken, daß ihr eure Welt als Spiegelung dessen seht, wie ihr euch selbst betrachtet.

Nun, die Menschheit ist dem Wesen nach sexuell. In eurer Religion – wenn wir *eure* Religion sagen, meinen wir die Religion, die in eurer Kultur vorherrscht – wurde die Sexualität sehr schlechtgemacht, denn in eurem kulturellen Erbe stecken *Schuldgefühle*. Von Kindheit an, ob ihr nun religiös erzogen worden seid oder nicht. Sie stecken in der morphogenetischen Resonanz. Wir haben mit euch über «Sünde» gesprochen. In eurer Kultur wächst die Menschheit mit dem Verständnis auf, daß alles, was mit Sexualität zu tun hat, etwas Niedriges sei, sündig und schmutzig.

Kurz: Sexualität ist nicht «spirituell». Wenn ihr dann erwachsen werdet, eine Beziehung habt und eine Ehe gründet, ist ganz plötzlich, wie durch ein Wunder, die Sexualität o.k. Oder:

«Sexualität wegen der Fortpflanzung ist nichts Schönes, aber man muß es tun, wenn man Babys möchte.» – Ist das nicht seltsam?

Ihr seid von Geburt an sexuelle Wesen. Euer Körper ist ein Tempel, in dem eure Lichtenergie wohnt. Weshalb, glaubt ihr, seid ihr als sexuelle Wesen geschaffen, wenn es nicht als ein Ausdruck des Göttlichen gedacht wäre? Darum ist es nicht wichtig, wie sehr ihr intellektuell erleuchtet seid, meine Lieben. In Sachen Sexualität seid ihr emotionell etwas zurückgeblieben. Nun wird es noch außergewöhnlicher: Wenn ihr in eurer Kultur ein bestimmtes Alter erreicht habt, beginnt ihr intellektuell zu verstehen, daß die sozialen Sittenvorstellungen über die Sexualität Unsinn sind und überhaupt nichts mit dem wirklichen Leben zu tun haben. Also beeilen sich alle, es auszuprobieren. Alle lesen, was sie kriegen können und haben eine fürchterliche Angst, daß sie nicht *gut genug* seien. Ihr seht, wir sind wieder beim *«Nichts-Wert-Sein»* angelangt. Ob Frauen oder Männer, ihr begutachtet eure Anatomie und glaubt, sie wäre nicht *genug*, ihr würdet dem Standard nicht genügen, je nachdem, was in eurer Kultur gerade in Mode ist. Und dann sorgt ihr euch wegen eurer Leistung. Nun, es hat euch ja nie jemand gezeigt, wie es geht, aber ihr sollt trotzdem wissen, was zu tun ist, und wenn ihr das nicht wißt, dann wird man euch nicht akzeptieren, und ihr seid dann sicherlich der Liebe nicht wert. Da beißt ihr euch dann Stück für Stück durch, bis ihr über eine wundervolle Spiritualität zum New Age findet. Einige von euch haben das Glück, auf Kulte oder Sekten – ich sage nicht Religionen – zu stoßen, die den Standpunkt vertreten, daß es absolut in Ordnung ist, ein sexuelles Wesen zu sein. Viele werden dann sagen: «Das ist schon gut, aber ich bin darüber hinweg. Das brauche ich nicht mehr, ich beschäftige mich mit höheren Dingen als mit Sexualität.»

Dann gibt es viele Leute, die vor den Folgen warnen, wenn man sich zu stark mit seinen eigenen Lenden beschäftigt. Findet ihr das nicht ein bißchen außergewöhnlich? Hm, ich schon. Dann habt ihr jenes kleine problematische Thema, das sich Krankheit nennt. Transmutierte Sexualität – tödliche Krankheit. Nun, das reicht dann, um euch gänzlich davon abzubringen. Und dann gibt es auch noch die Ehe – für immer. Und «Gott helfe, solltet ihr straucheln.» Ihr Lieben, seht ihr den roten Faden? Wir sprechen hier von einem Ausdruck des Herzens. Ihr wißt schon: Ein spontaner Ausdruck der Freude, ein Wunsch nach Kommunikation. Die Gewißheit, daß *ihr in einem sicheren Universum lebt.* Die Erkenntnis, daß euch niemand verurteilt – außer ihr selbst in euren eigenen Köpfen. Die Erkenntnis, daß euer Körper wirklich ein Ausdruck eures Lichtwesens ist. Und: wenn ihr Freude erschafft in eurem verkörperten Selbst, dann schwingt sie durch die Universen. Und: Ihr lebt tatsächlich in einem sicheren Universum. Was glaubt ihr nun, was das heißt? *Das heißt: geht weiter in Freude und genießt – mit dem Herzen.*

Nun, wir reden davon, wie es sein könnte. Wir sagen aber auch, daß die Menschheit die Sexualität seit Urzeiten als Machtinstrument benutzt hat. Die Menschen, vorwiegend in eurer Kultur, haben in den letzten Jahren die Sexualität auf sehr materialistische Weise benutzt. Ihr wißt ja, daß in euren früheren Epochen die Frauen in die Sklaverei verkauft wurden oder daß man sie für Geld verheiratete. Heute werden die Frauen nicht mehr verkauft, doch sie verkaufen sich selbst. Der männliche Teil der Menschheit benutzt seine Macht, sein Geld und seine Statussymbole, um bewundert zu werden. Und dann nimmt er sich eine Frau, die die Fantasien des sogenannten Sozial-Bewußtseins erfüllt, um damit zu zeigen, wie erfolgreich er ist. Das nennt man nicht: geh in Freude und genieße! Dies alles spiegelt nur eure Gefühle zu eurem Selbst, euren Glauben an euer Selbst wider. Wenn ihr wirklich erkennt, daß ihr souveräne Wesen seid, daß ihr ein Ausdruck des Göttlichen seid und euch selbst frei bestimmen könnt, und wenn ihr dann auf jemanden trefft, der die gleiche Wellenlänge hat, mit dem ihr lachen könnt und Freude habt, dann kann man davon ausgehen, daß euer Körper mit eurem Herzen mitschwingt. Und das ist etwas Wundervolles. Wenn ihr den Energieaustausch, der da stattfindet, sehen könntet, wärt ihr entzückt. Wenn ihr also die Sexualität als Machtinstrument gebraucht und euer Herz nicht beteiligt ist, dann müßt ihr euch nach dem Grund fragen. Ihr Lieben, ihr seid von Geburt an bis zu eurem Übergang sexuelle Wesen. Das physische Alter und der

Ausdruck eurer Sexualität spielt keine Rolle. Hiermit sprechen wir die gewaltigen Werturteile gegenüber der Homosexualität oder auch der Bisexualität an, die ganz «normal» sind. Heterosexualität ist ebenso «normal», aber sie ist nicht der umfassendste Ausdruck. Wir wissen, daß ihr schockiert und entsetzt seid, wenn wir so etwas sagen. Das, was das Herz bewegt, körperlich auszudrücken, das ist das Normale, das ist Ausgeglichenheit. Alles andere muß man als Werturteil bezeichnen. – Haben wir Fragen?

F: (M) Wie geht man also mit diesen Werturteilen um, wie kommt man davon los?

P'taah: Wie denkst du, geht das? Was tust du mit den Werturteilen?

F: Ich weiß es nicht. Ich schaue sie mir an?

P'taah: Genau. Zuerst muß man das Warum erkennen – hm? Man muß das Verständnis erlangen, welche Angst dem Werturteil zugrunde liegt. Und dann, Geliebter, muß man alles annehmen.

F: Wie mache ich das dann in der Praxis?

P'taah: Nun, möchtest du, daß wir dir ein Beispiel geben? Ich dachte nicht, daß du das wolltest. Sehr gut. Wenn also eine Situation aufkommt, in der du das Verhalten von jemand anderem beobachtest und dir sagst: «Das ist nicht richtig», dann meinst du eigentlich, daß du entweder gerne selbst dieses «Was-auch-immer» tun würdest, dich aber nicht traust, oder daß dir die Idee an sich schon Angst macht. Also mußt du nach dem *Warum* fragen. Was für ein Glaube liegt diesem Werturteil zugrunde? Du wirst überrascht sein, wenn du ehrlich untersuchst, welche Angst in Wahrheit dahintersteckt. Männer haben große Angst davor, fälschlicherweise für homosexuell gehalten zu werden. Wir haben festgestellt, daß heute die Angst vor diesem Urteil nicht mehr so groß ist und daß die homosexuellen Männer nicht mehr solche Angst davor haben, entdeckt zu werden. Wir haben jedoch unter heterosexuellen Männern, die in jungen Jahren homosexuelle Erfahrungen gemacht und es genossen haben, jetzt aber keine Homosexualität mehr praktizieren, eine große Angst bemerkt.

Sie befürchten, daß man es herausfinden könnte. Nun, was ist das? Das nennt man Angst, nicht normal zu sein, Angst, sündig zu sein, Angst, verurteilt zu werden – Schuldgefühle. Bei den Frauen dieser Kategorie ist das nicht so, denn bei ihnen wird ein körperlicher, ein nicht unbedingt offenkundiger sexueller Ausdruck, als normal erachtet – kulturell gesehen. Versteht ihr? Darum könnten wir sagen, daß die Frauen mit ihren homosexuellen Erfahrungen besser umgehen können. Sie haben nicht solche Schuldgefühle. *Und wo Schuldgefühle sind, wurde eine Lektion noch nicht gelernt.* Wir wollen darüber ein anderes Mal sprechen. *Schuldgefühle sind Lektionen, die nicht gelernt wurden.* Mit der Angst – nun, da ist es ganz einfach, nicht wahr? Transmutiert die Angst einfach. Und wie machst du das? Übernimm die Verantwortung...

F: (M) ... ich schraube meinen Kopf ab...

P'taah: Das kommt später, Geliebter – wir müssen erst die Werturteile ausgleichen, hm? Dann kannst du «deinen Kopf abschrauben», und dann fühle das Gefühl. Alles, was nicht Liebe ist, ist Angst, ihr Lieben. Wir sagen es euch immer und immer wieder – *alles, was nicht ein Ausdruck der Liebe ist, ist ein Ausdruck von Angst.* Wie kann Angst transmutiert werden?

Übernehmt die Verantwortung für die geschaffene Situation, und findet die Perle der Weisheit darin. Gleicht eure Werturteile aus, die ihr über euch selbst, über andere Leute und über die Situation habt. Seid gewiß, daß alles von euch ein Ausdruck des Göttlichen ist – auch die Werturteile – und wenn ihr dies alles annehmt und zum Licht eures Seins führt, dann erfahrt ihr diese Transmutation – ihr fühlt das Gefühl. Genügt dir diese Antwort, Geliebter?

F: Ja, doch ich habe noch eine Frage.

P'taah: Oh, sehr gut.

F: Dieses Ausgleichen der Werturteile – heißt das, ich brauche nur das betreffende Werturteil zu erkennen und es mir zu gestatten – irgendwie?

P'taah: Genau, anerkennen – erlauben. Das bringt alles in Harmonie. Das ist Ausgleich.

F: Also, einfach indem ich es mir erlaube?

P'taah: Genau, auf diese Weise gleichst du aus, indem du, was du bist und wie es ist einfach akzeptierst und anerkennst. Das nennt man Verletzlichkeit, Geliebter, das nennt man sich seinem SELBST ergeben. Dieses Aufgeben, wovor ihr euch alle so fürchtet, das ist alles. Das ist die großartigste und mächtigste Eigenschaft in eurem Universum.

F: Wenn wir also wirklich verstanden haben, was du sagst, können wir in jeder Situation bewußt einen Ausgleich schaffen, statt sie zurückzuweisen oder uns darüber zu ärgern...

P'taah: In der Tat. Aber, Geliebter, wenn du versuchst, dem Schmerz auszuweichen, dann geschieht es natürlich, daß du ihn anziehst. *Was du ablehnst, das widersetzt sich.* Ihr braucht keine Erfahrungen in Form von Dramen und Chaos, Mißklängen und Zusammenbrüchen zu machen. Wenn ihr aber keinen Ausgleich schafft, wird genau das geschehen. Denn eure Seele ist sehr beharrlich. Sie ist ein wenig wie ich: *Wir werden alles tun, um euch nach Hause zu bringen!* Da gibt es kein Entrinnen, ihr Lieben. Und wenn nicht ich es bin, wird es jemand anderer sein.

F: (F) P'taah, übernehmen wir Ängste aus vergangenen Leben, oder ist es nur die Konditionierung in diesem Leben, die diese Ängste geschaffen hat?

P'taah: Es ist ein bißchen von beidem. Wie auch immer, ich will dazu folgendes sagen: Es wird viel versucht, um diese vergangenen Leben zu erkunden. Das ist aber wirklich nicht nötig. Denn es spielt keine Rolle, ob diese Ängste von einem Leben vor hundert Jahren oder vom letzten vergangenen Leben, oder von allen vergangenen Leben her stammen. Ihr habt sie in diesem Leben und müßt damit umgehen. Verstehst du? Darum hat die Beschäftigung mit dem, was ihr aus vorherigen Leben mitgebracht habt, wirklich keine Konsequenzen. Ihr könntet genausogut sagen, daß ihr Ängste aus der heutigen Zeit mitbringt. Und was ist mit den zukünftigen Leben, hm? Alle Leben laufen ja gleichzeitig ab. Außerhalb dieses Raum-Zeit-Kontinuums geschieht alles zur gleichen Zeit. Ihr könnt wirklich den Verstand verlieren, wenn ihr euch so sehr in andere Leben vertieft. Darum sagen wir: Kümmert euch nicht um andere Leben. Welche Ängste ihr auch immer habt – sie werden auf euch zukommen. Wir sagen auch: Indem ihr annehmt, transmutiert ihr. Indem ihr in eurem Wesen einen Ausgleich schafft, bewirkt ihr auch eine Veränderung in allen anderen Leben. Das ist das Wunder, das dann geschieht.

Wir gönnen uns jetzt eine Pause, ihr Lieben. Es kommt nicht oft vor, daß wir euch so erstaunt sehen – was in Ordnung ist, nicht wahr? Es sei uns gegönnt, einmal zu lachen, hm? Sex ist nicht so seriös, obschon sich bei den meisten von euch in diesem Leben alles darum dreht, und obwohl er euch viel Kummer bereitet. Wir werden eine Pause machen. Ihr könnt eure Körper und euren großartigen Intellekt erfrischen und über neue Fragen nachdenken. So sei es.

(Nach der Pause):

F: (F) P'taah, als du vorhin ein sexuelles Zusammenkommen erwähntest, hatte ich das Gefühl, du meinst möglicherweise, daß wir dabei nicht unbedingt eine Paarung im Auge haben müssen.

P'taah. In der Tat. Ein Ausdruck der Sexualität – man könnte es auch so ausdrücken – würde Sinnlichkeit einschließen. Sexualität ist tatsächlich viel mehr als nur Paarung.

F: Dann ist es genauso okay, sich mit jemandem zu paaren wie es nicht zu tun?

P'taah: Oh, aber natürlich.

F: Dann haben wir also mit den Menschen, mit denen wir in Beziehung stehen, indem wir miteinander sprechen, uns berühren, aneinander denken und füreinander empfinden, einen sexuellen Austausch? Wenn es wichtig ist, daß man zu sich selber eine Liebesbeziehung hat, ist es dann auch wichtig, eine sexuelle Beziehung zu sich selbst zu haben?

P'taah: Absolut. Schau, deine Sexualität unterscheidet sich nicht von irgendeinem anderen Aspekt deines Wesens. Wenn du also keine erfüllte Beziehung zu deinem Selbst hast, wie kannst du dann eine gute sexuelle oder andere Art der Beziehung haben?

F: (M) P'taah, wie würde eine höhere Zivilisation, zum Beispiel die Leute von den Pleiaden, verglichen mit uns Erdenmenschen mit ihrer Sexualität umgehen?

P'taah: Nun, es ist wie mit allen anderen Aspekten. Humanoide Wesen, die sich sexuell ausdrücken – tun dies ganzheitlich, so wie sie auch ihr normales tägliches Leben auf eine ganzheitliche Weise leben. Verstehst du? Wenn ihr Menschen, ihr alle, die ganze Vielfalt eures Wesens ausdrückt, euer ganzheitliches Sein, dann spiegelt sich dies in allen Bereichen wider. Eure Sexualität ist davon nur ein kleiner Teil. Worum wir euch nun in dieser Diskussion bitten, ist folgendes: Betrachtet eingehend die Ängste und die Werturteile, die euch davon abhalten, eure Sexualität in ihrer ganzen Fülle auszuleben. Wozu benutzt ihr die Sexualität? Als ein Machtinstrument? Zum Manipulieren? Wie sieht es mit eurer Sexualität aus? Wie sieht es mit euer eigenen Unsicherheit aus, mit eurer Eifersucht, eurem Besitzdenken, euren Schuld- und Schamgefühlen? Wo vermißt ihr die Freude? Wie in allen anderen Bereichen kann die Sexualität eine Sache der Spontaneität, der Freude und des Lachens sein, wenn sie ehrlich aus dem Herzen kommt. Das ist es also, worum wir euch bitten: es euch genauer anzuschauen.

F: (M) Könntest du sexuelle Loyalität zwischen zwei Menschen, die sich selbst als eine spezielle Einheit betrachten, ein bißchen beleuchten?

P'taah: In der Ehe oder einer der Ehe verwandten Beziehung, wo zwei Leute sich zusammengefunden und sich Treue geschworen haben, bleibt die Treue häufig wegen Schuld- und Pflichtgefühlen erhalten. Wir haben schon darüber geredet, wie Pflichten zur Last werden, wie es zu Ressentiments kommt. Also, was wir wirklich meinen, ist, daß eine Beziehung, die von Herzen kommt, auch Freude macht. Wenn die Beziehung zu einer problematischen Fessel wird und das Herz nicht mehr wirklich dabei ist, dann spiegelt sich dies in allen Bereichen wider – nicht nur in der Sexualität. Was ich aber sagen will, ist: Schaut, *wie* ihr mit eurer Sexualität umgeht. Wird sie als angenehme Ablenkung vor Langeweile benutzt? Als etwas Aufregendes, weil euer Leben sonst nicht mehr aufregend wäre? Benutzt ihr sie, weil ihr unsicher seid, wie attraktiv ihr noch wirkt? Ob ihr es noch wert seid, von jemand anderem bemerkt, geliebt und begehrt zu werden? Seht ihr, was ich meine? Dann ist sie nicht wirklich ein Ausdruck der Freude, des Herzens. Sie gründet sich auf Angst. Deshalb sagen wir: Schaut euch das *Warum*, immer das *Warum* an. Und seht, es gibt keine Einschränkung, wie viele Leute ihr lieben dürft. Erkennt ihr, wie viele Streitpunkte dem Thema Sexualität zugrunde liegen? Eine wirkliche Bindung zwischen zwei Menschen hat nichts mit Pflicht zu tun. Wenn sie wirklich ein ausgeglichenes Selbst haben, dann gibt es keine Eifersucht. Und keine Person kann eine andere besitzen. Wenn ihr besitzergreifend seid, dann nur, weil ihr Angst habt zu verlieren, versteht ihr das? Wir wollen damit nicht andeuten, daß die Menschheit jetzt alles fallen lassen und losrennen soll, um alle möglichen sexuellen Erlebnisse, mit wem und wie auch immer zu haben. Wir bitten euch, eure sexuellen Gewohnheiten anzuschauen. Was macht euch keine Freude, wo fühlt ihr euch nicht erfüllt, weil ihr nicht erkennt, wer ihr seid. Beantwortet das irgendwie deine Frage, Geliebter?

F: Ja, danke dir.

P'taah: Wir finden es ein bißchen unrealistisch, wenn ihr jemandem gelobt, ihn bis zum Tode zu lieben, wenn ihr euch nicht einmal selbst lieben könnt im Leben. Was ihr alle eigentlich tut: Ihr *un*liebt euch zu Tode. Also müßt ihr eure Sexualität annehmen und sie zum Licht eures ganzheitlichen Seins führen. Wir reden hier von einem Ausgleich. Wir reden von einer *ausgeglichenen männlichen – weiblichen Energie* in euch und außerhalb von euch. Wir bitten euch, die Spiele, die ihr spielt, genauer anzusehen. Sie sind in Ordnung – wirklich, sie sind in Ordnung. Sie haben ihre Gültigkeit, weil sie existieren. Aber es ist nicht unbedingt die Art und Weise, die euch am meisten Freude bereitet. – Fragen?

F: Wenn Schwüre ausgetauscht werden und dabei ein Gefühl des Eingeengtseins aufkommt – sollte das ein Zeichen sein, daß etwas nicht stimmt?

P'taah: In der Tat. Doch meistens, Geliebte, mußt du nicht

außen danach suchen, was dich einengt, sondern in dir drinnen. Denn du weißt ja, *es gibt nur eine Sache, die dich einengen kann, und das bist du.* Wenn du dich in der Beziehung zu jemandem eingeschränkt fühlst, mußt du die Einschränkungen in dir selbst suchen, denn es ist eine Co-Kreation. Wenn du dann eine befriedigende Lösung gefunden und klar erkannt hast, was es ist, und dich die Beziehung immer noch nicht befriedigt, dann kannst du zu ihm sagen: «Geliebter, die Zeit ist gekommen, daß wir uns trennen», oder: «Es ist Zeit, daß du dir Gedanken machst, wie es mit uns steht.» Verstehst du? Es ausdiskutieren, miteinander kommunizieren, damit ihr Klarheit erlangt, damit ihr die Verantwortung übernehmen könnt. Mit dem Wissen, daß ihr euch diese Situation erschaffen habt. Und wenn du dir jemanden in dein Leben kreiert hast, der dich einschränkt, dann sei gewiß, daß du dir ein Spiegelbild in dein Leben geholt hast, um dir zu zeigen, wie begrenzt du bist. Du mußt auch wissen, daß, wenn du ausgeglichen bist, du niemanden in dein Leben ziehst, der dir eine Begrenzung widerspiegelt. Ist das klar?

F: Ja.

F: (F) Ich habe zur Zeit keinen Partner, und ich fühle, daß meine Arbeit oder ich selbst meine weibliche und männliche Seite ausgleicht. Denn fast mein ganzes Leben hat die weibliche Seite dominiert; ich hatte nicht genug Durchsetzungsvermögen. In meiner letzten Beziehung habe ich gelernt, meine Gefühle mehr durchzusetzen. Nun meine Frage: Ich bin mit mir selbst zufrieden. Könnte dies der Grund sein, warum ich zur Zeit keinen Partner habe, oder bereite ich mich nur für den Richtigen vor, der da kommen mag?

P'taah: Meine Liebe, der Richtige, der vorbeikommen wird, bist du. Doch leben in diesen Zeiten viele Leute in keinerlei Beziehung. Das ist ganz natürlich, denn ihr seid damit beschäftigt herauszufinden, wer ihr seid. Ihr habt einfach nicht die Zeit – und das ist in Ordnung. Nun, das geschieht auf mehreren Ebenen. Da sind natürlich jene Menschen, die Angst vor einer Beziehung haben. Und jene im fortgeschrittenen Alter, die eine oder mehrere Beziehungen hatten und jetzt entschieden haben, daß die

Entdeckung des Selbst – und die sogenannte New-Age-Bewegung – eine ganz gute Entschuldigung ist, sich in einer Beziehung nicht mehr zu engagieren, *weil sie nicht mehr verletzt werden wollen.* Dann gibt es andere, die umherrennen und sich einen Partner suchen und keinen finden. Und erinnert euch: je verzweifelter ihr sucht, um so weniger werdet ihr finden. Denn – tatsächlich – es ist ein Spiegelbild davon, wie es in euch drinnen aussieht. Man muß es geschehen lassen.

Nun, diese weibliche Energie bedeutet geschehen lassen. Ihr müßt auch verstehen, müßt euch einfach nur gewiß sein, daß euch das begegnen wird, was ihr benötigt. *Ohne daß ihr etwas tun müßt,* werdet ihr ein wunderbares Leben kreieren. Einfach mit der Gewißheit, daß alles, *alles,* was ihr für euer Wachstum braucht – die Freude, die Zufriedenheit, und auch *jene Lektionen, die ihr euch nicht wirklich wünscht* – dann auf euch zukommen wird, wenn die Zeit dafür reif ist.

F: (M) Gibt es im Universum andere Personen oder Wesen, die eine Sexualität wie wir auf diesem Planeten haben?

P'taah: In der Tat. Viele, viele humanoide Wesen, viele. Nun, es gibt einige humanoide Wesen, die die Sexualität nicht in eurem Sinne der Fortpflanzung praktizieren. Es gibt solche, die ihre Sexualität auf eine leicht unterschiedliche Weise ausdrücken. Wir meinen damit nicht, daß sie all die Bewegungen nicht kennen, sondern nur, daß sie eine Art größeren Energieaustausch haben. Und vergeßt nicht, ihr Lieben: Sexualität zwischen zwei Menschen – egal welchen Geschlechts – ist ein *Energieaustausch.* Und wie ich schon gesagt habe: Versucht euch vorzustellen, wie es aussehen würde, wenn ihr dieses Licht der Energien sehen könntet, das ihr kreiert, nicht nur in der Sexualität, auch wenn ihr euch zum Beispiel stark ärgert. Wir wollen damit sagen, daß ihr immer dann, wenn starke Gefühle beteiligt sind, ein unbeschreibliches Feuerwerk in Gang setzt.

F: In der Aura?

P'taah: Genau, doch wenn du an Auras denkst, Geliebter, dann denkst du an weiche Lichter um dich herum. Wir reden von großen Funken – ja gar von Raketen. Es gibt viele Rassen von

Menschen, humanoiden, in anderen Teilen des Multiversums, ja es gibt sogar eine Spezies von humanoiden Wesen, die im Innern eures Planeten lebt und die ihr normalerweise nicht sehen könnt. Wir reden von der großartigen Rasse der Menschen, die die sogenannte innere Erde bewohnen. Sie leben in einem anderen Raum-Zeit-Kontinuum, einer anderen Dimension der Realität.

(Ein Hörer erkundigt sich nach der Sexualität der Menschen der inneren Erde):

F: Ist das sexuelle Gebaren der Menschen der inneren Erde, also ihr Verständnis der Sexualität, mit unserem vergleichbar, obwohl sie sich auf einer ätherischen Ebene befinden?

P'taah: Hm, also, wir haben nicht gesagt, daß sie sich auf einer ätherischen Ebene befinden, Geliebter.

F: So sag uns doch bitte, wo und was sie sind.

P'taah: Wir haben gesagt, daß sie die Menschen der inneren Erde sind und sich ganz einfach nicht in dieser Dimension der Realität befinden. Wie auch immer, deren Dimension der Realität ist genauso nicht-ätherisch wie die eure. Aber sie sind sich ihres ätherischen Wesens sicherlich bewußter, als ihr es seid. Es ist eine großartige, wundervolle Zivilisation, viel älter als die Geschichte der Menschheit. Wir reden jetzt nicht von der Vorgeschichte eures Planeten, wir meinen die Geschichte eurer Zeit. Eine große Zivilisation, technologisch sehr fortgeschritten, die mit den Sternenwesen, sowohl physisch wie mental, immer in Kontakt steht. Ähnlich wie die Menschen von anderen Welten reisen sie von Galaxis zu Galaxis *innerhalb der Dimensionen.* Seht, oft, wenn ihr an Dimensionen der Realität denkt, denkt ihr in eine vertikale Richtung. Ihr denkt von euch als die Armen, die niedere Menschheit der dritten Dichte, die Untersten vom Haufen. Ist es nicht so?

(Erheitert pflichten die Zuhörer bei.)

Genau, das nennt man *minderwertig sein.* Diese anderen harmonischen Schwingungen haben eine gültige Realität, eine physikalische Realität wie die eure. Sie hat eine andere Schwingung, und seht, wenn wir eine «höhere Schwingung» sagen, meinen wir das im wissenschaftlichen Sinne. Nicht, daß sie auf einer höheren

Echelon[10] wären. Es gibt natürlich viele, die mehr technologische Kenntnisse besitzen. Und sie haben dieses Mehrwissen natürlich deshalb, weil sie verstehen, wie das Menschsein, wie die Universen und wie das Licht funktioniert. Das macht sie nicht größer als euch, denn in Wahrheit, ihr Lieben, gibt es keinen Rangunterschied. Alles ist göttlicher Ausdruck, es ist nur verschieden. Könntet ihr sagen, was wertvoller ist, die Orchidee oder das Gänseblümchen, oder die Rose? Tatsächlich mögt ihr das eine vorziehen. Aber wenn ihr in dem Teil der Welt lebt, wo großartige Orchideen wie Unkraut wachsen, dann zieht ihr oft die Rose vor. Und wenn ihr auf dem Europäischen Kontinent wohnt, wo die Orchidee als exotisch gilt, würdet ihr sie wahrscheinlich viel spezieller finden, als die Rose, die dort häufig wächst. Jedoch ist alles, alles ein Ausdruck des Göttlichen. Die Energie der Urquelle, das ALLES, WAS IST urteilt nicht. Es IST einfach.

F: (M) P'taah, gibt es einen Weg, um diese anderen Raum-Zeit-Kontinuen zu besuchen?

P'taah: Geliebter, es gibt verschiedene Wege. Und auf eine Weise tust du das bereits schon, du erinnerst dich nur nicht bewußt daran. Nun, wir würden es so ausdrücken: sie bewußt zu besuchen, dafür ist die Zeit noch nicht reif. Sie wird aber bald kommen. Lieber, das ist es, worüber wir mit euch sprechen. Wenn sich das Bewußtsein der Menschen ausweitet, wenn ihr mehr und mehr erkennt, wer ihr seid, wenn ihr mehr und mehr gewähren lassen könnt, wenn ihr anerkennen und annehmen könnt, wer ihr seid, dann werdet ihr wirklich die Resonanz der gesamten Menschheit verändern sowie die eures derzeitigen Planeten – und so kommt ihr in Gleichklang mit den anderen Veränderungen, den galaktischen Veränderungen, den zyklischen Veränderungen, die im Multiversum geschehen und von denen wir euch erzählt haben. Wenn diese Veränderungen eintreten, werdet ihr mit eurem Bewußtsein sowohl physisch wie auch ohne euren Körper durch die Zeit reisen. Außerhalb von dem,

10 Aus dem Französischen, vom lateinischen Wort *scala* abgeleitet. Bedeutet soviel wie Stufe in einem hierarchischen Sinne.

was ihr als Zeit und Raum versteht, werdet ihr durch Universen und Galaxien streifen.

F: Ich fühle, daß das, was du gerade sagtest, möglich ist. Ich fühle es – in mir drin. Und doch scheint das nicht so weit entfernt.

P'taah: In der Tat. Doch sieh, irgendwie ist es weit entfernt, weil du das nicht bewußt erlebt hast – noch nicht. Und so geht es dir wie einem Kind, das weiß, es darf das erste Mal in den Zirkus gehen. Es zählt die Tage und freut sich darauf, daß es wundervoll und aufregend wird. Doch es hat noch keine Bilder davon gesehen, nur Geschichten gehört und kann sich nicht wirklich vorstellen, wie alles verläuft. Doch wegen der Aufregung und der Erwartungen scheint es so lange zu dauern. Doch schau, Geliebter, andererseits sagst du, die Zeit ginge so schnell, daß ihr euch alle in «*Warp*»-Geschwindigkeit befindet, ihr alle. Und ihr erzählt einander mit einem Kopfschütteln: «Es ist schon außergewöhnlich, wie die Tage so schnell vergehen. Man hat zu nichts mehr Zeit.» Auf eine Weise ist es also wie mit dem Zirkus. Es ist die Sehnsucht, und ihr fragt euch, ob es je dazu kommen wird – oder ob gar ein Unglück geschieht, oder das Fahrzeug nicht anspringt, ober ob der Vater ärgerlich sein wird und ihr nie dorthin gehen könnt, hm?

F: Bringt uns diese Sehnsucht schneller dorthin?

P'taah: Geliebter, alles kommt zur richtigen Zeit. Du kannst das, was bereits «aufgetakelt» ist, wenn man so sagen will, nicht beschleunigen. Alles braucht seine Zeit. Wir dürfen aber sagen: es ist auf dem Weg.

F: Also gewähren lassen?

P'taah: Genau.

(Eine Zuhörerin sucht nach genaueren Erklärungen zum Thema sexuelle Krankheiten):

F: Zurück zur Sexualität, P'taah.

P'taah: Gerne, Geliebte.

F: Nur damit es klarer wird: Wenn wir in Freude und aus dem Herzen handeln, dann braucht man keine Angst zu haben, eine sexuelle Krankheit «aufzulesen»?

P'taah: Wir sprechen jetzt über AIDS, denn dies verursacht eine der größten Ängste von heute. Nun, du weißt, daß dies alles auf verschiedenen Ebenen abläuft. Natürlich, wenn du aus Freude und aus dem Herzen handelst, dann hast du eine wundervolle Resonanz. Doch man muß immer den zugrundeliegenden Glauben, den Kern der Sache, erkennen. Wenn keine Schuldgefühle vorhanden sind, keine Spur des Unwertseins und die Freude wirklich aus dem Herzen kommt – meine Liebe, wie kannst du dann nur ein Unwohlsein herbeiführen? Nun, wir haben uns darüber schon geäußert, doch wir würden gerne dazu einen weiteren Punkt erläutern: Wenn sich Kinder auf eurem Planeten diese Krankheit durch eine Bluttransfusion zugezogen haben, entweder im vorgeburtlichen Stadium oder in der frühen Kindheit, dann könntet ihr wirklich sagen: «Also dieses Kind hat keine Schuldgefühle und so weiter, und so weiter...» Ihr Lieben, wir möchten euch dann daran erinnern, daß ihr Leben um Leben *wegen der Erfahrung* auf diesen Planeten kommt. Und nichts ist in Stein gemeißelt. Ihr könnt alles, gemäß eurem Glauben, ändern. Es ist äußerst wichtig, daß ihr das versteht!

(P'taah schaut eine kleine Weile auf den erleuchteten Erdglobus im Raum und bemerkt): Das ist keine wahre Wiedergabe, weißt du das? Sie hat eine falsche Form. Eure Erde ist nicht rund wie eine Orange.

(Eine andere Dame drückt Ihre Dankbarkeit aus.)

F: P'taah, ich möchte sagen, daß ich während dieser Treffen unter uns allen eine große Einheit gespürt habe. Ich fühle ganz stark, daß du wie eine Energiepyramide hilfst, uns auf die Dinge zu konzentrieren, die wir lernen müssen. Du hilfst uns sehr, sehr viel. Ich spüre das ganz stark, ich danke dir.

P'taah: Geliebte, es ist mir eine Freude. Und genau so, wie du es dir vorstellst, so ist es auch. Auf eine Weise benutzt ihr diese Energie, wenn ihr so wollt, wie einen Kanal. Und wenn ihr wünscht, dann könnt ihr wirklich alle Fragen zur Klärung äußern – darum sind wir hier. Indem ihr dies unter euch oder mit dieser Energie in diesem Kurs tut, erschafft ihr etwas ganz Wundervolles.

F: Als ich neulich einen kleinen Ausflug aufs Land machte, wußte ich nicht genau, wie du diese Welt siehst, wenn du sie nur durch die Augen eines Vermittlers betrachtest. Ich wollte nur so gerne die Schönheit dieses Landes mit dir teilen, was ich dann auch bei verschiedenen Gelegenheiten versuchte. Kannst du – kann ich etwas mit dir teilen, indem ich es so mache?

P'taah: Aber sicher. Wir haben es schon gesagt, Geliebte, genau so ist es, indem du nach der Energie rufst. Und das weißt du doch.

F: (F) P'taah, betreffend Sexualität und Sinnlichkeit: Wie können wir unsere Kinder freie Gefühle lehren, während wir selbst mit unseren Begrenzungen kämpfen?

P'taah: Vielleicht, Geliebte, sind es die Kinder, die die Eltern lehren. Man nennt es gewähren lassen. Erlaubt den Kindern, sich natürlich auszudrücken. Dann können sie euch viele Dinge lehren – nicht nur über die Sexualität. Kinder sind sehr sexuelle kleine Wesen. Sie werden euch viele wundervolle Dinge lehren, in den kommenden Jahren immer mehr und mehr. *Weil wahrhaftig viele, viele derzeitig geborene Kinder strahlende Lichter sind, gekommen, um der Menschheit bei diesem Übergang zu helfen.*

F: (F) P'taah. Wenn dieser Übergang stattgefunden hat, wird die Sexualität dann immer noch gleich sein, oder wird sie mit diesem Wechsel fortgeschrittener werden?

P'taah: Sie wird sich verändern – alle Dinge, alle Ausdrucksweisen werden sich verändern.

F: Gut – und ist das dann die vierte Dimension?

P'taah: Geliebte, es spielt keine Rolle, wie man es nennt. Wir sagen vierte Dimension, einige nennen es fünfte Dimension. Doch da ihr keine andere Dimension als diese kennt, spielt es keine Rolle, welchen Namen wir ihr geben. Wir wollen uns nicht an einem Namen aufhängen.

F: (M) P'taah, mir scheint, als wären gewisse Glaubensstrukturen ganz tief in unserer menschlichen Gesellschaft verwurzelt. Wenn wir sie jetzt wirklich ändern wollen, wie sollen wir das tun?

P'taah: Geliebter, allem voran mußt du sie identifizieren. Denn die Glaubensstrukturen, die euch am meisten Probleme machen, sind jene, von denen ihr nicht wißt, daß ihr sie habt. Schau, es ist ziemlich einfach, einen Glauben zu erkennen, wenn du sagst: «Ich glaube, daß in der Regierung nur Dummköpfe sind», oder: «Ich glaube, der Himmel ist blau.» Wir reden aber von Situationen, in denen du emotionell reagierst. Dann mußt du genauer hinsehen und dich fragen: Was steckt hinter dieser Reaktion, was ist die zugrundeliegende Angst? Auf diese Weise entdeckst du Glaubensstrukturen, von denen du nicht wußtest, daß du sie hast und auch Glaubensstrukturen, von denen du intellektuell weißt, daß sie dir nicht helfen. Sie sind wie Gepäck, das du mit dir herumträgst. Verstehst du? Ist ein Glaube einmal erkannt, ist es ganz einfach, denn du kannst ihn kritisch betrachten und dir sagen: «Dieser Glaube, den ich mit mir herumtrage, dient mir nicht mehr.» Wenn du ihn dann *annimmst*, bewirkst du eine Veränderung. Häufig verändert die Intellektualisierung allein nichts, aber es ist der erste Schritt dazu. Wenn du *den Glauben* erkennst, dann kannst du sagen: «Nun, es ist verrückt», hm? Dann kommst du zur Erkenntnis, zur Akzeptanz, zum Annehmen und stellst fest: «Dieser Glaube ist schon in Ordnung, aber jetzt ist Zeit für eine Veränderung.» Und dann muß man die Veränderung ganz ruhig geschehen lassen. Es wird dich überraschen, von wie vielen Glaubensstrukturen du denkst, daß sie etwas mit der sozialen Struktur zu tun haben, obwohl das nicht der Fall ist. Sie haben etwas mit deinem Gefühl der Minderwertigkeit zu tun. Für eine Glaubensstruktur ist es ziemlich einfach, sich an eine Grundangst zu klammern, und da bleibt sie dann auch. So findet dein bewußtes Denken eine Rechtfertigung, verstehst du?

F: Ich glaube ja. Aber ich denke, ich werde es später mit Hilfe des Manuskripts rekapitulieren.

P'taah: Sehr gut. Wünscht irgend jemand, daß wir mehr darüber sprechen? Versteht ihr das alle? Sehr gut. Es kommen in deinem Leben Situationen auf, in denen du emotionell reagierst, sagen wir mit Ärger. Wir reden jetzt über Sexualität. Du kommst also gerade nach Hause und findest deinen Liebsten in den Armen einer anderen. Du wirst sehr wütend, wirfst mit einer Tortenplatte, stürmst aus dem Haus, setzt dich in dein Fahrzeug und fährst zu deiner Mutter. Nun wird deine Mutter sagen: «Was für ein Bastard.» Dann erwiderst du: «Ja, aber ich tat etwas Furchtbares: Ich warf mit einer Tortenplatte, und ich habe geschrien.» Und deine Mutter wird entgegnen: «Aber meine Liebe, das ist absolut gerechtfertigt. Ich hätte ihm die Tortenplatte an den Kopf geworfen.» Also bist du beruhigt. Und dann sagen auch noch deine Freunde: «O Mann, was für ein Schwein.» Doch siehst du, Liebes, damit wollen wir ausdrücken, daß hier der Grundton Verlassenheit, Verrat heißt – was Angst bedeutet. Die Angst, nicht zu genügen, so daß dein Geliebter sich jemand anderem zuwendet. Man nennt sie Eifersucht, die Angst, nicht zu genügen. Man nennt sie besitzergreifend sein, die Angst, nichts zu besitzen. Verstehst du? Wenn also eine Reaktion in eine soziale Struktur paßt, hast du oft nicht das Gefühl, du müßtest zu deinem Glauben vordringen. Wenn du die Angst sogleich transmutieren würdest, müßtest du nie mehr mit einer solchen Situation umgehen. Ihr Lieben, ihr müßt euch immer daran erinnern, *daß alles, was nicht Liebe ist, ein Ausdruck der Angst ist,* die transmutiert werden kann. Im selben Sinne ist es nicht nötig, intellektuell zu erkennen, was es ist. Es genügt zu sagen: «So fühle ich mich, oder fühle ich mich *nicht*, es schmerzt mich wahrhaftig, ich übernehme die Verantwortung, gleiche mein Werturteil aus, nehme meinen Kopf unter den Arm und fühle das Gefühl.» Doch seht, ihr seid intellektuelle Geschöpfe und wollt in eurem Universum Ordnung haben. Ihr wollt verstehen, wie dies alles funktioniert. Aber all diese Worte, die wir sprechen, könnten auf ein Minimum beschränkt werden. Wir erzählen euch nichts, was ihr nicht schon wißt, denn in Wahrheit wißt ihr das alles. Wir brauchen nur zu sagen, daß alles um euch herum ein Ausdruck des Göttlichen ist. Und wenn es euch schmerzt, fühlt das Gefühl. *(P'taah wendet sich zum Schreiber und bemerkt):* Doch damit könnte man kein Manuskript schreiben.

(Ein Mann, der diese Treffen unregelmäßig besucht):

F: Könntest du dieses «fühle das Gefühl» etwas genauer erklären? Das ist mir nicht ganz klar.

P'taah: *(Im Spaß)* Das kommt davon, weil du nicht immer

herkommst, Geliebter. Doch schau, es spielt keine Rolle, wie oft wir dies alles sagen. Du hast das nur ausgesprochen, weil es vielen hier guttut, es nochmals zu hören. Die Menschheit versteht nicht viel von Gefühlen. Und Schmerz ist *kein* Gefühl, sondern Widerstand gegen das Gefühl. Wenn du Freude hast – das ist ein Gefühl. Das Werturteil ausgleichen heißt nur, das, was du bist, anzuerkennen und zu akzeptieren, daß du dein Wesen annimmst, und *das schafft automatisch den Ausgleich.* Verstehst du das? ... Nicht ganz! ... Schmerz wird durch das Verurteilen geschaffen, *doch du verurteilst das Verurteilen.* Lassen wir einmal alles andere beiseite. Wenn du etwas verurteilst, dann wird das Schmerz hervorrufen. Wir sprechen ganz spezifische Situationen deines Lebens an. Um diesen Widerstand, den Schmerz loszulassen, ist es nötig, das Werturteil zu nullifizieren.

F: Du meinst also zu akzeptieren: Ja, ich urteile über diese Person, sie tue etwas Falsches, und es ist in Ordnung, daß ich über sie so urteile. Wie werde ich dann jemals dieses Verurteilen los?

P'taah: Geliebter, wir wollen damit sagen, daß du davon nie loskommst, wenn du das Verurteilen als falsch betrachtest. Denn was auch immer es ist, dem du widerstehen willst, was auch immer du abwertest, was auch immer du versuchst, von dir zu stoßen, das ermächtigst du – und *das Universum, das nicht urteilt, wird das, was du ermächtigst, hervorbringen.* Der einzige Weg, um eine Veränderung herbeizuführen, ist zu sagen: «Ich wünsche eine Veränderung, ich habe erkannt, daß das Verurteilen von mir selbst, von der Situation und von den beteiligten Leuten seine Gültigkeit hat. Es ist Teil meines menschlichen Seins, und mein menschliches Sein ist göttlicher Ausdruck. Doch jetzt wünsche ich, daß sich das ändert.» Dann muß man die Werturteile zusammenfassen und mit Liebe und Mitgefühl seinem Selbst zuführen. Auf diese Weise ist das Werturteil ausgeglichen; das bewirkt ein Loslösen der Klauen, des Widerstands, des Schmerzes. Dann sind die Energiechakras geöffnet, und so findet das Gefühl seinen Weg zum Herzen und wird zur Ekstase. Ist es klarer jetzt? Was immer es ist, was du in deinem Leben ins reine bringen möchtest, du mußt nur ein Gleichgewicht finden, neutral werden, wenn du so willst. Schau, du magst großen Schmerz empfinden, du magst diesem Schmerz mit Wut, Tränen oder Ärger Ausdruck verschaffen oder ihn auch ganz unterdrücken. Aber das Gleichgewicht erreichst du nur, wenn du deine Werturteile ausgleichst, verstehst du? Damit bewirkst du eine Veränderung.

F: Also muß ich im Grunde nur jedermann akzeptieren, egal auf welchem Wege er ist, ohne ihn zu verurteilen – ja, es ist jetzt klarer.

P'taah: Die Wege von anderen Leuten gehen dich nichts an. Was irgend jemand anderer von dir denkt, geht dich nichts an. Was dich etwas angeht, bist du, dein SELBST. Wenn du die Liebe, das Mitgefühl, die Akzeptanz und die Anerkennung deiner eigenen Göttlichkeit erlangt hast, wie sollst du dann nicht ebenso mit anderen Menschen sein? – Wir werden noch eine Frage mehr beantworten.

F: (F) Im Hinblick auf das, was Du gerade gesagt hast, habe ich mit diesem Ausgleichen gearbeitet. Ich möchte von Dir nur wissen, ob dies das gleiche ist wie das, was Du gerade sagtest. Ich nehme diese Position ein *(Die Sprecherin nimmt eine meditative Position ein)* und gehe in das Gefühl hinein, das gerade eine Disharmonie verursacht hat. Ich richte einfach meine Aufmerksamkeit auf die Situation, gehe in das Gefühl hinein und verändere dann das Bild mit meinen Gedanken ins Positive, so wie ich es gerne hätte.

P'taah: Meine Liebe, das ist wirklich absolut gültig. Aber das ist keine Transmutation. Denn Transmutation kann man nicht *tun*. Du kannst es nicht *tun* – du kannst es nur *gewähren lassen*!

F: Du meinst also, ich vergeude damit nur meine Zeit?

P'taah: Liebes, wir sagen nicht, daß du damit deine Zeit vergeudest. Es ist wundervoll, daß du in Gedanken Bilder für ein positives Sein hervorbringen kannst. Das wird dir bestimmt viel Erleichterung verschaffen. Wir wollen damit nur sagen, *daß das einzige, was wirklich eine Veränderung bewirkt, das Annehmen ist.* Was du abwertest, das ermächtigst du. Schau, wir wiederholen es noch einmal: Das Universum wertet nicht. Es gibt kein gut oder schlecht, es gibt kein richtig oder falsch – es IST einfach. Wenn du also eine Veränderung bewirken willst, kannst du auf alle Fälle ein Gedankenbild schaffen, wie du es gerne haben möchtest. Natürlich ist es auch so, daß Gedanken Realität erschaffen. Doch wir reden hier von Grundlegendem, und Transmutation ist etwas Grundlegendes. Denn das ist das wahre Wunder. Doch du warst nicht hier, als wir über Transmutation gesprochen haben. Wir werden es jetzt nicht noch einmal diskutieren, denn es wird wirklich Zeit, dieses Treffen zu beenden. Wir werden auch in den nächsten Treffen nicht wieder davon reden, denn diese Ausführungen sind im Manuskript enthalten. Du wirst, wie auch immer, die Möglichkeit haben, davon zu hören und darüber zu reden. Wir wünschen uns nur, daß du es weißt. Aber sorge dich nicht, keiner hier weiß es wirklich. *(Gelächter.)*

Aber das wird sich jetzt ändern, und ihr alle werdet es wissen. Ihr werdet es mit dem Herzen wissen, jeder einzelne von euch, wie man die Blume erschafft, und, in der Blüte drin, das Juwel. Und das Juwel ist wahrhaftig das Wissen über eure eigene Göttlichkeit, die Gewißheit, ihr seid DER GOTT, DER ICH BIN. So wird es sein für euch. *(P'taah dankt jetzt dem Gastgeber.)*

Ich danke dir, Lieber.

F: Ich danke Dir, P'taah.

P'taah: Hm, in der Tat. *(Und zur Gastgeberin):* Unser Dank, Geliebte. *(Zu allen anderen)*: Unser Dank, wirklich, an euch alle. Das war ziemlich fesselnd, nicht? *(Das Publikum pflichtet herzlich bei.)*

Wir haben uns gedacht, daß es das sein könnte. *(P'taah sagt nun mit größter Zärtlichkeit)*: Ich liebe euch alle so sehr.

(Eine Zuhörerin):

F: Wir lieben dich auch.

P'taah: *(Beinahe flüsternd):* Das weiß ich doch, geliebte Frau.

Und ihr gebt ein wunderschönes Bild ab. Ich wünsche mir wirklich, ihr könntet in diesem Moment alle sehen, wie wunderschön ihr seid. Unsere Liebe und unseren Dank an euch, ihr Lieben. Guten Abend.

Siebte Übermittlung
9. Oktober 1991

P'taah: Guten Abend, ihr Lieben.

Publikum: Guten Abend, P'taah.

P'taah: Nun, es ist ein riesiges Vergnügen, euch alle hier zu sehen, euch alle. Ihr Lieben seid in der Tat auf einer großen Reise. Seid alle willkommen an diesem Ort. *(Er wendet sich an einen neuen Teilnehmer.)* Und du, Geliebter, wie geht es dir?

F: (M) Sehr gut, danke.

P'taah: Es macht uns glücklich, daß du zu diesem wundervollen Ort mit dieser heilenden Energie und dieser großartigen Güte gekommen bist. Hier findest du auch in dir selbst die Gewißheit, daß du mit dem, was du bist, sanft umgehen sollst und daß du somit den Schmerz heilst. Du brauchst nichts zu *tun*, Geliebter. Es freut uns, daß du mit deinem Körper sanft umgehst.

(P'taah bewegt sich durch die Zuhörer und wendet sich an die Tochter der Gastgeberin, eine junge Frau, die gerade von einem dreijährigen Segeltörn um die Welt zurückgekehrt ist.) Sei gegrüßt, Seefahrerin. Vom Meer kann man viele großartige Lektionen lernen, zum Beispiel, wie man mit der bewundernswerten Natur in Harmonie lebt, nicht wahr?

In der letzten Woche haben wir über die menschliche Sexualität gesprochen. Und wir wissen, daß in den Tagen dazwischen wahrlich viele von euch die Pause genutzt haben, um über die Glaubensstrukturen bezüglich eurer Sexualität nachzudenken. Ihr wißt ja, die Schuldgefühle wurden in euch hineinprogrammiert. Nicht nur seit Äonen eurer Zeit der Geschichtsschreibung, sie wurden euch auch in diesem Leben eingeflößt. Im heutigen Zeitalter der großen Möglichkeiten, der großen Freiheit, einer Zeit der Unabhängigkeit der Menschen, tragt ihr immer noch Schuldgefühle mit euch herum. Nun, viele dieser Schuldgefühle haben nichts mit Sexualität zu tun. Doch nachdem wir schon über eure Sexualität gesprochen haben, scheint es ein guter Zeitpunkt zu sein, über eure Schuldgefühle zu sprechen.

Ihr wißt ja, daß Schuldgefühle in Wahrheit nur eine noch nicht gelernte Lektion sind. Bedauern ist ebenso eine noch nicht gelernte Lektion. Wir bitten euch, folgendes zu überlegen: Wenn ihr euer Leben Revue passieren laßt, wenn ihr einen Schritt zurück macht, so daß ihr euer bisheriges Leben überblicken könnt, und wenn ihr dies mit dem intellektuellen Wissen tut, daß ihr euch auf der Seelenebene täglich Lektionen kreiert, wenn ihr wißt, daß alle Teile eures Selbst wirklich ein Ausdruck des Göttlichen sind, daß es kein richtig oder falsch gibt, daß alles einfach IST, wie könntet ihr da schuldig sein? Was müßtet ihr da bedauern? Es ist ganz einfach, nicht wahr? *Jede Situation, die in euren Leben aufkommt, jede Situation, die ihr als unharmonisch beurteilt, die euch Unglück bringt, ist da, um zu lernen.* Es gibt kein richtig oder falsch, ihr Lieben. Es IST einfach. *Wißt,* ihr seid der GOTT, DER ICH BIN. Ihr seid nicht die geringe Menschheit, Wesen der dritten Dichte, die um Spiritualität ringen. Ihr alle seid spirituelle Wesen, sonst wärt ihr nicht hier. Ihr seid alle, *alle,* spirituelle Wesen, die gewünscht haben, diese Dimension der Realität zu erfahren. Es ist eine mutige Wahl. Einer der Gründe, warum ihr diese Dimension der Realität gewählt habt, ist tatsächlich wegen der Intensität der Erfahrung, wegen dieser Farben, dieser Vibration. Und ihr habt jede Erfahrung in eurem Leben ausgewählt, jede einzelne. Nun, aus dem jetzigen Zustand großen Bewußtseins, umfassender Erkenntnis und bedeutsamem Verständnisses könnt ihr auf eure Jahre zurückblicken. Und ihr mögt euch fragen: Mein Gott, wie konnte ich nur? Wie konnte ich nur so dumm sein? Wie konnte ich nur so schrecklich böse und lieblos usw., usw., sein. Wir könnten mit euch den ganzen Abend mit dem Auflisten solcher Attribute verbringen, mit denen ihr euch selbst kasteit. *Ihr Geliebten, der Grund dafür ist, daß ihr es so wolltet,* daß ihr es wegen der zu lernenden Lektion so ausgesucht habt. So einfach ist das. Also ehrlich, warum solltet ihr euch schuldig fühlen? Schuldig, weil ihr jemanden verletzt habt? Aber dieser Jemand war daran beteiligt, hat die Situation mitkreiert. Und du,

Geliebter, *(P'taah schaut einen Zuhörer an.)* Wie geht es dir auf deinem Schuld-Trip?

F: *(muß lachen)* Es geht mir gut.

P'taah: Wirklich?

F: Viele Werturteile.

P'taah: Hm, sehr gut. *(Dann mimt er den Empörten):* Aber doch keine Werturteile, mein Lieber! Solch ein spirituelles Wesen wie dein Selbst mit Werturteilen? Um Himmels willen!

Doch, Geliebter, jeder war daran mit fünfzig Prozent beteiligt, damit er selbst lernen kann. Und wer seid ihr, daß ihr jemanden wegen seinen eigenen Lernprozessen verurteilen könnt, ob es sich nun um euer Kind, euren Liebsten, eure Eltern oder auch nur um eine beiläufige Bekanntschaft handelt. Nun, wir waren auch mit Leuten zusammen, die sich für den plötzlichen Tod eines anderen verantwortlich fühlten, wie zum Beispiel bei einem Unfall mit einem eurer Fahrzeuge. Oder es war ein Ableben, das durch eine Krankheit des physischen Körpers verursacht wurde. *Eine solche Sache wie einen Zufall gibt es nicht.* Wenn also jemand eines eurer raffinierten Fahrzeuge fährt, einen Unfall hat und damit den Tod einer Kreatur verursacht, sei dies nun ein Mensch oder ein Tier, dann müßt ihr wissen – wirklich – das wurde so *ausgewählt.* Also, wo bleibt hier die Schuld? Wie könnt ihr das bedauern? Ihr wärt nicht da, wo ihr euch jetzt befindet, wenn ihr nicht alle anderen Situationen in eurem Leben kreiert hättet. Wir erkennen auch, daß die meisten von euch nicht unbedingt so glücklich darüber sind, wo sie im Moment stehen. Wie auch immer: würdet ihr es wirklich irgendwie anders wollen? Ich will euch sagen, daß ihr das nicht wollt, denn dann wäre es anders. Wir bitten, euch das nächste Mal, wenn ihr euch bei einer ernsthaften Attacke von Schuldgefühlen oder einer ernsthaften Attacke von Bedauern erwischt, an folgende Worte zu erinnern: *Ihr habt es so ausgewählt, und es gibt nichts, was falsch wäre. Es* IST *einfach.* Nun, haben wir dazu Fragen?

F: (M) P'taah, bitte erkläre, wie dieser Fifty-fifty-Mechanismus funktioniert. Zum Beispiel, wenn man sich die Situation eines Unfalls aussucht.

P'taah: Wir sehen, du wünschst den Mechanismus der Co-Kreation zu verstehen. Ist das wirklich so schwierig? Wenn du etwas Freudiges co-kreierst, dann ist es nicht schwer zu verstehen, hm? Wie du siehst, ist es nur dein Werturteil, das einen Unterschied macht, ob es sich um einen schrecklichen oder einen vortrefflichen Umstand handelt. Es handelt sich immer um eine Lektion.

Nun wollen wir mit euch noch einmal über eure Macht sprechen. Eure physische Realität, die Realität dieser Dichte, wurde wirklich mit euren Glaubensstrukturen geschaffen. Im Geiste sendet ihr Gedanken, entsprechend euren Glaubensstrukturen aus. Der Gedanke, verbunden mit einem Gefühl, setzt sich ins Universum fort. Und seht, ihr Lieben, das Universum kennt keine Wertung. Ob ihr euch nun etwas wünscht, was ihr wundervoll findet oder etwas, was ihr als unharmonisch oder schlecht verurteilt – das Universum bewertet nicht. Es ordnet sich einfach so um, daß es zu eurem Glauben paßt. Da ist also eine Person, die fährt ein Fahrzeug und glaubt vielleicht, sie wäre jemand, der anderen Schaden zufügt. Das glaubt sie nicht bewußt, hm? Und, wie ihr wißt, sind manche der mächtigsten Glaubensstrukturen jene, die euch nicht bewußt sind. Es kann auch der Wunsch sein, für etwas in der Vergangenheit zu büßen, der Wunsch nach Bestrafung für einen verursachten Schaden oder sonst etwas. Das sind alles Hypothesen, ihr Lieben. Und da ist eine andere Person, die, aus welchen Gründen auch immer, ebenfalls Bestrafung wünscht, hm? Unter diesen Umständen werden sich die zwei treffen. Und das nennt man dann Unfall. Doch auf diese Weise kreiert sich jeder das Gewünschte. Verstehst du nun, wie das vor sich geht? Genauso funktioniert es, wenn zwei Leute sich treffen und sich unerwartet verlieben. Und dann sagen sie: «Ist das nicht ungewöhnlich, ich habe das gar nicht gesucht.» Genau dort, um die Ecke, im Supermarkt haben die zwei sich in die Augen gesehen, und es war Liebe. Könnte es nicht so geschehen? Auf diese Weise haben diese zwei co-kreiert, aus welchen Gründen auch immer. Und sie werden es so lange tun, wie sie zusammenbleiben, um sich gegenseitig das zu widerspiegeln, was sie als unharmonisch verurteilen und was sie wundervoll finden. So, daß beide voneinander lernen können. Beantwortet das deine Frage, Geliebter?

F: Ja, das tut es. Aber es führt zu einer weiteren Frage.

P'taah: Natürlich.

F: Du hast gerade gesagt, daß das Verbinden von Gedanken mit Gefühlen die fundamentale Kraft ist...

P'taah: Das ist die Antriebskraft.

F: Okay. Ich kann mir also, mit viel Gefühl verbunden einen Lottogewinn vorstellen?

P'taah: Genau.

F: Und doch scheint mir das ziemlich illusorisch. Warum geschieht es dann nicht?

P'taah: Weil du im Grunde glaubst, daß du ihn nicht verdienst.

F: Ich glaube das nicht.

P'taah: Glaubst du nicht, Geliebter? Weil es für dich sinnvollere Methoden gibt, zu einem Verständnis der Fülle zu gelangen.

F: Ja, das macht Sinn.

P'taah: Genau. Es ist wirklich ganz einfach. Schau, oft, wenn wir mit den Leuten über dieses Kreieren ihrer eigenen Realität reden, fragen sie: «Wo ist denn mein Überfluß?» Darüber haben wir auch schon geredet. Was haltet ihr wirklich von Geld? Hier würden wir euch folgendes raten: Egal von welcher Situation in euren Leben ihr glaubt, daß sie nicht harmonisch sei – nehmt ein Papier und macht eine Liste. Auf einer Seite schreibt ihr all die Dinge auf, die ihr in dieser Situation gut findet. Auf der anderen Seite listet ihr das auf, was ihr nicht so gut findet. Das ist positiv – negativ. Ihr werdet sehr überrascht sein. Ihr könnt diese Methode auch anwenden, um herauszufinden, was ihr wirklich von euch selbst glaubt. In diesem Sinne könnt ihr all das aufschreiben, was ihr an anderen verabscheut. Ihr könnt dabei ganz persönlich vorgehen: Schreibt auf, was ihr an eurer Mutter, eurem Liebhaber oder eurem Nachbarn nicht mögt. Wenn ihr dann diese Liste aufgestellt habt, untersucht sie sorgfältig. Denn all das, was ihr an anderen nicht mögt, sind Dinge, die ihr an euch selbst verabscheut. Ihr Lieben, wir sagen es noch einmal: weil alles außerhalb von euch einzig ein Spiegel, ein Spiegelbild eures Selbst ist. Auf diese Weise könnt ihr wirklich zum Verständnis gelangen, was für mächtige Meister ihr alle seid.

F: (F) Wenn ich also jemanden da draußen sehe, der etwas tut, was ich nicht mag, heißt das nicht, daß ich das selbst auch tue. Aber wenn ich es täte, würde ich es an mir nicht akzeptieren.

P'taah: Genau. Nun, wir wollen euch auch dies noch vorschlagen: Wenn ihr außerhalb jemanden seht, den ihr als ganz grausam verurteilt, jemanden etwa, der ein Tier schlägt – würde das nicht einen gewaltigen Zorn in eurer Brust entfachen? So wäre es in der Tat! Ihr würdet dann sagen: «Das ist kein Spiegelbild meines Selbst, denn ich habe noch nie ein Tier geschlagen. Im Gegenteil, ich liebe Tiere und würde so etwas nie tun.» Wie auch immer, *wir bitten euch, einmal die Grausamkeit zu untersuchen, die ihr gegen euch selbst richtet.* Verstehst du, was ich meine?

F: Ja.

P'taah: Fragen?

F: (F) P'taah: Ich glaube, ich verstehe deine Antwort zur letzten Frage nicht. Wenn jemand grausam zu Tieren ist, wie kannst du das mit Sich-selber-Schlagen in Verbindung bringen?

P'taah: Meine Liebe, es ist eigentlich die *Grausamkeit*, egal, ob jemand nun ein Kind oder die Großmutter oder den Hund schlägt. Das, was er zur Schau stellt, ist Angst. Und die zu suchende Angst zeigt sich hier in etwas, was ihr als Grausamkeit verurteilt. Nun, wir erinnern uns – nicht wahr –, wie das mit den Co-Kreationen und den zu lernenden Lektionen geht. Ihr müßt in Wirklichkeit das ansehen, was ihr als Grausamkeit verurteilt. Wenn ihr dann keine Begebenheit in eurem Leben finden könnt, wo ihr zu jemand anderem grausam wart – was uns sehr überraschen würde – dann geht es sicherlich darum, zu erkennen, daß ihr grausam zu euch selbst seid. Denn ihr seid grausam zu euch selbst, ihr alle. Versteht ihr? Und ihr müßt auch wissen, daß sich diese Dinge auf verschiedenen Ebenen abspielen. Womit ihr im Moment beschäftigt seid, könnte man als das «Schälen der Zwiebel» bezeichnen: es offenbart sich mehr und mehr, wer ihr seid. Euch so annehmen, wie ihr seid, den GOTT, DER ICH BIN mit all seinen Facetten anerkennen! *Indem ihr euch annehmt und anerkennt,* schafft ihr auch die Veränderung, die ihr euch alle so sehnlichst wünscht. Ihr verändert nichts, wenn ihr versucht, euch vor dem, was ihr seid, zu verstecken. Ihr bewirkt keine Veränderung, indem ihr gewisse Teile eures Wesens abwertet, ob ihr nun die Aspekte abwertet, die sich für euch in anderen Personen widerspiegeln, oder die Aspekte, die ihr als eure eigenen erkennt. Ihr müßt wissen: *Was auch immer ihr abwertet, das ermächtigt ihr.* Das nennt man das *universelle* ICH BIN. Wenn ihr also die Angst schlechtmacht, den Schmerz schlechtmacht, dann bringt ihr genau das hervor. Das Universum urteilt nicht, ihr Lieben. *Was auch immer ihr von eurem Wesen ins Universum schickt, fällt auf euch zurück.* Wir erinnern daran, daß Gedanken nicht in euren Köpfen eingeschlossen bleiben. Tatsächlich kommen sie irgendwie nicht einmal aus euren Köpfen. Darum werdet ihr auch nichts vermissen, wenn ihr euren Kopf abschraubt und unter den Arm nehmt. *(Die Zuhörer reagieren amüsiert.)*

F: (M) Wie bringt man denn seine Angst in Ordnung?

P'taah: Du erkennst sie an, weil sie ist.

F: Du anerkennst, daß du Angst vor diesem Umstand hast?

P'taah: Genau, und du mußt akzeptieren, daß der Teil, der Angst hat, ein gültiger und göttlicher Aspekt deines Wesens ist. Auf diese Weise kannst du die Angst dann annehmen, sie in das, *was* du bist, integrieren. Damit ist die Veränderung geschaffen. Wenn ihr es so macht und die Angst erkennt, wenn sie aufkommt, braucht ihr sie nicht in der physischen Realität zu erleben. Wenn ihr die Angst aber abwertet, wenn ihr sie von euch weist, sie unterdrückt oder euch vor ihr versteckt, dann ladet ihr sie mit so viel Energie auf, daß ihr *genau das* dann anziehen werdet.

F: P'taah, dann wäre es vielleicht ein guter Weg aus dieser Misere, wenn man einen Schritt zur Seite tritt und sich selbst wie ein Zuschauer beobachtet, von der Situation losgelöst. Ist das der Weg...?

P'taah: In der Tat, das ist *ein* Weg. Wir haben in diesem Sinne über euren Ärger gesprochen. Wir haben gesagt: Macht euren Ärger nicht schlecht – statt dessen genießt ihn. Wenn ihr dann die ganze Freude eures Wutanfalls und des zur Schau gestellten Ärgers erfahren habt, dann müßt ihr euch fragen: «Wo steckt die Angst?» Ihr müßt die Angst identifizieren. Und dann dürft ihr nicht sagen: «Mein Gott, das ist so schlimm, das müssen wir ablegen, unterdrücken usw.» Ihr müßt euch sagen: «In der Tat, das ist, was ich bin – ich bin ängstlich.» Anerkennt das, und habt ein bißchen Mitgefühl. Akzeptiert, daß jede Facette eures Seins ihre Gültigkeit hat und göttlich ist, sonst wäre sie nicht. Dann ist es verbunden mit einem Aufgeben, einem Annehmen, und damit schafft ihr die Veränderung, ein Erblühen und ein Entfalten.

F: Das ist wundervoll.

P'taah: In der Tat, das ist wundervoll. Aber ihr Lieben, das seid ihr auch.

F: (F) P'taah, wegen der Co-Kreationen. Kreieren wir, während wir durch dieses Leben gehen, oder tun wir das, bevor wir auf diesen Planeten kommen?

P'taah: Nun, das ist vielschichtig, Geliebte. Bevor du geboren bist, wählst du den – wie wir sagen würden – «groben Spielplan» aus, das heißt deine Eltern und deine Geschwister. Oft kreierst du auch ein Zusammenkommen mit anderen, die dir in vielen früheren Leben ans Herz gewachsen sind. Du wählst deine kulturelle Umgebung aus und so weiter, verstehst du? Das kann eine grobe Auswahl davon sein, was im Leben auf dich zukommen wird, von Lektionen zum Lernen und von Freuden zum Erleben im Lichte dessen, was du in anderen Leben erfahren hast. Es wäre schrecklich langweilig, wenn du in jedem Leben genau das gleiche tun würdest. So hättest du keine Vielfalt, hm? Also legst du den Spielplan fest, und dann kommst du in die physische Realität des Lebens. Da kreierst du dir von einer Situation zur nächsten, wie du sie ausspielen möchtest. Laßt euch auch das noch sagen, ihr Lieben: Wenn ihr zur Gewißheit gelangt und euch so entfaltet, daß ihr den Schmerz und die Qualen in eurem Leben transmutieren könnt, *dann hat das Auswirkungen auf alle Leben,* nicht nur auf dieses hier. Auf diese Weise schreibt ihr eure eigene Geschichte von diesem Leben neu, und ihr verändert eure sogenannte Vergangenheit.

F: (M) Ist es möglich, daß man den Sinn eines bestimmten Lebens erkennen kann? Und hätte das überhaupt irgendeinen Wert?

P'taah: Nun, Geliebter, der Sinn eures Lebens sollte euch allen – jetzt – ziemlich klar sein. Es ist ein gemeinsamer Sinn, da ihr euch selbst in dieses Leben, in diese Zeit der Geschichte eures Planeten und der Menschheit kreiert habt. Also könnte man sagen, daß *der Sinn dieses jetzigen Lebens darin besteht, Gott-Sein zu realisieren.*

F: Es wird aber jede Person mit speziellen Lektionen konfrontiert.

P'taah: In der Tat. Du triffst auf sie, Tag für Tag.

F: Ist es mir möglich vorauszuschauen und zu sehen, was ich noch lernen muß. Als Hilfe, um zu wissen, wohin ich gehen soll? Nein, das habe ich ja bereits selbst beantwortet!

P'taah: In der Tat. Und nach dieser Bemerkung, ihr Lieben, wollen wir eine Pause machen. Damit ihr erleuchteten Meister eure Körper erfrischen könnt. – Es ist wirklich schön, lächelnde Gesichter zu sehen, nicht wahr? Man sagt: Lebt auf und habt Spaß! Sehr gut, ihr Lieben. Wir bitten euch für zwei Minuten ruhig zu sein.

(Nach der Pause.)

P'taa: Also, ihr Lieben, wir wollen fortfahren. Fragen?

F: (F) P'taah, wie können wir uns mit den Teilen von uns wieder verbinden, von denen wir uns in der Vergangenheit wegen der Werturteile getrennt haben?

P'taah: Mach dir nicht zu viele Sorgen, meine Liebe. Denn, wenn du mehr und mehr in diese Beschleunigung der Ereignisse hineingerätst – nicht nur in jene des Bewußtseins der Menschheit, auch in die der Erde selbst – wirst du Situationen anziehen, die alle Werturteile und alle Ängste zum Vorschein bringen.

Dann kannst du, mal für mal, alles, was dir im Leben Angst und Schmerz bereitet, ansehen und deine Werturteile ausgleichen. Ihr Lieben, ihr müßt nichts tun, ihr müßt nur *sein* und eure Seele und eure Glaubensstrukturen gewähren lassen. Sie werden Tag für Tag die Dinge hervorbringen, die ihr lernen müßt, die ihr ausgleichen müßt, womit ihr Harmonie erschafft. Es ist nicht so, daß ihr umherrennen sollt, um Dinge zu tun, damit es besser wird, hm? Und ihr Lieben, ihr müßt euch auch daran erinnern, daß ihr, indem ihr es euch *besser* wünscht, das abwertet, was ihr jetzt seid, denn das ist bereits perfekt. Jeder Moment ist perfekt. Diese Perfektion ist, wie wir schon gesagt haben, kein fertiges Produkt, etwas, was ihr erst mit der Erleuchtung erreicht, hm? Was ihr in genau diesem Moment seid, in eurer eigenen Göttlichkeit, das *ist* Perfektion. Wie könnte es anders sein, denn ihr seid tatsächlich ein Ausdruck des Göttlichen in all seinen Myriaden von Facetten.

F: Ich höre, was du sagst. Ich muß darüber erst nachdenken.

P'taah: Du mußt es erst beurteilen, hm? *(Lachen.)*

F: Heißt das, daß man sich eigentlich um rein gar nichts bemühen muß?

P'taah: Oh, genau das heißt es.

F: Dann ist das eigentlich ein Mißverständnis. Ich denke, wir sind so stark darauf programmiert, daß wir nicht perfekt sind. Auch wenn du uns sagst, daß wir es sind, sind wir doch stark darauf programmiert, daß wir besser werden müssen!

P'taah: In der Tat. Tu einfach nichts!

F: Einfach leben, nur leben? Nicht einmal darüber nachdenken, besser zu sein? Ist das in Ordnung so? Denn ich mache mir Sorgen... Doch wir sollten uns nicht sorgen, uns nicht so viel überlegen, wie wir besser sein könnten.

P'taah: Genau, geliebte Frau.

F: Das ist nicht leicht.

(Anerkennendes Lachen.)

Schau, Geliebte, es ist alles so einfach: *Es gibt nichts zu tun.* Was ihr in diesem Moment seid, wird göttlicher Ausdruck genannt. Es geht um das SEIN, das menschliche Sein. Sein, in jedem

Moment mit der *Gewißheit, daß du, wenn du die Fülle des Moments lebst, ohne dich zu bemühen, ohne zu beurteilen, ob er besser sein könnte, daß du dann den Auftrag des göttlichen Geistes auf deinem Planeten erfüllst. Wenn du wirklich im Jetzt lebst, dann urteilst du nicht, denn du vergleichst dann nicht mit gestern, und du sorgst dich nicht um morgen. Alles, was du je warst und alles, was du jemals sein wirst, ist Teil dieses* ALLES, WAS IST. *Ihr seid so damit beschäftigt, euch wegen der kommenden Veränderungen zu sorgen, all die Puzzleteile zusammenzufügen, zu suchen und das, was war, zu verändern. Ihr sorgt euch um Reichtum, sorgt euch um eure Beziehungen oder deren Fehlen. Doch ehrlich: Hört auf zu tun, beginnt zu* SEIN *und wißt: Ihr seid der Gedanke von diesem* ALLES, WAS IST. Und kein Teil von euch wird von irgend jemandem verurteilt. Es gibt wirklich kein erhabenes Rollenmodell, mit dem ihr euch vergleichen müßtet. Nichts, wovor ihr euch fürchten müßt, *nichts*, weswegen ihr euch zu schämen braucht. *(Ganz sanft.)* Sei gewiß, du hast nach bestem Wissen immer das Beste getan. *Du mußt nichts tun.* Jeder von euch ist ein Juwel. Jeder von euch muß mit Ehrfurcht betrachtet werden, so, wie ihr auch die Sterne am Firmament betrachten würdet. Jeder einzelne ist verschieden, und jeder einzelne ist atemberaubend schön. Es gibt nichts zu *tun.* Wir haben natürlich Verständnis für euren Wunsch nach Veränderung. Doch die Veränderung kommt mit dem Annehmen, mit dem Akzeptieren. Somit erlangt ihr allmählich die innere Gewißheit, daß ihr der Gedanke von Gott/der Göttin, dem ALLES, WAS IST, seid. Ihr müßt euch nicht um Spiritualität bemühen, nicht darum, besser zu sein. Ihr seid alle schon perfekt – in eurer Erhabenheit wahrhaftig ehrfurchtgebietend.

F: (F) P'taah, willst du damit sagen, daß wir das Leben mehr auf uns zukommen lassen sollen, als es genau zu planen?

P'taah: Schau, wenn du deine rigiden Pläne machst, wie es zu sein hat, und im Geiste bereits den Zeitpunkt festlegst, wann es stattfinden soll, was denkst du, was dann geschieht?

F: Wir halten es fest.

P'taah: Du schließt damit all die Myriaden von Möglichkeiten, die du haben kannst, aus, die wahrscheinlichen Wirklichkeiten, die Kombinationen. Was du damit tust, ist, deine Kreativität einschränken. Nun, du mußt nur sagen: «Das ist es, was ich von Gott/der Göttin meines Wesens wünsche – das möchte ich erschaffen.» Du sendest dies ins Universum aus und vergißt es, mit der *Gewißheit, daß das geschehen wird,* was du dir wünschst. In dem Moment, wo du entscheidest, *wie* und *wann* es geschehen soll, beschneidest du deine Kreativität. Verstehst du? Natürlich ist es in Ordnung zu planen und sich zu sagen: «Ich möchte dieses und jenes tun.» Doch man darf nicht engstirnig sein. Man muß den Kreativitätsfluß gewähren lassen. Es wird dir alles von deiner eigenen Göttlichkeit zufließen, wirklich.

F: (M) P'taah, dazu ein paar Fragen. Ich habe das Gefühl, daß ich mich manchmal im Kreise drehe. Denn ich weiß nicht genau, von welchen Grundmechanismen wir hier reden. Könntest du einige Punkte genauer ausführen...?

P'taah: Gerne, Geliebter. Laß dir erst den Grundmechanismus erklären: *Du bist Gott,* du bist ein Ausdruck des Göttlichen, ein Gedanke des ALLES, WAS IST. Wie wir auch schon sagten: Du bist Gott, der die Rose riecht. Ich meine damit, daß du das ALLES, WAS IST bist, wie es sich in dieser Dimension der Realität, in dieser wundervollen Wirklichkeit, ausdrückt. Das könnte man den «Grundmechanismus» nennen, darum geht es. Und wenn du das wirklich *weißt,* weißt du auch alles andere. Aber fahre fort, Geliebter.

F: Könntest du in Begriffen, die für uns verständlich sind, erklären, was Raum und Energie ist?

P'taah: Nein. Schau, Geliebter, wenn wir zu dir über Energie sprechen, verstehst du es nicht wirklich. Denn *alles,* worüber ich bis jetzt sprach, *ist* Energie. Aber du verstehst, daß alles Energie *ist.*

Darum sagen wir dir, daß die Energiequelle, in welcher Form sie sich auch immer manifestiert, einfach die Quelle ist, das ALLES, WAS IST, das Unfaßbare, mein Lieber. Wir können dir keine Definition von Gott geben. Wir können es nur so erklären, daß du einfach in den Spiegel schauen mußt. Was den Raum angeht, so wie ihr es versteht: Wir könnten sagen, daß der Raum eine mathematische Gleichung sei, wenn du es wissenschaftlich erklärt haben möchtest. Doch schau, du willst gar nicht wirklich wissen, was Raum ist, du möchtest wissen, *wie* das alles entstanden ist.

F: Richtig.

P'taah: Ich glaube nicht, daß ich dir irgendeine Definition geben könnte, die verständlicher ist, als das, was du darüber gelesen hast. Du fragst: «Wie ist die Galaxis entstanden?» Nicht wahr?

F: Und woher alles gekommen ist.

P'taah: Genau. Doch das haben wir dir bereits erklärt, Geliebter. In Wahrheit ist die mathematische Gleichung nur ein Plan dessen, was bereits existiert. Es ist der Menschheit keine mathematische Gleichung bekannt, welche die Unendlichkeit als reinen Gedanken beschreibt. Denn schau, der reine Gedanke ist die Quelle, ist Gott/die Göttin des ALLES, WAS IST.

F: Weil es jenseits unseres Verständnisses liegt...

P'taah: In der Tat. Auf eine Weise könnte man sagen, daß das unpersönliche Gott-Sein für alle unverständlich ist, außer durch Reflektion. Und jetzt spreche ich von Wesen, die im Vergleich zu dieser Dimension der Realität weit, weit fortgeschrittener sind. Man könnte sagen, daß man die göttliche Quelle mit den Gefühlen erkennen kann. Das, was Liebe ist, das Nicht-vorhanden-sein eines Getrennt-Seins, *das* ist das Erkennen von Gott.

F: Könntest du auch noch erklären, wie sich Materie aus Energie formt.

P'taah: Nun, schau, es ist das Bewußtsein, das Materie kreiert. Das ist – in Begriffen, die für uns verständlich sind – das fehlende Glied in eurer Quanten-Physik.

F: Also ist Materie in einem Moment da und im nächsten nicht.

P'taah: Genau. Materie ist nur eine Schwingung.

F: Wie beziehe ich das auf die Gedanken, wenn diese auch Energie sind.

P'taah: Aber natürlich sind sie das. Man könnte sagen, daß Gedanken eine höhere Frequenz als das Licht haben.

F: Dann ist alles Bewußtsein, was eine niedrigere Schwingung als Licht hat?

P'taah: Alles, was eine höhere Frequenz als Licht hat. Schau, es ist ein Mißverständnis, mit dem eure Wissenschaftler seit geraumer Zeit leben, daß nichts schneller sei als Lichtgeschwindigkeit. Das trifft nicht zu. Und wenn eure Wissenschaftler erfahren, wie man durch die Galaxien reisen kann, werden sie verstehen, daß man, um im Hyperraum[11] zu reisen, viel, viel schneller als die Lichtgeschwindigkeit sein muß, so daß man sich in Sekunden von einem Punkt der Galaxis zum anderen bewegt. Gedanken brauchen keine Zeit, um irgendwohin zu gelangen – *Gedanken sind nicht innerhalb der Zeit;* Gedanken belegen keinen Raum.

F: Sie befinden sich also überhaupt nicht in einem Zeit-Kontinuum?

P'taah: Genau. Gedanken existieren nicht innerhalb des Raum-Zeit-Kontinuums.

F: Gedanken sind reine Energie.

P'taah: Genau, doch schau, Geliebter. Wenn auch all diese wissenschaftlichen Fragen für die Menschheit äußerst faszinierend sind, ihr werdet die wahren Antworten erst finden, wenn ihr wißt, wer ihr seid.

F: Könntest du in diesem Falle die Seelenenergie oder die Energie der Seele etwas ausführlicher erklären? Und wie sie mit der Lebensform verbunden ist?

P'taah: Sie IST die Lebensform. Deine Seele ist von dir nicht abgetrennt. Ohne Seele gibt es dich nicht. Und du bist auch sonst von keinem *anderen* Wesen abgetrennt, ob es nun sichtbar oder unsichtbar ist. Du bist mit *allen Bereichen, allen Dimensionen verbunden.* Und Geliebter, es besteht auch keine Trennung *zwischen dir und der göttlichen Quelle.* Wenn die ganze Menschheit dies erkennt, dann werdet ihr auch *alle* Antworten kennen.

Nun, die Technologie, die eure Wissenschaftler zur Zeit noch

11 Hyperraum ist ein imaginärer Raum jenseits des dreidimensionalen Raum-Zeit-Kontinuums, also im herkömmlichen Sinne des Wortes kein Raum.

nicht erkannt haben, das ist wahrhaftig die Kraft der Gedanken. Das, was man entdeckt und was allgemein gebräuchlich sein wird auf diesem Planeten – wie auch auf anderen Planeten – ist die kristalline Technologie. Die Antriebskraft, das Benzin, wenn ihr so wollt, dieser Technologie *ist* der Gedanke. Wir haben in diesen Wochen bereits darüber gesprochen. Wenn nötig, können wir das später noch einmal ausführen. Aber es ist zu diesem Zeitpunkt von geringer Bedeutung. Es zeigt euch, wie wichtig es für euch ist, daß ihr *tatsächlich* wißt, wer ihr seid und euch akzeptiert und anerkennt, damit ihr diese Veränderung bewirken könnt, damit ihr Liebe schafft, wo vorher Angst war. Die kristalline Energie wirkt in der Tat als gewaltiger Verstärker und Bewahrer von Energie. Wenn die vorherrschende Emotion auf diesem Planeten Angst ist, und wenn die Angst sich mit dieser Technologie verbindet, dann wird sie um ein Vielfaches verstärkt; sie verbreitet sich und bewirkt ein riesiges Chaos. Wenn das vorherrschende Gefühl aber Liebe ist, mein Lieber, dann wird mit der Anwendung dieser Technologie die Liebe um ein Vielfaches verstärkt und schafft somit überall Harmonie und Licht, in allen Galaxien. Verstehst du das? Darum ist es zur Zeit so wichtig, daß die Menschheit zu einer wahren Grunderkenntnis gelangt. Der Mechanismus dieser Dinge, Geliebter, heißt GOTT, DER ICH BIN. Kein Getrennt-Sein. Zu wissen, daß alles, alles, was existiert – sichtbar und auch unsichtbar – der Atem ist, der Gedanke der Quelle. Das verstehen wir unter Grundwissen.

F: (F) P'taah, wie ich sehe, werden wir alle den GOTT, DER ICH BIN erkennen. Wenn wir diesen Zustand erreichen, nachdem diese Veränderung stattgefunden hat, brauchen wir dann überhaupt noch irgendeine Technologie? Sind wir dann nicht fähig, zu kommen und zu gehen, wie wir wollen?

P'taah: Sicher, Geliebte, und doch: Ihr werdet immer noch in einem materiellen Universum leben, hm? Sicher, das, was eure eigene kreative Macht angeht, nämlich zu kommen und zu gehen, wie ihr wollt, wird außergewöhnlich sein, so wie das auch bei anderen Menschenrassen innerhalb eures Sternensystems der Fall ist. Doch werdet ihr nicht plötzlich zu Engeln, sondern behaltet noch einen physischen Körper, wenn er auch ein wenig anders ist als dieser jetzt, nämlich weniger dicht. Ihr werdet immer noch auf eurer Erde leben und dort Wunder vollbringen. Ihr werdet in euren physischen Körpern und mit physikalischen Ausrüstungen von einer Galaxis zur anderen reisen. Nun du kannst dann entscheiden, ob du mit deinem Bewußtsein ohne deinen Körper reisen willst. Tatsächlich tust du das jetzt schon – manche von euch willentlich und manche im Schlaf. Darüber haben wir gesprochen, als wir über das Träumen redeten. Es ist also eine Sache der Wahl, aber ihr werdet die Möglichkeit haben auszuwählen, verstehst du?

F: (F) P'taah. Gehört dieser weniger dichte Körper immer noch zu einer Welt der Polaritäten? Ich wollte dich auch fragen, ob die Welt, von der du kommst, eine Welt der Polaritäten ist.

P'taah: Wenn du an Polarität denkst, dann denkst du in Wirklichkeit an positiv/negativ, an gut und schlecht. Doch schau, positiv/negativ ist nicht notwendigerweise gut und schlecht. Es beschreibt lediglich eine Stufe eines Universums. Schau, Geliebte, wenn *du* Polarität sagst, dann wertest du. Wenn du aber ein *Wissenschaftler* wärst und du zum Beispiel einem Elektroningenieur zuhörtest der von positiv/negativ spräche, dann würdest du das nicht auf diese Art werten.

F: Ja, darüber muß ich nachdenken.

F: (M) Wenn diese Zeit der Veränderung Auswirkungen auf uns alle hat, wird das auch auf dich Auswirkungen haben?

P'taah: Es wird Auswirkungen auf alle Galaxien haben, Geliebter. Diese Veränderungen sind nicht nur an diesen Planeten gebunden. Auch die Sternensysteme werden sich neu ausrichten. Es ist nur, weil der Gedanke für euch ungewohnt ist, daß es noch andere gibt außer euch und eurem Planeten. Und diese bevorstehende neue Ausrichtung dürfte im Hinblick auf die Geschichte der Galaxien wichtig sein. Nun, solche Energien wie ich, die überall auf eurem Planeten zu euch sprechen, um euch bei diesen bevorstehenden Veränderungen zu unterstützen, tun das, weil es uns kümmert, weil es zum Wohle für viele Welten geschieht, wenn euer Übergang in großer Schönheit, mit Freude, in Liebe und ohne Angst vonstatten geht. Es macht uns allein schon große Freude, hier bei euch zu sein. Diese Unterstützung geschieht auf vielen Ebenen. Außerhalb von diesem Raum-Zeit-Kontinuum wird dies alles auf andere Weise betrachtet, sozusagen mit Überblick, mit einem Vorauswissen, wie und was geschehen kann. Damit will man eure Souveränität nicht beschneiden, denn ihr alle könnt wirklich wählen. Doch wir wiederholen noch einmal: Ihr seid es gewöhnt, euren Planeten als solide Masse zu betrachten, und so seht ihr auch euch selbst, obwohl das alles doch keineswegs solide ist. Es gibt genügend Platz für Millionen und Abermillionen von Schöpfungen innerhalb desselben Raumes. Es gibt nicht nur eine Erde.

F: (F) Wir haben die Vorstellung, daß die Zeit für uns alle das gleiche ist. Ich denke aber, daß sie für jeden von uns verschieden ist. Das hat mit den Glaubensvorstellungen zu tun, die wir haben. Die verändern die Zeit so, daß wir eigentlich überhaupt nicht in der gleichen Zeit leben.

P'taah: Das trifft zu. Aber es ist ziemlich subtil. Du kreierst dir auf eine Art tatsächlich dein eigenes Netzwerk. Denn schau, Geliebte, du bist die zentrale Sonne deines Universums, und deine Realität unterscheidet sich von jeder anderen. Es sind verschiedene Richtlinien in der morphogenetischen Resonanz der gesamten Menschheit festgelegt. Das ist sozusagen eine unbewußte Abmachung, wie es sein soll. Aber innerhalb dieses abgemachten, weiten Spektrums der Realität schafft sich jeder einzelne von euch seine eigene Variation. Und natürlich ist es anders, wenn du irgend etwas erfährst, als wenn ein anderer dasselbe erfährt.

F: Also kann eine Erfahrung, die ich heute mache, Erinnerungen aus der Kindheit auslösen, so daß ich diese Begebenheit wieder erlebe und erfahre. Oder ich kann auch eine Begebenheit aus der Zukunft erleben, indem ich sie ins Heute projiziere. Das ist beinahe, wie wenn ich in eine andere Zeitzone befördert würde.

P'taah: Genau. Das meinen wir auch, wenn wir sagen, daß

Gedanken keinen Raum und keine Zeit benötigen. In deinen Gedanken kannst du in der Kindheit sein. Du kannst auch einen Gedanken auf das projizieren, was du als alter Mensch erfährst...

F: Sagen wir einmal, daß mir jemand begegnet, und ich habe ein Gefühl der Angst. Was ich da erlebe, könnte eigentlich in Verbindung mit meiner Kindheit stehen, und indem ich es ablehne, halte ich es...

P'taah: Laß deinen Kopf aus dem Spiegel, Geliebte. Du weißt es doch genau. Du hast das seit Monaten hinter dir. Welche Ängste du auch immer aus deiner Kindheit mitbringst, du wirst sie dir wieder und wieder neu erschaffen, bis du sie ausgeglichen hast, *bis du die Angst in Liebe transmutiert hast.* Es spielt keine Rolle, was geschieht, es spielt keine Rolle, ob deine Gedanken zurück oder vorwärts wandern oder in diese oder jene Richtung gehen. Du kreierst dir eine Situation, damit du das Gefühl fühlen kannst. Und wenn es ein Angstgefühl ist, dann kannst du diese Angst in Liebe transmutieren und somit deine Realität verändern.

F: Das geschieht auch so – bis zu einem gewissen Grad.

P'taah: Aber sicher, Geliebte.

Wir werden noch eine Frage beantworten, und dann ist es genug für heute.

F: (F) P'taah, ich möchte nur etwas bestätigt wissen: Was du uns erklärst, liegt manchmal etwas jenseits unseres intellektuellen Verstandes. Wenn wir dann unser erweitertes Bewußtsein bitten, das zu erfahren – wenn wir bewußt darum bitten, werden wir es dann erfahren...?

P'taah: Aber natürlich wirst du das, Geliebte, und ich will dir folgendes sagen: Du wirst es erfahren, ob du nun darum bittest oder *nicht.* Wie auch immer, du kannst auch darum bitten, daß es nicht auf so traumatische Weise auf dich zukommt. Du brauchst keine großen Dramen, um zu lernen, nicht wahr?! Du kannst dir dein Lernen mit Lachen kreieren. *(P'taah streichelt sanft über die Haare der Fragerin und küßt sie liebevoll auf die Stirn.)*

So, ihr geliebten Juwelen, hm. *(P'taah wird auf einen Zuhörer aufmerksam, dem etwas schwer auf dem Herzen liegt):* Geliebter, du kannst mit uns in diesen Tagen sprechen, wann immer du willst. *(Dann wendet er sich einer Dame zu):* Du auch, Geliebte.

F: Ich danke Dir.

P'taah: Du brauchst mir nicht zu danken – es ist *mir* eine Ehre, hm?

F: (F) Hast du all die Gefühle, die wir auch haben? Wie zum Beispiel Ungeduld oder vielleicht Ärger, oder so was Ähnliches, weil wir so langsam sind?

P'taah: Scheint es so, als hätte ich das, Geliebte? *(Die Zuhörer schmunzeln.)*

F: Nein.

P'taah: Wirkt es so, als wäre ich furchtbar ungeduldig und ärgerlich mit euch allen? Was meint dein Herz dazu?

F: Es sagt nein. Doch manchmal komme ich mir dumm vor zu fragen. Für einen Menschen wäre das frustrierend, weil die Frage bereits gestellt wurde.

P'taah: Liebste, du darfst *alles* fragen, wann immer du willst. Und ich möchte das zu allen sagen: Es gibt keine Frage, die ihr stellen könntet, die wir für zu trivial halten würden und die keine Antwort verdient hätte. Schaut, wir halten euch nicht für dumm, nur weil ihr nicht alles wißt. Wir halten euch nicht für ungezogene Schulkinder, nur weil ihr die Lektion noch nicht gelernt habt. Ehrlich, mit all dem stillen wir den Hunger eures Intellekts. Und *wir werden alles tun, damit ihr den Gott, der ihr seid, erkennt.* Das tun wir, weil wir euch lieben. Wenn ihr aufhört, euch selbst zu verurteilen, werdet ihr wahrhaftig verstehen, *wie* wir euch lieben. *(P'taah fügt mit größter Zärtlichkeit hinzu – berührt damit alle Herzen):* Ich wünsche mir für euch alle, daß ihr euch selbst so liebt, wie ich euch liebe.

(Zu den Gastgebern): Unser Dank, ihr Lieben.

So, ihr Lieben, wir wünschen euch einen schönen, guten Abend und freuen uns schon, euch die nächste Woche wieder begrüßen zu können. Geht in Liebe, in Licht und mit Spaß. *Seid* ihr selbst in jedem Moment. Glückliche Reise, ihr Lieben. Guten Abend.

F: Guten Abend.

Achte Übermittlung
16. Oktober 1991

P'taah: Guten Abend, ihr Lieben

F: Guten Abend, P'taah.

P'taah: So, seid ihr hier mit lebendigen Herzen, der Computer aufgestartet, hm? *(Wendet sich an einen neuen Teilnehmer):* Willkommen, Lieber. Wie geht es dir? Gefällt es dir?

F: Sehr.

P'taah: *(Wendet sich nun an ein Paar, das hier in den Ferien weilt):* Und wie geht es euch Ferienmachern? Ist es abenteuerlich?

F: Ja.

P'taah: Aber sicher. *(Dreht sich zu einem Mann, der eine weite Reise gemacht hat, um hier teilzunehmen):* Du bist eingeschlafen, Geliebter, hm?

F: Ja.

P'taah: Nun, das ist in Ordnung. Schau, wenn du schläfst, sind dir deine Gedanken nicht im Wege. So nimmst du das Wissen ohne das Hindernis des Intellekts auf. Wie auch immer, Geliebter, das, was du gerne hervorbringen möchtest, nämlich bewußte Kommunikation – wenn dein Körper nicht Zeuge ist – kann durchaus so geschehen. Du weißt, wenn du irgend etwas in deinem Leben manifestieren möchtest, und wenn du intellektuell weißt, daß dir die nötige Kraft innewohnt, dann sagst du: «Gut, jetzt wollen wir das einmal testen.» Und dann wünschst du es. Doch in dem Moment, wo du den geringsten Zweifel hegst, hast du die ganze Arbeit zunichte gemacht. *«Wissen»* enthält keinerlei Zweifel. Da wo Zweifel sind, ist kein *Wissen* – denk darüber nach.

Laßt uns jetzt über eure Körper sprechen und über Gesundheit. Seht, wenn ihr in diesem Raum sitzt, mit vor Aufregung klopfenden Herzen, dann schwingt jede Zelle mit dieser Erregung mit.

Jede Zelle besitzt ihr eigenes Bewußtsein, ihre eigenständige Integrität, ihren eigenen freudigen und kreativen Antrieb. Krankheit ist in diesem Sinne nicht etwas, was einem zuläuft wie ein streunender Hund. *Die Krankheiten des Körpers sind tatsächlich ein Spiegelbild der Krankheiten in euren Herzen.* Wenn man das nun intellektuell weiß, und der Körper funktioniert dennoch nicht richtig in seiner ganzen Harmonie, und wenn ihr dann sagt: «Ich weiß doch wirklich, daß eine Krankheit des Körpers eine Krankheit des Herzens ist», dann bemerkt doch bitte, wie fasziniert ihr von Krankheiten seid. Wir bitten euch, spürt einmal die Faszination, mit der ihr eure Körper betrachtet. Immer, immer wünscht ihr, daß sie besser wären. Was ist das also, ihr Lieben? Der Wunsch, daß der Körper besser funktionieren würde, besser aussähe, dicker oder dünner wäre, nicht so alt erschiene, sich in besserer Form befände. Und so, wie ihr ihn verurteilt, so kreiert ihr wirklich genau das, was ihr gerne loswerden möchtet. Nun, wir sprechen sehr oft über euer intellektuelles Wissen und das, was die innere Gewißheit ist. Euer Körper weiß, wer ihr seid, er ist ein Spiegelbild dessen, was ihr seid. Und was ihr abwertet, ihr Lieben, das ermächtigt ihr ganz bestimmt. Das, was euch fasziniert, das zieht ihr an. Wißt ihr, daß ihr von Körpern, die nicht harmonisch funktionieren, ganz fasziniert seid? Ihr investiert viel in Krankheiten, so, wie ihr auch viel in Schmerz investiert. Wir meinen hier emotionellen Schmerz. Das tut ihr auch dann, wenn ihr euch gegen Krankheiten schützt, weil ihr daran glaubt, daß ihr nicht in einem sicheren Universum lebt, daß ihr euch anstecken könntet, und daß dies dann euer Leben beenden könnte. Doch seht, ihr Lieben, eure Leben sind endlich, oder nicht? Im Sinne einer physischen Verkörperung jedenfalls tragt ihr euren Körper nicht während Hunderten von Jahren mit euch herum. Darum müßt ihr wirklich die Faszination erkennen, die ihr gegenüber den Teilen von euch empfindet, die nicht so funktionieren, wie ihr glaubt, daß sie es sollten. Ihr kommt vielleicht zur weisen Erkenntnis, wie es überhaupt angefangen hat, woran ihr geglaubt habt und welcher gefühlsmäßige Zustand die Krankheit kreiert hat. Wenn sie dann immer noch andauert, kann es nützlich sein, wenn ihr bedenkt, wie fasziniert ihr davon seid.

Die Medizin, eure Pillen und Arzneien, haben natürlich ihre Gültigkeit. Sie helfen nur, weil ihr glaubt, daß sie es tun. Eure speziellen Diäten helfen nur, weil ihr glaubt, daß sie es tun. Und diejenigen, die ihr Ärzte nennt, fördern sicherlich diesen Glauben an Krankheiten. Wir wollen damit nicht sagen: Geht nicht zum Arzt. Es ist schon sinnvoll, daß ihr geht, denn in der morphogenetischen Resonanz der Menschheit steckt der Glaube, daß ein Doktor euch besser fühlen läßt. Darum muß man natürlich zu ihm gehen, wenn man das wünscht. Doch es würde euch gut anstehen, die innere Geschichte anzusehen. Und die innere Geschichte seid *ihr selbst* – immer, immer. Alles, ihr Lieben, wirklich *alles* fällt auf euch zurück. Denn jeder einzelne ist die zentrale Sonne seines Universums. Jeder einzelne ist ein souveränes Wesen und kann frei bestimmen, *wenn er das möchte*. Erkennt, wie fasziniert ihr von euren Körpern seid, ihr Lieben. Schaut, wie oft eure Körper spontane Freude ausdrücken. Schaut auch, wie oft ihr diesen Ausdruck spontaner Freude eures Körpers unterdrückt. Die obligatorischen Turnübungen, das obligatorische Überspannen und Stressen des Körpers, um ihn zu stärken, bringt euch allen nicht viele Vorteile. Wenn ihr jedoch diese Turnübungen, wie die auch immer aussehen mögen, mit Freude macht, dann sind sie auch wundervoll. Euer Körper ist ein Ausdruck des Göttlichen. Wie er auch aussieht, ihr Lieben, er ist tatsächlich wundervoll. Wenn ihr wünscht, euren Körper zu verändern, so könnt ihr das tun. Doch es ist wie bei jedem anderen Aspekt eures Seins: Ihr könnt ihn *nur* verändern, indem ihr ihn annehmt, *nicht* indem ihr ihn ablehnt oder euch für ihn schämt.

Nun denn, haben wir Fragen?

F: (M) Du sagtest, wir würden viel in kranke Körper investieren. Woher kommt das, und wie geht das?

P'taah: Nun, da gibt es so viele Szenarios, Geliebter, wie es Leute gibt. Wir wollen eine Hypothese aufstellen: Einige Leute halten tatsächlich an ihrer Krankheit fest, weil sie Angst davor haben, sich in der sogenannten normalen Welt zurechtzufinden. Eine andere Person mag an der Krankheit festhalten, weil sie sich so die liebevolle Zuwendung verschafft, der sie auf andere Weise, so denkt sie jedenfalls, nicht wert wäre. Beantwortet das deine Frage? Es gibt viele Szenarios, Lieber, ich bin sicher, du kannst dir selbst auch einige ausdenken.

F: (M) Ich arbeite mit Leuten, die sich großen körperlichen Herausforderungen stellen müssen. Ich sehe, daß ich meinerseits vielleicht von ihren Behinderungen fasziniert bin. Und doch scheinen viele von ihnen besser ihren «Mann» zu stehen als die meisten Nicht-Behinderten.

P'taah: Nun, Geliebter, das ist natürlich etwas anderes mit Menschen, die mit einer Behinderung geboren wurden. Es handelt sich bestimmt um große Lektionen, die man lernen muß. Es ist auch eine Co-Kreation.

Jetzt sprechen wir über diejenigen Lieben, mit denen du viel Zeit verbringst, jene, die eine Mißbildung des Hirns haben. Laßt uns erst einmal ganz klar sein: Die sogenannten Krankheiten haben absolut ihre Gültigkeit. Wir sprechen darüber, wie ihr eure Körper verurteilt, weil sie nicht hundertprozentig funktionieren. Jene Leute, die in dieser Inkarnation für sich selbst scheinbar unmögliche Behinderungen geschaffen haben, jene, die mit diesen körperlichen Behinderungen geboren werden, *haben das so ausgesucht.* Diese Lektionen wurden auch von den Menschen mitkreiert, die mit ihnen in Kontakt stehen. Seht, ihr Lieben, ihr vergeßt oft, daß dieses Leben nur ein Teilstück, eine Erfahrung unter Tausenden ist. Jedesmal, wenn ihr eine physische Form annehmt – mit diesen kreativen Ausdrucksmöglichkeiten der dritten Dichte – tut ihr dies wegen neuen Erfahrungen. Wie denkt ihr, ist es für die Leute, deren körperliche Form völlig funktionsunfähig ist, die umhergetragen werden müssen und deren Gesundheit ständig überwacht werden muß? Es gibt viele Leute, die denken, daß diese Körper ausgelöscht werden sollten. «Wozu nützen sie denn?» Mein Lieber, ich will dich damit nicht verletzen, denn du weißt, daß es so ist, und wir wissen, wie es dein Herz schwermacht.

(Der Mann beginnt zu weinen. Er wird vom Mitgefühl für die soeben angesprochenen Menschen, für die er sorgt, überwältigt.)

Was wir sagen wollen, ist folgendes: In diesen Körpern, so hilflos und unfähig sie sind, wohnt die Seele wegen der Erfahrung und wegen der großen Erfahrung der Leute, die mit ihnen in Kontakt kommen. Ihr Lieben, jede Kreatur, jeder Mensch, jede Pflanze und jede Blume, jeder Vogel, jedes Ding auf diesem wunderschönen Planeten ist wahrhaftig heilig, denn alles, alles ist ein Ausdruck des Göttlichen. Seht – wir sprechen zu euch, meinen aber eigentlich die gesamte Menschheit –, weil ihr Gott, der ihr seid, nicht wirklich erkennt, weil es euch oft schwerfällt, die Gottheit *in allen* Dingen zu erkennen. Weil ihr das, was ihr seid, nicht wirklich liebt, ehrt ihr es auch nicht wahrhaftig. Es fällt euch oft schwer, allen Dingen auf eurem Planeten, sogar dem Planeten selbst, mit Liebe und Ehrerbietung zu begegnen. Doch wenn ihr aufblüht und die Erkenntnis erlangt, daß ihr Gott seid, wird die vibrierende Frequenz eures Seins ausstrahlen und alle Dinge berühren. Auf diese Weise bewirkt ihr auch die Veränderung. In diesem Sinne schreitet die Menschheit voran und bereitet den Weg für die kommenden Änderungen. Seht ihr, es ist so einfach – liebt, was ihr seid. *Ihr müßt gar nichts tun.* Ihr müßt euren Körper nicht verurteilen, müßt von Mißfunktionen nicht fasziniert sein. Seid aber fasziniert von einem momentanen Ausdruck der Freude. Das ist alles. *Sein*, in eurer eigenen Gottheit. – Fragen?

F: (F) Ich habe mich im Annehmen, Urteilen ausgleichen und dem Gefühle fühlen geübt. Wenn man damit die Energie gelöst hat und sie aufsteigen kann, hat man dann auch die Krankheit überwunden, die entstanden ist, weil man zu Anfang das Gefühl nicht gelebt hat?

P'taah: Aber natürlich, Geliebte. Das ist das Wunder der Transmutation.

F: Also funktioniert das alles so.

P'taah: Es funktioniert so, Geliebte. Das, was wir sind, funktioniert ausgezeichnet. Welche Überraschung, hm? Du hast es erfaßt, hm? Aber natürlich funktioniert das. Wie könnte es nicht, wenn das Herz offen ist, Geliebte, wenn jede Zelle deines Körpers freudig mitschwingt?

F: Das ist wundervoll.

P'taah: In der Tat. So sollte es sein, sonst würden wir dir eine schlechte Note geben.

F: Es stellt sich die ultimative Frage: Warum das alles? Warum braucht es überhaupt irgend etwas am Anfang?

P'taah: Jedesmal, wenn du eine Frage stellst, beruht sie auf der Grundfrage: Wie nehme ich Gott wahr? Das, was du bist, ist eine Definition Gottes.

F: Ich glaube, weil wir es gesamthaft nicht erfassen können, daß da etwas Größeres ist.

P'taah: Das ist O.K. Es muß ja etwas geben, sonst wärst du nicht hier, hm?

F: Das ist wahr.

P'taah: Genau. Wir können dich da nicht austricksen. In dieser Logik steckt kein Fehler. Kein Fehler im Intellekt, hm? Doch schau, ehrlich, diese ganze Übung, genannt «das Leben, das Universum und alles», ist keine Übung in Logik, es ist eine Übung des Herzens.

F: Der Gefühle.

P'taah: Aber sicher, Geliebter. Es geht um Gefühle. Und wenn du dir ehrlich erlaubst zu fühlen, ohne zu verurteilen, wirst du Gott erkennen. Denn in diesem Augenblick spürst du keine Trennung. Dann verstehst du auch, daß die Antwort nichts mit Logik zu tun hat, sondern mit deinem Herzen.

F: Darüber muß ich nachdenken.

P'taah: Genau. Es ist wundervoll, daß du hier bist und die Fragen äußerst, die du mit deinem Herzen beantworten kannst. Und das wirst du auch, Geliebter, das wirst du auch. Wir denken, daß es äußerst klug von dir war, dich hierher zu bemühen. Das nennt man eine große Kreation.

F: (M) Letztes Mal wurde gesagt, daß nichts zu trivial wäre, gefragt...

P'taah: Genau. Hast du eine gute triviale Frage?

F: Ja. Gerade bevor ich gehen wollte, sah ich eine Kakerlake auf dem Rücken liegen.

(Gelächter.)

P'taah: Hast du sie vergiftet? Hat sie deshalb auf dem Rücken gelegen?

F: Ich habe etwas Gift ausgelegt. Was soll ich, wie mache ich...?

P'taah: Hättest du ihr auf den Kopf treten sollen, um sie aus ihrem Elend zu erlösen?

F: Ich habe sie mit dem Gefühl liegen lassen, daß ich kein Recht habe, ihre Zukunft zu bestimmen. Aber dann, wenn ich Gift auslege, habe ich über ihre Zukunft bereits eine Entscheidung getroffen.

P'taah: Genau, du hast deine Frage beantwortet, hm? Du weißt, wenn du zu dem, was man Kakerlake nennt, ein ausgeglichenes Verhältnis hättest, könntest du sie bitten zu gehen, und sie würde gehen.

F: Darum habe ich sie bereits gebeten. Ich habe den Kakerlaken im Haus gesagt, daß ich an ihnen keine Freude habe.

(Verständnisvolles Lachen bei den Zuhörern.)

P'taah: Sind sie gegangen? Nicht mal für einen Augenblick? *(Mehr Lachen.)* Du mußt dich klarer ausdrücken, Geliebter.

F: Vielleicht bin ich zu unklar. Sollte ich mich nicht sogar an ihnen erfreuen und sie bitten zu bleiben?

P'taah: Du kannst immer wählen. Doch schau, je mehr es dich fasziniert, daß die Kakerlaken zu dir kommen, um so mehr werden sie kommen. Es ist gestattet, wegen ihnen Gift auszulegen. Aber es ist wirklich nicht die beste Lösung. Das ist kein Werturteil, Geliebter. Wenn du jemandem, der dieser Verrücktheit «New Age» fernsteht, erzählst, daß du die Kakerlaken nicht vergiftest, daß du sie bloß bittest zu gehen, dann wäre es durchaus möglich, daß sie dich in einer solchen Jacke ohne Ärmel wegführten. Doch schau, welche Kreaturen auch immer deinen Garten aufessen, dein Heim bevölkern, dein Essen verzehren und dich um deinen Verstand bringen – du mußt nicht auf eine sogenannte Vernichtung bedacht sein. Du kannst deine ungebetenen Gäste tatsächlich mit allem Respekt und aller Achtung bitten zu gehen. Manchmal ist es wie mit deinen eigenen Gästen, wenn sie nicht gehen wollen. Doch wenn du dich unmißverständlich ausdrückst, werden sie dich verlassen.

F: Das ist ein ziemlicher Teufelskreis. Denn wenn ich wünsche, daß sie gehen mögen, verurteile ich sie als nicht erwünscht.

P'taah: Verwechsle Verurteilen nicht mit Unterscheiden. Wenn du sagst, du würdest es vorziehen, wenn sie nicht hier wären, heißt das nicht, daß du sie als schlecht oder falsch verurteilst. Das ist eine Frage des Geschmacks, nicht des Urteils. Da wurde viel durcheinandergebracht. Es gibt Leute, die denken, daß sie falsch handeln, weil sie verurteilen. Sie können keinen Gedanken haben, ohne zu glauben, daß sie am Verurteilen sind. Wir reden aber nicht von Wischi-Waschi-Dummheit, ihr Lieben, wir reden von Scharfsinn. Was wünscht ihr euch, was wünscht ihr für euren Planeten? Nicht verurteilend, aber sicherlich mit Achtung und Respekt, mit Liebe und natürlich auch mit Weisheit. Das stimmt immer, mit Weisheit. Verstehst du?

F: Ja.

F: (F) P'taah, ich habe heute erfahren, daß während meiner Abwesenheit in mein Haus eingebrochen wurde. Weil ich nicht dort bin, kann ich nicht sagen, ob mir etwas gestohlen worden ist, aber ich frage mich jetzt – was soll ich daraus lernen? Das ist mir bisher noch nie passiert. Ich frage mich nur, ob ich bei anderen eingedrungen bin, weil dies bei mir geschehen ist.

P'taah: Es ist nicht so, daß du bei anderen eindringst, Geliebte. Und du bist nicht allein beteiligt.

F: Es schaut jemand nach dem Haus. Ich weiß nicht, ob sie Angst hat dafür verantwortlich zu sein.

P'taah: Dem ist so. Nun, das ist auch für dich eine Lehre, um darüber nachzudenken, daß doch immer der Gedanke in deinem Kopf steckt, jemand könnte in dein Haus kommen, und du solltest es irgendwie schützen, oder nicht?

F: Nicht so sehr. Ich habe keine starken Türen. Oft gehe ich sogar aus und lasse die Hintertüre offen.

P'taah: Hm? Was tust du dann, damit trotz der offenen Türen niemand einbricht?

F: Ich mache ein Reiki-Zeichen[12] über meinem Haus. Das habe ich dieses Mal nicht getan, bevor ich ging.

P'taah: Wie außergewöhnlich, Geliebte. Hm?

F: Dann meinst du also, daß ich besser auf einen solchen Versuch zu schützen verzichte, nur darauf vertraue, daß...

P'taah: Meine Liebe. Wir sagen nicht, daß du irgend etwas sollst oder nicht sollst. Wir raten nur: Erkenne, *warum* du Dinge tust und was du von ihnen glaubst. Welcher Glaube liegt deinen Aktionen zugrunde, hm?

Nun werden wir eine Pause machen, damit ihr eure Körper erfrischen könnt. Ihr könnt euch für nachher wunderbare, verzwickte Fragen ausdenken.

(P'taah kommt nach der Pause zurück.)

P'taah: Euer Körper, ihr Lieben, dieser Ausdruck eures Wesens ist sehr empfänglich für die kindliche Spontaneität und Freude, wenn ihr von einem Moment zum nächsten existiert. Was und wer ihr jetzt seid, sind Menschen, die in Schmerz leben, die sich nach Liebe sehnen und sich Ganzheit wünschen. Nun, wenn ihr in euch wahrhaftig ganz seid, wenn ihr also wirkliche Liebe für das, was ihr seid, erfahrt, dann erkennt ihr auch, daß es kein getrenntes Sein gibt. Dann wird auch alles andere folgen. Aber immer, immer ist es darauf zurückzuführen, daß ihr liebt, was ihr seid, es akzeptiert, es anerkennt. Ihr seid mit göttlichem Recht hier. Eine gute Gesundheit, ein Leben in Fülle, in Freude, in Liebe – es steht euch nach *göttlichem Recht* zu. Das habt ihr *alles* verdient. Warum? Weil ihr tatsächlich göttlich seid. Es gibt nichts im ganzen Universum, was ihr nicht haben dürft. Da gibt es jedoch ein Aber, und das Aber heißt: *Damit ihr alle diese wundervollen Dinge erhaltet, die ihr euch wünscht, müßt ihr wissen, wer ihr seid und jede Facette davon lieben.* Habt ihr bemerkt, daß ein sogenannter «roter Faden» durch all diese großartigen Reden führt? *(Lachen.)* Vibrierende gute Gesundheit ist euer Recht, wenn ihr glaubt, daß

12 Reiki, Schutzzeichen oder andere Zeichen, die ihren Ursprung im Buddhismus haben und über einen Japaner in den Westen gelangten. Reiki kann vom Charakter her mit der schamanistischen Medizin der Indianer verglichen werden.

es das ist. Das, was nicht vibrierende gute Gesundheit ist, hat ebenfalls seine Gültigkeit und ist ein göttlicher Aspekt dessen, was ihr seid. Wie alles andere auch. Fragen?

F: (F) P'taah, zurück zur Diskussion, die wir vorhin wegen der Kakerlaken hatten: Da gibt es Insekten, die dein Blut saugen, dich beißen und dich vergiften. Da gibt es Pflanzen, die stechen, nach dir greifen und schneiden. Was hat das mit Unterscheidungsfähigkeit zu tun? Und dann gibt es noch die March-flies.[13] *(Diese Bemerkung löst ein verständnisvolles Lachen aus.)* All das andere Zeugs macht mir nicht wirklich etwas aus, aber die March-flies machen mir zu schaffen.

P'taah: Wie auch unserer Frau. *(Lachen)* Nun, Geliebte. Besser, du liebst sie.

F: Würde es etwas nützen, wenn ich ihnen einen Brief schreibe?

(Brüllendes Lachen, weil Jani King genau das mit einer Ratte tat, die in ihrem Haus lebte – und die Ratte räumte das Haus.)

P'taah: *(Humorvoll)* Nun, es hat mit der Ratte funktioniert, warum sollte es nicht mit den *march-flies* gelingen? Man kann auch folgendes in Betracht ziehen. Geliebte, sie können ja auf deinem Körper sitzen, und du ignorierst die Wirkung eines Bisses. Das ist das gleiche wie vorher mit dem Rattengift, nicht wahr? Wenn ihr glaubt, daß euch irgend etwas beißen wird, verletzen, zerkratzen oder vergiften, dann wird das auch geschehen. Das ist kein Zufall. Da gibt es Leute, die sagen: «Nun, was ist, wenn man gar nicht weiß, daß etwas giftig ist oder daß es beißt etc.» Nun damit verhält es sich wie mit allem anderen. Das ist eine noch zu lernende Lektion. Dazu kommen Lektionen über deine Haltung und Glaubensvorstellung gegenüber Tieren, Pflanzen und so weiter, Lektionen über die Reaktionen des Körpers und seinem emotionalen Zustand, nicht wahr? Wie alles andere – alles ist multidimensional, hm? Auf einer Ebene sind alle Antworten ganz einfach. Aber auch das geht immer weiter und weiter wie alles andere, hm?

13 *March-fly:* eine zu bestimmter Jahreszeit vorkommende Fliege, die sticht. Kommt vor allem in bestimmten Gebieten von North Queensland vor.

(P'taah geht zu einer Dame hin und küßt sie auf die Augenbraue.)

P'taah: Geliebte, du brauchst dir keine Sorgen zu machen, daß du von dem, was ich bin, abhängig wirst. Wenn wir merken, daß du abhängig wirst, werden wir dich wegschicken. Ist das ein guter Vorschlag?

F: Ein sehr guter Vorschlag.

P'taah: Und verurteile nicht, wie du deine Lektionen lernst. Verurteile nicht, was du kreierst. Segne alles, was du erschaffen hast, hm? Ich bin ein fürchterlicher Lauscher. Doch wie auch immer, Liebe, normalerweise warte ich, bis ich eingeladen werde.

F: Das wurdest du.

P'taah: Das weiß ich doch. Hin und wieder schneie ich herein, wenn ich nicht eingeladen bin, und manchmal bittet man mich zu gehen. *(Die Zuhörer lachen leise, wissend, daß P'taah sich auf Jani King bezieht.)* Hm? Tatsächlich.

(Noch einmal der Mann, der sich speziell wegen der Kakerlaken sorgt):

F: P'taah, auf die Gefahr hin, daß es abgedroschen wirkt: Wenn ich weiß, wer ich wirklich bin, mich selbst liebe und dann die Kakerlaken bitte zu gehen, gehen sie dann?

P'taah: In der Tat.

F: Wenn ich nicht weiß, wer ich wirklich bin, mich selbst nicht liebe und dann die Kakerlaken bitte zu gehen, gehen sie dann nicht?

P'taah: Du mußt dazu nicht unbedingt absolut ausgeglichen sein. Aber du mußt dir natürlich gewiß sein, daß sie, wenn du sie bittest zu gehen, es auch tun.

F: O.K., da scheint aber noch etwas dahinter zu sein. Ich glaube, wenn ich die Kakerlaken bitte zu gehen, daß sie dann gehen. Ich glaube das, aber es gelingt doch nicht. Da ist irgend ein Faktor, der fehlt. Muß ich erst lernen, mich selbst zu lieben, und dann geschehen all diese Dinge.

P'taah: Lieber, wenn du liebst, wer du bist, dann wirst du auch die Kakerlaken lieben.

F: Und von diesem Standpunkt aus kann man sie dann auch bitten zu gehen, und dann gehen sie?

P'taah: Nun, du kannst damit auch wundervoll experimentieren: Du führst dein Bewußtsein in das Bewußtsein der Kakerlake. Es ist wie mit den Pflanzen und Bäumen in eurem Garten. Wenn du eins wirst mit dem Bewußtsein, wenn du dich verbindest mit dem Geist der Flora und der Fauna, und wenn du die Pflanzen segnest und ermutigst, dann werden sie gedeihen. Und wenn du die Kakerlake segnest und ihr sagst, daß du nicht den Wunsch hast, deine Wohnung mit ihr zu teilen, dann wird sie gehen.

F: Das muß also nicht nur vom Kopf kommen. Das muß man auch fühlen?

P'taah: Genau, Geliebter. So kreierst du die Wirklichkeit.

F: Dann muß ich das also von meinem Kopf in mein Herz bringen.

P'taah: Genau.

F: Nun, mir scheint, damit habe ich ein großes Problem.

P'taah: *(humorvoll)* Nein. *(Lachen)*

F: Doch. Irgendwelche Hinweise dazu, bitte?

P'taah: Lieber, wir haben dir dazu schon seit geraumer Zeit Hinweise gegeben.

F: In der Tat.

P'taah: Lieber, wir kommen immer, immer auf das gleiche zurück, hm? – Ich liebe dich. – Du mußt *nichts* tun. Du hast hier eine wundervolle Übung im *Sein,* und es ist wundervoll, daß du im Hause bist. Und in diesem Sinne, wie wir dir schon gesagt haben, sei lieb mit dem, was du bist. Erlaube dir zu sein. Und du weißt, wenn du das tust, dann blühst du auf. Ist es nicht so?

F: Ja, und das ist schwieriger, als es sich anhört.

P'taah: NEIN. *(Lachen.)*

F: Doch.

P'taah: Du erstaunst mich. Alle anderen haben's beim ersten Mal begriffen. *(Brüllendes Gelächter. P'taah fügt ganz freundlich hinzu):* Wir haben es dir gesagt: Es ist alles in die Wege geleitet. Du bist hier, um eine großartige Entdeckung zu machen. So sei es. Beantwortet das deine Frage betreffend der Kakerlaken, Geliebter? Sehr gut.

F: (F) Ich sehe zwei Seiten in mir. Die eine ist von den Krankheitsmustern ganz fasziniert. Sei das nun bei mir oder bei anderen. Die andere Seite von mir ist von Herzen froh, wenn ich fühle oder sehe, wie ich oder andere den Druck oder die einengenden Muster auflösen. Das fasziniert mich, und ich frage mich, welche von beiden die richtige Haltung ist?

P'taah: Das nennt man einen Widerspruch, nicht wahr? Wenn deine Faszination betreffend Ganzheit mehr und mehr wächst, so wirst du Ganzheit mehr und mehr in dir widerspiegeln und auch mehr und mehr nach außen ausstrahlen. Verstehst du? Gesundheit ist keine Sache des Willens. Es ist ein Seinszustand, eine Sache des Herzens. Und schau, es ist in Ordnung, fasziniert zu sein, was das Heilen betrifft. Und es macht sicherlich auch große Freude, damit fortzufahren, eine Heilung in diesem Sinne zu erleichtern. Wir meinen auch nicht, daß du damit aufhören sollst. Du mußt dir selbst nur überlegen, welches Muster die Krankheit geschaffen hat.

F: *(Eine ganz junge Frau.)* P'taah, ich würde gerne wissen, wie man Angst auflöst. Muß ich mich dann in diese Situation bringen und die Angst fühlen. Würde das irgendwie helfen, oder ziehe ich damit nur an, was ich fürchte. Ich finde, daß...

P'taah: Was denkst du, Geliebte?

F: Ich denke, daß ich mich nicht wirklich in diese Situation bringen sollte.

P'taah: Welche Situation? Die Angst zu fühlen?

F: Die Angst zu fühlen, es aber nicht zu tun.

P'taah: Das Tun ist nur eine Folge des Fühlens.

F: Das heißt, ich kann es fühlen und auflösen, ohne daß ich es tun muß?

P'taah: Fühle und nimm das Gefühl an.

F: Annehmen?

P'taah: Du kannst keine Angst tun, du fühlst sie. Nun, laß es uns ganz klar ausdrücken. Du sprichst davon, vor einer Situation Angst zu haben.

F: Ja.

P'taah: Und du sagst: «Sollte man die Situation heraufbeschwören, um die Angst zu fühlen?»

F: Ja. Damit man die Angst auflösen kann.

P'taah: Also, wir wollen, daß dies hier ganz klar ist: Du kannst keine Angst *tun*. Angst fühlst du. Es ist nicht nötig, daß du die Situation kreierst. Wenn du, ohne zu verurteilen, die Angst annimmst und anerkennst, dann brauchst du die gefürchtete Situation nicht heraufzubeschwören, um die Angst zu transmutieren. Eigentlich könnte man sagen, daß dies für euch ein sehr harmonischer Weg ist. Ihr müßt nicht notwendigerweise all die Dramen in der physischen Wirklichkeit erschaffen. Ihr könnt das Gefühl davon annehmen und so die Angst in Liebe verwandeln. Nicht indem ihr irgend etwas *tut*, sondern nur, indem ihr dem Gefühl erlaubt zu sein, ohne Werturteil, indem ihr es annehmt und anerkennt. Mit dem Wissen, daß in dieser Angst eine Perle steckt.

F: (F) Nur zur Bestätigung. Wenn ich vor etwas Angst habe, und ich habe das Gefühl, daß ich keine Angst haben sollte, dann unterdrücke ich die Angst.

P'taah: Genau.

F: Wenn ich also vor etwas Angst habe, dann muß ich erst anerkennen, daß es in Ordnung ist, Angst zu haben. Wir haben diese Vorstellung, daß wir keine Angst haben sollten.

P'taah: Genau. Aber du mußt das Gefühl der Angst spüren.

F: Also haben wir eigentlich etwas angezogen, damit wir die Angst annehmen und nicht, damit wir sie abweisen.

P'taah: Geliebte, es gibt in eurem Universum nur zwei Ausdrucksformen: Liebe und Angst. Beide haben ihre Gültigkeit.

F: Wir müssen beide annehmen.

P'taah: Genau.

F: (M) Sagen wir einmal, wir haben Angst vor Schlangen. Sollte ich mir dann vorstellen, daß ich Schlangen liebe? Du sagst zwar: «Wir wollen uns klar ausdrücken», doch vielleicht will ich es nicht hören, oder so... Kannst du meinem Herzen einen Hinweis geben?

P'taah: Sehr gut.

F: Laß es uns anhand der Schlangen erläutern, zum Beispiel.

P'taah: Genau. Du hast also Angst vor Schlangen. Wir sprechen wieder hypothetisch. Reden wir über etwas, was für dich auch wirklich störend wäre. Wir könnten uns, sagen wir mal, einen pathologischen Terror vorstellen – machen wir es richtig dramatisch. Hier haben wir jetzt einen intellektuellen Zugang. Du sagst: «Ich habe eine pathologische Angst vor Schlangen.» Und dann machst du all deine Therapien, um den Grund dafür zu erkennen. Und die Leute machen das auch so mit ihren Ängsten, um welche es sich auch immer handelt. Das ist auch gut so. Das Warum herauszufinden – das ist Intellekt. Theoretisch könnte man sagen: Wenn du eine pathologische Angst vor Schlangen hast, dann wirst du – und nichts ist sicherer als das – genau das anziehen, was diese Angst zum Ausdruck bringt. Doch es muß nicht so sein. Natürlich muß man die Angst als einen gültigen Ausdruck verstehen. Du mußt einfach im Kopf behalten, daß du genau das ermächtigst und anziehst, was du abwertest. Verstehst du das? Also muß man sich diese Angst vor Schlangen vergegenwärtigen, sich das schlimmstmögliche Szenario vorstellen. Man könnte vielleicht sagen: Du liegst nachts im Bett, greifst nach deinem Buch, und zwischen den Seiten liegt eine Schlange. Wenn du dir jetzt diese Szene vorstellst, dann kreierst du in dir das Gefühl der Angst. Und dann transmutierst du die Angst in Ekstase. Und wie sind dafür die Regeln, Geliebter? Übernimm die Verantwortung – gleiche deine Werturteile aus. In diesem Fall zunächst das Urteil über dich selbst, weil du so schwach bist und dich vor Schlangen fürchtest, und das Werturteil, das du über Schlangen hast. Dann schraubst du deinen Kopf ab, nimmst ihn unter den Arm und fühlst das Gefühl.

F: Das Gefühl des schlimmstmöglichen Ausgangs?

P'taah: Genau.

F: Ich stelle mir vor, was passiert, und schreie oder was...?

P'taah: Dann würdest du dem Gefühl Ausdruck verleihen. Das ist nicht einmal nötig. Es geht um das Fühlen, nicht um dessen Unterdrückung und nicht um dessen Ausdruck. Es ist der neutrale Platz dazwischen. Gefühle sind eigentlich eine neutrale Energie, nur die Werturteile machen sie zu etwas Gutem oder Schlechtem. Und wenn du dann das Gefühl ohne Werturteile fühlst, dann kann die Energie – eben das Gefühl – sich fortbewegen. Auf diese Weise brauchst du das Drama in der materiellen Realität nicht anzuziehen.

F: Am Gefühl festhalten, bis es zu Licht wird?

P'taah: Genau. Das nennt man «es ins Licht aufnehmen».

F: Also daran festhalten, bis man zum Zustand «Warum kümmert mich dieses Gefühl überhaupt» gelangt. Meinst du das?

P'taah: Hm, du wirst wissen, wann du damit aufhören mußt. *(Gelächter.)*

F: Ich werd's bestimmt versuchen.

P'taah: Ich will dir etwas sagen: Wenn du vor etwas Angst hast, dann kannst du dir auch eine sanfte Erfahrung wünschen. Natürlich nur, falls die Vorstellung allein den Zweck nicht erfüllen sollte. Aber du mußt nichts *tun*, du mußt nur *zulassen*. Darum geht es in eurer Welt: ZULASSEN. Das nennt man weibliche Energie. Das muß man nicht *tun*, denn das wäre männliche Energie, nämlich die, mit der die Menschheit seit eurer Geschichtsschreibung lebt. Die männliche Energie soll nicht schlechtgemacht werden. Es muß nur die weibliche Energie hervorgebracht werden, damit ein Gleichgewicht entsteht. Man könnte auch sagen, daß Intellekt und Gefühl einen positiv/negativen Zustand darstellen. Das ist nichts Schlechtes. Es ist nicht das eine falsch und das andere richtig; beides ist gleichwertig. Es ist eine neutrale Polarität, und nur die Werturteile stören das Gleichgewicht. Also muß man es zulassen, muß die Transmutation der Angst zulassen, die Angst an sich zulassen. Sie annehmen, nicht unterdrücken. Sie braucht nicht unbedingt ausgedrückt zu werden. Nur zulassen und sie ins Licht eures Wesens aufnehmen. Siehst du jetzt klarer?

F: Ich sehe, du kannst mir dafür nie ein klares Rezept geben. Das ist nicht wie Kuchenbacken. Da fehlt eine Erkenntnis. Man kann nicht nur der «physikalischen Anleitung» folgen. Es muß echtes Verstehen sein, und das muß wachsen.

P'taah: In der Tat, Geliebter. Schau, es gibt ein ganz einfaches Rezept: Wisse, wer du bist, und *wisse, du bist Gott.* Alles andere ist wirklich nur eine Folge davon. Denn wenn du tatsächlich liebst, was du bist, dann liebst du auch wirklich alle Dinge. *Wenn du weißt, daß du* GOTT, ICH BIN bist, *dann ist alles außerhalb von dir ein Spiegelbild dieser Göttlichkeit.*

F: Was macht man, wenn einem das Ego immer versucht zu zeigen, wie unperfekt man ist oder einen auf die schlechten Seiten hinweist?

P'taah: Aber, mein Lieber, du mußt wissen: jedes Teilstück deines Wesens ist ein Ausdruck des GOTTES, *der du bist. Jede, wirklich jede Facette dessen, was du bist, ist ein Ausdruck des Göttlichen.* Sonst würde es nicht *sein*, Geliebter. Es gibt kein richtig oder falsch. Es IST einfach.

F: Ich habe eine vorgefaßte Meinung von Perfektion. Da liegt das ganze Problem.

P'taah: Geliebter, du bist perfekt.

F: Auch mit meinen «was auch immer»? Damit bin ich genauso perfekt, wie Jesus war?

P'taah: Geliebter, du *bist* perfekt.

F: Mein Ego ist perfekt, alles ist perfekt?

P'taah: Schau, Lieber, es liegt an der menschlichen Definition von «perfekt». Wie wir schon gesagt haben, ist eure Definition ein fertiges Produkt: fertig und unverdorben. Doch schau, es gibt nichts im Universum, das fertig wäre. Andernfalls würde es nicht *sein*. Nicht einmal Gott.

F: Jetzt habe ich es absolut perfekt verstanden. Wie behalte ich das jetzt? Schreibe ich es mir auf die Augenlider, wenn ich es nicht sehe?

P'taah: Ich werde es dir auf die Augenlider tätowieren. Ehrlich, Geliebter, wir werden es dir ins Herz tätowieren. *(Und ganz sanft):* Es ist alles in Ordnung.

F: (F) Ich machte kürzlich die Erfahrung, daß meine Freunde mich ihrer Liebe versicherten und mir diese Liebe auch zeigten. Ich fand es schwieriger, Liebe anzunehmen als zu geben. Allerdings nicht so schlimm wie voriges Jahr. Es ist etwas anderes, offen zu sein, anzunehmen und zu akzeptieren, als zu geben.

P'taah: Nun, Geliebte, hier haben wir ein perfektes Beispiel für männliche/weibliche Energie. Verstehst du jetzt?

F: Ja, jetzt schon.

P'taah: Es kann sein, daß du so einen wundervollen Tanz in deinem Universum kreierst, um zum Verständnis zu gelangen, daß du *alles* bist, männlich *und* weiblich. Das Geben der Liebe ist das, was ihr männliche Energie nennen würdet, das Erhalten ist weibliche Energie. Den meisten von euch fällt es leichter zu geben als anzunehmen.

F: (M) P'taah, du beziehst dich manchmal auf uns als Lichtwesen.

P'taah: Das seid ihr auch. Ihr werdet immer heller und heller.

F: Ist da sonst noch was dran?

P'taah: Wieviel mehr möchtest du denn?

F: Ich weiß es nicht. Darum frage ich.

P'taah: Das nennt man eine multidimensionale Frage. Denn unter anderen dimensionalen Aspekten seid ihr sicherlich Lichtwesen. Wir möchten daran erinnern, daß wir nicht von einer höheren Stufe reden, wenn wir von «höherer Frequenz» sprechen. Wir meinen keine Hierarchie, wir meinen das technisch-wissenschaftlich, wenn ihr so wollt. Wenn das Universum und eure Welt in die vierte Dichte voranschreitet, in eine höhere Frequenz eintritt, dann wird die physikalische Dichte abnehmen. Das, was weniger dicht ist, also eine höhere Frequenz hat, wird immer heller und heller. So wird also mit dem Übergang der Erde in diese höhere Frequenz jedes Atom und Molekül eine geringere Dichte bekommen, und dadurch wird Licht im Innern erzeugt. Das gilt nicht nur für die Menschen, das gilt auch für die Flora und Fauna auf eurem gesamten Planeten. Wenn die Veränderungen mit dieser höheren Frequenz mitschwingen, wird alles leichter und leuchtender. Beantwortet das deine Frage, Geliebter?

F: Bis zu einem gewissen Grade, aber nicht ganz.

P'taah: Gut. Wir sprechen von euren multidimensionalen Aspekten, wenn wir sagen: «Ihr seid jetzt Lichtwesen.» Denn ihr seid alle Dinge auf einmal. Wie auch die Vergangenheit, die Gegenwart und die Zukunft in eurem Sinne nur in diesem Raum-Zeit-Kontinuum existieren und außerhalb davon alles zur selben

Zeit stattfindet, so ist es auch mit den Teilen des Selbst, die ihr Frequenzen nennen würdet. Sie befinden sich außerhalb des Raum-Zeit-Kontinuums, wie ihr es bezeichnet, aber auch, wenn ihr so wollt, in einer anderen Richtung. Ihr dehnt euch jedoch in alle Richtungen aus. Ihr seid alle Richtungen gleichzeitig, so wie ihr auch an allen Zeitebenen teilnehmt. Doch jetzt werden wir total technisch.

F: Ich liebe das.

P'taah: Hm. Ich weiß. Du bist also mit deiner Vergangenheit, deiner Gegenwart und deiner Zukunft beschäftigt. Du hast auch mit den Aspekten deiner multidimensionalen Frequenz zu tun, sowie mit leichteren und helleren Frequenzen. Du bist auch mit den sogenannten möglichen Wirklichkeiten, mit möglichen ‹Selbsts› hier und in anderen Raum-Zeit-Kontinuen beschäftigt. Das heißt, daß du sehr beschäftigt bist. Es heißt auch, daß du dich eigentlich nicht zu sehr um all die anderen Aspekte zu sorgen brauchst. Du mußt nur wissen, daß du *bist*. Und wenn du intellektuell deine Multidimensionalität verstehst, wirst du immer mehr zur Erkenntnis gelangen, daß du von nichts getrennt bist.

F: P'taah, scheinbar gibt es keine Trennung. O.K., mehr oder weniger kann ich diesen Gedanken auch verfolgen. Aber wie auch immer, in unserer Körperlichkeit, hier und jetzt in dieser dritten Dichte scheinen wir doch alle voneinander getrennt zu sein. Ich schaue all diese Freunde an, und wir sind voneinander getrennt. Dieses All-eins-sein zu verstehen, ist so schwierig.

P'taah: Geliebter, du bereitest dich eben für diesen Übergang vor, und du wirst Momente haben, in denen du dieses All-eins-sein wahrhaftig fühlen wirst.

F: Ich freue mich schon darauf.

P'taah: In der Tat, ich weiß, ich weiß. *(Ganz sanft):* So sei es.

F: (F) P'taah, im Anschluß an dieses Thema: Ich wachte einmal auf und erinnerte mich, woher ich komme. Ich hatte das Gefühl, daß ich mir bewußt war, gerade von einem Ort gekommen zu sein, wo es weder Raum noch Zeit gab. Ich kann es mit Worten gar nicht erklären. Ich hatte einfach dieses Gefühl, und ich kann mich daran erinnern.

P'taah: Das ist tatsächlich gültig, Geliebte. Denn die unfaßbare, große Weite, woher du kommst, befindet sich jenseits von Raum und Zeit, im Strudel, genannt ICH BIN, genannt GOTT. Und dahin kehrst du auch zurück. Und doch seid ihr natürlich alle bereits dort – das ist das Paradox.

F: (M) P'taah, ich möchte das noch etwas klarer: Energie ist also alles, was es gibt?

P'taah: In der Tat.

F: Alles ist also eine Umwandlung von Energie in eine bestimmte Frequenz.

P'taah: In jede mögliche Frequenz.

F: Sogar wir selbst?

P'taah: In der Tat.

F: Woher kommt dann die Identität und das Gefühl und überhaupt alles andere, was wir empfinden?

P'taah: Das ist einfach eine Energie, die ist. Zur Zeit unmeßbar und unermeßlich. Schau, Geliebter, es gibt viele, viele Formen von Energie, die euren Physikern noch gänzlich unbekannt sind. Man könnte sagen, daß Gott Energie ist. Alles ist Energie.

F: Meine Seele ist Energie?

P'taah: Ja, Geliebter.

F: Die Seele ist also das Gefäß für die Energie, und der Geist ist Energie.

P'taah: Genau.

F: Unterschiedliche Frequenzen?

P'taah: Alles ist Energie.

F: Was ist der Geist? Eine besondere Energie?

P'taah: In der Tat. Alles ist eine besondere Energie, denn alles kommt von Gott, dem ALLES, WAS IST, der Quelle. Darum gibt es in Wahrheit keine Trennung. Die gibt es nur, weil ihr für alles Namen braucht, weil ihr jedes Ding in seine eigene kleine Schachtel stecken wollt.

F: Das ist es also, worum es in der dritten Dichte überhaupt geht?

P'taah: Was soll das, Geliebter. Hast du eine Frage, oder machen wir eine Dissertation?

F: Wir machen eine Dissertation.

P'taah: Gut, dann mach mal.

F: Ich denke, es wäre vielleicht nützlicher, wenn ich etwas frage, worauf mir die Antwort besonders viel bedeutet. Es betrifft meine Träume. Ich bin dabei immer eingeschlossen und versuche aus dem Gefängnis herauszukommen.

P'taah: Wie außergewöhnlich, Geliebter. *(Glucksendes Lachen.)*

F: Und immer schaffe ich es nicht ganz. Ich erkenne einen gewissen Zusammenhang mit einem Gefühl des «Opfers», aber ich kann in meinem täglichen Leben nicht erkennen, wo der Ursprung dafür liegt. Es kann mit nichts anderem zu tun haben als mit der Trennung des Selbst vom SELBST:

P'taah: Möchtest du eine multidimensionale Antwort, Geliebter?

F: Ja, ja.

P'taah: Du willst also tatsächlich, ich soll dir glauben, daß es in deinem täglichen Leben nichts gibt, wo du dich als Gefangener fühlst und versuchst auszubrechen? Geliebter! *(Der Mann, der die Frage gestellt hat, muß lachen.)* Das genügt wohl.

F: Ja. Ich habe wohl zu große Angst vor der Antwort.

P'taah: Du kennst die Antwort ganz genau. Du bist ein Gefangener deines Körpers und wünschst, daraus auszubrechen. Du bist von vielen Dingen gefangen und möchtest gerne frei werden, Geliebter. Wir schlagen vor, du akzeptierst schleunigst das «Gefangen-Sein».

F: (F) P'taah, das ist eigentlich eine Frage von jemand anderem. Aber sie hatte zu große Angst zu fragen: Alles läuft wie geschmiert und plötzlich, brumm, verunglückt man mit dem Auto. Könntest du sagen, wie das scheinbar aus heiterem Himmel passieren kann.

P'taah: Eine wunderbare Co-Kreation, hm? Gerade wenn du denkst, du seist sicher. Gerade wenn du denkst, du hättest alles im Griff, oder gerade, wenn du denkst, du wüßtest jetzt alles. Was auch immer im Leben geschieht, ihr habt eine wundervolle Art, euch Situationen zu kreieren, wo ihr euch fragen müßt: «Oh, oh, wofür habe ich das nun wieder getan?» Und ehrlich, das gilt für euch alle: Was ihr in eurem täglichen Leben tut, ist bloß das Kreieren von Situationen, damit ihr euch das Gefühl anschauen könnt. Damit ihr euch anschauen könnt, was ihr manifestiert, um euch selbst zu zeigen, daß sich innerhalb der Weite jedes einzelnen Schichten um Schichten von Glaubensstrukturen samt gefühlsmäßigen Re-aktionen befinden. Jeder von euch hat Fragen zu einem bestimmten Bereich seines Lebens, und ganz speziell fragt ihr euch bei Unfällen: «Was soll das bedeuten?» Es gab unter euch diese Woche mehr als nur einen Unfall. Dann müßt ihr euch fragen: «Wie fühlt es sich an? Was kreiere ich mit diesem Unfall?» Es gibt keine Zufälle – das wißt ihr alle. Ihr lernt so, Schicht um Schicht euer Verständnis herauszuschälen, um zur Erkenntnis zu gelangen. Ihr Lieben, vergeßt nicht, daß dieses Lernen keine so ernsthafte Sache ist. Ihr braucht euch keine furchtbaren Umstände zu schaffen, ihr könnt es mit leichtem Herzen angehen. Einen nicht so ernsten «Unfall» zu haben, ist einem, der die Gesundheit extrem gefährdet, vorzuziehen. Verstehst du, was ich meine? Das Leben ist nicht als ernsthafte Übung gedacht. Nun, wenn ihr es gerne ernst haben wollt, ist mir das auch recht. Ernsthaftigkeit hat absolut ihre Gültigkeit, ihr Lieben.

F: (M) P'taah, ein ganz anderes Thema: Die Antarktis – hat sie heute für diesen Planeten eine spezielle Bedeutung?

P'taah: Beide Pole haben eine bestimmte Bedeutung für euren Planeten. Wir würden das aber lieber auf einem anderen Treffen besprechen, Geliebter.

F: Damit bin ich gerne einverstanden.

P'taah: Ist das gut so? Denn es genügt eigentlich für heute Abend. Wenn wir mehr über die kommenden Veränderungen und so weiter erzählen, werden wir darauf zurückkommen.

F: Danke schön.

P'taah: Gut. Und nun ist es Zeit weiterzuziehen. Das bedeutet nicht wirklich «Adieu». Wir freuen uns schon erwartungsvoll auf das nächste Treffen mit euch.

Ihr müßt wissen, daß alles Gott ist und daß auch ihr Gott seid. Nur darum geht es. *(Zu einem der Männer im Publikum):* Du warst heute Abend sehr still, Geliebter. Das ist in Ordnung. Du bist dennoch spürbar anwesend. Wir sehen uns wieder.

(Zur Gastgeberin): Noch einmal unser Dank, geliebte Frau. *(Zum Gastgeber, der das Aufnahmegerät bedient):* Ich danke dir, unentwegter Techniker. Unser echter Dank, ihr Lieben. Wie ihr wißt, ist es immer eine Freude, bei euch zu weilen. Und wir freuen uns wirklich sehr, bald wieder bei euch zu sein. Segnet, was ihr selbst seid, denn ihr seid tatsächlich ein Spiegelbild der Strahlen, die das Licht über das Multiversum aussenden. Wir schauen in der Tat mit Ehrfurcht auf eure Brillanz, und bald schon werdet ihr erkennen, daß ihr tatsächlich GOTT, ICH BIN *seid.* Wir bitten euch nur, euch noch etwas in Geduld zu üben. Ich liebe euch alle. Wahrhaftig. Guten Abend.

Neunte Übermittlung

23. Oktober 1991

P'taah: Guten Abend, ihr Lieben.

Publikum: Guten Abend, P'taah.

P'taah: Wie geht es euch heute abend?

(Das Publikum antwortet entsprechend.)

P'taah: Also, da sind viele neue Gesichter. Wahrhaftig, es ist an der Zeit, das Bewußtsein der Menschheit dieses Planeten zu beleben. *(Weil etwa zwanzig neue Teilnehmer zum heutigen Treffen gestoßen sind, sieht P'taah eine gewisse Notwendigkeit für «Basisarbeit» und rekapituliert erst mal kurz:)* Nun, die letzten Tage haben wir mit euch über die vibrierende Frequenz gesprochen, die ihr ja alle seid. Wir haben mit euch über höhere Schwingungen gesprochen und haben euch gesagt, daß eine höhere Schwingung nichts mit einer höheren Einstufung zu tun hat. Sie hat auch nichts mit Hierarchie zu tun. Nun, eure soziale Struktur, das heißt eure Regierungen auf dieser Welt, eure Gesellschaft und eure sozialökonomische Struktur sind in der Tat immer hierarchisch. Das nimmt in eurer Gesellschaft die verschiedensten Formen an. Da gibt es die Hierarchie der Ausbildung und der Wirtschaft. Dann sind da die großen Machtspiele jener, die die wichtigen Positionen in eurer Regierung innehaben, jener, die eigentlich euer tägliches Leben mit ihren Gesetzen prägen. Dann diejenigen unter euch, die bei der sogenannten New-Age-Bewegung dabei sind; da gibt es auch eine Hierarchie. Ihr Lieben, ihr alle stellt euch in euren Herzen vor, ihr wärt nicht so fortgeschritten wie mancher andere, und ihr wüßtet nicht so viel. Doch was das Gebiet der Spiritualität angeht, da gibt es keine Hierarchie.

Da sind einige, die jemanden wie mich als Guru, als Propheten sehen, ob sie nun in menschlicher Form erscheinen oder wie ich ein sogenanntes menschliches Telefon benutzen. Und sehr häufig besteht dann die Tendenz zu einer Art Anbetung. Doch seht, ihr

Lieben, ich bin wie ihr, denn wir sind alle ein Ausdruck des ALLES, WAS IST. Da gibt es keine Ränge. Es kann sein, daß ihr das Gefühl habt, jemand wie ich, der euer Lehrer ist, sollte auf ein Podest gestellt werden. Das soll nicht sein, und ich will euch folgendes sagen: Ihr seid eine großartige Lernerfahrung für mich. Was wir nämlich zusammen tun, ihr und ich, ist Energie austauschen. Es ist natürlich wahr, daß es viele wie mich gibt, die herkommen, um bei einer Ausdehnung des Bewußtseins zu helfen. Doch, ihr Lieben, ihr seid nicht nur Bewußtsein, ihr seid wahrhaftig großartige, spirituelle Wesen. Ihr habt euch in dieser Dimension der Realität und als morphogenetische Resonanz, das heißt als kollektives Bewußtsein, einen Zustand des Vergessens ausgesucht, das ist alles. Dieser Körper und dieses Wesen hier zu dieser Zeit ist wirklich nur eine Facette eurer wahren Größe. Wir haben Verständnis, daß ihr euch verloren habt, daß ihr nicht wißt, was ihr tun sollt und wie ihr es überhaupt tun sollt. Und wir sagen es immer wieder: Ihr braucht nichts zu tun, denn was ihr heute lernen müßt, ist, ein menschliches Wesen zu SEIN. *Sein*, in jedem Moment des Jetzt, in seiner gesamten Fülle. So werdet ihr wirklich das, was euch in Ketten hielt, wegwerfen können und euch eine brillante Zukunft aus jedem jetzigen Moment erschaffen. In diesem Sinne gibt es keine Hierarchie. Ihr seid heute hier, um eure tatsächliche Macht und eure Souveränität zu erkennen, damit ihr nie mehr von jemand anderem für euer emotionelles Wohlbefinden und eure Lernerfahrungen abhängig sein werdet. Denn die Kenntnis über alle Universen steckt in der Brust jedes einzelnen von euch. Ihr seht, ihr Lieben, wir kommen immer wieder auf die gleiche Sache zurück. Wenn ihr euer eigenes Wissen erkennt, wenn ihr zu erblühen beginnt und verstanden habt, daß ihr, wenn ihr das, was ihr seid, liebt und ehrt, damit auch das Göttliche liebt und ehrt. Wenn ihr es so macht, wird aus eurem Selbst ein Licht der Liebe ausstrahlen, jener göttliche Funke, der alles verändern und durch die Universen schwingen wird. Wir sagten schon, daß eine der grundlegenden menschlichen Situationen die Angst ist, minderwertig zu sein. Darüber kann jeder einzelne von euch nachdenken. Denn wenn ihr glaubt, ihr seid es nicht wert, dann zieht ihr genau diese Erfahrung in euer tägliches Leben. Erkennt das, denn ihr habt wirklich alles verdient. Einfach, weil ihr *existiert*, weil außerhalb von Gott, dem ALLES, WAS IST nichts existiert. Wie kann es da eine Hierarchie geben, wenn doch alles vom Atem Gottes durchdrungen ist?

Ihr seid wertvoll, weil ihr *seid*. Es gibt niemand höheres, als das, was ihr seid. Wenn wir von höheren vibrierenden Schwingungen reden, meinen wir das technologisch gesehen, das ist alles. Ihr könnt euch dann statt dem «höher» eine weiterreichende Antenne vorstellen, die Kenntnisse und Energie von allen Galaxien, tatsächlich vom «ALLEM, WAS IST» aufnimmt. Diese Antennen reichen immer weiter und weiter. Somit weitet sich das Wissen immer mehr aus. Versteht ihr das? Das kann mit einer Spirale verglichen werden. Das nennt man Energie. Und in dieser Spirale ist der VORTEX angelegt, und der VORTEX ist das ALLES, WAS IST. Es ist wirklich ganz einfach.

Nun gut. Heute abend werden wir mit den Fragen früher beginnen, denn es sind so viele Freunde hier. Wir ermuntern euch auszusprechen, was euch auf dem Herzen liegt. Es gibt nichts, was zu trivial wäre. Wenn die erforderliche Antwort auf einer anderen Linie als der Richtung des heutigen Abends liegt, *(wegen einer Kontinuität des Buches)* werden wir ein anderes mal darauf zurückkommen. Es braucht keiner das Gefühl zu haben, er würde ausgelassen. Denn wenn ihr eine Antwort wünscht, werden wir es so einrichten, daß ihr sie erhaltet. Nun, Geliebter, hast du eine Frage?

F: (M) Ich habe für einen Freund von uns einige Fragen. Ich möchte nur schnell meine Brille suchen, bitte. Du hast mich unvorbereitet überrascht.

P'taah: *(sehr belustigt)* Nein.

F: Doch. Also, die erste ist: Du hast uns erzählt, daß unsere Körper dafür geschaffen sind, Hunderte von Jahren zu leben. Ich glaube, das würde mir gefallen. Was muß ich tun, um so lange zu leben?

P'taah: Nun, dazu braucht es natürlich einmal die Erkenntnis, daß das, was ihr Tod nennt, eine Illusion ist, daß es für nichts ein

Ende geben kann. Nur weil ihr eure Körper ablegt, heißt das nicht, daß ihr euer Bewußtsein ebenfalls ablegt. Doch es ist wie mit allen Dingen. Diese Frage ist vielschichtig. Der Körper wurde so erschaffen, daß er viele hundert Jahr leben kann. In vorgeschichtlicher Zeit war das auch so. Es gibt in euren geschichtlichen Aufzeichnungen Menschen, die eine solch lange Zeit gelebt und sich reproduziert haben. Es gibt Menschen, also humanoide Wesen in anderen Welten, die auch bis zu eintausend Jahre leben. Nun wollen wir darüber sprechen, was ihr von euren Körpern glaubt: Also, ihr glaubt, daß nach etwa siebzig Jahren alles vorbei sei. Ihr bewundert jene unter euch, deren Körper über hundert Jahre alt werden oder etwas darüber, vielleicht so um die hundertzwanzig herum. Es gibt viele Leute, die seit Generationen in abgelegenen Dörfern und Gegenden leben und weil sie von der Kommunikation abgeschnitten sind, wissen sie nicht, daß ihre Körper eigentlich nicht so alt werden «sollten». Jene, die auf diesem Planeten unter «ganz normalen» Umständen leben, also in Städten, glauben nicht nur, daß ihre Körper nicht viel älter als achtzig und ein paar Jährchen werden können, sie leben auch unter außergewöhnlichem Streß. Ihr wißt nicht, wie man mit dem, was ihr seid, liebevoll umgeht. Und ihr erschafft euch Krankheiten des Körpers, weil ihr nicht wißt, wie man transmutiert – also Schmerz in Ekstase verwandelt. Auf diese Weise macht ihr es euch ziemlich schwer, die Möglichkeiten des Körpers voll auszuschöpfen. Euer Körper ist absolut integer. Und so, wie ihr über euch und euren Körper denkt, so ist es auch. Wenn du viele Jahre länger leben möchtest, als allgemein für «normal» gehalten wird, dann mußt du deine Glaubensstrukturen über deinen Körper und die Wirklichkeit betrachten. Du mußt erkennen, daß du dich vom kollektiven Bewußtsein abtrennen und vorwärtsschreiten kannst. Man muß auch das annehmen, was ihr Tod nennt. Wenn ihr am Leben bleiben wollt, weil ihr Angst vor dem Sterben habt, was denkt ihr, was geschieht, ihr Lieben?

F: Die zweite Frage, P'taah: Hat der australische Kontinent ein besonderes Bewußtsein oder eine besondere Energie? Wenn ja, wie sieht die aus und aus welchem Grund ist sie so?

P'taah: Gut. Nun, natürlich hat er eine besondere Energie. Wir haben schon über die morphogenetische Resonanz gesprochen. Wir werden es kurz rekapitulieren. Jedes Atom und Molekül besitzt ein kollektives Bewußtsein. Es ist Energie, die sich bewußt wahrnimmt. Das verbindet gleichartige Atome und Moleküle. Wenn zum Beispiel in eurem Körper die Atome und Moleküle sich zu einer Zelle verbinden, dann hat diese Zelle ihre eigene Schwingung und schwingt mit jeder anderen Zelle mit. Die Zellen verbinden sich zu einem körperlichen Organ, das andere Organe erkennen und sich an andere Organe erinnern kann. Wenn dann die Zellen und Organe zu einem menschlichen Körper werden, schwingt der Körper mit jedem anderen menschlichen Körper mit. Genauso ist es auch mit den unsichtbaren Energien. Wenn du in eine Familie geboren wirst, hat diese eine Schwingung, ein morphogenetisches oder auch kollektives Bewußtsein, eine Frequenz. Die Familie lebt in einem Dorf oder einer kleinen oder größeren Stadt. Und das Kollektiv des Dorfes oder der Stadt hat ebenfalls *seine* Schwingung, sein «erkennendes» Bewußtsein. Auch Religionen haben ihr eigenes Bewußtsein. Verstehst du? Also hat auch Australien so wie jedes Land tatsächlich eine eigene, einzigartige Schwingung. Nun verbindet sich natürlich jede kollektive Schwingung mit der sogenannten Schwingung, die sich Menschheit nennt. Eure Erde, eure große Göttin hat ihr eigenes «Wesen» *(Bewußtsein)*. Alles, was auf der Erde wächst, jedes Mineral, jeder Stein, jeder Baum und jede Blume lebt in einer symbiotischen Schwingung mit der Göttin.

Nun, dieses Land hier hat wirklich einen wundervollen Geist einen sehr alten natürlich. Die Leute aus diesem Land, die vor den Europäern hier lebten, hatten eine wundervolle Beziehung zur Göttin. Tatsächlich unterhielten sie Beziehungen zu den Sternen und deren Bewohnern. Diese Schwingung ist immer noch da. Wißt ihr, daß es für euch viel einfacher ist, die Beziehung zwischen den Menschen und der Erde zu erkennen, als es für viele, viele andere Leute ist. Warum denkt ihr, kommen Leute in dieses Land, die nicht hier geboren wurden, also aus anderen Weltgegenden stammen? Das ist, weil in ihren Herzen eine

Sehnsucht nach diesem Wissen lebt. Die größere Seele von euch, der größere Teil von euch, das Wissen in euch hat euch hierhergebracht, entweder geplant oder aus eurer Sicht «zufällig», damit ihr diese Sehnsucht stillen könnt. Diesem Land wird in der kommenden Zeit des Übergangs der Erde eine große Rolle zukommen. Diejenigen von euch, die in dieser [14] Gegend des Landes wohnen, sind wirklich sehr clever. Denn hier findet sich eine weiche und liebevolle Energie. Hier könnte man manchmal beinahe glauben, man befinde sich in dem großartigen Wald vor der Zeit von Atlantis. Es ist ein sehr liebevoller Ort, ein Ort mit großen Heilkräften. Es gibt viele Sternenwesen, die hierherkommen und schon immer hergekommen sind. Wir gratulieren euch, ihr Lieben. *(P'taah sieht den Mann an, der die Frage gestellt hatte.)* Hast du auch eine Frage für dich selbst, Geliebter?

F: Ja, das habe ich. Obschon ich die Worte viele Male höre, habe ich Mühe, mit meinen Gefühlen in Kontakt zu kommen, mit dem «fühle das Gefühl».

P'taah: *(Im Spaß)* Ich bin sicher, daß keiner hier weiß, wovon du sprichst. So geht es nicht nur dir, Geliebter, so geht es hier allen anderen. Denn die Menschheit wurde darauf programmiert, *nicht* zu fühlen. Weil ihr denkt, «wenn ich fühle, dann sterbe ich.» Das ist also nichts Unbekanntes. Möchtest du denn ein Rezept, Geliebter?

F: Ja.

P'taah: *(Bezieht sich auf einen bestimmten Herrn, der ein Rezept wünschte, wie man mit den Kakerlaken und den Schlangen umgehen soll und bemerkt):* Unser geliebter Rezeptmann ist heute abend nicht hier – er mag auch so gerne Rezepte, hm? Also, wie fühlst du das Gefühl? Schau, Geliebter, einer der ersten Schritte dahin muß sein, mit dem *Versuchen aufzuhören*. Kommt dir das bekannt vor? Doch wir verstehen, daß du große Schwierigkeiten mit dem «Nichtstun» und dem *Sein* hast. Das ist eine erschreckende Situation, wenn man nichts tun kann, hm? *(Spaßeshalber)* Keiner

14 Die Region, auf die er sich hier bezieht, ist der tropische Norden von Queensland, Australien. Die angesprochene Gegend befindet sich um Cairns und die Atherton Hochebene.

hier findet das normal, hm? Nun gut, wir werden dir ein Rezept geben, Geliebter, wie du zu diesem stillen Ort gelangst. Ich glaube, du hast uns schon erzählt, daß man dir gesagt hat, du sollst dich unter einen Baums setzen?

F: Ja.

P'taah: Nun denn, tu es. Jeden Tag. Das muß nicht unbedingt ein Baum sein, Geliebter. Es kann auch das Meer sein. Es ist für euch alle sehr wichtig, daß ihr euch Zeit für euer SELBST nehmt. Wir meinen damit nicht, daß ihr nun meditieren sollt. Es gibt so viele Leute, die sagen: «Aber das ist doch so langweilig, P'taah.» Dann entgegen wir: «Wenn es langweilig ist, dann tut es nicht.» Wir möchten, daß ihr tut, was euer Herz zum Jubeln bringt, daß ihr Freude habt und lachen könnt. Es heißt aber nicht, daß ihr euch vernachlässigen sollt. *(Er wendet sich noch einmal diesem Herrn zu):* Du mußt dir mindestens jeden Tag eine Stunde Zeit nehmen. Du brauchst dich nicht hinzusetzen und mit dem Denken aufzuhören. Wir bitten dich, daß du dich auf ein Blatt oder ein kleines Tier oder eine Muschel konzentrierst. Wir bitten dich, sie dir anzuschauen, *(und ganz sanft)* bis du Gott entdeckst. Und wenn du dann wirklich weißt, daß du dich selbst anschaust, wird das ein Gefühl mit einschließen, das du annehmen kannst. Wenn du die guten Gefühle annehmen kannst, wird es leichter für dich sein, die schlechten ebenfalls anzunehmen. Gefühle sind einfach nur Energie, sie sind weder gut noch schlecht. Nur euer Urteil macht sie dazu. *(Wissend, daß sich der Mann am nächsten Tag auf eine lange Reise begibt, fügt P'taah hinzu):* Du gehst nun weg, doch du kannst immer wieder zurückkehren. Du hast immer die Wahl, Geliebter, und es gibt keine falschen Entscheidungen. Es gibt keine falsche Wahl, es IST einfach. Verstehst du? Wir freuen uns heute schon, dich wieder zu sehen. *(P'taah's Stimme wird ganz sanft und drückt eine große Zärtlichkeit aus):* Ich liebe dich.

F: (F) P'taah, du hast mit uns über die Angst gesprochen. Beim letzten Treffen hast du das Wort Zweifel gebraucht. Ist das dasselbe wie Angst?

P'taah: Das ist es. Doch oft hat Zweifel gar nicht viel mit Angst zu tun. Wir haben das erwähnt, als wir über das Manifestieren geredet haben. Du wünschst dir etwas, und du äußerst einfach den Wunsch, verbunden mit dem Wissen, mit dem Gefühl, mit der Gewißheit, daß er sich im selben Moment bereits erfüllt hat. Es sei denn, du zweifelst. Hier ist Zweifel keine Angst. Es ist viel mehr eine Unsicherheit betreffend eurer eigenen Fähigkeit. Das muß nicht unbedingt Angst sein. Wir wollen es mal so ausdrükken: Du weißt, daß du jeden Tag Dinge manifestierst, die du dir wünschst. Wenn du Disharmonie in dein Leben bringst, dann mußt du den Glauben ansehen, den du von dir selbst, der Welt und den anderen Leuten hast. Wir schlagen vor, daß du in Gedanken kurze Notizen von den Dingen machst, die du mit deinem alltäglichen Denken hervorbringst. Wenn du dir dann sagst: «Meine Güte, es wäre so schön, wenn...» Indem du dies also denkst, im Gefühl schwelgst, wie die Situation dann sein wird, und das so aussendest, dann geschieht es auch so. Dann äußerst du: «Ich habe vor einer Weile lediglich gesagt, daß ich mir dies wünsche, und hier ist es – welch ein Glück», oder: «Was für ein Zufall.» Nun, das ist weder Glück noch Zufall. Du hast es erschaffen, ohne zu begreifen, was du tust. Falls du es in deinem wundervollen Kopf immer dann notierst, wenn du in solche Situationen gerätst, dann wirst du ein Gefühl dafür bekommen, wie es funktioniert. Dann kannst du deine eigene Realität so manipulieren, wie du willst. Denn wenn du verstehst, wie es geht, wirst du es *ohne irgendeinen Zweifel* tun. Zweifel ist nur der Glaube an eure Unfähigkeit, eure Realität zu manipulieren. Das ist nicht unbedingt Angst, aber kann es oft auch sein. Verstehst du? Hat das deine Frage beantwortet?

F: Ja, das hat es. Danke dir.

F: (M) Ich wüßte gerne, wie man physische und emotionale Energie erzeugt.

P'taah: Nun, du weißt, Geliebter, daß Energie nicht beschränkt ist. Tatsächlich steht sie euch endlos zur Verfügung. Es ist ein wenig wie mit der Liebe. Hier geht es wiederum um eure Glaubensvorstellung von Energie, von eurer eigenen Schöpferkraft, eurem Glauben an Überfluß. Wir haben es schon einmal erwähnt, daß es für euch gut wäre, wenn ihr eine Liste von all den

Dingen aufstellen würdet, die ihr euch wünscht. Ihr könnt für jeden Wunsch eine Seite nehmen, in der Mitte eine Linie ziehen, eure positiven Glaubensvorstellungen auf die eine Seite und die negativen auf die andere schreiben. Ihr werdet herausfinden, daß vieles, was ihr als negativ beurteilt, Dinge sind, von denen ihr nicht einmal wußtet, daß ihr sie glaubt. Wenn ihr dann die Glaubensstruktur anschaut, müßt ihr sie nicht abwerten, ihr müßt nur verstehen, daß sie euch nicht länger dient. Dann könnt ihr überprüfen, was ihr intellektuell wißt, und könnt das gefühlsmäßig aufladen. Ihr werdet sehen, daß ihr Energie, welcher Art auch immer, endlos zur Verfügung habt. Hilft dir das, Geliebter?

F: Ja, ich denke schon.

P'taah: Gut, ihr Lieben, wir machen jetzt eine Pause und bitten euch, während des Übergangs für zwei Minuten still zu bleiben. Wir werden bald zurück sein. Während ihr euch erfrischt, könnt ihr neue wundervolle Fragen ausdenken. Schön, ihr kreiert ganz schönes Licht heute abend. Es ist eine Freude, unter euch zu sein.

F: (M) Bevor du gehst, P'taah: Wie siehst du uns? Siehst du unsere Auren?

P'taah: Aber natürlich, Geliebter. Das ist einfach Energie. Du kannst auch Auren sehen, weißt du das? Einige in diesem Raum tun das sogar. Doch sei versichert, Geliebter, ich sehe auch deinen physischen Körper. Der ist ebenfalls sehr schön.

F: Danke dir.

P'taah: Wißt ihr, daß ihr *alle* sehr schöne physische Körper habt? Alle, ihr alle – sehr schöne. *(Neckend)* Natürlich nicht so schön wie meiner. Aber doch sehr schön. *(vor Lachen glucksendes Publikum)* Hier habe ich noch eine kleine Anekdote für euch. Einmal, als wir mit einer wundervollen Gruppe von Leuten zusammen waren, sagte ich, daß ich, wenn ich mit meinem eigenen Körper hier wäre, euch eine große Lichtshow bieten würde, um euch zu zeigen, wie wunderschön ihr seid. Darauf sagte ein lieber Freund: «Aber lieber P'taah, was würden sie von deinen grünen Schuppen denken?» *(Gelächter.)* Darauf sagte ich: «Schon gut, Geliebter, ihr könntet die Schuppen vor lauter Licht gar nicht sehen.» *(Noch mehr Gelächter.)* Und so ist es mit allen euren gedachten Schuppen, ihr Lieben. In Wahrheit strahlt ihr vor Licht.

(Nach der Pause.)

P'taah: Laßt uns jetzt mit unserer Reise fortfahren, ihr Lieben. Fragen?

F: (F) Danke vielmals, also: Heute abend ist «blue Moon»[15]. In vielen unserer Kulturen hat der Mond eine spezielle Bedeutung für die weibliche Energie. Ich möchte gerne wissen, ob du darüber etwas sagen kannst. Bitte etwas abseits vom normalen wissenschaftlichen Zeug, das wir alle schon kennen.

P'taah: Genau, Geliebte. Weißt du, daß der Mond in einigen Kulturen männlich ist, hm? Wie auch immer, in vielen eurer Kulturen wird die Sonne für männlich gehalten. Ihr würdet sie auch positive Energie nennen. Und das ist ganz richtig so, denn die Sonne bewirkt das Wachstum; man könnte sagen, daß sie die Pflanzen auf eurem Planeten keimen läßt. Der Mond wird von vielen Kulturen für eine weibliche Energie gehalten – also negativ. Das ist nicht gut oder schlecht, nur die entgegengesetzte Polarität. Der Mond gilt als die sanfte Seite der Sonne. Er ist verantwortlich für die Gezeiten. Es gibt viele Kulturen, die sich beim Pflanzen nach den Mondphasen richten. Der Mond reguliert also den Herzschlag eures Planeten. Tatsächlich könnte man sagen, daß die weibliche Energie, die Intuition, das Zulassende, das Empfangende, der Herzschlag der Menschheit ist, egal ob sie aus dem männlichen oder weiblichen Geschlecht kommt. Sie ist das Kreative, Intuitive. Schaut, ihr Lieben, ohne diese Aspekte wärt ihr nicht hier. Denn es ist diese Energie, die es der Menschheit erlaubt, sich zu entfalten. Es gab alte Kulturen auf eurem Planeten oder Zivilisationen, die nicht mehr existieren, die den Mond, die weibliche Energie, sehr verehrt haben. Man kann nicht sagen, daß das eine besser wäre als das andere. Wir kommen darauf zurück, daß zum Mensch*sein* beides gehört, die männliche und die weibliche Energie. Wie wir schon sagten, hat die

15 Blue Moon: Es kommt vor, daß im selben Monat zweimal Vollmond ist. Der zweite Vollmond wird im Englischen «blue Moon» genannt.

Menschheit – seit Äonen eurer Zeit, während eines gesamten heiligen Zyklus[16] – von der männlichen Energie her gewirkt. Wir kommen jetzt zu dem Zeitabschnitt, den man den letzten Zyklus dieser Epoche, dieser Ära nennt. Das bedeutet, daß alles in ein Gleichgewicht kommen wird. Die Menschen lernen heute wieder, die innewohnende weibliche Energie in jedermanns Brust zuzulassen, das Intuitive, das Empfangende, das, was mit eurer großen Göttin der Erde harmonisch in einem natürlichen Zyklus mitschwingt. Denn die Menschen von heute haben das vergessen. Die Menschheit schwingt nicht mehr harmonisch mit der Göttin Erde mit. Wenn ihr also versteht, das, was ihr seid, zu akzeptieren und anzunehmen, wenn ihr euch immer mehr erlaubt, so zu sein, wie ihr seid, so daß ihr liebt, was ihr seid, jede Facette davon, dann werdet ihr auch mit eurem Planeten in Harmonie kommen. Und wenn euer Planet an den kommenden Veränderungen arbeitet, und ihr in Harmonie lebt, so wird der Planet auch in Harmonie mit den neuen vibrierenden Frequenzen des Universums jenseits eurer Zeit und eures Raums mitschwingen. Beantwortet das deine Frage, Geliebte?

F: Ja. Du hast John vorher eine einstündige Kontemplation über irgend etwas empfohlen. Ich frage mich nun, ob eine solche Kontemplation über den Mond...?

P'taah: Aber natürlich, Geliebte. Wir würden dir allerdings nicht empfehlen, eine Stunde in die Sonne zu schauen. *(Gelächter)* Dafür eine Kontemplation über den Mond und seine silberne Schönheit, mit dem Wissen, daß er ein herrliches Spiegelbild deiner selbst ist. Und ihr Lieben, die ihr in einem männlichen Körper seid, setzt euch hin, schaut die sanfte Schönheit des Mondes, und erkennt die sanfte Schönheit in euch.

F: Ich danke dir.

P'taah: Fragen?

F: (F) Bist du vielleicht... Kann es sein, daß ich über dich gehört

16 Nach nochmaliger Rückfrage betreffend des Ausdrucks «heiliger Zyklus» setzte P'taah die Dauer dieses Zyklus auf 50 000 Jahre fest. Wir befinden uns in den «letzten Tagen» dieses Zyklus.

oder über dich gelesen habe, du wärst über all die vielen Jahre der Schutzherr der Künste und des Handwerks gewesen?

P'taah: Geliebte, der, der ich bin, wurde schon mit vielen Namen genannt. Manchmal heißt man mich auch «den alten Bastard». Das sagt jedenfalls unsere farbenfrohe Frau. Doch schau, so wie alle menschliche Erfahrung in dir, dieser kleinen Person, steckt, so ist auch diese Energie *(bezieht sich auf sich selbst)* genauso multidimensional wie deine. Wir sind nicht anders, ihr Lieben, wir sind nur eine weitere Facette dessen, was ihr seid. Wir spiegeln einander immer die Vielfältigkeit und Größe des göttlichen Ausdrucks. Und das ist, was ihr auch seid.

F: (F) P'taah, ich habe darüber nachgedacht, was du über Schmerz, Widerstand und Energie gesagt hast. Ich habe auch über Flüssigkeit nachgedacht. Ich glaube, du hast es an mehreren Stellen erwähnt. Die Wissenschaft sagt, daß die «feste» Materie nicht fest sei, sondern fließend. Dann habe ich über unsere Haltung nachgedacht: Je weniger wir unseren Haltungen widerstehen und je mehr unsere Gedanken vibrieren, um so mehr wird auch unser Körper vibrieren. Werden wir immer flüssiger?

P'taah: In der Tat.

F: Dann werden also einige Dinge, über die wir phantasieren, wie zum Beispiel das Gehen durch feste Materie oder...

P'taah: Geliebte, kannst du erkennen, daß du dir gar *nichts* vorstellen kannst, was nicht *ist*? Hm? Wenn du es dir vorstellen kannst, IST es. So fließend ist euer Universum. Wenn du nun einen Wunsch verspürst oder eine Vorstellung hast und diesen Gedanken, verbunden mit dem Gefühl, aussendest, so wird sich das Universum umordnen, um sich dir anzupassen. Hört sich das nicht sehr nach fließend an? Das ist es tatsächlich. Eure Erde, von der ihr denkt, sie sei feste Masse, ist es nicht. Der Boden, auf dem ihr sitzt, ist in Wirklichkeit nicht so fest. Materie hat nur eine tiefere Schwingung als das Licht oder die Gedanken. Das ist alles. Eure Welt *ist* flüssig. Und es gibt auch nicht nur eine Welt, genauso wie es nicht nur eine Wirklichkeit gibt. Und natürlich könnte man sagen, daß die engen Schachteln eures Verständnisses es so erscheinen lassen. Und wenn ihr eure Begrenzungen hinter euch laßt, dann bröckeln die Wände von den konkreten Schachteln eures Verständnisses weg, und ihr erschafft gewaltige, unbegrenzte Aussichten. Auf diese Weise werdet ihr eventuell durch die Galaxien reisen.

F: (F) P'taah, wird es für uns lange dauern, bis wir mit dieser Bewußtseinsveränderung die Lichter um die Leute, die Lichter um die Pflanzen, das Licht überhaupt sehen werden? Werden wir es überhaupt schauen?

P'taah: Aber sicher, Geliebte. Weißt du, wie lange das dauern wird? Nur einen einzigen Augenblick, das kann ich versprechen. Zeit ist keine Zeit, weißt du? Superbewußtsein ist ein trügerisches Ideal. Allein euer Glaube trennt euch von eurem SELBST. Wo das Selbst vom SELBST nicht mehr getrennt ist, da ist der wahrhaftige Übergang. Es verhält sich wie mit einem ganz feinen Schleier. Es braucht nur einen kleinen Windhauch, um ihn zu lüften. Einige von euch hatten schon einen flüchtigen Einblick, wie es sein könnte. Doch schaut, in Wahrheit *kennt* ihr es alle *schon*, weil ihr *bereits dort* seid. Schaut, ihr Lieben, ihr bemüht euch, ringt und kämpft darum, spirituelle Meister zu werden, und seid es alle doch bereits. Das ist der Widerspruch. So einfach ist das. Liebt, was ihr seid. Wißt, IHR SEID GOTT. Das ist es. Ihr seid alle große spirituelle Wesen, die diese Dimension der Realität *ausgesucht* haben. Ihr seid der Gedanke Gottes. Ihr seid Gott, der die Rose riecht. Während Äonen eurer Zeit seid ihr in die physikalische Realität inkarniert, wart von der Intensität dieser sinnlichen Erfahrung, genannt Leben, so gefesselt, daß ihr vergessen habt, wer ihr seid. In den unsichtbaren Realitäten sind Millionen, Myriaden von Wesen, die das nicht vergessen haben. Sie warten darauf, daß die Menschen der dritten Dichte in den Bereich der «Nicht-Trennung» kommen, damit ihr eure eigene Göttlichkeit erkennen und mit diesem Wissen immer noch physische Wirklichkeit erfahren könnt, wenn es auch eine andere sein wird. Denn sie wird eine höhere vibrierende Frequenz haben, so daß jedes Atom und Molekül das Licht seines Wesens ausstrahlt.

F: (M) P'taah?

P'taah: Geliebter, du bist heute nicht so still, hm?

F: Nein, diesmal nicht. Meine Frage: Wenn sich in meinem Leben Möglichkeiten auftun, sehe ich zwei Seiten in mir. Die eine ist die Angst und die andere ist der Wunsch nach Ausdehnung und Wachstum. Ich habe meine Schwierigkeiten, mit beiden Seiten umzugehen; nämlich die richtige Entscheidung zu treffen, die richtige Haltung und den richtigen Weg zu erkennen.

P'taah: Nun, ich kann das fast nicht glauben. *(Glucksendes Lachen im Publikum.)* Da ist also auf der einen Seite das Aufregende und der Wunsch nach Ausdehnung, der Wunsch, einen Schritt vorwärts zu tun, und auf der anderen Seite ist die Angst davor, dich gehenzulassen. Hm? Könnte man es so beschreiben?

F: Es ist nicht nur die Angst vor dem Gehenlassen, es scheint wie eine Angst vor dem Tod zu sein.

P'taah: Genau, das ist das ultimative Gehenlassen, so wie ihr es versteht, hm?

F: Ja.

P'taah: Nun, ich glaube, das versteht sonst keiner hier, hm? *(Lachen.)* Es gibt nur zwei Dinge in dieser Dichte: Angst und Liebe, hm? Das ist alles. Alles, was nicht ein Ausdruck der Liebe ist, ist ein Ausdruck der Angst. Nun, wie entscheidest du dich? Wir haben schon gesagt, daß es eine falsche Entscheidung nicht gibt. Und wenn du die Angst wählst, dann ist das in Ordnung. Weil ihr das, was ihr ablehnt, wieder und wieder hervorbringen werdet, bis ihr es annehmt. Die Tatsache, daß du die Situation erkennst, bedeutet, daß du bereits mehr als die Hälfte geschafft hast. Ist das ein tröstender Gedanke für dich, Geliebter? Hm. Nun, wir haben diese Frage schon oft beantwortet, und wir werden es nochmals tun. Weil es sehr wichtig ist, daß ihr versteht, wie man mit der Angst umgeht.

Übernimm die Verantwortung. Gleiche die Werturteile aus. Nimm deinen Kopf unter den Arm, und *fühle das Gefühl*. Das nennt man Transmutation, hm? Ihr verurteilt die Angst sehr. Angst vor allem möglichen, das ist euch bekannt, denn die Menschen verstehen sehr gut, sich vor der Angst zu verstecken. Wir reden über rationale Ängste. Wir haben auch schon darüber gesprochen, wenn die Gesellschaft eure Angst unterstützt. Wenn es sozusagen «in Ordnung» ist, Angst zu haben, dann ist es ja gut. Ihr denkt dann: «Nun, es ist in Ordnung – damit brauche ich nicht mehr umzugehen.» Doch Angst ist ein gültiger und göttlicher Aspekt dessen, was ihr seid. Sie muß angenommen werden. Man muß nur verstehen, daß sie ihre Gültigkeit hat, sonst würde sie nicht *sein.* Sie muß angenommen und zum Licht eures SEINS geführt werden. Und ihr müßt von Herzen den Wunsch äußern, daß die Situationen ganz sanft auf euch zukommen, so daß ihr sie auch annehmen könnt. Denn, ihr Lieben, die einzige Art und Weise, eine Veränderung zu bewirken, ist, sie anzunehmen. Wenn ihr die Angst annehmen könnt, macht ihr jedes Mal einen Schritt vorwärts. Auf diese Weise dehnt ihr euch immer mehr aus. Es ist verständlich, daß es für euch oft schwierig ist, aus euren beschränkten Glaubensstrukturen auszubrechen, aus den konkreten Schachteln eures Verständnisses ins Leere zu springen, ohne zu wissen, wo ihr landet. Das ist so, weil ihr nicht erkennt, daß ihr wahrhaftig in einem sicheren Universum lebt, einem Universum der Fülle, der Güte, der Kreativität, der Integrität. Und das, was ihr seid, ist wahrhaftig genauso voll großer Freude und genauso integer. Jede Zelle eures Körpers ist kreativ, mächtig, hat die große Integrität des SELBST. Ihr müßt euch immer daran erinnern, daß ihr in einem sicheren Universum lebt. Und das, was ihr euch wünscht, kann in Harmonie geschehen. Ihr seid immer in Sicherheit, ihr Lieben, *immer.* Es kann euch *nichts* geschehen.

F: Hat Vertrauen mit diesem Prozeß etwas zu tun? Muß man einfach darauf vertrauen, daß alles sicher ist?

P'taah: Geliebter, wie wäre es, wenn du deinem SELBST vertrauen würdest?

F: Ja, wie wäre das? *(Lachen)*

P'taah: Hm! Denkst du nicht, es wäre langsam an der Zeit?

F: Manchmal weiß ich nicht so genau, worauf ich vertrauen soll, und was das wirklich ist.

P'taah: Nun, Geliebter, ich sage dazu folgendes: Du bist jedenfalls so weit gekommen, hm? Was wäre das Schlimmste, was passieren könnte? Daß du sterben müßtest? Du weißt ja, daß es einfach ist, sich intellektuell vorzustellen, daß Tod nur ein Stadium des Übergangs ist. *(Er berührt den Kopf einer ganz jungen*

Frau.) Für einige scheint er noch weit weg zu sein. Doch schau, die Angst vor dem Tod kennt ihr bereits seit vielen, vielen Leben. Sie ist ganz tief in eure morphogenetische Resonanz eingeprägt. Doch ihr könnt das verändern. Wenn ihr auf den, der ihr seid, vertraut und mehr und mehr *fühlt*, daß ihr in einem sicheren Universum lebt, dann wird es leichter, vertrauensvoll den Sprung in die Liebe zu schaffen, als sich in Angst zu verstecken. Es gibt nichts, was nicht transmutiert werden könnte. Und man muß auch wirklich wissen, daß es so etwas wie eine falsche Wahl nicht gibt. Erleichtert dich das?

F: Das ist schön.

P'taah: Das ist es in der Tat, Geliebter.

F: (M) Wenn wir alle durch diesen Prozeß gehen und unser Bewußtsein erweitern, was geschieht dann in unseren zukünftigen Inkarnationen? Welche Form wird unser Körper haben, und wo und wann wird das sein?

P'taah: Nun, Geliebter, das sind viele Fragen, alle in einen Satz gepackt. Wir fangen mit den zukünftigen Inkarnationen an. Schau, es gibt in Wahrheit keine Zukunft, es gibt nur das Jetzt. Außerhalb dieses Raum-Zeit-Kontinuums geschehen all die Dinge, die du als Vergangenheit, Zukunft und Gegenwart betrachtest, zur selben Zeit. Nach diesem Übergang wird sich alles verändern. Wenn du das Verständnis erlangst, daß du die Angst in jedem Moment transmutieren kannst, dann bewirkst du bereits eine Veränderung in deinen vergangenen Leben wie auch in deinen zukünftigen Leben. Schau, Geliebter, es ist nichts voneinander getrennt. In Wahrheit gibt es einfach nur das Ist. Wenn die Menschheit, die Flora und Fauna und der gesamte Planet einen Schritt vorwärts in die vierte Dichte machen, wird auch alles, was ihr unter Vergangenheit und Zukunft versteht, mit euch gehen.

F: (M) Könntest du bitte erklären, was du mit vierter Dichte meinst?

P'taah: Ehrlich gesagt ist es eigentlich nur ein Name. In der sogenannten New-Age-Bewegung sind alle so sehr damit beschäftigt, den Dichten Nummern zu geben. Doch weil ihr nur diese Dichte kennt, spielt es keine Rolle, wie ihr die anderen nennt. Ihr könntet sie auch vierhundertsechsundvierzigste Dichte nennen, wirklich. In einem wissenschaftlichen Sinne, wenn du so willst, heißt das, daß die Erde und die darauf lebenden Menschen auf eine zyklische Veränderung zusteuern. Weißt du, das ist es, worum es bei diesem New-Age-Zeugs eigentlich geht. Der Anstoß für diese Kreation ist der ernsthafte Wunsch, die glühende Sehnsucht nach einer Veränderung. Schau, das ist wie ein gigantischer Kreislauf: Ihr wollt es, und nun wird es geschehen, ihr werdet es erhalten. Und wenn diese Veränderung eintritt, wird die vibrierende Schwingung und das, was ihr seid – Energie ist eine Vibration, eine Frequenz –, auf einer höheren Ebene vibrieren. Eure Wissenschaftler glauben, daß das Licht die höchste Dichte hat, aber Materie hat die schwerste Dichte. Das, was ihr einen Fels nennt oder eure Erde, hat die schwerste Dichte. Der Unterschied zwischen dem reinen Gedanken, der in eurem physikalischen Sinne die höchste Frequenz hat, und der tiefsten Frequenz besteht im Bewußtsein. Es ist auch das Bewußtsein, das die Materie verändert. In der kommenden Zeit, *die nach eurem geschichtlichen Verständnis schon sehr bald beginnt,* wird sich die Erde neu ausrichten und verändern. Das Bewußtsein der Menschheit wird sich mehr und mehr ausdehnen und schließlich in die sogenannte höhere Dichte aufsteigen. Das heißt, daß *der menschliche Körper leichter und leuchtender wird – ein Lichtkörper. Die Erde selbst wird in Licht gehüllt sein, denn, wie ich schon gesagt habe, es wird jedes Atom und Molekül das Licht seines Wesens ausstrahlen.* Wenn wir also von der vierten Dichte sprechen, meinen wir diese kommenden Veränderungen. Das ist es, Geliebter.

F: Wenn ich dich also richtig verstehe, P'taah, dann muß man sich über gar nichts Sorgen machen. Ich meine, daß zum Schluß alles ganz wunderschön sein wird.

P'taah: Nicht erst zum Schluß. Ich finde es jetzt schon ganz wunderschön.

F: Du hast recht, das kann ich akzeptieren.

P'taah: Denn schau, Geliebter, es gibt *keine Zukunft*, darum macht es keinen Sinn zu warten, daß es besser wird. Das wird es nicht. Es macht keinen Sinn zu sagen, daß du glücklich sein wirst, *«wenn»*. Es gibt keine Zukunft, ihr Lieben. Es gibt nur, wirklich NUR, das JETZT. Und in jedem Moment schafft ihr eure Morgen. Und wenn ihr eure Morgen auf Angst und Bestürzung vor den kommenden Veränderungen gründet, was denkt ihr, wird sich dann manifestieren? Was denkt ihr, werdet ihr hervorbringen?

F: Schmerz.

P'taah: Genau. Darum muß man angstfrei sein und wissen, daß das, was ihr zur Zeit habt, auserlesene Schönheit ist. Das, was ihr seid, ist auserlesen schön. Ihr seid wahrhaftig ein Ausdruck des Göttlichen. Das ist JETZT, ihr Lieben, das ist JETZT. Es gibt nichts anderes. Ihr müßt die Fesseln eurer Vergangenheit in die Gegenwart aufnehmen, um euer Morgen mit Freude und Lachen zu erschaffen. Mit dem Wissen, daß ihr in einem sicheren Universum lebt, daß euch nichts, aber auch gar *nichts* geschehen kann. Ihr seid souveräne Wesen.

F: (F) P'taah: Wenn wir wegen einem Werturteil eine Krankheit verursacht haben, aber nicht wissen, um welches Werturteil es sich handelt, wie können wir es dann auflösen?

P'taah: Du kannst die Krankheit lieben. Du kannst dir vom Gott, von der Göttin deines Seins wünschen, daß sich dir die Erkenntnis offenbart, und das wird dann auch geschehen. Schau, nichts ist in Stein gemeißelt, und es ist auch nicht nötig, daß du jede Emotion bewußt identifizierst, die sich zu einer Krankheit ausgeweitet hat. Ich will dir sagen: es ist nicht nur eine Emotion, es gibt deren viele. Wir reden sehr oft in ganz einfachen Sätzen darüber, doch euer Schmerz, der immer ein Schmerz der Minderwertigkeit ist, wurde nicht in einer einzigen Situation erschaffen, sondern rührt von vielen, vielen Umständen her. Jede hat auf die letzte aufgebaut, bis die Menschen sich so im Morast der Schmerzen verloren haben, daß es unmöglich wird, die Fäden zu entwirren. Das ist nicht immer so, doch sehr oft, und das ist in Ordnung. Schau, ihr verurteilt die Krankheiten und versucht verzweifelt, sie loszuwerden. Doch was ihr abwertet, das ermächtigt ihr. Eine ganz verzwickte Sache, hm? Man muß nicht unbedingt jeden Faden dieses Knäuels identifizieren, man muß bloß anerkennen, daß eine körperliche Krankheit von Schmerz und Pein herrührt. Man muß die Krankheit nicht abwerten, sie hat ihre Gültigkeit als Ausdruck des Göttlichen. Man muß sie mit dem Wissen annehmen, daß darin ganz sicher eine Perle der Weisheit steckt. Ihr werdet das Juwel in der Lotosblüte nicht entdecken, bevor ihr sie nicht angenommen habt. Auf diese Weise kannst du eine Heilung bewirken. Es ist nicht notwendig, nach jedem kleinsten Grund für dieses oder jenes zu suchen. Man muß einfach anerkennen, daß es ist und seine Gültigkeit hat. Wenn ihr das, was ihr seid, lieben werdet und in Frieden, Freude und Harmonie mit eurem Selbst lebt, dann werden sich alle Dinge verändern.

F: (F) P'taah, du sagtest, daß die Sternenwesen in dieses Gebiet kommen. Können wir...

P'taah: Ah, darauf haben wir gewartet. *(Lachen im Publikum.)*

F: Können wir mit ihnen Kontakt aufnehmen, und wie können wir das tun?

P'taah: Hm, das ist möglich, das ist wahrscheinlich. Alle Dinge sind wahrscheinlich und möglich. Warum denkst du, du stündest nicht bereits mit ihnen in Kontakt, Geliebte?

F: Ich kann mich nicht daran erinnern. Bewußt denke ich nicht, daß ich das bereits tue.

P'taah: Sehr gut. *(Spaßeshalber.)* Darum hast du ja mich, hm? Nun, es werden alle Dinge geschehen, wenn die Zeit reif ist. *(P'taah richtet seine Aufmerksamkeit auf den Herrn, der neben dieser Dame sitzt.)* Ist es nicht so, Geliebter?

F: Das kommt mir bekannt vor.

P'taah: Es ist interessant, daß ihr zwei zusammensitzt. *(Einige Mitglieder der Gruppe lachen, weil sie wissen, daß beide Personen ziemlich ungeduldig auf die globalen Veränderungen warten.)*

F: Ich nehme an, das ist eine Co-Kreation.

P'taah: Ihr beide sehnt euch danach, in einem «beam-ship»[17] weggeführt zu werden? Nun, die meisten von euch möchten das auch gerne. Und das ist in Ordnung. Es macht euch viel Spaß, darüber nachzudenken. Aber ich will euch sagen, daß ihr einen

17 Beam-ship: Ein kleineres Pendler-Raumschiff zwischen dem Mutter-Raumschiff und der Erde.

kleineren Schrecken transmutieren müßtet, wenn es in Wirklichkeit geschehen würde. Hm, alles zu seiner Zeit, ihr Lieben. Seht, die Zeit kommt schon bald, wo ihr von Antlitz zu Antlitz mit euren Brüdern und Schwestern aus anderen Welten kommunizieren werdet. Sie warten auf euch.

Ihr Lieben, es reicht für heute. *(P'taah wendet sich an einen Herrn, der für diesen Anlaß von sehr weither gereist kam und dann während dem Treffen vom Schlaf übermannt wurde.)* So, Geliebter, wirst du es nächste Woche noch einmal versuchen?

F: Das werde ich.

P'taah: Sehr gut. Verurteile dich nicht, weil du eingeschlafen bist. Das ist absolut in Ordnung so. Und sei gewiß, du verpaßt nichts, ob du nun in deinem physischen Körper anwesend bist oder nicht.

(Wie immer bedankt sich P'taah bei den Gastgebern): Wir danken dir, Geliebter. Geliebte Frau, unser Dank auch an dich. Ihr seid wunderbare Gastgeber, die es uns ermöglichen, uns hier an diesem wundervollen Ort zusammenzufinden. Wißt ihr, daß ihr diesen Frieden mit euch nehmt, jeder einzelne von euch, wenn ihr diesen Ort nach diesem Treffen verlaßt? Ihr nehmt die Leichtigkeit in eurem Herzen mit, und wenn ihr euch mit euren Freunden anderswo trefft, dann gebt ihr diese Energie weiter. Und solltet ihr einen Ort in euch finden, der nicht so harmonisch ist, nehmt euch ein bißchen Zeit, setzt euch unter den Mond oder unter einen Baum, und erinnert euch an dieses Gefühl. Wenn ihr die Erinnerung an dieses Gefühl der Freude, des Friedens und der Harmonie, diese Leichtigkeit des Herzens aufleben laßt, ihr Lieben, so nehmt ihr das Unwohlsein in euch auf und gleicht es aus. Es wird in das Licht eures Wesens aufgenommen. Ihr seid großartige und herrliche Wesen, und wir lieben euch. Vergeßt nicht, ihr Lieben – nichts von alledem muß allzu ernst genommen werden. Geht in Freude und mit Lachen, habt Spaß und seid leichten Herzens, als wärt ihr Kinder mit der Fähigkeit zum Staunen. Seid eurem wundervollen Mond und eurem wunderschönen Planeten dankbar. Wißt, daß sie wirklich und wahrhaftig ein Spiegelbild von euch sind. Guten Abend.

Zehnte Übermittlung

30. Oktober 1991

P'taah: Guten Abend, ihr Lieben.

Publikum: Guten Abend, P'taah.

P'taah: *(Wendet sich einem bestimmten Teilnehmer zu.)* Guten Abend, Magier. Sei willkommen! Wie gefällt dir diese großartige Gegend im Norden deines Kontinents?

F: Wunderbar.

P'taah: Aber sicher. Wir haben auch schon über diese Gegend eures Landes gesprochen. Wirklich, ihr seid gesegnet. Es war äußerst clever, daß ihr zu diesem Ort gekommen seid. Dieser wundervolle Platz ist gesegnet mit weiblicher Energie, er ist ein Ort der Göttin, ein nährender und heilender Ort. Nun, ihr großen Meister, die ihr seid, habt euch diesen Ort, dieses Gebiet im Norden eures Kontinents kreiert. Man könnte es eine Demonstration des Wunsches nach höherer Energie nennen, die Sehnsucht, zur Gewißheit zu kommen und ein harmonisches menschliches Wesen zu werden. Wir haben es schon gesagt, daß ihr eure eigene Wirklichkeit erschafft. Es ist ganz einfach der Gedanke, der mit dem Wunsch verbunden ausgesendet wird, und das Universum stellt sich entsprechend um. Ihr seid wahrhaftig äußerst machtvoll. *Ihr seid keine Opfer, es sei denn, ihr glaubt, daß ihr das seid.* Denn es ist wirklich euer Glaube, der eurer Realität zugrunde liegt.

Wenn ihr nun also herkommt für eine Inkarnation nach der anderen, bringt ihr einen grob strukturierten Plan mit. Das heißt, daß ihr ihn vollenden sollt, daß ihr lernen sollt, eure Erfahrungen in eine Harmonie zu bringen. Und jedes Mal, innerhalb eines größeren Netzwerkes, erschafft ihr eure Wirklichkeit von einem Moment zum nächsten. Darum haben wir euch gesagt, daß es in Wirklichkeit keine Zukunft gibt. *Es gibt nur das Jetzt.*

Es gibt nur den jetzigen Moment. Denn aus der Fülle jedes

Augenblicks schöpft ihr den nächsten Augenblick. Wenn ihr an den Fesseln eurer Vergangenheit hängt, also in der Vergangenheit lebt und *für die Zukunft einen bestimmten Ablauf wünscht,* vergeßt ihr total das Jetzt, eure Gegenwart. Darum fühlt ihr euch als Opfer, habt das Gefühl, die Umstände in eurem Leben seien außer Kontrolle geraten.

In dieser Zeit der großen Veränderung, der zyklischen Umgestaltung eures Planeten und aller Galaxien sowie der Veränderung des Bewußtseins der Menschheit, könnt ihr diesen Übergang auf die leichteste Art herbeiführen. Ihr müßt nicht unbedingt herumsitzen, über eure Vergangenheit brüten und darauf warten, daß euch morgen vielleicht schreckliche Situationen überraschen. Einige von euch sind hier, um die weibliche Energie aufblühen zu lassen, damit dieser Übergang leicht wird. Weil das Gebiet an sich die Energie der Göttin widerspiegelt, die euch helfen kann, solltet ihr das so wünschen. Und das tut ihr auf der Seelenebene auch. Denn ihr Lieben, bei diesem Übergang geht es um ein Gleichgewicht. Während der Zeitperiode eurer Geschichtsschreibung hat die Menschheit, ihr männlicher und weiblicher Teil, aus der männlichen Energie heraus gehandelt. Jetzt ist es an der Zeit, daß die Energie der Göttin in Männern und Frauen wächst, ohne daß sie sich davor fürchten, damit die Menschheit empfänglich, intuitiv und kreativ wird und einen Ausgleich zum Intellekt schafft. Ihr lernt also, wie man die weiblichen Qualitäten verstärkt. Jene unter euch, die weiblich sind, glauben oft, daß sie wirklich weiblich seien. Und ihr Lieben, natürlich seht ihr wunderbar weiblich aus. Doch seht, in der Geschichte der Frau, jedenfalls in dieser Zeitperiode eurer Geschichtsschreibung, mußtet ihr gegen die Unterjochung kämpfen. Und wo ein Kampf ums Überleben stattfindet, da ist männliche Energie. Ihr wißt ja, unlängst kam die sogenannte Frauenrechtsbewegung auf. Jedoch das einzige, was wirklich gelockert wurde, sind die einengenden Gesetze. Seht ihr, daß jene Lieben, die für Gleichheit kämpften, mit männlicher Energie gekämpft haben? Das männliche Geschlecht hat große Angst vor weiblicher Macht. In eurer Kultur wurde die weibliche Energie vernichtet. Sie war, wie ihr alle wißt, die Schattenseite des Mondes. Die Männer haben unter gebrochenen Herzen gelitten, geboren aus Schuldgefühlen, weil sie die weibliche Energie in sich selbst verdrängt und unterdrückt haben. Jetzt in dieser Zeit der Veränderung kann euer Kontinent, der den Ruf hat, die weibliche Energie nicht zuzulassen, die Initiative ergreifen und zum Vorläufer werden. Denn das ist tatsächlich möglich für dieses Land: ein Vorläufer zu sein. Wie wir schon sagten, habt ihr euch alle in der jetzigen Zeit auf diesem Planeten inkarniert, damit ihr Zeuge der Veränderungen werdet und dabei helfen könnt. Wir kennen die morphogenetische Energie dieses Landes und wissen, daß sich die Australier in mancher Weise zurückgeblieben vorkommen. Ihr Lieben, das ist unbegründet. Ihr seid nicht nur nicht zurückgeblieben, ihr habt sogar die Fähigkeit, voranzuschreiten und euren Planeten zu erleuchten. Jeder einzelne von euch hier kreiert das, was ihr euch wünscht, indem er die Flamme in der Brust entzündet, die Sehnsucht, den ernsthaften Wunsch nach Licht. Jeder einzelne von euch! Hiermit, ihr Lieben, kommen wir wieder auf die gleiche alte, langweilige Geschichte zurück. Jeder ist die zentrale Sonne seines Universums, und wenn jeder von euch jede Facette seines Wesens zulassen kann, es annimmt und zum Licht führt, zum Licht seines Wesens, so wird er seinen Seelenwunsch erfüllen.

Hier nun wollen wir mit den Fragen beginnen. Ihr seid wieder vollzählig, und wenn ihr wirklich keine Fragen habt, dann können wir euch gratulieren und schon bald wieder gehen. Ah doch, unser Technokrat, hm? *(Gelächter)* Wie geht es dir heute abend, Geliebter?

F: (M) Danke, P'taah, gut.

P'taah: Sehr gut.

F: P'taah, du sagtest, daß Australien, ganz speziell der Norden hier, ein sicherer Ort sei. Könntest du das etwas deutlicher ausführen? Ist es im physikalischen Sinne sicher, oder ist es, weil hier in diesem Gebiet mehr von dieser Energie zur Verfügung steht?

P'taah: Geliebter, es gibt keinen Ort, der nicht sicher wäre. Ihr lebt wirklich in einem sicheren Universum, ob ihr das nun wißt oder nicht. Darum laßt uns hier ganz klar sein. In den letzten Jahren bestand die Taktik darin, euch gewaltig Angst zu machen. Man verlautbarte, daß ihr nicht in Sicherheit seid. Doch, wie auch immer, sag mir: Sind es die Veränderungen der Erde, worauf du dich beziehst, Geliebter?

F: Das ist richtig.

P'taah: Die Veränderungen der Erde durch Erdbeben, Flutwellen und Vulkan-Eruptionen haben ja auf eurem Planeten bereits angefangen. Das ist ganz bestimmt nichts, was euch ängstigen müßte, das ist eher ein Grund zum Feiern. Die Göttin streckt sich, erneuert sich und bereitet sich vor. Ihr sagt jetzt: «Und was ist mit den Menschen, die in solchen Situationen ihr Leben verlieren? Was ist mit den Flutwellen dort, wo Menschen leben, und was ist mit den Krankheiten?» Nun, es gibt viele Menschen auf eurem Planeten, die nicht glauben, daß sie in einem sicheren Universum leben. Sie sind hier, um für sich die Erfahrung einer Umwälzung zu machen. Doch wenn ihr tief in euch die Gewißheit habt, ein machtvolles Wesen zu sein, dann wißt ihr auch, daß es so etwas wie den Tod nicht gibt – er ist eine Illusion. Viele von euch haben Angst, daß sie vor dem «big bang» sterben und die Wirklichkeit der vierten Dimension nicht mehr erleben. Nun, ihr werdet nichts verpassen. *Das verspreche ich euch.*

So etwas wie einen unsicheren Ort gibt es nicht. Es ist vielleicht so, daß ihr in euch selbst ausgeglichen seid, euch über die Veränderungen freut, über Sicherheit Bescheid wißt und erkennt, daß es im Leben um mehr geht, als zu überleben. Dann werdet ihr bemerken, daß ihr ganz einfach nicht dort seid, wo die großen Umwälzungen stattfinden. Katastrophen sind in Wahrheit großartige Gelegenheiten, um Zeuge der großen Göttin zu werden. Sie sind ein Spiegelbild der Göttin innerhalb jedes einzelnen von euch. Denn ihr Lieben, ihr seid Gott/die Göttin, ein Spiegelbild des ALLES, WAS IST. So wie ihr den «alten Gott» mit seinem Bart dort oben nicht anerkennt, so tun das die meisten in dieser Kultur auch mit der Energie der Göttin, der weiblichen Energie, dem ausgleichenden Teil der Quelle, dem ALLES, WAS IST. Wenn ihr das, was ihr seid, immer mehr zulassen könnt, so wird auch die Göttin auferstehen. Fragen?

F: (F) Wie kann das Bewußtsein dieser Gruppe bei den jetzigen Veränderungen helfen?

P'taah: Geliebte, du bist nicht isoliert. Jede Gruppe, die aus welchen Gründen auch immer zusammenkommt, schafft Energiebande, und diese setzen sich in die entfernteste Galaxis fort. Ihr seid nicht voneinander getrennt. Und natürlich helft ihr bei dieser Veränderung mit. Das ist, was ihr euch alle gewünscht habt. Schaut, es ist für die Menschen sehr schwierig zu verstehen, daß sie voneinander nicht getrennt sind. Ihr habt in der Tat einen physischen Körper, der von jedem anderen Körper getrennt ist, obschon viel getan wird, um diese Körper zusammenzubringen. *(Das Publikum lacht.)* Doch ihr endet nicht da, wo euer physischer Körper endet – ihr habt kein Ende. Es würde euch guttun, darüber manchmal nachzudenken, ihr Lieben. Ihr könnt euch am Körper berühren, speziell an den Extremitäten wie den Füßen und den Händen, und könnt sagen: «Ich höre hier nicht auf.» Und wenn ihr das tut, dann hebt eure Hände, um symbolisch alle zu berühren: jede Pflanze, jede Kreatur, jeden Menschen und auch die vielen, die keinen physischen Körper haben. Wißt, daß das, was ihr seid, jede Dimension und jede mögliche Realität bis in die Unendlichkeit durchdringt. Ihr seid wirklich äußerst machtvoll, müßt ihr wissen, und schön seid ihr auch.

F: (M) Wie passen unsere Brüder aus dem All in das Bild mit diesen kommenden Veränderungen?

P'taah: Hm, mein Lieber, jeder macht seine Erfahrung mit den eigenen Veränderungen. Doch schau, wir möchten nicht, daß ihr denkt, während den Äonen eurer Zeit hätten keine Veränderungen stattgefunden. Denn in eurer Realität verändert sich alles immerfort. Der einzige Grund für das Tamtam um diese Veränderung liegt darin, daß ihr glaubt, es werde katastrophal. Und viele Menschen glauben wirklich, daß nachher nichts mehr vorhanden sein wird und daß die Menschheit sich selbst und den Planeten zerstört. Nun, das wird nicht so geschehen. Die sogenannten Sternenwesen haben ihre eigene Ausdehnung und ihre eigene Veränderung. Jedoch sind vielen von ihnen – nicht allen – die kommenden Veränderungen bereits bekannt. Viele Wesen außerhalb dieses Raum-Zeit-Kontinuums haben tatsächlich Kenntnis davon, was sie bereits kreiert haben, und sie wissen, was ihr in euren verschiedenen möglichen Wirklichkeiten kreiert habt. Wir sehen ein, daß dies nicht auf einfache Weise erklärt werden kann. Wie auch immer, ihr Lieben, so sehr wir uns wünschen, dies alles für euer Verständnis ganz einfach zu halten, so sprechen wir eben auch den größeren Teil eures Wesens an, der bereits weiß. Wir haben auch schon über «Nicht-Zeit» und über mögliche Wirklichkeiten gesprochen. Darum werden wir heute nicht allzusehr ins Detail gehen. Doch schaut, es gibt tatsächlich solche Wesen, die in ihrem eigenen Bewußtsein von all dem Kenntnis haben, hm?

F: (M) Du sagtest eben, daß der Planet Erde im Sinne von Energie das weibliche Prinzip manifestiert. Ist es denn so, daß das Seelenprinzip des Planeten Erde weiblich ist?

P'taah: In der Tat.

F: Vater Sonne wäre dann das männliche Prinzip?

P'taah: Genau.

F: Dann wären ja in unserem Sonnensystem die männlichen und weiblichen Energien ausgeglichen.

P'taah: Das wird so kommen, Geliebter. Das gehört zu den kommenden Veränderungen. Und so werden die Menschen auch ein erweitertes Bewußtsein erhalten, indem sie die Energie der Göttin für sich erschließen, die weibliche Energie, das feminine Prinzip, das Negative. Und so wird die ganze Menschheit, gleich welchen Geschlechts, in einen Zustand des Zulassens kommen, und dann wird es ausgeglichen sein. Versteht ihr? Und mit dem Ausgleich dieser beiden Polaritäten erfolgt der sogenannte Frequenzsprung.

F: (M) Wäre es korrekt zu sagen, daß der Ausgleich zwischen der männlichen und der weiblichen Energie zu mehr Glück verhilft?

P'taah: Es könnte schwerlich weniger sein, Geliebter. *(Betrübtes Lachen im Publikum.)*

F: Das ist ja gut. Die andere Frage lautet: Ist es korrekt, daß wir als Wesen wirklich unendlich sind, ohne Anfang oder Ende?

P'taah: Aber sicher, Geliebter. Ihr seid ein Spiegelbild des Göttlichen, das unendlich ist.

F: (M) P'taah, gibt es auf einer praktischen Ebene irgend etwas, was wir tun könnten, um bei den kommenden Veränderungen mitzuhelfen?

P'taah: In der Tat, Geliebter. Liebe, was du bist. Das ist alles, was von dir verlangt wird. *(Ganz sanft):* Liebe, was du bist. Ich verstehe nicht, warum ihr das so schwer findet. *Ich* liebe, was ihr seid.

F: (F) P'taah: Ich komme zurück auf die Katastrophen und auf unsere parallelen Realitäten: Die Tatsache, daß wir jetzt hier sind und weder eine Vergangenheit noch eine Zukunft haben, beweist, daß wir eigentlich diese Katastrophen bereits durchlebt haben – wenn du weißt, was ich meine?

P'taah: In der Tat, Geliebte.

F: (M) Du erwähnst entweder negative oder feminine Energien. Gibt es auch etwas, was neutrale Energie genannt wird, die weder männlich noch weiblich ist?

P'taah: Das nennt man dann die perfekte Ausgeglichenheit, Geliebter.

(Ein anderer Herr, einer, der neu dazugekommen ist):

F: Ich danke dir, daß du dies nach Kuranda[18] gebracht hast. Der elfte Januar 1992 ist ein wichtiger spiritueller Tag für die menschliche Familie, und es werden uns noch mehr Informationen zukommen. Wie siehst du das? Weißt du, ob dies eine zutreffende Voraussage ist, und sollen wir dies auf ähnliche Weise unterstützen?

18 Die Treffen mit P'taah fanden ungefähr 8 km westlich von dem Städtchen Kuranda statt. Der Name Kuranda kommt von den Aborigines und heißt: «Treffpunkt der Geister».

P'taah: Genau, aber das ist wirklich keine große Sache. Tatsächlich ist es der Anfang des letzten Zyklus und der Zeitpunkt des Lichts, das eine harmonische Frequenz hat. Ihr würdet sagen: Es wird der Antrieb für die Ausdehnung sein, für die Erhöhung der Frequenz. Wie auch immer, es ist ein Grund zum Feiern. Wir schlagen vor: Feiert jeden Tag. Und natürlich werden viele von euch, die hier und heute versammelt sind, Energie für die Veränderungen beisteuern. Das an sich ist wundervoll, und man könnte sagen, daß es wunderbar wäre, daran teilzunehmen, hm? Doch wie auch immer, ihr Lieben, ihr müßt euch auch bewußt sein, daß darum viel Hokuspokus gemacht wird und viele fragen: «Wie kann ich wissen, was die Wahrheit ist?» Wir wissen, daß gewisse Leute sagen: «Wenn du an dieser Umwandlung der Energie nicht teilnimmst, wirst du es nie schaffen.» Wir meinen, dies ist eine große Übertreibung, vielleicht gar Wunschdenken. Ihr wißt, wenn man Menschen zu einem Bewußtseins-Sprung führen will, bewirkt man mit einer Taktik der Angst genau das Gegenteil. Versteht ihr das? Ihr könnt herausfinden, ob etwas für euch die Wahrheit ist, indem ihr euch fragt, wie es sich anfühlt. Das ist das Barometer, hm? Wie fühlt es sich für dich an? Und wenn du die Worte hörst, Geliebter, wenn du *meine* Worte hörst, und du sagst: «Moment mal, das fühlt sich in meinem Herzen nicht wie die *Wahrheit* an», dann ist das die Wahrheit. Wir haben uns bereits über Werturteile geäußert und auch über die Unterscheidungsfähigkeit. Ihr werdet immer wissen, was die Wahrheit ist. *(An dieser Stelle verlangt P'taah eine Pause.)*

(Nach dreißig Minuten Pause versammelt sich das Publikum wieder.)

P'taah: Wir wollen fortfahren, ihr Lieben. Fragen!

F: (M) P'taah, ich fragte dich schon einmal über die Bedeutung der Pole in bezug auf die kommenden Veränderungen.

P'taah: In der Tat, und du denkst, die Zeit wäre jetzt reif, Geliebter? Hm? Nun gut. Wir möchten dich nicht länger auf die Folter spannen. Es gibt auf eine Frage immer viele Antworten. Darum werden wir ein wenig über dies und jenes in bezug auf die Pole plaudern. Die Arktis und die Antarktis gelten in eurer Geschichte als dimensionale Toröffnungen. Der magnetische Pol ist nicht nur ein einzelner Punkt. Er ist wie ein Tor für die Sternenwesen und die Wesen auf eurer Erde, die immer einen Kontakt aufrechterhalten haben und, indem sie diese Toröffnungen benutzten, intergalaktische Reisen unternahmen. Während der Veränderungen werden sich diese Toröffnungen verschieben und verändern, so wie sich die elektromagnetische Energie eures Planeten verschieben und verändern wird. Das heißt, daß diese Tore, diese Öffnungen, die Pole und andere Gebiete auf eurem Planeten sich in einem physikalischen Sinne anderswo befinden werden. Auch dehnen sie sich immer weiter aus, so wie sich das Bewußtsein der Menschheit weiter und weiter ausdehnt. Während eurer Geschichtsschreibung sind die Leute durch diese Tore in andere Dimensionen der Zeit und des Raumes gereist. Es wird also geschehen, daß dieses im physikalischen Sinne sehr enge Gebiet sich ebenfalls ausweiten wird. Ihr könntet sagen, daß der Schlüssel für diese Toröffnungen in euch liege. Es gab das Bermudadreieck, doch das ist nicht mehr aktuell. Wie auch immer, es wird in den nächsten zwanzig Jahren geschehen, daß diese Toröffnung sich so erweitert, daß sie die gesamte Erde umgibt und damit die Veränderung offenbart. Wir können heute auch sagen, daß euer Bewußtsein, wie auch die Toröffnungen, in Wahrheit keinen Raum besetzen und nicht auf eine bestimmte Zeit beschränkt sind. Das liegt jenseits von Raum und Zeit. Und eure Erde, von der ihr glaubt, daß sie aus fester Masse besteht, besteht tatsächlich aus mehreren Erden, die alle den gleichen Raum benutzen, sich aber in verschiedenen Zeit-Kontinuen befinden. Die sogenannten Zeitreisen durch diese Toröffnungen, die in ausgedachten Erzählungen[19] vorkommen, kommen der Wahrheit sehr nahe. Denn ihr könnt diese Toröffnungen benutzen, um mit eurem eigenen Bewußtsein durch das, was ihr als Zeit bezeichnet, zu reisen. *(Im Spaß.)* Aber nicht heute abend, ihr Lieben.

F: Wie schade.

P'taah: Hm, doch auch hier wieder: Wenn du es dir wahrhaftig so aussuchst, so sei es.

19 Science-fiction-Literatur.

F: (F) P'taah, ich habe die Vorstellung, daß, wenn wir unseren Emotionalkörper reinigen, wir auch dem Planeten Erde helfen, seinen Emotionalkörper zu reinigen.

P'taah: Aber sicher, Geliebte.

F: Könntest du das noch etwas genauer ausführen, auch inwiefern wir Teil des Planeten sind?

P'taah: Es ist wirklich so, daß nichts voneinander getrennt ist und daß alles, was dir außerhalb von dir erscheint, nur ein Spiegel ist, ein Spiegelbild dessen, was du bist. Und wenn du dir dieses sogenannte Chaos ansiehst, die sogenannten Verwüstungen auf eurem Planeten, dann spiegelt das tatsächlich die Verwüstung innerhalb der Menschheit wider. *Wenn du dich dann mehr und mehr akzeptieren lernst, dir das Recht zu sein zugestehst und das, was du bist, liebst, dann wird sich auch das verändern, was du außerhalb von dir wahrnimmst.* Wenn du also jede Facette deines Wesens als göttlichen Ausdruck akzeptieren und annehmen kannst, dann kannst du in den Spiegel schauen und dir gewiß sein, daß du GOTT, DER ICH BIN siehst. Wenn du dich in das verliebst, was du bist, so wird sich das tatsächlich auf eurem Planeten widerspiegeln. Der Planet wird dann aufblühen, wie es seit der Zeit von Lemuria[20] nicht mehr gesehen wurde.

F: (F) P'taah, da werden immer mehr Informationen aufgedeckt, wie zum Beispiel das Arbeiten mit elektromagnetischer Energie, Zeitreisen und noch vieles mehr, was seit dem letzten Krieg auf diesem Planeten aufgekommen ist. Zum Beispiel auch das Philadelphia-Experiment. Nur wenden die Leute diese Prinzipien äußerlich an und benutzen dazu Maschinen. Werden wir das auch ohne Maschinen, nur mit unserem Bewußtsein tun können, wenn wir dazulernen?

P'taah: In der Tat. Nun, es wird eine andere Art von Technik aufkommen, nämlich die kristalline Technologie, die in eurer Zeit gerechnet, schon sehr bald zu erwarten ist. Doch wie wir

20 Lemuria war ein vorzeitlicher Kontinent vor der Zeit von Atlantis. Er befand sich im Indischen und Pazifischen Ozean. Der Kontinent Australien ist das, was davon geblieben ist.

schon sagten, wirkt die kristalline Technologie wie ein riesiger Verstärker. Wenn also diese Maschinen, mit Gedanken angetrieben, in eure Atmosphäre gelangen, wo die Angst vorherrscht – und wir sagen es noch einmal: Alles, was nicht Liebe ist, ist Angst, inklusive dem Streben nach Macht – wenn also solche Energien von eurem Planeten ausgehen, würden sie sich gewaltig verstärken und könnten so die Zerstörung verursachen. Darum wird diese Technologie so lange zurückgehalten, bis die bewußte Energie der Menschheit mit der Liebe und dem Licht mitschwingt. Weil die kristalline Technologie wie ein riesiger Verstärker wirkt, wird dann eine Energie der Freude, des Lichts, der Liebe und des Lachens verstärkt auftreten, nicht nur auf diesem Planeten, sondern in allen Multiversen. Eure Wissenschaftler spielen schon seit vielen Jahren damit, und es gibt ein großes geheimes Wissen unter den Wissenschaftlern. *Es standen und stehen viele von ihnen in Kontakt mit den Sternenwesen. Viele Leute auf eurem Planeten sind in der Tat Sternenwesen mit ihrem eigenen bewußten Wissen.* Äußerst trickreich, diese Sternenwesen, hm?

F: (F) P'taah, es wurde gesagt, daß die Pleiadier ihre Technologie mit einigen von unseren Wissenschaftlern ausgetauscht haben. Wissen diejenigen, die diese Technologie weitergeben, auch, daß wir mit unserem Bewußtsein noch nicht ganz so weit für solche Errungenschaften sind?

P'taah: Ganz bestimmt, Geliebte. Doch schau, die Fähigkeiten der Menschen, diese Technologie anzuwenden, sind noch nicht genügend entwickelt. In der Tat waren die bisherigen Experimente sehr einfach. Das kann sich noch viel mehr entwickeln.

F: Je mehr du mit uns dein Wissen teilst, wie wir unser Bewußtsein erweitern können, um so weniger möchte ich von Technologien wissen. Wissen schon, aber...

P'taah: Geliebte, die Neugier auf die einzelnen Stücke des Puzzles ist unwiderstehlich, und das ist in Ordnung so. Das ist wundervoll und sehr kreativ. Doch wie auch immer, wie wir euch an jedem Abend sagen, wenn wir zusammenkommen: Immer, immer fällt es auf euch selbst zurück. Wenn ihr nicht die Gewißheit habt, die mit eurem Intellekt, also mit dem Computer in eurem Kopf nichts zu tun hat, sondern ein Wissen des Herzens ist, dann bleibt ihr in euren Glaubensstrukturen stecken, im «Nicht-Zulassen», im «Nicht-Anerkennen». Ihr erkennt nicht, daß jede Facette eures Seins, jeder Gedanke, den ihr je hattet sowie jede Tat göttlich und wegen der Erfahrung da ist. Es sind nur eure Werturteile, die Schmerz und Pein verursachen. Es ist das Verurteilen, meine Geliebten, das euch alle an gebrochenen Herzen sterben läßt.

F: (M) P'taah, ich wüßte gerne mehr über die Pyramiden auf der Erde. Ich denke, da besteht eine Verbindung mit dem Okkulten und den außerirdischen Wesen.

P'taah: Aber sicher.

F: Was können wir von den Pyramiden lernen?

P'taah: In der heutigen Zeit wirklich gar nichts, denn die Menschheit kann sich nicht mehr an diese Technologie erinnern. Die Erinnerung kann nur aufleben, indem ihr in ein erweitertes Bewußtsein kommt, und dann wird sich euch alles, alles Wissen auf diesem Planeten, seine gesamte Geschichte und die des Multiversums manifestieren. Denn seht, es handelt sich bei dieser Sache um euer Herz. Es geht wirklich nicht um Technologie, auch nicht wirklich um die Stücke des Puzzles, die ihr nicht zusammenbringt. Wir haben natürlich Verständnis für die Freude und die Faszination, diesen täuschenden Stückchen des Puzzles nachzujagen. Das macht viel Spaß, und das verurteilen wir auch nicht, ihr Lieben. Es ist eine wunderbare Beschäftigung. Aber es ist nicht wichtig, was ihr tut, es ist nur wichtig, was ihr *seid*.

F: (F) P'taah, werden wir in diesem Leben unsere Schwingungen so erhöhen können, daß wir nicht sterben müssen? Können wir diesen Übergang mitmachen, ohne zu sterben?

P'taah: In der Tat, das ist möglich, Geliebte.

F: Könntest du mir darüber mehr erzählen?

P'taah: Wir haben doch schon darüber gesprochen. *Der einzige Grund, warum euer Körper so schnell stirbt, ist, weil ihr glaubt, daß er das muß.* Es ist der zugrundeliegende Glaube. Ihr habt so viel zu tun, eure Körper zu schützen, und ihr seid so fasziniert davon, wenn eure Körper nicht richtig funktionieren. Ihr sorgt euch wegen der vielen Keime, die euch krank machen können, wo ihr doch selbst ein Keim seid. Wirklich, ihr Lieben, ihr seid ein Makromolekül des Universums. Ihr steckt euch nicht an. *Ihr seid keine Opfer.* Man könnte sagen, daß ihr im Stadium der Kindheit sterbt, wenn man euch mit anderen humanoiden Spezies vergleicht, die anderswo normalerweise etwa eintausend Jahre leben. Wenn du also wirklich wünschst, deinen Körper funktionsfähig zu erhalten, wäre es gut, wenn du dir anschaust, was du von deinem Körper hältst und was du vom Universum glaubst. Und dann muß man sich bewußt sein, daß die morphogenetische Resonanz der Menschheit diese Glaubensstrukturen erschafft. Das alles muß man sich bewußtmachen, und dann sollte man die «Chancen beim Schopf packen». Und das liegt ganz bestimmt nicht auf einer unerreichbaren Ebene der Fähigkeiten oder gar Möglichkeiten. Es gab auf eurem Planeten solche, die während Hunderten von Jahren lebten, wie es auch jene gab, die wunderbarerweise ohne Nahrung bleiben konnten.

F: (M) P'taah, du sagtest, es handele sich bei diesen ganzen Erfahrungen nur darum, die Emotionen zu fühlen, die das Resultat dieser Erfahrungen sind. Gibt es einen Weg herauszufinden, welche Emotionen wir noch erfahren müssen?

P'taah: Aber natürlich, Geliebter. Man muß nur darum bitten. Schau, Geliebter, du bist von dem, was du als dein Bewußtsein betrachtest, und dem was in Wahrheit ein größerer Teil dessen ist, was du bist, nicht getrennt. Es braucht dazu nur der Wunsch geäußert zu werden, und es wird so sein. *Aber man muß das Sein zulassen.*

F: (M) Bis zu welchem Ausmaß sind wir hier, in diesem Gebiet, zu dem zurückgekehrt, was eine lemuria-artige Erscheinung genannt werden könnte?

P'taah: Wahrhaftig, das ist so. Die Tatsache, daß sich Menschen zu diesem Gebiet eures Kontinents hingezogen fühlen und natürlich auch, daß sie wünschen, eine Gruppenenergie hervorzubringen, wie ihr das hier und jetzt tut, ist auch eine Folge der

Erinnerung an eine große Zivilisation vor eurer geschichtlichen Zeit, eine Folge von dem, was man Lemuria und das große Mutterschiff MU[21] nennt. Darum beschwört dieses Gebiet mit seinen Schwingungen in diesem Regenwald, dem Dschungel mit seinen weichen und sanften Energien, und dem, was sich unterhalb des Baldachins der Pflanzen befindet, das herauf, was zu Zeiten Lemurias existierte. Das war eine Zeit, als den Planeten eine große Wolke umgab, die alles bedeckte. Das Licht leuchtete immer sanft, und die Temperatur war der ziemlich ähnlich, die hier in bestimmten Jahreszeiten immer noch vorherrscht.

F: Dann sind wir also die gleichen Seelen, die Teil dieser Zivilisation waren und die nun zu einem Gebiet zurückkehren, wo diese Energien aufbewahrt wurden.

P'taah: In der Tat.

Hast du eine Frage, Dame des Lichts? Wir möchten, daß dies die letzte Frage ist, denn der Körper unserer Frau fühlt sich heute abend nicht so wohl, und wir möchten sie nicht ermüden.

F: Du erzähltest gerade, wie die Erde zur Zeit von Lemuria aufblühte. Was geschah, daß diese Blüte welkte und starb?

P'taah: Es war eine Aufwallung von männlicher Energie. Doch schau, das muß nicht verurteilt werden, Geliebte, das geschieht wegen der Erfahrung. Alle sind von dem, was das große Lemuria und von dem, was das große Atlantis war sowie von der Zerstörung eures Planeten und dem riesigen Drama der Geschichte der Menschheit fasziniert. Doch das geschah wegen der Erfahrung, ihr Lieben, um zu sehen, wie es sich anfühlt. Und das ist immer noch so, ihr Lieben.

In der Brust eines jeden Menschen findet sich die Trauer darüber, was damals, in vorgeschichtlicher Zeit, auf eurem Planeten angerichtet wurde. Da sind riesige Schuldgefühle vor-

21 Laut verschiedener Quellen (eine davon ist St. Germain) war MU kein Land, sondern ein Mutterschiff. Das ist ein Raumschiff mit enormem Ausmaß. (P'taah bezeichnet zum Beispiel das Ausmaß des Pleiadischen Mutterschiffes als größer als unsere größten Städte.) Laut St. Germain wurde auf dem Kontinent Lemuria um MU eine Stadt mit hoher Zivilisation gebaut.

handen, und das wurde ganz arg verurteilt. Und viele von euch möchten gerne in die Verläufe vergangener Leben entfliehen. Doch ich will euch sagen, daß nichts so aufregend ist als das, was ihr gerade in diesem Moment erschafft. Darum müßt ihr nichts verurteilen, sondern erkennen, daß ihr euch wegen der wunderbaren und aufregenden Erfahrung, in jedem Moment ihr selbst zu sein, hier und heute an diesen Ort kreiert habt. Und daß ihr die Erkenntnis erlangt, ihr Lieben, wie ihr eure gebrochenen Herzen transmutieren könnt, damit ihr in die Ganzheit eures Seins gelangen werdet. *Man nennt das Heimkehr.*

Ihr Lieben, ich liebe euch sehr. Es ist mir immer eine Ehre und eine Freude, mit euch zu sein. Wir würden es so sagen: Geht in Liebe und genießt die Fülle jedes einzelnen von euren jetzigen Augenblicken. *(P'taah dankt den Gastgebern.)* Ihr Lieben, geht mit Lachen. Das ist der beste Ausgleich, den ihr haben könnt. Guten Abend.

Elfte Übermittlung

6. November 1991

P'taah: Guten Abend, ihr Lieben.

Publikum: Guten Abend, P'taah.

(P'taah geht zu Peter Erbe hin, dessen Buch «God I Am» soeben herausgekommen ist.)

P'taah: Unsere Gratulation, Geliebter. Das nennt man die Früchte der Arbeit, die der Erleuchtung dienen und die Herzen der Menschen aufleben lassen.

Peter: Vielen Dank, P'taah.

(P'taah schaut den Mann für einen langen Moment liebevoll an. Dann wendet er sich an die versammelten Leute):

Nun, ihr Lieben, seid wahrhaftig willkommen. In der heutigen Zeit eurer Geschichte, wo viele von euch in ihrem Abenteuer des Bewußtseins voranschreiten, werdet ihr gleichzeitig mit Dingen konfrontiert, die euch wie ein immer größeres Chaos vorkommen. Eine noch größere Verwüstung, wohin man auch schaut, und es sind noch mehr geplant. Überall, wenn ihr eure Zeitungen öffnet, wenn ihr in euren Fernseher schaut, euer Radio hört, erfahrt ihr von Geschehnissen, die wirklich das Herz betrüben. Überall wird nach Macht gestrebt, findet man Gier. Ihr fragt euch, wo das alles enden wird, und ob dieses Gerede von kommenden Veränderungen und von Erleuchtung nicht nur ein ferner Traum ist. Oder ist es etwas, was dann jemand anderem geschehen wird, irgendwann nach eurer Zeit? Ihr Lieben, wenn euer Verständnis wächst, wie das Universum funktioniert, wie es in Wirklichkeit arbeitet, in dem Maße, wie sich eure Ausdehnung beschleunigt – wir möchten, daß ihr dies von eurem neuen Standpunkt des Wissens aus betrachtet –, wird alles in eurer Umgebung, was ihr als korrupt bezeichnet, zutage kommen. Nicht, daß es eigentlich zunimmt, doch mit eurer erhöhten Wahrnehmung und dem wachsenden Bewußtsein wird nichts verborgen bleiben. *Alles kommt ans Licht* – offenbart sich, um untersucht zu werden. Das, was ihr manchmal für einen Traum haltet, einen Wunschtraum, wird mit dem offenbarten Dunkel konfrontiert. In dem Maße, wie sich das Bewußtsein erweitert und der Gott/die Göttin aufersteht, wird sich das Dunkle offenbaren, um vom Licht aufgenommen zu werden. Verurteilt die Streber nach Macht nicht zu hart. Schaut, was hinter dem Trachten nach Krieg steht, hinter den Lügen, hinter der Macht, der Korruption, der Gier, den Morden und der Folter. Seht hinter die noch schlimmeren Krankheiten der Menschheit. Das ist nicht da, um verurteilt zu werden, ihr Lieben, es ist da, um in euer Herz aufgenommen zu werden. *Es muß angenommen werden, und seid gewiß, wenn ihr diese Leute ohne zu verurteilen in euer Herz einschließen könnt, werdet ihr die Wirklichkeit verändern.* Wißt auch, daß alles, was ihr seht und verurteilt, wie Krankheiten, Korruption unter den Machthabern oder die Zerstörung eures Planeten, Teil eures Wesens ist, ein Spiegel, ein riesiges Spiegelbild für euch alle. Darum dürft ihr nicht verurteilen, was ihr außerhalb von euch wahrnehmt. Überwacht es mit dem Wissen, daß ein gleicher Aspekt innerhalb von euch existiert. Wenn ihr dies annehmen könnt, bleibt außerhalb von euch nichts zu tun, und so werdet ihr die Veränderung bewirken. Beobachtet euer Leben. Wie seid ihr an die Vergangenheit gebunden, woran hängt ihr, wo seid ihr mißtrauisch, wo macht ihr jemand anderen verantwortlich? Und jedes Mal, wenn ihr euch als Opfer eurer Vergangenheit fühlt, übernehmt ihr keine Verantwortung. Schuldgefühle haben wegen Vergangenem bedeutet ebenfalls die Verantwortung nicht übernehmen. Verantwortung hat nichts mit Schuld zu tun, ihr Lieben. Schuld ist wirklich, wie wir schon sagten, eine noch nicht gelernte Lektion. Es gibt Leute in eurer Welt, die unter riesigen Schuldgefühlen leiden, weil sie der Menschheit gewaltige Gemeinheiten zugefügt haben. Doch wir möchten euch sagen, daß es in Wahrheit keine solche Sache wie eine Vergangenheit gibt, sondern nur das Jetzt. Wenn Schuld und Scham mit Verantwortung in das *Jetzt* aufgenommen werden, wenn ihr diese auf Angst, statt auf Liebe begründeten Gedanken aussendet, dann müßt ihr wissen, daß ihr euch äußerst unwohl fühlen werdet.

Wenn ihr jedoch die Schuld und die damit verbundene Lektion annehmt, werdet ihr euch nie mehr unwohl fühlen. Das nennt man wahrhaftig den «Zustand der Gnade», wenn man im jetzigen Moment lebt, in der Fülle des *Jetzt*. Das gilt für alle Menschen, und es beginnt in der Brust eines jeden einzelnen von euch. Darum, ihr Lieben, müßt ihr nicht deprimiert sein. Wenn ihr wahrnehmt, was in eurer Welt geschieht, dann ist es ein Widerspruch zu alledem, was euer Herz wünscht. Wir raten euch auch, eure Aufmerksamkeit nicht auf die schrecklichen Umstände zu richten. Wenn ihr sie darauf lenkt und davon beeindruckt seid, dann werdet ihr das anziehen, worauf ihr eure Energie verwendet. Man soll sich davor nicht verstecken, aber man muß sich auch nicht darauf konzentrieren. Es braucht ein umfassendes Wissen, das Erkennen des «Warum» und des «Wie», die Erkenntnis, daß alles, *alle Dinge*, die nicht Liebe ausdrücken, ein Ausdruck der Angst sind. Und diese Angst wiederum, ihr Lieben, ist ein Ausdruck des Göttlichen. Denn *alle Dinge* kommen von der Urquelle, wie auch immer ihr sie wertet. So wie jede Facette dessen, was ihr seid, wahrhaftig ein Ausdruck des Göttlichen ist. Nun wollen wir mit Fragen beginnen. Wir möchten euch heute darauf hinweisen, daß ein Mikrophon zur Verfügung steht, und wir bitten euch, dahinein zu sprechen, so daß jede Weisheitsperle, die von euren Lippen kommt, für die Nachwelt aufgezeichnet werden kann.

F: (F) Wenn ich dir so zuhöre, komme ich zur Einsicht, daß der einfachste Weg, durch diese Zeiten zu kommen, darin besteht, sich dem, was auch immer kommen mag, zu ergeben. Nicht bewußt auf ein bestimmtes Wunschziel hinzuarbeiten, sondern einfach aus dem Weg zu gehen und die Dinge zuzulassen, die geschehen werden. Ist das so?

P'taah: Das, meine Geliebte, ist eine wahre Perle der Weisheit. Wenn jeder einzelne von euch «aus dem Weg gehen» könnte, den sogenannten Beweggründen, dem Intellekt aus dem Weg gehen könnte und jeden Moment den Wünschen seines Herzens folgen würde, seiner Intuition, dann wäre alles ganz einfach. Man muß die Beweggründe und den Intellekt nicht verurteilen. Wir sagen immer: Folgt dem, was euer Herz zum Jubeln bringt, folgt euren Herzenswünschen, und hört wirklich auf eure Intuition. *(Im Spaß)* Die Beweggründe und der Intellekt sind natürlich aus bestimmten Beweggründen und wegen dem Intellekt da. Das war ein Witz.

Der Intellekt ist ein Hilfsmittel, um die Herzenswünsche zu äußern. Das nennt man Ausgleich, ihr Lieben. Wißt ihr, was Ausgleich ist? Und ganz bestimmt wird sich euch die ganze Welt erschließen, wenn ihr von euren Beweggründen und Bemühungen zurücktreten könnt.

F: Also muß man den Weg gehen, der sich am harmonischsten anfühlt?

P'taah: Aber natürlich. Wie es sich anfühlt.

F: (M) Eine Frage aus Neugier: Es scheint so, als würde eine Gruppe von Menschen die Welt regieren, von der finanziellen Seite her und auch von allen anderen Seiten her gesehen. Stehen diese in Beziehung mit den Sternenwesen, und arbeiten sie mit ihnen zusammen, um alles zu einem schnelleren Ende zu bringen und uns so in die kommenden Veränderungen zu führen?

P'taah: Nun, Geliebter, das ist eine sehr gute «Frage aus Neugier». Denn da war immer schon – in den letzten Jahren – eine große Neugier vorhanden, wie die Sternenwesen in Beziehung zu den sogenannten «Machthabern» stehen. Es ist in der Tat so, daß die Sternenwesen in Verbindung mit Wissenschaftlern und Regierungsmitgliedern standen. Es läßt sich sagen, daß man in dieser Beziehung sehr neugierig war. Es gab auch eine gewisse Bestürzung betreffend der angewandten Ethik bei einigem, was mit der Menschheit geschah. Wir möchten folgendes dazu sagen: Es gibt viele Zivilisationen außerhalb dieser Erde, dieses Planeten. Nicht alle sind, wie ihr es nennen würdet, sehr fortschrittlich. Natürlich, technologisch betrachtet sind sie viel fortschrittlicher als die Leute hier. Doch wir reden von wahrem Fortschritt, und das ist, wenn sich Geist und Technologie im Gleichgewicht befinden. Die allergrößten Technologien können nur mit dem erweiterten Bewußtsein des Geistes angewandt werden. Nun, während diesem ganzen Geschehen, nämlich während der letzten

Dekade oder auch den letzten zwanzig Jahren dieses Zyklus' eurer Zeit, dieses Hineinwachsens in eine höhere Frequenz, möchten wir bitten, euch folgendes vor Augen zu halten: Bei allem, was ihr außerhalb von eurem bewußten derzeitigen Wissen seht, ist es sehr schwierig, einen Überblick zu gewinnen. Denn ihr könnt nur logische Schlußfolgerungen aus den sehr beschränkten Schubladen eurer jetzigen Wahrnehmung ziehen. Wie auch immer, die Menschheit hat gewählt, wie es sein soll. Es ist an euch, ob es harmonisch oder chaotisch sein wird. Überflüssig zu sagen, daß wir erkennen, daß ihr alle es vorziehen würdet, wenn die Veränderungen harmonisch verliefen. Alles liegt nur an eurer eigenen Wahrnehmung. Und wir haben schon darüber gesprochen, wie ihr natürliche Erhebungen wahrnehmt, daß diese in Wirklichkeit eine freudige Sache sind, daß es ein großartiger Plan ist, daß sie zyklischer Natur sind, daß sie völlig natürlich sind. Und es ist so, Geliebter, *wenn auch viele Menschen in diesen Veränderungen ihre eigenen Machtentfaltungen planen, so arbeiten sie in Wirklichkeit auf Dinge hin, von denen sie gar nichts wissen.* Man sagt: «Die Wege Gottes sind unergründlich», hm? Darum ereignet sich manches, von dem die Leute glauben, daß es aus einem bestimmten Grund geschieht. Von einer höheren Warte betrachtet, enthüllt es etwas anderes. Wir bitten euch, haltet an dem fest, was ihr in eurem Herzen wißt.

F: (M) Die australische Verfassung bezieht sich in ihrem Eingangsparagraphen ausdrücklich auf Gott. Ich halte es für sinnvoll, wenn die Verfassung dahingehend erweitert wird, daß dem Göttlichen auch bei der Erziehung unserer Kinder und bei der Rechtsprechung eine zentrale Rolle zukommt. 1984 unterbreitete ich diesen Vorschlag dem australischen Premierminister. Er wurde zurückgewiesen. Hältst du es für angebracht, wenn ich mich mit diesem Vorschlag noch einmal an die Regierung wende?

P'taah: Das ist wirklich nicht nötig. Das, was Ausdehnung des Bewußtseins genannt wird oder die Auferstehung des Christus, wird nicht von eurer Regierung kommen. Schau, Geliebter, das sogenannte christliche Bewußsein hat nichts mit dem zu tun, was ihr als Recht betrachtet. Denn schau, Geliebter, der einzige

Grund, warum ihr Gesetze habt, ist wegen der Angst, daß jemand rechtswidrig handeln könnte. Verstehst du? In Wirklichkeit ist eure Regierung viel zu sehr beschäftigt, um sich über die Seele Sorgen zu machen. Gott mag wohl in eurer Gesetzgebung verankert sein, aber die Seele ist es nicht. Die Regierung versteht nicht, daß es da keinen Unterschied gibt, hm. Und darum würden wir sagen, daß es nicht nötig ist, damit zu eurer Regierung zu gehen. Es ist nur notwendig, daß jeder einzelne von euch sich mit Licht ermächtigt, um die gesamte Menschheit zu erreichen. Und das werden sie nicht einmal bemerken. Wir glauben nicht, daß der, der euer Premierminister genannt wird, daran wirklich interessiert ist. Seine Angst vor Machtverlust hält ihn zu sehr beschäftigt. Und so ist es zur Zeit mit all euren Regierungen. Doch schaut, ihr werdet diejenigen sein, jeder einzelne von euch, die die Macht übernehmen und die eine Regierung ohne geschriebenes Gesetz aufbauen werden.

(An dieser Stelle stolziert die Hauskatze an P'taah vorbei, ohne seine edle Rede zu beachten, und er schweift kurz ab): Sie braucht keine Gesetze. Ihr könnt ihr so oft Befehle erteilen, wie ihr möchtet, sie weigert sich einfach zuzuhören.

Wenn jeder einzelne von euch immer näher und näher an das JETZT herankommt und seine eigene Macht erkennt, und wenn ihr euch als Ganzes mehr und mehr liebt, so wie ihr seid, dann könnt ihr eurer Regierung «auf Wiedersehen winken». *(Großes Gelächter)* Wahrhaftig.

F: (F) P'taah, bei einem anderen Treffen sagtest du, daß wir schon alles waren: Täter und Opfer. Ich verstehe nicht ganz, wie das sein kann.

P'taah: Nun denn, Geliebte, ich werde es dir ganz einfach erklären. Denn in Wahrheit ist es ganz einfach. Du hast dich schon Tausende Male inkarniert. Ihr alle habt das. Und schau, wenn wir sagen, daß es keine Trennung gibt, dann meinen wir das genau so. Denn mit jeder Inkarnation gehen etwa elf Zwölftel der Energie der Seelenfragmente zurück zu einer Art Schmelztopf. Darum, Geliebte, bist du nach Tausenden von Inkarnationen ein ziemliches Mischmasch. Und dann kommst du mit jeder

Inkarnation wegen der Erfahrung wieder, jedes Mal wegen einer neuen. Jedes Mal, um das anzunehmen, was du vorher noch nicht annehmen konntest. Auf diese Weise warst du tatsächlich schon der Mörder und der Ermordete, du warst Mutter und Vater, du warst männliches und weibliches Kind, du warst jede Rasse. Hm? Verstehst du, wie das geht? Du warst schon alles. *(P'taah wendet sich kurz an einen Herrn):* Genau, du warst einmal eine sehr schöne Frau, und jetzt bist du ein schöner Mann. In dieser Zeit und in den nächsten Jahren werden die Leute von einer Bevölkerungsexplosion reden. Es wird immer mehr Menschen geben. Es ist wie ein Wettrennen, ihr Lieben. Jedermann möchte hierherkommen, um diesen Übergang mitzuerleben. Und es sind darunter sogar solche, die noch nie vorher eine menschliche Form hatten. Verstehst du?

F: Ja, danke dir.

F: (M) Guten Abend P'taah. Jene, die herkommen, und vorher keine menschliche Form hatten, woher kommen denn die?

P'taah: Hm, von dem, was ihr Wale und Delphine nennt, und auch solche sind dabei, die Seelenenergie, Lichtenergie waren und vorher noch nicht den Wunsch hatten, einen physischen Körper anzunehmen. Da gibt es viele, müßt ihr wissen, die das nicht für nötig hielten. Möchtest du noch mehr wissen?

F: Nicht zu diesem Thema, aber ich würde dich gerne etwas über das Träumen fragen. Wir verbringen ein Drittel unseres Lebens schlafend und erleben im Traumzustand die verschiedensten Manifestationen. Könntest du sagen, wie wichtig das ist, oder ob es eine spezielle Bedeutung für unsere Evolution hat?

P'taah: In der Tat. Darüber haben wir schon gesprochen. Tatsächlich ist all dies hier, von eurem Traumzustand aus gesehen, eine große Illusion. Alles hier scheint wie ein Traum, scheint unwirklich zu sein. Der Traumzustand ist multidimensional. Wir reden von ganzen Leben und Erfahrungen, die ihr darin habt. Ihr reist in eurem Traumzustand mit eurem Bewußtsein ohne euren Körper sowohl auf der astralen Ebene wie auch in anderen Dimensionen, in andere Galaxien, in andere Zeitabschnitte, in alternative Wirklichkeiten, das heißt mögliche Wirklichkeiten. Ihr sucht dort das, was ihr zukünftige Leben, und das, was ihr vergangene Leben nennt. Ihr seid also in euren Träumen sehr beschäftigt. Und außerhalb dieser bewußten Realität lebt ihr auf sehr vielen Ebenen von Dimensionen des Raumes und der Zeit und möglichen Wirklichkeiten. Und ich darf sagen, daß ihr das mit Anmut und Leichtigkeit tut. Doch man muß auch wissen, daß die Seelenenergie makellos ist und ihre eigene Integrität besitzt. Darum vermischen sich diese «Stationen» nicht allzuoft. Und ihr müßt zudem wissen, daß euch nichts Böses geschehen kann, daß ihr in all diesen Dimensionen umherreisen könnt, auch in einem bewußten Zustand – und ihr werdet euch nicht verlieren. Ihr werdet von eurem physischen Körper nicht getrennt werden. Ihr seid absolut sicher. Denn seht, ihr Lieben, dies geschieht die ganze Zeit, ohne daß ihr es bemerkt. Wir meinen damit, daß ihr euch selbst wirklich vertrauen könnt, hm?

F: (F) P'taah, ist es ziemlich natürlich, daß wir manchmal Angst erfahren, während unser Bewußtsein im Schlaf anderswo weilt?

P'taah: Geliebte, manchmal geschieht das, wenn die Menschen plötzlich bemerken, daß sie an einem ihnen unbekannten Ort sind. Es geschieht auch oft, wenn die Leute ihre erste bewußte außerkörperliche Wahrnehmung haben, also wenn sie nicht schlafen. Dann haben sie Angst, daß sie von ihrem Körper getrennt werden könnten. Doch in dem Moment, wo ein Zweifel oder eine Angst aufkommt, ist es so, als ob das Bewußtsein in seinen Körper zurückplumpste. Das haben schon viele von euch erfahren.

Ihr Lieben, wir werden an dieser Stelle eine Pause machen. Einige von euch sitzen auf hartem Boden. Also streckt euren Körper, erfrischt euch und bereitet neue Fragen vor. Wir bitten euch jetzt, für zwei Minuten still zu sein. Wir danken.

(nach der Pause):

P'taah: So, ihr Lieben, ihr habt Fragen.

F: (M) Lieber P'taah, hier meine Frage: Ich habe das Gefühl, daß dies das Publikum im allgemeinen interessiert. Könntest du uns bitte erzählen, wie du angefangen hast, wo du herkommst – kannst du uns etwas über dich erzählen.

P'taah: Nun, Geliebter, das könnte man eine große Bestellung nennen.

F: Ich weiß.

P'taah: Weißt du das wirklich? Nun, schau Geliebter, das, was ich bin, ist in Wahrheit nichts anderes als das, was du bist. Und das, was diese Energie ausmacht, die ihr P'taah nennt, ist nur ein Teilstück, so wie es ihr auch seid. Es ist nicht, wie man meinen könnte, eine Person – und doch, da gab es in eurer Geschichte sicherlich eine Person, die als P'taah bekannt war. Doch schau, es ist genau dasselbe mit euch, wie wir vorher schon sagten. Die Person, die ihr unter eurem Selbst versteht, ist nur ein Teilstück einer sogenannten größeren Überseele. Ihr seid so viel größer, als *ihr* glaubt zu sein. Denn, wie wir schon oft festhielten: Ihr seid alle sehr großartige, multidimensionale Wesen. Ihr existiert auf allen Ebenen. Wenn ich euch also frage: «Wer bist du?», dann ist es für euch ganz einfach zu sagen, «Ich bin...», und ihr nennt einen Namen. Für euch ist das beinahe alles, was ihr seid. Nun, ihr Lieben, wenn ich euch frage, wer ihr seid, solltet ihr sagen: «Das, was ich bin, ist ein Ausdruck des Göttlichen.» Auf diese Weise drückt ihr mehr von dem aus, was ihr seid. Indem ihr euch selbst als einen Ausdruck des Göttlichen bezeichnet, laßt ihr zu, daß diese Energie zum Vorschein kommt.

Wenn ihr euch also auf diese Weise äußert: «Ich bin wirklich ein Ausdruck des Göttlichen», dann seid ihr das auch. Seht, wenn ihr dies sagt, werdet ihr es sehr schnell *erkennen*. Wir haben euch schon erklärt, daß es kaum Vorteile bringt, wenn ihr wißt, wer ihr in euren vergangenen Leben schon alles wart. Natürlich ist es sehr interessant, es befriedigt die Neugier, und das hat auch seine Gültigkeit. Manchmal geschieht es, daß ihr ein gewisses intellektuelles Verständnis von Teilstücken eures Seins habt, die ihr dann mit vergangenen Leben in Verbindung bringt. Doch schau, Geliebter, wenn du in dieser Zeit jetzt zum Licht kommst, wenn du das Leben aus der Fülle deines jetzigen Moments schöpfst, dann änderst du alle deine Leben. Sowohl die, die du als vergangen betrachtest, als auch die, die du als zukünftig ansiehst. Du siehst also, daß deine Frage ziemlich komplex ist. Und doch ist sie wiederum ganz einfach: Wer bin ich? ICH BIN. Ich bin Ausdruck des Göttlichen – und Geliebter, *ich weiß, daß ich bin.* Und bald, ihr lieben Menschen, werdet ihr es auch wissen.

F: (F) Unser Respekt P'taah. Ich wüßte gerne genauer über die psychologischen Begriffe Über-Bewußtsein, Unterbewußtsein, das Ego und das Super-Ego Bescheid. Und vielleicht könntest du auch erklären, wo das Super-Bewußtsein da hineinpaßt. Ist es mit unserem physischen Hirn verbunden, oder wird es von den Neuronen gebildet? Und hat die DNS ein Erinnerungsvermögen?

P'taah: Sollen wir darüber ein Buch schreiben, was denkst du? *(Das Publikum ist amüsiert.)* Wollen wir mit dem beginnen, was ihr Unterbewußtsein, Super-Bewußtsein und so weiter nennt. Geliebte, das sind bloße Etiketten. Wirklich. Etiketten fördern die Trennung. Denn schau, mit diesem Durst nach intellektuellem Wissen schafft ihr Schubladen. In diese Schubladen legt ihr alles ab, damit ihr wißt, was es ist, und wo es hingehört. So ist es mit *allem* eurem bewußten Wissen. Man nennt dies die «beschränkten Schubladen der Wahrnehmung». Die Wahrheit ist die: Je mehr ihr diese Etiketten anwendet, um so mehr trennt ihr das Selbst vom SELBST. Doch tatsächlich gibt es keine Trennung, überhaupt keine. Darum wollen wir uns über diese Schubladen und Etiketten hinwegsetzen. Das Ego könnte mit einem Auge verglichen werden. Das Auge ist ein Instrument, ein Werkzeug. Das Auge allein weiß nicht, was es sieht. Es ist da, um euch zu ermöglichen, die Realität der dritten Dimension wahrzunehmen. *Genau die gleiche Funktion hatte das Ego. Das heißt, es war da, um dem erweiterten Bewußtsein zu ermöglichen, das, was die Wirklichkeit der dritten Dimension ausmacht, wahrzunehmen.* Während Äonen eurer Zeit hat sich das so verändert, daß das Ego nicht mehr nur das Werkzeug für die Wahrnehmung dieser Dimension ist. Denn es wurde ganz «verrückt nach Macht». Es hat Angst, ganz besonders in der heutigen Zeit, daß es machtlos und unnötig werden könnte. Durch eure Lehren gewinnt ihr den Eindruck, daß das

Ego euch großen Schaden zufügt und daß ihr es nie zu einem erleuchteten Zustand bringen werdet, wenn ihr vom Ego aus handelt. Doch schaut, das, dem ihr widersteht, bleibt hartnäckig bestehen. Je mehr ihr das bekämpft, was ihr als Ego betrachtet, um so mehr habt ihr das Gefühl, daß es euch im Wege steht. Das, was man als Unterbewußtsein bezeichnet, dieser Dämon, der wie ein unkontrollierbares Monster herumlungert, hat die Rolle von dem übernommen, was Religion genannt wird. Es hat euch geängstigt, weil man euch lehrte, daß man dem nicht trauen darf. Seht, ihr Lieben, ihr vertraut euch selbst nicht. Keiner von euch tut das wirklich.

Euer physischer Körper ist ein Ausdruck des Lichtkörpers, des Ätherischen, der Seelenenergie. Eure DNS, die DNS/RNS – das große Mysterium eurer Zeit –, ist nur eine physische Manifestation. Sie wird von der Urquelle angetrieben. *Wenn die Menschheit immer weniger in der Trennung lebt, werden sich die Helices der* DNS automatisch entsprechend ausrichten. Es gibt nichts in eurer Wirklichkeit der dritten Dimension, was nicht von der Quelle angetrieben ist. Eure Wissenschaftler mögen alles noch so zerlegen, fotografieren, ihre Meßinstrumente anwenden, und sie werden doch nicht herausfinden, wovon es angetrieben wird. Das fehlende Glied heißt GOTT/DIE GÖTTIN, ALLES, WAS IST.

Mit der Mathematik, der Astrologie, der Quantenphysik und so weiter versucht die Menschheit einen Plan von dem zu erstellen, was bereits existiert. Versteht ihr? In den kommenden Jahren wird ganz bestimmt ein sogenannter Quantensprung im Wissen und im Verständnis eurer Physiker stattfinden. Doch dies wird nicht geschehen, bevor eure Wissenschaftler ihr Herz entdecken. Dann wird alles Wissen bekannt sein.

F: (F) Guten Abend, P'taah. Meine Frage betrifft das höhere Selbst. Ist es weise und auch möglich, zum benötigten Zeitpunkt vom höheren Selbst Rat zu bekommen?

P'taah: Geliebter, die Über-Seele, das größere Selbst, wenn du so willst, ist makellos. «Größer» meinen wir nicht in einem hierarchischen Sinne, eher im Sinne eines größeren Spektrums. Die Über-Seele gibt dir immer wundervolle Ratschläge, die du nicht befolgen wirst. Geliebter, natürlich kannst du jederzeit bitten, und *es wird dir stets geantwortet.* Denn schau, es gibt keine Trennung. Und das ist die Erkenntnis, die du erreichen wirst. All dies liegt in dir, nicht außerhalb. Du kommst hierher und hörst dir diese Worte an, aber in Wahrheit weißt du schon alles. Es wurde der Menschheit seit Äonen eurer Zeit kundgetan. Ihr müßt das alle begreifen; selbst wenn keine Worte mehr gesprochen würden, so stehen sie euch doch zur Verfügung, ihr Lieben. Wir möchten es wiederholen: *Es gibt nichts als Spiegelbilder außerhalb von euch.*

Alles Wissen von allen Menschen, die je existierten, befindet sich in euch. Es ist keine Unmöglichkeit, daß ihr zu dem findet, was ihr seid. Man muß es bloß zulassen. Ihr müßt nichts tun. Es ist bereits dort. *Man muß nur an einem stillen Ort sein und der Weisheit gestatten, sich zu offenbaren.* Es gibt nichts, was ihr nicht wißt. Geliebter, wenn du Kummer hast und dein Leben nicht zum Aushalten ist, dann mußt du wirklich wissen, daß du von nichts getrennt bist, daß du wirklich geliebt wirst und daß dich das gesamte Universum unterstützt, *wenn du es ihm gestattest.* Schau Geliebter, jeder, wirklich jeder stirbt an einem gebrochenen Herzen. Und ihr alle habt solche Angst, daß es bekannt werden könnte, weil ihr nicht erkennt, daß ihr euch alle in derselben Situation befindet.

F: (F) Früher an diesem Abend erwähntest du, daß eine Menge Energien sich hier inkarnieren, um eine noch kommende Erfahrung zu machen. Wenn ich mit Leuten spreche, gewinne ich den Eindruck, daß es eine Zeiterscheinung ist, sich für etwas vorzubereiten. Doch aus irgendwelchen Gründen kann ich das nicht fühlen. Ich glaube, wir haben schon, was wir suchen. Werde ich den Zug verpassen, weil ich diese Haltung habe?

P'taah: Nein, Geliebter, das wirst du nicht. Denn schau, ihr alle besitzt schon, was ihr erreichen wollt. Ihr sucht nach Erleuchtung, doch ihr seid bereits erleuchtete Wesen. Aber es ist wahr, Geliebte, daß euch große Veränderungen bevorstehen. Und es ist bestimmt auch wahr, daß euer Planet und alles darin und darauf in diesen nächsten Jahren einen großen Übergang erleben wird.

Nun geschieht das natürlich nicht nur auf der physischen Ebene. Man könnte sagen, daß die physische Ebene nur ein Ausdruck der ätherischen Ebene ist. Ihr denkt nur in bezug auf euren eigenen Planeten. Wir sprechen aber von Galaxien jenseits der wildesten, blühendsten Vorstellungen, von dem, was ihr Science-fiction nennt. Woher denkt ihr, kommt diese Science-fiction? *(Glucksendes Lachen im Publikum.)* Wilde und blühende Phantasien, hm? Ist das nicht seltsam? Wißt ihr, daß die Vorstellungskraft euer Universum erschafft? Wenn du dir etwas vorstellen kannst, Geliebter, IST ES. Nun, wir müssen zugeben, daß der Vorstellungskraft oft ein kleiner Schubs gegeben wird. Und oft ist sie auch Erinnerung, manchmal an das, was ihr Zukunft nennen würdet. Sehr spannend, nicht?

F: (F) P'taah, bekamen wir während unserer Geschichte solche, wie du es nennst, Schubse? Wurde vielleicht die Spanische Armada vom Wind oder etwas ähnlichem weggestoßen? Hatten wir Hilfe von außerhalb, die uns auf den richtigen Pfad führte?

P'taah: Hm. Auf eine Weise ja, aber nicht auf diese Weise. Obschon man sicherlich sagen kann, daß die Spanische Armada vom Bewußtsein weggeblasen wurde und nicht von außerirdischen Wesen. Schau, jeder meint immer, daß Gott auf seiner Seite steht, hm? Wenn also ein Land in ein anderes einfällt, hat dasjenige, das gewinnt, *offensichtlich* Gott auf seiner Seite. Nun, das ist ziemlich unwahrscheinlich, nicht wahr? Doch schau, die Wahrheit ist, daß Gott auf jedermanns Seite steht. Wenn du vom Eingreifen der Sternenwesen in die Angelegenheiten eures Planeten sprichst – da fanden in der Tat hier und dort einige Eingriffe statt. Denn schau, euer Planet wird nie zerstört werden. Doch euer Planet ist auch nicht nur ein einzelnes Wesen. Ihr werdet das erschaffen, woran ihr glaubt. Aber ihr müßt wissen, daß es für nichts jemals ein Ende gibt. Auch nicht für das, was ihr ausgestorbene Spezies nennt. Die Menschen, die Flora und die Fauna sind nur in eurer Raum-Zeit ausgestorben.

F: (M) Wird dieser Übergang ein einmaliger Anlaß sein, den alle zur selben Zeit erfahren? Wird das wie eine Explosion des Bewußtseins vor sich gehen?

P'taah: Möchtest du, daß ich dir den ganzen Spaß verderbe? *(Großes Lachen)*

F: Wie wär's mit einem kleinen Vorgeschmack?

P'taah: Du kannst diesen kleinen Vorgeschmack haben, wann immer du willst, Geliebter.

F: Also, wie ist es?

P'taah: Es geschieht, wenn du das EINS-SEIN von ALLEN Dingen erfährst. Das nennt man göttliche Ekstase, das nennt man Transmutation. So wird es sein. Wie du dir das kreierst, ist dein eigenes Abenteuer. Du weißt, wir sind keine Wahrsager, Geliebter. Wenn du die nächste Woche kommen wirst, um uns zu sehen, werden wir einen seidenen Schal um unseren Körper drapieren und große goldene Ringe tragen – man nennt das Zigeunerin, nicht wahr? Und dann werden wir aus deiner Hand lesen. *(Gelächter)*

Der Übergang, wenn alle Dinge in das EINS-SEIN kommen, kann in einem Augenblick stattfinden. Das kann einen Schritt vorwärts für die ganze Menschheit bedeuten, für alle, die diese Veränderung von der dritten zur vierten Dichte wünschen. Diejenigen, die dies nicht wünschen, werden es nicht erfahren. Ihr habt immer, immer die Wahl. Als nächstes willst du wahrscheinlich ein Datum. *(Lachen)*

F: (F) P'taah, in den Büchern über Bewußtsein, in den Offenbarungen und Prophezeiungen lesen wir, daß zehn Prozent der Menschen die Katastrophe oder den Übergang überleben sollen. Was geschieht mit diesen Leuten? Werden sie dann hier bleiben oder woanders hingehen – so wie in den Prophezeiungen gesagt wird –, auf einen anderen Planeten, bevor sie zurückkommen, um der Erde wieder auf die Füße zu helfen?

P'taah: Um Himmels willen! Das sind ja schreckliche Umstände, hm. Nun, das, was man Prophezeiungen nennt, ist nicht in Stein gemeißelt, geliebte Frau. Ihr verändert eure Wirklichkeit jeden Moment. Möchtest du, daß alle Leute überleben?

F: Ich habe eigentlich nicht darüber nachgedacht, ob es alle

Leute sein sollen oder nur zehn Prozent. Ich möchte nur wissen, was mit ihnen geschieht. Ob sie sich entscheiden wiederzukommen, um die Erde zu bevölkern.

P'taah: Geliebte, warum hast du die Vorstellung, daß die Erde nach dem Übergang neu bevölkert werden müßte? Schau, du läßt somit zu, daß die schreckliche Vorstellung von jemand anderem Realität wird. Nun, es ist nicht so, daß es nur zehn Prozent sein werden. Auch wird die Erde nicht in einem so zerstörten Zustand sein, daß sie neu bevölkert werden müßte. Die Veränderungen der Erde an sich sind wundervolle Veränderungen. Die Zustände, die du zur Zeit schrecklich findest, wie Vulkanausbrüche, Erdbeben und das Steigen der Meere, sind nur dazu da, um Raum zu schaffen, für die ausgedehnte Energie, die für den Übergang benötigt wird. Die Erde rührt sich und bereitet sich vor. Wenn der Übergang stattfindet, werden es bedeutend mehr sein, als du dir vorstellen kannst. Darum kommen all die vielen Leute hierher. Glaubst du, sie würden kommen, nur um vernichtet zu werden? Schau, dem ist nicht so, obschon hierüber viel angstmachende Worte geschrieben und gesagt werden. Ich will euch sagen, daß ihr euch die wundervolle Schönheit nicht vorstellen könnt. Ihr habt weder die Worte, die ekstatische Explosion zu beschreiben, noch könnt ihr euch vorstellen, wie es sein wird, wenn jedes Atom und Molekül auf diesem Planeten, ja der ganze Planet selbst, mit dem göttlichen Licht in Schwingung gerät. Solch außergewöhnliche Schönheit ist jenseits jeder Vorstellungskraft. Wenn dieser Übergang stattgefunden hat, werden Wesen auf euren Planeten kommen, um freudig, dankend, segnend und jubilierend die schönsten Hosiannas zu singen. Diese Wesen sind unsichtbar. Sie kommen von anderen Welten, und erscheinen nicht auf dieselbe Weise wie ihr. Und trotzdem werdet ihr fähig sein, das Göttliche in allen Dingen zu erkennen. Form oder Größe werden keine Rolle spielen. Ihr werdet Gott-Sein in allem erfahren, und es wird höchst magisch sein. Ihr müßt euch nicht vorstellen, daß ganze Flotten von Raumschiffen auftauchen, um euch wegzubringen, wenn diese «schrecklichen Umstände» eintreten. *Ihr braucht nicht gerettet zu werden, ihr Lieben.* Ihr seid äußerst machtvolle Wesen. Und das ist der

Grund, warum ihr hier seid: um diese Macht zu erkennen, so daß ihr den Übergang so gestalten könnt, wie ihr euch das wünscht. In Liebe und mit Freude, aus dem vollen schöpfend, mit stürmischer Kreativität, in Ehre und mit Integrität.

F: Das hört sich an, als hättest du es bereits gesehen.

P'taah: Schau, Geliebte, es ist bereits geschehen, und in der Tat, ich habe es beobachtet.

F: (M) P'taah, hast du eigentlich auch eine physische Form?

P'taah: In der Tat. Wir drücken uns auch körperlich aus. Wir waren auf diesem Planeten als körperliche Wesen, in einer physischen Form. Wir weilten mehrere Male bei unserer Frau.

F: Könnten wir mit dieser Form etwas anfangen? Würde sie uns bekannt vorkommen?

P'taah: Das würde sie. Doch schau, wir sind sehr trickreich. Wir können sie verändern. *(Großes Gelächter.)*

F: Also brauchst du dasselbe wie wir?

P'taah: Geliebter, ihr göttlichen Kreaturen, die Götter, die ihr seid, *brauchen nichts.* Ihr mögt euch wünschen, was immer ihr wollt, und ihr könnt es gar erschaffen, aber *brauchen* tut ihr nichts.

F: Dann bist du hier, um etwas zu lernen, so wie wir?

P'taah: In der Tat, und wegen der großen Freude daran, wegen der Erfahrung. Geliebter, wir wären nicht hier, wenn ihr uns langweilen würdet. Ich kenne das, unsere Frau spricht sehr oft davon. Vom Gelangweiltsein, hm? Ihr langweilt mich nicht.

F: Das meinte ich auch nicht. Du redest, als hättest du auf alles eine Antwort, doch offensichtlich gibt es da Bereiche, wo du auch noch deine Erfahrungen machen mußt.

P'taah: Aber natürlich, Geliebter. Darüber haben wir schon gesprochen, daß viele von euch glauben, wenn man einmal erleuchtet sei, dann sei das dann das Ende von allem. Es ist erst der Anfang, es hört nie auf. Der einzige Unterschied besteht darin, daß ihr dann wissen werdet, wie es geht.

F: (M) P'taah, da wir so damit beschäftigt sind, den weiblichen Aspekt des Seins zu nähren...

P'taah: Ich wünschte, ihr wärt alle damit beschäftigt.

F: Es wurde immer angenommen, daß der Heilige Geist männlich ist. Mir war klar, daß es eine weibliche Energie sein muß. Könntest du darüber etwas sagen?

P'taah: Geliebter, der Geist hat kein Geschlecht. Er schließt natürlicherweise alle Dinge ein. Erst in euren späteren Religionen wurde gesagt, daß Gott und der Heilige Geist männlich seien. Tatsächlich besteht Gleichgewicht. Es schließt alle Dinge ein. Auch du, Geliebter, bist alle Dinge, du erkennst es nur nicht.

F: Ich erkenne, daß ich das bin, aber wie kann ich es im Alltag verwirklichen?

P'taah: Durch Zulassen. Nichts tun, nur zulassen und jeden Teil deines Selbst lieben, jeden Aspekt, jede Facette, und die Gegensätze werden im Gleichgewicht sein.

F: (F) Warum scheint es, als wäre da eine Blockade? Wenn wir alle erleuchtet sind, warum können wir dann nicht sehen?

P'taah: Weil ihr es vergessen habt.

F: Warum?

P'taah: Wegen der Erfahrung.

F: Warum ist das denn so frustrierend?

P'taah: Weil ihr nicht zulassen könnt.

F: Welcher Teil von mir will es nicht zulassen?

P'taah: Das, was man männliche Energie nennt.

F: Nun, wie kontrolliere ich das? Wie schaffe ich das?

P'taah: Geliebte, *die männliche Energie ist das, was man Kontrolle nennt.* Wir schlagen dir vor zu lesen, was darüber bereits gesprochen wurde, damit du diesen Teil verstehen kannst. Dann sind wir natürlich froh, mit dir weiterzureden. Wir werden noch eine Frage beantworten, und dann wird es für heute genügen.

F: (M) Könnte man sagen, daß diese Blockade, die uns alle so beschäftigt, die uns vom Lernen, vom Vorwärtskommen oder vom Zulassen abhält, eine Prägung aus der frühen Kindheit ist? Wenn die Kinder auf diese Welt kommen, scheint es, als wüßten sie, als wären sie sehr bewußt. Doch weil wir älter sind als sie, denken wir anscheinend, daß wir ihre Lehrer sind. Sobald sie geboren sind, verpassen wir ihnen eine Gehirnwäsche. Ich habe das Gefühl, die Gehirnwäsche, die ich damals erhielt, ist mein größtes Hindernis. Als ich ein kleines Kind war, wollte ich immer die Wahrheit wissen, und diese, so glaubte ich, sei in der Kirche zu finden. Doch das stellte sich als falsch heraus – es hat mich gebremst. All diese Prägungen sitzen ganz tief. Ich hinterfrage sie, und ich habe das Gefühl, daß ich es mir dadurch ermögliche, die Dinge zu erkennen.

P'taah: Genau so ist es. Wie wir bereits erwähnten, habt ihr mit jeder Inkarnation das Wissen der morphogenetischen Resonanz, der gesamten Menschheit und von allem, was schon vergangen ist. Dann baut ihr eure Wirklichkeit auf euren Glaubensstrukturen auf. Die Kinder, die in der heutigen Zeit geboren sind, bringen allerdings eine große Weisheit mit, denn die Schleier, wie ihr sagen würdet, sind nicht mehr so dicht. Sie kommen als große Lehrer; sie lehren das Zulassen, die bedingungslose Liebe, das Anknüpfen an das Wissen, das in ihnen liegt. Wie auch immer, Geliebter, wir möchten auch dir vorschlagen, daß du liest, was bereits darüber gesagt wurde, damit du verstehst, warum und wie das zustande kam. Wir haben in den letzten Wochen sehr viel darüber gesprochen, und du weißt, daß wir heute ein Manuskript vorbereiten. Wegen dem Endresultat geben wir den Worten eine gewisse Gestalt und Ordnung. Nun, wie wir vorhin schon bemerkten: Wenn du das, was bereits gesagt wurde, gelesen und verdaut hast, und wenn du dann immer noch fragen willst, freuen wir uns sehr, dich außerhalb dieser Treffen zu sehen. Dann können wir uns dir gänzlich widmen, damit du verstehen kannst, was du dir so ernsthaft wünschst zu wissen. Darum erlaube dir, das Material zu lesen, damit du es mit dem Kopf verstehen kannst, obschon du es mit dem Herzen bereits gänzlich begriffen hast. Es ist schon gut, Geliebter. Jeder müht sich hier ab zu verstehen. *(Der Mann ist sehr bewegt, und P'taah küßt ihn ganz sanft auf die Stirn.)* Schau, das Verstehen vollzieht sich im Herzen, nicht im Kopf. Natürlich wären wir zufrieden, wenn du es mit dem Kopf ebenfalls verstehst. Das nennt man dann Gleichgewicht, hm? So, ihr Lieben, es ist Zeit, hm? *(Zum Gastgeber):* Unser Dank, Geliebter.

(An alle): Es ist eine wundervolle Freude, bei euch zu sein,

immer. *(P'taah hält kurz inne und wendet sich dann an einen Mann):* Wir sind sehr glücklich, daß du hier bist. *(An alle):* Eure Energie strahlt zu dem, was ich bin, herüber und schafft ein wundervolles Licht. Wie wunderschön ihr alle seid! Immer dann, wenn ihr in eurem *Jetzt* lebt, immer dann, wenn ihr euch erlaubt, der zu sein, der ihr wirklich seid, schafft ihr mehr und mehr Licht. Es verbreitet sich über dieses ganze wundervolle Land und sieht aus wie die feine Gaze einer Spinnwebe in der Morgensonne, worin die Tautropfen glänzen. Bald werdet ihr euer ganzes Land zum Leuchten bringen, und dieses Licht wird wie ein Leuchtfeuer für die ganze Welt sein. Ihr Lieben, geht in Licht und mit Freude. Seid leichten Herzens. *(An eine bestimmte Frau):* In Ordnung, Dame des Lichts, du kannst deine Kleider ablegen und im Licht des Neumonds tanzen gehen. Wir sind ganz und gar damit einverstanden, weißt du das?

Ihr Lieben, einen guten Abend.

Zwölfte Übermittlung

13. November 1991

P'taah: Guten Abend, ihr Lieben.

Publikum: Guten Abend, P'taah.

P'taah: Seid wahrhaftig willkommen. Den heutigen Abend wollen wir den «Rezepte-Abend» nennen. Wir werden erst eine Weile darüber reden, wie das Manifestieren vor sich geht, so daß ihr manifestieren könnt, was ihr euch wünscht. Es ist ganz einfach. Schaut, die Tatsache, daß ihr es euch so schwermacht, zeigt nur, in welchem Maße ihr in der Frequenz eurer Schöpfung, der Wirklichkeit der dritten Dichte, von einem Moment zum nächsten gefangen seid. Sie ist so aufregend, diese Dimension der Realität, die ihr für euch kreiert habt. Sie ist vital – voller Leben – und auf der zellularen Ebene könnt ihr diese Vibration und diese Kreativität auch erkennen. Um euch herum, in dieser Gegend, seid ihr von üppiger, großartiger und kreativer Natur umgeben. Wir haben es schon gesagt, daß es sehr gescheit von euch war, euch an diesen Ort zu kreieren. Denn außerhalb von euch manifestiert sich für euch ein Spiegel, der euch jederzeit den Drang nach Kreativität und deren Integrität zeigt. Wir haben darüber gesprochen, wie ihr euren physischen Körper von einem Moment zum nächsten erschafft, ohne wirklich zu wissen, daß ihr dies tut. In diesem sehr vitalen Leben seid ihr in eure Dramen eingebunden, in den kaleidoskopischen Film, den ihr macht, worin ihr alle Dinge seid. Ihr spielt eine Rolle, und natürlich seid ihr die Hauptdarsteller. Ihr organisiert das auf wundervolle Weise, und dann vergeßt ihr, daß es nur ein Film ist, hm? Dann werdet ihr von eurer eigenen Schöpfung umgarnt und versteht die meiste Zeit nicht wirklich, was geschieht. Wie wir schon oft sagten, versteht ihr eure eigene Macht in dieser kreativen Erscheinung nicht wirklich. Wir sagten euch, daß ihr kreiert, indem ihr die Gedanken entsprechend eurer Glaubensstrukturen aussendet.

An dieser Stelle kommen wir nun zum Rezeptteil: Ihr besitzt die Fähigkeit, euch der morphogenetischen Resonanz aller Dinge auf dieser Ebene der Realität und sogar außerhalb davon anzuschließen, jeder zellularen morphogenetischen Resonanz und jeder morphogenetischen Resonanz der unsichtbaren Wirklichkeiten, der unsichtbaren Welten und der unsichtbaren Wesen. Die meiste Zeit seid ihr euch dessen nicht bewußt. Trotzdem geschieht es. Eigentlich wünscht ihr euch alle, auf diese Leinwand, genannt Leben, ein Bild von Harmonie und Schönheit zu malen, und dann wundert ihr euch, daß es nicht so ist. Und ihr wundert euch über die Mißklänge, die ihr erschafft, weil ihr das Verständnis nicht zulassen könnt, daß alles in eurem Leben, was nicht harmonisch ist, nur dazu taugt, euch zu zeigen, wie es sein könnte, wenn ihr einfach *wüßtet*, daß in jeder einzelnen Situation eine Perle der Weisheit steckt, ein Juwel, das ohne Urteil akzeptiert werden sollte. Wenn ihr einen Gedanken, einen Wunsch äußert, ohne ihn mit *Erwartungen einzuschränken,* müßt ihr euch *absolut gewiß* sein, daß sich *alle* Möglichkeiten so arrangieren, wie es für euch zum besten ist. Wir haben euch auch gesagt, daß ihr diese Schöpferkraft einschränkt, wenn ihr glaubt, es nicht wert zu sein, es nicht zu verdienen, wenn ihr den Glauben innerhalb der eingeschränkten Strukturen der menschlichen morphogenetischen Resonanz eurer Kultur, eurer Familie und so weiter teilt. *Sowie ihr Erwartungen hegt, wie etwas geschehen soll, habt ihr es bereits eingeschränkt.* Sowie ihr an der Wahrhaftigkeit eurer eigenen Macht zweifelt, habt ihr sie schon eingedämmt. *Es stehen euch sämtliche Möglichkeiten zur Verfügung.* Versteht ihr das? Ihr seid so mächtig, *daß sich das Universum nach euren Wünschen umarrangiert,* wenn ihr einen Gedanken aussendet, der nicht von Zweifeln behindert wird, von Erwartungen, von euren Glaubensstrukturen, was alles ein Nicht-Zulassen der Kreativität bedeutet. Das ist eine wissenschaftliche Tatsache, ob ihr dies wißt oder nicht. Wir wollen damit sagen, daß all dies wie eine mathematische Gleichung ist, hm? Das für die Technokraten. Wenn ihr euch Harmonie wünscht, wenn ihr wünscht, euer Bewußtsein zu erweitern, dann müßt ihr daraus keine große Sache machen. Das gleiche gilt für die Gesundheit. In allen Bereichen eures Lebens seid ihr ganz fasziniert vom «Nicht». Ihr verliebt euch so in die Dramen eurer Leben, in die Disharmonie, in die Aufregung und die Spannung, daß ihr vergeßt, daß es nicht so sein müßte. Ihr braucht keine großen Dramen, um zu lernen, jedoch für die meisten von euch ist das alles, was ihr kennt. Ihr seid an die Fesseln der Vergangenheit gebunden, an die Erwartungen der Leute und gebt eure Macht an andere ab. Was ihr seid, ist eine Symphonie, ihr Lieben, und das, was ihr erschafft, ist wirklich wunderschöne Musik. Denn seht, ihr seid jedes Instrument in diesem großen Orchester, ihr seid der Dirigent, ihr seid sogar der Komponist, und ihr könnt wunderbare, wunderschöne Musik erschaffen. Wir schlagen vor, euch von schöner Musik faszinieren zu lassen. Wenn ihr dies tut, wird sie euch nur Harmonie aufzeigen. Ihr, ihr Lieben, seid die Poeten, und ihr könnt die Verse schreiben, die euch gefallen. Ihr könnt eure Wirklichkeit *verändern.* Doch ihr müßt in euch die Gewißheit haben, daß das keine bloße intellektuelle Übung ist. Intellekt und Ego sind da, um eurem Herzen und eurer Intuition zu dienen. Wenn ihr euch vom Intellekt regieren laßt, schließt ihr wiederum Möglichkeiten aus und engt die Wahrscheinlichkeiten ein. Es geht nicht um das Tun. Sendet den Gedanken, verbunden mit dem Wunsch aus. Ihr Lieben, schickt ihn ins Universum mit dem Wissen, daß in dem Moment des Denkens, verbunden mit dem Wunsch, mit dem Gefühl der Freude, es bereits IST. In dieser Mikrosekunde habt ihr es erschaffen. Dann muß man nichts mehr tun, man muß es nur noch zulassen.

Wir meinen damit in keiner Weise, daß ihr mit diesem «Nichtstun» *Faulenzer* werden sollt, daß ihr euch hinsetzen oder hinlegen und für den Rest eurer Tage nichts mehr tun sollt. Man muß die Absicht wirklich ausstrahlen, die Absicht, daß ihr *wißt,* daß es bereits IST. Darin liegt, wie ihr es nennen würdet, die physikalische Bestätigung. Dann wird euer Intellekt eurem Herzen, eurer Intuition und eurem Wissen dienen. Ihr müßt begreifen, daß sobald ihr den Gedanken ausgesandt habt, ihr wirklich mit Gewißheit *tun* könnt, was bereits *getan* ist. Nun, ihr Lieben, ist dieses Rezept einfach genug für euch, hm? Viele sagen: «Ich weiß nicht, was ich will.» Das ist in Ordnung. Es ist nicht notwendig, daß ihr für euren Lebensweg sogenannte Vorhersagen macht.

Sobald ihr diese in Gedanken konkretisiert, erlaubt ihr euch keine Variationen und keine Kreativität. Es ist in Ordnung, wenn ihr nicht wißt, was ihr viele Jahre später einmal wollt. Und schaut, überall um euch herum in der physischen Wirklichkeit findet ihr Botschaften des Universums, um euch aufzuzeigen, wie es sein könnte – was zu euch passen würde, was für euch harmonisch wäre. So lebt ihr nicht mit eurem Intellekt. Das nennt man, von der Intuition geleitet zu leben. Das nennt man, jedem Moment zu erlauben, daß er geschieht. Wenn ihr also nicht wißt, was ihr morgen tun wollt, ist das in Ordnung. Ihr könnt dann in der absoluten Gewißheit leben, daß alles so kommt, wie es sein soll, und daß ihr in einem wundervollen und sicheren Universum lebt. Nichs kann euch geschehen, ihr könnt euch erschaffen, was immer ihr wünscht. Ihr braucht nicht im «Wie es dann sein soll» steckenzubleiben.

Nun gut. Habt ihr Fragen?

F: Ich bin sehr vorsichtig mit Visualisieren und dem Kreieren von Dingen, weil es für mich dann nicht das richtige sein könnte. Vielleicht könntest du mir sagen, ob unsere Leben einen bestimmten Zweck haben. Wenn wir Dinge erschaffen, und wenn wir nicht wirklich ausgeglichen sind – bringt uns das nicht vom gewählten Pfad ab? Es ist dann wie eine Umleitung, und sehr oft eine schmerzvolle. Sollten wir einfach abwarten und den Dingen erlauben zu geschehen? Kommen wir dann nicht auf dem richtigen Weg vorwärts, und vielleicht noch schneller?

P'taah: Es gibt keinen richtigen Weg. Der *Weg für jeden einzelnen von euch heißt zu wissen, die Gewißheit zu erlangen, daß ihr wirklich ein Ausdruck des Göttlichen seid.* Das ist alles. Wirklich zu wissen, daß es keine Trennung gibt. Geliebte, du darfst visualisieren. Hast du so wenig Vertrauen in die Integrität deines eigenen Seelenwesens, hm? Es gibt ganz sicher nie einen «falschen Weg», es gibt einfach das IST. Und ich will dir folgendes sagen: Welchen Weg du auch immer gehst, du begegnest immer wundervollen Lektionen, die du annehmen kannst. So wächst du – so lernst du. Es kann in der Tat so harmonisch oder so unharmonisch sein, wie du dir das aussuchst. Das Unharmonische ist in Wirklichkeit das, was mit der universellen Energie nicht zusammenpaßt. Wenn du ausgeglichen bist und transmutiert hast, werden sich dir die Ängste immer noch präsentieren, die du noch nicht angenommen hast, egal was du tust oder nicht tust. Wenn du einmal deine täglichen Ängste ausgeglichen und transmutiert hast, wirst du ihnen nie mehr begegnen, weil du dann die Perle der Weisheit darin gefunden hast. Wenn du dir also einen gewünschten Anlaß oder eine materielle Manifestation in deinem Leben vorstellst, dann ist das wundervoll und macht viel Spaß. Das nennt man Tagträumen. Das tut ihr die ganze Zeit, ob es sich nun um etwas Großes handelt oder nicht. Indem du aufhörst zu visualisieren, dir etwas vorzustellen, verleugnest du deine dir innewohnenden kreativen Fähigkeiten. Und dann, Geliebte, mußt du auch deinen Glauben näher ansehen. Warum glaubst du, du hättest es nicht verdient, du wärst es nicht wert? Und ich will dir sagen: Du verdienst alles. Es gibt nichts, was du dir vorstellen könntest, was du nicht verdienst. Denn das, was ihr seid, ist wirklich ein Ausdruck des Göttlichen, jede einzelne Facette von euch. Wenn ihr das wirklich versteht, werdet ihr euch in euch verlieben, und dann werdet ihr wissen, daß ihr nie etwas falsch machen könnt, weil es außerhalb von euren Köpfen keine Urteile gibt. Das Universum verurteilt nicht, Geliebte. Es erlaubt dir wunderbarerweise ganz einfach so zu sein, wie du es wünschst. Das Universum wertet nicht «gut» oder «schlecht», oder «richtig», oder «falsch». Nur ihr seid es, die so werten, ihr und alle anderen. Wir meinen damit die ganze Menschheit.

F: (F) P'taah, wenn wir unsere Wirklichkeit in ein höheres Bewußtsein verwandelt haben, wird dann eine Zeit kommen, in der wir nicht mehr auf der materiellen Ebene kreativ sein wollen? Werden wir uns einfach für eine Weile über die Materie zu erheben versuchen?

P'taah: Geliebte, es wird so kommen, daß ihr euch auf allen Ebenen ausdrücken könnt, die ihr euch wünscht. Verachte die sogenannte physische Wirklichkeit nicht, Geliebte. Es ist ein sehr wünschenswerter Zustand. Nach diesem sogenannten Übergang könnt ihr all dies, was ihr als «all das da draußen» bezeichnet, also die «höheren Ebenen», integrieren, weil es keine Trennung gibt. Es bedeutet einfach, daß ihr großartigere Spiele spielen könnt, Geliebte.

F: (F) Wie findet man Zugang zum Wissen des Herzens, P'taah?

P'taah: Das muß man einfach geschehen lassen. Nur seid ihr sehr beschäftigt im «Tun», Geliebte. Doch das kann man nicht «tun», nur geschehen lassen. Du kannst dich natürlich in einen meditativen Zustand versetzen, und an diesem stillen, inneren Ort bittest du um das Geschehenlassen. Das ist alles, was ihr tun müßt. Es ist nicht notwendig, euch großer Riten und Rituale zu bedienen. Das ist ein ganz natürliches Ereignis, der Zugang zum Herzen. Schau, Geliebte, es gibt keine Trennung. Es sind nur die Werturteile, die ihr habt: über euer Herz, euren Intellekt, euer Unterbewußtsein, euer Superbewußtsein, euren Geist, euren Körper und über die morphogenetische Resonanz, hm? Alles befindet sich in verschiedenen Abteilen. Doch das ist es wirklich nicht. Ihr habt viel zu tun, um von einem Abteil zum anderen zu eilen wie in einem eurer Einkaufszentren, hm? Ihr müßt hier das eine und dort das andere einkaufen. Nun, das müßt ihr nicht. Ihr könnt still sitzen bleiben und in allen Abteilen gleichzeitig sein. Versteht ihr das? Und an diesem stillen, inneren Ort könnt ihr Zugang zu allem finden, was ihr euch wünscht. Dann muß man einfach still sitzen und offen bleiben. Ihr könnt euch eine Blume vorstellen, die sich öffnet. Und jeder Teil der Blume wird von sanftem Sonnenlicht berührt, und das Sonnenlicht erfüllt die Blume mit Leben. Jede Zelle wird lebendig – erleuchtet, hm? Ihr könnt euch vorstellen, daß jedes Blütenblatt ein Teil symbolisiert, und doch ist die Blume ein Ganzes, ein Ausdruck Gottes. Alles ist Gott/die Göttin, die Urquelle, die sich zum Ausdruck bringt. So ist es. Das steht euch allen zur Verfügung.

F: (M) P'taah, ich habe über ein Flugzeug gelesen, das über Florida von den Radarschirmen verschwand. Die Leute sahen es wirklich verschwinden. Und es war ein großes Passagierflugzeug. Zehn Minuten später kam es wieder zum Vorschein. An Bord merkte keiner der Passagiere, daß sich etwas verändert hatte. Wie steht das in Zusammenhang mit dem «Jetzt», worin doch alles erschaffen ist?

P'taah: Bei diesem Vorfall war es für einen Moment, als wäre das Flugzeug in einer Zeitverschiebung. Die Passagiere brauchen von diesem Vorfall nicht unbedingt etwas zu merken. Und ein Verschwinden solcher Art kann scheinbar Minuten oder manchmal gar Stunden dauern; für die Leute, die diese Erfahrung machen, dauert es keine Zeit. Es ist nur eine Zeitverschiebung. Seht, die Zeit ist sehr elastisch, sehr plastisch. Mit der Technologie des geliebten Schiffes, das ihr alle so sehnlichst sehen möchtet, *(Das Publikum reagiert belustigt, weil es weiß, daß sich P'taah auf den Wunsch verschiedener Zuhörer bezieht, ein Pleiadisches Raumschiff zu sehen oder darin zu reisen.)* ist es nicht nur möglich, es innerhalb verschiedener Dimensionen neu zu erschaffen, es herrscht darin auch eine *andere Dimension von Raum und Zeit.* Das scheint nach eurem heutigen Technologieverständnis außergewöhnlich. Die Leute im Raumschiff sind bereits in einer anderen Dimension von Zeit und Raum als der, in welcher sich das Raumschiff äußerlich befindet. So *sind also die Dimensionen im Innern des Raumschiffes von dem, was außen wahrgenommen wird, gänzlich verschieden.* Die Technologen unter euch werden verstehen, wovon ich spreche. Auf diese Weise könnt ihr nachvollziehen, wie elastisch diese Dimension der Realität eigentlich ist, die ihr für so konkret haltet.

F: (F) Manchmal, P'taah, wenn wir aufwachen oder einschlafen, scheint die Zeit sehr langsam zu vergehen. Wie wenn ich in diesem Stuhl sitze und dann an diesen Ort gehe, bin ich nicht hier, ich bin anderswo.

P'taah: Genau so ist es.

F: Ist das mit dem verwandt, was du sagst? Wenn ich lange genug in diesem Zustand verharre, würde mein Körper möglicherweise verschwinden und wieder auftauchen, wenn ich mit meinem Bewußtsein zurückkehre?

P'taah: Es hat damit zu tun, denn schau, in einem weiteren Sinne reist das Bewußtsein durch Raum und Zeit. Nun, es gibt Gelegenheiten, bei denen der Körper selbst in eine andere Wirklichkeit wechselt. Wie auch immer, wir wollen uns darin nicht allzusehr verwickeln. Derzeit genügt es, wenn ihr mit Bewußtseinsideen spielt, wenn ihr einfach wißt, daß ihr außerhalb von Raum und Zeit sein könnt, wenn ihr euch das wünscht. Tatsächlich seid ihr das in eurem Traumzustand, so wie wir das schon festgestellt haben. Ihr könnt das auch bewußt tun. Ihr könnt euren Körper verlassen und mit dem Bewußtsein auf Reisen gehen. Euer Körper behält seine eigene Integrität der Verbundenheit aufrecht, während ihr weg seid. Seht ihr, ihr Lieben, eure Seelenenergie ist nicht nur mit eurem physischen Körper verbunden. Ihr seid so viel größer als all dies hier und äußerst unterschiedlich und sehr mächtig. Da ist nicht nur das, was ihr für euer persönliches Selbst haltet.

(Eine Dame scheint besorgt.)

F: Was ich jetzt fragen muß, ist nicht so angenehm, P'taah, doch ich möchte herausfinden, wie du darüber fühlst. Denn seit ich dich das letzte Mal gesehen habe, ist etwas geschehen, was mich wirklich beschäftigt. Wenn alles in Ordnung ist, und alles gut ist, so wie es ist, und niemand sich schuldig fühlen muß oder irgend etwas falsch macht, wie erklären wir dann den kleinen Kindern den Mißbrauch an Kindern durch Erwachsene. Kinder verstehen so etwas noch nicht, oder sie verstehen es sogar besser als wir, doch wir können es ihnen nicht erklären. Wie kann all dies schön und richtig sein?

P'taah: Das ist eine sehr gute Frage, Geliebte, und wir haben uns ihr auch schon gewidmet. Laß mich erst einmal folgendes sagen: Wir sagen nicht, daß alles schön ist, Geliebte, wir sagen bloß, daß alles ganz einfach IST und daß nach universellem Gesetz nichts verurteilt wird. Wir erkennen den Kummer, der unter Kindern aufkommt, nicht nur wegen sogenanntem Mißbrauch, auch wegen Hunger und Krankheiten. Und das kommt auch bei den von den Menschen so geliebten Tieren vor, die mißhandelt werden, die nirgends Zuflucht finden und die über ihre Verletzungen und ihre Pein nicht reden können, hm? Und was geschieht? Es wird tatsächlich ein großes Mitgefühl in der Brust aller Beteiligten geweckt. Nun, dann ist es so, Geliebte, daß dann, wenn du dich emotionell an ein Kind oder ein geliebtes Tier bindest, in den damit verknüpften Gefühlen so gefangen bist, daß du nicht erkennst, daß es sich um eine sogenannte Co-Kreation handelt. In diesem emotionalen Zustand des Ärgers, der Qual und des Verurteilens kann man keinen Schritt zurück, man verliert den Überblick und weiß deshalb nicht, daß es sich ja nicht nur um dieses eine Leben handelt, sondern um Tausende und Abertausende von Leben.

Nun, du weißt, daß es schwierig ist. Wenn ich das so erzähle, scheint es ganz einfach zu sein, das, was ich sage, intellektuell zu akzeptieren. Es ist schwieriger, mit dem Herzen zu erkennen und zu akzeptieren. Wir haben euch viele Male gesagt, daß ihr jede Facette eines jeden Menschen gewesen seid, der je existiert hat, daß ihr schon alles wart: Der Mörder und der Ermordete, das Kind und der Kindesmißhandler, der Kriegstreiber und der Pazifist. Und jede Person, die an einer emotionell stark geladenen Situation wie Kindesmißhandlung, Mord, Folter oder Vergewaltigung beteiligt ist, hat sie selbst verursacht, um daraus zu lernen – selbst das Kind. Geliebte Frau, wir bitten dich, auch das Folgende in Betracht zu ziehen: Du denkst, Kinder seien hilflos – *sie sind es nicht!* Kinder sind äußerst machtvoll, wirklich. Vor allem die Kinder, die noch keine bewußte, strukturierte Glaubensvorstellungen haben, die sie anziehen, wissen auf der Seelenebene in jeder Situation genau, was und wie etwas auf sie zukommt. Wo sind jene Wesen einzuordnen, die sich auf eurem Planeten in Situationen bringen, wo keine Nahrung vorhanden ist und wo vielleicht die Mutter ihr Baby in den Armen hält und zusehen muß, wie es stirbt? Das, geliebte Frau, nennt man eine Co-Kreation. Und was geschieht in Kriegsgebieten, wo sich Kinder in eine Kriegszone kreieren? *(Sanft fügt P'taah hinzu):* Schau, das nennt man Erfahrung.

F: Gibt es darum soviel davon?

P'taah: In der Tat. Doch es bringt auch Glaube hervor, und es gibt Kinder, die sich wegen dem ausdrücklichen Wunsch zu lehren eine Inkarnation erschaffen. Um Mitgefühl zu lehren, um Nicht-Verurteilen zu lehren, um Annehmen zu lehren – um Ausdehnung, Akzeptanz und Zulassen zu lehren. Verstehst du?

F: Intellektuell verstehe ich, was du sagst. Doch ich denke, es fällt uns Menschen, jedenfalls so, wie wir jetzt sind, sehr schwer zu glauben, daß dies in Ordnung ist, ob wir an Reinkarnation glauben oder nicht und daß das Böse, was man hilflosen Wesen wie Tieren oder Kindern antut, nicht verurteilt werden soll. Da muß es doch etwas geben, was wir in solchen Fällen tun können.

P'taah: Das gibt es, Geliebte. Es heißt: *Liebe das, was du bist.* Du mußt wissen, daß *alles*, was du außerhalb von dir verurteilst, ein Spiegelbild ist. Wenn du jede Facette deines Wesens akzeptierst, wenn du deine Werturteile ausgleichst und es in Ordnung findest, daß du wütend bist, wenn du es in Ordnung findest, Tränen der Wut und Qual zu weinen, wenn du es in Ordnung findest, daß ihr alle in Wahrheit an gebrochenen Herzen sterbt, dann wirst du wahrhaftig die Veränderung bewirken. Ihr seht, ihr Lieben, es spielt keine Rolle, worum es geht. Es geht immer um euch, immer fällt es auf euch zurück.

F: (M) Was uns wieder zu dem Punkt führt, daß nichts zufällig geschieht. Könnte die Seele eines Kindes eine solche Sache wegen der Lehre ausgesucht haben?

P'taah: Aber sicher, Geliebter. Das ist es, was wir gerade sagten. Es gibt keine Zufälle. Darum rieten wir so viele Male, es zuzulassen – alles, was auf der Seelenebene hervorgebracht wird, damit es angenommen und akzeptiert werden kann.

F: Dann ist es also unsere Pflicht, das Leiden so gut wir können zu erlösen?

P'taah: In der Tat, Geliebter, doch man nennt es nicht Pflicht. Man muß wirkliches Mitgefühl und das, was helfen kann, was jenen um dich herum von Nutzen ist, zum Ausdruck bringen, hm? Wenn du es als Pflicht tust, kannst du es ebensogut bleibenlassen. Wenn du es aber aus Freude und von Herzen tust, dann ist es tatsächlich wunderbar. Du kannst den Betroffenen auch Energie der Liebe senden, doch du mußt wissen, daß die gebrochenen Herzen nur dein eigenes Herz widerspiegeln.

Wir wollen jetzt eine Pause machen. *(P'taah wendet sich noch einmal der Frau zu, deren Herz so schwer ist):* Geliebte Frau, wir erkennen die Verwirrung und die scheinbare Ungerechtigkeit.

Doch schau, wenn du Ungerechtigkeit wahrnimmst, dann mußt du wissen, daß sie einzig dazu da ist, um angenommen zu werden. Und im größeren Plan aller Dinge führt alles, alles zur Einheit und zu Gott/der Göttin aller Dinge. Die Tränen, die ihr weint, sind fast immer für andere Leute vergossen, weil ihr euren eigenen Schmerz nicht ertragen könnt. Wenn wir das nächste Mal zusammenkommen, ihr Lieben, werden wir noch einmal ausführlich über Transmutation sprechen. Unsere Frau hat uns heute abend darum gebeten. Dazu stehen allerhand Fragen in vielen von euren Herzen an. Wir werden also schon bald nochmals darüber reden, wie ihr euren Schmerz und eure Pein in ekstatische Freude, Eins-Sein und Nicht-Getrenntsein verwandeln könnt. Also, ihr Lieben, es ist Zeit, eure Körper zu erfrischen. Wir kommen gleich zurück.

(Nach der Pause):

P'taah: Also, wir wollen fortfahren.

F: (F) P'taah, ich habe eine Frage betreffend der Momente, wo ich mich selbst erinnern muß, ins Hier und Jetzt zurückzukommen. Ich spüre dann meine Gefühle hier. *(Die Dame zeigt auf ihren Solarplexus.)* Während der letzten Wochen versuche ich vermehrt meine Aufmerksamkeit auf das Eins-Sein zu lenken, und die Gefühle haben sich verändert. Sie scheinen nicht von hier zu kommen *(zeigt wieder auf ihren Solarplexus)*, sie scheinen um mich herum zu sein. Es sind sehr oft Gefühle eines extremen Wohlseins.

P'taah: Genau, das ist so. Wenn du dich selbst ins Jetzt bringst, in die ewige Gegenwart, ohne Blick auf die Vergangenheit und ohne Erwartungen an die Zukunft, dann wechselst du automatisch in das Gefühl des Jetzt. Auf diese Weise eröffnest du dir selbst Erfahrungen ohne das Getrennt-Sein. Diese Gezeiten der Gefühle, diese Emotionen, in die du dich begibst, können mit einer Spirale verglichen werden. Und so schwingt es auf einer zellularen Ebene und erzeugt ein Gefühl des Eins-Seins, der Ganzheit, des Wohlseins.

F: Dann sind das also auch meine Gefühle? Nur fühle ich die Knoten in mir nicht so sehr?

P'taah: Geliebte, du weißt, daß Gefühl in Wahrheit nur Energie ist, und die ist neutral. Man muß es weder als gutes noch als schlechtes Gefühl werten. Es IST einfach Energie. Wenn du im Zustand des Zulassens bist, ohne zu werten, wie es sein soll, dann öffnen sich die Energiezentren, und die Energie kann vom Solarplexus zum Herzen fließen, hm? Das kann mit Transmutation verglichen werden. Doch es ist einfach Sein, ohne daß ein Gefühl von einer Stelle zur anderen transmutiert wird. Es sind nur die Werturteile, die Schmerz verursachen, und es ist nur der Widerstand, denn Widerstand bewirkt Schmerz, nur weil man der Energie (dem Gefühl) nicht erlaubt, sich fortzubewegen. Schmerz ist kein Gefühl, sondern der Widerstand gegen das Gefühl.

F: (M) Danke für die Einführung, P'taah. Es gibt eine Redewendung, die ich einmal hörte: «Die Harmonie der Sphären.» Du meintest, jeder von uns sei eine Symphonie. Ich frage dich, ob du sagen kannst, was das heißt. Ich habe eine Situation erlebt, wo sich Harmonie als Musik manifestiert hat, auf eine Weise, wie ich es mit irdischer Musik, die ich kenne, nicht in Verbindung bringen konnte.

P'taah: In der Tat.

F: Als ich versuchte, sie zu beschreiben, verschwand sie.

P'taah: Wie außergewöhnlich, Geliebter.

(Lachen)

F: Könntest du zu der Harmonie der Sphären in einem universellen Sinne etwas sagen und auch dazu, wie sie zur Harmonie, so wie wir Menschen sie verstehen, in Beziehung steht?

P'taah: Nun, wir haben euch schon gesagt, daß ihr ein Makro-Molekül des Multiversums seid. In euren physischen Körpern sind alle Elemente vorhanden, die man auf der Erde findet. Und in eurer Seelenenergie befinden sich alle Elemente der Galaxis. Das, was man die Harmonie der Sphären nennt, ist in der Tat himmlische Energie; sie kann als Musik gehört werden, und man kann sie auch als Farbe wahrnehmen. Denn was ihr unter Ton und Farbe versteht, hat die gleiche Lichtfrequenz. Ihr könnt euch in diesen Seinszustand begeben. Ihr könnt dies bewußt tun oder euch dem auch unbeabsichtigt öffnen. Es ist das Gefühl, das die Sphärensymphonie erzeugt. Doch weil ihr ein Makro-Mikro-Kosmos, ein Makro-Mikro-Molekül seid, ist in euch natürlich das Wissen und die Realität dieser Harmonie vorhanden. Das ist wundervoll; du kannst die Harmonie der Sphären absichtlich in dir erzeugen, Geliebter, und wir wagen es, dir vorzuschlagen, sie nicht wieder zu bewerten. Stell dir vor, was du tun kannst, wenn du einmal weißt, wer du wirklich bist. Viele von euch werden auch Parfüm riechen. Das ist ebenfalls ein Spektrum der Harmonie. Und einige unter euch werden alle Facetten des größten Kristalls wahrnehmen, den ihr euch vorstellen könnt, und der alle Farben des Spektrums aufweist. Ihr seid auf wunderbare Weise äußerst machtvoll – ihr alle. Und seht, wir erzählen hier keine Märchen. All das ist wirklich real. Wir verstehen, daß ihr in Momenten der Verzweiflung denkt, daß dies nur irgendein Placebo ist, irgendein Strohhalm, nach dem ihr greift, damit ihr eure Tage ertragen könnt. Doch wir wollen euch sagen, ihr Lieben: die Welt ist wahrhaftig magisch.

F: (M) P'taah, ich möchte gerne dem Geist der Aboriginals einen speziellen Tribut erweisen. Ganz speziell dem Dschungel und den miteinander in Verbindung stehenden Gemeinden im Gebiet um Kuranda, die von negativen Situationen überhäuft wurden. Wie können wir uns mit den Aboriginals am besten aussöhnen?

P'taah: Das ist genau das gleiche wie vorhin, als du wegen der Regierung fragtest, Geliebter.

F: Willst du damit sagen, daß es nicht nötig sei?

P'taah: Du mußt nichts TUN, du mußt einfach nur SEIN, mit dem Bewußtsein, wer du bist. Finde die Harmonie in dir, erkenne, daß du von nichts getrennt bist, lerne das zu lieben, was du bist. Das, was ihr als Prüfungen und Leiden der Aboriginals anseht, sind große Lektionen für beide, für die Aboriginals und für all jene, die wahrnehmen, was geschieht. Und wir möchten folgendes sagen, Geliebter: Trotz den schweren Schicksalsschlägen werden die Aboriginals ein großartiges Verständnis dafür erlangen, wer sie sind. Wir meinen, daß dies nicht so sehr auf einer bewußten Ebene geschieht. Viele Europäer, also jene, die erst neu in dieses Land gekommen sind, werden mit ihrer Sorge um die Aboriginals und ihrem Interesse an dieser alten Rasse mit ihrem großen und doch verlorenen Wissen die Erinnerungen der Aboriginal-Seele wieder aufflammen lassen, auch die Erinnerung derer, die einmal Aboriginals waren. Auf dem amerikanischen Kontinent ist die Situation genau gleich. Auch da bestand eine Rasse, die ein großes Wissen hatte und ihre Kultur auch verloren hat. Doch sie haben etwas anderes dafür erhalten. Es kommen in dieser Zeit Menschen hierher, die vieler Leute Leben überall auf diesem Planeten kennen. Sie wissen Bescheid über die Seelenenergie und darüber, was einmal war. Auf dem afrikanischen Kontinent ist es ähnlich. In Wahrheit ging nie etwas verloren, ihr Lieben. Ihr braucht nicht umherzurennen, um irgend jemanden zu retten. Aber natürlich, ehren und respektieren muß man alle Menschen. Doch seht, das ist sehr schwierig, wenn ihr den, der ihr seid, nicht ehrt und respektiert.

F: Ich danke dir. Noch eine Frage betreffend der Schmerzen der Krebspatienten. Wenn ihr Schmerz Widerstand gegen die Gefühle ist, wie können wir ihn am besten lindern?

P'taah: Geliebter, du sendest zwar heilende Energie, doch ehrlich, die einzige Person, die heilen kann, ist der Betroffene selbst. Zuerst muß man wissen, daß sich jeder seine eigene Wirklichkeit erschafft. Und bevor die Leute die Verantwortung für ihre eigene Schöpfung nicht übernehmen, ist es für sie sehr schwierig, einen Ausgleich in dem zu schaffen, was sie sich kreiert haben – nämlich die Werturteile ausgleichen, die überhaupt erst zur Krankheit führten. Verstehst du?

F: Ja.

P'taah: Es ist natürlich der Mühe wert, den Patienten zu erklären, daß jeder selbst verantwortlich ist, daß niemand ein «Opfer» ist. Ihr lest keine Krankheiten auf, hm? Das sind keine streunende Hunde. Und daß man sie wissen läßt, daß jede geschaffene Krankheit nur ein Spiegelbild dessen ist, was gefühlsmäßig geschieht. *Die Verantwortung erlöst euch alle vom Opferdasein.* Das kann man tun, und man kann es auf sanfte Weise tun.

Denn das, wovon wir hier sprechen, darf nicht auf gewaltsame Art weitergegeben werden. Und sollten eure Worte nicht ankommen, dann ist das auch in Ordnung. Denn es steht keinem von euch zu, die Wirklichkeit zu verurteilen, die ein anderer für sich kreiert. Wie wir sagten, könnt ihr aus Mitgefühl von Herzen diese liebende und heilende Energie aussenden, doch im Grunde ist es so: Wenn jemand nicht geheilt werden möchte, wird er es auch nicht. Wenn jemand entscheidet, daß es Zeit ist, um hinüberzugehen, aus welchen Glaubensstrukturen heraus auch immer, dann ist es sein Privileg, dies zu tun. Er schreibt seine eigene Geschichte, seine eigene Symphonie, hm?

F: (F) Die letzte Woche sprachst du über Tier- und Pflanzenarten, die in dieser Welt ausgerottet wurden, und du sagtest, daß sie nicht verschwunden sind. Könntest du das erklären?

P'taah: Hm, natürlich, es wird für euch eine Erleichterung sein. Nichts geht jemals verloren. Das, was ausgestorben zu sein scheint, ist nur in eurem Raum-Zeit-Netzwerk ausgerottet. *Nichts* wird geschaffen, um ins Nichts zu verschwinden. Hier reden wir wieder davon, wie es in euren Welten ist. Es gibt nicht nur eine Erde, Geliebte, und wie wir schon sagten, ist die Wirklichkeit nichts Konkretes. Sie ist verformbar. Es gibt viele Erden, viele, viele Wirklichkeiten, mehr, als es Leute auf dem Planeten gibt. Und was ausgestorben scheint, ist dies nur in diesem Raum-Zeit-Netzwerk. Es gibt auch viele Arten von Kreaturen, von denen ihr glaubt, sie seien für immer verschwunden, die sich in Wirklichkeit sehr glücklich auf anderen Planeten niedergelassen haben. Ihr seid nicht die einzigen, die sich darum kümmern, was mit eurer Flora und Fauna geschieht. Es gibt viele Arten von Kreaturen, die in dem, was man evolutionären Prozeß nennt, nicht mehr notwendig waren, die aber damit fortfahren, für sich eine andere Wirklichkeit zu schaffen. Oft sind die Antworten auf eure Fragen multidimensional. Soweit ihr das beurteilen könnt, unterscheiden sich auch die Aussagen in den Schriften verschiedener Wesen und Energien voneinander. Nun, das ist oft so, weil es viele Antworten gibt. Wenn wir mit euch reden, reden wir so, wie wir meinen, uns klar und einfach auszudrücken im Hinblick auf eure eigenen Glaubensstrukturen und Schubladen eures Verstandes. Doch wir bemühen uns auch, daß ihr erkennt, daß es auf jede Frage zahlreiche Antworten gibt. Es wurde schon genug erzählt, um die Menschheit zu verwirren. Ihr seid eingebunden in das, was man Tun nennt. Das Ritual, etwas zu *werden*, fasziniert euch, und wir möchten, daß ihr erkennt, daß ihr bereits seid, was ihr so mühevoll erstrebt. Und ihr seid wirklich die zentrale Sonne eures Universums, und was auch immer euch erscheint, als wäre es außerhalb von euch, ist nur euer Spiegelbild. Was auch immer ihr tut, welche Geschichte ihr auch immer aussucht, ihr werdet schließlich Situationen anziehen, um ein Gleichgewicht zu schaffen, damit ihr ganz werdet, damit ihr nach Hause kommen könnt.

F: (F) Ich möchte dich fragen, ob du damit einverstanden bist, daß unsere Mission hier auf Erden darin besteht, Geist in Materie zu verwandeln. Und wenn das so ist, was ist ein schneller und effizienter Weg, dies zu tun?

P'taah: Geliebte, du bist schon zu Materie inkarnierter Geist. Was denkst du, was du sonst bist? Ihr seid großartige spirituelle Wesen, die gewählt haben, hier zu inkarnieren, um die dritte Dichte der Realität zu erfahren. Dazu müßt ihr nichts tun. Es gibt keinen schnellen Weg dorthin, wo ihr bereits seid. Schaut, ihr habt vergessen, das ist alles. Doch ihr habt ein Bild von euch als ein armes und einsames Selbst, das sich um Spiritualität bemüht. Nun, jetzt wißt ihr's. Ihr seid in Wahrheit große spirituelle Wesen, und ihr habt euch diese Erfahrung für euch ausgesucht. Und wenn wir von Transmutation reden, Geliebte, meinen wir nicht, daß ihr euch in das transmutiert, was ihr bereits seid, nämlich Geist in Materie. Wir reden nur von der Transmutation der Qualen in Ekstase, und das geschieht in einem einzigen Augenblick. Ihr übernehmt einfach für das, was ihr geschaffen habt, die Verantwortung. Ihr gleicht eure Werturteile aus von euch selbst, von der schmerzhaften Situation und allen daran Beteiligten. Laßt sie zu und wißt: was auch immer es sein mag, es hat seine Gültigkeit. Einfach deshalb, weil es IST. Und schon öffnen sich die Energiezentren, und ihr erfahrt EINS-SEIN. Doch ihr könnt das nicht TUN. Das ist der große Widerspruch. Ihr könnt es nicht tun, ihr könnt es nur zulassen.

F: Doch wie läßt man es zu, statt es zu tun?

P'taah: Erkenne, daß es einfach ist, und erkenne, was auch immer ist, als einen Ausdruck des Göttlichen.

F: (F) Dann sind wir also bereits dort. Wenn wir jemandem, der leidet, zu Hilfe eilen, berauben wir ihn dann nicht seiner Erfahrung?

P'taah: In gewisser Weise, im Extremfall, tut ihr das in der Tat. Aber wir wollen damit nicht sagen, Geliebter, daß du nicht helfen sollst und dem, was dein Herz dir gebietet, nicht folgen darfst. Wir wollen auf keinen Fall raten, daß ihr euer Mitgefühl und den Wunsch, einem Mitmenschen zu helfen, unterdrücken sollt. Wir sagen nur: Erkennt auch an, daß jedermann sich sein eigenes Szenario kreiert. Schau, wenn du dich in der Schwingung befindest von dem, was auch immer geschieht, dann bist du dort, um deine eigenen Lektionen zu lernen. Wir sagen nicht, daß du die Menschen nicht beachten sollst und du keine Hilfe, kein Mitgefühl und keine wunderbare, heilende Energie aussenden darfst. Wenn du Hilfe anbietest, dann geht es nur darum, daß du nicht wertest und keine Erwartungen hast, wie es sein soll. Das ist alles. Verstehst du? Tatsächlich sagen wir aber auch: Wenn du versuchst, die Erfahrungen von jemandem zu verändern, dann schaffst du nur eine Gelegenheit für deine eigene Erfahrung.

(Ein anderer Herr, einer der regelmäßig an diesen Treffen teilgenommen hat, möchte gerade eine Frage stellen, als P'taah zu ihm hingeht. Er steht ganz nah vor ihm, und sie schauen sich lange und liebevoll in die Augen. P'taah löst den Bann und neckt ihn): Möchtest du mich küssen?

(Der Mann ablehnend):

F: Nein.

(Das Publikum gluckst vor Lachen.)

P'taah: Ich bin sehr enttäuscht. *(Dann bezieht er sich auf die bei den Menschen übliche Vorstellung von den Außerirdischen.)* Ist es deshalb, weil dich meine Schuppen stören?

F: Nein, das ist es nicht.

P'taah: Dann sind wir aber froh.

F: Ich liebe dich auch so.

P'taah: Sicherlich, Geliebter.

F: Ja, doch wie auch immer, ich wollte fragen...

P'taah: Vergiß die Frage. Laß mich dir sagen, wie sehr ich dich liebe. Das tue ich wirklich.

F: Das ist wunderschön.

P'taah: Das bist du auch.

F: Dann lassen wir also die Frage.

(Das Publikum spürt das subtile und köstliche Spiel, das die beiden miteinander spielen, und es wird viel gelacht.)

P'taah: Du weißt ja, Geliebter, du kennst die Antwort bereits. Doch wie auch immer, stelle deine Frage.

F: Nur zum Spaß.

P'taah: Genau, nur zum Spaß. Wie immer, nur zum Spaß.

F: Das ist der einzige Grund, warum ich überhaupt Fragen stelle.

P'taah: Ich weiß.

F: Also gut – die Frage: Wenn wir eine Situation mit irgendeinem daran beteiligten Partner co-kreieren, was ist dann mit dem Karma, wenn doch jeder eine gleichwertige Stellung darin einnimmt?

P'taah: Hm, was ist Karma?

F: Nun, ich denke Karma wirkt sich so aus: Wenn du etwas falsch machst, dann mußt du es bei einer nächsten Gelegenheit verbessern.

P'taah: Genau. Nun, wie denkst du wirkt dieses Karma, das man Bestrafung nennt für etwas, was man falsch gemacht hat, wenn das Universum nicht urteilt, Geliebter?

F: Das ist es, was ich mich frage.

P'taah: Dann beantworte deine Frage.

F: Es gibt kein Karma.

P'taah: Siehst du, du hast die Frage perfekt beantwortet. Erste Klasse. Das, was man Karma nennt, ist ein Ideenkonstrukt aus alten Religionen. Und du weißt sehr gut, wie diese Ideenkonstrukte funktionieren. Nun, ein anderes Ideenkonstrukt einer eurer neueren Religionen, nämlich des Christentums, sagt, daß ihr nicht bis zur nächsten Inkarnation warten müßt, wenn ihr etwas Falsches gemacht habt – ihr geht dafür zur Hölle. Schnell und einfach, hm? Eine einmalige Sache – wenn du dich nicht benimmst, dann kommst du in die Hölle. Nun, ich will euch folgendes dazu sagen: Für die Menschen, die das glauben und dann von der physischen Wirklichkeit hinüberwechseln, ist es genau das, was sie erfahren werden: Hölle. So, wie sie sich die auch immer vorgestellt haben. Dann werden sie erkennen, daß sie sie, wann immer sie möchten, verändern können.

Karma – *im Sinne einer Bestrafung* – gibt es nicht. Das ist gar nicht möglich, wenn alle Inkarnationen in Wirklichkeit zur gleichen Zeit geschehen. «Das gibt zu denken», nicht wahr? Schau, das ist technisch unmöglich, denn außerhalb dieses Zeitverständnisses geschieht alles zur gleichen Zeit. Es ist einfach so: Welche Erfahrung du auch immer nicht annehmen kannst, in welcher Inkarnation auch immer, wirst du in einer anderen annehmen. Doch das ist keine Strafe, denn es gibt kein richtig oder falsch. Ihr seid einfach in einem harmonischen Zustand oder nicht. Innerhalb des universellen Gesetzes heißt das Liebe oder Angst. Es geht also nur um eine Erfahrung ohne Werturteil. Und wir sagen es euch noch einmal: Ihr habt nicht nur die Möglichkeit, die Vergangenheit und die Zukunft dieses Lebens zu verändern, sondern auch aller anderer Leben, weil sie voneinander nicht getrennt sind. Wenn ihr die Erfahrung der Transmutation macht, wird genau dies geschehen.

F: (F) P'taah, zurück zu unserer Flora und Fauna hier. Es wurde gemeldet, daß viele Wale auf einem unserer Strände gestrandet sind. Warum tun sie das?

P'taah: Wie viele Antworten möchtest du, Geliebte? Da gibt es die physikalische Realität. Aber was für euch viel wichtiger zu verstehen ist, und ich sage es noch einmal: das, was Cetacean genannt wird, also die Wale und Delphine, haben die gleiche Seelenenergie wie die Menschen. Wale sind wundervolle, multidimensionale Wesen. Sie sind die Historiker eures Planeten, sie hören die Harmonie der Sphären und strahlen sie auch aus. Sie stehen wirklich mit den Sternenwesen in Kontakt und das schon immer. Sie bieten der Menschheit wundervolle Gelegenheiten zu lernen. Als einige der Cetaceans innerhalb des arktischen Pols gestrandet sind, geschah es auch, damit sich die Nationen zusammentun und harmonisch zusammenarbeiten konnten. Einer jener Wale stieg dann auf und sandte Licht für die ganze Welt aus. Jeder einzelne von euch kann sich dem Bewußtsein der Cetaceans anschließen. Wir haben euch schon gesagt, daß ihr das mit jeder Spezies der Flora und Fauna, ja sogar mit Dingen tun könnt, die ihr nicht für lebendig haltet. Ihr müßt dazu nur an den stillen Ort in euch gehen und darum bitten, euch dem Bewußtsein der Wale oder Delphine anzuschließen. Die Wale sind die Überseele der Delphine, und ihr könnt euch mit ihrem Bewußtsein verbinden. Auf diese Weise wird die wundervolle Seele der Cetacean mit euch sprechen. Dann werdet ihr zu einem wunderbaren Verständnis der Einheit gelangen. Denn auf diesem Planeten sind es die Cetaceans, die wirklich wissen, was Freude bedeutet, was Einheit, Anteilnahme und die Fähigkeit zu staunen bedeutet. *Sie verstehen sich selbst als absoluter Ausdruck der Urquelle.* Erkennt, daß ihr von nichts getrennt seid, weder von Gott/der Göttin noch von einer Spezies, ob sie sich nun auf diesem Planeten aufhält oder als verschwunden betrachtet wird. Auf irgendeinem Planeten, sichtbar oder unsichtbar, ist alles für euch da. Das einzige, was ihr tun müßt, ist darum bitten und es dann zulassen.

Ihr Lieben, es ist alles in euch selbst angelegt. Ich bin nur da, um euch an das zu erinnern, was ihr bereits wißt. Es ist mir natürlich eine Freude, auf diese Weise mit euch zusammenzusein. Wir möchten euch aber daran erinnern, daß der beste Lehrer, den ihr haben könnt, ihr selbst seid. Alles, alles, was ihr euch wünscht, liegt in euch. Euch gehört die Kraft und die Herrlichkeit.

Habt unseren Dank, ihr Lieben. *(Und sanft):* Wie wunderschön ihr seid. Ich liebe euch.

Guten Abend.

Dreizehnte Übermittlung

20. November 1991

(Wie immer nimmt sich P'taah Zeit und schaut sich jeden einzelnen im Publikum an.)

P'taah: Guten Abend.

Publikum: Guten Abend, P'taah.

P'taah: Ihr erschafft euch eure Realität von einem Moment zum nächsten und tut dies gewiß nicht bewußt. Eure Überseele, euer größeres Selbst jedoch weiß genau, was ihr gerade tut. Auf diese Weise könnt ihr alles ins Universum aussenden. Ihr müßt nichts tun, SEID einfach im Jetzt.

(P'taah wendet sich an eine Freundin von Jani King. Er hat gemerkt, daß die Energie unter den Haustieren zugenommen hat.) So, Geliebte, wie geht es den neuen Babys des Hauses?

F: Jetzt wunderbar, danke. Es war ein kleines Drama...

P'taah: In der Tat, doch du bist eine Königin des Dramas.

F: Allerdings.

P'taah: Es kreiert also jeder von euch seine Aufregungen in seinem täglichen Leben, in dieser vibrierenden Wirklichkeit der dritten Dichte. Es ist nur so, daß ihr nicht wirklich erkennt, daß die Aufregung mit großer Freude verbunden sein kann und nicht so sein muß, daß es das Herz schwermacht. Es ist so einfach.

(P'taah wendet seine Aufmerksamkeit nun einer anderen Dame zu, die eine dreimonatige Reise nach Indien beabsichtigt.) Und du, Geliebte, hast große Reisen vor dir, hm? Wirfst Sorgen und Ängste ab mit dem Wissen, daß du dir wundervolle Abenteuer mit deinen Reisen im physischen Körper kreierst. Genauso wie die Abenteuer der Seelenenergie, die Abenteuer des Bewußtseins. Du kannst andere Kulturen aufsuchen Geliebte und erkennen, daß du dich in der Tat auf ein Abenteuer und auf Dinge einläßt, die du als lehrreich erachtest. Doch in Wahrheit wird dir mit dieser Reise

großes Wissen zuteil werden. Du wirst wirklich eine wundervolle Zeit verbringen. Sorge dich nicht darum, wie es ausgehen wird.

So hat sich jeder von euch auf ein Abenteuer eingelassen. Jeden einzelnen erwarten die großartigsten Lehren. Und wenn sich die Tage, Monate und Jahre zur zyklischen Veränderung eurer Realität beschleunigen, könnt ihr wählen. Zu jedem Zeitpunkt könnt ihr die Essenz des göttlichen Ausdrucks, die ihr seid, ausstrahlen. Ruft in diesen Tagen der Veränderung nach Abenteuern der Freude, des Lachens und der Liebe, statt euch in das einzubringen, was auf eurem Planeten vorherrscht, nämlich Angst und Zerstörung. Nun, ihr Lieben, in der kommenden Zeit erlebt ihr die Vollendung von fünfzigtausend Jahren eurer Geschichte. Ihr wißt, wir haben es schon erwähnt, daß ihr euch diese Inkarnation geschaffen habt, damit ihr Zeuge der kommenden Veränderungen werdet, die auf eurem Planeten geschehen, und dazu beitragen könnt. Ihr braucht nicht mehr lange zu warten – *sie stehen unmittelbar bevor.* Jeder von euch trägt die Sehnsucht in der Brust, diese Veränderungen mitzuerleben: die Veränderung im menschlichen Bewußtsein und die *Veränderung* eurer Erde. Die kommenden Veränderungen sind bloß Tautropfen auf einem Grashalm. Die Göttin, die ihr eure Erde nennt, weiß genau, was geschehen wird. Und ihr wißt es auch. *Ihr wißt es wirklich auch.*

Nun, wir wollen euch folgendes sagen: Viele von euch sind frustriert, weil ihr euch intellektuell und bewußt nicht auf einer Ebene befindet, um zu verstehen, was geschieht. Da ist die große Frustration, die anzeigt: «Wir wissen, daß sich dies alles da draußen abspielt, doch die Teile des Puzzles passen nicht zusammen.» Ihr Lieben, das ist nicht nötig. Tatsächlich ist es in Wahrheit nicht einmal möglich. Wir haben euch schon gesagt, daß euer Intellekt und euer persönliches Selbst, das Ego, nicht fähig ist, die Essenz Gottes/der Göttin, des ALLES, WAS IST zu verstehen. *Der einzige Teil von euch, der fähig ist, all dies, was geschehen wird, zu begreifen, ist euer Herz.* Euer Herz ist der göttlichen Essenz absolut verbunden, hat Kenntnis von allen Zeit-Kontinuen, von allen Glaxien, von allem, was innerhalb eurer Wahrnehmung bereits geschehen ist und noch geschehen wird. Doch es ist euer Herz und nicht euer Intellekt, nicht euer bewußtes Verständnis. Nun, auf eine Weise könnte man das einen «Vertrauenssprung» nennen. Man muß dazu mit der weiblichen Polarität in Verbindung stehen und die Intuition zulassen, die das Zulassen erlaubt. Es ist euch mit eurem intellektuellen Geist nicht möglich, alles, was geschehen wird, zu erfassen. Der Vertrauensakt besteht darin zu *wissen*, daß ihr *kreieren könnt, was ihr wollt*. Das ist eure eigene Souveränität. Es geht nicht darum, irgend etwas zu *tun*, es geht nur darum, *allem erlauben zu sein*.

(Für den Leser, der nicht das Glück hatte, persönlich an diesen Treffen teilzunehmen, scheint der folgende Kommentar angebracht: Von jetzt an, bis zum Zeitpunkt, wo P'taah eine Pause wünscht, ist seine Kommunikation von einer ungewöhnlich erhebenden Schwingung begleitet, die Eigenschaften wie Sanftheit und Weichheit ihre ursprüngliche Bedeutung zurückgibt. Er wühlt tiefe, freudige Erinnerungen auf, subtile und doch kraftvolle Qualitäten, die direkt in den Herzen des Publikums ankommen. Es ist schwierig, wenn nicht gar unmöglich, die Wellen der Liebe, die seine Worte tragen, zu beschreiben. Es scheint, als wenn die, die sich versammelt haben, eine Seele bilden, und diese Seele ist bereit, sich seiner so sanften, liebevollen und heilenden Berührung zu öffnen. Ein Wesen berührt ein anderes direkt. Das ist wahre Kommunikation. Es ist eine Erfahrung.)

Nun werden wir euch die ganze Herrlichkeit ausmalen, die sein wird. Doch seht, wenn wir in Worten zu euch sprechen, reden wir nur von einer Dimension der Wirklichkeit. Eure Seelenenergie, euer Herz versteht *alle* Dimensionen der Realität. Wir könnten also ein Bild malen, doch das würde nur einen absoluten Mikrokosmos dessen darstellen, was man Unendlichkeit nennt. In diesem Leben, ihr Lieben, in dieser Zeit habt ihr immer die Wahl. Wir haben schon über die bewußte Wahrnehmung gesprochen, und wie es sein kann, wenn dem Selbst die Liebe fehlt, wenn ihr das Gefühl des Unwertseins habt, wenn ihr alle Dinge einschränkt, wenn ihr euch voneinander und von der Quelle abtrennt. Die Wahl, die ihr habt, liegt zwischen Angst, nicht zu genügen, nicht liebenswert zu sein, der Angst vor jedem Übergang (Tod) – und der Liebe. Alles in eurem Leben, jede Krankheit, jedes Unwohlsein spiegelt nur eure Wahl für die Angst wider, für das Verurteilen. Wenn ihr Liebe wählt, wenn ihr wählt, nicht zu verurteilen, seid gewiß, daß alles genau ist, wie es IST, und diesen Ist-Zustand nennt man Ausdruck des Göttlichen. Ihr sendet dann in euer Universum und in das Multiversum aus, daß ihr euch für die Liebe entschieden habt, daß ihr gewillt *seid* zuzulassen, und jedes Mal, wenn ihr das so tut, zeichnet ihr einen Pinselstrich auf die Leinwand eurer Wirklichkeit. Jedesmal, wenn ihr die Liebe der Angst vorzieht, jedes Mal, wenn ihr die Liebe eurem verzweifelten Wunsch, etwas zu TUN vorzieht, verändert ihr diese Wirklichkeit.

Wir haben euch von Transmutation erzählt, doch für viele ist das immer noch ein Mysterium. Wir werden noch einmal darüber reden. Transmutation bedeutet das Verändern jeder Pein, jeder Seelenqual und jedes Schmerzes, den ihr in eurer Brust spürt, den Schmerz von Zehntausenden von Leben, das Sterben von euch allen an gebrochenen Herzen in göttliche Ekstase, in Gemeinschaft, in Einssein. *Wißt, daß ihr von eurer Quelle nicht getrennt seid und es noch nie wart.* In Wahrheit wart ihr nie wirklich getrennt von euren Brüdern und Schwestern auf unzähligen Planeten und in all euren Galaxien. Ihr wart von keiner Kreatur auf eurem Planeten je getrennt, auch nicht von eurer Sonne und von eurem Mond. Ihr seid von keinem Blatt, keinem Grashalm und keiner Blume, die da blüht, abgetrennt. Ihr habt das nur vergessen, das ist alles. Und in eurem Schmerz und mit euren Urteilen, die ihr über euch selbst fällt, habt ihr euch verschlossen. Ihr habt vergessen, daß das, was ihr seid, wahrhaftig Gott/die Göttin ist, der/die die Rose der vibrierenden Aufregung dieser Dimension der Realität riecht. *Es sind eure Werturteile über diese Wirklichkeit, eure Werturteile über den, der ihr seid, die diesen Schmerz des Widerstandes in eurer Brust bewirken, die bewirken, daß ihr die Ganzheit und das Eins-Sein vergeßt.* Ihr Lieben, die universelle Wahrheit heißt Liebe. Es ist so einfach, wirklich. Sie heißt LIEBE, und diese Liebe beinhaltet die Liebe für das, was ihr seid. Erkennt: Wer auch immer ihr seid, was auch immer ihr denkt, was auch immer ihr tut, ist ein Ausdruck des Göttlichen. Die GÖTTLICHE QUELLE kreiert alles Sichtbare und Unsichtbare in allen Galaxien und in allen Multiversen. Ihr glaubt, ihr seid so unbedeutend, so schlecht, so wenig liebenswert, und mit dieser Abwertung seit eurer Kindheit und von einem Leben zum nächsten wurdet ihr unverletzlich. Und das ist in Ordnung, ihr Lieben. *Einzig die Werturteile stehen zwischen euch und der* GÖTTLICHEN EKSTASE. Die Werturteile bewirken den Schmerz, die Qual und Seelenpein, die ihr alle seit so vielen Leben kennt. Schmerz, ihr Lieben, ist kein Gefühl, *es ist nur Widerstand gegen die Gefühle, weil ihr vor dem Fühlen solche Angst habt.* Der göttliche Funke, der ihr seid, ist wirklich eine Schöpfung aus Vorstellungskraft und Gefühl, das ist, was ihr seid. Ihr selbst habt euch mit eurem Bewußtsein, aus der Integrität eurer Seele heraus in Materie verdichtet, um euch mit der Quelle wieder zu verbinden. Ihr Lieben, verurteilt euch nicht! *Ihr seid wundervoll. Ihr seid unermeßlich schön. Ihr seid die Quelle, die sich in dieser Dichte der Wirklichkeit ausdrückt. Und ihr habt so gewählt.* Ihr müßt dies alles zulassen, müßt wissen, jedesmal, wenn ihr euch in eine schmerzhafte Lage bringt, tut ihr dies, damit ihr die Ganzheit erkennt. Ihr habt euch den Schmerz erschaffen, den Schmerz mit euren Lieben, den Schmerz, der euch als Umstände erscheint. Ihr habt jede unharmonische, schmerzhafte Situation erschaffen, damit ihr euch sagen könnt: «Aha.» In diesem Schmerz steckt eine Lotosblume, die nur nach Nicht-Wertung und nach warmer Liebe für das, was ihr seid, verlangt, um aufzublühen, um den Smaragd in eurem Herzen in seiner Ganzheit und Göttlichkeit hervorzubringen. Ihr seid es, die dies alles erschaffen habt. Niemand da draußen tut dies für euch. Die Größe eures Wesens wird euch weiterhin in Situationen führen, die ihr annehmen könnt, wo ihr euch ohne Werturteile dem öffnen könnt, der ihr seid. Es IST einfach, und wenn ihr diesem IST-ZUSTAND erlaubt zu sein, bewirkt ihr die Veränderung. Das nennt man dann Transmutation, das Verwandeln des Schmerzes in Ekstase. Ihr Lieben, *das ist das menschliche Wunder. Damit verändert sich alles, jede Zelle in eurem Körper.* Damit verändert sich die Vergangenheit und die Zukunft dieses Lebens und aller Leben, die ihr nach eurer Wahrnehmung in der Vergangenheit gelebt habt oder erst in der Zukunft leben werdet. Und das geschieht nur durch das Zulassen. Indem ihr zulaßt, erschafft ihr nach fünfzigtausend Jahren das goldene Zeitalter der Menschheit.

Ihr habt jeden Moment die Wahl: Liebe oder Angst. Und ihr Lieben, ihr müßt die Angst nicht von euch weisen, ihr müßt nicht versuchen, sie loszuwerden. In Wahrheit müßt ihr nicht einmal versuchen, sie zu verändern. Ihr müßt erkennen, daß sogar die Angst, sogar die Werturteile, die ihr über euch selbst fällt, ihre Gültigkeit haben, daß sie genauso ein Ausdruck des Göttlichen sind. Der einzige Weg, eine Veränderung zu bewirken, besteht darin, sie zu euch zu nehmen und sie mit dem Wissen, daß sie in Ordnung sind, ins Licht eures Wesens zu führen. Wie wenn ihr das Kind, das ihr tatsächlich seid, in euren Armen haltet. Streichelt das Kind, das ihr seid und sagt ihm: «Es ist alles gut, du brauchst nichts zu fürchten.» Nehmt all die Werturteile an, die ihr über euch selber habt, all die Werturteile, die ihr über andere Leute fällt, die euch ja in Wahrheit nur widerspiegeln, wie die Gefühle in euch selbst aussehen. Indem ihr diese zulaßt, gleicht ihr alle Werturteile aus. Ihr bewirkt eine Veränderung, indem ihr geschehen laßt, nicht indem ihr euch um eine Veränderung bemüht. Damit wertet ihr nur wieder ab, was ihr seid. Erkennt, daß jeder vollzogene Schritt, jede Reaktion in Angst und Schrekken, alles, was ihr als furchtbar, als traurig oder gemein empfandet, alle Reaktionen aus Eifersucht, aus Besitzdenken, alles, was ihr je gegen jemand anderen unternommen habt, in Wahrheit gegen euch selbst gerichtet war. Ihr Lieben, es ist wie mit einem Kind, das lernt zu gehen. Ihr umarmt das Kind und sagt: «Das hast du gut gemacht, Liebes, du bist wieder einen Schritt vorwärtsgekommen.» Auf diese Weise könnt ihr mit euch selbst umgehen, und indem ihr euch umarmt und gewähren laßt, öffnen sich eure Energie-Zentren, und das, was vormals Schmerz war, kann von eurem Bauch zu eurem Herz und von dort zum Kronenchakra fließen und dort ein Feuerwerk schaffen, das in allen Galaxien widerhallt. Das nennt man ICH BIN, das wird Gott/Göttin genannt, ALLES, WAS IST. Es ist das, was dieser wunderbaren, aufregenden und vibrierenden Ebene der Wirklichkeit Ausdruck verleiht. Ihr habt dies alles erschaffen. Ihr seid wundervolle Wesen.

Das Wunder der Transmutation, ihr Lieben, ist euer Wunder. Übernehmt dafür die Verantwortung. Segnet euch für jede

Schöpfung des Unwohl-Seins, jede Schöpfung des Schmerzes. Segnet sie, denn wenn ihr sie nicht wertet, sie akzeptiert, entdeckt ihr den GOTT, der ihr seid. Wenn ihr alles zulaßt, einfach ohne zu beurteilen, ohne den Versuch, etwas zu verändern, schafft ihr die Regenbogen und das Licht der Sterne. So sei es! *(Hier folgt eine Minute der Stille.)*

Sehr gut, wir wollen eine Pause machen, damit ihr über das, was in eurem Herzen liegt, kontemplieren könnt. Wir werden sehr bald zu euch zurückkehren.

(Nach der Pause):

So, ihr Lieben, Zeit für Fragen, hm?

F: (M) Kürzlich haben sich einige Frauen beim Ministerium um die Priesterschaft in theologischen Organisationen beworben. Das wurde grundsätzlich abgelehnt. Ich meine, diese Frauen sollte man unterstützen. War es in einem größeren Zusammenhang gesehen notwendig, daß sie abgewiesen wurden, damit die Barrieren fallen, die zwischen den Religionen stehen? Oder wäre hier ein wahrhaft weiblicher Einfluß zustandegekommen, der unter den Religionen einen Ausgleich geschaffen hätte, oder wären die männlichen Bemühungen durchkreuzt worden? Könntest du dazu etwas sagen?

P'taah: In der Tat, Geliebter. Nun hat natürlich das sogenannte weibliche Geschlecht nichts mit der männlichen/weiblichen Energie zu tun, die in jedem einzelnen Individuum angelegt ist. Die Gesetze, die erlassen werden, um Gleichheit zwischen den Geschlechtern herzustellen, spiegeln nur das Wachsen der weiblichen Energie wider. Die Frauen, die – so sieht es aus – in männliches Territorium eindringen wollen, sind wieder etwas anderes, hm? Wir haben es schon einmal erwähnt, daß die sogenannte «Frauenbewegung» eigentlich das Faß zum Überlaufen bringt. Denn das ist immer noch männliche Energie. Wir möchten auch sagen, daß eure Religionen, welchen Namen sie auch tragen, um welche Sekte es sich auch immer handelt, immer noch eine Reflektion eurer Geschichte darstellen. *Die Religionen haben die Menschen während Tausenden von Jahren versklavt und in Ketten gelegt, haben Trennung geschaffen sowie Minderwertigkeitsge-*

fühle, Werturteile von richtig und falsch, die Angst vor eurer Sündhaftigkeit und die «Erbsünde», für die ihr jetzt bezahlen müßt.

Nun ist die Zeit gekommen, dies alles zu verändern, die Zeit zu erkennen, daß das Universum nicht urteilt. Außerhalb eurer Köpfe existieren keine Werturteile. Es gibt keine guten Engel oder eine sogenannte Hierarchie unter ihnen, die auf einer Wolke sitzen und die Menschen beurteilen. Im Universum gibt es kein richtig oder falsch. Es IST einfach, und was auch immer IST, hat seine Gültigkeit. Alles ist ein Ausdruck des Göttlichen. All dies nennt man Gelegenheiten, die in Liebe angenommen werden können. Alle, die sich innerhalb der Netzwerke archaischer Institutionen um irgend etwas bemühen, versuchen eigentlich nur die Stalltüre zu schließen, nachdem das Kamel bereits in die Wüste entflohen ist. Eure Zukunft, ihr Lieben, ist nicht an Institutionen gebunden. Eigentlich könnte man sagen, daß die Zukunft noch nicht geschrieben wurde. Doch unaufhörlich, mit jedem Herzensmoment, erschafft ihr innerhalb des Netzwerkes von Liebe und Ganzheit eure nächste Zukunft. Geht voran und tut, was euer Herz zum Jubeln bringt. Das nennt man Spontaneität, das nennt man Freude und Verwunderung darüber, was ihr euch erschaffen könnt. *Wenn ihr euch in religiöse Institutionen einbindet, dann werdet ihr zu Sklaven eurer Vergangenheit. Dann verleugnet ihr eure freie Bestimmung, eure Souveränität.* Und wenn ihr euch entscheidet, das zu tun, dann hat das in der Tat seine Gültigkeit. Wirklich, das ist eure freie Entscheidung.

F: (M) Guten Abend, P'taah. Ich habe meine Mühe mit der Vorstellung, daß es kein richtig oder falsch gibt. Meinst du, das gilt nur im ewigen Jetzt, oder gilt es auch auf unserer Existenzebene?

P'taah: Geliebter, es gibt nur das ewige Jetzt.

F: Ich meine, wenn Leute andere aus Gründen persönlicher Bereicherung ermorden, ist das nach meiner persönlichen Meinung nicht gut.

P'taah: In der Tat, doch schau, Geliebter, die Menschheit hat immer zwischen Liebe und Angst gewählt. Wenn jemand das Leben eines anderen aus Gründen der persönlichen Bereicherung nimmt, tut er das aus Angst, ohne Reichtum dazustehen. Und das ist, wo wir hinwollen: zu den Werturteilen. Man muß wissen, daß alles, was nicht ein Ausdruck der Liebe ist, tatsächlich ein Ausdruck der Angst ist und seine Gültigkeit hat. Es ist auch ein Ausdruck des Göttlichen, Geliebter, denn nichts existiert im Multiversum, das nicht von der Quelle herstammt. Man muß einen Schritt zurücktreten und mit Verständnis reagieren, ohne zu verurteilen. Alles, was du außerhalb von dir siehst, mußt du als Spiegelbild dessen erkennen, was du bist. Und jeder einzelne von euch war schon alles, hat schon allem Ausdruck verliehen. In den Herzen von euch allen kommt immer wieder Mord zum Vorschein. Warum glaubst du, habt ihr all diese Gesetze? Ihr habt sie, weil ihr solche Angst vor euch selbst habt, ihr könntet Amok laufen, und dann bliebe nichts mehr übrig. Doch schaut, ihr Lieben, in euch allen ist auch dieser göttliche Funke, der Christus, die Quelle. Die Lichtfaser (DNA) verbindet euch mit allem und jedem, und ihr verschließt euch aus Angst. Es ist nicht nur die Angst aus einem Leben. Angst und Schmerz können sich ansammeln. Doch jetzt könnt ihr das alles verändern. Denn jetzt ist die Zeit gekommen. *Die Zeit ist nicht nur für das Bewußtsein der Menschheit reif, sie ist für das lebendige Bewußtsein eines jeden Atoms und Moleküls reif. Sie ist reif für eure Göttin, euren Planeten, für eure Flora und Fauna und für das, was ihr für leblose Dinge haltet.* Diese Veränderungen bringen das Multiversum zum Schwingen. Es ist dieses Mal nicht nur dieser Planet. Denn, wie wir schon sagten, geschieht außerhalb dieses Raum-Zeit-Kontinuums alles gleichzeitig. Es gibt Tausende von Ausdrucksformen eures Planeten und Tausende und Abertausende von Ausdrucksformen der Menschheit, die alle, ALLE auf diese zukünftige Veränderung hin aufblühen, die IHR in jedem Moment eures Seins empfindet. Im Seinszustand des Jetzt werdet ihr den GOTT/DIE GÖTTIN, ICH BIN zulassen.

F: (M) Ich grüße dich, P'taah.

P'taah: Ich grüße dich, Geliebter.

F: Ich habe ein wirkliches Problem mit – ah – mich an meine Frage zu erinnern.

(Das Publikum ist ausgelassen.)

P'taah: Sieh Geliebter, das zeigt dir, daß dein Herz in Wahrheit keine Fragen hat.

F: Ja.

P'taah: Das möchten wir euch allen kundtun: Jedes Wort, das ich hier sage, wurde schon gesagt. Ihr wißt das alles. Wir tun dies nur deshalb, weil die geäußerten Worte das Wissen in euch aufleben lassen. Ich bin eigentlich ziemlich überflüssig, hm.

F: Es scheint, hier geht es um das gleiche. Während ich über die Frage nachdachte, habe ich sie mir bereits beantwortet. Doch diese Frage steht immer noch offen: Wie kann man das Denken, den Geist beruhigen? Du weißt schon... Ich denke ja gerne an gute Sachen, an erfreuliche Dinge, doch immer wieder höre ich diese kleine Stimme, die seltsame Dinge sagt. Wie kann ich das kontrollieren? Weißt du, was ich meine? Natürlich weißt du, was ich meine.

P'taah: Nun, erst einmal solltest du wissen, daß du nichts kontrollieren mußt, denn Kontrolle ist eine männliche Energie, hm? Ausziehen und erobern, hm? Du hältst diese rebellischen Gedanken im Zaum, du wertest dein Ego ab, du machst deinen Intellekt schlecht und bringst deinen Geist für immer zum Schweigen. Nun, das ist alles gut und schön. Doch schau, das ist kein Ausgleich. Nun, du darfst diese rebellischen Gedanken zulassen, hm? Du darfst deinem Geist erlauben, beschäftigt zu sein. Du mußt einfach ZULASSEN. Das nennt man dann weibliche Energie: empfänglich, gewährend, nährend. Indem du zuläßt, bewirkst du die Stille, die Leere, in der du sein kannst, hm? Schau, die Energie von euch allen ist wie eine Spirale. Jedes Molekül ist eine Energiespirale, die euch mit dem Multiversum verbindet. Ihr könnt euch sogar vorstellen, daß die Worte, die wir zu euch sagen, am Rande dieser Spirale tanzen. Nun, Worte, Ideen, intellektuelles Verständnis, all dies in den einengenden Schubladen des Verstandes sind in Wahrheit Lichtfasern, die sich mit anderen auf dem Perimeter der Spirale verbinden, worin die Leere der Schöpfung, die Leere des Zulassens und die Leere der absoluten Unendlichkeit existiert. Du gelangst nicht zum SEIN, indem du versuchst zu kontrollieren. Lasse zu!

F: Ich verstehe. Sind wir in Wahrheit unsere Gedanken? Stimmt das?

P'taah: Aber Geliebter, du bist so viel mehr. Ihr seid so viel mehr, als ihr erkennt. Wenn ihr von Gedanken sprecht, denkt ihr an euren Intellekt, ihr denkt an Glaubensstrukturen, ihr denkt an euer persönliches Selbst. Doch schau, Geliebter, ihr seid so viel mehr als das.

F: Dann ist also jeder Gedanke, den wir haben, in Ordnung?

P'taah: Aber natürlich, Geliebter. *Was auch immer ist, ist in Ordnung.* Erlaube es dir einfach, und sei gewiß, daß darin die sogenannte Integrität der Seelenenergie liegt. Das Herz wünscht fieberhaft, in diesen Zustand des Zulassens, der Ganzheit und des Eins-Seins zu kommen. Und jedes Mal, wenn du zu kontrollieren versuchst, engst du die spontane Schöpferkraft ein.

F: Danke dir.

F: (F) Ich möchte noch etwas über die Angst wissen. Ich denke, es ist etwas Persönliches, denn es hat mit Krankheit zu tun. Ich, für mich, habe festgestellt, daß es sich um Angst und mangelnde Selbstliebe handelt. Ich denke, ich würde mir erlauben zu sein, und alles wäre ganz in Ordnung. Dann sehe ich, daß sich in meinem Körper etwas manifestiert hat. Ich denke also, daß das offensichtlich da ist, um mir etwas zu zeigen. Ich schaue dann und erkenne, was mir fehlt. Wenn ich mich also einfach zurücklehne und zulasse, kommt das Gefühl: «Das habe ich also vorher getan, nun geschieht dies.» Und dann muß ich im Unterbewußtsein die Angst suchen, die dafür verantwortlich ist? Das ist der Punkt, wo ich ganz durcheinander bin.

P'taah: Genau, Geliebte. Hier muß man die Angst erkennen, die die heutige Menschheit vor dem Unterbewußtsein hat. Es ist eine Angst vor dem unbekannten Monster, das irgendwo unter dem Bewußtsein herumlungern soll. Die Menschheit hatte einmal, vor nicht allzulanger Zeit die Möglichkeit, all diese Ängste an die Religion weiterzugeben. Man nannte dies «Gottvertrauen». Egal, wie stark die Ketten der Religion waren, es gab immer jemanden, dem man dies alles weitergeben konnte. Durch die Veränderungen der letzten Jahre haben die Menschen realisiert, daß es da oben keinen alten Mann, genannt Gott, gibt, der damit beschäftigt ist, euch alle zu beurteilen. Dann kam die Psychologie auf, und man lehrte euch, daß irgendwo im Bewußtsein ein wütendes Monster herumlungert, das zu allem fähig sei. Das ist die Kehrseite der Medaille. Euer Unterbewußtsein ist kein Feind. Es gibt kein Monster, das Dinge verursacht, über die ihr keine Kontrolle hättet. Das geschieht nicht auf diese Weise. Es ist jedoch tatsächlich so, daß körperliche Krankheiten nur ein Spiegelbild eines gefühlsmäßigen Unwohl-Seins sind.

F: Genau darum geht es. Wenn es so ist, und ich erkenne das, wie weiß ich dann, womit ich es zu tun habe?

P'taah: Habe Vertrauen in das, was du bist. Wenn du eine Veränderung wünschst, mußt du nur die Krankheit annehmen.

F: Genügt es, wenn ich sie erkenne?

P'taah: Genau, doch du mußt die Krankheit lieben, ohne sie zu verurteilen. Denn in der Krankheit liegt das Juwel. Erkenne, daß du sie selbst geschaffen hast, daß du alles verändern kannst. Doch du bewirkst keine Veränderung, wenn du Angst vor der Krankheit hast. Du veränderst nichts, wenn du das verurteilst, was du bist. Verstehst du das?

F: Ja, doch das ist manchmal schwierig zu erkennen. In dem Fall muß ich an Teile meines Lebens denken, wo ich nicht so aufmerksam bin. Ich muß bis zu einem gewissen Grad nachschauen, ob es an der Ernährung liegt oder an etwas anderem.

P'taah: Geliebte, es spielt keine Rolle, was du trinkst oder ißt. Es ist nur wichtig, wie du dich fühlst. *Du schaffst dir deine Wirklichkeit mit deinen Gefühlen.* Die Emotion schafft das Gefühl. Hm?

F: Richtig, nur gerade in letzter Zeit fühle ich mich immer ganz ausgelaugt. Und ich meine doch, daß ich es richtig mache und bin trotzdem die ganze Zeit müde. Irgendwo funktioniert etwas nicht richtig. Habe ich Vitaminmangel, oder gehe ich mit irgend etwas nicht richtig um?

P'taah: Wenn du unter Vitaminmangel leidest, Geliebte, dann

deshalb, weil du etwas nicht richtig machst. Doch das hat nichts mit dem zu tun, was du dir in den Mund steckst.

F: Genau das ist der Punkt. Wie finde ich heraus, was ich nicht richtig mache?

P'taah: Du führst kein Leben in Freude, Geliebte.

F: *(lacht)* Nun, ich tue mein Bestes.

P'taah: Je öfter du lachst, um so mehr lebst du in Freude und um so gesünder und vitaler wird dein Körper.

F: Ja, ich glaube, das gehört einfach zusammen.

P'taah: Genau, es gehört einfach zusammen. Ihr Lieben, wir verstehen absolut, wie euch das erscheint, wie schwierig euch das vorkommt. Ihr kreiert euch eure eigene Wirklichkeit von einem Moment zum nächsten. Ihr müßt euch nur selbst lieben. Ihr müßt nur in Freude leben, und ihr sagt: «Nun, ich tue mein Bestes.» Wir verstehen, daß das sehr schwierig ist. Und wenn ihr tatsächlich eine körperliche Krankheit kreiert, dann fallt ihr in ein schwarzes Loch und verurteilt eure Werturteile, die ja überhaupt erst die Krankheit hervorgebracht haben. Ihr habt die Vorstellung eines perfekten Körpers und die Vorstellung, daß, wenn ihr absolut ausgeglichen seid, euer Körper dann auch gesund wäre. Wenn ihr dann nicht vor Gesundheit nur so strotzt, dann verurteilt ihr euch dafür, so dumm zu sein, so unausgeglichen, so wenig erleuchtet, da ihr eine solche Krankheit erschaffen habt. Ihr sagt euch: «Jetzt werden alle merken, daß ich kein erleuchtetes Wesen bin.» Wir wissen das – wir können euch hören. Ihr sendet das laut und deutlich aus. Erkennt ihr, ihr alle, wie ihr mit euch selbst umgeht? Es ist wirklich verzwickt, nicht wahr? Und immer macht ihr euch Gedanken, daß euch jemand genau so streng verurteilt, wie ihr es selbst tut.

F: Wenn man so fröhlich wie nur möglich lebt, und es geschieht trotzdem, dann muß man es einfach anerkennen und weitermachen?

P'taah: Genau, Geliebte. Du mußt natürlich die Angst und den gefühlsmäßigen Schmerz anerkennen, welche die Krankheit hervorgebracht haben. Aber du mußt auch die Verantwortung dafür übernehmen, daß du die Krankheit selbst geschaffen hast. Du mußt die Werturteile ausgleichen, die du über dich selbst und über die Krankheit hast, hm? Nimm sie an und wisse, daß alles ein Ausdruck des Göttlichen ist. Das sind alles, ALLES Gelegenheiten, um ins Gleichgewicht zu kommen. Doch ihr bewirkt die Veränderung mit dem Nichtstun, ihr bewirkt die Veränderung, indem ihr annehmt. Ihr könnt mit euren Krankheiten auch wie mit dem Kind umgehen, das ihr seid. Nehmt sie in eure Arme, streichelt und schaukelt sie und singt ihnen ein Schlaflied. Aber versucht nicht, ihre Existenz zu unterdrücken, sondern liebt sie zum Licht.

F: (M) Sei gegrüßt, P'taah. Ich möchte dich etwas über den richtigen Zeitpunkt fragen. Kürzlich haben sich meine Gedanken um den richtigen Zeitpunkt gedreht. Wann soll ich etwas tun, oder wann sollen andere etwas tun?

P'taah: Hm, in der Tat. Der richtige Zeitpunkt, hm? Es ist der richtige Zeitpunkt, wenn dein Herz jubelt. Das ist alles. Und das gilt auch für den richtigen Zeitpunkt für alle anderen, Geliebter. Der ist nämlich deren Angelegenheit. Sorge dich nicht um den richtigen Zeitpunkt, wenn du dein tägliches Leben lebst, Geliebter, denn dein Herz ist eine perfekte Uhr. Was das «Tun» angeht, vergiß es! Wenn du tust, was dein Herz zum Jubeln bringt, dann erlaubst du allen Möglichkeiten, auf dich zuzukommen. Und sei gewiß, es wird sich all das manifestieren, was für dein Selbst zum höchsten Wohl ist. Nun, weißt du auch, was euer größtes Hindernis darstellt? *Zweifel.* Wir haben es schon erwähnt. *Ihr* seid es, die ihr eure eigene Wirklichkeit kreiert. Ihr sendet den Gedanken ins Universum aus, und das gesamte Universum ordnet sich entsprechend dem Glauben von euch selbst und dem Universum um. Wenn ich euch eröffne, daß ihr äußerst kraftvolle Schöpfer seid, daß ihr alles, was ihr euch wünscht, erschaffen könnt, dann sagt ihr: «GOTT/GÖTTIN meines Wesens, ich wünsche mir was auch immer, und ich weiß, daß es bereits IST», und dann fügt ihr hinzu: «Mein Gott, ich hoffe nur, das funktioniert.» *(Das Publikum ist amüsiert.)* Nun, den habt ihr gerade verpfuscht. Habt ihr schon gemerkt, ihr Lieben, wenn ihr einen ganz normalen Gedanken habt, einen Herzenswusch, irgend etwas ganz Gewöhnliches, dann sollt ihr ihn einfach vorbeiziehen lassen und ihn gar nicht weiter verfolgen. Dann, ein wenig später, geschieht es tatsächlich. Dann sagt ihr euch: «Daran habe ich doch vor einigen Monaten gedacht, habe mir das gewünscht, und da ist es. Wie außergewöhnlich.» Ihr vergeßt zu sagen: «Wie bin ich doch wundervoll. Ich habe mir das geschaffen.» Schaut, ihr Lieben, auf diese Weise habt ihr in all den Jahren, in all euren bisherigen Leben eure Wirklichkeit geschaffen und habt nicht einmal gemerkt, daß ihr dies tatet. Wenn ihr nun an eurer Kraft zweifelt, dann schaut euch euer Leben an. Wenn ihr all die Dinge betrachtet, die ihr für «große Scheiße» haltet, dann könnt ihr daran erkennen, wie ihr euch dies geschaffen habt. Denn seht, ihr Lieben, das Universum urteilt nicht. Sobald ihr einen Gedanken aussendet, manifestiert er sich eurem Glauben entsprechend, ob ihr nun an etwas denkt, das ihr liebt oder etwas, das ihr fürchtet. Es liegt also ganz an euch, worauf ihr eure Energie konzentriert. Schaut, es gibt kein gut oder schlecht im Universum. Es IST einfach. Ihr seid es, die etwas für großen Spaß oder große «Scheiße» haltet.

F: (F) P'taah, manchmal haben wir Gedanken, von denen wir nicht wollen, daß sie sich manifestieren. Ich weiß nur nicht genau, worin der Unterschied liegt. Wenn ich möchte, daß etwas geschieht, und ich bemühe mich nicht allzusehr darum, und dann habe ich einen ungewollten Gedanken, etwas, das ich ganz bestimmt nicht möchte – warum wird sich das eine manifestieren und das andere nicht? Warum manifestiert sich nicht alles?

P'taah: Wegen der Gefühle, auch wegen der Angst. Es hat mit der Intensität der Gefühle zu tun.

F: Der Unterschied liegt darin, daß ich einem Wunsch nachhänge und ihn mit einem freien Gefühl verbinde, das es dann geschehen läßt.

P'taah: Wie außergewöhnlich.

F: Das ist mir nicht ganz klar.

P'taah: Nun, da sind zum Beispiel «Bedürfnisse», hm?

F: Wenn es um etwas geht, was ich «brauche», dann ist es kein unnützer Gedanke. Macht das den Unterschied?

P'taah: Ist dir schon aufgefallen, daß, wenn du in einer schrecklichen Situation steckst und du etwas bis zum Freitag brauchst, es dann nicht kommt? Und du sagst: «Ich bin doch so mächtig, warum geschah es am Freitag nicht?»

F: Ja.

P'taah: Das nennt man ein Bedürfnis. Götter und Göttinnen haben keine Bedürfnisse. Sie wünschen sich einfach etwas und erschaffen es durch Wünsche, nicht aus Bedürfnis. Denn schau, Geliebte, Bedürfnis ist die Seite der Medaille, die Verzweiflung, die Angst genannt wird. Nur sehr schön verkleidet.

F: Manchmal geht es so weit, daß es einem gleichgültig ist, ob die Situation noch verzweifelter wird. Manchmal ist man der Verzweiflung so müde, daß man denkt: «Wenn es so kommt, ist es gut, wenn nicht, ist es auch gut.» Oft geschieht dann etwas, wenn man...

P'taah: Aber natürlich. Wenn du es einmal losläßt und alle Möglichkeiten offenhältst, dann wirst du deinen Herzenswunsch erschaffen.

F: Dann, wenn ich nicht mehr weiter in etwas investiere?

P'taah: Genau. Wir haben es auch schon erwähnt. Eines eurer Hindernisse in euren Manifestationen in die physische Realität besteht darin, daß ihr Erwartungen an das Wann und Wie habt und damit eure Möglichkeiten und Wahrscheinlichkeiten einschränkt.

F: Das sind die Erwartungen. Es ist auch so, wenn wir das Universum zu etwas Bestimmtem zwingen wollen. Wenn wir ihm erlauben, es auf seine eigene Weise zu tun, dann manifestiert es sich.

P'taah: In der Tat. Und schau, der größte kreative Teil deines Selbst weiß auch, was zu deinem höchsten Wohl ist.

F: Mein absolutes Bewußtsein weiß das? Also muß ich nur loslassen und meinem höheren Bewußtsein erlauben zu übernehmen. Was auch heißt, ich entferne mich von der männlichen, mentalen Energie.

P'taah: Schraubst deinen Kopf ab und nimmst ihn unter den Arm.

F: Das ist es also, wogegen wir Männer und Frauen uns so sträuben. Wir glauben, wir wären unverantwortlich, wenn wir aufhören zu denken. Ist es das? Das große Problem, wo wir alle steckenbleiben?

P'taah: Warum fragst du? Du weißt es so genau. *(Lachen.)* Aber genau das ist es. *(P'taah wendet seine Aufmerksamkeit einem Herrn zu, der nach der Pause dazugekommen ist.)*

Nun, geliebtes Wesen, wie geht es dir?

F: Ausgezeichnet, danke. Wirklich großartig.

P'taah: Das bist du auch tatsächlich. Als verkörperte Realität, wenn du so willst. Hast du heute abend wundervolle Fragen an uns, Geliebter?

F: Eigentlich nicht. So viele Fragen werden beantwortet. Ich muß einfach nur zuhören.

P'taah: Wie außergewöhnlich.

F: (F) Wie sieht deine Wirklichkeit aus, wenn du nicht hier in diesem Raum bist, P'taah?

P'taah: Welche denn?

F: Das weiß ich nicht.

P'taah: Darüber werden wir sehr bald mehr erzählen, Geliebte. Komm und besuche uns wieder zur nächsten phantastischen Enthüllung. *(Lachen.)*

F: In Ordnung, danke.

F: (M) P'taah, ich weiß, wir können uns in diesen Zustand des Geschehenlassens versetzen, aber würdest du uns einen prosaischen Tip geben, irgend etwas, womit wir uns an dich erinnern und uns in diesen Zustand versetzen können. Etwas, womit wir mit dir im Multiversum herumreisen können?

P'taah: Geliebter, *(ganz sanft)* den kennst du. Schau, Geliebter, du mußt nur wissen, daß du es kannst, und ich verspreche dir: Du kannst es. Erinnere dich einfach vor dem Schlafengehen daran, den Gott/die Göttin um eine bewußte Erinnerung zu bitten. Und du darfst uns rufen, Geliebter, und wir werden zu dir kommen.

F: (F) P'taah, kürzlich habe ich etwas Kleines kreiert. Ich denke, es war als Lektion gedacht, und dann bin ich an meinen Urteilen gescheitert. Jetzt habe ich Angst, diese Lektion werde sich wiederholen.

P'taah: In der Tat. Du wirst sie weiterhin erschaffen, bis du durch die Werturteile durch bist.

F: Das ist mir jetzt bewußt. Kann ich mich einfach darin wälzen, bis es geklärt ist?

P'taah: Aber natürlich. Du gehst so hart mit dir ins Gericht, Geliebte, und verurteilst deine Werturteile so sehr. Das ist der Fluch des New Age, hm? Das Phantom schlägt zurück, der Fluch der «Whoofties». *(Lachen.)* Sie verurteilen das Verurteilen.

F: Ich bin mir bewußt, daß ich das tue und habe den Wunsch zuzulassen, doch das geschieht nicht.

P'taah: Warum denkst du, es tut das nicht?

F: Weil ich immer noch werte?

P'taah: Hm, und schau Geliebte, das ist etwas ganz Ernstes. Schau, ein Weg, das Verurteilen der Werturteile und dessen Verurteilen auszugleichen, besteht darin, daß du erkennst, wie absolut lächerlich das ist und darüber herzlich lachst. Indem du lachst, schaffst du den Ausgleich.

F: (M) Könntest du uns erklären, wie Gefühle Wirklichkeit erschaffen?

P'taah: Tatsächlich besteht ihr in Wahrheit aus Gefühlen. Und was sind Gefühle? Sie sind Energie, vibrierende Energie. Das ist, was ihr seid, vibrierende Frequenz, und die Frequenz ändert sich je nach Gefühl. Wir haben es auch schon erwähnt, daß ihr sehr oft nicht wirklich wißt, was ihr glaubt. Das ist so sehr Teil der Persönlichkeit, Teil des persönlichen Selbst, daß ihr nicht einmal erkennt, daß das eure Wirklichkeit erschafft. Nun, die meisten Menschen können nicht so gut mit Gefühlen umgehen. Sie verstehen sich viel besser auf Widerstand, auf die Angst vor den Gefühlen. Denn schau, Geliebter, ihr habt Angst davor, ausgelöscht zu werden. Und die meisten von euch würden alles tun, um den Gefühlen auszuweichen. Wenn ihr die Gefühle zulaßt, wie auch immer ihr sie beurteilt, dann ist es eigentlich eine neutrale Energie. Wenn ihr diese zulaßt, dann bewegen sie sich frei durch den Körper und schaffen Freude, Ganzheit und ungeteiltes Sein. Wenn ihr Vorurteile habt, wie es sein könnte, dann bewirkt ihr sehr oft Widerstand dagegen, was Schmerz bedeutet. Schmerz ist kein Gefühl. Wir haben ausführlich darüber geredet, und du kannst es nachlesen. *Schau Geliebter, Transmutation bedeutet, Gefühle ohne Werturteile zulassen.* Zulassen, daß diese neutrale Energie vom Solarplexus zum Herzen und weiter zur Krone fließen kann und dort zur Ekstase führt.

Ihr Lieben. *(Zum Gastgeber):* Danke dir, Lieber. Es genügt für heute. *(Zum Assistenten der Technik):* Danke dir, Geliebter. *(Zur Gastgeberin):* Unser Dank an dich, Geliebte – und wie geht es deinen Hühnern? *(Lachen.) (P'taah weiß offenbar über das anhaltende Geplänkel zwischen der Gastgeberin und deren Hühnern Bescheid, die immer wieder den Mulch von ihren Obstbäumen wegkratzen, und dem Hahn, der sie beim Füttern angreift.)*

F: Nun, ich nehme an, sie sind lediglich ein Spiegelbild für mich.

P'taah: In der Tat.

F: Wie mache ich dem Hahn klar, daß ich mit ihm eins bin, daß wir ein einheitliches Leben führen?

P'taah: Oh, vielleicht solltest du ihm den Gürtel über die Ohren ziehen. *(Das Publikum lacht herzlich und applaudiert.)* Manchmal sind sie ganz schön hartnäckig, diese Spiegelbilder, die wir erschaffen. Hm? Das ist ein Spaß, Geliebte. *(Eine andere Dame nimmt das Thema auf.)*

F: Aber ist es nicht genauso gültig, wenn wir von etwas genug haben, daß wir uns dann in dem Moment entsprechend verhalten? Sagtest du nicht, daß wir genau das tun sollten?

P'taah: Aber natürlich, Geliebte. Das muß man alles nicht so ernst nehmen, weißt du?

(Dann wendet er sich wieder an die Gastgeberin): Es ist schon in Ordnung, geh hinaus und hau ihm eins über die Ohren, hm? *(Zum Publikum):* Das sage ich nur, weil sie die Hennen und Hähne liebt, von denen sie so schlecht behandelt wird. Ihr alle – so oft möchtet ihr hingehen und jemandem eins draufschlagen, hm? Und wenn ihr ehrlich darüber nachdenkt und darüber lacht und euch die Frustration und den Ärger zugesteht, dann, indem ihr euch das erlaubt, wird es umgewandelt, und ihr könnt das

Lachen aus eurem Bauch aufsteigen lassen und damit die Situation ändern. Ihr kämpft so verzweifelt um Erleuchtung ihr Lieben, ihr habt den verzweifelten Wunsch, nach Hause zu kommen, zu dem zu werden, der ihr wirklich seid. Wenn ihr euch zugesteht, daß ihr bereits zu Hause seid, werdet ihr das Aussehen von allen Dingen verändern, die ihr auf dieser Bewußtseinsebene, in dieser Wirklichkeit kennt. Ihr werdet wissen, daß ihr einfach nur zu wünschen braucht, ohne zu zweifeln und ohne etwas zu erwarten, und dann seid ihr wahrhaftig bereits zu Hause. Ich liebe euch alle.

F: Wir lieben dich auch.

P'taah: Ich weiß. Es ist mein Wunsch, daß ihr euch im Spiegel betrachtet und das Juwel, das Spiegelbild Gottes, in jeder Facette eures Seins erkennt. Ihr Lieben, ihr seid von nichts getrennt. Ihr SEID einfach und wahrhaftig. Als dieses SEIN verehre ich euch. Guten Abend.

Vierzehnte Übermittlung

27. November 1991

P'taah: Guten Abend, ihr Lieben. Seid alle wirklich willkommen! Dieser Abend bedeutet das Ende, aber auch einen Neubeginn. Bis jetzt haben wir manches Kapitel fertiggestellt, doch eigentlich ist es nur ein einziges. Wir werden euch jedoch weiterhin zur Verfügung stehen, ihr Lieben. In diesem Sinne wollen wir fortfahren. Wir wollen den Stil etwas verändern, denn erst wollen wir euch um eure Fragen bitten, und dann werden wir zu euch sprechen und somit das Kapitel beschließen.

F. (F) P'taah, du sagtest, indem du uns hilfst, bringt es dir auch etwas. Ich denke, du gibst uns wirklich sehr viel, und ich frage mich einfach, was du denn von uns erhältst.

P'taah: Freude, Geliebte, Freude in der Tat, und es ist auch eine Erfahrung, mit euch auf diese Weise zusammenzukommen. So war es mir möglich zu erkennen, wer ihr seid und wie es ist, mit euch zusammenzusein. Hm? Doch es ist immer, immer eine Freude, mit Menschen zu sein. Es ist auch immer eine Freude, eine Erweiterung des Bewußtseins mitzuerleben. Zu sehen, daß das, was bevorsteht, euren Planeten wirklich erleuchten wird.

F: (M) Ich möchte dich über den Goldenen Engel befragen. Ist es richtig, daß Gold eine dichtere Frequenz hat und die Materialisierung der reinen göttlichen Liebe ist? Sollte es dann nicht eher in den Händen der Heiler sein als bei den Händlern?

P'taah: Nun, Gold, hm, hoch geschätzt, ist in der Tat ein Spiegelbild des ALLES, WAS IST und wurde auch als Symbol gedacht. Nun, Lieber, du sagst, es sollte in den Händen der Heiler, nicht der Händler sein, hm? Sind Heiler größer als Händler, Geliebter? Besser?

F: Vielleicht eher lebenserhaltend. Ich dachte speziell daran, daß es einen Zusammenhang hat, daß die Lebensschwingungen zu ihrer natürlichen Harmonie zurückfinden und daß die Anwesenheit von Gold helfen kann, die atomare Struktur zu ionisieren.

P'taah: In der Tat, und als solches ist es ein Werkzeug. Doch wie wir schon sagten, Geliebter das einzige Werkzeug, das du in Wahrheit brauchst, ist dein Herz hm? Und wir sagten auch schon, daß die Heilung von der Person ausgeht, die sie benötigt, hm? Schweifen wir darum nicht allzusehr ab. Schau, Geliebter, du mußt wissen, wenn du irgendeine wellenartige Substanz ansiehst, sei dies nun ein Kristall oder Gold oder was auch immer, daß sie einfach diese spezielle Familie *der Minerale* reflektiert. Da sind auch die Spiegelbilder eurer Natur, die Flora und Fauna. Und gewiß, Geliebter, ist da auch das große Spiegelbild der Menschheit: Denn wenn das Gold das ALLES, WAS IST widerspiegelt, was denkst du, spiegelst du wider? Verstehst du? Du kannst also nicht eines höher bewerten. *Das ist wahrlich in der heutigen Zeit die größte Lektion für die Menschheit, daß sie erkennt, daß* ALLES, alle Dinge, Spiegelbilder des ALLES, WAS IST sind, daß nichts existiert, was nicht von göttlicher Essenz durchtränkt ist.

F: (M) Guten Abend, P'taah. Du sagtest, daß mein Glaube das einzige sei, das mich von mir, von meinem wahren Selbst, trennt. Sag mir bitte, wie ich am besten meine Glaubensstrukturen ausdehne, damit ich mein wahres Selbst kennenlerne.

P'taah: Nun, das ist eine sehr gute Frage, denn es ist natürlich vortrefflich, ein intellektuelles Verständnis zu haben. Wie kannst du auf praktische Weise erkennen, was du eigentlich glaubst. Nun, wir sagten bereits, daß viele von euch nicht wirklich wissen, was sie glauben. Denn diese Glaubensstrukturen sind so sehr Teil der Persönlichkeit, daß ihr ihrer nicht bewußter seid als der Haare auf eurem Kopf oder deren Fehlen. Wenn ihr in Verlegenheit geratet, weil ihr euch in irgendeiner Weise Disharmonie manifestiert habt, wäre es praktisch, wenn ihr Bleistift und Papier zur Hand nehmt. Notiert euch zum Beispiel eine Frage über Fülle. Die kommt bei Menschen immer gut an, hm? Liebesaffären und Fülle. Nein, laßt uns Liebesaffären nehmen. Manchmal denke ich, das bereitet der Menschheit sogar noch mehr Schmerz als der Mangel an Fülle und Überfluß. Jetzt schreibt ihr zuoberst auf das Papier das Wort Liebe oder Geld. Dann könnt ihr senkrecht in der Mitte eine Linie ziehen. Auf der linken Seite listet ihr all die Dinge auf, die ihr über Geld, Liebe oder Beziehung für negativ haltet. Auf die rechte Seite schreibt ihr alles, was euch ein positives Gefühl vermittelt. Ihr werdet erstaunt sein. Und erkennt auch, ihr Lieben, daß ihr wißt, man sollte nichts verurteilen, hm? Das betrifft vor allem euch wundervollen New-Age-Leute. Es ist wie mit euren Werturteilen. Ihr wißt, ihr solltet keine haben, also verurteilt ihr eure Werturteile. Ihr wißt, ihr solltet nicht negativ denken, also versucht ihr noch stärker, diese negativen Gedanken zuzudecken. Ihr sitzt darauf, und ihr sendet sie doch aus. Verdrängung und Unterdrückung. Auf diese Weise könnt ihr zu einem ehrlichen Verständnis gelangen, was ihr wirklich glaubt. Wenn ihr dann alles Negative erkennt, merkt ihr, daß ihr oft nicht einmal wußtet, daß ihr das wirklich glaubtet. Jetzt seht ihr vielleicht, daß dies nicht länger notwendig ist. *Nicht* daß es schlecht wäre. *Nichts*, was man loswerden, unterdrücken oder verdrängen müßte. Es besteht einfach keine Notwendigkeit mehr. Diese Glaubensformen dienen euch nicht mehr. Dann sagt man sich: «Nun, das ist *in Ordnung*. Nehmt es in euer Wesen auf, indem ihr anerkennt, *daß es in Ordnung ist.* Auf diese Weise nehmt ihr den gestrigen Glauben zu euch und erweitert ihn zum größeren Verständnis des Heute. Das könnt ihr mit allen Bereichen eures Lebens tun, die euch nicht mehr dienlich sind.

F: Noch eine Frage, P'taah. Ich wüßte gerne mehr über die Liebe.

P'taah: Das wüßte jeder gerne in diesem Raum. Das würde gerne jeder auf diesem wundervollen Planeten wissen. *(Ganz weich):* Was kann ich euch über Liebe erzählen? Ich kann sagen, daß ihr ohne sie ums Überleben kämpft. Mit ihr werdet ihr großartige, kreative Meister, die das ALLES, WAS IST in allem widerspiegeln. Doch seht, ihr Lieben, *es geht nicht darum, irgend jemand anderen zu lieben, es geht darum, daß ihr euch selbst liebt.* Bevor ihr nicht wirklich erkennt, daß ihr die Quelle seid, die sich in jeder Facette, jedem Schatten, auf jede Weise, in allen Farben in der dritten Dichte ausdrückt, wie sollt ihr dann diese Liebe nach außen zum Ausdruck bringen können? Und die Liebe, welche die Kinder zeigen, ist ein Spiegelbild, wie es vom Selbst zum SELBST sein könnte. Verstehst du, Geliebter?

F: (M) P'taah, der Sohn dieses Mannes, wenn ich das sagen darf, *(deutet auf den Herrn, der die vorhergehende Frage stellte)* hat einen Tumor. Für die Familie war es sehr schwer, die Gründe dafür zu verstehen und wie er entfernt werden soll und zu welchem Zweck die Seele des Jungen dies hervorgebracht hat. Ich möchte bitte für diese Familie, daß sie das besser verstehen kann.

P'taah: Du weißt, über dies und diese Familie haben wir wirklich ausführlich gesprochen. Da war auch noch die Rede von einem Kind, das sich in einem extremen Zustand befindet und von all den Beteiligten, die auch nicht verstehen können, warum so etwas sein kann. Und die Leute fragen sich: Wie kann ein unschuldiges Kind auf solche Weise bestraft werden. Alle, die damit in Kontakt kommen, werden Kummer wirklich verstehen lernen. Wir sagen zu euch, ihr Lieben: erinnert euch immer, immer wieder daran, daß dieses Leben nicht das einzige ist. Alle, die ihr euch in einer familiären Beziehung befindet, wart schon viele, viele Leben zusammen und habt euch entschieden, zusammen immer wieder neue Leben zu kreieren. Jeder von euch spielt der Erfahrung wegen eine andere Rolle, damit ihr durch diesen Rollenwechsel ein Verständnis von den Dingen erlangt, die ihr in anderen Leben noch nicht annehmen konntet. Das Bewußtsein dehnt sich also mit jeder Inkarnation weiter und weiter aus. *Jetzt, also in der heutigen Zeit, während diesen Jahren eurer Zeit kommen die Lernerfahrungen schneller und massiver auf euch zu.* Ihr bringt Extreme hervor, damit ihr sie annehmen und die Agonie in Ekstase transmutieren könnt. Damit dient ihr nicht nur eurer eigenen Erleuchtung, sondern auch der Erleuchtung der gesamten Menschheit und assistiert damit eurer Göttin, eurer Erde bei ihrer eigenen Veränderung. Nun, ihr müßt auch wissen, daß ihr vor jeder Inkarnation zusammenkommt und euch bereits entschieden habt, welche Rolle ihr in der Familie spielen werdet: Wer wird Mutter sein, wer Vater, wer sind die Geschwister und welches

Geschlecht werdet ihr haben. Dann bestimmt ihr in groben Zügen den Spielplan. Ihr könnt jeden Moment wählen, wie ihr ihn wahrnehmen wollt. Nun, es kann sein, daß ein Kind auf der Seelenebene entscheidet, daß seine Erfahrungen mit der Familie nur wenige Jahre dauern sollen. Die Seele wünscht sich deshalb nur einen bestimmten Zeitraum, um Erfahrungen zu sammeln, die sie auf diese Art vorher nicht machen konnte. Nun, du weißt, Geliebter, wir haben dir von der Transmutation erzählt. Wir erklärten dir, wie du – indem du es zuläßt, alles transmutieren kannst. Wir haben dir erzählt, daß Schmerz und Seelenqual Widerstände gegen die Gefühle sind. Laß sie wahrhaftig zu und wisse, daß es sich um Schmerz und Seelenqual seit Äonen handelt. Es geht nicht nur um dieses eine Leben, um diese eine Situation. Du hast sie alle geschaffen, damit du sie annehmen kannst und die Perle in deinem Selbst und von deiner ganzen Familie widergespiegelt erkennst. Das nennt man Liebe und Zulassen. Deine Erfahrungen können eine Perle nach der anderen bedeuten. Damit erschaffst du ein Diadem, das jede Inkarnation erleuchtet, die du mit all deinen jetzigen Familienmitgliedern hattest. Gehe also sanft mir dir um, erlebe jeden Moment in seiner größtmöglichen Fülle. So kreierst du Freude, von einem Moment zum nächsten, ohne irgendeinen Gedanken an die Zukunft. Du mußt wissen, Geliebter: die Liebe ist endlos. Das Band der Liebe, das du mit deiner Familie während Äonen geknüpft hast, wird weiterhin bestehen. Wenn jemand von dieser Dichte in eine andere überwechselt, kann es sein, daß dieses Band stärker ist als im Bewußtsein der physischen Realität. Verstehst du das?

F: (M) Wie gut können wir mit unserer Seele kommunizieren und wieviel Kontrolle haben wir. Einmal sagst du, wir hätten jeden Moment die Wahl, absolut frei...

P'taah: Wir reden jetzt gerade über «bewußte» Wahl.

F: Ein anderes Mal sagst du, das Kind kann sich eine kurze Dauer mit dieser Familie gewünscht haben... da scheint ein Konflikt zu bestehen.

P'taah: Es ist in Wahrheit kein Konflikt. Es ist nur so, daß du nicht verstehst, daß die Seele vom Bewußtsein nicht getrennt ist. Nur der Intellekt macht diese Trennung. Wir haben auch schon erwähnt: Schraube deinen Kopf ab und nimm ihn unter den Arm, denn auf diese Weise kommt er dir sicher nicht in die Quere. Nun, du bist nicht der einzige, Geliebter, der sich davon beirren läßt. Man könnte sagen, daß eure bewußte Wirklichkeit zu neunzig Prozent vom Intellekt regiert wird. Wir sagten euch auch, daß euer Intellekt eigentlich dazu da ist, euch zu dienen. Doch während der vielen Leben geschah es, daß ihr die Diener eures Intellekts wurdet, wie ihr auch zu Dienern eures Egos geworden seid. Damit wollen wir nicht sagen, daß der Intellekt oder das Ego falsch seien. Sie wurden einfach zu groß für ihre Schuhe. Wenn ihr intuitiver werdet und eurem Herzen mehr und mehr erlaubt, euch durch die tägliche Wirklichkeit zu führen, wenn ihr mehr und mehr tut, was euer Herz zum Jubeln bringt, werdet ihr merken, daß ihr immer mehr in Gleichklang mit eurer Seele, eurem Geist kommt. Auf diese Weise werdet ihr bewußt erkennen, was eure Seele euch zu eurem Besten wünscht. Dann wird es dem Herzen eine Freude und ein Vergnügen sein, den Intellekt und das Ego von einem Moment zum nächsten zu benutzen, um den Herzenswunsch zu erfüllen. In diesem Sinne sind Bewußtsein und Seelenenergie nicht voneinander getrennt. Eure Seele, ihr Lieben, ist äußerst integer; sie ist die Verbindung zum Göttlichen. Eure Seele *weiß*, daß sie Ausdruck des Göttlichen ist. Euer Intellekt dagegen hat vergessen, daß er irgend etwas mit Göttlichkeit zu tun hat. Verstehst du? Du kannst es auch noch nachlesen, Geliebter, hm?

F: (M) Lieber P'taah, ich komme nochmals auf die erste Frage zurück. Du sagtest, daß nichts in Stein gemeißelt sei. Ich verstehe das so, daß das Kind oder die Person es *(die Krankheit)* auch verändern könnte.

P'taah: In der Tat. Es kann eine Veränderung eintreten. Nun, erinnerst du dich, Lieber, was ich zu all den Wünschen sagte, die ihr in eurem Leben manifestiert haben möchtet? Du mußt den Gedanken aussenden. Und wir sprachen auch über die Einschränkungen, die ihr mit den Erwartungen und den Glaubensstrukturen bewirkt. Nun, man muß wissen, ihr Lieben, daß eure Seele viel besser als euer Intellekt weiß, was für euch das Beste sein wird. Also muß man sagen: «Das ist, was ich mir wirklich wünsche.» Aber man sollte nicht gierig nach dem Ergebnis schielen. Ihr müßt wissen, ihr habt es euch gewünscht, und jedes mögliche Ergebnis ist in Ordnung. Verstehst du? Nehmen wir zum Beispiel einen ausgewachsenen Mann, einen schönen Mann, der körperlich seine volle Größe erreicht hat und dann krank wird. Die Krankheit wurde sicherlich durch etwas verursacht, was gefühlsmäßig nicht akzeptiert und angenommen worden ist. Der physische Körper findet immer einen Weg, um ein Unwohlsein entsprechend dem emotionalen Bereich, der nicht angenommen wurde, zu manifestieren. Wenn ihr euch nun wünscht, den Körper von seiner Krankheit zu befreien, könnt ihr zur Ursache vordringen und den Schmerz transmutieren. Der Körper kann sich auf zellularer Ebene selber heilen. Wie auch immer, ihr müßt wissen, daß ihr auf der Seelenebene den Wunsch haben könnt zu gehen, wenn die Lektion einmal gelernt ist. Weil es dann nicht mehr nötig ist, hier noch länger zu bleiben. Verstehst du?

F: Ja, das tue ich. Ich habe auch verstanden, daß die Krankheit überflüssig wird, wenn diese Perle der Weisheit der betreffenden Krankheit einmal gefunden ist.

P'taah: In der Tat. Es wird dann zum Wohl-Sein, nicht Unwohl-Sein.

F: (F) Ich glaube, wir sind die Summe all unserer Vorfahren. In unserem genetischen Muster oder der DNS sind alle Emotionen, alles Positive und Negative unserer Vorfahren gespeichert. Ich glaube, der einzige Weg, um Klarheit zu erlangen, um in unserem Leben korrekte oder bewußte Entscheidungen zu treffen, besteht darin, all diese genetischen Muster zu bereinigen, die in uns angelegt sind.

P'taah: Du mußt erkennen, Geliebte, du BIST all deine Vorfahren. Da besteht kein Unterschied, und es geschieht ja jede Inkarnation, die du je hattest, zur gleichen Zeit. Wenn du diese hier bereinigst, bereinigst du alle.

F: Nun, wie bereinigt man denn am besten?

P'taah: Worüber denkst du, haben wir all diese Wochen gesprochen, Geliebte?

F: Ja, ich weiß. Aber gibt es irgendeine praktische Übung,

etwas ganz Spezifisches, wie zum Beispiel einen Seelenstern über unsere Köpfe setzen und uns mit Licht umgeben. Gibt es etwas ganz Spezifisches?

P'taah: Plötzliche Erleuchtung, Geliebte?

F: Irgendwie, ja. Jedenfalls schneller als auf diese Weise.

P'taah: Schau, es kann in einem Augenblick geschehen. Du brauchst es nur geschehen zu lassen.

Nun, Ihr Lieben ihr wißt, während diesen Wochen wurde vieles gesagt, was schon vorher viele Male gesagt worden ist. Ihr habt es alle gehört, habt es Leben um Leben immer wieder gehört und hört es doch nicht. Ihr hört so verzweifelt zu und wollt alle erleuchtet werden, alles kennen, was außerhalb eurer Welt existiert. Ihr alle wollt verzweifelt etwas «tun». Wir haben euch Woche für Woche gesagt: *Es gibt nichts, was ihr tun könnt.* Wir haben euch gesagt, daß alles Wissen des Multiversums in euch angelegt ist, und wir möchten euch fragen: «Während wie vielen tausend Jahren hat man euch genau das gleiche gesagt, und ihr habt es nicht gehört? Ich habe euch gesagt, daß alles, was ihr außerhalb von euch wahrnehmt, ein Spiegelbild eures Selbst ist. Das, was ihr als negativ beurteilt, ist wahrhaftig ein Spiegelbild von dem, was ihr seid. Auch das, was ihr als wundervoll beurteilt, ihr Lieben, ist ein Spiegelbild von dem, was ihr seid. Wir sagten euch, daß alles, dem ihr in eurem Leben widersteht, was ihr ablehnt oder unterdrückt, auf euch zurückfallen wird. Wem ihr auch immer widersteht, es wird beharrlich bleiben und bleiben, bis ihr es gewähren lassen könnt, bis ihr es annehmen könnt und bis ihr es nicht mehr verurteilt. Wir sagten euch, daß jede Facette, die ihr seid, jeder Gedanke, den ihr in jedem Leben je hattet, jede Aktion, jeder Teil von euch, jede Zelle eures Körpers wahrhaftig ein Ausdruck des Göttlichen ist. Wir sagten auch, daß es außerhalb eurer Köpfe keine Werturteile gibt. Im Universum gibt es kein Gericht, und ihr seid Gott, die Göttin, das ALLES, WAS IST, das sich in dieser Dichte der Realität ausdrückt. Ihr seid wundervolle multidimensionale Wesen, ihr seid spirituelle Meister. Ihr bemüht euch alle so um Spiritualität, doch *was ihr seid, ist spirituell.* Ihr fragt, warum ich hier bin? Ihr Lieben, ihr erkennt nicht, daß es eine Freude ist, jeden einzelnen von euch anzuschauen. Ihr habt alle Angst, ihr könntet das Boot verpassen, habt Angst, dieser Übergang werde stattfinden, und ihr würdet zurückgelassen werden. Ihr glaubt alle, ihr müßtet etwas Wertvolles vollbringen, damit ihr dort hinkommt. Und ihr erkennt nicht, daß ihr in Wahrheit alle bereits dort seid. Laßt eure eingeschränkte Wahrnehmung einfach gewähren. Sie ist in Ordnung. Und wenn ihr sie so in Ordnung findet, wird sich eure Wahrnehmung erweitern und mehr erweitern. Ihr seid von Seelenbrüdern aus allen Realitätsdimensionen umgeben, von Wesen, die euch lieben und die euren Planeten lieben. Ihr glaubt, daß ihr als Individuen die Macht nicht hättet, euch selbst, euren Planeten und euer Schicksal als Rasse, als Spezies zu verändern. Ihr vergeßt und glaubt, die Erde selbst sei machtlos, sei ein Opfer. Doch schau, meine Liebste, eure Erde ist eine große Göttin, und sie ist mächtig und kraftvoll. Jeder von euch gleicht einem Stern am Firmament, und jeder von euch bringt Licht in die Galaxien.

Ihr seid auf einer der großartigsten Abenteuerreisen. Ihr habt euch einen herrlichen Pfad ausgesucht. Man nennt ihn *Leben*. Man nennt es das Wissen, daß man sich Moment für Moment seine Wirklichkeit und seine Zukunft erschaffen kann. Hängt euch nicht an die Vergangenheit. Laßt euch von der vergangenen Geschichte eurer Spezies nicht fesseln. Ihr müßt wissen: es gibt keine Grenzen. Ihr seid größer, als ihr euch je vorstellen könnt, und alles auf eurem Planeten ist Teil von dem, was ihr seid. Ihr seid ehrlich von *keinem Ding* und von *keinem Menschen* getrennt. Zwischen euch und dem unendlichen Ausdruck aller Dinge gibt es keine Trennung. Ihr habt jeden Moment die Wahl und könnt zwischen *Liebe* und *Angst* wählen. Ihr Lieben, ihr müßt die Angst nicht verurteilen; sie ist ein gültiger und göttlicher Ausdruck dessen, was ihr seid. Ihr müßt sie zu euch nehmen, ihr erlauben zu sein. Nehmt sie auf zum Licht eures Seins. Jedesmal, wenn ihr das tut, erleuchtet ihr die Galaxien, bringt ihr Licht ins Multiversum, verändert ihr die zellulare Struktur eures Körpers und entzündet das kristallene Firmament, das wir als Gehirn kennen.

Wir lieben euch alle so sehr. Es ist ein Wunder und eine Freude, mit euch auf diese Weise hier zu sein. Und damit ist es nicht zu Ende. Wenn ihr es wünscht, werden wir so lange zurückkehren wie ihr wollt. Wir sind hier, um euch zu dienen, weil wir euch lieben. Und das, was wir euch allen, jedem Menschen wünschen, ist, daß ihr nach Hause kommen mögt zu dem, was ihr wahrlich seid. So sei es!

Wunderschön seid ihr, wahrhaftig. Jetzt macht ihr aber herrliche Farben in diesem Raum, wirklich, geradewegs durch die Decke.

Guten Abend, ihr Lieben.

Dank

Mein herzlicher Dank gilt Peter und Carol O. Erbe für ihre liebevolle Unterstützung und dafür, daß wir während all dieser Monate in ihrem wunderschönen Heim zusammenkommen konnten, und nicht zuletzt für die Sorgfalt und Geduld mit der sie P'taah's Material niedergeschrieben und überarbeitet haben.

Ich danke auch all den wundervollen und lieben Menschen, die mich unterstützt haben, während dieses Buch entstand.

Ohne David John Ward, der St. Germain nach Australien gebracht und somit unser aller Leben verändert hat, wäre all dies nicht möglich gewesen. Ihm danke ich ganz besonders.

Jani King — Kuranda, im Dezember 1991

Jani King

P'TAAH

Band II: Hoffnung und Liebe für Erde und Menschheit
Neue Botschaften von den Pleiaden

Aus dem Englischen von
Susanne Kahn-Ackermann

WILHELM HEYNE VERLAG
MÜNCHEN

Die Originalausgabe erschien unter dem Titel »Transormation Of The Species. Transmissions From The Pleiades« im Verlag Triad Publishers, Scottsdale, Arizona.

Umwelthinweis:
Dieses Buch wurde auf chlor- und säurefreiem Papier gedruckt.

Taschenbucherstausgabe 07/2005

Printed in Germany 2005
Umschlaggestaltung: HildenDesign, München
Umschlagmotiv: © Sandra Taufer, München
Herstellung: Helga Schörnig
Druck und Bindung: GGP Media GmbH, Pößneck
ISBN 3-453-70019-8

www.heyne.de

Ihr werdet zu Anschauungen kommen,
die jenseits eures Vorstellungsvermögens liegen.

Wenn ihr zu dem Wissen gelangt,
daß nichts voneinander getrennt ist,
werdet ihr das Universum verändern.
Großartige Zeiten der Erleuchtung,
bis es keine Zeit mehr gibt,
in der ihr nicht wißt, daß ihr wahrlich Gott seid.

Und wenn diese Zeit kommt, Geliebte,
wird euer Planet unvorstellbares Licht ausstrahlen –
ein Tanz von Regenbogenfarben,
der wie in einem Feuerwerk die Galaxien erhellt.

Der Planet wird ein Spiegel sein des
GOTTES, DER ICH BIN.

– P'TAAH –

Inhalt

Vorwort

Liebe Leser, das Zustandekommen der Bücher *P'taah – Botschaften des Lichts* und *P'taah – Hoffnung und Liebe für Erde und Menschheit* war gewiß kein Zufall.

Im Juni 1991 besuchte mich Jani King, der ich bis dahin nur einmal, vierzehn Monate zuvor, begegnet war, in meinem Heim in Australien, im tropischen Norden von Queensland. Im Verlauf unserer Unterhaltung kam mir, wie ich dachte, die glänzende Idee, eine Reihe von abendlichen Zusammenkünften abzuhalten, bei denen Jani P'taah channeln sollte. Wir wollten P'taahs Worte auf Tonband aufnehmen und Abschriften davon anfertigen, damit wir dieses Wissen in Form eines Buches oder auch mehrerer Bücher mit dem Rest der Welt teilen konnten. Jani war von dieser Idee entzückt, und wir begannen voller Enthusiasmus Überlegungen zu unserem Projekt anzustellen.

An jenem Abend hatten wir einige Freunde zu Gast, und ich schlug Jani vor, P'taah höflicherweise zu fragen, ob er seine Zustimmung zu unserem Unternehmen geben wolle.

Jani war sofort dazu bereit. Die Gruppe rückte zusammen und Jani ließ P'taah durchkommen. Nachdem wir einige Begrüßungsworte ausgetauscht hatten, trug ich ihm ziemlich begeistert «meine brillante Idee» vor und bat um seine Zustimmung. Ich werde nie sein verschmitztes Augenzwinkern (natürlich durch Janis Körper übermittelt) vergessen, als er langsam näher kam, sich über mich beugte und ganz sanft sagte: «Aber Geliebter, darum ist unsere Frau hier!»

Was danach folgte, waren achtundzwanzig wöchentliche Zusammenkünfte auf der Basis eines offenen Frage- und Antwortforums, Gruppensitzungen, an denen jeweils zwischen zwanzig und achtzig Personen teilnahmen. Ich kann es nur als eine ganz besondere Zeit beschrieben, in der wir Zeugen der starken Emotionen, der Tränen, der Freude und vor allem der Liebe wurden, von P'taahs grenzenlosem Mitgefühl für die Menschheit, das sich am besten mit seinen eigenen Worten ausdrücken läßt: *Wir werden alles tun, um euch nach Hause zu bringen!*

Bestrebt, bei den sich für die Erde und ihre Kinder ereignenden Veränderungen, dem Übergang von der dritten zur vierten Dichte, Beistand zu leisten, verweigert P'taah sich jedem Ablenkungsversuch und hält unerschütterlich am zentralen Thema seiner Belehrungen fest: der Transmutation von Dunkelheit in Licht, der Umwandlung von Schmerz in Freude, von tiefer Qual in Ekstase.

Uns an die Einfachheit seiner Lehren gemahnend, sagt er:

«Das Rezept für die Transmutation ist das einzige Rezept in eurem Universum, bei dem ihr nichts zu TUN braucht, um Resultate zu erzielen.»

In einer Welt, in der die Probleme immer größer werden, entzündet P'taahs Botschaft ein Leuchtfeuer, das der Menschheit das Ende des langen Tunnels der Dunkelheit signalisiert und sie zum Licht und zur Freude führt.

Ich hoffe von ganzem Herzen, daß die in diesem Buch niedergeschriebenen Worte den Lesern die Wärme, den Humor, die Liebe und das Mitgefühl dieses großartigen Wesens in gleicher Weise übermitteln, wie sie die Teilnehmer dieser Abende erlebt haben.

Peter O. Erbe,
Januar 1994, Queensland

Gespräch mit Jani King

Sicher wird mancher Leser gern etwas über den «Channel» Jani King wissen wollen. Gerade weil die Aufmerksamkeit bei diesem Prozeß normalerweise auf das gechannelte Wesen gerichtet ist, vergißt man leicht die Tatsache, daß eine lebendige menschliche Person ihre Zeit und Energie zur Verfügung stellt, damit all dies überhaupt geschehen kann.

In Janis Fall treffen wir eine warmherzige Frau, die die Natur liebt und mit beiden Beinen auf dem Boden steht. Sie lacht gerne und hat einen sehr ausgeprägten Sinn für Humor.

Frage: Jani, ich wüßte gerne, wie ihr euch getroffen habt, du und P'taah?

Jani: Ich muß dafür etwas ausholen. 1947 lebte ich in Neuseeland, wo ich auch geboren wurde. Ich wohnte in einer entlegenen Gegend, inmitten eines 350 Quadratmeilen großen Pinienwaldes. Man muß bedenken, es war kurz nach dem Krieg, und es gab wenig Transportmöglichkeiten. Es war also wirklich sehr, sehr abgelegen. Als kleines Mädchen spazierte ich einmal von unserem Haus in den Wald. Ich erinnere mich noch ganz genau, wie ich in den Wald ging und daß dann etwas passierte. Ich hatte damals keine Ahnung, was es war, und einige Zeit später, als ich nach Hause zurückkehrte, war der Tag um einiges fortgeschritten. Ziemlich außergewöhnlich schien mir, daß niemand bemerkt hatte, daß ich weggewesen war. Alle Mütter kleiner Mädchen beginnen sich zu sorgen, wenn diese nur eine Stunde weg sind. Doch niemand schien mein Fortbleiben bemerkt zu haben – trotz der Tatsache, daß es sich um mehrere Stunden gehandelt hatte.

Im Jahre 1988 kam ich durch ein Medium mit der Wesenheit St. Germain in Kontakt. Zu dieser Zeit fiel mir ein Buch von Whitley Strieber mit dem Titel *Communion* in die Hände. Als ich das Buch auf dem Kaffeetisch eines Freundes sah, fühlte ich mich auf äußerst seltsame Weise davon angezogen. Ich fragte meinen Freund, worum es sich handele, und er antwortete: «Irgendeine Sache über einen Typ, der von Außerirdischen entführt wurde.» Auf dem Umschlag des Buches sah man ein dreieckiges Gesicht mit großen Augen. Aus irgendeinem Grund bekam ich eine Gänsehaut und war sehr aufgewühlt, ohne zu wissen, weshalb. Ich hielt das Buch in meinen Händen und mußte mich überwinden, es wieder hinzulegen. Am nächsten Tag schloß ich mich ein, stellte das Telefon ab, setzte mich hin und las das Buch von der ersten bis zur letzten Seite. Es kam mir alles so bekannt vor, außer dem Umstand, daß Whitley Strieber Angst bekam, als er realisierte, welch göttliche Aufgabe ihm gestellt wurde. Ich hatte dieses Gefühl überhaupt nicht. «Zufällig» sprach ich einige Tage später mit St. Germain und – ich weiß nicht, warum ich es tat – fragte ihn: «Könntest du mir etwas über das Erlebnis erzählen, das ich 1947 (als Kind) hatte, an das ich mich jedoch nicht erinnern kann.» St. Germain antwortete: «Man hat dich an Bord eines Raumschiffs gebracht. Dort wurde ein medizinisches Verfahren angewandt, um ein spezielles Wissen und bestimmte Erinnerungen zu plazieren, die in allernächster Zeit an die Oberfläche kommen werden.» Er erläuterte weiter, worum es bei dieser Entführung damals ging. Ich saß da, sagte nur «Oh» und «ja, ja, ja» und rollte die Augen. Und doch war ich nicht überrascht, nachdem er fertig war und ich alles vernommen hatte.

Ich fragte ihn auch nach einem Besuch, den ich von einem anderen Wesen hatte. Es war keine Erscheinung, sondern physische Wirklichkeit. Es geschah 1961, und es war P'taah, der in einem richtigen Körper erschien (ich weiß nicht, wie viele Körper er besitzt). Wir führten ein Gespräch, das wirklich sehr ungewöhnlich verlief. Dies war das einzige Mal, daß ich P'taah bewußt und in wachem Zustand getroffen habe. Inzwischen habe ich eine Rückführung unter Hypnose betreffend meines früheren Erlebnisses im Jahre 1947 gemacht, und ich kann mich jetzt an alles erinnern, was damals geschah. Was allerdings das Erlebnis im Jahre 1961 betrifft, so war das so außergewöhnlich, daß es mich immer noch ein bißchen traurig macht. *(Jani ist sehr bewegt, während sie sich daran erinnert und braucht eine Weile, um sich wieder zu fassen.)* Das ist, weil ich – wirklich – immer noch warte. Ich muß sagen, daß meine täglichen Erfahrungen mit P'taah ganz anders sind als eure. Für euch ist es irgendwie... Ich kann es nicht erklären – ihr erfahrt ihn anders als ich. Ich kann mit ihm in meinem Kopf sprechen. Er spricht mit mir, doch das ist viel flüchtiger, als wenn er zu euch von Person zu Person redet.

F: Hast du P'taah über dieses Gefühl, diese Trauer befragt?

Jani: Ja, das habe ich.

F: Was meinte er dazu, wenn ich fragen darf?

Jani: Nun, ich glaube, er sagte mir dasselbe, was er auch euch über Trauer sagt: Man könne alles umwandeln. Irgendwie komme ich jetzt besser damit klar. Lange Zeit habe ich wirklich gewartet, täglich gewartet. Heute tu ich's nicht mehr, und es ist in Ordnung, auch wenn ich ihn nie mehr von Angesicht zu Angesicht sehen sollte. Aber da ist immer noch diese Sache in meinem Herzen.

F: Wenn P'taah kommt, scheint es, als wäre da ein Gefühl, denn deine Augen tränen leicht. Bis zu welchem Grad wirkt er über Gefühle? Ich nehme an, es ist anders mit ihm als mit uns. Weißt du irgendwas darüber?

Jani: Ich glaube, das müßt ihr ihn fragen. Ich kann nur soviel sagen: Nicht nur meine Augen tränen, meine Nase läuft genauso. Der «Boß» und ich haben ausführlich darüber geplaudert. Ich sagte ihm, daß ich keinen Einfluß darauf habe, was er mit meinem Körper tut, aber ich bat ihn, er solle es nicht allzu abscheulich werden lassen. Er macht das ziemlich gut, doch sehr oft komme ich zurück, und meine Nase läuft zwar noch nicht richtig, aber doch beinahe. Die andere Sache sind meine Augen. Sie tränen häufig, obschon ich während der Sitzungen gefühlsmäßig nicht beteiligt bin.

F: Jani, wohin gehst du, wenn P'taah kommt?

Jani: Ich habe keine Ahnung. Es ist, als wäre ich ungefähr hier – nicht sehr weit weg. *(Jani deutet auf den rechten hinteren Teil ihres Kopfes.)* Manchmal habe ich eine Ahnung davon, was los war. Manchmal kann ich mich sogar an einige Dinge erinnern, von denen er gesprochen hat, aber ich habe keinerlei Erinnerung daran, was irgendein anderer gesagt hat. Manchmal fühle ich mich recht schlau. Neulich hatte Peter eine Sitzung mit P'taah. Als ich zurückkam, sagte ich zu Peter: «Diesmal hab ich's. Ich weiß genau, worum es ging.» Wie auch immer, als Peter mir von der Sitzung erzählte, merkte ich, daß ich nur einen kleinen Teil davon wußte. Was zeigt, wie schlau ich wirklich bin. Die Antwort ist: Ich habe keine Ahnung. Manchmal möchte ich am liebsten nicht zurückkommen, und ich weiß nicht, ob es mit dem zusammenhängt, was er (P'taah) während der Sitzung sagt oder tut. Einige von euch waren letzte Woche hier. Das war eine sehr aufwühlende Sache. Ich weiß nicht, warum, aber ich wollte nicht zurückkommen. Doch als ich die Abschrift tippte, konnte ich nichts finden, was mich so hätte aufwühlen können. Ich weiß nur, daß ich es vorgezogen hätte, nicht hier zu sein.

F: Jani, als du das erste Mal deinen Körper verlassen wolltest, wie hast du das gemacht?

Jani: Ich habe nichts gemacht. Es geschah unbeabsichtigt.

F: Wie meinst du das? Kam er einfach rein und hat dich rausgeschubst?

Jani: Nein, nein, ich will damit nur sagen, daß ich wirklich nicht weiß, was vorging. Das erste Mal war es nicht so, daß ich irgendwie weg war. Da ertönte diese Stimme aus meinem Mund wie aus einer Höhle. Ich sagte nur: «Mist, was ist denn jetzt passiert?» Doch ich verstand sehr schnell, was vorging. Manchmal schneit P'taah einfach so rein. Ich weiß immer, daß er hier ist, doch er tritt niemals ohne meine Erlaubnis in mich ein. Für eine Sitzung wie diese mache ich allerdings eine kleine Übung. Ich sitze mit geschlossenen Augen da und murmle vor mich hin; dann gehe ich weg, und er kommt rein. Doch manchmal geschieht es von einem Augenblick zum anderen. Das kann eine ziemliche Aufregung verursachen, besonders, wenn Leute in der Gruppe sind, die keine Ahnung haben, was passiert ist. Zuerst bin ich da, und im nächsten Augenblick spricht ein anderer zu ihnen. Das bringt mich dann ein wenig aus der Fassung. So unbeabsichtigt geschieht es meist dann, wenn ich sehr entspannt bin. Ich sage darum «unbeabsichtigt», weil ich vorher nicht irgend so einen Hokuspokus veranstalte. Besonders dann, wenn es mir gutgeht, wenn ich mich nach ein paar Gläsern Wein sehr entspannt fühle, dann, im nächsten Moment, hoppla, ist er da. Gewöhnlich deshalb, weil er auch ein Glas Wein möchte. Versteht mich jetzt nicht falsch. *(Lachsalven)*

F. Jani, als P'taah in einem richtigen Körper erschien, war er da Mann oder Frau oder etwas ganz anderes? Vielleicht etwas, was uns gänzlich unbekannt ist?

Jani: Etwas anderes. Es war ein Lichtkörper und doch ein physischer Körper. Nicht so dicht wie unserer, aber eine menschliche Form. Er hatte unglaublich schöne, sehr große Augen. Doch ich kann dazu nicht allzuviel sagen, denn als dies geschah, wurde ich irgendwie programmiert. Als wenn man einem Computer alle möglichen Daten eingibt. Andererseits wurde mein Herz von einer solchen Liebe überschwemmt, wie ich es noch nie erlebt hatte. Später hatte ich das gleiche Gefühl mit St. Germain, gechannelt durch Azena Ramanda, und auch, als ich mit Walen im Meer schwamm.

F: Spricht P'taah mit dir darüber, was du als Individuum tun solltest, um zu wachsen?

Jani: Er legt mir glänzende Steinchen ins Ohr und gibt mir einen kräftigen Tritt in den Hintern, wenn ich mich nicht so verhalte, wie es (spirituell) für mich am besten wäre.

F: Nimmt es dich körperlich mit?

Jani: Es kommt darauf an. Wenn ich mich wohl und voller Energie fühle, bin ich nach der Sitzung energiegeladen, und das hält noch einige Stunden an. Wenn ich vor der Sitzung müde und nicht so klar bin, fühle ich mich wohl energiegeladen, wenn ich zurückkomme, aber wenn das ausklingt, bin ich erschöpft.

F: Wenn jemand eine persönliche Sitzung mit P'taah hat, weiß er dann alles über diese Person? Ihre Vergangenheit, was sie glaubt und all diese Dinge?

Jani: Ich weiß es nicht. Wer von euch hatte eine persönliche Sitzung?

Peter Erbe: Ich hatte eine, soll ich antworten?

Jani: Sicher.

Peter: Er weiß, welche Farbe die Unterwäsche hat, die du trägst, hat also sehr persönliche Kenntnisse. *(Lachsalven)*

F: Während der Sitzungen hört man immer mal wieder etwas über Schuppen. Worum geht es dabei?

Jani: Das ist ein Witz. Letztes Jahr in Melbourne, nach einem dreitägigen, gefühlsmäßig starken Workshop, sprach P'taah zu den Teilnehmern. Die Leute waren emotional äußerst aufgeladen. Wirklich aufs äußerste. P'taah sagte, wenn er in seinem eigenen Körper erschienen wäre, böte er ihnen eine Light-Show. Er würde ihnen ein Spiegelbild ihrer selbst zeigen, damit jeder sähe, wie ausnehmend schön er wäre und welch wunderschönes Licht alle ausstrahlten. Als er dies sagte, flackerte das Licht im Raum einige Male. Jemand fragte ihn: «Wie siehst du aus?» P'taah antwortete: «Oh, ich bin wunderschön.» Zu P'taah gewandt, murmelte der Leiter des Workshops zwischen den Zähnen: «Ja, wenn man nichts gegen grüne Schuppen hat.» Jedermann schüttelte sich vor Lachen, und P'taah drehte sich zu diesem Freund um und antwortete: «Ah, mein Lieber, du würdest die Schuppen vor lauter Licht gar nicht sehen.» Das wurde für P'taah so eine Art Running Gag.

F: Wolltest du mit zu den Pleiaden?

Jani: Anscheinend war ich dort. Er (P'taah) sagt, daß wir während der letzten dreißig Jahre oft zusammen dort gewesen seien. Ich muß euch allerdings sagen, daß ich keine bewußten Erinnerungen daran habe, daß ich mich auf den Pleiaden befand. Ich kann mich aber erinnern, daß ich nicht nur das eine Mal als Kind auf einem Raumschiff war. Doch ich kann euch nicht viel darüber erzählen, denn innerhalb unseres logischen Auffassungsvermögens macht das alles nicht viel Sinn. Ich sage ihm immer wieder, daß ich mich wirklich gerne an all die anderen Erlebnisse erinnern würde, die ich gehabt haben soll. Aber er antwortet stets, daß ich mich an alles erinnern werde, wenn der richtige Zeitpunkt gekommen sei. Und das sei schon bald. Gott weiß, was er unter «bald» versteht. Nun, ich versuche mir nichts anmerken zu lassen. Manchmal löst irgendeine Sache dieses intensive Verlangen aus.

Doch meistens komme ich damit ziemlich gut klar. Ich vertraue P'taah, wie auch meiner Seelenganzheit, daß, was auch immer auf welche Weise passiert, zu meinem Allerbesten geschieht. Ich habe wie jeder andere auch meine Zweifel und meine schlechten Zeiten. Doch wenn ich es genau betrachte, liebe ich ihn, und ich möchte nirgendwo lieber sein als hier und heute. Ich denke, die meiste Zeit bin ich eine sehr glückliche Person.

Erste Übermittlung
4. Dezember 1991

P'taah: Guten Abend, ihr Lieben. Natürlich ist es wie immer eine große Freude, bei euch zu sein. Wir bitten euch nun, Fragen zu stellen.

F(M):* Könntest du über zyklische Harmonie zu uns sprechen?

P'taah: Zyklische Harmonie ist die Erfahrung, nach der sich die ganze Menschheit sehnt. Es verhält sich so, daß euer Planet, genau wie die Menschheit, im Verlauf seiner Geschichte zyklische Veränderungen durchlaufen hat – Äonen und Äonen vor der Zeit des Einsetzens menschlichen Erinnerungsvermögens, in, im wahrsten Sinne des Wortes, vorgeschichtlicher Zeit, das heißt in einer Zeit vor Beginn eurer geschichtlichen Überlieferung. Einst war die Menschheit im vollen Wissen von ALLEM, WAS IST, vereint und traf die Wahl, die Erfahrung des Getrenntseins zu machen, nur um die Freude des Nicht-Getrenntseins wiederzuerleben. Und so ereignet sich alles, auch für eure Erde, in Zyklen und innerhalb seines eigenen wundersamen Zeitplans der Veränderung. Nun beschleunigt die ganze Erde ihr Tempo. Das Herz der Menschheit schlägt rascher in Erwartung des Höhepunkts dieser Epoche, dieser Ära eurer Geschichte – des Eintretens in die Harmonie, ins Nicht-Getrenntsein. Eurer Zeitrechnung nach neigt sich dieses Jahr (1991) dem Ende zu, und ihr stellt euch bereits auf 1992 ein. Das Jahr 1992 ist wichtig, weil es den Beginn dessen anzeigt, was in euren alten Schriften «die letzten Tage» oder «Endzeit» genannt wurde.

In dieser Zeit, in diesen letzten Jahren, wird ein Wandel, eine Bewußtseinserweiterung eintreten. Damit verbunden wird auch Angst entstehen – die Polarität von Harmonie –, um schließlich ins Licht mit hinein genommen zu werden.

* Der Zusatz «(M)» bedeutet, daß die Frage von einem Mann, «(F)», daß sie von einer Frau gestellt wird.

Nun ist es sehr wichtig, daß ihr alle versteht, daß diese Epoche, die Welt, wie ihr sie kennt, in immer größeres Chaos versinken wird. Doch ist dies keine wirkliche Katastrophe. Es ist nur ein Anzeichen dafür, daß sich euer Bewußtsein erweitert; der auferstehende Christus, ja, wirklich. Das Versagen eurer Institutionen und die Veränderungen der Erde haben bereits eingesetzt und werden 1992 eine Beschleunigung erfahren. Diese Veränderungen sind als Gelegenheit zu großartigem und freudigem Feiern zu begreifen. Ihr Lieben, wenn ihr euch vor dem fürchtet, was sich da auf eurer Ebene zu ereignen scheint, dann macht einen Schritt zurück, um den Überblick zu behalten, und wißt, daß das, was ihr für den physischen Tod haltet, keine Auslöschung bedeutet. Es gibt keinen Tod – er ist eine Illusion. Das Abstreifen der körperlichen Hülle bedeutet nichts weiter als das Verlangen der Seele, Erfahrungen in einer anderen Form zu machen. Ihr wißt, daß es Menschen gibt, die von dem Wunsch nach körperlicher Unsterblichkeit völlig besessen sind. Wir jedoch meinen, daß sie, würden sie sie besitzen, außerordentlich unglücklich wären. Da sie sich mit ihrem Körper noch nicht in Einklang befinden, sich in ihm noch nicht wohl fühlen, würden sich in ihrem Innern weiterhin Dramen abspielen, und würden chaotische Zustände herrschen. Wenn ihr den Gedanken an den Tod akzeptieren könnt, heißt das, daß ihr wirklich begreift, daß dieser lediglich einen Übergang darstellt. Wenn ihr keine Angst empfindet, teilt sich das eurem Körper auf zellularer Ebene mit. Die Zellen schwingen ihrerseits in der Freude und Streßfreiheit, die der Gedanke an den Tod als Übergang beinhaltet, und ihr könnt dann die Zellen immer und immer wieder erschaffen. Versteht ihr? Es geht um diese Dichotomie. *Sobald ihr euch nicht mehr vor dem Tod fürchtet, könnt ihr eure physische Inkarnation so lange aufrechterhalten, wie ihr es wünscht.* Wenn ihr euch mit euch selbst in Einklang befindet, hallen nicht nur alle Universen, sondern hallt auch euer physischer Körper vom Klang der Freude wider. Und damit haben wir die «Himmelfahrt». Eine Rauchwolke, und schon macht ihr euch davon und nehmt euren physischen Körper mit. Wunderbar. Aber seht ihr, das ist eine Sache der Wahl.

Ihr Lieben, ihr dürft nie vergessen, daß ihr immer eine Wahl habt. Wenn ihr euch dafür entscheidet, euch als Lichtquelle wahrzunehmen, als Widerspiegelung des Göttlichen, bestrahlt ihr, durch eure Körper, eure Ebene mit dieser Lichtquelle. Es gibt überall auf eurem Planeten Menschengruppen, wie ihr sie darstellt, und wir sprechen nicht von denen, die *im Innern* eures Planeten existieren, die diese Lichtstrahlen der Freude aussenden, um einen friedvollen, wunderbaren und fröhlichen Übergang in die künftige Harmonie zu schaffen.

Dieses Eintreten in die Harmonie wird auch die in unser aller Herzen auferstehende Göttin genannt. Die Frau muß die in ihrem genetischen Erinnerungsspeicher bewahrten Merkmale der Versklavung innerlich akzeptieren. Der Mann muß die Angst vor der Frau, die Angst vor der Macht der Frau, akzeptieren; er muß wissen, daß er in der Frau das fürchtet, was er im eigenen Selbst fürchtet. Und die Frau muß verstehen, daß es in Ordnung ist, stark zu sein; daß es in Ordnung ist, sich die eigene weibliche Macht ein- und zuzugestehen. Ihr seht also, ihr Lieben, daß das Eintreten in diese Harmonie in Wahrheit in der Harmonie des SELBST zu finden ist. In der bereitwilligen Akzeptanz jener Aspekte im Selbst, die herkömmlicherweise unannehmbar sind – in der Liebe zu dem, was ihr bisher als unliebenswert verurteilt habt. Und so soll es sein, denn ihr habt diesen Wunsch ausgesandt. Auf diese Weise werdet ihr eure Fähigkeit begreifen, genau das zu manifestieren, was ihr wollt. Da ihr euch alle so sehr wünscht, in euer aller Herzen zu einem Verständnis des Nicht-Getrenntseins zu gelangen, habt ihr eine entsprechende Wahl getroffen. Ihr habt den Spielplan in seiner ganzen Bandbreite gewählt, und aus diesem Grund habt ihr euch zu dieser Zeit inkarniert. Ihr geratet nur ab und zu in eurem von Augenblick zu Augenblick gelebten Leben in Schwierigkeiten und scheint manchmal den Handlungsfaden aus den Augen zu verlieren. Und das ist in Ordnung, weil ihr jetzt *in dieser Zeit mit Sicherheit die Erfahrungen machen werdet, die zu machen ihr euch bisher gefürchtet habt. Die Angst wird heraufbeschworen werden, und es werden sich mit erstaunlicher Geschwindigkeit entsprechende Situationen einstellen, bis ihr die Lektion gelernt habt.*

F(M): Wir müssen also all das akzeptieren, wovor wir uns fürchten?

P'taah: So ist es. Ihr werdet feststellen, daß ihr euch in die Angst, worin auch immer sie bestehen mag, hineinbegeben und entdecken werdet, daß sie in Wirklichkeit eine Chance bietet. Und wißt ihr, es macht nichts, wenn ihr es beim ersten Anlauf nicht gleich schafft, denn eure Seele, da braucht ihr euch gar keine Sorgen zu machen, wird mit Sicherheit die Angelegenheit im Rahmen der einen oder anderen Situation wieder aufwerfen.

F(M): P'taah, als du von der vorgeschichtlichen Zeit sprachst und davon, daß sich das Göttliche in das Getrenntsein projizierte, um sich selbst und die Freude wiederzuentdecken, da stellte sich mir eine Frage: Warum überhaupt die Evolution? Warum sucht dieser Ursprung des Göttlichen, der für sich genommen nichts braucht, der vollkommen ist, die Abwesenheit von sich selbst, um sich wiederzuentdecken?

P'taah: Es beinhaltet auch die Erkenntnis, daß das, was sich selbst betrachten möchte, dazu tatsächlich vom SELBST getrennt sein muß.

F: Darin liegt ein Widerspruch.

P'taah: Es ist immer die Dichotomie. Es ist die Unendlichkeit, die sich in allen Dimensionen selbst erfährt. Wie wir euch gegenüber schon erwähnt haben, ist es für uns sehr schwierig, euch in diesen, von euch Worte genannten Schachteln des Verständnisses zu übermitteln, was Unendlichkeit, was ALLES, WAS IST, ist. Seht ihr, im Zustand des Nicht-Getrenntseins seid ihr beide Polaritäten zugleich. Versteht ihr? Im umfassenden Sinn könnte man sagen, daß der Wunsch, das eine oder andere zu erfahren, notwendigerweise die Trennung beinhaltet. Und es gibt auch den Wunsch, die Realitätsebene dieses Raum-Zeit-Kontinuums zu erfahren, welches ganz und gar Polarität ist. Das ist die Existenzform eurer Realität.

F: Polarität... Das gebräuchlichere Wort dafür ist Spannung.

P'taah: Richtig. Das ist eure wissenschaftliche Bezeichnung dafür.

F: So besteht die unserer Erscheinungswelt zugrundeliegende Spannung in Schwerkraft und Schwerelosigkeit, Aktivität und Nicht-Aktivität?

P'taah: So ist es. Ihr wißt, daß auch in der Nicht-Aktivität Aktivität vorhanden ist. Das ist die Dichotomie, denn es ist die Leere, aus der alle Schöpfung entsteht.

F: Und das ist unser Ursprung?

P'taah: So ist es.

F(M): P'taah, in manchen unserer religiösen Lehren wird der Gebrauch von bewußtseinserweiternden Drogen als eine unerlaubte Abkürzung des Weges betrachtet. Könntest du bitte dazu etwas sagen?

P'taah: Nun, wir haben sicherlich schon vielfach die Anwendung von bewußtseinserweiternden Mitteln, und nicht nur den Gebrauch von psychedelischen Drogen, beobachtet. In den alten Tagen eurer Zeit nannte man dies etwas «Heiliges». Man machte sich natürliche halluzinogene Substanzen zunutze, um das Bewußtsein zu erweitern, aber innerhalb eines bestimmten Bezugsrahmens. Das war vor allem in den Kulturen des südamerikanischen Kontinents der Fall. So wie diese Menschen es in ihrem Geiste sahen, bekam das Bewußtsein unter dem Einfluß dieser Substanzen Flügel und flog davon. Doch das war mit Disziplin und Training, mit sehr viel Vorbereitung und Hinführung zu den zu erwartenden Dingen verbunden. Mit Glaubensvorstellungen, die sich um das rankten, was man eine mythologische Welt nennt, um so eine andere Realität zu erschaffen. Und das hatte in der Tat seine Berechtigung. Nun hat sicher auch der gegenwärtige Gebrauch solcher Substanzen seine Berechtigung, sonst gäbe es ihn nicht. *Er stellt keine Abkürzung auf dem Weg zur Erleuchtung dar.* Tatsächlich kann er auf zellularer Ebene Schaden anrichten. Und im Zusammenhang mit der Unkenntnis davon, was erschaffen werden soll, kommt Angst ins Spiel. Gewisse Regierungen haben viel damit experimentiert, um herauszufinden, ob sich psychedelische Drogen als Waffe bei der Zerstörung des menschlichen Geistes einsetzen lassen. Tatsächlich haben Regierungen auf eurem Planeten den Gebrauch dieser Drogen gefördert.

Wir würden vorschlagen, wir würden empfehlen, keinen Gebrauch davon zu machen. Zwar öffnen sie tatsächlich das Bewußtsein für die mögliche Existenz anderer Realitäten, aber wenn ihr dieses Stadium ohne die Einnahme äußerlicher Substanzen erreicht, hat das, was ihr für eurer Bewußtsein gewinnt, sozusagen mehr Wert. Ich will euch sagen, ihr Lieben, daß es keine Abkürzung auf dem Weg zur Erleuchtung gibt, und das wißt ihr. Ich verstehe, daß du diese Frage nicht um deinetwillen gestellt hast, denn du begreifst sehr gut, daß *der einzige Weg zur Er-leucht-ung das Akzeptieren aller Angst und Verurteilung in dir ist; und du weißt, daß es in jedem Augenblick eine Wahl gibt, und daß diese Wahl, welche es auch immer sei, ihre Gültigkeit hat.* Sie gehört ebenfalls zum Göttlichen, sonst existierte sie nicht.

F(M): Du hast zuvor gesagt, daß jeder erdenkliche Wunsch Realität werden kann; und daß Probleme entstehen, wenn man nicht genau weiß, was man tun soll, aber eine Wahl treffen muß. Ich persönlich finde es schwierig, mich zu entscheiden. Ist es aber nicht auch so, daß alles richtig ist, was wir tun?

P'taah: Aber genau das haben wir immer gesagt: Es gibt keine falsche Entscheidung. *Wir sprechen hier nicht von den Entscheidungen, die ihr in eurem Alltagsleben trefft.* Wir sprechen von einer Wahl hinsichtlich der Wahrnehmung. Ihr könnt euch dafür entscheiden, irgendeine, euren emotionalen Zustand beeinflussende Situation mit den Augen der Angst oder aber mit den Augen der Liebe zu betrachten. Das ist die Wahl, von der wir hier sprechen. Und wie immer diese Wahl ausfällt, sie hat gewiß ihre Gültigkeit.

F: Meinst du eine Entscheidung für immer, oder geht es um eine alle fünf Minuten getroffene Wahl?

P'taah: Mein Lieber, es gibt *nur den Moment.* So etwas wie die Zukunft gibt es in Wahrheit nicht. Ihr habt keine Zukunft. Eure Zukunft baut sich auf jeden Moment des Jetzt auf. Das, was ihr innerhalb der linearen Zeit als eure Zukunft anseht, existiert in Wirklichkeit nicht. Ihr baut das, was ihr unter Zukunft versteht, durch das auf, was ihr in jedem Moment erschafft. Erschafft ihr eure Momente in der Fülle der Freude und Liebe, so wird das eurer nächster Moment des Jetzt sein. Und entscheidet ihr euch dafür, diesen Moment im Gefühl von Angst und Verurteilung zu erschaffen, so wird genau das euer nächster Moment des Jetzt sein. Versteht ihr? Es gleicht der Erbauung eines Schlosses.

F(M): P'taah, wie kommen Menschen mit totaler Ablehnung oder Zurückweisung zurecht?

P'taah: Sehr gut, mein Lieber. Wir sagen folgendes: Es spielt keine Rolle, in welcher Form die Ablehnung unter den Menschen zum Ausdruck kommt. Ihr alle wißt, was es heißt, als nichtig zu gelten, weil ihr euer Leben darauf aufgebaut habt, gleich, ob dies nun glatte Ablehnung genannt wird oder ob es sich um stetige kleine Tropfen der Zurückweisung, wie wir es nennen würden, handelt. Das Resultat ist dasselbe. Seht ihr, egal, wie der Handlungsfaden aussieht, ob es sich nun um ein elternloses Kind handelt oder um eines, das in einem vom Krieg zerrissenen Land zur Welt kommt, oder aber um eines, das an Unterernährung oder unter körperlichem Mißbrauch leidet, die Geschichte an sich spielt keine Rolle; das Gefühl ist dasselbe. Ihr sagt vielleicht: «Dieses arme liebe Kind hat ein so schreckliches Leben, und dieses Kind ist so begünstigt, es wächst in einer liebevollen Familie und in Reichtum auf und so weiter und so fort.» Aber seht ihr, das ist die Lage der Menschheit. Wie immer die Situation auch aussehen mag, ihr *alle* seid mit der einen oder anderen Form von Ablehnung aufgewachsen, und sie verursacht Schmerz. Es spielt keine Rolle, wie groß eurer Meinung nach der Schmerz ist, Schmerz-ist-Schmerz-ist-Schmerz. Er erzeugt immer dasselbe Gefühl. Wir haben erklärt, wie sich dieses Gefühl verändern läßt. Man nennt das *Transmutation.*

(An diesem Punkt bittet P'taah um eine Pause und fügt hinzu:) Damit unsere Frau* eine ihrer ewigen Zigaretten rauchen kann. *(Natürlich ist das Publikum sehr amüsiert.)* Wir bitten euch um zwei Minuten Stille, um den Übergang zu bewerkstelligen, und freuen uns darauf, sehr bald wieder mit euch zu sprechen.

(Ein paar Tage zuvor hatte P'taah dem Gastgeber gegenüber den Wunsch geäußert, die Gruppe möge sich zu einer Weihnachtsfeier zusammenfinden. In dieser Pause besprechen Jani, die Gastgeberin und die Gruppe die «hausfraulichen» Angelegenheiten der Vorbereitung dieser Feier. Der Gastgeber «wagt» es, seine kulinarischen Vorschläge zu unterbreiten, und wird von den Frauen völlig überstimmt. P'taah muß zugehört haben, denn nach der Pause wendet er sich an den Gastgeber.)

P'taah: Also eine Party, ihr Lieben. Alle Pläne sind gemacht. Die Frauen haben alles unter Kontrolle – wie immer, hm? *(Brüllendes*

* P'taah nennt Jani King «unsere Frau».

Gelächter im Publikum) Aber es wird natürlich eine Feier werden, und wir werden auch da sein.

F(M): P'taah, manchmal werde ich von Leuten gebeten, ihnen in heilerischer Weise zu helfen. Ich weiß, daß ich ihnen nicht helfen kann, daß ich eigentlich selbst Heilung brauche. Soll ich diese Menschen, die ihr Vertrauen in mich setzen, enttäuschen, wenn sie mich um Hilfe bitten? Bisher habe ich sie nie zurückgewiesen. Ich sage ihnen, daß ich im Rahmen meiner Möglichkeiten und Grenzen tue, was ich kann. Würdest du sagen, daß ich ihre Erwartungen enttäuschen soll?

P'taah: Lieber, du weißt, daß es auf folgendes hinausläuft: Was bringt dein Herz in jedem Moment zum Singen? Wenn in dir der Wunsch zu helfen entsteht, empfindest du in diesem Augenblick nicht, daß er aus einem Gefühl der Pflicht, der Verpflichtung oder der Verantwortung gegenüber einer anderen Person erwächst. Letztlich trägst du nur die Verantwortung für das, was du bist. Ist die Hilfeleistung eine so erstaunliche Sache, wenn du diesen Wunsch in deinem Herzen findest? Du kannst ganz gewiß, mit Liebe in deinem Herzen, Beistand leisten. Geliebter, es geht auch um die Einsicht, daß die Heilung des Selbst zwar von äußerster Wichtigkeit ist, dies aber nicht heißt, daß man alle anderen außer acht läßt, denn in deinem Herzen weißt du, daß es an sich keine Trennung gibt.

F(M): Was diese zyklischen Veränderungen angeht: Gab es vor diesem Zyklus von 50 000 Jahren die dritte Dichte auf diesem Planeten?

P'taah: So ist es. Man könnte sagen, daß es auf diesem Planeten von Anfang an die Realität der dritten Dichte gab, obwohl auf ihm Wesen existierten, die sehr viel leichter waren, eine geringere physikalische Dichte hatten. Viele von ihnen machten sich in andere Sphären auf, und manche entschieden sich dafür, in dieser Dichte zu verbleiben, und nahmen daher in ihrem Selbst diese Dichte an. In diesem Raum-Zeit-Kontinuum hat immer die dritte Dichte existiert.

F(M): Könntest du mir diesen Begriff der Dichte erläutern? Ich kenne aus der Lektüre (der Tonband-Protokolle) nur die dritte

Dichte. Kannst du mir die erste, zweite und vierte Dichte erklären?

P'taah: Man könnte sagen, daß das, was als erste Dichte bezeichnet wird, die von euch als unbelebt wahrgenommene Wirklichkeit ist; also zum Beispiel die der Minerale, die ihr Steine nennt, oder auch die Erde selbst; das, was *eurer Wahrnehmung nach* kein Bewußtsein besitzt. Die zweite Dichte wäre das, was ihr als Flora und Fauna bezeichnet. Wir sprechen in diesem Moment von der Realität eures Bewußtseins. Nun gibt es nichts, was nicht über ein Bewußtsein verfügt, das, was ihr als Stein, Erde oder Mineral anseht, eingeschlossen. Jedes Atom und Molekül besitzt eine sogenannte «mit Bewußtsein geladene» Energie. Der dritten Dichte gehören die Menschen und die Gattung der *Cetacea* an, also die Meeressäugetiere, die Wale und Delphine. Die vierte Dichte ist das, was ihr sein werdet, das, in das ihr euch hineintransformiert. In Wirklichkeit handelt es sich um eine Frequenz. Alles besteht aus Frequenz, aus Schwingung; und das, was ihr in dieser Dichte als die höchste Frequenz begreift, nennt ihr Licht. Als vierte Dichte wird das bezeichnet, was jenseits der Frequenz des Lichts existiert. Es handelt sich also eigentlich nur um Zuordnungen oder Bezeichnungen, die an sich nicht so wichtig sind. Es gibt viele Wesenheiten, die nach der sechsten und siebten Dichte und so weiter fragen würden, doch da ihr im Grunde nicht einmal die vierte Dichte verstehen könnt, ist die Frage, um welche Dichte es sich handelt, sinnlos. Schon allein die Tatsache, daß ihr diese Frage stellt, weist darauf hin, daß es euch an Verständnis mangelt. Die Dimension, in die ihr nun reisen, in die ihr nun übergehen werdet, stellt nur eine höhere Schwingungsfrequenz dar; ihr werdet leichter werden. Nicht, daß ihr aufhören werdet, euch auf physischer Ebene zu verkörpern, aber diese physische Verkörperung wird eine höhere Frequenz aufweisen. Ihr werdet die Licht-Frequenz eines jeden Dings, eines jeden Partikels wahrnehmen. In Ordnung, Geliebter?

F(F): Guten Abend, P'taah. Dies wollte ich dich schon seit Wochen fragen. Ich bin nun seit Jahren mit der natürlichen Geburt befaßt und interessiere mich sehr für die Unterwassergeburt. Ist sie eine bessere Methode, Kinder auf die Welt zu bringen? Eine sanftere Art und Weise, die Heilung zu unterstützen?

P'taah: Das ist sie in der Tat, und sie gehört dem delphinischen Bewußtsein an. Wie schon früher gesagt wurde, gehören die, die für sich eine Unterwassergeburt erschaffen, sehr oft dem Delphin-Bewußtsein, der Delphin-Energie an. Sie haben die Entscheidung getroffen, auf physischer Ebene eine andere Seinsform für sich zu erzeugen, denn hinsichtlich der Seelenenergie besteht gewiß kein Unterschied. Ja, es ist eine überaus harmonische Art und Weise.

F: Also ist sie tatsächlich eine bessere Methode als die Geburt im Trockenen?

P'taah: Liebe, damit sprichst du eine Verurteilung aus. Alles hat seine Gültigkeit. Wir sagen folgendes: Die Geburt im Wasser stellt tatsächlich eine überaus harmonische Form dar.

F: In Anwesenheit der Delphine?

P'taah: Das ist sogar noch wunderbarer, Geliebte, und es gibt einige auf eurem Planeten, die veranlaßt haben, daß ihre Kinder im Beisein von Delphinen zur Welt kamen, und das ist wirklich wundervoll.

F(M): Ich grüße dich, P'taah. Willst du damit sagen, daß die Seelenenergie der Delphine die gleiche ist wie die der Menschen?

P'taah: So ist es. Ihr entspringt derselben Quelle.

F: *Wow. (Gekicher im Publikum)*

P'taah: Ja, *wow.* Und die Wale sind die Überseele der Delphine. Die Wale sind wahrhaft großartig; sie haben niemals den Kontakt mit den Sternenwesen verloren, und sie sind die Historiker eures Planeten, großartige und wundersame Wesen in physischer Verkörperung; ganz gewiß multidimensional und sich ihrer Multidimensionalität ganz und gar bewußt. Die Wale und Delphine hegen eine große Liebe für die Menschen, und viele stellen sich die Frage: «Wie können sie die Menschheit immer noch lieben?» Aber schaut, sie verstehen wirklich das Wesen der bedingungslosen Liebe. Sie haben euch ein großes Wissen zu übermitteln, und ihr könnt euch in das Bewußtsein der *Cetacea* einklinken. Ihr könnt tatsächlich an dieser Weisheit, an diesem Wissen, an dieser Freude und Spontaneität teilhaben.

F: Wie können Menschen es immer noch wagen, diese Geschöpfe zu töten? Das macht mich wirklich wütend.

P'taah: Ja, Geliebter, aber siehst du, die Menschen töten sich auch immer noch gegenseitig. Warum sollten sie sich da scheuen, etwas zu töten, was sie bloß als Tier ansehen, hm? Und es sollte kein Urteil darüber gefällt werden, denn siehst du, dies ist alles eine gemeinschaftliche Schöpfung, eine Co-Kreation. Und die Wale und Delphine haben es sich zur Aufgabe gemacht, ein größeres Verständnis und eine größere Liebe für die Menschheit zu erwecken. Es ist eine großartige Lektion, und es ist eine Co-Kreation. Die Wale und Delphine wissen, daß es so etwas wie den Tod in Wirklichkeit nicht gibt. Wenn die Menschheit zu einer solchen Liebe und Verehrung für die Wale und Delphine gelangt, wird dies auf großartige Weise etwas widerspiegeln, das Liebe und Verehrung für das SELBST sein könnte. Und das bedeutet auch die Einsicht, daß es keine Trennung gibt. Und damit verändern sich die Dinge. Ja, so ist es.

F(M): P'taah, wie passen der Yeti und *Big Foot* ins Bild?

P'taah: Nun, sie sind gleichsam Überbleibsel, wie ihr wißt. Viele andere Angehörige der Spezies, die existierte, als der Yeti und *Big Foot* auf dieser Ebene erschaffen wurden, haben sich in andere Sphären begeben. Und diese, die so schön und scheu sind, fürchten sich vor der Menschheit, weil sie in eurer vorgeschichtlichen Zeit verfolgt und gejagt wurden. Deshalb existieren sie in den abgelegensten Regionen eures Planeten, mit dem sie sich in völligem Einklang befinden. Sie haben einen großartigen Bewußtseinszustand, der aber nicht dem der Menschheit gleicht, so, wie ihr sie versteht, und er beinhaltet auch nicht das Wissen der Wale und Delphine, die wirklich Kenntnis von allen Dingen auf dieser Ebene haben. Sie stellen also gleichsam ein kleines Nest innerhalb der Menschheit dar, aber in veränderter Form, oder vielleicht sollten wir besser sagen: in unveränderter Form.

F: Existiert in Australien ein Gegenstück zu *Big Foot*?

P'taah: Nicht als solches, Geliebter, und auch nicht auf dem afrikanischen Kontinent.

F(F): P'taah, wir erhalten widersprüchliche Informationen über das Bewußtsein von affenartigen Geschöpfen, das sich im Lauf der Geschichte mit dem menschlichen Bewußtsein vermischt haben soll. Kannst du dazu bitte eine Erklärung geben?

P'taah: Sprichst du vom fehlenden Bindeglied, Geliebte?

F: Ich weiß nicht. Ist das meine Frage?

P'taah: Nun, eure Wissenschaftler vertreten die Theorie, daß der Mensch von den Primaten abstammt.

F: Dies ist zwar keine herkömmliche wissenschaftliche Theorie, aber das Material gewisser gechannelter Wesenheiten besagt, daß im Lauf der Geschichte eine genetische Manipulation mit nichtmenschlichen Geschöpfen vorgenommen wurde.

P'taah: Es hat umfassende genetische Manipulationen gegeben.

F: Die an Menschen durchgeführt wurden?

P'taah: So ist es. Das war in eurer vorgeschichtlichen Zeit.

F: Es gibt Leute, die befürchten, daß wir das Resultat dieser Manipulationen sind. Gibt es Menschen, die in der Angst befangen sind, daß sie mehr dem animalischen als dem göttlichen Bewußtsein zugehören?

P'taah: Natürlich ist alles göttlicher Natur, Geliebte.

F: Also braucht man sich da keine Sorgen zu machen, kannst du das bestätigen? Ich möchte es dich nur aussprechen hören.

P'taah: Wie wir schon sagten, wird hier viel Humbug verzapft, der große Ängste auslöst. Mit Sicherheit wurde an der Menschheit, so, wie ihr sie gegenwärtig versteht, genetisch viel manipuliert. Ihr seid alle Sternensaat. Die ganze Menschheit, wie ihr sie begreift, ist Sternensaat. Es wurde tatsächlich, nicht nur auf diesem Planeten, sondern auf allen Planeten, genetisch herumgespielt. Was diesen Planeten angeht, so seid ihr das Resultat davon, und es ist erstaunlich, oder etwa nicht? Warum sich also ängstigen? Ihr wißt, daß euch nichts Schlimmes widerfahren kann. Ihr seid ein Spiegelbild von ALLEM, WAS IST, und das gilt für alles, was existiert. Warum solltet ihr euch also ängstigen?

F(M): Du sprichst von göttlichem Bewußtsein. Ich arbeite sehr viel mit Tieren und denke oft – und das mag ein Vorurteil sein –, daß, wenn es eine solche Ebene gibt, diese dummen Tiere, wie wir sie nennen, mit weniger Müll vollgestopft, vielleicht ein bißchen göttlicher sind als wir?

P'taah: In Wahrheit sind sie nicht göttlicher, aber sie sind ganz bestimmt nicht mit solchem Wirrwarr angefüllt, und sie sind wissend. Seht ihr, sie leben im Moment des Jetzt, in der Integrität ihrer eigenen Seelen-Wesenheit. Das ist natürlich in Wahrheit göttlich.

F(F): P'taah, du sprachst von Sternenkindern. Es gibt Leute, die eine Regression durchgeführt haben und sich in deren Verlauf auf einem anderen Planeten wiederfanden. Ist das möglich?

P'taah: Das ist in der Tat möglich.

F: Könntest du das weiter ausführen?

P'taah: Es gibt viele Leute, die von dieser Welt aus zu anderen Planeten gereist sind. Sie wurden mit einem Raumschiff zum sogenannten großen Mutterschiff gebracht, um die Erfahrung einer anderen Realität, eines anderen Zeit-Systems zu machen. Dies aufgrund des Wunsches ihrer Seele, hilfreiche Erfahrungen weiterzugeben, obgleich wir verstehen, daß sich die Menschen gar nicht vorstellen können, auf welche Weise *sie* den Sternenwesen eine Hilfe sein könnten, die doch mit Sicherheit technologisch weiter fortgeschritten sind. Seht ihr, ihr Lieben, in Wahrheit ist es so, daß *die Sternenwesen eure Brüder und Schwestern sind.* Es gab nie eine Zeit, in der keine Interaktion zwischen den Wesen auf eurem Planeten und denen auf anderen Planeten stattfand. Und obwohl die meisten von euch den Wunsch hegen, sich auf bewußter Ebene mit den Sternenwesen auszutauschen, erzeugt dieser Gedanke sehr viel Angst. Daher wird, wie auch aus vielen anderen Gründen, die bewußte Erinnerung an den kommunikativen Austausch mit ihnen im allgemeinen ausgelöscht. Doch bald werden diese Erinnerungen wieder geweckt werden, und die Menschheit auf diesem Planeten wird ihren Platz in einer großen Föderation mit den in anderen Sternsystemen existierenden Wesen der menschlichen Art einnehmen. Wißt ihr, ihr werdet alle mit großer Spannung erwartet. So ist es.

(Ein kleiner Junge wendet sich an P'taah.)

F: P'taah, wie verändert ihr euch?

P'taah: Wie verändern wir uns? Indem wir es uns wünschen, und so könnt ihr es auch machen. Ihr braucht bloß daran zu denken und es zu wollen. Weißt du, daß du nur dadurch, daß du deine Gedanken darauf richtest, die ganze Welt verändern kannst? So ist es in der Tat.

F(M): Zwei Fragen: Erstens, was passierte mit den Dinosaurieren? Und zweitens, welche Macht hat ein Kind?

P'taah: Sie ist praktisch ohne Grenzen, Lieber. Wenden wir uns nun zunächst dem zu, was Dinosaurier genannt wird. Wir haben schon früher über Geschöpfe auf eurem Planeten gesprochen, die ihr ausgestorben, auf immer verschwunden wähnt. Aber schaut, ihr Lieben, nichts ist wirklich verschwunden. Es ist nur eurer Wahrnehmung entzogen, ist aus eurem Gewahrsein verschwunden. Die Dinosaurier und viele andere Geschöpfe jener Zeit existieren nach wie vor in einem anderen Zeit-System und auch auf anderen Planeten. Es gibt kein Geschöpf, das auf eurem Planeten existierte und auf immer verschwunden ist. Was ihr für ausgestorben haltet, ist nur in diesem Zeit-System ausgestorben.

Kommen wir nun auf die Macht der Kinder zu sprechen. Die Menschen neigen dazu, Kinder und Babys für hilflos zu halten, weil sie in physischer Hinsicht so klein sind. Ihr müßt jedoch verstehen, daß ein Kind, gleich, wie ihr es betrachtet, hinsichtlich seiner Seelenenergie so alt ist wie ihr. Kleine Kinder haben noch eine engere Verbindung mit ihrer Wesenheit als ihr, sind weniger davon getrennt. Sie befinden sich mit ihrem eigenen Wesen in Einklang. Sie begreifen noch nicht so sehr, was Trennung ist. Sie sind noch nicht im vollen Ausmaß der Konditionierung hinsichtlich dessen unterworfen, was als möglich und nicht möglich erachtet wird. Sie begreifen noch nicht, daß sie nicht ganz außergewöhnliche Dinge vollbringen, nicht wahrnehmen können sollten, was das Auge und Ohr des Erwachsenen normalerweise nicht sehen oder hören kann. Ein Kind weiß sehr oft nicht, was Grenzen sind. So machtvoll ist es. Die Kinder, die sich zur gegenwärtigen Zeit auf dieser Ebene erschaffen, bringen in vielerlei Hinsicht eine Macht mit, wie sie sich bislang nicht manifestiert hat. Daher könnten sie die Erwachsenen viel lehren. Sie verfügen über ein intaktes Wissen, das die erwachsenen Menschen verloren haben. Es gibt zudem viele Sternenwesen und Energien, die normalerweise keinen Wunsch nach der Dichte der Physikalität hegen, nun aber ein Fragment der Seelenenergie ausschicken, um sich in dieser Übergangszeit auf der Erde zu inkarnieren. Ihr müßt also wissen, daß Kinder dem Anschein nach hilflos sein mögen, es aber nicht sind.

F: Sollten wir ein anderes Ausbildungssystem für Kinder schaffen? Und kannst du etwas darüber sagen, wie die Dinosaurier die Erde verlassen haben?

P'taah: Was das Ausbildungssystem angeht, so wird es sich entsprechend eurer Wahl gestalten. Das Erziehungswesen, so, wie ihr es gegenwärtig versteht, das heißt, die Art der Erziehung, wird sich in den kommenden Jahren gewiß verändern. Wenn ihr wünscht, daß eure Kinder eine andere Erziehung und Ausbildung genießen, wird es auch so sein. Macht es, wie ihr wollt. Ihr habt die Wahl.

Wir verstehen im Grunde nicht ganz, was wir deinem Wunsch nach über die Dinosaurier und andere sogenannte ausgestorbene Geschöpfe sagen sollen. Willst du wissen, wie sie ihren Übergang bewerkstelligten? Manche wurden mit Raumschiffen an andere Orte gebracht, andere transportierten sich selbst in ein anderes Zeit-System, das der Dichte ihrer Physikalität besser entsprach.

F(M): P'taah, es klingt so, als könnten wir uns hinsichtlich der Veränderungen auf eine gute, eine wirklich großartige Zeit gefaßt machen. Sollten wir uns auf diese Veränderungen vorbereiten, zum Beispiel einen Vorrat an Nahrungsmitteln anlegen oder so etwas?

P'taah: Das ist nicht nötig. Es ist viel Überlebensangst erzeugt worden. Also haben sich alle beeilt, einen Nahrungsmittelvorrat anzulegen und sich aus der Gefahrenzone zu begeben, hm? Aber siehst du, Lieber, wenn du dich vor dem Kommenden nicht fürchtest und *weißt*, daß du in einem vollkommen sicheren Universum lebst, dann heißt das, daß du in Freude nur im Moment lebst. Dann weißt du, daß du natürlich in Sicherheit sein, daß du überleben wirst. Es ist *deine* Realität. Du erschaffst sie.

F: Die Realität, die ich bewußt oder die ich unbewußt erschaffe? Wie kann ich auf mein Unterbewußtsein Einfluß nehmen?

P'taah: In deinem Herzen weißt du, daß zwischen dem, was du unter «bewußt» und «unbewußt» verstehst, keine Trennung existiert. Je mehr du in deinen Gedanken davon ausgehst, daß es da eine Trennung gibt, desto größer wird sie sein. Du sollst wissen, daß du diese Energie, das, was die Göttin, was Intuition genannt wird, fließen lassen kannst, und damit erschaffst du dann in der Tat das Nicht-Getrenntsein. Wenn du zum Beispiel in einem Gebiet lebst, das einer plötzlichen tektonischen Veränderung unterworfen ist, und wenn du in Freude und nicht in Angst lebst, wirst du, mein Lieber, an diesem Tag fort sein und deine Mutter besuchen. Siehst du, du bist derjenige, der in Synchronizität die Realität erschafft.

F(F): P'taah, gibt es auf anderen Planeten unseres Sonnensystems Lebensformen?

P'taah: Es gibt sie.

F: Kannst du uns etwas über sie sagen?

P'taah: Das ist nicht nötig.

F: Oh, warum nicht?

P'taah: Es ist sicher, daß eure Wissenschaftler Hinweise auf die Existenz von Lebewesen auf anderen Planeten gefunden haben. Doch sie existieren, wie auch die Wesen, die im Innern eurer Erde leben, in einem anderen Zeit-System. Wenn sozusagen der richtige Zeitpunkt gekommen ist, wird die Menschheit nicht nur mit den Wesen innerhalb dieses Sonnensystems, sondern auch mit denen anderer Sonnensysteme und sogar anderer Galaxien, von denen eure Technologen gegenwärtig noch nicht einmal träumen, in vollem Umfang kommunizieren können. Aber es gibt viele, *viele* Planeten, Sterne, Erden, deren Lebewesen ebenso fühlende und empfindende Wesen sind, wie ihr es seid. Humanoid. Manche haben eine völlig andere physische Form als die Menschen, und manche haben tatsächlich eine hominide Gestalt, aber physiologisch eine ganz andere Struktur. Man könnte zwar sagen, daß sie zwei Arme, zwei Beine und einen Kopf haben, aber innerlich sind sie völlig anders strukturiert und weisen auch sehr oft kein Geschlecht auf, so wie ihr es versteht.

F: Wasser ist auf unserem Planeten ein sehr wichtiges Element. Ist es das auch für die Sternenwesen?

P'taah: Nun, sorgen wir uns hier nicht um die Sternenwesen. Ich weiß, daß ihr von ihnen äußerst fasziniert seid. Doch reden wir über eure Beziehung zum Wasser. Das Wasser enthält eine kristalline Struktur, wie ihr sie auch habt. Die Resonanz leitender Energie. Wasser hat nicht nur auf euren Körper, sondern auch auf euer Energiefeld einen stark heilenden Einfluß. Wasser wird als heilig bezeichnet, so wie alle Elemente heilig sind und auch ihr heilig seid, und ihr könnt das Wasser als ein euch nährendes Element nutzen – vor allem eure Ozeane. In den Ozeanen befinden sich die Energien der Wale und Delphine, die durch die kristalline Struktur des Wassers, eines großartigen Verstärkers, weitergeleitet werden. Ihr könnt, wenn ihr euch im Wasser aufhaltet, den Wunsch nach der Vergrößerung der zellularen Struktur des Gehirns ausschicken. Einst waren die Menschen imstande, den im Wasser vorhandenen Sauerstoff für sich so umzuwandeln, daß sie unter Wasser atmen konnten. Die dafür nötige Struktur existiert noch in eurem Körper, ihr könnt sie aber nicht mehr nutzen. Das heißt, ihr habt sie vergessen. Viele von euch und diejenigen unter euch, die sich in Resonanz mit dem Delphin-Bewußtsein befinden, haben noch eine Erinnerung daran, wie es war, unter Wasser zu leben.

F(M): P'taah, was das Nicht-Getrenntsein angeht: Meinst du, daß es in Wirklichkeit gar keine voneinander getrennten Seelen gibt, sondern nur ein einziges Konglomerat?

P'taah: Letztlich ist es genau so.

F: Immer wenn du sagst, daß es keine Trennung gibt, meinst du also, daß es keine einzelne Seele gibt? Keine einzelne Seele da und dort und dort?

P'taah: So ist es in der Tat, aber es gibt etwas, was ihr als Fragment der Überseele und als Überseele der Überseele bezeichnen könntet; und ihr könnt auch sagen, daß sich die Seelenenergie in Resonanz-Familien unterteilen läßt. Doch Lieber, dies erzeugt schon, während wir darüber sprechen, die Vorstellung von Trennung in eurem Bewußtsein. Deshalb sagen wir euch, daß es keine Trennung gibt. Wir sprechen von der Totalität, weil ihr in eurer physischen Realität glaubt, daß ihr mit eurer Person da aufhört, wo eure Haut endet. In physikalisch-technischen Begriffen gesprochen, tut ihr das nicht, weil euer Energiefeld, eure energetische Schwingung, weit über eure Haut hinausreicht. Auch habt ihr das Gefühl, daß zwischen eurer eigenen Persönlichkeit und der aller anderen eine Trennung besteht. Es gibt dieses Trennungsgefühl im «Allein-Sein», in der Einsamkeit, der Isolation, die ihr alle empfindet. Versteht ihr? All das schafft immer noch mehr und mehr Trennung. Und daher sagen wir Folgendes: Ihr versteht nicht wirklich, daß ihr in der Tat Teil von ALLEM, WAS IST, seid; daß die Energie, die euch «am Laufen hält», die die Lebenskraft in euch erzeugt, göttliche Energie ist, und daß diese göttliche Energie alles durchdringt. *Jedes Ding*. Jedes Atom und Molekül. Auf diese Art seid ihr mit jedem *Ding* vollständig verbunden; aber wir wollen euch vermitteln, daß ihr mit jedem Menschen verbunden seid, enger, als ihr euch vorstellen könnt; und wenn ihr an diese Einheit des Seins mit allen, mit der *gesamten* Menschheit, denkt, wenn ihr wißt, daß alles und jedes außerhalb eurer selbst ein Spiegelbild dessen darstellt, was ihr seid, dann versteht ihr vielleicht, wie ihr euch selbst verurteilt und die Trennung aufrechterhaltet.

F: Heißt das, daß wir dieses Prinzip so lange nicht verstehen können, wie wir die Menschen als vereinzelte, von einander getrennte Wesen sehen, oder können wir dies begreifen und dennoch im Getrenntsein verbleiben?

P'taah: Lieber, wir verstehen, daß das alles sehr verwirrend ist, aber du bist nicht der einzige, der das verwirrend findet. Selbst die, die auf intellektueller Ebene verstehen, was wir sagen, wissen in Wahrheit immer noch nicht, was es heißt, sich für länger als jeweils nur ein paar Augenblicke im Zustand des Nicht-Getrenntseins zu befinden. Es gibt manche, die in der Tat ein wunderbares und großartiges Wissen vom Nicht-Getrenntsein, vom EINSSEIN mit ALLEM, WAS IST, haben. Doch es waren nur Momente des Erlebens, und in der Erinnerung an diese Emotion, an dieses Gefühl, aus dieser Erfahrung der eigenen Göttlichkeit und des Nicht-Getrenntseins heraus – in diesem Gefühlszustand – können sie das Licht wiedererschaffen. Nun, in Wahrheit sprechen wir nicht von einem intellektuellen Verstehen. Wir benutzen zwar diese Worte, aber eigentlich sind sie nur ein Happen für euren Intellekt. Im Grunde ist alles so einfach, aber Einfachheit laßt ihr nicht zu, deshalb müssen wir uns dieser Worte bedienen. Doch wie wir schon sagten, *wir sprechen nicht nur für eure Ohren.* Also, meine Lieben, benutzt eure Phantasie. Ihr könnt euch euch selbst vorstellen, und daß ihr mit einer goldenen Lichtschnur mit jedem anderen Menschen verbunden seid; und dann könnt ihr euch vorstellen, daß euch diese Lichtschnur mit jedem Baum und jedem Grashalm verbindet. Dann stellt euch vor, daß die Lichtschnur aus eurem Scheitelpunkt austritt und sich bis zu den Sternen erstreckt, um euch mit einem jeden, auf jeglichem Planeten der Universen lebenden Wesen zu verbinden. Versteht ihr, was ich sage? Auf diese Weise könnt ihr das Nicht-Getrenntsein herstellen, und ihr könnt eure Vorstellungskraft benutzen, um dieses Bild in eurem Geist zu erschaffen, damit es in eurem Herzen Resonanz finden kann. Und wenn ihr dann mit einer anderen Person still beisammen seid, wenn ihr in die Augen eines anderen Menschen blickt, und sollte es auch einer sein, den ihr als Feind betrachtet, werdet ihr wissen, daß ihr euch selbst anschaut.

F(F): Als ich so etwa dreizehn war und nicht wußte, wer oder was Gott ist, versuchte ich, es selbst herauszufinden. Ich stellte mir unsere Zellen als Leute vor, aber nicht als wirkliche Personen, die geschäftig irgendwelche Dinge tun und sich dabei ihres Tuns in unserem Innern völlig bewußt sind. Warum können wir, wenn das so ist, nicht alle wie diese Zellen sein, die unentwegt ihren Angelegenheiten nachgehen, aber innerhalb eines sehr viel größeren Körpers?

P'taah: Aber das tut ihr, Liebe. Schau, ihr seid das, was man einen Makro-Mikrokosmos nennt. Ein Makro-Molekül der Multiversen und so weiter, bis in alle Unendlichkeit. Ja, das ist genau das, was ihr seid. Es ist ein sehr interessantes Konzept.

F(M): Nur eine technische Frage: Der Mikrokosmos entspricht dem Makrokosmos, richtig? Ist der Mikrokosmos seinerseits wiederum ein Makrokosmos und so weiter, bis in alle Unendlichkeit?

P'taah: Ja, ist das nicht wunderbar? Ihr seht also, ihr Lieben, es gibt keine Trennung, von welcher Seite aus ihr es auch betrachtet; und das, was ihr seid, ist tatsächlich Gott.

F: Es könnte «ich» in der äußeren Welt sein, und es könnte zehnmal «ich» in der inneren Welt sein.

P'taah: Richtig, aber nicht so, wie du dich in deiner Persönlichkeit begreifen würdest. Das, was du als deine Persönlichkeit betrachtest, stellt *lediglich einen Aspekt* dessen dar, was du in Wirklichkeit bist. Seht ihr, ihr seid nicht eure Persönlichkeit. Ihr seid nicht eurer Körper, ihr seid nicht eurer Verstand. Ihr seid mehr als all das. Wenn ihr versucht, alles in den Schubladen des logischen Verstandes unterzubringen, geratet ihr in Schwierigkeiten. Denn wenn ihr etwas benennt, ihr Lieben, befindet ihr euch schon in der Begrenztheit. Es gibt *keine* Begrenzung. Ihr existiert wahrhaft über alle Grenzen hinaus. Während ihr versucht, alle diese Dinge in euren kleinen Schachteln intellektuellen Verständnisses unterzubringen, stellt ihr schon eine Schachtel für euer Herz bereit. Nun, es macht immer großen Spaß, mit Gedanken und Ideen herumzuspielen, das geistige Bewußtsein auszudehnen, und das ist auch in Ordnung so. Aber ihr müßt wissen, ihr Lieben, daß ihr, wenn ihr euren Geist mit Belanglosigkeit vollstopft, vor dem flüchtet, was ihr seid, *und ihr werdet alles tun, um dem Fühlen zu entfliehen*. Ihr werdet alles tun, um nicht wahrhaft und vorurteilslos anschauen zu müssen, wer ihr seid. Ihr werdet alles tun, um euch nicht verletzlich zu machen. Wenn ihr also geistig abhebt, ihr Lieben, ist das in Ordnung; nur denkt daran, daß ihr in Wahrheit multidimensionale, machtvolle, wunderbare Geschöpfe seid. *Ihr* erschafft eure Realität, und ihr könnt dies aus der Liebe heraus tun, die nichts mit eurem Verstand zu tun hat, oder aus der Angst heraus, die alles mit eurem Verstand zu tun hat. Es ist also eine in jedem Augenblick getroffene Entscheidung, wie ihr eure Realität wahrnehmen wollt.

Nun, ihr Lieben, das reicht für den heutigen Abend. Wir sind sehr glücklich darüber, daß ihr heute die Kinder mitgebracht habt. Magische Wesen, in der Tat.

F *(ein kleiner Junge)*: Es hat mir große Freude gemacht.

P'taah: Hat es das, Lieber? Nun ich will dir sagen, es hat mir auch sehr große Freude gemacht, dich zu sehen. Du bist wirklich ganz wundervoll. Gute Nacht, mein Lieber. Du wirst wunderbare Träume haben.

Und so, ihr Lieben, heißt es, sich in Freude auf den Weg zu machen, in dem Wissen, daß ihr wirklich wie die Delphine seid. Viel Lachen und viel Spaß. Ihr sollt wissen, daß das, was ihr seid, Gott/die Göttin ist und daß ihr diese Erfahrung der Realität hervorbringt, um wahrhaft zu verstehen, wer ihr seid. Ich liebe euch sehr. Und so, ihr Lieben, bis zur nächsten wunderbaren Zusammenkunft. Ja, wirklich – es war schön.

Zweite Übermittlung

11. Dezember 1991

P'taah *(auf seine übliche dynamische Art):* Guten Abend.

(P'taah geht, sich Zeit lassend, im Publikum herum, das ihn seinerseits begrüßt, und schaut sich jedes Gesicht an. Dann wirft er einen Blick auf das wunderschön geschmückte Christbäumchen, auf dem kleine bunte Lichter brennen.)

P'taah: Gut – wirklich sehr schön. Wißt ihr, die Menschen sehen manchmal ganz genauso aus. Wunderschöne Päckchen und eine Menge Lichter. Nun, ihr Lieben, laßt uns anfangen. Stellt eure Fragen.

F(M): Könntest du, da dies eine Zeit des Feierns ist und Weihnachten sich auf die Lehren Jesu, auf das Christus-Bewußtsein, gründet, auf dieses Thema eingehen?

P'taah: Lieber, du bist uns zuvorgekommen. Wißt ihr, diese von euch Dezember genannte Zeit, in der die Geburt Christi gefeiert wird, bekommt in diesem Jahr eine ganz besondere Note, weil nunmehr seit den Tagen Jesu, eurem Kalender nach, der Geburtstag eines Mannes 1991 Jahre lang gefeiert worden ist.

Natürlich ist es noch mehr als das; es ist ein Ideen-Konstrukt*, das sich aus dem ergab, was diese Energie hervorgebracht hat. Aber ihr wißt, ihr Lieben, daß das Bewußtsein der Menschheit in diesen beinahe 2000 Jahren tatsächlich gewachsen ist und sich erweitert hat, vor allem in den letzten paar Jahren eurer Zeitrechnung. Nun, das Weihnachtsfest in diesem Dezember soll wahrhaft zu einer Feier führen – zur Feier der Entstehung des Christus-Bewußtseins auf dem gesamten Planeten, für die gesamte Menschheit. Ihr feiert also eine Erweiterung. Ihr, die ihr

* Der Begriff Ideen-Konstrukt ist grammatikalisch vielleicht nicht ganz akzeptabel; ebenso wie viele andere von P'taahs speziellen Ausdrücken bleibt er hier aber unverändert. Mit diesem Terminus bezieht sich P'taah auf all jene menschlichen Wirklichkeiten (Glaubensstrukturen), die mit der Wahrheit oder den Tatsachen wenig bis gar nichts zu tun haben.

jetzt hier im Raum versammelt seid, und alle gleichgesinnten Brüder und Schwestern überall auf dem Planeten habt wirklich etwas zu feiern. Das Christus-Bewußtsein in Erweiterung. Christus, das kristalline Bewußtsein, das, was die nun anbrechende aufregendste Ära sein wird, deren Zeugen zu sein ihr gewählt habt, wird in der Tat galaktisch seinen Lobgesang erklingen lassen. Die Feier eines Ereignisses innerhalb eurer Kultur, das in eurer Geschichte so malerisch dargestellt wird, war in Wirklichkeit eine ganz gewöhnliche Begebenheit. Eine Mutter bringt an einem schlichten Ort ein Baby zur Welt, und dann waren tatsächlich Hosiannas zu hören. Daraus erwuchs eine Mythologie, und eure Vorstellung von Jesus ist nunmehr ein Ideen-Konstrukt. Das Jesus-Bild der meisten Menschen in eurer Kultur hat in Wirklichkeit nicht viel mit dem Mann namens Joshua Ben Joseph zu tun. Aber das ist nebensächlich. Wichtig ist, daß ihr begreift, daß durch diese Vorstellung eine eigenständige Wesenheit erschaffen wurde; das Ideen-Konstrukt wurde zu einer Wesenheit. Sie ist real, und es spielt keine Rolle, ob ihr auf intellektueller Ebene diese ganze Geschichte ignoriert, ob ihr sie akzeptiert oder nicht. Dieses Ideen-Konstrukt besitzt auch für all die Millionen Menschen auf eurem Planeten Realität, die auf emotionaler Ebene nichts mit dieser Geschichte verbindet. Das ist die Macht der Gedankenkraft, ihr Lieben. Also bietet diese anbrechende Zeit Anlaß zum Jubilieren und Tanzen und zu großem Feiern, denn ihr habt wahrlich viel Wunderbares zu preisen, und es gehört euch. *Ihr erschafft eine neue Welt.* Ihr feiert in Wahrheit die Ankunft Christi in jedem von euch. Das Licht Christi ist das göttliche Licht eines Kristalls, das sich in euch allen entzündet.

Auf diese Weise werdet ihr allmählich verstehen, wer ihr seid, ihr werdet eure Größe verstehen, das multidimensionale Wunder der Menschheit, eurer Realität, eurer Universen. Ihr werdet zur Synchronisation mit der Göttin, eurer Erde, gelangen. Es besteht tatsächlich Grund zum Feiern.

F(M): P'taah, hat der Buddhismus ein ähnliches Gedankengebäude um Buddha errichtet wie das Christentum um Jesus?

P'taah: In der Tat. Und wißt ihr, in gewisser Hinsicht und auf seine eigene Weise hat auch das Ideen-Konstrukt des Buddha eine

Erweiterung erfahren. So wie die Menschen in eurer Kultur die Vorstellung von Christus aufgenommen und sie erweitert haben, haben die kulturell auf Buddha eingestimmten Menschen ein Bild von Christus entwickelt und darauf aufgebaut. Die Christen haben die Vorstellung von Buddha aufgenommen und darauf aufgebaut. Also, obgleich jede Sekte, jede Religion dem Anschein nach stark in ihren Katalogisierungen und Grenzen befangen ist, wird doch allmählich der allen Religionen innewohnende Wahrheitskern anerkannt. Der äußere Handlungsablauf, die Mythologie, das Märchen können nun den ihnen angemessenen Platz einnehmen.

F(F): P'taah, in mir war immer der Glaube, daß ich Geistführer habe. Kannst du dazu etwas sagen?

P'taah: Liebe, eigentlich reden wir nicht über Geistführer, obwohl gegenwärtig in Gesprächen *(bei privaten Sitzungen mit P'taah)* viele danach fragen. Siehst du, in gewisser Weise bedeutet die Vorstellung von Geistführern eine Beschränkung, weil ihr euch dann einen Geist in humanoider Form vorstellt, der hinter euch steht und euch ab und zu einen kleinen Klaps auf den Allerwertesten verabreicht, um euch zu sagen, wo es langgeht. So sieht letztlich eure Vorstellung von Geistführern aus, denn das ist es, was ihr kennt. Und das gleiche gilt für Schutzengel. Es gibt viele, die sich in Schutzengel verliebt haben. Das ist natürlich wunderbar. Aber schau, Liebe, gegenwärtig sind wir dabei, wirklich die Erweiterung zu schaffen, die euch erkennen läßt, daß es keine Trennung gibt und daß ihr in Kontakt mit dem Gott/der Göttin in euch sein könnt; damit ihr erfahren könnt, daß es nichts und niemanden gibt, zu dem ihr nicht im Innern eures Herzens Zugang habt. Und wir möchten euch zu verstehen geben, daß ihr alle in gewisser Weise Geistführer habt, aber nicht ganz so, wie ihr euch das vorstellt. Wir möchten eure Wahrnehmung von dem, wie es sein könnte, nicht beeinträchtigen. Verstehst du? Wenn ich zu euch von Geistführern spreche, geratet ihr sofort in einen Bewußtseinszustand von Trennung und Begrenztheit. Ihr sollt wissen, daß euer Universum von unkörperlichen Wesen und Energien bevölkert ist, und viele dieser Energien könnt ihr euch als in Lichtgestalt und in keinerlei physischer Form existierend vorstellen. Sie sind sehr oft ein Teil eurer eigenen Seelenenergie. Tatsächlich handelt es sich sogar immer um einen Teil eurer eigenen Seelenenergie. Wir wünschen uns sehr, daß ihr eine Erweiterung eures bewußten Denkens erfahrt, daß ihr euch eurer Intellektualisierungen bewußter werdet; denn schaut, ihr alle wollt alles in kleine Schubladen stecken, ob es sich nun um die kleinen Schubladen der Technologie mit ihren Puzzleteilchen handelt oder ob ihr es nur aus Neugier und der Unterhaltung wegen tut. Das hat seine Berechtigung, und wir sagen sicherlich nicht, daß ihr nicht darüber nachdenken sollt. Wir sind aber hier, um euch daran zu erinnern, daß man das, was ihr seid, Erweiterung nennt. So soll es sein.

F(M): Wie real sind Träume, und welchen Einfluß haben sie auf unser Leben?

P'taah: Nun, mein Lieber, du weißt, daß, wenn du dich in deiner Traumzeit befindest, dieses Leben der Traum und der Traum die Realität ist. Und sehr allgemein gesprochen ist dieses Leben wahrscheinlich die größere Illusion. Nun, ihr sollt auch verstehen, daß euch euer bewußter rationaler Verstand in diesem sehr geschäftigen Leben, das man andere Dimensionen der Realität nennt, das man Träume nennt, alle möglichen Bilder malen wird, denn sehr oft befaßt ihr euch dabei mit Konzepten und Leben in den Dimensionen einer Realität, von der ihr euch in diesem Leben keine Vorstellung machen könnt. Also erschafft der rationale Verstand für euch Bilder, die euch die Bedeutungen in symbolischer Form zu begreifen erlauben. Nun gab es viele Diskussionen über die Traumsymbolik. Ich will euch folgendes sagen: Ihr habt alle eure *eigenen* Symbole. Es wurde viel von archetypischen Symbolen geredet, doch wir möchten euch hinsichtlich eurer Träume nur sagen: Habt Spaß mit ihnen.

Es wird euch sehr dienlich sein, wenn ihr nicht weniger als einundzwanzig Nächte lang aufschreibt, was euch von euren Träumen im Gedächtnis geblieben ist. Wenn ihr euch Notizen macht, wird sich ein Muster herausschälen, das einen Sinn ergibt, euch eine Geschichte erzählt. Und dabei bringt ihr viele Ängste ans Tageslicht, mit denen ihr euch befassen sollt. Ihr geht auf Reisen. Ihr trefft Freunde. Ihr begegnet Freunden aus anderen

Leben, anderen Realitäten, anderen Teilen eurer Seelenenergie. Manchmal reist ihr mit denen, die euch in diesem Leben und derzeit lieb und teuer sind, und manchmal auch nicht. Manchmal spielt ihr auf der kausalen Ebene, manchmal begebt ihr euch in Bereiche, die weit jenseits davon angesiedelt sind. Wie wir bereits sagten, Geliebter, sollt ihr euch daran erinnern, daß von «da draußen» aus gesehen, in Wirklichkeit dies hier der Traum ist.

F(F): P'taah, es bereitet mir wirklich Vergnügen, viel Zeit im Traumreich zu verbringen, und ich habe Schwierigkeiten, wenn ich in die physische Realität zurückkehre. Ich habe das Gefühl, ich sollte etwas tun, obwohl ich die Zeit, die ich in anderen Teilen meines Bewußtseins verbringe, wirklich genieße. Ich weiß, du sagst, wir sollten «sein», nicht «tun», aber da ist ein Konflikt. Es ist schwierig.

P'taah: Und da ist auch ein «du solltest» und «du solltest nicht», hm?

F: Ja, da taucht die alte Programmierung auf.

P'taah: Das ist in Ordnung, Geliebte. Freue dich an dem, was es ist, und wenn du feststellst, daß du in ins «Sollte» und ins «Sollte-Nicht» hineingerätst, laß es einfach zu. Es ist in Ordnung. Es wird immer leichter werden. Und du weißt, das Träumen ist wunderbar. Es ist wunderbar, ganz gleich, ob es sich um die Träume im Schlaf oder die Träume im Wachzustand handelt. Es ist in Ordnung. Du kannst zwar sicher die Wahl treffen, in dieser Hinsicht ein größeres Gleichgewicht herzustellen, aber es gibt kein «du solltest» und «du solltest nicht», kein Richtig oder Falsch. Es gibt einfach das SEIN, und was immer es ist, es ist in Ordnung, solange du es nur zuläßt. Ihr Lieben, was ihr eure Tagträume und Phantasievorstellungen nennt, ist reizend und wunderschön. Seid darauf aus.

F(M): Vor ein paar Wochen verschwand ein Kristall von einem für mich heiligen Ort. Ich kann immer noch nicht begreifen, was passiert ist. Ich kann mich nicht damit abfinden.

P'taah: Du weißt in Wirklichkeit genau, was passiert ist, Geliebter. Du hast darüber ein Gespräch mit meiner Frau geführt.

F: Ja, aber es hat mir nicht wirklich Frieden gebracht.

P'taah: Das kommt daher, daß du ihn nicht zuläßt. Du bist immer noch wütend, und das ist in Ordnung. Aber schau, Geliebter, du hast den Kristall erschaffen, damit du die Perle der Weisheit oder den Kristall im *Innern* finden kannst; damit du den heiligen Ort im Innern entdecken kannst. Du weißt, es ist wundervoll, wenn ihr eure Riten und Rituale erschafft und eure Kraft-Gegenstände habt. Aber wir wollen euch daran erinnern, daß das allermächtigste Instrumentarium der Macht und Kraft das ist, was ihr in eurem Innern habt. Es gibt keinen Ort auf diesem Planeten, der heiliger wäre als ein anderer, und wir sagen euch folgendes: Das, was am allerheiligsten ist, befindet sich in euch. Das SEID IHR. Du hast dir also tatsächlich einen wunderbaren Weg geschaffen, um dich selbst zu belehren, Geliebter. DU bist der, der heilig ist, und DU bist das Instrument der Macht und Kraft. Alles andere ist Spiel. Gehört dazu auch der Gedanke, was aus deinem Kristall geworden ist? Wer hat ihn jetzt, Lieber?

F: Weißt du es?

P'taah: Und wer hat in der Tat eine andere Lektion zu lernen? Das ist wirklich nicht so wichtig, außer im Rahmen deines eigenen Ermessens. Du kannst zu dem Ort gehen, an dem dein Kristall verschwunden ist und eine kleine Zeremonie abhalten, eine Zeremonie zu Ehren deines eigenen geheiligten Seins. Ja doch? Sehr gut, Lieber.

F(F): Guten Abend, P'taah. Ich habe eines von den Seth-Büchern gelesen, und Seth erwähnt darin, daß eines seiner *(Seelen-)*Fragmente ein Hund war, dem er weiter keine Beachtung schenkte. Angesichts der Tatsache, daß wir gegenwärtig eine Katze mit Jungen haben …

P'taah: Nicht fair, wie? Keine Gerechtigkeit. Da hat man so ein kleines Fragment und schenkt ihm keine Beachtung?

F: Ja. Und, P'taah, da ist auch die schreckliche Vorstellung, daß ich ein Fragment der Überseele bin, der ich angehöre, und daß sie mich vielleicht gelegentlich ignoriert. Das tut weh.

P'taah: In der Tat. Nun, siehst du, Geliebte, ihr neigt alle dazu, zu vergessen, daß ihr in eurer ganzen Großartigkeit, in eurer Überseelenhaftigkeit Bewußtsein auf jeglicher von euch gewünschten Ebene erleben könnt. So könnt ihr zum Beispiel den

Wunsch haben, die zweite Dichte – also die Flora und Fauna – kennenzulernen und zu erfahren, was es heißt, das Fragment eines Kristalls zu sein. *(In diesem Moment schießt Bonzo, einer der Hunde der Gastgeber, durch den Raum, um der Gastgeberin einen etwas unzeitigen Besuch abzustatten. P'taah fühlt sich zu folgender Bemerkung veranlaßt:)* Nun, ich frage mich, wer das wohl ist? *(Großes Gelächter im Publikum. Der Gastgeber macht ein strenges Gesicht und ruft Bonzo an seine Seite. P'taah fährt fort:)* Lieber, sei nicht zu streng, er könnte deine Großmutter sein. *(Kreischendes Gelächter)*

F *(der Gastgeber)*: Ich mochte sie ohnehin nicht allzusehr. *(Das Publikum kugelt sich vor Lachen.)*

P'taah *(frotzelnd)*: Jetzt wissen wir, warum du den Hund trittst. *(Hysterisches Gelächter im Publikum, das weiß, daß Peter nie auch nur einen Finger gegen den Hund erhebt. Dann fährt P'taah mit seiner Antwort auf die Frage der Dame fort.)* Ihr könnt also euer Bewußtsein in jedweder Weise kennenlernen und erfahren. Ihr mögt den Wunsch haben, zu verstehen, was es heißt, ein Baum zu sein oder ein Kristall oder Teil eines dahinströmenden Flusses oder das, was ihr als einen vorübergehenden Moment begreift. Wir haben schon gesagt, daß die Erfahrung, was es heißt, Millionen von Jahren ein Kristall zu sein, nicht mehr als einen Wimpernschlag beinhaltet. Zeitlich gesehen, bedeutet sie gar nichts. Natürlich macht ihr diese Erfahrung mit einem Fragment der Seelenenergie, wie ihr es nennen könnt. Das Fragment besitzt folglich seine eigene Souveränität. Nun, Liebe, deine Angst, daß du von deiner Überseele ignoriert werden könntest, ist in Wirklichkeit die schreckliche Vorstellung, daß «da oben» vielleicht doch niemand ist, der auf dich aufpaßt. Das kommt daher, daß du in das, was und wer du bist, kein Vertrauen setzt. Du begreifst die Vollständigkeit und Unversehrtheit, die Integrität deines Seins nicht. Denn wenn ihr wahrhaft versteht, daß ihr auf absolute Weise eure Realität erschafft, Augenblick um Augenblick, wenn ihr wahrhaft versteht, daß das, was ihr seid, eine wunderbare Integrität besitzt, ob es euch nun bewußt ist oder nicht, dann *ist es so.* Auch habt ihr die Oberherrschaft inne und besitzt die Souveränität, gleich, ob ihr euch dafür entscheidet, sie auszuüben oder nicht. Auf jeder Ebene existiert ein bestimmtes Wissen, und als diese wunderbare Wesenheit *(Seth)* diese Äußerung machte, war sie in gewisser Weise auch als kleiner Scherz gemeint. Weißt du, sehr oft kommen Lektionen in Scherzform daher, um euch zum Nachdenken anzuregen. Verstehst du?

F: Nicht ganz.

P'taah: Das ist in Ordnung, Liebe. Du wirst es nachlesen.

F: Ich habe die Katze und ihre Jungen erwähnt. Ich möchte, daß sie ein gutes Zuhause finden, ich will sie nicht bei uns behalten. Ich möchte, daß wir ein gutes Zuhause für die Kätzchen erschaffen.

P'taah: Liebe, das habt ihr bereits getan. Doch mußt du auch verstehen, daß das *dein* Wunsch ist und sie sich *ihre* Realität erschaffen. Du tust sozusagen deinen Teil dazu, und das ist wunderbar.

F(M): P'taah, wenn man Kinder aufzieht, ist man als Elternpaar angehalten, ihnen bestimmte Manieren und eine gewisse Rücksichtnahme beizubringen. So spielt zum Beispiel jemand laute Musik, ohne Rücksicht auf die Nachbarn zu nehmen. Wie weit ist es uns, wenn wir sehen, daß ein Kind oder ein Freund rücksichtslos oder egoistisch ist, gestattet, sie zu belehren oder sie auf diese Dinge hinzuweisen? Was denkst du?

P'taah: Nun, Lieber, erstens möchten wir sagen, daß das, was man als Egoismus oder mangelnde Rücksichtnahme bezeichnet, eine Verurteilung darstellt. Und das, was du an anderen verurteilst, ist ein Spiegelbild dessen, was du bist. Du kannst deine Meinung dazu äußern, wie du möchtest. Aber du weißt, daß es im Grunde nichts mit dir zu tun hat. Ganz gewiß soll man Kinder so aufziehen, daß sie in dieser Welt leben können, und wir wissen, daß es der Wunsch der Menschen ist, Kinder so auf den Weg zu bringen, daß sie ein Leben voller Anstand in eurer Welt führen können. Damit soll gesagt werden, daß es wunderbar ist, Mitgefühl für alle Menschen zu entwickeln, an andere Menschen zu denken und gütig zu sein. Freundlich und gütig zu sein, aber im Rahmen der Integrität des SELBST. Wenn es sich nun um einen Freund handelt, der sich deiner Meinung nach nicht anständig verhält, dann, Lieber, hast auch du das erschaffen als Spiegelbild deines Urteils über andere Leute. Verstehst du? Du kannst mit deinem Freund reden und sagen: «Vielleicht würde es das Leben leichter machen, wenn du dir eine andere Verhaltensweise angewöhnen würdest.» Dann würdest du aus dem Mitgefühl und der Güte deines Herzens sprechen. Ihr sollt wissen, daß jedes Urteil, das ihr über eure Freunde fällt, in Wirklichkeit das widerspiegelt, was ihr seid.

F(M): Nach den Erkenntnissen der Physik sind uns Grenzen gesetzt, die besagen, daß wir selbst keine Energie erzeugen, sondern nur ihren Zustand verändern können. Erzeugen wir Energie?

P'taah: Lieber, man nennt es Veränderung.

F: Wir erzeugen keinerlei Energie?

P'taah: Nicht als solche, Lieber. In gewisser Weise ist die Energie bereits vorhanden, und ihr trefft die Wahl, wie ihr sie manifestieren wollt. Durch die Wahl des Augenblicks und die Entscheidung, in welcher Weise ihr die Aktion oder Re-aktion wahrnehmen wollt, verändert ihr die im neutralen Zustand befindliche Energie hin zu dem, was ihr gewählt habt.

F: Aber wird die tatsächliche Erzeugung von Energie von der Quelle bewirkt?

P'taah: Die Quelle IST Energie, Lieber. Das IST ES, und die Quelle IST Liebe. Das IST ES. Verstehst du? Das, was ihr betreibt, ist im Grunde nur ein intellektuelles Spiel mit Ideen und Vorstellungen.

F: Ich habe mich gefragt, ob sich der Satz «Es werde Licht» auf die Erschaffung von Energie im Universum bezieht.

P'taah: Licht wird von den Menschen als die höchste Energie angesehen. Das ist es nicht. Es ist die höchste, in dieser Dichte wahrnehmbare Energie. Deshalb benutzen die Menschen das Licht als Maß, doch diese Übereinkunft wurde getroffen, lange bevor eure Physiker etwas entdeckten, das millionenfach schneller als die Lichtgeschwindigkeit und gegenwärtig nur eine Hypothese ist. Denn derzeit ist die Menschheit zum Beispiel nicht in der Lage, im Hyperraum zu reisen. Obgleich ihr es andererseits natürlich doch tut, denn der reine Gedanke existiert jenseits von Raum und Zeit. Und in einem solchen Moment reist ihr im Hyperraum.

(Eine Dame ist von P'taahs Handhaltung fasziniert; Zeigefinger und kleiner Finger von Janis einer Hand sind ausgestreckt, während Mittel- und Ringfinger nach innen geknickt sind.)

F: Warum hältst du deine Hand in dieser Weise?

P'taah: Weil es bequem ist, Liebe. Es hat wirklich keine andere Bedeutung als die, daß es sozusagen eine Gewohnheit ist. Bei einer Zusammenkunft waren einmal ein paar Leute anwesend, die davon überzeugt waren, dies sei ein Zeichen des Bösen, ein Zeichen des Teufels. *(Das Publikum kichert.)* Ich kann dir versichern, daß es das nicht ist.

F: Ich dachte, es hätte vielleicht mit Frequenzen zu tun.

P'taah: In der Tat, und aus diesem Grund ist es bequem. Es hat mit der Ausrichtung von Energie zu tun. Und es hat nichts mit dem zu tun, was ihr den Teufel nennt.

F(F): P'taah, könntest du mir auf einfache Weise erklären, wie Zeit beschleunigt wird?

P'taah: Das, was ihr unter Zeit versteht, ist eine Wahrnehmung. Die Tage, die euch davonlaufen, wie? Und wenn ihr euch gegen etwas, das ihr tun müßt, stark wehrt, hat sie die Dauer von Äonen. Ihr seht also, in gewisser Weise handelt es sich um eure eigene Wahrnehmung. Aber wir haben gesagt, daß ihr das ändern könnt, hm? Ihr könnt das. Der erste Schritt besteht darin, daß ihr *wißt*, daß ihr es könnt.

F: P'taah, das habe ich alles verstanden. Ich wollte nur wissen, wie die Zeit technisch gesehen...

P'taah: ... verdichtet wird?

F: Ja.

P'taah: Wißt ihr, das läßt sich nicht wirklich auf diese Weise erklären, denn es geht um das, was ihr als existent wahrnehmt. Man nennt es auch Beschleunigung von Energie, und dies ist einer der Gründe, warum ihr das Gefühl habt, gegenwärtig in einer komprimierten Zeit zu leben. Aber wenn ihr das, was ihr tut, verändert, und wir wissen, daß ihr das nicht wollt, obgleich ihr das Gefühl habt, mehr im gegenwärtigen Moment dieser Welt leben zu sollen, werdet ihr feststellen, daß sich die Zeit für euch verändert. Aber es geht wirklich um die Art und Weise, wie ihr euer Sein wahrnehmt; die Wahrnehmung, wo ihr euch im gegenwärtigen Augenblick befindet. In diesem Augenblick – das reicht.

F(F): P'taah, um auf Christus zurückzukommen: Wem begegnen wir, wenn wir dem Geist Christi begegnen?

P'taah: Der, die *du* bist, dem Christus-Bewußtsein in *dir.* Man nennt es erweitertes Gewahrsein, erweitertes Bewußtsein. Man nennt es Nicht-Getrenntsein. Das ist alles, das ist es. Es ist wirklich ganz einfach. Ihr Lieben, wir bedienen uns nur einer Terminologie, um eurem Verständnis auf die Sprünge zu helfen. Wenn wir vom Christus-Bewußtsein sprechen, dann in dem Wissen darum, daß ihr es als dem Göttlichen zugehörig begreift. Aber das ist natürlich das, was ihr seid. *Das Christus-Bewußtsein besteht in Wahrheit im Erkennen eurer eigenen Göttlichkeit, in eurem Eintreten in das erweiterte Bewußtsein des SELBST.*

F: Wie ist das, wenn die Sternenwesen auf die Erde kommen? Werden sie von Menschen gesehen, oder bewegen sie sich für sie unsichtbar unter ihnen?

P'taah: Liebe, das beinhaltet viele Szenarien. Es gibt Sternenwesen, die mit Raumschiffen kommen, und diese wurden von zahlreichen Menschen gesehen. Wir würden sagen, daß die Sternenwesen Meister der Tarnung sind, und es gibt auch getarnte Raumschiffe, und oft schauen die Leute und sehen nichts. Und was die Sternenwesen selbst angeht, so kommen sie auf vielfältigste Weise. In ihrem eigenen Körper und in unserer gegenwärtigen Form (als gechannelte Wesenheiten). Andere treffen die Wahl, geboren zu werden. Es gibt viele Möglichkeiten, nicht nur eine.

F: Begegnen wir ihnen manchmal, wenn wir schlafen und uns außerhalb unseres Körpers befinden?

P'taah: Aber Liebe, natürlich tut ihr das. So ist es. Sie sind eure Brüder, ihr Lieben, und in eurer Traumzeit reist ihr innerhalb eures Bewußtseins, um engen Umgang mit den Sternenwesen zu pflegen. Es ist phantastisch.

Nun werden wir eine Pause einlegen. Wir werden sehr bald zurückkehren. Sehr gut, ihr Lieben.

(Nach einer Pause von dreißig Minuten wendet sich eine sehr junge Dame an P'taah.)

F: Guten Abend, P'taah. Ich komme darauf zurück, daß die

Wahrnehmung von Rücksichtslosigkeit ein Spiegelbild des eigenen Selbst darstellt: Nun, wenn man weiß, daß es so ist, und trotzdem will, daß etwas unternommen wird, was soll man tun?

P'taah: Was könnte es deiner Meinung nach sein, Liebe?

F: Ich weiß nicht.

P'taah: Wie wäre es mit dem Akzeptieren deines Urteils?

F: Das Urteil akzeptieren, das das Spiegelbild des eigenen Selbst darstellt?

P'taah: Aber ja doch. Das heißt, zur Kenntnis nehmen, daß dies tatsächlich du bist. Aber es bedeutet auch, das Urteil über eine andere Person zu akzeptieren. Nun, siehst du, wenn es um die Rücksichtslosigkeit dir selbst gegenüber geht, warum, glaubst du, hast du sie erschaffen? Weil, Geliebte, sie ganz gewiß ein Spiegel ist. Du sollst dir also dein Urteil ansehen, um zu erkennen, daß das, was du an jemandem als negativ verurteilst, ein Spiegelbild von dem ist, was du bist. Dann folgt der dornige Teil, das Annehmen dessen, was als unannehmbar gilt. Wird es von jemand anderem als unannehmbar betrachtet, so ist das nicht deine Sache. Das ist ein Denken in den Kategorien der öffentlichen Meinung, und darüber wissen wir alle in der Tat Bescheid. Es ist Un-Sinn. Was immer du als negativ verurteilst, existiert nur, um dir zu zeigen, wer du bist.

F: Es wird sich also verändern, sobald mir bewußt wird, daß ich dieses Urteil fälle, ich aber zugleich in mir sehen kann, daß wir alle eins sind?

P'taah: Aber natürlich, sobald du kein Urteil über das fällst, was du bist. Siehst du, Geliebte, wenn du aus deinem Innern schaust und sagst, daß diese Person so und so ist, dann denk daran, wie oft du Dinge über Menschen sagst, Dinge, die sarkastisch, verurteilend, abträglich sind. Es geht wirklich darum, diesen Aspekt in dir selbst anzuschauen, den du in Wahrheit nicht anschauen willst, den du an dir verurteilst. Aber weißt du, das ist in Ordnung, das hat seine Gültigkeit, und auch das Urteil hat seine Gültigkeit. Damit meinen wir, daß du dich fragen kannst: «Wie ist das auf die Reihe zu bringen?» Es kann auf die Reihe gebracht werden durch das Verstehen in deinem Herzen, daß es, was es auch immer sei, ein göttlicher Aspekt ist, denn sonst würde es nicht existieren.

Wenn du diesen Aspekt im Selbst annimmst, wird sich in der Tat deine Perspektive in bezug auf alles, was dich umgibt, verändern. Es ist sehr einfach. Verstehst du? Es geschieht automatisch. *Das innere Annehmen, das Zulassen, schafft die Veränderung.* Weißt du, da ist auch noch folgendes: Es entsteht große Angst, wenn Leute in diesem Kontext zum erstenmal von der Unnotwendigkeit von Recht und Ordnung, von der Unnotwendigkeit eines sozialen Gewissens lesen und hören. Sie werden sagen: «Aber dann werden hier Anarchie, Gesetzlosigkeit, Chaos und so weiter herrschen.» Doch wir möchten euch fragen, ihr Lieben: «Und was habt ihr jetzt?»

F: P'taah, ich wollte dich noch etwas fragen: Warum manifestieren sich aus der Angst hergeleitete Manifestierungen schneller als Manifestierungen, die aus einem Wunsch heraus geschaffen wurden?

P'taah: Aber Liebe, so ist es nicht; das ist nur eure Perspektive. Das zeigt nur das bestehende Ausmaß an Furcht. Gegenwärtig expandiert das Bewußtsein – die Auferstehung der Göttin, die Auferstehung Christi –, und eure Kenntnis von dieser Auferstehung spiegelt in gewisser Weise die Auferstehung des Antichrists wider. Das deshalb, ihr Lieben, weil ihr euch alle auf Angst gründet. Ihr seid es nicht so sehr gewohnt, die Schönheit und die Freude, das Licht und die Liebe und die Großartigkeit dessen, was ihr seid, ins Auge zu fassen. Eure Medien, eure Kommunikationssysteme berichten mit Wonne über alles, was eine Katastrophe ist. Auf diese Weise kommuniziert ihr weltweit, binnen Minuten. Ihr seid es gewohnt, euch in eurem persönlichen Alltagsleben auf Katastrophen und Probleme zu konzentrieren, und in dieser gegenwärtigen Zeit der Beschleunigung und großen Veränderung erschafft ihr immer schneller das, was sich auf Angst gründet. Kaum habt ihr also ein Problem gelöst, zeigt sich schon ein anderes, das ihr innerlich akzeptieren müßt, weil dies eine Zeit der Beschleunigung ist. Es ist die Zeit zyklischer Veränderung. Und wenn ihr gerade denkt, daß ihr alles auf die Reihe gebracht habt, und euch selbst zu diesem wunderbaren Tag gratuliert, kommt – wumm! – etwas anderes daher, das ihr innerlich akzeptieren müßt. Ihr müßt begreifen, daß es ein göttlicher Aspekt ist – *was immer es sein mag*. Das nennt man Dichotomie, es ist stets der Gegensatz.

Also, ihr Lieben, wir wollen euch bitten, immer an die Dichotomie zu denken. Wenn ihr gerade dabei seid, euch dazu zu gratulieren, wie erleuchtet ihr seid, erkennt ihr plötzlich, daß ihr in Wahrheit gar nichts wißt. Und in dem Maße, in dem ihr verstehen könnt, daß ihr euch wirklich auf einer wundersamen, abenteuerlichen Reise zur Erforschung, zur Anerkennung des SELBST in jedem seiner Aspekte befindet, gebt ihr dem Blühen und Gedeihen wirklich Raum. *(Eine Dame macht eine Bemerkung darüber, wie anstrengend das ist.)* So ist es, Geliebte. Und wenn du sehr erschöpft bist, sagst du: «Ich gebe auf, ich ergebe mich.» Damit ergibst du dich der, die du wirklich bist. Es geht nicht ums Kämpfen, nicht ums Machen und Tun – es geht darum, daß ihr aufgebt und euch im Licht eures wahren Selbst entspannt.

(Ein Herr fragt nach der Stille, die nötig ist, damit Jani ihren Körper verlassen und P'taah hereinkommen kann; beide Male war das Publikum sehr still gewesen, doch ein Frosch hatte mit seinem wiederholten lauten Gequake die Stille des tropischen Abends durchbrochen.)

F: Beide Male heute abend hat ein Frosch dein Kommen mit seinem Gequake eingeleitet. Er ist, ob er nun dein Helfer ist oder nicht, Teil unseres Bewußtseins, und wir wurden gebeten, in diesem Moment still zu sein; doch dieses Ding bestand auf seinem Gequake. Würdest du etwas dazu sagen?

P'taah: Es ist wunderbar, und wißt ihr, es ist sehr interessant, weil der Klang der Natur für unsere Ohren immer wundervoll ist, auch wenn er von der sogenannten «abscheulichen Kröte» herrührt. Geschöpfe sind sich der Energie sehr bewußt, sie reagieren darauf. Der Frosch und die Kröte kündigen euch Veränderungen in euren Wetterstrukturen an. Die von euch, die die Zeichen der Natur zu lesen vermögen, können verstehen, was auf dem Planeten vor sich geht. Eure Biologen nennen das «beobachtete Phänomene». Pflanzen verhalten sich ebenfalls dem, was sie fühlen, entsprechend. So könnt ihr mit Hilfe eurer geliebten Blumen und Pflanzen und der aller Geschöpfe die Geschehnisse auf eurem Planeten ablesen. Sie reagieren auf das Energiefeld einer Zusammenkunft wie dieser. Das ist sehr schön. Wenn ihr euch Zeit für die Beobachtung nehmt, könnt ihr die Geschichte, auch die eure, lesen. Nicht wahr? Was den Bewußtseinsübergang zwischen unserer Frau und dem, was ich bin, angeht, so ist es so, daß sie ihn zuweilen in einer sehr lauten Umgebung bewerkstelligt. Bei Zusammenkünften wie dieser, bei denen es im wesentlichen sehr still ist, erfahren Lärm und Geräusche innerhalb dieser Versammlung eine große Verstärkung, aber Geräusche außerhalb dieses unmittelbaren Kreises machen es für sie nicht so schwer.

F: Um noch einen Schritt weiter hinunterzugehen, in die Biodynamik hinein: Soweit ich es verstehe, haben die Bakterien im Erdreich die Fähigkeit, Elemente zu verändern – Elemente, die dort zunächst gar nicht vorhanden waren. Ist das so?

P'taah: So ist es. Wenn ihr das Wachstum befördern und ein fruchtbares Erdreich haben wollt, könnt ihr den Erdboden besingen. Es gibt ausgeklügelte Methoden, um die Qualität des Erdreichs zu verändern, aber in Wirklichkeit seid ihr die Machtinstrumente. Ihr könnt das Land be-singen und so eine Veränderung bewirken. Wenn ihr als Gruppe zusammenkommt und die Klänge erzeugt, verstärkt sich die Energie. Ihr alle habt einen Wesens-Ton. Diesen Ton könnt ihr hören, wenn ihr im Selbst sehr still werdet. Manche von euch verwenden einen Ton, einen Klang, das OM, um Stille zu erschaffen. Nun, ihr könnt folgendes tun: Ihr erzeugt in eurer geistigen Vorstellung einen Ton, und dieser Ton hat einen Tonwert. Ihr braucht diesen Ton nicht laut zu singen. Wir reden davon, daß ihr nur für euch selbst damit herumspielt. Wenn ihr diesen Ton in eurem Innern erzeugt, wird er mit der Zeit anschwellen, volltönender, umfassender werden; ein Klang, der höher und tiefer wird, absinkt und ansteigt. Schließlich deckt er das gesamte euch vorstellbare Spektrum ab. Es ist so, als würde die Musik mit dem Ton eines Instruments innerhalb eines ganzen Symphonieorchesters beginnen, und dann setzen nach und nach alle anderen Instrumente ein. In diesem Fall erweitert ihr nur den Ton, der sich mit einer persönlichen Signatur vergleichen läßt. Ihr könnt ihn ins Universum hinausschicken. Es ist euer eigener Ton. Es ist das, was unsere Frau dem Universum ihr Lied vorsingen nennt. Der Ton, der Klang hat auch eine Farbe. Die Farbe beginnt mit einem Tonwert, die den Farbwert bestimmt, und wenn der Klang sich ganz entfaltet, höher und tiefer wird, nimmt er schließlich das ganze Farbspektrum an. Er reicht hinaus in die Multiversen, und auf diese Weise könnt ihr mit eurem eigenen Faden der Göttlichkeit, der sich in die Multiversen, in euer multidimensionales SELBST hineinzieht, in Kontakt kommen. In gleicher Weise könnt ihr auch die Erde besingen und damit eine Veränderung, eine elementare Veränderung, bewirken. Das ist ein neues Spiel, das ihr spielen könnt.

F(F): Vorher stellte eine Frau eine Frage zur Gotteserfahrung. Ist es möglich, daß eine Person, die singt oder ein Musikinstrument spielt oder ein Bild malt, in einen sehr schwer zu beschreibenden Zustand gerät; daß sie an einen Punkt gelangt, wo außer diesem nichts mehr existiert? Heißt das Gott erfahren?

P'taah: Liebe, du weißt, daß es noch einen anderen Namen für Gott gibt, nämlich Einssein. Er wird Nicht-Getrenntsein, Totalität des Seins genannt. Weißt du, deshalb benutzen wir in Wahrheit nicht sehr oft das Wort Gott, weil dieser Begriff im Wortschatz der Menschheit mit einer Person, mit einem ganz persönlichen Wesen verbunden wird. Das ist in Ordnung, weil er IST. Aber es beinhaltet auch eine Begrenzung, eine Trennung. Wenn ihr an Gott denkt, stellt ihr ihn euch emotional gesehen so vor wie in eurer Kindheit, nämlich als einen alten Mann, der in den Wolken sitzt. Wenn wir also vom Gott/der Göttin des ALLES, WAS IST, sprechen, reden wir vom Nicht-Getrenntsein, vom Einssein, vom Gefühl der Einheit, der Freude, der Ekstase. Aber, Geliebte, natürlich ist es so, daß ihr, wenn ihr total im Jetzt, was immer es auch sei, versunken seid, ob ihr ein Bild malt, ein schönes Lied singt oder ein Instrument spielt, ein Kind füttert oder im Ozean schwimmt, was auch immer, wenn ihr im Einssein und Sein und ganz und gar in diesem Moment seid, dann existiert nichts anderes als Gott, Einssein, Nicht-Getrenntsein. Ja, so ist es.

F: Ich bin nicht mit dem Begriff Gott aufgewachsen. Daher würde ich gerne wissen, ob Geist dasselbe bedeutet?

P'taah: Wie was?

F: Wie das, was die Leute Gott nennen.

P'taah: Und was ist Gott, den Vorstellungen der Leute nach?

F: Einssein, nehme ich an.

P'taah: Siehst du, wenn du fragst, ob Geist dasselbe ist, dann unterteilst du schon und schaffst damit die Trennung.

F: Ich weiß nicht, was Gott ist. Ich kenne nur die in mir aufsteigenden Gefühle.

P'taah: Wirklich. Das ist wundervoll.

F: Gott und Geist sind also dasselbe?

P'taah: Siehst du, Geliebte, jeder hat eine andere Vorstellung. Verstehst du? Jeder hat eine andere Vorstellung davon, was Gott ist, und jeder hat sein eigenes Etikett. Wie wir schon sagten, gibt es da die Persönlichkeit, das Bewußtsein, Unterbewußtsein, Überbewußtsein, den Geist, die Seele – tausend Namen für das, was eure Herrlichkeit ausmacht. Dann ist da Gott, der Große Geist, die Urquelle, ALLES, WAS IST, und so weiter, doch das sind alles nur Namen. Und zwischen all diesen gibt es in Wahrheit keine Trennung.

(Eine andere Dame, ein Neuankömmling)

F: Ich verstehe den Aspekt der Trennung nicht. Ich verstehe nicht, was Trennung eigentlich ist. Da ist ein Sehnen, es ist schmerzlich ...

P'taah: Genau das ist es, Geliebte. Es ist das Sehnen, es ist der Schmerz und die Qual, es ist die Angst. Die Trennung ist alles, was nicht dem Licht, nicht der Liebe zugehört – das ist Trennung.

F: Es geht also um die Rückkehr zum Geliebten, darum, sich alles bewußtzumachen?

P'taah: Man nennt es ganzheitlich sein, man nennt es Heimkehr, man nennt es Überbewußtsein, man nennt es Übergang in die vierte Dichte.

F(M): P'taah, wie nimmst du uns wahr? Kannst du sofort erkennen, auf welchem Seelenstrahl wir uns befinden? Könntest du bitte ein wenig über diese Dinge sprechen?

P'taah: Die Antwort lautet ja. *(Das Publikum kichert.)*

F: Kannst du mir dann sagen, auf welchem Seelenstrahl ich mich befinde?

P'taah: Lieber, was macht das für einen Unterschied für dich?

F: Es hilft mir, meine mit der Historie verbundenen Gefühle zu überprüfen, Gefühle in bezug auf...

P'taah: Nein, Lieber, ich werde dir sagen, was es für dich

bewirkt. Es schafft eine weitere Art von Trennung, doch ihr seid alle das gleiche – jeder von euch. Wir hören die Menschen über diese Dichte und jenen Strahl und so weiter reden, aber, seht ihr, in Wirklichkeit schafft ihr durch euren Wunsch nach Beschreibung nur noch mehr Trennung.

F: Das ist nichts anderes als die Tatsache, daß es Leute gibt, deren Körper sich für den Hochleistungssport eignen, eine Gabe, die sie sich zunutze machen sollten; und andere mit einer intellektuellen Begabung sollten diese nutzen. Wenn wir diese Dinge verstünden, würden wir die Richtung erkennen ...

P'taah: Lieber, was deinen Wunsch angeht, deinen Strahl zu kennen, so will ich folgendes sagen: Wenn du dahin gelangst, daß du den, der du bist, liebevoll akzeptierst, wirst du es wissen. Es ist nicht so, daß wir hierherkommen, um euch alle über diese Dinge aufzuklären, in Begriffen, die in Wahrheit für die Menschen nichts bedeuten. In Wirklichkeit ist es nicht so, wie du sagst, nämlich daß du dann verstehst, wozu du dich eignest, denn damit erlegst du dem Selbst wieder eine Beschränkung auf. Ihr seid es gewohnt, so über das, was ihr seid, zu denken. Schaut, ihr alle sollt zum Nicht-Anstreben gelangen. Ihr sollt dahin kommen, daß ihr euren Intellekt nicht gebraucht, um zu erkennen, wer ihr seid. Vielmehr sollt ihr zum *Herzenswissen* über das, wer und was ihr seid, gelangen. So gesehen, ist es für Männer, das männliche Geschlecht, sehr gut, wenn sie dieses Etikettieren ablegen. Frauen, seht ihr, müssen das meist nicht tun, weil sie stärker auf ihr Herzenswissen eingestimmt sind. Das ist es, was Männer absolut nicht leiden können. Männer behaupten, daß Frauen nicht besonders klug seien. Es ist aber so, daß Männer ihre Etikettierungen aufgeben sollten. Wir verstehen, daß es den Männern sehr schwerfällt, sich ganz einfach nicht um das Wo und Wie zu bekümmern, darum, wie einer in dies und das paßt, und was die Ebene von diesem und jenem ist. Einfach nur zu sein. Sollen wir dir nun einen kleinen Test mit auf den Weg geben, Lieber? Wir wollen, daß du eine Woche lang dir selbst zuhörst und feststellst, wie oft du in deinem Alltagsdenken eine Darstellung des Sachverhalts unternimmst. Du mußt das nicht laut tun. Und wenn du merkst, daß du solche Darstellungen, Intellektualisierungen, vornimmst, notiere es auf einem Blatt Papier, um auf diese Weise zum Herzenswissen zu gelangen. Wenn du das tust, kommst du vielleicht zu einem inneren Akzeptieren des Unakzeptierbaren. In Ordnung? Und bei unserer nächsten Zusammenkunft plaudern wir dann darüber, wenn du möchtest. Dies gilt nicht nur für diesen da. Die Technokraten können dieses Spiel auch spielen, und dann könnt ihr euch der Sache stellen. Ja, wirklich sehr gut. Und, wißt ihr, es geht nicht nur um die Männer, laßt uns die Frauen nicht ungeschoren davonkommen. Die Frauen klopfen sich alle auf die Schultern und sagen sich, wie wundervoll es ist, eine Frau und kein Mann zu sein, und wie wunderbar es ist, die Göttin zu sein; und das ist es auch, ihr Lieben. Doch geht es um das, was ihr seit Äonen als maskuline Energie im weiblichen Geschlecht kennt, weil sie für euch Überleben bedeutete. Ihr wißt also über maskuline Energie, der auferstandene Gott genannt, Bescheid. Nun geht es aber um die auferstandene Göttin, und das heißt um Nicht-Tun, um Balance. Ihr geliebten Frauen, ihr könnt also in der folgenden Woche darauf achten, wie oft ihr eurer Intuition folgt, das heißt, wie oft ihr ihr tatsächlich folgt und sie nicht von euch weist. Schreibt auf, wie es euch damit ergeht, dann könnt ihr bei unserer nächsten Zusammenkunft erzählen, wie es war und was ihr an euch entdeckt habt.

F(M): P'taah, in der letzten Sitzung fragte ich dich, ob wir hier in Australien ein Äquivalent für den Yeti oder für *Big Foot* haben. Du zögertest und sagtest dann: «Nicht als solches.» Du mußt also an etwas gedacht haben. Was war es?

P'taah: Nun, wir werden dir folgendes sagen: Es existieren Wesen auf diesem Kontinent, aber sie sind nicht wirklich von derselben Art wie der sogenannte Yeti. Es ist so, Lieber, daß diese Wesen aus einer anderen Zeitdimension kommen. Du weißt, oft treten die Menschen in eine andere Zeitdimension ein und dann wieder aus ihr heraus. Wir haben von der inneren Erde und den Wesen auf diesem Planeten gesprochen, welche eurem Verständnis nicht mehr zugänglich sind. Es ist oft möglich, daß Menschen in eine Zeit-Verschiebung geraten und sie dann einen flüchtigen Blick auf andere Wesen erhaschen, die nicht dem Raum-Zeit-Kontinuum dieser Erde angehören, so, wie ihr es gegenwärtig versteht. Das hat sich auf eurem Kontinent ereignet, wo Menschen etwas gesehen haben, das dem Yeti oder *Big Foot* gleicht.

Aber diese Geschöpfe sind nicht wirklich von der Art, wie man sie auf dem amerikanischen Kontinent und im Himalaya begreift. Möchtest du nun dazu noch eine weitere Frage stellen, Geliebter?

F: Ist das wie eine Zeit-Überlappung?

P'taah: In der Tat. Das ist es wirklich. Viele Menschen glauben, daß die Tore zu anderen Dimensionen nur eine physische Lokalität besitzen, aber das ist nicht der Fall. Sehr gut, Lieber. Ein andermal werden wir ausführlicher darüber sprechen, und auch über den afrikanischen Kontinent.

So, ihr Lieben, das reicht für heute abend. Genug Gedankennahrung. Wir freuen uns auf unsere nächste Zusammenkunft. So soll es sein, ich liebe euch sehr. Guten Abend.

Dritte Übermittlung

18. Dezember 1991

P'taah: Guten Abend, ihr Lieben.

(P'taah schlendert wie üblich durchs Publikum und macht sich mit der Zuhörerschaft vertraut, wobei er sich im besonderen die Gesichter der Neuankömmlinge anschaut.)

P'taah: Wie geht es euch allen? *(Das Publikum antwortet entsprechend. Dann wendet er sich an eine Dame, die sich offensichtlich seit der letzten Sitzung das Handgelenk gebrochen hat und nun ihren Arm im Gipsverband trägt.)* Und so befindest du dich jetzt mehr im Einklang, geliebte Frau? Hm. Ja, das große Trauma ist vorbei.

F: Das hoffe ich. Ich fühle mich viel besser.

P'taah: Aber natürlich. Und so hast du dir selbst eine großartige Lektion erteilt. Das nächste Mal muß sie nicht mehr so dramatisch ausfallen.

So, ihr Lieben, laßt uns nun unverzüglich zu den Fragen kommen. Und wenn es keine gibt, sagen wir ganz einfach «Guten Abend» und gratulieren, daß ihr zum vollständigen eigenen Wissen gelangt seid.

F(M): Ich grüße dich, P'taah. Wenn eine unerwünschte Situation entsteht und wir sie annehmen und wertschätzen wie jede andere Situation …

P'taah: … dann ist sie nicht mehr unerwünscht.

F: Gut – aber ich möchte die Situation verändern.

P'taah: Das ist in der Tat etwas anderes. Hast du die Situation wirklich bereitwillig angenommen, hast du auch nicht mehr den Wunsch nach einem anderen Ergebnis, und somit ist sie dir nicht länger unwillkommen. Wenn du dir nun die Situation angeschaut hast und sie noch immer unerwünscht findest, ist das etwas völlig anderes. Das heißt, daß du den Wunsch nach Veränderung hegst. *Dies bedeutet nicht, daß du die Unerwünschtheit bereitwillig angenom-*

men hast. Das soll ganz klar gesagt sein. Wenn du eine Situation verändern willst, dann ändere sie.

F: Ich habe es versucht, und nichts ist passiert. Kommt das daher, daß ...

P'taah: Geliebter, du hast deine Frage gerade selbst beantwortet; man nennt es einen Versuch unternehmen.

F: Gut, was kann ich noch tun?

P'taah: Wünsch es dir und wisse, daß es schon geschehen ist. *Du mußt nicht irgend etwas tun.* Du machst es nicht, indem du es versuchst. Das wird nichts bewirken, denn damit befindest du dich im Tun und nicht im Zulassen. Es geht darum, daß du sagst: «Ich wünsche die Situation zu verändern, und nun lasse ich zu, daß die Veränderung eintritt.»

F: Meinst du damit, daß es einfach Zeit braucht – daß ich geduldig sein muß?

P'taah: Lieber, in eurer Realität braucht es Zeit, vor allem deshalb, weil ihr eure eigene Macht nicht als selbstverständlich hinnehmt. Ihr sagt: «Ich weiß, ich bin tatsächlich ein wunderbarer und machtvoller Manifestierer – denke ich, hoffe ich. Ja, ich weiß, daß es geschehen ist – hoffe ich.» Damit schafft ihr Zweifel, und wenn ihr im Zweifel seid, braucht es natürlich Zeit. Wenn alle Aspekte in euch wirklich verstehen, daß die Dinge so, wie ihr denkt und wünscht, geschehen können, *daß sie im Zustand dieses Wissens sofort geschehen können, wird es so sein.* Wie, glaubt ihr, manifestieren die heiligen Männer Materie praktisch aus dem Nichts? Sie können das, weil sie absolut wissen, daß sie es können. Sie haben keine Zweifel. Das ist keine Intellektualisierung. Das ist kein Nachdenken über etwas, das ist ein *absolutes Wissen im innersten Herzen, daß es so IST.* Auf diese Weise könnt ihr eure Realität verändern.

F: Das klingt großartig, aber wie kann man etwas so stark und intensiv fühlen, daß man keinen Zweifel mehr hat? Ich denke und sage all die richtigen Dinge, aber es geschieht trotzdem nichts. Also muß ich unterbewußt immer noch Zweifel haben.

P'taah: In der Tat. So ist es, und so ist es bei allen anderen auch. Manche mögen, was das Manifestieren angeht, etwas geschwinder sein als andere, doch im Grunde zweifelt ihr alle an eurer eigenen Macht. Ihr könnt euch in eurem Wissen um den Augenblick, in dem ihr das von euch Gewünschte zu manifestieren vermögt, bestärken. Wenn ihr in eurer eigenen Macht seid, sprecht dem SELBST eure Glückwünsche aus. Dankt dem SELBST dafür, daß es so wunderbar ist und genau das manifestiert, was ihr wünscht. Damit verstärkt ihr eure eigene Machtbasis.

F(M): Man sagt: «Laß los – laß Gott zu.» Man sagt: «Laß Gott dein Leben sein. Laß Gott durch deine Person handeln und wirken.» Wie können wir diesen so überaus schönen Zustand am besten erreichen?

P'taah: Wisse, Geliebter, daß Gott nicht außerhalb von dir existiert. Wenn du sagst: «Laß los, und laß den GOTT, DER ICH BIN, zu», ist das für dich sehr viel wirkungsvoller. Denn schau, wenn du sagst «Laß Gott zu» und dir Gott als außerhalb von dir existierend vorstellst, schaffst du ganz einfach Trennung. Du bist ein Ausdruck von Göttlichkeit, du bist der GOTT, DER DU BIST. In Wahrheit bist du der Gott/die Göttin. Es geht also darum, die Intellektualisierung aufzugeben – es geht darum, den um dein Herz gelegten Panzer zu entfernen und den Gott/die Göttin deines eigenen Seins erstrahlen zu lassen – den Wunsch deines Herzens tatsächlich *zuzulassen*. So kannst du das machen, aber siedle Gott nicht außerhalb deiner selbst an. Du bist der, der der Gott/die Göttin ist.

F(M): P'taah, man schätzt, daß wir in den nächsten zehn bis zwanzig Jahren in den Photonenring eintreten. Kann man sich diesen Photonenring als einen gigantischen Kardanring vorstellen, der unser Bewußtsein mehr oder weniger, je nach der Tiefe unseres Wissens, anzieht?

P'taah: In gewisser Weise ist es so, Lieber, aber es beinhaltet mehr als das. Du verlangst eine Antwort auf etwas, das multidimensionaler Natur ist und euer menschliches Bewußtsein von dieser Zeit und diesem Ort übersteigt. Es verhält sich so, wie es sich auch mit eurer Göttin, der Erde, verhält. Die Erde ist ein Spiegelbild dessen, was ihr seid, aber sie ist auch eine gemeinschaftliche Schöpfung, eine Co-Kreation. Wir mögen dir also eine Antwort geben, doch in Wahrheit gibt es viele Antworten. Es ist nicht schwarz und weiß, nicht nur einer einzigen Dimension zugehörig. *Die Galaxien sind in ihrer Gesamtheit an diesem Photonenring beteiligt.* Es handelt sich nicht nur um das Bewußtsein dieser Menschheit, sondern auch um das Bewußtsein der Göttin, der Erde. Es sind auch die Wesen eurer inneren Erde, auch die unsichtbaren Energien dieser Ebene, dieses Planeten, derer ihr euch als Spezies nicht bewußt seid, daran beteiligt. Verstehst du? Es geht also um mehr als nur um das Bewußtsein der Menschheit. Es handelt sich um eine Co-Kreation.

F: Wenn es darum geht, ohne weiteres Drama, ganz frei und ungehindert, mit den Gaben unserer Seele etwas zu erschaffen, welche uns möglicherweise unbekannte Frage würdest du stellen, die uns zur nächsten Stufe bringen könnte?

P'taah: Was ist die Gabe deiner Seele, Geliebter?

F: Heilende Energien zum Ausdruck zu bringen.

P'taah: Für wen?

F: In erster Linie für mich selbst.

P'taah: Aber du glaubst nicht daran.

F: Jetzt schon. Doch haben sich viele von uns zweifellos selbst vernachlässigt, um für andere da zu sein.

P'taah: Geliebter, weißt du, warum es immer um andere ging und nicht um dich selbst?

F: Wahrscheinlich war der zugrundeliegende Schmerz zu groß, um ihn sich anzuschauen.

P'taah: So ist es. Und das, Geliebter, gilt nicht nur für dich. Ja, die Verzweiflung, die Angst, nicht zu genügen, die Qual, allein zu sein, herabgewürdigt, übersehen zu werden. Das zu ertragen ist für die Menschen allzu schwer. Da ist es sehr einfach, das Mitgefühl und den Wunsch nach Heilung auf andere zu übertragen, denn sich an den Ort zu begeben, an dem die eigene Heilung stattfinden sollte, ist einfach zu schrecklich. Da ist immer die Angst vor Auslöschung. Die Beschäftigung damit ist gegenwärtig für das männliche Geschlecht schwieriger. Wir sprechen hier eigentlich ganz allgemein, aber die Angst und der Schmerz in bezug auf das, wer und was ihr seid und eurer Ansicht nach sein solltet – würdig und achtbar –, haben für die Männer eine ganz andere Frequenz als für die Frauen. Die Frauen empfinden nicht weniger Schmerz, verhalten und orientieren sich aber anders, wenn es darum geht, ihn bereitwillig anzunehmen. So werdet ihr in dieser Zeit des Umschwungs feststellen, daß es kein Entkommen gibt. Ihr werdet das, was ihr nicht bereitwillig annehmt, nicht umwandelt, das, was den Schmerz und die Qual in eurem Leben erzeugt, immer und immer wieder erschaffen; vielleicht unter dem Vorzeichen eines anderen Handlungsfadens, aber doch so lange, bis ihr alles umgewandelt habt. Ihr sollt wissen, daß dies, wenn ihr es zulaßt, kein großes Drama oder keine große Qual beinhalten muß. *Wenn ihr die Absicht zeigt, daß ihr, was immer in eurem Leben in Erscheinung tritt, willkommen heißen, bereitwillig annehmen, zulassen wollt, daß ihr in einen Zustand des Nicht-Getrenntseins, der Ekstase der Transmutation, gelangen wollt – dann könnt ihr es sehr sanft gestalten.* Und ihr werdet feststellen, daß, wenn ihr Widerstand leistet, was in Ordnung ist – wenn ihr den Deckel darüberstülpt, und darin seid ihr alle großartig –, der Topf doch wieder überkochen wird.

F: Nehmen wir an, wir haben den Willen und die Liebe, nicht den Deckel darüberzustülpen, sondern zu sagen: «Laß uns das ein für allemal klären, ich habe es satt.» Gibt es dann noch einen anderen, weitergehenden Transmutationsschritt als den, den du uns erläuterst hast?

P'taah: Lieber, wenn du dich tatsächlich der von uns vorgeschlagenen Maßnahmen bedienst, werde ich in Hochachtung vor dir auf die Knie fallen. Schau, durch das, was ihr da in eurem Kopf betreibt, macht ihr das Ganze immer komplizierter. Dabei ist es sehr einfach. Ihr begreift es in seiner Einfachheit nur nicht. Es geht darum, zu sagen: «Ich verstehe, ich übernehme die Verantwortung für alles, was ich in meinem Leben erschaffen habe.» *Es geht um die Einsicht, daß es keine Opfer gibt, daß ihr es erschaffen habt.* Es geht darum, daß ihr das Urteil, das ihr über euch, über andere Menschen fällt, ausgleicht, daß ihr die Verurteilung der Verurteilung ausgleicht und das Gefühl fühlt. Gut, wir haben vergessen, noch zu sagen: Und nehmt euren Kopf unter den Arm. Sorgt dafür, daß euch euer Verstand nicht in die Quere kommt, und das könnt ihr nur tun, wenn ihr euch sagt, daß es absolut in Ordnung ist, daß euer so geschäftiger Verstand – dieser überaus beschäftigte Computer – es zuläßt. Wenn ihr das zuwege bringt, könnt ihr zur inneren Stille gelangen.

F(M): Schon von frühester Kindheit an werden uns Kenntnisse und Informationen eingetrichtert, die sich, wenn wir später mehr oder weniger darüber nachdenken, zu neunundneunzig Prozent als nicht nur nutzlos, sondern auch destruktiv erweisen. Wir sind also ständig damit beschäftigt, all das wieder zu entwirren, und dann spüren wir einen Einfluß, der für unser Wachstum von entscheidender Bedeutung ist, so wie zum Beispiel das, was heute abend hier passiert. Wir haben so viele Rückstände …

P'taah: Lieber, wir sagen dir folgendes: Es geht nicht nur um das, was ihr als destruktiv und unrichtig und als nutzlosen Ballast erkennt; es geht auch um all das Zeug, von dem ihr gar nicht wißt, daß ihr es glaubt. Und das ist in Ordnung, weißt du. Denn es ist alles eine Sache der von Augenblick zu Augenblick getroffenen Wahl. Es geht nicht ums Denken, es geht ums *Gefühl*. Es hat nichts mit eurem Kopf zu tun. Die Frauen sind vertrauter damit als die Männer. Wenn du dir dein Leben anschauen und die Freude wiedererleben kannst, wirst du merken, daß dies nichts mit dem Verstandesbereich zu tun hat. Es hat nichts mit rationaler Intellektualisierung zu tun, nichts mit intellektuellem Wissen. Der Intellekt ist wirklich etwas Wunderbares, aber er ist euer Diener. Geliebter, du bist nicht der Sklave deines Intellekts, es sei denn, du entscheidest dich dafür. Der logische Verstand, der Intellekt, das intellektuelle Wissen sind dazu da, euch zu dienen. Das sogenannte Ego ist dazu da, euch zu dienen, nicht um euch zu beherrschen. Doch an der Versklavung ändert ihr nichts, wenn ihr sie ablehnt, verdrängt, sondern nur dadurch, daß ihr sie innerlich akzeptiert. Das Ego hat schreckliche Angst vor Auslöschung, vor der Nicht-Existenz, vor einer Veränderung, die es überflüssig machen könnte. Doch daran ändert ihr nichts, wenn ihr sagt: «Verschwinde, wir brauchen dich nicht», denn ihr braucht es tatsächlich. Ihr ändert es, indem ihr sagt: «Alles in Ordnung, wir machen es gemeinsam.»

Ihr seid ein Produkt des Gefühls; das Gefühl erschafft im Grunde alles Wunderbare in eurem Leben. Euer Verstand bringt das nicht zuwege. Ihr seid nicht euer Verstand, ihr seid mehr als … Ihr seid nicht euer Körper, ihr seid mehr als … Ihr seid in der Tat ein Ausdruck des Göttlichen.

F *(eine junge Dame)*: Warum kommen in der christlichen Religion die Göttin oder weibliche Energie nicht vor?

P'taah: Weil, Geliebte, der Zyklus der christlichen Religion zu einer Zeit einsetzte, in der sich alle für die männliche Energie entschieden hatten. Die Männer, die Menschen männlichen Geschlechts, hatten große Angst vor der Macht der Göttin – sie haben sie immer noch.

F: Spielen Kristalle bei dem Aufkommen weiblicher Energie auch eine Rolle?

P'taah: Sie sind ein Werkzeug, das ist alles. Das, was mit dem Aufkommen der weiblichen Energie zu tun hat, nennt man Bewußtsein, und man nennt es auch zyklische Veränderung. Kristalle sind bloß Werkzeuge, die man benutzen kann, aber das wirkliche Machtinstrument ist das, was du bist.

F(F): P'taah, ich habe kürzlich eine Menge Veränderungen durchgemacht und frage mich nun, ob ich den Deckel auf das, was ich notwendigerweise tun muß, stülpen würde, wenn ich die Farm, den Ort, an dem ich lebe, verließe?

P'taah: Liebe, es spielt keine Rolle, was du tust. Du wirst dir vielleicht ein Szenario mit einem anderen Handlungsablauf schaffen, den du bereitwillig akzeptieren kannst. Du sollst aber auch wissen, geliebte Frau, daß du kein Opfer zu sein brauchst. Es ist deine Wahl, du kannst dich entscheiden, zu tun, zu sein und zu reisen, wie du willst, je nachdem, was dein Herz zum Singen bringt. Das nennt man Herzenswunsch. Wenn sich deine Wünsche ändern, dann laß dich darauf ein. Du brauchst dir keine Sorgen zu machen, daß du die Lektion verpassen könntest. Verstehst du? Und wenn du den Wunsch hast, deine Macht an einen anderen abzugeben, dann soll es so sein. Wenn euch jemand erzählt, wie alles für euch zu sein hat und wer und was ihr seid und wie unerleuchtet ihr seid und was ihr tun müßt, um zur Erleuchtung zu gelangen, und wenn ihr euch dann dafür entscheidet, eure Macht abzugeben, dann soll es so sein, ihr Lieben. Kein anderer kann euch sagen, was ihr zu tun habt. Niemand. Auch all die großen erleuchteten Meister nicht, die euch liebend gern erzählen, wie ihr euer Leben zu leben habt. Ist ja ganz in Ordnung. Ihr könnt dann sagen: «sicher», und danach genau das tun, was euch euer Gefühl eingibt. Das heißt über die eigene Macht verfügen. *(P'taah wendet sich an einen Herrn.)*

Und wie geht es dir, Lieber?

F: Mir geht es gut. Würdest du einmal das Wort *embracement (im Deutschen: Umarmung, bereitwilliges Annehmen)*, das hier soviel gebraucht wird, definieren?

P'taah: Ja, sicher, Lieber. Wie du weißt, läßt sich leicht sagen: «Ich verstehe nicht, warum sich nichts ändert, denn ich akzeptiere ja bereitwillig.» In Wahrheit geht es ums Zulassen. Ihr werdet alles, was ihr aus eurer Kindheit mitbringt, in eurem Leben so lange wiederholen, bis ihr es annehmt. Wir verstehen, daß euch das sehr schwerfällt, und wollen euch daher die Sache an Hand eines Beispiels erklären. Wir sprechen hier speziell von dem Leid, das ihr in eurer Kindheit erfahren habt. Wißt ihr, alles andere stellt für euch nur eine Wiederholung dieses damals erlebten Leids, dieser Verzweiflung und dieses Gefühls von Nichtigkeit dar. Ihr könnt euch in eure ganz «stille Zeit» im Innern begeben und euch einen sehr schönen Ort in der Natur vorstellen. Ihr könnt euch in diesen wunderschönen Ort hineinversetzen, der sehr friedlich ist, und euch dort das Kind vorstellen, das ihr seid. Ihr schaut euch dieses Kind an, das so völlig von Kummer und Schrecken überwältigt ist, und nehmt es dann in die Arme und beruhigt und besänftigt es, damit es begreift, daß es nichts mehr zu fürchten hat. Durch diese Umarmung, dieses Annehmen des Kindes, das ihr seid, könnt ihr die Situation verändern. Das ist gemeint, wenn wir von *embracement* sprechen. Schaut, wenn euch eine Situation mißfällt, wenn Menschen daran beteiligt sind, mit denen ihr im Streit liegt, müßt ihr verstehen, *wer* diese Person ist, für die ihr Haß empfindet, mit der ihr euch streitet. Geht dann an diesen Ort, und schaut euch an, wer diese Person in Wahrheit ist, denn sie ist euer Spiegelbild. Es geht darum, daß ihr im Herzen erkennt, wer sie ist, daß ihr versteht, daß sie denselben Schrecken, dieselbe Verzweiflung, denselben Schmerz und dieselbe Qual empfindet wie ihr. Auf diese Weise könnt ihr auf die Person zugehen und sie umarmen und annehmen und so zu der Erkenntnis gelangen, die besagt: Ich verstehe, wie das ist, denn ich selbst empfinde auch diese Furcht, fühle diesen Schmerz und diese Qual. Begreift ihr? So könnt ihr zum Annehmen gelangen und damit die Veränderung bewirken. Deshalb sagen wir euch, daß ihr durch das Verdrängen nichts verändern werdet, nichts durch das Hassen, nichts durch den Versuch, es «loszuwerden»; Veränderung bewirkt ihr nur, indem ihr die Tatsache bereitwillig akzeptiert, daß alles und jedes ein Spiegelbild eurer selbst ist. Es gibt keinen Unterschied. Ihr seid wie die Lichter an eurem Weihnachtsbaum. Jedes Lämpchen ist mit den anderen über einen Stromkreis verbunden, und so entsteht das Licht. Wenn ihr ein Lämpchen aus dem Stromkreis entfernt, hört es auf, den Baum zu erleuchten. Der Strom ist der Strahl der Göttlichkeit in jedem Atom, in jedem Molekül und in jeder unsichtbaren Energie in allen vorstellbaren und unvorstellbaren Welten. Es gibt nichts außerhalb von euch selbst, was euch nicht zugehört. Das seid alles *ihr.*

Ihr Lieben, das reicht für den Augenblick. Wir machen eine Pause. Wirklich, ihr seht alle ein bißchen aus wie der Weihnachtsbaum.* Sehr gut.

Nach einer etwa dreißigminütigen Pause versammelt sich die Gruppe wieder, und P'taah fährt fort.

P'taah: Also laßt uns weitermachen, ihr Lieben.

F(M): Guten Abend. Wir hatten bereits eine Frage zu Menschen, die eine heilerische Tätigkeit ausüben, selbst aber noch der Heilung bedürfen. Das kommt ziemlich häufig vor. Ich meine, wenn wir uns die Politiker unseres Landes ansehen, dann muß ich an das Vorwort eines Buches** denken, das ich vor ein paar Wochen in die Hände bekam, in dem zu lesen steht, daß in unserer Gesellschaft, ich zitiere, «die Verkrüppelten die Gebrechlichen führen». Wir haben Psychiater, die wirklich selbst der psychiatrischen Hilfe bedürfen, und doch behandeln sie andere Menschen; und wir haben Ärzte, die sich selbst auch nicht gerade bester Gesundheit erfreuen ...

P'taah: Lieber, was diese Leute lehren und von sich geben, ist das, was sie selbst am meisten brauchen und für sich annehmen und verstehen müssen.

* P'taah bezieht sich auf die bunten Lichter an dem Weihnachtsbaum, der sich im Raum befindet.

** Bei dem zitierten Buch handelt es sich um *GOD I AM – From Tragic to Magic* von Peter O. Erbe.

F: Welche Auswirkungen hat diese Praxis, daß Menschen, die selbst ihre Probleme haben, Menschen aus den verschiedensten Gründen behandeln?

P'taah: Nun, laßt uns über das Heilen sprechen, denn viele von denen, die sich auf der Suche nach dem Superbewußtsein befinden, sind mit dem Heilen befaßt. Laßt uns sehr präzise sein. *Es gibt nur eine Person, die euch heilen kann, und die seid ihr selbst.* Es gibt jedoch Menschen, die den aufrichtigen Wunsch haben, eine Heilung zu bewirken, und sie können tatsächlich einen Wunsch nach Selbst-Heilung auslösen. Wißt ihr, wenn ihr zum Arzt geht, habt ihr oft bloß den Wunsch nach Heilung aktiviert, der dann ein inneres Wissen aktivieren kann. Unter Heilmethoden des sogenannten New Age ist viel Humbug. Das hat seine Gültigkeit, ihr Geliebten, sonst existierte es nicht. Doch es geht darum, daß ihr euer Herzenswissen entdeckt. Wir haben euch viele Male gesagt, ihr Lieben, *daß euer Herz das Barometer der Wahrheit ist.* Wenn das, was wir euch sagen, in eurem Herzen nicht wie die Wahrheit klingt – wenn es sich für euch nicht wie ein Weckruf anhört –, dann verabschiedet euch. Nun, da gibt es sehr häufig das, was man einen ums Herz gelegten Panzer nennt, und ihr könnt euch vorstellen, daß viele Menschen einen solchen Panzer tragen, weil sie Angst haben. Auch der Intellekt dient oft als ein Schutzschild. Da gibt es den Aspekt in euch, der sagt: «Ich will nichts hören. Wenn ich zuhöre, wenn ich das in mein Herz einlasse, wird alles, was ich mein Leben lang gekannt und gewußt habe, umgekrempelt.» Menschen ist es oft nur sehr schwer möglich, zu sagen: «Ich bin auf die Veränderung vorbereitet.» Wenn Menschen an jemanden wie mich herantreten – und es gibt viele Wesenheiten*, viele Wesen, die sich gegenwärtig auf eurem Planeten mitteilen –, dann heißt das: «Ich habe den Wunsch nach Veränderung, ich habe den Wunsch nach irgendeiner Form von Erweiterung, ich möchte die Richtung ändern, ich will zu meinem inneren Wissen gelangen, ich möchte wissen, wie ich meine eigene Macht-Quelle sein kann. Ich möchte verstehen, wie das Universum agiert. Ich möchte geheilt werden, ich möchte auch wissen, wie ich als Heiler oder Lehrer und so weiter effektiver sein kann.»

* Gechannelte Wesenheiten.

All das hat seine Berechtigung, denn allein die Tatsache, daß ihr hier seid, besagt: Ich habe den Wunsch nach Veränderung. Doch manchmal ist das wie bei einem Kind, das sich sehnlichst wünscht, im Meer oder in einem anderen Gewässer schwimmen zu gehen, und dann merkt, daß das Wasser tiefer ist als gedacht, und in blinder Panik reagiert. Das kennt ihr alle gut; das nennt man den großen Rückzug. «Ich werde bis dahin gehen, aber nicht weiter, denn sonst könnte ich ertrinken», und das ist in Ordnung. Es kann aber auch ein sehr sanfter Prozeß sein. Und auch die Heilung des Selbst kann so vonstatten gehen. Es kann ein langsamer Prozeß sein. Ihr sollt verstehen, ihr Lieben, daß das, was ihr für eine lange Zeit haltet, oft nicht mehr als ein Wimpernschlag ist. Ihr braucht euch nicht darum zu kümmern, wie eure Politiker das Land regieren. Ihr seid euer Land, ihr Lieben, Punktum. Wenn ihr euch auf die Schwachsinnigkeit eurer Lehrer und Politiker konzentriert, ist das gut und schön, aber vergeßt nicht, daß dies ein Spiegelbild eures Umgangs mit euch selbst ist.

Worauf ihr eure Konzentration richtet, dem gebt ihr Macht. Ihr seid die zentrale Sonne eures Universums. Euer Universum hat wirklich mit euch seinen Anfang und sein Ende. Wie es sich mit den anderen verhält, ist nicht eure Angelegenheit. Ihr sagt vielleicht: «Das stimmt nicht, denn wir bewohnen diesen Planeten auch mit all den anderen, die ihn zu zerstören beabsichtigen.» Nun, dazu will ich euch folgendes sagen: Das könnt ihr ändern. *Wenn ihr eure Aufmerksamkeit auf Krankheit, auf die Zerstörung des Planeten, auf den Zusammenbruch eurer ökonomischen Strukturen konzentriert, gebt ihr diesen Dingen Macht.* Wenn ihr allmählich immer besser versteht, daß ihr die Macht-Quelle seid, daß alles aus *euch* entsteht, und wenn ihr euch auf euer Inneres konzentriert, um eine Veränderung herbeizuführen, wenn ihr euch in der Tat auf das Wunderbare eures Planeten konzentriert und nicht auf seine Zerstörung, dann spiegelt ihr den Fokus eures wahren Seins und inneren Wesens wider. Das ist wie eine Spirale: wie in eurem Innern, so im Außen. Wenn ihr das Außen begreift, habt ihr ein absolutes Verständnis vom Innen gewonnen. Versteht ihr das? So kann ein Heiler tatsächlich verzweifelt Heilung brauchen. Ihr könnt das, was euch angeboten wird, in Anspruch nehmen, doch laßt nie die Tatsache unberücksichtigt, daß *ihr* selbst der Heiler seid.

F: Wie wissen wir, daß wir die richtige Führung bekommen?

P'taah: Lieber, hör auf dein Herz. Du wirst es wissen – du weißt es immer. Die dem männlichen Geschlecht angehören, gestatten sich nun allmählich ein Hören auf die innere Stimme, ein Hören auf die Intuition. Sagt euch: «Den rationalen Verstand, den Intellekt mal beiseite gelassen, wie geht es denn meinem Herzen, was fühlt es?» Ihr Lieben, *es ist nicht der Intellekt, der euch nach Hause bringen wird – es ist das Herz, das euch zur Heimkehr führt.* Es ist das Gefühl. Ihr seid Gefühl. Ihr seid das, was man Emotion, Imagination nennt. So erschafft ihr Realität. Ihr werdet wissen, wenn etwas für euch richtig ist, denn es entzündet einen Funken in eurem Herz.

F: Das heißt also, daß unser Herz es uns sagen wird, wenn eine Information nicht für uns taugt?

P'taah: Absolut.

F: Und was passiert dann? Weisen wir sie zurück?

P'taah: So ist es. Du kannst sagen: «Lieber, ich respektiere deine Ansicht, sie ist dein gutes Recht, denn du bist ein souveränes Wesen. Auch ich bin ein souveränes Wesen, und ich wähle einen anderen Weg.»

F: Gut, du hast meine Frage beantwortet.

P'taah: So ist es. Und es geht nicht darum, daß ihr das verurteilt, was ihr für Humbug haltet. Ich brauche nur zu sagen: «Ich wähle einen anderen Weg, ich entscheide mich, auf den zu hören, der ich bin. Ich tue das, was mein Herz zum Singen bringt.» Das nennt man Souveränität, freie Verfügungsgewalt. Das nennt man Macht.

F(M): P'taah: Du sprichst von Macht und davon, daß wir alles erschaffen, aber ich stelle oft fest, daß die Dinge in meinem Leben so oder so passieren, und fühle mich in einer Situation einfach nur hilflos. Wie gehe ich damit um?

P'taah: Sprichst du von Zwistigkeiten?

F: Nicht unbedingt. Es ist so, als wäre das Leben größer als ich, und ich habe nicht das Gefühl, die Oberaufsicht zu führen.

P'taah: So ist es auch. *(P'taah wendet sich an die Zuhörerschaft.)* Ist euch das vertraut, ihr Lieben? Und so ist es auch, wenn etwas

Wunderbares passiert. Ihr sagt: «Hm, damit habe ich nichts zu tun.» Nicht wahr? Das kommt daher, daß die Menschen darauf programmiert sind, zu glauben, daß sie keine eigene Macht besitzen. Wenn in eurem Leben etwas Wundervolles geschieht, solltet ihr sagen: «Schau mal, was ich gemacht habe!» Dies im Wissen, *daß es kein zufälliges Ereignis, keinen bloßen Zufall gibt.* Was immer in eurem Leben passiert, ob es nun Zwistigkeiten sind oder ob ihr eine wunderbare und aufregende Freude erlebt, ihr habt es erschaffen. Ihr mögt sagen: «Ich habe damit überhaupt nichts zu tun, jemand anderes hat das gemacht.» Es ist das gleiche, wie wenn ihr sagt: «Ich bin ein Opfer, jemand hat mir das angetan.»

F: Das heißt, ich bin mir einfach nicht bewußt, warum die Dinge in Erscheinung treten…

P'taah: Lieber, du vergißt bloß, daß du derjenige bist, der für alles, was sich in deinem Leben ereignet, verantwortlich ist. *Für alles* – für das, was eine wunderbare Freude, und für das, was eine große Katastrophe ist. Es ist alles das Eure. Leute haben mir, diesem da *(P'taah deutet auf sich)*, die Frage gestellt: «Hast du dieses Wunder in meinem Leben geschaffen?» Na gut! Und ich habe gesagt: «Bin ich denn für alles verantwortlich zu machen?» Schaut, ihr Lieben, ihr seid überaus erpicht darauf, eure Macht abzugeben. Wenn sich etwas Wunderbares in eurem Leben ereignet hat, seid *ihr* es, der es erschaffen hat. Und so verhält es sich auch mit den globalen Ereignissen, denen ihr euch so fern fühlt; Ereignisse, die das Herz der Menschheit berühren, denn ihr sagt: «Ist es nicht wundervoll, daß es zu dieser Begebenheit gekommen ist?» Aber seht ihr, wenn ihr nichts damit zu tun hättet, würdet ihr euch ihrer nicht bewußt sein. *Es geschieht nichts auf eurem Planeten, woran ihr nicht beteiligt seid.* Ihr denkt, ihr habt keine Macht. Ihr fühlt euch hilflos, wenn ihr von den künftig stattfindenden Veränderungen auf der Erde, von diesem Übergang und allem, was er beinhaltet, hört. Ihr fühlt euch klein und unbedeutend. Ihr begreift nicht, daß es in Wahrheit keine Trennung gibt. Ihr seid es, ihr Lieben, da ist sonst niemand. Nun könnten wir in gewisser Weise sagen, daß dies einen Glaubenssprung bedeutet. Als Spezies ist euch über Äonen hinweg gesagt worden, daß ihr glauben und vertrauen sollt. So hat sich die Menschheit, in einem Glaubensakt, versklavt, und ihr glaubt nun an etwas, das euch ein anderer erzählt. Wir sprechen hier vom religiösen Dogma und so weiter, wo euch gesagt wird, daß ihr, wenn ihr es nicht so und so macht, leiden, daß ihr bestraft werdet. Ihr Lieben, ich möchte euch jedoch sagen, daß ihr wissen werdet. Sicherlich bedeutet die Einsicht einen Glaubensakt, die Einsicht, daß ihr die Quelle, daß ihr die Macht, daß ihr das Spiegelbild des Göttlichen seid, daß alles und jedes in diesem Universum, in dem euch bekannten Universum, Teil von dem ist, was ihr seid. Es gibt kein Größeres und Geringeres, es gibt nur das IST. Dieses ISTSEIN nennt man Göttlichkeit, und wenn es euch an Achtung, an Ehrerbietung, an Liebe für das SELBST mangelt, projiziert ihr genau das aus eurem Selbst heraus. Aber wir sagen euch: Glaubt nicht einfach, was ich sage. *Wie fühlt es sich an?* Was nehmt ihr wahr, wenn ihr diese Prinzipien, diese Gedanken, die wir euch vortragen, bei eurer, in jedem Moment des Jetzt getroffenen Wahl berücksichtigt? Wenn es für euch nicht funktioniert, ihr Lieben, dreht euch um, geht, findet einen anderen Weg. Wenn ich euch sage, daß ihr in eine Zeit der Erweiterung eintretet, wenn ich euch sage, daß ihr großartige, multidimensionale Wesen, wundervolle Wesenheiten seid, daß ihr in diese Zeit der Macht, des Wissens eintretet, und wenn ihr dann zum Wissen eures Herzens, zum Gefühl, gelangt, wird das Gefühl das kristalline Gehirn aktivieren – den lebendigen Computer in eurem Kopf. Wenn ihr begreift, daß ihr nicht da aufhört, wo eure Haut endet, daß ihr weit darüber hinausreicht, daß ihr Teil von allem seid, werden all die Puzzleteilchen der Technologie, wenn ihr so wollt, an ihren Platz fallen. Ihr werdet zu Konzeptionen gelangen, die eure derzeitige Vorstellungskraft übersteigen. Ihr werdet zu einem grandiosen Wissen gelangen. Warum, glaubt ihr, wurden die Sternenwesen eurer prähistorischen Zeiten Götter genannt?

Schaut, ihr Lieben, ihr seid es – ihr seid die Götter/die Göttinnen, aber ihr müßt die Verantwortung übernehmen. Und wenn etwas Wunderbares geschieht, dann blickt in den Spiegel, seht in eure Augen und sagt: «Ich habe das bewirkt, ich, dieses großartige und multidimensionale Wesen habe das zuwege gebracht.» Das nennt man Begrüßung. Ihr sollt wissen, ihr Lieben, daß ihr wirklich alles Gute verdient. Ihr verdient das Wunder und das Glück, ihr verdient die Freude in jedem Moment. Ihr seid dessen würdig, sonst würde es nicht geschehen. Versteht ihr das, ihr Lieben? *Ihr seid es wert!* Ihr verdient alles, alles Wunderbare, das ihr euch vorstellen könnt, sonst wäre es nicht da. Jeder Teil dessen, was ihr seid, ist ein Ausdruck des Göttlichen, sonst existierte er nicht. Ihr seid dieses Göttliche.

F: Ich danke dir.

P'taah: Gern geschehen.

F(F): P'taah, da du vorhin vom Nicht-Zuhören gesprochen hast, könntest du bitte den Ratschlag wiederholen, den du mir schon einmal hinsichtlich des harmonischen Zusammenlebens unserer Tiere gegeben hast?

P'taah: Aber natürlich, Geliebte. «Die Wölfe werden bei den Lämmern wohnen und die Parder bei den Böcken liegen.» Aber schaut, das wird erst geschehen, wenn im Innern der Wolf beim Lamm wohnt, und das nennt man Heimkehr. Das nennt man männliche/weibliche Polarität in Balance. Wenn ihr für euch selbst den Wunsch nach Harmonie hegt und wenn ihr die Verschmelzung des Männlichen und des Weiblichen eures wahren Wesens akzeptiert und zulaßt, werden sich Wolf und Lamm umarmen, und das wird auf alles zurückstrahlen. Es wird sich auf eure alltägliche Lebensperspektive auswirken. Wir rieten dir schon, einen Brief zu schreiben. Nun, du verstehst, an wen du diesen Brief eigentlich schreibst. So ist es.

F(F): Ich weiß, daß viele von uns schreckliche Angst davor haben, ihr Herz für die Liebe zu öffnen, und du hast dazu gesagt, daß der Grund dafür die Angst vor Auslöschung ist. Meine Frage lautet: Woher kommt diese Angst?

P'taah: Willst du die kurze oder die lange Version hören?

F *(lächelnd)*: Die kurze.

P'taah: Das ist wieder einmal eine multidimensionale Angelegenheit. Wir werden das ansprechen, was für das Verständnis aller dienlich ist, ohne zu weit in die Zeit zurückzugehen oder uns mit der Genetik und so weiter zu befassen. Wir werden über das reden, was gegenwärtig für jedermann sachdienlich ist; wir werden uns nur auf dieses Leben beziehen. Denn ihr werdet mit Sicherheit alles, was ihr in all euren anderen Leben, all euren anderen Inkarnationen, nicht akzeptiert habt, wieder hervorrufen. Es ist nicht nötig, sich in andere Leben zu vertiefen. Ihr müßt wissen, daß die Geschichte, welche auch immer, wieder auftauchen wird. Nun, in diesem Leben sind zwei Aspekte zu berücksichtigen. Wenn ihr geboren werdet, zapft ihr das kollektive Bewußtsein oder die morphogenetische Resonanz der gesamten Menschheit an. Wir haben darüber schon viele Male gesprochen, und ihr könnt es nachlesen, aber wir werden euch noch einmal eine zusammenfassende Version liefern. Es ist wichtig, daß ihr versteht, wie sich das verhält: Jede Zelle, jede Partikel besitzt ihre eigene, mit Bewußtsein geladene elektromagnetische Energie. Auf zellularer Ebene haben die Zellen Kenntnis von gleichartigen Zellen, und diese Zellen schließen sich in eurem Körper zu Organen zusammen. Ein Organ hat wiederum Kenntnis von jedem gleichgearteten Organ und kann, in zellularer Hinsicht, seine Unversehrtheit wiederherstellen. Der Körper hat seine eigene morphogenetische Resonanz in bezug auf gleichgeartete Körper, zum Beispiel menschliche, männliche und weibliche Körper. Dann haben wir das kollektive Bewußtsein einer Familie, und die Familie lebt in einer Stadt, und diese Stadt befindet sich in einem Land. Innerhalb dieses Landes kann es verschiedene Kulturen geben, und diese Kulturen haben ihre eigene Resonanz, ihr eigenes kollektives Bewußtsein. Es handelt sich also um eine eigenständige Energie, die aber im gleichen Raum wie all die anderen Resonanzen existiert. Ihr könntet also sagen, es ist eine Verschachtelung, bei der eines im anderen ruht. Eure Erde besitzt ihre eigene Resonanz, ihr eigenes Bewußtsein. Ihr werdet in eine Familie hineingeboren, in eine Stadt innerhalb eines Landes, innerhalb einer Kultur, und alles hat eine Resonanz, hat sein eigenes Bewußtsein. Bei eurer Geburt zapft ihr nicht nur dieses Bewußtsein an, ihr macht auch eure ganz persönliche Erfahrung. Da tauchen jene Dinge in einem Leben auf, die vormals nicht akzeptiert wurden, und so habt ihr einen generellen Spielplan. Das heißt, ihr sagt euch: «Ich komme innerhalb einer bestimmten Kultur zur Welt», einer, die ihr euch vor eurer Geburt ausgesucht habt. Schon sehr bald nach eurer Geburt beschwört ihr die Erfahrung von gewissen Unzulänglichkeiten in eurem Wesen herauf. Diese Unzulänglichkeiten werden sich euer ganzes Leben hindurch fortsetzen, so lange, bis sie umgewandelt sind. *Solange ihr nicht begreift, daß alles in eurem Leben, was nicht voller Harmonie und Freude ist, durch Transmutation verändert werden kann, so lange werdet ihr ein Spiegelbild davon erschaffen.* Versteht ihr das?

Nun gründet sich eure Realität auf eure Glaubensstrukturen. Die euch selbst nicht bewußten Glaubensstrukturen sind die, die ihr mit eurem Einklinken in die, wie auch immer beschaffene, morphogenetische Resonanz der Menschheit übernommen habt. Und so habt ihr, in größerem Maßstab wie auch auf persönlicher Ebene, all das erschaffen, aber nur aus einem Grund: um es bereitwillig anzunehmen; um den Schmerz, die Angst umzuwandeln, damit ihr zur Harmonie gelangt. Ihr Lieben, alle Dinge, die für euch harmonisch sind, stehen mit der universellen Energie in Einklang. Wenn ihr also das Gefühl der Freude, des Glücks habt, wißt ihr Bescheid; das nennt man «angeschlossen» sein. Wenn ihr, aus welchem Grund auch immer, den Mißklang, den Schmerz fühlt, ob ihr ihn nun aus euren persönlichen Erfahrungen heraus oder durch das Anzapfen des Kollektivbewußtseins erschaffen habt, so wißt ihr, daß er nur da ist, um ausgeglichen zu werden. In Wahrheit spielt es keine Rolle, um welche Geschichte es geht. Es geht darum, daß ihr versteht, daß dort, wo sich eure Glaubensvorstellungen von der Realität, vom Universum, mit der universellen Energie in Einklang befinden, nur Harmonie sein kann. Und wo dies nicht der Fall ist, entsteht Chaos in eurem Leben. So einfach ist das.

F(M): P'taah, ich möchte dir gerne für das, was du uns gibst, danken. Du schenkst uns soviel Freude. Ich habe das Gefühl, daß sich mein Magen ständig umdreht. Ich denke, mein Herz singt vor Freude. Danke dafür, daß du bei uns bist. Die Frage ...

P'taah: Geliebter, du weißt, daß du auch mein Herz vor Freude singen läßt.

F: Die Frage, die mir im Kopf herumgeht, ist folgende: Du hast vorhin über Zellen gesprochen. Unsere Zellen erneuern sich sekündlich. Wie kommt es, daß sich die Gehirnzellen nicht erneuern?

P'taah: Aber sie erneuern sich in gewisser Weise. Nun, alle machen sich Sorgen über den Verlust ihrer Gehirnzellen; daß sie absterben, das ist es doch, oder? Nun, da trifft es sich gut, daß ihr mehr seid als nur euer Gehirn. Wenn die kristalline Zündung zwischen Hypophyse und Zirbeldrüse erst einmal stattgefunden hat, ist das eine ganz andere Geschichte. Das führt zur Öffnung von Kanälen, die eine Veränderung innerhalb der Zellularstruktur des Gehirns bewirken. Das nennt man in der Tat Erleuchtung, Lieber.

F(F): Ich habe eine Frage zu dem, was du vorhin gesagt hast. Ich bin mit dem Nach-innen-Schauen und dem Gefühl von innerem Schmerz ziemlich vertraut. Doch ab und zu passiert es, daß ich den Schmerz der ganzen Erde oder von Menschengruppen auffange. Das ist so, als würde ich von einer Welle durchflutet.

P'taah: Aber natürlich.

F: Ein Teil in mir sagt: «Das ist nicht deine Angelegenheit, schau, daß du da rauskommst. Vergiß es.»

P'taah: Schau, Liebe, du klinkst dich in den Schmerz ein, aber wir sagen, daß die Geschichte an sich nicht so wichtig ist. Wie du weißt, erklärten wir euch bereits, daß es nicht eure Angelegenheit ist, was irgend jemand über euch denkt. Das heißt in gewisser Weise, daß die Geschichte, die sich jenseits eures Selbst abspielt, unwichtig ist. Wichtig ist das Gefühl, das du hast. Und, Geliebte, daß man den Schmerz der Welt auf sich nimmt, ist etwas, dem man unmöglich widerstehen kann. Alle von euch klinken sich in die Qual eures Universums ein. Nun haben die meisten von euch sehr gute Schutzschilde, und sobald der Schmerz unerträglich wird, findet ihr eine andere wundervolle Ablenkung. Es gibt nicht so viele, die bereit sind, sich «dorthin» zu begeben – zum Schmerz. Aber schau, Liebe, wie alles andere läßt er sich umwandeln, und wenn du den Schmerz umwandelst, schaffst du eine Veränderung in eurem Universum.

F(M): P'taah, ich habe eine Frage zur Konzeption von Karma und Reinkarnation.

P'taah: Lieber, was ist deiner Ansicht nach Karma?

F: Die sich im Verlauf vieler Leben ergebende Ansammlung von Gedanken, Handlungen und Emotionen.

P'taah: Aber schau, es passiert alles zur gleichen Zeit. Vielleicht klinkst du dich also in etwas ein, das sich in deinen anderen Realitäten ereignet. Nun betrachten Menschen, wenn sie von Karma sprechen, es sehr oft als eine «Bestrafung» für Begebenheiten in anderen Leben. Doch siehst du, Geliebter, jenseits dieser Realitätsebene gibt es keine Verurteilung. Es ist also keine Frage von «Bestrafung» oder «Belohnung», weil es keine Verurteilung gibt. So etwas wie «gut» oder «schlecht», «richtig» oder «falsch» gibt es nicht. Es gibt nur ganz einfach das IST. Von daher möchten wir sagen: Verwendet das Wort «Karma» in dem Wissen, daß es keine Verurteilung, kein Richtig oder Falsch gibt, sondern nur ein IST im ISTSEIN der Göttlichkeit. Alles hat seine Gültigkeit, sonst existierte es nicht. Und es geht auch um die Einsicht, daß, ganz gleich, wie sich die Dinge in diesem Realitätsfokus, in diesem Leben, für dich entwickeln, du ganz sicher das Muster für die Erfahrungen erschaffst, die du in diesem Leben zu machen wünschst, das heißt, es ist eine *Wahl*. Ihr werdet nicht dazu gezwungen, hierher zu kommen, ihr werdet nicht dazu gezwungen, irgend etwas als Bestrafung zu erleben. Ihr seid nur um der Erfahrung willen hier. Es geht nicht um Bestrafung und Belohnung. Es ist ganz einfach so, daß ihr den Wunsch nach Erfahrung und nach Ausgleich hattet, und alles, was nicht ausgeglichen ist, bringt ihr hervor, bringt ihr ans Tageslicht. Doch wir möchten dir sagen, Geliebter, denke an Karma nicht im Sinn von Bestrafung und Belohnung, denn das, was du als so «schlimm», als solchen «Schmerz», solche «Angst», solche «Qual», solche «Einsamkeit» und «Trostlosigkeit» verurteilst, hast in Wahrheit du erschaffen, um die Perle im Innern zu finden. Wie könnt ihr also der Vorstellung anhängen, daß es sich um eine Bestrafung handelt, wo ihr doch in Wirklichkeit die Gelegenheit erhaltet, euch mit himmlischen Juwelen zu schmücken?

F(F): P'taah, ich hörte ein paar Leute über Selbstmord sprechen, und ihrer Unterhaltung entnahm ich, daß die Hinterbliebenen gegenüber der Person, die Selbstmord begangen hat, immer große Schuldgefühle entwickeln, weil sie sie nicht gerettet haben. Ich frage mich nun, was es heißt, wenn sich jemand im Rahmen des «Spielplans» das Leben nimmt.

P'taah: Liebe, hier ist es eher so, daß jemand diesen Plan aus den

Augen verloren hat, *und das hat seine Gültigkeit.* Es gibt keine Verurteilung. Selbstmord ist nichts Harmonisches, aber er ist immer eine in sich gültige Wahl, so wie *jede Wahl.* Verstehst du? Nun, Schuldgefühl ist eine Lektion, die nicht gelernt wurde. Schuldzuweisung ist eine Lektion über Verantwortung, die nicht gelernt wurde; das heißt, es geht um die Einsicht, daß jedermann in jedem Moment in eigener Verantwortung sein Leben erschafft, ganz gleich, wie es eurer Entscheidung nach aussehen soll. Es ist eine in Souveränität getroffene Wahl. Es gibt keine Opfer. Das heißt also, wenn sich jemand Sorgen macht, er könnte in bezug auf jemanden, der sich das Leben genommen hat, nicht genug getan haben, er sich um den Selbstmord nicht bekümmern soll. Wenn ihr eine Person durch den Tod verloren habt und ihr ihr nicht genug Liebe gezeigt habt, denkt ihr auch: «Wenn ich mich doch bloß anders verhalten hätte. Wenn ich ihr doch nur die Liebe gezeigt hätte, die ich wirklich für sie empfand.» «Wenn nur, wenn nur, wenn nur. Ich hätte sollen, ich hätte sollen, ich hätte sollen...» Aber schaut, ihr Lieben, es existiert nur, damit ihr zur Einsicht gelangen könnt, daß es hier kein Richtig oder Falsch gibt. Es gibt nur einfach das ISTSEIN, das IST. Wenn ihr in solchen Vorstellungen vom Tod befangen seid, heißt das, daß ihr nicht begreift, daß der Tod nur eine große Illusion ist. Er bedeutet nicht das Ende von allem. Er bedeutet nur den Übergang in eine andere Realitätserfahrung, und die Liebe kennt keine Barrieren, sie reicht in jedes Universum, in jede Realitätsebene. Es soll also ganz sicher nicht ein Urteil über den Selbstmord gefällt werden, vielmehr geht es um das Verstehen, was Schuldgefühl eigentlich ist. Man nennt es nicht verantwortlich sein. Schuldzuweisung, ihr Lieben, bedeutet, die Verantwortung nicht zu übernehmen. Schuldzuweisung bedeutet Verurteilung, und wenn ihr euch selbst die Schuld gebt, verurteilt ihr euch selbst. Begreift, daß, was immer ihr auch getan habt, es euch zu diesem inneren Ort, zu diesem Bewußtsein gebracht hat; und gleich, wie sich es für euch ausnimmt, *es IST einfach, und es hat seine Gültigkeit.* Und ihr könnt euch sagen: «Ein Verhalten dieser oder jener Art empfinde ich nicht als harmonisch.» Und im nächsten Jetzt-Moment wird die Wahl anders ausfallen. Und so wird es sein.

F(M): P'taah, könntest du darlegen, welche Auswirkungen der

Selbstmord auf die Person hat, die sich das Leben genommen hat? Trifft sie dann die Entscheidung für die Rückkehr und stellt sich sozusagen wieder hinter der Grundlinie auf, um dieselben Lektionen noch einmal zu lernen?

P'taah: Ja, sie mag sich dafür entscheiden, zurückzukommen und eine Erfahrung wiederzuerschaffen, die ihr die Gelegenheit gibt, zur Harmonie zu gelangen, statt den Plan aus den Augen zu verlieren. Aber, wißt ihr, in gewisser Hinsicht ist jeder Tod ein Selbstmord, weil ihr euch immer dafür entscheidet. Wie, glaubt ihr, verhält sich das bei einer Person, die an einem Leiden, das man Krebs nennt, stirbt? Was hat es mit einem jeglichen Leidenszustand im Körper auf sich? Man nennt es Selbstmord, weil ihr es geschaffen habt. Der einzige Unterschied besteht in der Integrität des Körpers. Das heißt, seine zellulare Struktur bereitet sich auf die Trennung der Seelenenergie von der zellularen Energie vor. Denkt daran, ihr Lieben, daß alles eure Wahl ist. Ihr erschafft alles, was immer es sei. Eure Religion verurteilt den Selbstmord aufs schärfste. Wer sich das Leben nimmt, hat sich nun mal mit Sicherheit der Kontrolle der Sklavenhalter entzogen: Gütiger Himmel, wenn jeder das täte, gäbe es niemanden mehr zum Versklaven. Wir scherzen natürlich.

F(F): Also trifft jeder die Wahl, zu sterben? Heißt das, sich aufzumachen, um die Erfahrung anderer Leben zu machen?

P'taah: So ist es, Liebe. Und unter denen, die man Kinder nennt, sind viele, die keine Erfahrung über die Kindheit hinaus machen möchten. Und manche möchten nicht einmal die Geburt erleben, möchten keine Erfahrungen über die Schwangerschaft hinaus machen. Wir sprechen hier von Abtreibung. Die Abtreibung wird zutiefst verurteilt, aber ihr sollt wissen, daß ALLES eine Co-Kreation ist. Es gibt nichts in eurem Universum, was ihr nicht in Gemeinschaftlichkeit erschafft. Es kommt alles zu euch zurück.

F: Die Bibel spricht von Menschen, die neunhundert Jahre alt wurden. Um so alt werden zu können, müssen sie jeden Augenblick ihres Lebens in vollen Zügen genossen haben.

P'taah: In der Tat, aber wir möchten dir auch sagen, Geliebte, daß ihre genetische Struktur eine andere war. Es kommt nun eine

Zeit, in der sich die Menschen für ein längeres Leben auf physischer Ebene entscheiden können, und wir sprechen von Hunderten von Jahren, nicht von einer Verlängerung um zwanzig oder dreißig Jahre.

Das reicht nun für heute abend, und es ist gewiß wunderbar, bei euch zu sein, ihr Lieben. Wir werden eine kurze Pause einlegen, ist das richtig, Lieber? *(P'taah läßt sich vom Gastgeber bestätigen, daß über die Weihnachtsfeiertage keine Treffen stattfinden werden.)* Aber wir freuen uns darauf, euch bei Vollmond zu sehen, nicht wahr? *(Er bezieht sich auf eine Weihnachtsparty, die die Gruppe für die folgende Woche plant.)*

F(M): Wirst du dasein, P'taah?

P'taah: Aber natürlich, Lieber. Ihr könnt mich nicht davon abhalten, was? Das nennt man P'taahty *(P'taah Party)*, und wir werden viele Drinks zu uns nehmen und euch beim Tanzen zuschauen. Wir wollen sehen, wie sich eure Körper in Freude zu viel Musik bewegen. *(Das Publikum amüsiert sich natürlich über P'taahs Bemerkungen.)* Wir wollen sehen, wie ihr wunderschöne Lichter für unsere Weihnachtsparty abgebt. So ist es, ihr Lieben. *(An das Gastgeberpaar gewandt:)* Wir danken euch.

Geht in Freude, und wir sehen euch in Bälde. Ich liebe euch. Guten Abend.

Vierte Übermittlung
8. Januar 1992

P'taah: Glückwünsche, ihr Lieben. Das heißt, Glückwünsche zu diesem neuen Jahr eurer Zeit. Diese Zeit eures Jahres 1992 beinhaltet einen großen Schritt vorwärts. Es findet viel Veränderung auf eurer Realitätsebene statt, viel Veränderung auf eurem Planeten, viel Veränderung im Herzen und in der Seele der Menschheit.

(P'taah wendet sich an einen Herrn aus Deutschland, der hier gerade Urlaub macht und am nächsten Tag die Rückreise in seine Heimat antreten wird.)

P'taah: Phantastische Reise, Lieber. Du sollst wissen, daß sich in Europa viele Veränderungen ereignen werden. Und du sollst auch wissen, Geliebter, daß das, was du außerhalb deiner selbst beobachtest, ein Spiegelbild deiner inneren Befindlichkeit darstellt. Und daß, wenn du unharmonische Ereignisse in deinem Umfeld wahrnimmst, dies ein Gradmesser für das Maß des fortschreitenden Bewußtseins der Menschheit ist. Und du wirst wieder hierher zurückkommen, und es ist wirklich eine große Freude, dich hier zu sehen.

(An den Gastgeber gewandt:) Glückliches neues Jahr, Lieber.

Der Gastgeber: Danke, und das wünsche ich dir auch, P'taah, obwohl es da, wo du bist, keine Jahre gibt.

P'taah: Nun ja, sozusagen – und alle Jahre sind glückliche Jahre. Und jetzt, ihr Lieben, wollen wir euch ohne weitere Umschweife auffordern, eure Fragen zu stellen. Sollte es keine Fragen geben, dann feiern wir die Tatsache, daß die Menschheit keine Fragen mehr hat.

F(F): Wir haben darüber gesprochen, daß die *cane toad* im Norden Australiens zu einem großen Ungleichgewicht führt. Was bedeutet dies für uns und für diesen wunderschönen Teil des Landes?

P'taah: Was repräsentiert die *cane toad*? Was tut sie auf eurer Ebene, so daß ein Ungleichgewicht entsteht?

F: Es scheint, daß die *cane toad** zerstörerisch ist und keine natürlichen Feinde hat, die für ein Gleichgewicht sorgen würden.

P'taah: In der Tat. Und welches andere Geschöpf auf eurer Ebene ist aus dem Gleichgewicht geraten und macht sich auf und zerstört alles? *(Der Zuhörerschaft ist natürlich klar, daß P'taah den Menschen meint, und reagiert entsprechend.)*

F: Ist das ein speziell für Australien typisches Spiegelbild?

P'taah: Das ist es nicht, Liebe, weil es in eurem Land, wo die *cane toad* die Natur aus dem Gleichgewicht bringt, eine Co-Kreation ist. In anderen Ländern existieren andere räuberische Wesen, die den Menschen den Spiegel vorhalten und ihnen zeigen, was es heißt, ins Ungleichgewicht geraten zu sein. In Ordnung?

F: Das Unliebenswerte lieben?

P'taah: Ja, das Unliebenswerte lieben. In Wahrheit ist die Kröte ein liebenswertes Geschöpf. Sie handelt nur entsprechend ihrer Natur. An einem anderen Ort würde zu einem früheren Zeitpunkt innerhalb ihres Zyklus für die Wahrung des Gleichgewichts gesorgt werden, nämlich im Wasser, bevor aus ihr eine Kröte wird. Hier existiert nichts, das sich ihres Laichs annimmt. In anderen Ländern gibt es andere Arten, doch das Resultat ist dasselbe: Ungleichgewicht. Und dies ist ein Spiegelbild der Menschheit. Wenn jeder von euch das Ungleichgewicht in seinem eigenen Innern bereitwillig annähme, könnte außerhalb dessen, was ihr seid, ein natürliches Gleichgewicht gefunden werden.

F(M): P'taah, ich frage mich, ob Frauen allgemein verstehen können, wie tief ein Mann lieben kann? Und was geschieht, wenn die Frau das zu attackieren versucht, was sie nicht unter ihre Kontrolle bringen kann? Und dann all das Leiden, das dadurch verursacht wird.

P'taah: Lieber, alles, was du erlebst, ist ein Spiegelbild deiner

* Die *cane toad* stammt ursprünglich aus Hawaii und wurde in Nordaustralien eingeführt, um den Zuckerrohrkäfer unter Kontrolle zu halten. Aber diese Kröte hat in Australien keine natürlichen Feinde, die die Population im Gleichgewicht halten könnten. Da sie außerordentlich giftig ist, bezahlen die ihr nachstellenden Tiere (Vögel und Schlangen und so weiter) mit dem Leben, was in der einheimischen Fauna zu weiterem Ungleichgewicht führt – ein Dominoeffekt.

inneren Situation. Und, weißt du, es gibt keinen Unterschied zwischen Mann und Frau. Du bist beides gewesen. Wenn du die männliche und weibliche Energie in dir ausgleichst, wirst du feststellen, daß alles sehr harmonisch verlaufen wird. Dies gilt nicht nur für dich, Geliebter, sondern für alle Menschen. Wir haben es bereits gesagt: Was ihr als Beziehung bezeichnet, ist in Wahrheit das, was ihr «Beziehungsscheiß» nennt. Das spiegelt sich immer und immer wider, weil sich das Männliche/Weibliche in jedem einzelnen von euch noch immer im Zustand der Polarität und der Nicht-Akzeptanz befindet. So wie du die Frauen verurteilst – und es sind in der Tat nicht nur die Frauen, es sind die Menschen außerhalb dessen, was du bist, im Zustand deines eigenen Schreckens und deiner Angst –, so wird es dir zurückgespiegelt. Lieber, du sollst wissen, daß das, was sich dir da zeigt, ein Geschenk ist. Und nicht nur du erleidest Schmerz und Qual, die ganze Menschheit tut es.

F: Nach dem Übergang in die vierte Dichte wird der normale Zustand der einer durch gleichrangige Gesellschaften bewirkten Co-Kreation sein, oder?

P'taah: Das ist er jetzt schon. Lieber, laß dir folgendes sagen: Die vierte Dichte wird sich nicht als Allheilmittel für alle Krankheiten eurer Zeit manifestieren. Die vierte Dichte ist ein *Resultat* dessen, wie ihr zur bereitwilligen Annahme eines jeden Aspekts eures wahren Selbst gelangt, so daß es keine Verurteilung mehr gibt. Und es existiert nur das Jetzt, Lieber. Es existiert nur das Jetzt. Es gibt keine Zukunft – nur diesen Moment, und jeder Moment des Jetzt ist ein Ausgangspunkt für die Wahl, die Entscheidung darüber, wie ihr reagiert und was ihr denkt, wer ihr seid. Und jeder Moment, in den ihr eintretet, bietet euch die Entscheidungsmöglichkeit für die Umarmung, die Akzeptanz und die Liebe zu dem, was ihr seid. Wie könnt ihr etwas anderes ins Leben rufen, wenn ihr liebt, was ihr seid? Das nennt man in Ehrerbietung, Integrität und in Liebe zu dem leben, was ihr seid. Auf diese Weise könnt ihr aus jedem Moment eine wunderbare Perle erschaffen.

F(M): P'taah, du hast gesagt, daß die Wahrnehmung ein Spiegelbild des Geschehens im Innern einer Person ist. Ich habe ein paar Erfahrungen mit telepatisch begabten Menschen gemacht, die den Todeszeitpunkt eines Menschen herausfinden können. Ich frage mich nun, wie eine solche Erfahrung außersinnlicher Wahrnehmung ihnen ein Spiegelbild sein kann.

P'taah: Ja, sehr gut. Das, was du gesagt hast, beinhaltet in der Tat zwei Aspekte, denn jeder Mensch besitzt in seinem Innern das, was du als außersinnliche Wahrnehmung bezeichnest. Manche haben sie weiter entwickelt, aber wenn ihr die weibliche Energie, die Göttin, auferstehen laßt, könnt ihr euch die Intuition nutzbar machen und ein außersinnliches Wahrnehmungsvermögen aktivieren, das den Menschen normalerweise nicht zugänglich ist. Nun ist das in gewisser Hinsicht tatsächlich etwas anderes als das, was wir meinen, wenn wir sagen, daß alles, was ihr im Außen wahrnehmt, ein Spiegelbild eurer selbst ist. Schau, Geliebter, die Menschen glauben, daß sie da aufhören, wo ihre Haut endet, aber das stimmt einfach nicht. Ihr seid in Wirklichkeit von nichts und niemandem getrennt. Ihr seid großartig und wunderbar; ihr seid multidimensionale Wesen, die sich dafür entschieden haben, diese als die dritte Dichte bekannte Dimension der Realität nur einfach um der Erfahrung willen zu erleben. Wir werden uns nun nicht in unsere üblichen ausführlichen Erläuterungen zum Wie und Was stürzen, aber wenn du an diesem Thema besonders interessiert bist, kannst du nachlesen, was wir bereits darüber gesagt haben. Doch erklären wir folgendes: *Deine Seele, der größere Teil dessen, was du bist, hegt einen einzigen Wunsch in bezug auf dich, nämlich den, daß du ganz bewußt, in dieser Dichte, erfährst und begreifst, daß du Gott bist;* du bist in der Tat ein Ausdruck des Göttlichen; jede Partikel, jeden Aspekt, jeden Gedanken, jede Handlung, jedes Wort von dir bezeichnet man als Ausdruck des Göttlichen.

Schaut, ihr Lieben, ihr lebt in der Verurteilung dessen, was ihr seid, und wenn wir «ihr» sagen, meinen wir die ganze Menschheit. Und so, wie ihr euch selbst verurteilt, übertragt ihr diese Verurteilung auch auf das, was ihr als außerhalb von euch existierend wähnt. Aber wir sagen euch, daß alles, was ihr außerhalb von euch selbst wahrnehmt, euer Spiegelbild ist. Wir reden nicht nur von dem, was ihr als schlecht verurteilt; denn wenn ihr, Geliebte, in die Betrachtung des herrlichsten Sonnenuntergangs oder funkelnder Regentropfen auf einem Blatt im Wald oder des sich in den Wellen brechenden Sonnenlichts an eurem Strand versunken seid, wenn ihr solch atemberaubende Schönheit ehrfürchtig bestaunt, dann, so sollt ihr wissen, betrachtet ihr ebenfalls euer Spiegelbild. Ihr seid *ehrfurchtgebietend* schön, aber ihr wißt es nicht.

Ihr alle besitzt die Fähigkeit der sogenannten außersinnlichen Wahrnehmung. Viele von euch brauchen ein bißchen Übung, um zu lernen, wie man sie anzapft. Frauen fällt dies oft sehr viel leichter, weil die weibliche Energie, die Frauenwelt, die Intuition sehr viel mehr zuläßt, und zwar weitgehend auf Grund ihrer Konditionierung. Die Männer wurden darauf programmiert, die Intuition, die Träume und die Phantasie für nicht besonders männlich zu halten, für nicht ganz «das Wahre». So waren diese Dinge im Rahmen des gesellschaftlichen Bewußtseins dieser Kultur generationenlang nicht wirklich akzeptabel. Doch wir beobachten mit Freude, daß sich das nun bei euch ändert.

F(M): Ich als Wesenheit nehme auf spiritueller Ebene meinen Anfang. Bedeutet das, daß ich mir meine Eltern aussuche?

P'taah: Aber natürlich hast du dir deine Familie ausgesucht, Geliebter, und nicht nur deine Eltern, sondern auch deine Brüder und Schwestern und Kinder. Das alles wird schon vorher entschieden, und bei den meisten von euch dauern diese Beziehungen schon sehr, sehr lange an, schon viele Leben lang. Wir möchten euch jedoch daran erinnern, daß das, was ihr als vergangene und künftige Leben bezeichnet, in Wirklichkeit simultan außerhalb dieses Raum-Zeit-Kontinuums stattfindet. Aber es ist tatsächlich so, daß ihr euch schon zuvor in verschiedenen Rollen gekannt habt. Mutter, Tochter, Vater und Sohn in diesem Leben können schon Vater und Sohn, Mutter und Tochter und so weiter gewesen sein; sehr verwickelte Beziehungen. Versteht ihr? Und so kann es geschehen, daß ihr zuweilen einen Menschen trefft und das Gefühl habt, ihn bereits zu kennen, obwohl in diesem Leben vielleicht keine familiäre Verbindung mit ihm besteht, er aber auf irgendeiner anderen Ebene in familiärer Beziehung zu euch stand. Und wir wissen, ihr Lieben, daß die Vorstellung von Seelengefährten ziemlich weit verbreitet ist. Schaut, wenn ihr Menschen trefft und das Gefühl habt, sie bereits zu kennen, dann kennt ihr sie auch. Es ist nicht wichtig zu wissen, warum und wie und aus welchem anderen Leben ihr sie kennt. Nehmt nur die Wärme, Liebe und Verbindung zur Kenntnis und baut darauf auf. Sehr oft kommen Gruppen von Geliebten innerhalb einer Familiensituation zusammen, um miteinander Spaß zu haben und durchzuarbeiten, was immer sie zu einer anderen Zeit nicht ganz beendet haben. Und das kann dann das sein, was ihr als vergangene oder künftige Leben bezeichnet. In Ordnung?

F: Suche ich mir meine Eltern allein aus, oder helfen mir andere dabei?

P'taah: Lieber, man spricht von Co-Kreation, weil niemand von euch allein ist. Nun, wir wissen, daß sich alle Menschen sehr einsam fühlen; daß ihr oftmals, praktisch den größten Teil eures Lebens – ganz gleich, wie sehr ihr liebt oder geliebt werdet –, dieses Gefühl der Einsamkeit und Isolation habt. Sehr oft ist es ein Gefühl, nicht dazuzugehören, nicht am richtigen Platz zu sein. Doch möchten wir euch daran erinnern, daß alles, wirklich *alles*, eine Co-Kreation ist. Es ist nicht so, daß ihr eine Entscheidung fällt und jemand anders dies hinzunehmen hat. Jedermann trifft auf die eine oder andere Weise Entscheidungen, um diese gemeinschaftliche Schöpfung mitzugestalten. Und, wißt ihr, es ist auch so, daß ihr nie so isoliert seid, daß ihr nicht Hilfe herbeirufen könntet, und wir sprechen hier vom Moment des Jetzt.

F(M): Wie weit reicht denn der Ursprung der Dinge, die wir erschaffen, zurück? Ich komme gar nicht mehr mit allem mit, was da in meinem Leben auftaucht, und ich frage mich, warum ich all das für mich erschaffen habe. Ich übernehme die Verantwortung für alles, was ich erschaffe, aber woher weiß ich, wie weit ich diesbezüglich in meinem Leben zurückgehen muß? Wann habe ich denn eine Situation erschaffen, die ich im Moment wirklich nicht möchte?

P'taah: Nun, weißt du, Geliebter, du mußt gar nicht so weit zurückgehen, denn was passiert deiner Meinung nach, wenn du beschließt, daß du etwas wirklich nicht möchtest, daß du etwas haßt, daß du dich nicht damit abfinden wirst? Du kannst es als wunderbaren Segen betrachten, Lieber. Es ist ein Geschenk für dich. Wie wir schon sagten, bietet alles dir die Gelegenheit, dich mit himmlischen Juwelen zu schmücken. Und wir wissen, wie sehr die Menschen auf die eine oder andere Weise himmlische Juwelen lieben. Und an alle die gerichtet, die panikartig auf die Erleuchtung zustürmen, sagen wir: Verlangsamt das Tempo. Seht ihr, wenn ihr abschütteln wollt, was euch unbequem ist, was euch nicht «schmeckt», was unliebenswert, unannehmbar, unakzeptabel ist, was ihr «verdammt noch mal haßt», dann fragt euch: Warum? Warum haßt ihr es? Warum ist es unakzeptabel? Was ist daran unliebenswert, und was haben diese Menschen, die mein Spiegelbild sind, an sich, das ich für meinen Teil nicht sehen will? Das ist alles eine Gelegenheit, Geliebter. Bekümmere dich nicht darum, warum und wann du etwas geschaffen hast. Du hast es eben getan, hm? Und jedesmal, wenn du denkst, mit etwas «fertig zu sein», präsentiert dir deine Seele, die sehr beharrlich ist, einfach etwas anderes. Du kannst dir also in gewisser Weise gratulieren und auch darüber lachen. Und du sollst wissen, daß, wann immer weitere Prüfungen und Widerwärtigkeiten auf dich zukommen, deine Seele dir diese Situationen präsentiert, damit du sie bereitwillig annimmst. Das nennt man eine Stampede, aber sie muß nicht chaotisch, nicht unharmonisch vonstatten gehen.

F: Da wird sehr viel zu akzeptieren und in die Arme zu schließen sein.

P'taah: Ja, ihr werdet sehr liebevolle Menschen sein, es wird viel Umarmerei geben. Aber, wißt ihr, ihr Lieben, der Mensch, der am meisten Umarmung braucht, seid ihr selbst; denn das, was ihr unharmonisch findet, was euch unglücklich macht, was euch schmerzt und Qual bereitet – was euch «das Herz bricht» –, ist nur das in eurem Innern, was nicht geliebt, nicht umarmt, nicht bereitwillig angenommen wird. Wir haben euch viele Male gesagt, daß es nichts gibt, was nicht umgewandelt werden könnte.

So ist es. Wir werden jetzt eine Pause einlegen. Wir bitten euch, zwei Minuten lang, während des Übergangs, sehr still zu sein.

(Die Sitzung wird nach einer dreißigminütigen Pause fortgesetzt.)

P'taah: So, ihr Lieben.

F(M): P'taah, eine Frage zu den Träumen: Du hast uns einmal

empfohlen, wenigstens einundzwanzig Nächte lang unsere Träume zu notieren. Ich mache das nun seit zehn Nächten. Sollte ich mir das Material auf ein Muster oder eine Bedeutung hin anschauen?

P'taah: Das kannst du tun, aber wie wir schon sagten, Geliebter, wirst du nach einer Zeitdauer von etwa einundzwanzig Nächten feststellen, daß sich ein Muster herauszuschälen beginnt. Aber du kannst dir jeden Traum, soweit du dich an ihn erinnerst, auf die persönliche Symbolik hin anschauen.

F: Kann ich erwarten, daß ich durch diese Träume eine gewisse Orientierung gewinne?

P'taah: Unter Umständen, aber du kannst nicht erwarten, daß jeder Traum von unglaublicher Bedeutsamkeit ist, weil manche einfach nur zum Spaß da sind, hm? Und manche sind, soweit du dich an sie erinnerst, nur ein Fragment, und manche sind vielleicht nur Teil eines Puzzles, eines größeren Puzzles; deshalb haben wir gesagt, daß ihr die Träume über eine längere Zeit hinweg notieren sollt, damit ihr eventuell das ihnen zugrundeliegende Muster erkennen könnt.

F: Ist es dann meine Sache, ob ich dieses Muster mag oder nicht?

P'taah: Es geht nicht ums Mögen oder Nicht-Mögen, es geht um die Frage: «Was stellt es für mich dar? Was kann ich möglicherweise daraus lernen? Was legt mir hier das umfassendere Bewußtsein, das ich bin, vor, um es mir anzuschauen?» Es ist nicht «schlecht» oder «gut», es ist nur etwas, aus dem vielleicht etwas gelernt werden kann, und es geht nicht darum, daß es möglicherweise unangenehm ist. Du könntest unter Umständen sogar feststellen, daß deine Träume «Glückwünsche» sind, daß sie Frieden und Harmonie mit sich bringen, daß sie dich etwas verstehen lassen, was du bislang nicht verstanden hast, daß sie eine Erfüllung darstellen. Sie müssen nicht unbedingt ein tiefes, dunkles Geheimnis in sich bergen, sie können auch ganz heiter und vergnüglich sein.

F(M): Wir manifestieren von Moment zu Moment. Warum müssen wir Nahrung zu uns nehmen, wenn wir das tun?

P'taah: Ihr braucht keine Nahrung zu euch zu nehmen, aber ihr glaubt, daß ihr es müßt. Es leben Menschen auf eurem Planeten, die überhaupt nichts essen; sie beziehen ihre Nahrung aus dem Äther, das heißt, sie zapfen die universelle Energie an.

F: Wie machen wir uns diese Energie für unsere Seele zunutze?

P'taah: Sprichst du vom Anzapfen der universellen Energie?

F: Nein, von der Energie der Nahrungsmittel. Wie nutzen wir sie, um sie in die erforderliche Energie umzuwandeln ...?

P'taah: Nun, verstehst du, was da biologisch vor sich geht? Mit der Nahrung, die ihr aufnehmt, nährt ihr euren Körper. Wenn du die universelle Energie anzapfst, bedienst du dich nicht des Zwischenglieds der stofflichen Nahrung, sondern nimmst die Lichtenergie direkt als Nahrung für deine zellulare Struktur und auch zur Ausbalancierung der Energie innerhalb und außerhalb deines Körpers. Die stoffliche Nahrung, ob tierisch oder pflanzlich, ist eine Co-Kreation. Wir haben schon gesagt, Geliebter, daß ihr, wenn ihr die stoffliche Nahrung, die ihr zu euch nehmt, ehrt und euch dafür bedankt, die Substanz verändert, die ihr eurem Körper zuführt. Ihr schafft Harmonie. Wir haben bereits von den Völkern unter euch gesprochen, die dies wissen und verstehen. Wenn sie zur Jagd aufbrechen, bitten sie den Geist des Tieres, in Erscheinung zu treten, und bezeugen ihm dann ihre Ehrerbietung und Dankbarkeit mit Liedern, Tänzen und Worten. Eine Ehrerbietung, die von Herzen kommt. Auf diese Weise erhöht sich die Qualität des Fleisches. Und dasselbe gilt für das, was ihr vegetarische Nahrung nennt. Es gibt Menschen, die es für unangebracht halten, tierische Nahrung zu sich zu nehmen, aber sie begreifen nicht, daß in Wahrheit kein Unterschied zwischen dem Tierischen und dem Pflanzlichen besteht. Ihr sollt also die Nahrung, die ihr eurem Körper zuführt, ehren und euch dafür bedanken.

F(M): P'taah, ist die Aussage richtig, daß wir, wenn es um Probleme geht, unsere Aufmerksamkeit vorrangig auf die Vergebung richten sollten? Jesus legte großes Gewicht auf die Vergebung. Stimmt es also, daß wir die Vergebung als vorrangig betrachten sollten?

P'taah: Lieber, was ist Vergebung? Schau, wenn du begreifst, daß du absolut für alles verantwortlich bist, was du in deinem Leben erschaffst, und daß alles eine Co-Kreation ist, was gibt es dann zu vergeben? Wenn du von Vergebung sprichst, redest du von der Polarität der Schuldzuweisung. Versteh: Wenn du einem anderen die Schuld gibst, übernimmst du keine Verantwortung.

F: War das damit gemeint, als Jesus sagte: «Vater vergib ihnen, denn sie wissen nicht, was sie tun»?

P'taah: Eigentlich nicht, aber wir wollen dir folgendes sagen: Was 2000 Jahre vor eurer Zeit geschrieben wurde, war für ein anderes Bewußtsein bestimmt. Nun, wir wollen, daß du wirklich hörst, was ich dir sage: *Du erschaffst ganz und gar deine eigene Realität. Es gibt keine zufälligen Begebenheiten, keine Zufälle.* Deine ganze Realität ist eine Co-Kreation. DU MACHST ES. Wenn dich jemand mit dem Auto überfährt, hast du es erschaffen, Geliebter. Wenn jemand sehr wütend auf dich wird und dich körperlich angreift und verletzt, hast du es erschaffen. Und wem vergibst du, wenn du es erschaffen hast? Verstehst du, was ich sage? *Du bist kein Opfer.* Du kannst es sein, wenn du dich dafür entscheidest, aber wir sprechen hier von der Erweiterung des Bewußtseins, davon, daß ihr euch auf die Erleuchtung vorbereitet. Wenn du von Vergebung redest, meinst du eigentlich, daß du jemandem die Schuld dafür gegeben hast, daß er dir etwas angetan hat. Aber schau, Geliebter, wie kann dir jemand etwas antun, wenn du derjenige bist, der die Realität erschafft. Hm? Wir könnten vielleicht sagen, daß das Wort «Vergebung» angemessenerweise einem anderen Vokabular zuzuordnen wäre. Nicht diesem Zeitalter.

F: Ich verstehe dich und danke dir für diese Antwort, aber ich möchte immer noch herausfinden, wie wir uns an die Lösung von Problemen machen sollen.

P'taah: Übernimm Verantwortung, gleiche die Verurteilung aus, und fühle das Gefühl. Transmutation. Wir sprechen hier von Schmerz. Nun, wenn du von «Problemen» redest, könntest du auch sagen, daß jeder Tag ein Problem ist. Was ist ein Problem?

F: Irgendwelche Schwierigkeiten mit einer Person oder mit gewissen Umständen.

P'taah: Gut, Geliebter, du sollst wissen, daß du, wenn du deine Realität in absoluter Weise erschaffst, du auch Fülle, Harmonie oder Zwistigkeiten erschaffst, je nach deiner Wahl. Es geht um die

Einsicht, daß der Mensch, mit dem du in Kontakt kommst, ein Spiegelbild deiner selbst darstellt, und das bedeutet: in sich hineinsehen. Es handelt sich nicht um ein Problem, sondern um die Gelegenheit, zum Wissen darüber zu gelangen, wer du bist, und *den zu lieben, der du bist.* Weißt du, es kommt immer zu dir zurück. Wenn wir eine Aussage darüber machen sollten, was die Probleme dieser Welt löst, würden wir zu jedermann sagen: Schaut in den Spiegel, und liebt die Person, die ihr da seht. *Wenn ihr euch wirklich ehrt und liebt, wenn ihr eine großartige Liebesaffäre mit euch selbst habt, habt ihr auch automatisch eine großartige Liebesaffäre mit allen anderen auf eurem Planeten.*

F(F): P'taah, ich kann nicht wirklich glauben, daß ich meine Realität erschaffe. Es gibt keinen Beweis dafür. Ich hätte zum Beispiel gerne, daß du in deinem eigenen Körper kommst und Jani hier teilnehmen kann, aber das geschieht nicht.

P'taah: Nein, das tut es nicht.

F: Wenn ich meine eigene Realität erschaffen würde, würde ich das manifestieren.

P'taah: Nun, Liebe. Wenn du wüßtest, wie man manifestiert, wenn du wüßtest, wie du das von dir wirklich Gewünschte manifestierst, befändest du dich gar nicht auf dieser Realitätsebene. Dann würdest du vielleicht kommen und mit uns inmitten der Sterne spielen und jeden Körper annehmen, den du dir wünschst, und dann würdest du vielleicht das, was ich bin, in allem erkennen, was du wahrnimmst.

F(M): P'taah, wenn sich eine Person in einer Situation befindet, die wir für ungünstig halten, heißt das, daß sie tatsächlich dieses Hungern oder welche Form des Leidens ihr eben begegnet, genießt?

P'taah: Wir verstehen genau, was du meinst. Die Tatsache, daß jedermann in absoluter Weise seine eigene Realität erschafft, läßt sich nur sehr schwer verstehen, wenn ihr seht, wie Babys verhungern, wenn ihr all dieses Morden und die Kriege und die Uneinigkeit und die Zerstörung der Wälder und so weiter auf eurem Planeten beobachtet. Ihr fragt euch, warum, wenn ihr in absoluter Weise eure Realität erschafft, irgend jemand sich für derartige Situationen entscheiden wollte. Ist es das, was du meinst?

F: Mir ist klar, daß sie sich dafür entscheiden, und denke deshalb, daß irgend etwas in ihnen sagen muß: «Ich genieße diese Erfahrung des Verhungerns, weil es das ist, was ich will, andernfalls hätte ich Nahrungsmittel in Hülle und Fülle.»

P'taah: Du mußt wissen, Geliebter, daß dies auf einer Ebene absolut korrekt ist. Aber schau, jede Person in diesem Raum hat erfahren, was es heißt, zu verhungern. Euer auf diese Gegenwart gerichtetes Wahrnehmungsvermögen – diese so überaus feine Fokussierung auf dieses Leben – läßt euch nicht wahrnehmen, was sich in euren anderen Leben und in anderen wahrscheinlichen Realitäten dieses Lebens abspielt. So wählt ihr in Abertausenden von Leben, wie ihr es ausdrücken würdet, das aus, was ihr zuvor noch nicht erlebt, nicht akzeptiert habt. In gewisser Weise haben also Menschen, die sich eine Existenz in einem Land der Hungersnot erschaffen, sich dies um der Erfahrung willen ausgesucht; und die, die sie sich gegenwärtig eine Existenz als Kinder auf dieser Realitätsebene in eurem Land erschaffen und dann in ihrer Kindheit sterben, haben dies ebenfalls gewählt. In einer eurer Kulturen war es früher so, daß eine Ehefrau, wenn ihr Mann starb, zusammen mit seiner sterblichen Hülle auf dem Scheiterhaufen verbrannt wurde. Wirklich sehr barbarisch, und ihr fragt euch, warum das irgend jemand tun sollte. Nun, ihr habt es getan. Ihr tut es noch.

F: Das heißt also zusammengefaßt, daß ich niemals behaupten kann, daß mir eine Situation, in der ich mich befinde, nicht erwünscht ist, weil ich nicht mit ihr konfrontiert wäre, wenn ich sie wirklich nicht wollte. So grauenhaft diese Situation auch sein mag...

P'taah: Du hast sie um der Erfahrung willen geschaffen.

F: Und wenn ich wirklich aus ihr herauskommen möchte, muß ich einfach ehrlich mit mir sein und ernsthaft sagen: «Das will ich nicht.»

P'taah: Lieber, es geht auch darum, daß du sagst: «Wie immer es auch sei, es ist in Ordnung.» Schau, allem liegt die Dichotomie, das große Paradoxon zugrunde. Es ist gut und schön, wenn du sagst: «Das will ich nicht.» Aber eine Veränderung bewirkst du, wenn du sagen kannst: «Ich verstehe, daß diese unharmonische Situation geschaffen wurde, damit ich die Perle der Weisheit im Innern erlangen kann.» Und wenn du dann diese unharmonische oder schmerzliche Situation bereitwillig annehmen kannst. Wenn du sagst: «Ich hasse es, und ich akzeptiere das nicht, und ich bin überaus wütend», erschaffst du Widerstand. Und *das Ding, dem du dich widersetzt, bleibt ganz gewiß bestehen,* denn durch deinen Widerstand gibst du ihm Energie. Wenn du es hingegen von ganzem Herzen annimmst, wirst du eine Veränderung bewirken. Das ist so ähnlich wie mit euren Banken: Sie geben euch problemlos ein großes Darlehen, wenn ihr Geld auf der Bank habt. Habt ihr kein Geld auf der Bank, geben sie euch auch kein Darlehen. Das ist das Paradoxon. Wenn ihr sagt: «Das ist nicht gut, und das ist gut», verurteilt ihr. Und indem ihr dem, was ihr verurteilt, Energie gebt, erschafft ihr es.

F: Aber dann ergibt sich die Frage, wann wir eigentlich eine Wahl treffen. Es hört sich fast so an, es brauchten wir nur alles zu akzeptieren. Wann kommt denn der Moment der Wahl ins Spiel?

P'taah: Geliebter, du triffst in jedem Moment des Jetzt die Wahl, wie du etwas betrachten möchtest. Da sagst du dir vielleicht: «Ich will mich dranmachen und das und das erschaffen», und plötzlich tritt der «Gott da oben» mit einem großen Hammer dazwischen und macht «bumm». Dann sagst du: «Oh, Scheiße, was ist denn jetzt mit meinem schönen Plan passiert? Was ist mit all dem wunderbaren Geld, mit dem ich gerechnet habe? Was habe ich getan, um diese Situation, die ich gar nicht will, zu erschaffen?» Und dann fragst du dich vielleicht: «Welche Glaubensvorstellung hat das hervorgebracht? Was muß ich hier bereitwillig annehmen? Was verurteile ich hier?» Und dann kannst du dich dafür entscheiden – und eine Entscheidung ist eine Wahl –, daß du es nicht annehmen willst. Du kannst dich dafür entscheiden, dich hinzustellen und Gott anzubrüllen: «Du Schwein, warum hast du mir das angetan? Das habe ich nicht verdient. Ich bin ein armes Opfer und tue mir sehr leid, aber wenn du das wieder in Ordnung bringst, vergeb ich dir.» Siehst du, es ist deine Wahl. Du kannst dich aber auch dafür entscheiden, die Verantwortung zu übernehmen, und wenn du dann alles angenommen und die Veränderung bewirkt hast, machst du den nächsten Schritt und erschaffst deinen nächsten Moment des Jetzt. Weißt du, Geliebter, du wirst wirklich sehr weise.

F(M): P'taah, um noch einmal auf das bereitwillige Annehmen zurückzukommen: Ich stelle oft fest, daß ich etwas akzeptiere, nur um es loszuwerden, und ich habe das Gefühl, daß das nicht der Sinn der Sache ist.

P'taah: Kein Entkommen, wie? Du hast völlig recht, es funktioniert nicht. Schaut, ihr Lieben, ihr könnt nicht eine Transmutation vornehmen, um dem Schmerz zu entfliehen. So geht das nicht. Es geht darum, wirklich auf das Selbst zu schauen, dem, was ihr hervorgebracht habt, euren Segen zu geben, und nicht zu versuchen, irgend etwas zu akzeptieren, was außerhalb dessen ist, was ihr seid. Ihr könnt euch an euren stillen Ort im Innern begeben und euch anschauen, wer ihr seid. Gebt ihm aufrichtig euren Segen; wißt, daß das, was ihr seid, tatsächlich ein Ausdruck des Göttlichen ist; versteht, daß ihr alle großartige Meister seid, die sich dafür entschieden haben, die Erfahrung dieser Realitätsdimension zu machen. Bedankt euch bei dem Wesen, das ihr seid, was euch die Möglichkeit gibt, es auch bereitwillig anzunehmen. Und damit wird in einer Erweiterung das Teil von euch, was ihr außerhalb eurer selbst erschaffen habt. So strebt ihr nicht eine Veränderung im Außen an, sondern die Veränderung im Innern dadurch, daß ihr es akzeptiert und anerkennt.

F(M): Kannst du uns etwas über die Bedeutung von Samstag, dem 11. Januar (1992) sagen?

P'taah: Sehr gut. Wißt ihr, es gibt nicht viele, die die Bedeutung dieser Zeit wirklich verstehen. Am wichtigsten ist, daß sich überall auf dem Planeten Menschen versammeln und Liebe und den Wunsch nach Harmonie und einer friedlich verlaufenden Veränderung aussenden. Und so hat es, selbst wenn es um nichts anderes ginge, seine Bedeutung, daß ihr dazu beitragen werdet, ein Netz der Liebe und des Lichts über euren Planeten zu spannen. Das ist die eine Geschichte, und wie immer gibt es viele Antworten. Nun werden wir ein bißchen weiter ausholen. Wir haben schon von der Bedeutung dieses Jahres innerhalb eures Zeit-Systems gesprochen. *Es finden künftig Veränderungen statt, die zu einem neuen Zeit-*

alter der Menschheit und, ja, zu einem neuen Zeitalter auf intergalaktischer Ebene führen werden. Dieses Jahr eurer Zeit ist das letzte in euren Zyklen. Was passiert, hat planetarische Bedeutung. Eure Erde ist nur ein Glied in dieser Kette von Geschehnissen im Kontext dieser Veränderungen. Man könnte sagen, daß ein Tor seinen Platz einnimmt, das der Kommunikation und der Liebe zugehört – das vieles, sehr vieles beinhaltet. Viele Dinge, die da geschehen, sind noch nicht ins Bewußtsein der Menschheit eingegangen. Über diese Zeit wird eine Menge erzählt, das nichts als fauler Zauber ist; und es wird viel über künftige Ereignisse gequatscht, einschließlich des Geredes von eintreffenden Raumschiffflotten, die euch von hier wegholen, während die Erde unter euren Füßen explodiert. In Wahrheit wird es nicht so sein. Wir schlagen euch für jenen Samstag vor, daß wir uns alle versammeln, zusammen mit euren und meinen Brüdern, die jenseits dieses Sternsystems existieren, und uns in dem tiefen Wunsch vereinen, daß sich der Übergang in Harmonie, in großer Freude und in der Erkenntnis des Gottes/der Göttin in einem jeden von euch vollziehen möge. Und so wird es auch ein vergnüglicher Tag werden.

F(M): Eine der Fragen, die heute abend gestellt wurden, betraf die Konfrontation mit problematischen Umständen. Könnte man, wenn jemand am Verhungern ist und sich fragt, warum ihm das alles widerfährt und wie er aus dieser Situation herauskommen kann, rechtens sagen: Solange man seine Energien auf das Denken an die eigenen Probleme konzentriert statt auf gute Dinge, so lange wird man diese Probleme auch haben?

P'taah: So ist es in der Tat. Wenn ihr euch auf das «Nicht-Haben» konzentriert, konzentriert ihr euch nicht auf das «Haben». Worauf immer ihr eure Energie richtet, das zieht ihr an. Wir verstehen, daß das eine sehr schwierige Sache ist, wenn ihr euch Tag und Nacht Sorgen macht, weil nicht genug Geld da ist oder weil die Beziehung mit dem Mann oder der Frau dauernde Herzensqual bereitet; oder wenn ihr euch Sorgen um eure Kinder oder um einen Verlust macht. Es fällt euch dann sehr schwer, zu sagen: «Der, der ich bin, ist ein Audruck des Göttlichen, und ich habe das alles erschaffen, um die Perle im Innern zu finden. Und ich bin am Verurteilen, ich bewerte das eine als gut und das andere als schlecht, das eine als richtig, das andere als falsch.» Wißt ihr, das starke Bemühen um Unparteilichkeit in diesem Sinne ist doch eine sehr subtile Angelegenheit. Das Verurteilen schleicht sich bei euch ein. Das ist so wie mit euren Glaubensstrukturen, von denen ihr gar nicht wißt, daß ihr sie habt. Ihr wart so lange Gefangene, ihr begreift nicht, was ihr da eigentlich anschaut und aus welcher Perspektive ihr es betrachtet. Es geht also nicht darum, daß ihr irgend etwas falsch macht, es IST nur einfach. Ihr erschafft es ganz einfach aus eurer eigenen göttlichen Machtvollkommenheit heraus. Aber ihr könnt zur Erkenntnis und Anerkennung dieser Göttlichkeit, des Nicht-Getrenntseins, eurer eigenen Macht, gelangen – und dann werdet ihr feststellen, daß das, was ihr als Problem betrachtet habt, sein Gesicht verändert. Wenn ihr euch nicht auf die Zerstörung und das Nicht-Haben konzentriert, könnt ihr eine Veränderung bewirken, ohne das anzuziehen, was ihr fürchtet. Verstehst du?

F: Ja. Die nächste Frage hat wahrscheinlich auch damit zu tun. Was kannst du mir über die beiden Gehirnhälften, die linke und die rechte, sagen? Ich habe gehört, daß die linke Seite die materialistisch ausgerichtete und die rechte die intuitive ist.

P'taah: So könnte man es ausdrücken. Manche würden auch sagen, daß die eine das Männliche und die andere das Weibliche repräsentiert. Die Brücke zwischen beiden ist ziemlich bröckelig. Man könnte sagen, daß die linke Gehirnhälfte in ihrer Funktionsweise männlich, strukturierend, logisch, dirigierend ist – sozusagen materialistisch. Die weibliche Energie, die rechte Gehirnhälfte, ist in ihrer Funktionsweise zulassend, nährend, empfänglich und intuitiv; es ist das Kreative in all euren Künsten, das, was ungehindert dem Herzen entspringt. Wenn ihr die weibliche Energie voranbringt und jede und jeder von euch die Göttin im eigenen Innern auferstehen läßt, aktiviert das die kristalline Struktur im Gehirn, wodurch es zur Harmonie gelangt, ins Gleichgewicht kommt.

F: Wie können wir dieses Gleichgewicht erreichen?

P'taah: Liebt das, was ihr seid, Geliebter. Ist das für dich einfach genug? Wisse, daß du ein Ausdruck des Göttlichen bist.

F: Aber das beantwortet meine Frage nicht.

P'taah: Geliebter, seit ihr zu diesen Abenden kommt, haben wir im Grunde über nichts anderes gesprochen als über das Gleichgewicht, über die Balance, darüber, wie ihr das werdet, was ihr seid. Und ihr seid vereinte männliche/weibliche Energie. All diese vielen Wochen habe ich euch nichts anderes erzählt.

F: Willst du damit sagen, daß ich begriffsstutzig bin?

P'taah: Lieber, ich will dir folgendes sagen: Du bist nicht anders als all die anderen, die mit den Ohren hören, aber nicht wirklich verstehen. Deshalb sind wir hier. Dies ist keine Kritik. Es braucht seine Zeit, um zur Erkenntnis zu gelangen; es dauert, bis die Zeit reif ist und der Funke im Herzen entfacht wird. Aber schau, Lieber, ich bin sehr geduldig. Ich komme so lange, bis ihr wirklich versteht.

F: Ja, ich verstehe das. Ist die Aussage richtig, daß die meisten Menschen zuviel Wert auf die Funktionen der linken Gehirnhälfte legen und die kreative Seite vernachlässigen?

P'taah: Ja, das ist, was wir sagten: daß die Menschheit seit Äonen eurer Zeit aus der männlichen Energie heraus agiert hat und daß es nun Zeit für die Auferstehung der Göttin ist, die man die rechte Gehirnhälfte nennt. Euer Gehirn ist nur der Computer, der durch die Energie seinen *Kraftantrieb* erhält. Mehr ist euer Gehirn nicht. Es ist nur ein Computer. Er funktioniert nur entsprechend den Vorgaben seines Betreibers. Ihr erschafft eure physische Verkörperung absolut entsprechend eurer Befindlichkeit. Wir sprachen vorhin über physisches Unwohl-Sein und daß ihr dieses physische Unwohl-Sein aus einem *emotionalen* Unwohl-Sein heraus erzeugt. Der innere Computer erhält seine Befähigung vom Ich deines Ichs. Du bist mehr als dein Gehirn, Lieber, du bist mehr als dein Körper. Du bist mehr als dein sogenanntes Ego, du bist mehr als dein Unterbewußtsein. Du bist in Wahrheit ein Ausdruck des Göttlichen. Wenn du weißt, daß das die Wahrheit ist, wird dein Computer, und auch der Rest deines Körpers, auf andere Weise funktionieren.

F: Heißt das, daß Frauen kreativ und Männer destruktiv sind?

P'taah: Das heißt es nicht. Denn euer weibliches Geschlecht hat ebenfalls aus der männlichen Energie heraus agiert. Doch gibt es in der morphogenetischen Resonanz der Frau etwas, das ihr ein leichteres Einschwingen auf die weibliche Energie ermöglicht. Das geht sogar so weit, daß sie, was ihren physischen Körper angeht, empfänglich und kreativ ist. Frauen befinden sich potentiell in bezug auf das, was sich außerhalb ihres physischen Körpers abspielt, stärker in Einklang mit ihrem Körper und ihrer Intuition. Aber wir wollen das unmißverständlich klarstellen: Der Ausgangspunkt der Frau ist in Wahrheit ebenfalls die männliche Energie. Eure ganze Ära, eure ganze Erde, ist gegenwärtig darauf eingestellt, und das gehört zu den Dingen, die sich mit dem neuen Zeitalter ändern werden. Das nennt man die Auferstehung der Göttin. Sie findet nicht nur in der Frau, sie findet auch im Mann statt.

Ihr Lieben, das reicht für heute. Ich liebe euch. Guten Abend.

Fünfte Übermittlung
15. Januar 1992

P'taah: Wie geht es euch allen heute abend?

(Nach entsprechenden Antworten von seiten der Zuhörerschaft fährt P'taah fort.)

P'taah: Wirklich, ihr seht alle außerordentlich schön aus. *(P'taah macht sich wie üblich mit jedem Gesicht vertraut. Ein Herr begrüßt ihn mit dem alten Gruß aus dem Sanskrit.)*

F: *Namaste**, P'taah.

P'taah: *Namaste,* Lieber. So ist es, wir ehren den Gott deines Seins.

Nun, habt ihr irgendwelche wundervollen Fragen auf Lager?

F(M): Könntest du um meinetwillen und für all die, die sich in derselben Lage befinden, etwas zu einem besseren oder perfekten Sehvermögen sagen? Aus irgendeinem Grund verliere oder zerbreche ich dauernd meine Brillen. Ich denke, das beinhaltet die Botschaft an mich, daß ich mein Sehvermögen ohne Brille verbessern sollte.

P'taah: Nun, das ist kein Zufall, und das weißt du genau. Was das Sehvermögen angeht, so ist euch klar, daß die Menschen in eurer Kultur ihre Informationen darüber, wie ihr Sehvermögen beschaffen sein sollte, aus dem kollektiven Bewußtsein beziehen. Doch ist es selbstverständlich so, daß eine Beeinträchtigung der Sehkraft ihren Anfang im Innern nimmt. Wenn du also besser zu sehen wünschst, läßt sich das machen, Lieber, aber du sollst das, was man eine Sehschwäche nennt, nicht verurteilen. Wenn du sie zu etwas machst, das «nicht gut», das «schlecht» ist, konzentrierst du dich auf die beeinträchtigte Sehkraft. Es ist absolut in Ordnung, wenn dein Sehvermögen vermindert ist. Wenn du aber anerkennst, daß das in Ordnung ist, und du dann wirklich eine Veränderung wünschst, kannst du sie herbeiführen. Allerdings

* *Namaste* bedeutet übersetzt: «Der Gott in mir ehrt den Gott in dir.»

mußt du diese Absicht auch bekunden, und das Zerbrechen der Brillengläser bezeugt eine solche Absicht; jetzt kannst du mit einem Augentraining beginnen, wobei du wissen mußt, daß du im Grunde nicht mit der Organmechanik des Auges siehst. Es gibt ein größeres Sehen. Wie, glaubst du, können blinde Menschen sehen? Sie können es tatsächlich. Verstehst du, was ich meine? Du äußerst also den Wunsch und bezeugst deine Absicht, indem du zum Beispiel ein physisches Augentraining kreierst. Du könntest viele Abenteuer auf dem Weg zur Korrektur deiner physischen Sehkraft erleben. Doch, Lieber, diese Korrektur erfolgt nicht wirklich durch das physische Organ namens Auge. Es geht um die Offenheit des Sehens. Öffne das Herz, um zu sehen. Öffne das innere Auge. Es ist eine sehr trickreiche Angelegenheit.

F: So muß es aber nicht sein, oder?

P'taah: Nein. Wir sagen das nur, um dich an die Multidimensionalität des Ganzen zu erinnern. In Ordnung?

F(M): Ich grüße dich, P'taah. Ich frage mich, ob all die Menschen, die es hier zu uns zieht, zur Familie gehören? Nun, ich weiß, daß wir alle eine Familie sind, aber haben wir alle etwas mit den Pleiadiern gemeinsam?

P'taah: Aber natürlich, sonst wärt ihr nicht hier.

F: Die Erdenwesen kommen von verschiedenen Orten?

P'taah: So ist es. Aus verschiedenen Sternsystemen, aber letztlich entstammt natürlich alles derselben Quelle. Gewiß gibt es gegenwärtig, in eurer Zeit, unterschiedliche Energien, die sozusagen verschiedenen Sternsystemen angehören. Diejenigen, die von unseren Zusammenkünften und von anderen Versammlungen pleiadischer Energie angezogen werden, werden von einer Wesens-Resonanz angezogen. Sie gehören zur pleiadischen Familie. Das ist ganz gewiß so.

F: Beinhaltet das auch, daß wir Teil der Wal- und Delphin-Familie sind?

P'taah: In der Tat. Die Menschheit insgesamt ist Teil der *Cetacea*. Die *Cetacea* befinden sich auch in Resonanz mit anderen Sternsystemen.

F(M): P'taah, ist eines dieser anderen Sternsysteme Sirius B?

P'taah: In der Tat.

F: Sie bilden andere Gruppierungen, als wir es sind?

P'taah: So ist es. Das heißt nicht, daß keine Harmonie besteht.

F: Das verstehe ich. Findet bei den Sternenwesen des Sirius ebenfalls eine Bewußtseinserweiterung statt? Gibt es dem Sirius-Bewußtsein angehörige Wesen, die sich auf dieser Erde inkarniert haben?

P'taah: Ja, aber wenn du zum Beispiel mit Menschen beisammen bist, die in der Resonanz eines anderen Sternsystems schwingen, heißt das nicht, daß ihr nicht harmonieren könnt. Wie wir schon sagten, ist letztlich alles dasselbe. Aber wir sprechen hier von diesem Ort, von dieser Zeit. Es gibt zum Beispiel viele Menschen, die von den Zusammenkünften hier an diesem Ort gehört haben und sich vielleicht davon angezogen fühlen, aber aus dem einen oder anderen Grund doch nicht hierherkommen. Das ist nicht unbedingt ihre bewußte Entscheidung, und das ist in Ordnung, Geliebte. Vergeßt nicht, daß alles seine eigene Zeit, seine eigene Gültigkeit hat; und meint nicht, daß, wenn ihr euch in Resonanz mit dem befindet, worüber wir sprechen, andere Menschen, die anders denken als ihr, nicht ebenso ihre Gültigkeit haben, denn die haben sie.

F(F): Ich habe gehört und gelesen, daß dies das letzte Stadium des Antichrists ist. Was bedeutet das?

P'taah: Liebe, das ist nur ein Name, dem du unter Umständen Energie verleihst. Wenn wir zu euch vom Christus-Bewußtsein sprechen, benutzen wir diesen Ausdruck, weil er in eurer Kultur eine Bedeutung hat. Wir könnten auch von positiver/negativer Energie sprechen. Mit Christus-Bewußtsein meinen wir das Bewußtsein, das beide Polaritäten akzeptiert und einbezieht. Eure Welt, euer Universum besteht aus positiver/negativer Polarität, und damit verbindet sich keine Wertung. Wenn wir von positiv/negativ sprechen, reden wir nicht von richtig und falsch, gut und schlecht. Es handelt sich ganz einfach um das ISTSEIN von positiv/negativ, wie zum Beispiel bei eurer Elektrizität. Dies gilt jedoch für alles. Wenn wir vom Christus-Bewußtsein sprechen, meinen wir jenes zulassende Bewußtsein, das der negativ gepolten

Energie, der weiblichen Energie, zugehört. Die Göttin-Energie steigt auf, damit es zu einem Annehmen der Polaritäten kommt. Nun, in diesen Tagen gewinnt sie in bezug auf die Veränderungen, von denen wir so oft gesprochen haben, an Schwungkraft. Es findet eine Steigerung, eine Zunahme der Energien beider Polaritäten statt: der, die ihr als positiv, und der, die ihr als negativ bewertet. Und so kann es sehr wohl sein, daß ihr eine Erweiterung des Bewußtseins beobachtet, eine wunderbare Harmonie innerhalb von Menschengruppen, herzerwärmende globale Ereignisse, bei denen Menschen zum höchsten Wohl der ganzen Menschheit zusammenkommen, und daß ihr dann den Fernseher einschaltet und Dinge seht, die euch das Blut in den Adern gefrieren lassen: Krieg, internationale Vorfälle, die darauf hindeuten, daß die Dinge nicht zum besten stehen, daß sich die einander bekriegenden Parteien mehren, die Zerstörung immer weiter um sich greift und daß in der Tat in Kürze ein unbeschreibliches Chaos auszubrechen droht. Nun, das ist es, was man als die Auferstehung des Antichrist bezeichnen könnte. Deshalb haben wir euch gesagt, daß ihr, wenn ihr diese Dinge beobachtet, *wissen* sollt, daß sie nur ein Anzeichen für das Zunehmen der Christus-Polarität sind. Es ist also nicht etwas, was ihr als negativ verurteilen solltet. Es handelt sich vielmehr um eine Steigerung, an deren Gipfelpunkt ein Akzeptieren beider Polaritäten stattfinden kann. Ihr müßt wissen, daß euch jede von euch beobachtete und verurteilte Situation in Wirklichkeit die Gelegenheit des Annehmens bietet; ein Annehmen im Wissen darum, daß ihr, wenn ihr nicht verurteilt und möglichst das Un-Liebenswerte liebt, die von euch erwünschte Veränderung bewirkt, so, wie ihr sie euch auf diesem Planeten und auf dieser Realitätsebene ersehnt. Ihr könnt also, wenn ihr euch das anschaut, was andere Menschen als entsetzliche Zustände betrachten, diesen sagen, daß sie diese grauenhaften Umstände als Hinweis darauf werten sollen, wie sehr ihr euch auf die vierte Dichte zubewegt.

F: Das ist mir letzte Nacht passiert, als ich die Nachrichten einschaltete. Ich mußte schließlich wieder ausschalten, weil alles so katastrophal war.

P'taah: Aber ja. Es ist nicht nötig, sich auf die Katastrophe zu konzentrieren. Ihr müßt wissen, daß die Schwingungsfrequenz der Katastrophen, die sich über eure Ätherwellen verbreitet, in der Luft mitschwingt, die ihr atmet. Macht euch bewußt, daß ihr euch nicht darauf konzentrieren, daß ihr ihr keine Energie geben wollt.

F(M): P'taah, daraus folgt, daß jedes Individuum früher oder später für seinen eigenen Übergang verantwortlich ist.

P'taah: Absolut, Geliebter.

F: So ist der Beweggrund der, das Individuum zu aktivieren und dahin zu bringen, daß es in sich selbst zum Gleichgewicht findet.

P'taah: Darum sind wir hier, Geliebter. Das ist die Erinnerung, die wir in euch zu wecken versuchen. Die Erinnerung, daß es nur euch gibt und daß ihr, wenn ihr die Veränderung in eurem Innern bewirkt, die Veränderung auf planetarischer Ebene erschafft; daß jeder von euch für sich genommen die Macht hat, die Welt zu verändern.

F: Das heißt, die Welt zu verändern, so, wie sie im eigenen Selbst existiert?

P'taah: Lieber, es gibt nichts außerhalb von dir außer einer Widerspiegelung dessen, was du bist.

F(F): P'taah, dieser Tage benutze ich häufig das Fahrrad, und kürzlich stellte ich fest, daß mir sehr unwohl ist, wenn ich es abschließe. Tatsächlich habe ich sogar den Schlüssel vom Fahrradschloß verloren. Der Grund für mein Unbehagen ist der, daß ich, wenn ich das Fahrrad ankette, zu meinen Mitmenschen zu sagen scheine: «Schaut, ich habe Angst, daß ihr mir das Fahrrad wegnehmt.» Und das empfinde ich als falsch.

P'taah: Liebe, es ist nicht falsch – es ist nur unnötig.

F: Mein Herz sagt mir, daß ich es nicht abschließen sollte, und mein Verstand hört auf die Zeitungen, die über die vielen Diebe berichten. Bin ich nun töricht, weil ich meinem Verstand folge? Es ist eine komplizierte Situation, weil mir, wenn ich kein Vertrauen habe, mein Fahrrad gestohlen wird.

P'taah: Aber du kennst die Antwort, Liebe. Warum fragst du?

F: Weil ich in dieser Sache von dir Bestätigung brauche.

P'taah: Sehr gut. Es ist nicht kompliziert. Du weißt, daß das, was man absolutes Vertrauen ins Universum nennt, vom Verstand als absoluter Wahnsinn bezeichnet wird. Wem vertraust du, dem Herzen oder dem Verstand?

F: Dem Herzen.

P'taah: So ist es.

F(F): P'taah, neulich sah ich dich bei einer Zusammenkunft in einen rosafarbenen Schein eingehüllt. Ich habe vorher noch nie Menschen von Farben umgeben gesehen. Entwickeln wir die Fähigkeit, diese Farben zu sehen?

P'taah: In der Tat. Und wenn du es zuläßt, wirst du immer mehr sehen. Wenn du dich in einer stark energetisch aufgeladenen Situation befindest, wenn dein Herz sehr offen ist, aktiviert die Energie das innere Auge, und du kannst unter Umständen die Energien und Farben sehen. Die Farben verändern sich, und mit zunehmend geschärftem Wahrnehmungsvermögen wirst du die Farbfluktuationen im Umfeld eines Menschen beobachten und allein durch die Interpretation dieser Farben vieles über ihn erfahren können. Es ist in Ordnung, wenn ihr die Farben nicht seht. In den letzten Jahren gab es viel Gerede über die Fähigkeit, das Aurafeld sehen zu können, und Menschen, die es nicht können, fühlen sich als komplette Versager. Doch das ist verkehrt. Es gibt Zeiten, in denen ihr es sehen könnt, und solche, in denen ihr es verzweifelt versucht, aber gar nichts seht. Es ist alles eine Sache des Zulassens.

F: Die Farben stehen für verschiedene Chakras? Rosa für die Liebe?

P'taah: Du könntest in der Tat sagen, daß Rosa eine Emanation der Liebe ist, aber es ist nicht die einzige Farbe der Liebe. Es geht um ein Gefühl. Das Ganze ist sehr viel subtiler als die Feststellung, daß diese Farbe dieses und jene Farbe jenes bedeutet. Die Gefühle und die Dichte der Emotionen verändern sich, und damit auch die Farben.

F: Es ist also die Schattierung?

P'taah: Ja, aber es kann auch sein, daß du ein herrliches Grün siehst, das auch die Farbe des Herzens ist. Und dann sind da die Farben der wunderschönen Gewässer an diesem Ort, die prachtvollen Blau- und Grüntöne, die sich in unterschiedlichen und wandelnden Maßen mischen und verändern. Es ist nicht so, daß eine bestimmte Farbe nur eine spezifische Bedeutung hat.

(Eine andere Dame stellt eine weitere Frage zum Thema Farben.)

F: P'taah, stellen Farben eine Erweiterung des Körpers dar?

P'taah: So ist es. Nicht des physischen Körpers, sondern des Licht-Körpers.

F: Ist Hitze dasselbe wie Licht oder eine niedrigere Form von Licht?

P'taah: Sie gehört einem anderen Spektrum an, wie ihr es nennen würdet. Die Farbe gehört demselben Spektrum an wie der Ton. Ihr könnt sagen, daß jeder Ton eine Farbe hat und jede Farbe einen Ton. Es gibt Menschen auf eurem Planeten, die eine Blume berühren und, ohne sie anzuschauen, ihren Ton hören können und damit wissen, welche Farbe sie hat.

F: Worte haben Töne, dann müssen sie auch Farben haben.

P'taah: So ist es.

F: Läßt sich daraus eine Bedeutung ableiten?

P'taah: Ja, aber wenn du dich auf die Worte der Menschen beziehst, dann ist es so, daß sie zudem durch Emotionen gefärbt werden.

F: Wenn ich also manchmal nicht verstehe, was eine Person sagt, dann sollte ich auf den Ton hören?

P'taah: Ja, du könntest auf den Ton und auf die Farbe hören, und du könntest die Farbe fühlen. Du mußt die Farbe nicht unbedingt mit dem physischen Auge sehen. Sie ist mit einem Gefühl verbunden. Eine Person, die taub ist, könnte eine Emotion nach deren Schwingung beurteilen, die mit dem Ton nichts zu tun hat. Schaut, ihr Lieben, ihr habt mehr als nur die sogenannten fünf Sinne, und wenn ihr von außersinnlicher Wahrnehmung redet, beschränkt ihr diese oft auf sehr kleine Schubladen, aber sie beinhaltet mehr. In dem Maße, wie ihr über ein umfassenderes Bewußtsein verfügt, werden eure Sinne immer sensibler, und ihr fühlt, was sich um euch herum ereignet. Es ist nur eine Sache des Offenseins, des Zulassens, des Hörens mit dem Herzen.

F(M): P'taah, ich befinde mich in einem Konflikt: Ich habe das Gefühl, daß ich irgendwie wählen muß; daß ich mich entscheiden muß, ob ich mich meiner spirituellen Entwicklung widmen oder aber dem folgen soll, was mein Herz sich wünscht, und das ist Reichtum. Nun, irgendwie ist da der Glaube, daß man zuerst nach dem Reich Gottes streben soll und daß dann der Reichtum schon kommen wird.

P'taah: Lieber, du befindest dich bereits im Reich Gottes. Du bist Gott. Die sogenannte spirituelle Entwicklung findet in jedem Augenblick deines Tages statt, *was immer* du auch tust. Es ist nicht nötig, daß du dem Leben entsagst, um der nächste Christus zu werden. Du kannst deinen Geschäften, wie du es nennst, nachgehen, und jeder Moment deines Geschäftslebens bietet dir eine Gelegenheit zur Erweiterung deines Bewußtseins. Es geht nicht darum, daß du dieses *oder* jenes tust.

F: Schau, ich habe in einem Buch – in einem sehr guten Buch mit dem Titel *God I Am* – etwas über Menschen in dieser Welt gelesen, die sich ausschließlich damit beschäftigen, Geld zu scheffeln, und dies als ihren höchsten und einzigen Lebenszweck ansehen; das vermittelte mir das Gefühl, daß es einen in seiner Entwicklung behindert, wenn man nur aufs Geldverdienen aus ist.

P'taah: Lieber, in diesem Buch steht nirgends, daß am Geldverdienen etwas falsch ist.

F: Das stimmt.

P'taah: Nicht wahr? Nun, laßt uns das unmißverständlich klarstellen.

Es gibt auch eine weitverbreitete Denkrichtung unter den sogenannten «spirituellen Menschen», derzufolge Geld etwas «Ungutes» ist und Menschen, die Geld haben, unmöglich spirituell sein können. Nun, Lieber, das nennt man Unsinn. Das nennt man «Armutsdenken». Also laß dich drauf ein. Wenn es dein Herzenswunsch ist, das Spiel zu spielen, das da «Geld machen» heißt, dann tu's.

(Der Mann setzt scherzhaft hinzu:)

F: Also kann ich einen Porsche haben?

(P'taah spielt mit und antwortet:)

Aber natürlich kannst du. Aber du könntest mich mal zu einer Ausflugsfahrt mitnehmen.

F: Gut, versprochen.

P'taah: Und unsere Frau auch, wie? Nur, daß sie dann ans Steuer will.

F: Ah, das muß ich mir noch überlegen.

P'taah: Oh, sie fährt ganz gut, ich bin Zeuge.

Nun, wir ziehen euch manchmal wegen eures «Sturmangriffs» auf die Erleuchtung auf. Wir möchten euch daran erinnern, daß die Erleuchtung nicht durch angestrengtes Bemühen erlangt wird, sondern durch Zulassen. Und an die von euch gerichtet, die so sehr mit ihrem intellektuellen Streben nach Spiritualität beschäftigt sind: Das ist alles sehr gut, das hat alles seine Gültigkeit, aber es ist nicht der Weg zur Erleuchtung. Spiritualität heißt Leben. *Es heißt Spielen.* Es heißt das Lachen in eurem Wesen sprudeln lassen.

F: Das klingt wundervoll.

P'taah: Das ist es. Und, wißt ihr, im Grunde habt ihr keine Ahnung, was das, wonach ihr so verzweifelt strebt, eigentlich ist. Viele von euch meinen, daß, wenn ihr erst einmal erleuchtete Wesen seid, das die Vollkommenheit, die Vollendung, das Ende bedeutet. Das ist es nicht. Es gibt kein Ende. Ihr seid jetzt, in diesem Moment, vollkommen. *Ihr existiert in der ganzen Fülle eurer eigenen Göttlichkeit, ohne eine Zukunft.* Es gibt nur das Jetzt. Wenn ihr also nicht wißt, was ihr tun sollt, dann sagen wir euch: Es gibt kein «ihr solltet», es gibt nur das, was das Herz zum Singen bringt, so daß jeder Moment in seiner ganzen Fülle existieren kann, und aus dieser Fülle entsteht der nächste Moment des Jetzt in seiner ganzen Fülle.

F(F): P'taah, ich habe nur eine Frage: Wie überwinde ich die Angst?

P'taah: Liebe sie.

F: Das läßt sich leicht sagen, aber es fällt mir sehr schwer, es zu verstehen.

P'taah: In der Tat. Weißt du, Liebe, wenn jeder Mensch wirklich verstehen könnte, was wir sagen, gäbe es zu diesem Zeitpunkt in Australien und auf der ganzen Welt viele Tausende erleuchtete Wesen. Schau, Angst ist nur eine Polarität. Was ist deiner Meinung nach die Polarität von Angst?

F: Friede.

P'taah: Nein. Man nennt sie Liebe. In eurem gesamten Universum gibt es nur zwei Ausdrucksformen. Das, was Angst ist, und das, was Liebe ist. Nun, jedermann wird von Angst getrieben. Vielleicht nicht die ganze Zeit. Die Angst ist etwas sehr Subtiles. Sie läuft unter jeglichem Namen, der nicht Liebe ist. Aber wißt ihr, das hat seine Gültigkeit. Sie ist auch ein göttlicher Aspekt eures Wesens, sonst gäbe es sie nicht. Versteht ihr das? Nun, die Angst ist nur als Gelegenheit für euch da, sie zuzulassen und zu akzeptieren, euch in sie hineinzubegeben, sie zu erfahren, sie zu lieben als Gelegenheit, sie in Liebe, in Ekstase umzuwandeln. Wenn ihr zulaßt, daß euer Wesen von diesem Wissen durchdrungen wird, könnt ihr aus der Angst hervortreten, in die Angst hinein. *Sie wird nie «weggehen», solange ihr sie für gegenstandslos erklärt, solange ihr vor ihr davonrennt, solange ihr sie zu verdrängen, zu unterdrücken versucht.* Solange ihr den verzweifelten Versuch unternehmt, sie zu verändern, rückt ihr sie in den Brennpunkt eurer Aufmerksamkeit. Ihr füttert sie gewissermaßen. Versteht ihr? Und so könnt ihr euch jedesmal, wenn ihr ein Flattern im Bauch verspürt, das heißt Angst, vorstellen, daß diese Angst in Wirklichkeit euer inneres Kind ist, das Baby, das ihr wart, hm? Und ihr könnt das Kind aufheben und umarmen. Es kennenlernen. Ihr könnt dem Kind erzählen, daß ihr da seid, um euch um es zu kümmern, es zu lieben; daß ihr niemals zulaßt, daß ihm Schaden zugefügt wird. Versteht ihr? Und so wird das verängstigte innere Kind aufhören, verängstigt zu sein.

F: Ich danke dir.

P'taah: Alles in Ordnung, Liebe? *(Sehr sanft und zärtlich.)* Ja doch.

Sehr gut, wir machen nun eine Pause. *(P'taah läßt seinen Blick über die Zuhörerschaft schweifen.)* Sehr gut, ihr Lieben, wirklich sehr gut. Wir bitten euch nun, im Innern Stille zu erschaffen, während wir den Übergang vollenden. Wir danken euch.

(Nach der Pause.)

P'taah: So, ihr Lieben, laßt uns fortfahren.

F(M): P'taah, wir haben alle die positive Auswirkung der Meditationen gespürt, durch die du uns letzte Woche geleitet hast. Wäre es möglich, daß du das noch einmal für uns machst?

P'taah: Ja doch, Lieber. Wir haben schon gesagt, daß wir in diesem Jahr ab und zu den daran interessierten Leuten die Möglichkeit bieten werden, zu einer ausgedehnten Meditation zusammenzukommen. Doch was diese Abende angeht *(die regelmäßigen Zusammenkünfte am Mittwoch)*, so geben wir euch da die Gelegenheit, zu einem intellektuellen Verständnis zu gelangen, das die Erinnerung und das Wissen im Herzen aktiviert; und es sollen auch die Menschen, die zuvor noch nicht bei uns waren, die Gelegenheit erhalten, Antworten auf ihre Fragen zu bekommen.

F: Würde, wenn uns Zähne oder ein amputiertes Glied wieder nachwachsen sollten, das im Zündungsmoment zwischen Zirbeldrüse und Hirnanhangdrüse geschehen?

P'taah: Tatsächlich geschieht es durch die in der Verbindung von Zirbeldrüse und Hirnanhangdrüse aktivierten kristallinen Eigenschaften, und dann ist es zudem auch eine Sache des Herzens. Denn die Veränderung eures Herzens bewirkt die Veränderung in eurer DNS. Doch, weißt du, eigentlich gibt es nur eine Antwort, und die heißt: *«Liebe den, der du bist.»* Und schau, Geliebter, ich könnte dich jeden Tag eures Jahres durch eine Meditation führen, aber in Wirklichkeit kann keiner außer dir selbst zum Annehmen der Angst und zur Anerkennung deiner selbst gelangen. Ich kann dich vielleicht unterstützen, aber du bist derjenige, der die Realität erschafft.

F *(ein sehr junges Mädchen)*: P'taah, ist die Visualisationsübung, die wir am Samstag gemacht haben, eine Methode zur Projizierung des Bewußtseins?

P'taah: So ist es.

F: Alles in allem habe ich in etwa verstanden, daß wir, wenn wir in unserer geistigen Vorstellung Bilder erschaffen, nur Spiegelungen unseres Selbst projizieren.

P'taah: Sicher ist es so. Das ist ganz richtig, aber es beinhaltet noch mehr, denn wenn du, so wie am Samstag, eine Spiegelung deiner selbst projizierst, läßt du auch eine Erweiterung in deinem Innern zu. Nun, das ist mit dem Herstellen des Gleichgewichts im Innern des Körpers vergleichbar, und wir sprechen nicht nur vom physischen Körper, sondern von einem Gleichgewicht im Innern und im Außen, wodurch du eine Ausdehnung schaffst und mehr aufnehmen kannst. Wenn es in deiner Wahrnehmung zwischen dem, was sich im Innen und im Außen befindet, keinen Unterschied mehr gibt, ist das die Wirklichkeit. Und damit hast du dann deine Existenzebene verändert. Es funktioniert also auf multidimensionalen Ebenen, und du kannst das ohne mich tun.

F: Das ist mir klar.

P'taah: Du kannst dich also aufmachen und viele Abenteuer der verschiedensten Art erleben. Geh auf Erkundungsreise. Erforsche die Realität, die du als außerhalb von dir existierend wahrnimmst, und auch die Realität in deinem Innern. Du kannst auch eine Erkundungsreise durch deinen Körper machen, das ist immer eine gute Sache.

F: Direkt in meine Zellen. Und in jeder Zelle befindet sich ein Universum.

P'taah: Genau. Und dann gelangst du zu einem multidimensionalen Wissen über die Universen, hm?

F: Danke, P'taah.

F(F): Kannst du mir etwas über die Beziehung auf spiritueller Ebene zwischen dem Tierreich und der Menschheit sagen, und was mit den Tieren geschieht? Begeben sie sich nach dem Tod irgendwohin?

P'taah: Was ihr als dem Tierreich zugehörig anseht, ist das, was ihr als Bewußtsein der zweiten Dichte bezeichnen könntet. Das, was ihr ein Tier nennt, besitzt ganz gewiß eine Existenz außerhalb der Physikalität. Sein Bewußtsein unterscheidet sich von der menschlichen Seelenenergie, doch es soll auch gesagt sein, daß die menschliche Seelenenergie Fragmente ihrer selbst im Reich der Tiere, Pflanzen oder Minerale erfahren kann. Wir sprechen hier von der umfassenderen Seelenenergie, von euch in eurer erweiterten Form. Und was die Verbindung angeht, geliebte Frau, so gibt es nichts, womit du nicht verbunden bist. Ihr seid wahrhaftig Teil von allem, was ihr erblickt. Es gibt kein Molekül, von dem du keine Kenntnis hättest, und alles, was du als außerhalb von dir existierend wahrnimmst, ist dasselbe wie du: ein Spiegelbild des Göttlichen.

F: Und inkarnieren sie sich wieder?

P'taah: Nicht eigentlich auf dieselbe Weise, aber, weißt du, das, was man ein Haustier nennt, eines dieser Tiere, die ihr so sehr liebt, ist in der Tat ein großartiges Spiegelbild. Es ist Teil von euch. Ihr habt euch gegenseitig erschaffen, und es gibt keine Trennung, Geliebte. Wenn ihr jemanden liebt oder wenn ihr ein Tier oder auch eine Blüte sehr liebt – gehen sie nie verloren. Diese Verbindung besteht in alle Ewigkeit weiter.

F: Ich danke dir, P'taah.

F(F): P'taah, kannst du mir etwas zur Verwendung von Kristallen sagen?

P'taah: Nun, man könnte sagen, sie sind ein Werkzeug, ein Instrument beim Umgang mit Energie. Ein Kristall ist ein Verstärker und Fokussierer, und ihr könnt ihn, wie die Kristalle in euren Maschinen, in eurer Technologie, darauf programmieren, daß er Informationen speichert und freigibt. Ihr könnt die Kristalle in jedem Fall zur Verstärkung von Energie benutzen. Wir möchten aber hinzufügen, daß ihre Verwendung in dem Zusammenhang, von dem du sprichst, nicht wirklich notwendig ist, obschon sie ein sehr machtvolles Hilfsmittel sein können. Das sagen wir nur aus einem einzigen Grund, ihr Lieben, nämlich deshalb, weil wir nicht möchten, daß die Menschen ihre Macht abgeben. In der künftigen Technologie werden Kristalle eine sehr wichtige Rolle spielen, wie sie es heute schon beispielsweise in eurer Computertechnologie tun. Was aber ihre Verwendung beim Heilen und dergleichen angeht, könnt ihr dasselbe Resultat erzielen, wenn ihr euch des in eurem Schädel befindlichen Computers bedient, der von euren Gedanken und Emotionen gespeist wird, nicht wahr? Wir wollen den Gebrauch von Kristallen keinesfalls schlechtmachen. Hinsichtlich ihrer Verwendungsmöglichkeiten werden noch ganz wunderbare Entdeckungen gemacht werden. Es gibt viele, viele «Aufsichtsratmitglieder», wie wir sie nennen *(andere gechannelte Energien)*, die mit den Menschen sprechen und ihnen sehr spezifische Informationen über die Verwendung von Kristallen übermitteln und auch Bauanleitungen für bestimmte Apparaturen geben, die in den neuen Technologien als Verstärker eingesetzt werden können. Wir konzentrieren uns jedoch gegenwärtig darauf, wie ihr eure eigene Macht einsetzen könnt, weil ihr Menschen darauf programmiert worden seid, alles zu nutzen außer eurem Herzen. Ihr habt vergessen, wie machtvoll dieser Computer ist, den ihr da in eurem Schädel habt, und ihr habt auch vergessen, *was Macht eigentlich ist.* Und so sind die Leute wie besessen hinter diesen Informationen her. Ihr könnt euch auf die Suche machen und sie finden, aber wir sagen euch: Nichts ist wichtiger, als daß ihr versteht, wer ihr seid; *daß ihr versteht, daß eure größte Macht in der Liebe zum SELBST besteht;* daß ihr wißt, daß ihr wirklich ein Ausdruck des Göttlichen seid; daß ihr wißt, daß eure ganze Welt tatsächlich durch das Bewerten und Urteilen geschaffen wird und ihr etwas völlig anderes erschaffen könnt. Wenn ihr dieses wunderbare andere durch Akzeptanz, durch Sein, durch die Liebe zum SELBST erschaffen habt, wird alles, werden *alle* diese Dinge für euch an ihren Platz fallen, und ihr werdet keinen Kristall brauchen, um einen ganz neuen Körper zu erschaffen, wenn es das ist, was ihr wollt. Verstehst du?

F: Ja, ich verstehe jetzt, danke. Ich war mir bislang unsicher, weil soviel darüber erzählt wird.

P'taah: In der Tat. Vieles, was ihr darüber lest, hat absolut seine Gültigkeit. Aber seid euch darüber im klaren, daß vieles davon den «Märchen» zuzurechnen ist.

F(M): P'taah, wenn man Geschäftsmann ist und sich mit dem Universum in Übereinstimmung befindet, gibt es doch nur noch Gewinner, oder?

P'taah: Absolut, Lieber. Wenn du an Geschäfte denkst, dann geht es dabei doch hauptsächlich um Gewinn und Verlust, nicht wahr? Nun, weißt du, in diesem wunderbaren Universum der Fülle *braucht es den Verlust nicht zu geben.* Euer Universum hat reichlich für alle Menschen, *alle Wesen.* Wenn du weißt, daß du die Fülle haben kannst, ganz gleich, was du dir wünschst, erkennst du, daß du nichts brauchst. Und wenn du das verstehst, kannst du die Fülle erschaffen und dir in jedem Augenblick, bei jeder Transaktion, bewußt sein, daß du damit das SELBST ehrst; du weißt, daß du erschaffen kannst, was immer du willst – *ohne dringendes Bedürfnis und ohne Verzweiflung* –, und damit stellst du eine Situation her, in der es nur Gewinner gibt.

F: Das klingt wundervoll, danke.

P'taah: Es ist wirklich wundervoll, betrachte also ein Geschäft nicht als eine Sache von Gewinn und Verlust. *Sieh es immer als wunderbaren Gewinn für alle an.*

F: Danke. Könntest du mir bitte den Unterschied zwischen der Licht-Familie und der Weißen Bruderschaft erklären? Besteht da ein Unterschied, oder sind sie dasselbe?

P'taah: Nun, da besteht vielleicht ein Unterschied im Bewußtsein der Menschen. Die sogenannte Licht-Familie oder Weiße Bruderschaft steht auf der Seite von Erweiterung und Friede und Liebe und Harmonie. Mit anderen Worten, sie ist das Gegenteil, die Polarität, von dem, was ihr die Illuminaten* nennt.

F: Wer und was sind die Illuminaten?

P'taah: Es sind die Macht-Makler eures Planeten, und nicht nur eures Planeten. Es sind die Leute, die alle die versklaven wollen, die sich versklaven lassen, aber das ist alles eine Sache der Wahl. Ihr braucht euch nicht versklaven zu lassen. Ihr braucht euch nicht darauf einzulassen. Wenn ihr das SELBST achtet und ehrt, wenn ihr *alle* Dinge ehren könnt, wenn ihr euch in Unabhängigkeit und Freiheit befindet, im freien Reich des SELBST, dann laßt ihr Unabhängigkeit und Freiheit für alle zu, für alle Menschen, für alle Geschöpfe; und wie könntet ihr versklavt werden, wenn ihr nicht bedürftig und verzweifelt seid, da ihr wißt, wer ihr seid, und wißt, daß ihr ein Ausdruck des Göttlichen seid? Und ihr müßt begreifen, ihr Lieben, daß die, die die Menschen versklaven wollen, in Angst vor der eigenen Versklavung leben. Es ist nur eine Angst wie jede andere.

F: Ich habe gehört, daß Wesen der Licht-Familie heruntergekommen sind, um beim Übergang zu helfen.

P'taah: In gewisser Hinsicht könnte man so sagen. Aber, siehst du, es hat immer Wesen gegeben, die den Menschen beistehen.

F(M): Was passiert, wenn eine Person aus bestimmten Gründen einen Ort zu manifestieren wünscht, und eine andere Person

* Ursprünglich ein Geheimorden der Jesuiten und Franziskaner. Der heute existierende Illuminatenorden wurde am 1. Mai 1776 von dem bayerischen Rechtsprofessor Adam Weishaupt gegründet, einem Großmeister der Freimaurer.

möchte aus anderen Gründen denselben Ort für sich haben, und beide haben ein Bewußtsein von ihrer Göttlichkeit?

P'taah: Sie erschaffen etwas Wunderbares, Geliebter. Was sonst sollte deiner Ansicht nach passieren, wenn zwei göttliche Wesen etwas zu erschaffen wünschen? Man nennt es wunderbare Co-Kreation.

F: Das habe ich nicht gemeint.

P'taah: Das weiß ich.

F: Was passiert, wenn jeder ein anderes Ziel verfolgt?

P'taah: Aber schau, hinter deiner Frage steht der Gedanke, daß es nur dies *oder* das geben kann. In Wahrheit kann es dies *und* dies *und* dies geben, in Harmonie, in Liebe, in Göttlichkeit.

F: Wenn sie also nicht zu dem kommen, was sie ursprünglich wollten, werden sie wahrscheinlich letztendlich mit etwas Besserem aufwarten?

P'taah: Lieber, *was auch* geschieht, es ist immer zum Nutzen der betreffenden Person. Deine Worte zielen auf ein Urteil darüber ab, was das Bessere, das Beste ist. Verstehst du? So muß es nicht sein. Du mußt wissen, Lieber, daß, *gleich, was* in deinem Leben geschieht, du dir genau die Gelegenheit erschaffst, aus der du den größten Nutzen ziehen kannst. Das nennt man Integrität der Seele. Was auch immer sich ereignet, du kannst ohne Verlust davon profitieren, denn der Verlust stellt eigentlich eine Bewertung dar.

F: Oder es ereignet sich etwas nicht?

P'taah: Lieber, das kann von wunderbarem Nutzen sein. Alles das ist dazu da, daß ihr etwas über Bewertung und Verurteilung lernt. Aber schau, Geliebter, wenn du dir deiner Göttlichkeit bewußt bist, wenn du der erleuchtete Meister bist, der zu sein du dir sehnlichst wünschst, dann gibt es kein Urteilen und Bewerten, und alles wird in größtmöglicher Harmonie erschaffen. Es entsteht eine Situation, in der es nur Gewinner gibt. Eigentlich ist diese Situation immer gegeben, wenn ihr sie nur als solche begreifen könntet.

F *(eine sehr junge Dame)*: P'taah, ich dachte, du könntest ein bißchen darüber sprechen, wann wir aufhören, zu träumen oder zu glauben, daß wir von Gott und von unseren Brüdern getrennt sind.

P'taah: Nun, ihr werdet nie aufhören zu träumen, weil das Träumen nur ein schöpferischer Prozeß ist. *Aber wenn ihr zu der Erkenntnis gelangt, daß es keine Trennung von irgend etwas gibt, werdet ihr das Universum verändern. Schau, manche von euch haben immer mal wieder für Momente dieses Wissen. Großartige Momente der Erleuchtung. Ihr werdet bemerken, daß diese Momente, wenn sie immer und immer wiederkommen, länger und länger anhalten werden, bis es schließlich keinen Augenblick mehr gibt, in dem ihr nicht wißt, daß ihr wahrhaft Gott seid. Und wenn diese Zeit kommt, Geliebte, wird euer Planet unvorstellbares Licht ausstrahlen. Regenbogenfarben tanzen wie in einem spektakulären Feuerwerk, um die Galaxien zu erhellen. Der Planet wird ein glanzvoller Widerschein des GOTTES, DER ICH BIN, sein.*

F(M): P'taah, in der letzten Woche habe ich eine Frage zu den beiden Gehirnhälften gestellt. Ich möchte nur wissen: Ist es definitiv eine Tatsache, daß die eine Gehirnhälfte den kreativen oder weiblichen Aspekt repräsentiert?

P'taah: So ist es. Ihr habt zwei voneinander getrennte Gehirnhälften.

F: Aber muß unbedingt die rechte Seite die kreative sein?

P'taah: So ist es angelegt.

F: In allen Fällen?

P'taah: Richtig.

F: Warum kann es in bestimmten Fällen nicht mal andersherum sein?

P'taah: Das ist so, als würdest du fragen, warum nicht ein Ohr auf deinem Scheitel und das andere an deiner Fußsohle sitzt. So seid ihr programmiert, um euch wiederzuerschaffen.

F: Ich frage das, weil es unter den Menschen Linkshänder und Rechtshänder gibt.

P'taah: Richtig.

F: Ich habe Situationen erlebt, die mich glauben lassen, daß es bei meinen Gehirnhälften umgekehrt ist. Übrigens bin ich auch Linkshänder. Könnte es also sein, daß bei mir die linke Gehirnhälfte die kreative Seite ist?

P'taah: Es geht eigentlich nicht so sehr um die Frage, ob die Polaritäten physisch andersherum gelagert sind. Es geht darum, daß ihr euch dieses Ausdrucksmodus bedient. Es gibt viele Linkshänder unter den Menschen; viele Familien, in denen alle Linkshänder sind. Tatsächlich gibt es ganze Gemeinschaften von Menschen, bei denen generell die linke Körperseite gewandter ist als die rechte. Wichtiger jedoch ist die Frage, Geliebter, wie ihr einen Waffenstillstand im Krieg zwischen den männlichen und weiblichen Aspekten in eurem eigenen Innern bewerkstelligt. Schau, du sprichst nur vom physischen Körper. Doch wie wir bereits sagten, ist es eure Lichtenergie, die euer Gehirn in Gang hält.

F: Könntest du das bitte wiederholen?

P'taah: Euer Gehirn wird in Bewegung gesetzt durch das, was ihr seid, und ihr seid nicht euer Gehirn. Ihr versteht, daß ihr mehr seid als nur euer Gehirn. Die Seelenenergie, die Lichtenergie hält euren Körper in Gang, eure Physikalität. In jedem findet ein Krieg zwischen dem Männlichen und dem Weiblichen statt, und sehr oft unterdrücken die Männer die weibliche oder negative Energie in höherem Maße, sind stärker im Nicht-Zulassen befangen. Daher ist hier das Physische nicht wirklich maßgeblich. Das ist so, als hätte jemand sein Herz auf der rechten statt auf der linken Seite. Es gibt natürlich viele, bei denen das der Fall ist. Und ihr physischer Körper läßt sie trotzdem funktionieren. Mag sich ihr Herz auch auf der anderen Seite befinden, so unterscheiden sie sich doch in dem, was sich in ihrem Innern, im ISTSEIN ihrer selbst, abspielt, in nichts von allen anderen. Damit will ich sagen: Egal, wie sich das nun im Innern eures Körpers verhält, wir befassen uns mit eurer Energie, eurem ISTSEIN; ob ihr nun ohne Gliedmaßen geboren werdet oder eure Organe sich an einer anderen Stelle befinden als bei anderen Menschen, die Tatsache, daß ihr in einem Körper existiert und als lebendiges, atmendes menschliches Wesen funktioniert, bedeutet, daß ihr ein Herz und eine Seele habt. Ihr habt zwei Energie-Polaritäten. Wir bitten euch nur darum, zuzulassen, daß diese beiden Polaritäten eins werden.

F: Das ist mir klar, aber ich glaubte, daß die kreative weibliche Seite für Übergriffe und Kränkungen offener ist als die männliche Seite. Da hat mich einmal ein Kerl beschimpft. Noch nie in meinem Leben habe ich einen solchen verbalen Angriff erlebt. Er brüllte in mein rechtes Ohr, und das Ganze ging nach oben und total an mir vorbei. Daraus schloß ich, daß meine rechte Gehirnhälfte dies abgewehrt haben muß. Wäre es die linke Seite gewesen, hätte ich alles absorbiert.

P'taah: Das ist nicht so, Geliebter. Wenn es so wäre, würden auf eurem Planeten nicht mehr viele Frauen am Leben sein. Man nennt das «abschalten», Lieber. Einfach «abschalten». Tatsächlich gibt es Frauen, die abschalten, sonst würden sie sterben. Es spielt also keine Rolle, ob es sich um Frauen oder Männer handelt, denn wie wir schon viele Male sagten, agiert die Menschheit aus der männlichen Energie heraus. Das nennt man Überleben.

F: Du sagtest, die weibliche Energie sei negative Energie.

P'taah: In wissenschaftlichen Begriffen gesprochen. Die Leute sind nur verstört, wenn ihr «negativ» mit schlecht gleichsetzt. Mit negativer Energie ist das empfängliche, aufnahmefähige Prinzip im Rahmen eurer Technologie gemeint.

F: Wie kann denn negative Energie kreativ sein?

P'taah: Aber schau, aus der Leere der Empfänglichkeit entsteht alle Kreativität. Eurer Ansicht nach ist negative Energie ein Nichts. Ihr meint, sie sei weniger gut. Das ist nicht so. Das ist ein Werturteil. Sie ist nur etwas anderes. Verstehst du?

F: Ja, ich denke, ich lerne ein bißchen dazu.

P'taah: Tust du.

F(F): P'taah, ich nehme oft einen Lichtblitz wahr, und manchmal bleibt dieses Licht auch, obwohl es keine für das physische Auge wahrnehmbare Lichtquelle gibt. Kannst du erklären, was sich da ereignet?

P'taah: Sprichst du von etwas, das sich zum Beispiel ereignet, wenn du mit geschlossenen Augen im Bett liegst?

F: Nein, es geschieht zuweilen tagsüber.

P'taah: Und es rührt nicht von einer Lichtquelle her?

F: Nicht von einer Lampe oder... Es sind einfach Blitze. Manchmal bleibt das Licht so wie die Lichtspiegelung eines Fensters, und ich kann es an dieser Stelle halten.

P'taah: Nun, das, was du siehst, ist sehr oft ein Widerschein von Energie, von Lichtenergie. Alle Energie gibt Licht ab. So geschieht es oft, daß ihr eine Energiekonzentration auffangt und deren Licht seht. Das ist das gleiche, wie wenn ihr die Lichtenergie eines Menschen wahrnehmt. Das, was du manchmal siehst, würdet ihr als Lichtwesenheit bezeichnen.

F: Ich danke dir.

F(M): P'taah, da wir schon von Lichtern sprechen, ich sehe oft Lichtpunkte, ganze Anhäufungen von Lichtpunkten, und sie schweben, bevor sie verlöschen.

P'taah: Das ist genau dasselbe.

F: Meist sind sie weiß oder bläulich.

P'taah: Tatsächlich. Du siehst einfach Energie.

F(M): Was diese Lichter angeht: Nimmt man sie auf physischer Ebene wahr, oder gleicht dies eher einer Visualisierung?

P'taah: Es ist das, was ihr eine physische Erscheinung nennt. Ihr wißt, daß Energie etwas Physisches ist, das sich für euch aber nicht in Form von Materie, sondern in Form von Licht ausdrückt. Und es gibt Wesen, geistige Wesen, die wir Lichtwesen nennen, die keinen physischen Körper haben, die aber dennoch gewahrende und bewußte Wesen sind. Sie werden von den Menschen sehr oft nicht, häufig aber doch wahrgenommen.

F: Ist das etwas anderes als das Licht, das man beim Visualisieren sieht?

P'taah: Das ist es in der Tat. Das heißt aber nicht, daß das Licht, das du in einer Visualisierung siehst, nicht real wäre. Es ist real. Es gehört nur einem anderen Realitätsbereich an. Das ist so, wie wenn du diesen Stuhl in seiner physischen Materie anschaust, er IST. Wenn wir diesen Stuhl wegnehmen und aus deinem Blickfeld rücken und ich zu dir sage: «Schließ die Augen, und du wirst den Stuhl sehen» – dann, siehst du, existiert er immer noch in deiner Realität. Sie ist nicht weniger wirklich, sie ist nur eine andere Wirklichkeit. Und nicht anders verhält es sich, wenn wir von den vielen Erden sprechen, die denselben Raum besetzen und die alle real sind. Sie haben ihre eigene stoffliche Dichte in ihrer eigenen Raum-Zeit. Da sie sich nicht in eurem Fokus befinden, sind sie für euch nicht real. Schaut, ihr Lieben, in eurer kulturellen Familie westlichen Denkens gilt nichts als real, was nicht stofflicher Natur ist. Viele von euch begreifen allmählich, daß dem nicht so ist. Die Wirklichkeit ist viel wunderbarer als die Materie.

Das reicht für heute, ihr Lieben. Das war heute abend eine interessante Diskussion für euch, und ihr habt genug in euch aufgenommen, nicht wahr? Der Gedanke, daß wir unser Publikum einschläfern, würde uns nicht gefallen. Tatsächlich seid ihr alle momentan geistig sehr aktiv, doch genug ist genug. Wir müssen noch was für das nächste Mal übrigbehalten, oder?

Wir verlassen euch also mit Dank und Hochachtung und wollen wie immer der Freude Ausdruck geben, die es für uns bedeutet, bei euch zu sein. *(P'taah bedankt sich beim Gastgeberpaar.)*

Also geht mit großem Gewinn. *(Das Publikum reagiert amüsiert.)* Lauter Gewinner, wie? Ich liebe euch alle sehr. Ich danke euch und guten Abend.

Sechste Übermittlung

22. Januar 1992

P'taah: Guten Abend, ihr Lieben. Es ist uns eine große Freude, daß ihr hier seid. Und somit erklären wir das Forum für eröffnet.

F(M): P'taah, ich möchte auf das Manifestieren von Dingen zurückkommen. Ich habe immer noch ein kleines Problem mit unseren Glaubensvorstellungen. Was die grundlegenden Überzeugungen angeht, bin ich mit mir im reinen, aber da gibt es etwas Unterschwelliges, von dem ich nichts weiß. Wie kann ich da herankommen?

P'taah: Lieber, du hast es schon einmal benannt, als du sagtest: «Wenn ich mich nicht darum bemühe, geschieht alles.»

F: Wenn ich mich nicht darum bemühe, geschieht alles?

P'taah: Aber du weißt es. Letzte Woche haben wir mit dir über Gewinn und Verlust gesprochen, und darüber, daß du eine Situation herstellen kannst, bei der es nur Gewinner gibt. Nun, wenn wir mit dir über das Geschäftemachen sprechen, denkst du daran, wie hart du arbeiten, wie konzentriert du in deinen Bemühungen sein, wie sehr du dich anstrengen mußt – zumindest, was dein Gehirn betrifft –, um Erfolg zu haben; um dieses flüchtige Ding namens Geld zu verdienen. Ist es nicht so?

F: Ich habe entdeckt, daß ich das nicht unbedingt muß.

P'taah: Warum machst du dann damit weiter?

F: Ich möchte gerne bestimmte Dinge haben.

P'taah: Ja sicher, aber schau, du hast gesagt, daß du dich nicht mehr angestrengt bemühst, doch auf geistiger Ebene tust du es noch immer. Du weißt nicht, daß, wenn du dir die Vorstellung von Fülle erschaffen hast, es auch so ist. Du befindest dich noch immer in dem *Wissenszustand*, daß die Dinge sich nicht-manifestiert haben. Schau, Lieber, wenn du verstehst, daß du alle von dir gewünschten Dinge sofort manifestieren kannst, nur indem du *weißt*, daß es so ist, wirst du nicht mehr an sie als künftige Dinge denken. *Wenn du dir irgend etwas als sich in der Zukunft ereignend denkst, wird es immer in deiner Zukunft existieren.* So zum Beispiel, wenn du sagst: «Ich habe gegenwärtig kein Geld, aber wenn ich in meinem Unternehmen erfolgreich bin, werde ich Geld haben; ich bin gegenwärtig nicht glücklich, aber wenn das und das in Zukunft passiert, werde ich glücklich sein.»

F: Ich weiß nicht, wie ich diese Erkenntnis verinnerlichen kann.

P'taah: Nun, du kannst sicher damit anfangen, daß du auf deine Worte achtest. Das gilt für euch alle. Redet nicht davon, wieviel Geld ihr *nicht* habt. Sprecht immer im Bewußtsein, daß das Geld, das ihr euch wünscht, bereits zu euch unterwegs ist. Es ist keine künftige Angelegenheit, es *ist schon* so. Es hat sich nur noch nicht auf der physischen Ebene manifestiert, daß ist alles. Sobald ihr den Gedanken, die Vorstellung erschaffen habt, IST es so. Denkt daran, daß es nur das Jetzt gibt. Es gibt keine Zukunft. Es gibt nur das Jetzt, denn aus diesem JETZT heraus baut ihr eure Zukunft auf.

F: Heißt das, daß ich mich um nichts bemühen muß, daß ich nichts dazu tun muß? Daß ich es nur zuzulassen und darauf zu warten brauche, daß es geschieht?

P'taah: Richtig, aber wir möchten euch sagen, daß ihr eure Absicht bekunden, daß ihr zeigen müßt, daß ihr wißt, daß es bereits IST; daß euer Tun aus der Freude des Herzens und in dem Wissen geschieht, daß das Geld bereits da IST. Die Absichtsbekundung bedeutet kein Bemühen, so wir ihr diesen Begriff versteht. Sie bedeutet vielmehr die Absichtserklärung, daß es bereits existiert. Wenn ihr zum Beispiel ein florierendes Unternehmen habt, kümmert ihr euch um den Alltagsbetrieb; ihr bekümmert euch nicht ums Geldverdienen, sondern achtet nur noch darauf, daß das Geschäft weiterhin läuft. Begreift ihr den Unterschied in der Vorstellung?

F: Was tut man, wenn man kein so erfolgreiches Unternehmen hat und mehr Geld braucht?

P'taah: Bleib unbeirrbar in deinem Wissen, Lieber. Der Erfolg des Unternehmens hängt allein davon ab, wie es in deinem Innern aussieht. Alle Dinge im Außen sind nur ein Spiegelbild deiner selbst. Wenn du dich in einer Situation befindest, die du als nicht-erfolgreich bewertest, dann, weil du dich selbst für nicht-erfolgreich hältst. Nun gibt es viele Gründe dafür, daß du dich für einen Versager halten magst, und das hat mit deinem Selbstwertgefühl zu tun, worüber wir bereits mit dir sprachen. Verdienst du es, Geld zu haben? Zeugt es von mangelnder Spiritualität, wenn du Geld hast? Und so weiter und so fort. Auf diese Weise magst du an deine Kernüberzeugungen in bezug auf Geld herankommen. Wenn du durch und durch davon überzeugt bist, daß du die Fülle verdienst, und wenn sie dir dann immer noch nicht zufließt, dann schau dir an, Lieber, ob sich deine Tätigkeit mit deinem Herz verbindet. Denn wenn du in der Hoffnung, viel Geld zu verdienen, eine Tätigkeit anstrebst, die du nicht magst, erweist du dir wahrlich keinen guten Dienst.

F(M): Wenn wir uns allmählich immer mehr als das Göttliche, als das ICH BIN, begreifen, müssen wir doch auch sicherlich glauben können, daß wir der Spiegelbilder würdig sind...

P'taah: Lieber, wir werden sehr glücklich sein, wenn ihr versteht, daß ihr tatsächlich ein Ausdruck des Göttlichen seid, daß ihr tatsächlich alles verdient.

F: Das muß doch auch für die Frage gelten, die ich letzte Woche hinsichtlich der Möglichkeit stellte, daß amputierte Gliedmaßen nachwachsen.

P'taah: Aber natürlich. Für alles.

F: Offensichtlich bin ich jetzt frei, oder aber ich bin es nie. Ich bin jetzt göttlich, oder ich werde es nie sein.

P'taah: Absolut, und, wißt ihr, ihr Lieben, wir möchten euch daran erinnern, daß ihr in diesem beschränkten Wahrnehmungszustand durchaus ab und zu versteht, daß ihr ein Ausdruck des Göttlichen seid. Im Herzen *wißt* ihr, daß es keine Trennung gibt, und manchmal habt ihr Erleuchtungsmomente, in denen ihr wirklich wahrnehmt, daß ihr tatsächlich der GOTT, DER ICH BIN, seid. Dann ist dieser Augenblick vorbei, und euch geht eure Einsicht verloren. Wir möchten euch daran erinnern, daß ihr euch gegenseitig, daß ihr eine andere Person ebenfalls nur innerhalb der Grenzen dieses Wahrnehmungsvermögens versteht. Wenn ihr also die Grenzen einer anderen Person wahrnehmt und begreift, daß diese nur ein Spiegelbild eurer eigenen Grenzen sind, muß euch bewußt sein, daß ihr das Gotteslicht eines anderen eben nur in diesem eingeschränkten Maße schaut. Und das ist in Ordnung, ihr Lieben. Ihr sollt euch nicht dafür verurteilen. Ihr sollt euch nicht mit anderen vergleichen, nicht fragen, ob ihr mehr oder aber weniger «erleuchtet» seid als der andere, denn angesichts eurer beschränkten Wahrnehmung eures wahren Wesens habt ihr im Grunde keine Ahnung davon. Jedermann hat seinen eigenen Weg. Wir haben bereits gesagt, daß der Weg zu einem erweiterten Bewußtsein nicht unbedingt das ist, was ihr als spirituellen Pfad betrachtet. Zumal die meisten von euch äußerst festgefügte Ansichten darüber haben, wer ein spiritueller Mensch ist und wer nicht. Daran möchten wir euch nur erinnern.

F: Das heißt also, man tut sich das, was man einem anderen antut, zuerst selbst an?

P'taah: Warum, glaubst du, sagen wir euch, daß alles eine Co-Kreation ist, aus der jedermann seine Lehren zu ziehen hat?

F(M): Die Evolutionstheorie, die allgemein vertreten wird...

P'taah: Sprichst du von der Darwinschen Evolutionstheorie?

F: Ja. Von der Theorie, wonach der Mensch vom Tier abstammt. Es gibt eine gegensätzliche Theorie, der zufolge der Affe das Resultat menschlicher Aktivitäten ist, die in der Vergangenheit stattgefunden haben. Kannst du dazu etwas sagen?

P'taah: *Die Darwinsche Evolutionstheorie ist nicht richtig.* Der Mensch stammt nicht vom Affen ab. Der Mensch ist Sternensaat. Was die Affen angeht, eure Primaten, so gab es vor Äonen eurer Zeit, vor mehr Jahren, als ihr vielleicht denkt, Wesen mit einer ähnlichen genetischen Struktur. Aber die Behauptung, daß der Mensch vom Affen abstammt, ist nicht richtig.

F: Ist die Affengestalt das Resultat menschlicher Aktivitäten zu irgendeiner Zeit?

P'taah: Sie ist gewiß das Resultat einer Gentechnik, und diese wurde von den Sternenwesen angewandt.

F: Ich habe eine Frage zu einem völlig anderen Thema. Wir sprechen hier eigentlich nie über die Persönlichkeit. Wir alle agieren im Wachzustand aus unserer Persönlichkeitsstruktur mit all ihren ererbten Beschränkungen und Vorstellungen heraus, wir zeigen unsere Fassade.

P'taah: Aber, Lieber, in gewisser Weise beziehen wir uns ständig darauf. Wie wir euch bereits sagten, geht es nicht um die Auslöschung des Ego. Man soll nicht meinen, die Ich-Persönlichkeit sei etwas, das überwunden werden muß. Das ist nicht so. Das sogenannte Ego existiert, um euch zu dienen. Das Gehirn existiert, um euch zu dienen. Die Ich-Persönlichkeit setzt sich aus den Informationen zusammen, die ihr über die morphogenetische Resonanz, das Anzapfen des menschlichen kollektiven Unbewußten bezieht. Sie ist auf ihre Weise äußerst komplex, und ihr sollt nichts davon negieren oder verwerfen. *Der Gegenpol dieser Komplexität ist die bloße Tatsache, daß es keine Trennung gibt, und wenn ihr den Schutzschild vor eurem Herzen entfernt, wenn ihr eure Ängste umwandelt – und es ist die Angst, die den Schutzschild an seinem Platz hält –, dann werdet ihr von einem anderen Ort aus agieren.* Doch die Ich-Persönlichkeit ist etwas Wundervolles, sie ist das, was euch zum Individuum macht; sie macht jeden einzelnen von euch zu einer Facette des Wunderbaren, zu einem herrlichen Juwel namens Menschheit, welche die sich in der dritten Dichte ausdrückende Göttlichkeit ist. Es geht nicht darum, daß ihr eure Ich-Persönlichkeit aufgebt, ihr sollt nur alle Facetten eures eigentlichen Wesens integrieren.

F: Um die Integration aller Facetten unseres eigentlichen Wesens zu verwirklichen, bedarf es des Überblicks. Ich spreche hingegen von der Persönlichkeit, die zäh an der Überheblichkeit, an der Vorstellung von der eigenen Wichtigkeit, festhält.

P'taah: Du sprichst im Grunde vom Ego. Es ist hilfreich, wenn du den Überblick hast, aber wir möchten sagen, daß die Ausdrucksformen des Eigennutzes des sogenannten Ego nur Ausdrucksformen der Angst sind. Und was das angeht, so ist die Sache ganz einfach. Ihr könnt euch jeden Lebensbereich vornehmen, in dem ihr nicht glücklich seid, nicht funktioniert und so weiter, jeden Lebensbereich, der ein Gegenpol der Liebe ist, und euch klarmachen, daß er angstbesetzt ist; dann müßt ihr diese Angst anerkennen und umwandeln.

F(M): P'taah, ich komme auf das Streben nach Fülle zurück. Ist es richtig, daß, wenn wir mit dem Herzen oder Verstand glauben, daß wir hart arbeiten müssen, um zur Fülle zu gelangen …

P'taah: Absolut, genau das wird geschehen, Geliebter, und es ist keine Sache des Verstandes, weißt du. Wissen ist keine Verstandessache, denn schau, unser geliebter Freund weiß das alles auf intellektueller Ebene sehr gut, aber es reicht nicht aus. Es geht um das Herzenswissen, das absolute Wissen bis hinein in die Zellstruktur, daß du Fülle haben kannst ohne die sogenannte Arbeitsethik, die Bestandteil eurer Konditionierung ist. Und es geht um das Wissen, daß die Fülle für *jeden* Menschen da ist.

F: Ja, das ist richtig, aber wir alle wollen noch einen kleinen Extrateil für uns, nicht wahr?

P'taah: Lieber, die Fülle hat keine Grenzen, weißt du.

F: Ich bin gerade dabei, das zu entdecken. Ich habe ein paar Experimente durchgeführt und festgestellt, daß es tatsächlich funktioniert.

P'taah: Denkst du denn, daß wir euch anlügen, Lieber? Wir sind sehr präzise, weißt du. Was wir euch sagen, ist zu eurem Nutzen, wir wollen euch nicht in die Irre führen.

F(F): P'taah, ich liebe dich. Wenn ich mit dir Kontakt habe, verliebe ich mich in mich selbst. Ich danke dir.

P'taah: Geliebte, ich liebe dich, und es ist mir eine Herzensfreude, daß du das, was man Liebe zum Selbst nennt, verstehst, denn deshalb sind wir eigentlich hier. Wir sind hier, damit jede Wesenheit zur Freude und zur Anerkennung dessen, was sie ist, gelangen möge.

F(M): Guten Abend, P'taah. Ich habe ein Problem damit, die Liebe zu mir selbst, und vielleicht auch die für andere, zu entwickeln. Wie soll ich es anfangen, daß sie wächst, daß ich diese Liebe zu mir selbst und zu anderen und allem verstehe?

P'taah: Laß uns bei dir anfangen. Du weißt, *die Liebe zum Selbst bedeutet im Grunde Nicht-Verurteilung des Selbst*, und du kannst deine Gedanken in dieser Richtung überwachen. Ertappst du dich bei einem Gedanken, der eine Beschränkung oder Verurteilung deiner selbst darstellt – und, weißt du, sehr oft ertappt man sich dabei nicht rechtzeitig, das ist in Ordnung –, also, in solchen Momenten der Selbst-Verurteilung (oder auch der abfälligen Urteile über Dinge oder Personen im Außen, denn das ist in der Tat dasselbe) brauchst du dir nur ins Gedächtnis zu rufen, daß sich die Quelle, der Gott/die Göttin, das ALLES, WAS IST, in jeder Partikel manifestiert. Wenn du an dich selbst denkst, die Persönlichkeit, die du bist, dann entsinne dich, daß es nicht einen Aspekt, nicht eine Facette, nicht einen Gedanken, nicht eine Handlung von dir gibt, die nicht Ausdruck des Göttlichen ist. *Mit anderen Worten, sie alle sind zulässig, sonst würden sie nicht existieren.* Wenn du dich an eine derartige Überwachung deiner Gedanken gewöhnst, wird dieses Denken nach und nach Wirklichkeit werden; das Wissen in dir, daß du *wahrhaft Gott bist, jeder Teil von dir,* wird allmählich seinen Widerhall finden. Du brauchst dir hier also keine hohe Hürde aufzubauen, die du dann zu nehmen versuchst, sondern du kannst lernen, so, wie ein kleines Kind gehen lernt, wie du dich ohne Selbst-Verurteilung akzeptierst und bestätigst. Und du wirst bei jedem Schritt feststellen, Geliebter, daß du unterstützt wirst. Es findet sich immer Hilfe und Beistand, immer.

F: Ich soll mich also nur akzeptieren und gewähren lassen, und alle anderen auch?

P'taah: So ist es, Geliebter, und wenn du gelernt hast, dich gewähren zu lassen, bringt diese Einwilligung die Hochachtung vor dem Selbst, die Integrität des Selbst mit sich, und dann wird in diesem Wissen von deinem eigenen Gotteslicht wahrhaft Liebe sein. Wisse, Geliebter, du bist des Liebens wert.

F: Ich mache mich gewissermaßen selbst fertig.

P'taah: Ich weiß. Das geschieht sehr leicht. Ihr seid in gewisser Weise alle darauf programmiert, weil man den Menschen, die in dieser Kultur leben und aufgewachsen sind, gesagt hat, daß sich eine gute Meinung von sich selbst nicht schickt. So etwas nennt man Eitelkeit, nennt man Selbstverherrlichung und so weiter. Wißt ihr, eure Eltern und deren Eltern haben da sehr gute Arbeit geleistet, aber das ist in Ordnung. Das ist alles gewählt, ist Co-Kreation. Da ihr die Trennung kennt, da ihr das Verurteilen kennt, da ihr den Selbsthaß kennt, könnt ihr nun zu einem Verständnis von Gewährenlassen und Liebe gelangen. Und schaut, ihr Lieben, ihr sollt euch nicht allzu viele Sorgen um andere Menschen machen, denn wenn ihr zum Gewährenlassen und zur Selbst-Liebe gelangt, teilt sich das allen anderen mit und strahlt dann auf euch zurück. So ist es.

F(F): P'taah, du hast gesagt, wir sollten Aufzeichnungen von unseren intuitiven Eingebungen machen. Das habe ich getan. In den letzten paar Wochen habe ich schon auf Ereignisse reagiert, bevor sie eintraten.

P'taah: Wie außergewöhnlich, Liebe.

F: Es scheint immer mehr zuzunehmen.

P'taah: Das wird es. Das ist so wie mit jeder anderen Fähigkeit: Wenn du sie erweiterst und ausdehnst und in sie hineinwächst, wird auch sie sich erweitern und ausdehnen und wachsen.

F: Es ist sehr verblüffend.

P'taah: In der Tat, und das, was ihr als paranormal, als außersinnliche Wahrnehmung betrachtet, ist in Wirklichkeit das Geburtsrecht eines jeden einzelnen von euch.

F: Einmal wollte ich jemanden um etwas bitten, und dann dachte ich: «Nein, ich will sie selbst daran denken lassen», und da drehte sie sich auch schon um und sagte es.

P'taah: Tatsächlich, aber du weißt, daß ihr alle, ob ihr euch nun dessen bewußt seid oder nicht, telepathisch oder telempathisch miteinander kommuniziert, da ihr sowohl Emotionen als auch das, was ihr als materielle Gedankenformen bezeichnen würdet, aussendet.

F: Gefühle.

P'taah: Ja, es ist beides. Wir würden daher eher «telempathisch» als «telepathisch» sagen. Ihr alle agiert auf die eine oder andere Weise in dieser Form. Die bloße Tatsache, daß ihr euch dessen nicht bewußt seid, heißt nicht, daß es nicht geschieht. Es findet statt, und viele eurer Entscheidungen und Handlungen im Hinblick auf andere Menschen sind in Wirklichkeit ein Ergebnis dieser Kommunikationsform. Also, Glückwunsch, geliebte Frau.

F: Wunderbar. Ich danke dir, P'taah. Wird es so weitergehen?

P'taah: Aber natürlich. Alles das wird zunehmen, und ihr alle werdet zu diesem Wissen gelangen. Alle von euch.

Nun gut, ihr Lieben, es ist Zeit für eine Pause, damit ihr euch erfrischen könnt. Wir bitten euch um Stille während des Übergangs.

(Die Gruppe versammelt sich nach etwa dreißig Minuten wieder.)

F(M): Wird sich der Eintritt in den Photonenring auf das Wetter auswirken?

P'taah: Gewissermaßen ja, so, wie ihr die Sache jetzt versteht. Es wird Veränderungen geben. Einige Bereiche des Planeten werden stärker davon beeinflußt werden als andere. Das Superbewußtsein wird euer Verständnis von dem, was ihr Wetter nennt, völlig verändern. Wie wir schon sagten, ist dies eine Übergangszeit. Doch nichts ist in Stein gemeißelt, Lieber, auch nicht der «Zeitablauf» all dieser Ereignisse. Ihr sollt euch also nicht allzusehr um die Veränderungen innerhalb eures Wettergeschehens oder auch der Erde selbst oder eurer sogenannten Stratosphäre kümmern.

F: Okay, in diesem Fall wird es nach wie vor das regenproduzierende Grundwasser geben, wenngleich seine atomare Struktur in ihrem eigenen Licht erstrahlen wird?

P'taah: So ist es.

F(F): Hat sich deiner Wahrnehmung nach seit der weltweiten Fokussierung auf den 11. Januar irgend etwas an dem in Gang gesetzten Programm in bezug auf das globale Geschehen geändert?

P'taah: Diese Fokussierung, Liebe, war eigentlich die einer sich in ihrem Bewußtsein versammelnden Menschheit, die sich imstande sieht, als geeintes Wesen, als Wesenheit, den Fokus auf etwas zu richten. Verstehst du? Nun, das Ziel der Zusammenkunft zu diesem Zeitpunkt war sicherlich das, daß sich die Menschen in dem Wunsch nach Harmonie und Frieden vereinen und zudem im Universum ihre Absicht in bezug auf ein Geschehen in einer wahrscheinlichen Realität bekunden mögen. Und das habt ihr getan. Aber, wißt ihr, dies ist nicht nur eine einmalige Angelegenheit. Jeder und jede einzelne von euch *erschafft die neuen Wahrscheinlichkeiten durch die individuell bekundete Absicht, sich über einen Bewußtseinswandel zu verständigen und darüber, daß die Pforten der Kommunikation auf den Photonenring ausgerichtet werden sollen.* Es ist also nicht so, daß ihr dies einmal hergestellt habt, und damit hat es sich. Viele Menschen, die an dieser Übung teilgenommen haben, verstehen gar nicht, was sie da erschaffen, weil sie in ein Kästchen beschränkter Wahrnehmung von dem, wie es ist und sein könnte, eingesperrt sind. Trotzdem rufen der Wunsch des Herzens und die

Absichtsbekundung die Wahrscheinlichkeit auf den Plan. So lautet die Antwort in gewisser Weise «ja», aber wie alles in eurem Universum ist dies nichts Festgefügtes, Festumrissenes. Alles ist veränderlich. Alles. Also denkt daran, daß, wenn ihr etwas als so und so und so beschaffen anseht, es in Wirklichkeit nicht so ist. Es ist veränderlich, fließend, es dehnt sich aus, erweitert sich, es erschafft Möglichkeiten und Wahrscheinlichkeiten in Unendlichkeit. Dies ist der Grund dafür, daß wir euch so oft keine Ja/Nein-Antworten geben. Wir verstehen, daß ihr oft das Gefühl habt, wir gäben euch trickreiche Auskünfte oder aber seien von besonderer Begriffsstutzigkeit. In Wirklichkeit sind unsere Antworten darauf angelegt, euch verstehen zu lassen, wie veränderlich alles ist, auch das, was ihr als festgefügt und solide betrachtet, so zum Beispiel eure Erde und ganz besonders eure eigene Seinsnatur. Auch sie ist veränderlich. Auch sie erweitert sich ungeheuer, wandelt sich, bewegt sich. Ihr sitzt nicht, wie ihr oft meint, in eurem Körper fest. In dieser Hinsicht betrachtet ihr euch als eingeschränkte Wesen, seid sozusagen ein wenig im Morast steckengeblieben. Doch in Wirklichkeit ist es nicht so, und in dem Maße, wie ihr immer mehr Übung im Umgang mit euch selbst gewinnt, werdet ihr diese ständige Bewegung zulassen, werdet ihr euch als weitaus großartigere und umfassendere Wesen begreifen, und es wird diese beschränkte Sichtweise – daß ihr im Körper eingeschlossen seid – verschwinden. Dies eröffnet euch auch die Möglichkeit, Veränderungen in bezug auf das zu bewirken, was ihr als körperliche Behinderungen, Unwohl-Sein im Körper, betrachtet. Nichts muß in Stein gemeißelt sein. Ihr könnt alles ändern. Ihr habt die Macht, alles zu ändern.

F *(ein junges Mädchen)*: Hallo, P'taah. Oh, Mann ... nun, ich wollte dich fragen, welchen Beruf ich ergreifen soll. Ich hatte eine solche Angst, einen Fehler bei meiner Fächerwahl für die nächsten zwei Schuljahre zu machen, aber nachdem ich dich nun über Veränderlichkeit habe sprechen hören, mache ich mir keine Sorgen mehr.

P'taah: Ja, Liebe, und du mußt folgendes wissen: In Wahrheit ist es ganz unmöglich, daß du eine falsche Entscheidung triffst, denn es gibt kein Richtig oder Falsch.

F: Bevor ich heute abend hierherkam, sprach ich mit meiner Schwester über dieses Treffen, und das brachte uns beide ganz schön zum Ausflippen. Wir sind beide Christen, und in der Bibel steht, daß dem Herrn die Beschäftigung mit Hexerei ein Greuel ist und daß wir keinen Kontakt mit Geistern aus dem Jenseits aufnehmen sollen. Wie paßt denn das alles zusammen?

P'taah: Sehr gut. Weißt du, das ist eine sehr gute Frage. Erstens möchten wir folgendes sagen: Die, die ihr die Christen nennt, sind die Anhänger der Lehren des Joshua Ben Joseph, des Gesalbten. Das, was Christus tatsächlich zu den Leuten sagte, war, daß sie sich vor falschen Propheten hüten sollten. Und er erklärte seinen Anhängern auch, wie sie einen falschen Propheten erkennen könnten. Er sagte: *«An ihren Früchten sollt ihr sie erkennen.»* Nun, ihr Lieben, wir sind kein Prophet. Wir sind kein heiliges Wesen und wir sind nicht mehr Geist als ihr, denn schaut, wir alle sind Geist. Das ist es, was euch menschlich macht. Aber weißt du, an den Früchten kannst du dein Leben lang erkennen, was harmonisch und was nicht harmonisch ist. Und du, Geliebte, du bist die Frucht. Es geht um die Frage: Was fühlst du? Wenn du Wesen zuhörst, die dir sagen, daß du irgend etwas tun oder sein sollst, deine Intuition und dein Gefühl dir hingegen sagen: «Das ist falsch», «das ist nichts für mich», dann wird dir deine Integrität sagen, daß du dich davon abwenden sollst. Wenn du aber Frieden und Harmonie und Liebe spürst, kannst du deiner Intuition vertrauen. Wir möchten auch folgendes sagen: Die aufgezeichneten Worte eures Gesalbten sind wirklich wunderbar, aber ihr müßt auch wissen, daß viele Dinge im Laufe der fast 2000 Jahre in veränderter Form auf euch gekommen sind und nichts mit Joshua Ben Joseph zu tun haben. Es gibt vieles, was Christus zugeschrieben wird und dem Christus-Bewußtsein zugehört, aber schau, es gibt auch das, was man Religion nennt. *Religion ist das, was die Menschheit versklavt und in Ketten gelegt hat.* Es war eine Co-Kreation, die sich nichtsdestotrotz auf Angst gründete. Wenn du nicht tust, was die Kirche dir sagt, wirst du in der Hölle schmoren. Aber schau, *es gibt keine Hölle, und es gibt keine Verurteilung,* und es gibt keinen Gott, der zu dir sagt, daß du gesündigt hast und deshalb nie in den Himmel kommst. Denn du bist ein Teil von Gott, und die Hölle, das ist die Selbst-Verurteilung. Das nennt man Angst.

F *(ein kleiner Junge von etwa sechs Jahren)*: P'taah, du weißt alles, oder?

P'taah: Nun, nicht alles, aber viele, viele Dinge. Wahrscheinlich alles, wenn wir unseren Geist darauf richten, so wie du auch. So wie ihr alle, nicht wahr?

F *(der Vater des kleinen Jungen)*: Was ist mit den Menschen um uns herum? Sollen wir diesen Prozeß der Selbsterkenntnis, dieses Erlernen der Selbst-Liebe und diese Erfahrung unseres Gott-Selbst geheimhalten? Eltern und Schule bringen uns normalerweise bei, unterwürfig zu sein, aber sollen wir es geheimhalten, wenn wir dieses Stadium der Unbegrenztheit und des Wissens, daß wir Gott sind, erreicht haben?

P'taah: Geliebter, es läßt sich unmöglich als Geheimnis bewahren. Unmöglich, weil ihr zu strahlenden Wesen werdet. Alle Menschen werden von euch angezogen, und ihr zeigt durch das Beispiel eures Lebens, was es heißt, ein im Menschen verwirklichter Gott zu sein.

F: Wir brauchen also anderen Menschen nichts zu erzählen – sie würden uns ohnehin nicht glauben.

P'taah: Lieber, wir wollen folgendes sagen: Wenn du dich an eine Straßenecke stellst und den Leuten erzählst, daß du Gott bist, werden sie dich sicher in eine Zwangsjacke stecken. Wir treten für Souveränität ein, nicht für Verrücktheit. Wir haben immer gesagt, daß es nicht nötig ist, irgend etwas zu sagen, aber wir können garantieren, daß, wenn ihr mehr und mehr zu eurem eigenen Wissen gelangt und ihr über eure Einsichten in euer Universum und die Funktionsweise der Realität sprecht, viele Menschen etwas über das «warum» und «wie» erfahren wollen. Und es wird auch die geben, die Angst haben, die nichts wissen wollen und die euch verspotten. Doch der Beweis wird sein: «An ihren Früchten sollt ihr sie erkennen», und die Wahrheit ist, wenn ihr zu dieser Bewußtseinserweiterung gelangt seid, werdet ihr wie ein Prophet sein, und das hat mit dem, was ihr sagt, nichts zu tun. Diejenigen, die so beschäftigt sind, euch mit Worten zu lehren, was sie in Wirklichkeit selbst kaum verstehen, sind die sprichwörtlichen Blinden, die die Blinden führen. Doch das ist in Ordnung. Wenn ihr euch mit euren Freunden und Kollegen unterhaltet und austauscht und euch gegenseitig zu Einsichten verhelft, hat das den Effekt einer Schallmuschel. Das ist in Ordnung. Versteht ihr? Wir sagen nicht, daß ihr reden müßt. Wir sagen, wenn ihr keine Lust habt, darüber zu sprechen, braucht ihr es nicht zu tun.

F: Mit anderen Worten, andere Menschen werden durch das Beispiel aufmerksam?

F: Durch euer SEIN. Nur durch euer SEIN. Ihr kennt das, ihr Lieben. Wenn ihr in einen Raum mit vielen Menschen kommt, und da ist eine Person, die stärker zu leuchten scheint als alle anderen, dann entsteht manchmal ein wunderbares Gefühl von Heiterkeit, Harmonie, von Glück und Freude, von Lachen, und ihr fühlt euch sofort angezogen, nicht wahr? Und so ist das. Wenn jemand in einer Resonanz der Freude schwingt, wollt ihr wissen, wie und warum. Was ist das Geheimnis? Und das nenne ich Beispielhaftigkeit: ein Sein in jedem Moment des Jetzt, wie immer er auch beschaffen sein mag.

F: Das heißt aber nicht, daß wir das Wissen, das wir uns durch unsere eigenen Erfahrungen erworben haben, nicht an andere weitergeben sollten?

P'taah: Aber Lieber, es ist, wie ich dir gesagt habe. Ihr werdet auf wundersame Weise zu einer Schallmuschel; ihr könnt anderen helfen. Es ist phantastisch. Wir wollen nur nicht, daß du das Gefühl hast, du müßtest wider deinen Willen gehen und es hinausschreien.

F: Was ist, wenn sie dir nicht glauben?

P'taah: Lieber, du bist nicht dafür verantwortlich, was andere denken. Das liegt bei jedem selbst, ist dessen Wahl. Wenn sie dir nicht glauben, hat das seine Gültigkeit. Es ist ihre derzeitige Wahrheit.

F(M): P'taah, wir haben vorhin über Intuition gesprochen. Kann ich dich zum Déjà vu befragen? Wann immer mir das passiert, bin ich ganz verwirrt, weil ich mir einfach nicht erklären kann, wie es funktioniert.

P'taah: Nun, du kannst sagen, es ist ein Aufnehmen der Zukunft in den Moment des Jetzt, das ist alles.

F: Aber diese Erfahrung läßt mich glauben, daß sich bestimmte

Umstände und Handlungen schon davor ereignet haben und ich sie im Jetzt noch einmal erlebe.

P'taah: Du magst dir ins Gedächtnis rufen, Geliebter, daß alles zugleich geschieht. Du klinkst dich nur in die Wahrscheinlichkeit des nächsten Jetzt-Moments ein, und das ist dann so, als würdest du Vergangenheit, Gegenwart und Zukunft gleichzeitig erleben.

F: Es ist fast erschreckend.

P'taah: Es ist in Wirklichkeit wunderbar. Du brauchst keine Angst zu haben. Es ist nur so, daß du einen «Vorausgedanken» hattest. Du tust etwas und denkst: «Moment mal, das habe ich schon getan», und du kannst dies, wenn du wünschst, ausdehnen. Das läßt sich in gewisser Weise mit Regressionen in vergangene Leben vergleichen. Du begibst dich in einen veränderten Bewußtseinszustand, um in die Erfahrungen eines vergangenen Lebens einzutauchen. Dasselbe kannst du auch mit künftigen Leben machen. Verstehst du?

F: Nicht ganz.

P'taah: Nun, du nimmst die Zeit auf lineare Weise wahr. Aber in Wahrheit ist die Zeit nicht linear. Du kannst dir eine Filmrolle in einer Dose vorstellen. Sie besteht aus vielen Einzelbildern, die du dir anschauen kannst. Wenn du diese einzelnen Bilder aber in ihrer Kontinuität verstehen willst, mußt du die Filmrolle durch einen Projektor laufen lassen. Du könntest sagen, daß dein Geist der Projektor ist und du dir jederzeit jedes Einzelbild, gleich, ob es nun für ein ganzes Leben oder nur für einen Moment deines Lebens steht, anschauen und dir somit «ein Bild machen» kannst. Willst du aber alles in seiner Kontinuität erkennen, mußt du die Rolle von Anfang bis Ende abspulen. In Wirklichkeit ist aber alles schon da. Um jedoch für euch ein bißchen mehr Bewegung hineinzubringen, müssen wir euch sagen, daß es auch wahrscheinliche Realitäten gibt. Nichts ist in Stein gemeißelt. Es gibt viele Variablen, und ihr trefft in jedem Moment eure Wahl. Viele dieser Entscheidungen werden nicht bewußt getroffen. Viele entstammen dem umfassenderen Teil eurer Seelenenergie, um das zu manifestieren, was euch am besten dient, gleich, ob ihr es für gut oder schlecht befindet. Der Blick in die Zukunft ist jedoch der Blick auf eine wahrscheinliche Realität. Sie muß sich im Brennpunkt eurer dreidimensionalen Realität nicht unbedingt so herstellen. Das ist nicht ganz dasselbe wie ein Déjà vu, aber es gehört zum selben Phänomen. Glaubt nicht einen Moment lang, daß dies in Stein gemeißelt ist. Das ist es nicht.

F: P'taah, ist denn, wenn unsere Zukunft beweglich, nicht in Stein gemeißelt ist, auch unsere Vergangenheit beweglich und nicht in Stein gemeißelt?

P'taah: Ganz recht.

F: Also ist alles beweglich und kann verändert und umgeformt werden wie ein Stück Lehm?

P'taah: Richtig. Du kannst mittels deiner Wahrnehmung deine Vergangenheit verändern. Tatsächlich ist das, was du in diesem Moment deine Realität nennst, nur eine Wahrnehmung. Schauen wir uns die Geschichtsschreibung an. Wenn viele Menschen ihre Erfahrungen im Zusammenhang mit einem globalen Ereignis schildern, dann hat jede dieser Erfahrungen ihre Gültigkeit. Jeder beschreibt seine eigene Realität, und doch kann diese nichts mit den anderen zu tun haben, sie kann diametral entgegengesetzt sein, nicht nur hinsichtlich der physischen Wirklichkeit, sondern auch der Ideologie, der Schuldfrage und so weiter – und jeder glaubt, daß seine Geschichte die Wahrheit ist. Versteht ihr? Und so verhält es sich auch mit eurem Leben. Da gibt es zum Beispiel Leute, die von ihrer idyllischen Kindheit sprechen, davon, wie wunderschön sie war, und so ist es auch für sie, denn sie haben das, was für sie unerträgliche Traumata, Qualen und Tragödien waren, verändert. Diese von ihnen erschaffene idyllische Kindheit ist nicht weniger real, nur weil sie sich nicht tatsächlich so ereignet hat. Versteht ihr? Somit kann man sagen, daß eure Wahrnehmung eure Realität absolut verändert.

F: Ist Wahrnehmung, wenn du davon sprichst, dasselbe wie Bewußtsein?

P'taah: Richtig.

F: Wenn ich also mein Bewußtsein verändere …

P'taah: … veränderst du deine Realität, ganz recht. Und, weißt du, was immer du wahrnimmst, ist, auch wenn du nicht direkt daran beteiligt bist, Teil dessen, was du bist, sonst existierte es nicht in deiner Wahrnehmung. Nehmen wir zum Beispiel einen Krieg. Manche Leute haben physisch an ihm teilgenommen, während andere Leute in anderen Ländern ihn nicht auf physischer Ebene mitgemacht haben, und doch ist er in ihrem Bewußtsein und damit Teil ihrer eigenen Erfahrung. Es ist eine andere Erfahrung, aber sie hat ihre Gültigkeit. Es ist ihre Geschichte.

F: Das heißt also, daß wir, wenn wir uns in unserem Leben, in diesem Augenblick, bestmöglich darum bemühen, die Dinge aus einer anderen Sicht zu sehen, zu einer umfassenderen Sicht und einem tieferen Verständnis gelangen. Und damit verändert sich unsere Realität.

P'taah: Aber natürlich. Weißt du, in gewisser Weise läßt sich das mit zwei Kindern vergleichen. Das eine geht zur Schule und lernt Lesen und Schreiben, während das andere Kind das nicht tut. Das Kind, das lesen kann, wird durch den Einfluß verschiedenster Ideen eine umfassendere Sicht der Realität haben, während das andere Kind vermutlich eine beschränktere Sicht hat. Das heißt nicht, daß diese keine Gültigkeit hat, denn die echte Wahrnehmung ereignet sich im Herzen und hat nichts mit dem analytischen Verstand zu tun. Tatsächlich gab es wunderbare Meister auf eurem Planeten, die ganz einfache Menschen waren. Frauen und Männer, vor allem Frauen. Wißt ihr, es gab viele wunderbare Prophetinnen, aber ihre Einflußsphäre war eine andere und in einer männlich orientierten Gesellschaft nicht zulässig. Männer sind an eine männliche Autoritätsfigur gewöhnt; nicht in jeder, aber in vielen Gesellschaften, und sicherlich in denen, die eure gegenwärtige Kultur geprägt haben. Aber viele dieser Frauen, und wir sprechen hier vor allem von den unbesungenen Heldinnen, führten überhaupt kein öffentliches Leben. Sie waren mit einem, wie ihr sagen würdet, einfachen Leben in der Familie vollauf beschäftigt, mit ihren Kenntnissen von Pflanzen und Heilkräutern, mit dem Eintauchen in ein umfassenderes Bewußtsein, und sie wußten genau, daß sie Göttin-Energie waren. Viele dieser Frauen wurden aus Angst zunichte gemacht, wie viele andere eurer großartigen Wesen auch. Sie blieben unbesungen, könnte man sagen. Aber diese Menschen verfügten über kein großes Wissen in dem von eurer Welt akzeptierten Sinn. Das alles hat seine Gültigkeit, und wie wir bereits sagten, sollt ihr kein Urteil darüber fällen, wie ein anderer Mensch sein Spiel des Lebens spielt.

F(M): P'taah, könntest du ein wenig über die Sonne sprechen? Ich habe das Gefühl, daß sie in letzter Zeit sehr heiß brennt, und viele Menschen bekommen einen starken Sonnenbrand. Ich habe das Gefühl, daß sie uns nicht so schädigen würde, wenn wir uns richtig auf sie einstellen könnten. Ist das so?

P'taah: So ist es.

F: Wie machen wir das? Wie bringen wir uns mit der Sonne in Einklang?

P'taah: Wie bringt ihr euch mit irgend etwas in Einklang, Lieber?

F: Kannst du es uns sagen?

P'taah: Es geht darum, daß ihr wißt, daß es in Ordnung ist. *Wißt, daß euch nichts schädigen kann.* Wißt, daß ihr in einem sicheren Universum lebt. Wißt, daß die Sonne göttliche, positive Energie ist. Ohne sie hättet ihr keine für euch verständliche Welt. Wißt, daß ihr Gott seid, Geliebter. Ganz einfach, wie?

F: Ich wußte es, aber ich hab's vergessen.

F(M): P'taah, wie kann ich, wenn ich mit jemandem reden muß, um etwas Frieden für mich zu finden, und wenn in der Vergangenheit einige negative Dinge vorgefallen sind, da sozusagen den Konferenzraum – in mir und in der anderen Person – vorbereiten, damit eine echte Kommunikation stattfinden kann?

P'taah: Nun gut, wir würden sagen, daß du eigentlich eine Konfrontation und keine Kommunikation erwartest. Wenn du den Wunsch nach Kommunikation hast, mußt du innerlich ruhig werden, mußt du verstehen, wer du bist, und erkennen, wer die andere Person ist, und Liebe zeigen. Mehr ist nicht erforderlich. Mit anderen Worten, wenn du offen bist, kann die andere Person auch offen sein.

F: Willst du damit sagen, daß die Negativität, die ich in der Vergangenheit wahrnahm, ebensosehr von mir wie von der anderen Person ausging?

P'taah: In der Tat. Aber, Lieber, das muß nicht unbedingt so sein. Wenn jemand sehr verschlossen ist, und du fühlst dich sehr offen, kannst du ihm helfen, auch offen zu sein. Du kannst deinen Gefühlen in dieser Sache präzise Ausdruck geben. Du kannst sagen: «Ich liebe dich, und ich möchte mich mit dir verständigen.

Freut dich dieser Gedanke?» Du kannst dein Herz sprechen lassen. Du wirst sehr überrascht sein. Und du könntest sagen: «Ich habe große Angst vor dem, was sein wird, wenn wir nicht miteinander kommunizieren.» Du kannst von deinen Ängsten erzählen, und wenn du offen genug bist, offen genug, um dich verletzlich zu machen, befindest du dich in einer Position großer Macht.

F: Wie das?

P'taah: Lieber, Verletzlichkeit ist ganz gewiß eine der machtvollsten Positionen in eurem Universum, weil dir nichts wirklich Schaden zufügen kann. Es ist tatsächlich eine großartige Dichotomie.

F: Wenn ich mich also völlig preisgebe …

P'taah: Genau. Indem du völlig preisgibst, wer du bist. Das nennt man einen Glaubensakt, Lieber. Den Menschen fällt es sehr schwer, zu sagen: «Das ist es, was ich bin.» Ihr habt alle große Angst, daß euch jemand nicht liebt, wenn ihr zeigt, wer ihr seid, und dann wäre der Schmerz so groß, daß ihr sterbt. Aber, seht ihr, wenn ihr wirklich zeigt, wer ihr seid, seid ihr unwiderstehlich. Wenn ihr auf diese Weise verletzlich seid, heißt das, daß ihr liebt, was ihr seid.

F: Ich weiß nicht, ob ich reif genug bin, um mit dieser aus all den verschiedenen Richtungen kommenden Liebe umgehen zu können und sie nicht allzu persönlich werden zu lassen. Ergibt das einen Sinn?

P'taah: Es ergibt Sinn. Aber schau, Geliebter, wenn du dich in Liebe und Harmonie mit dir selbst befindest, gibt es kein Problem. Es ist eher so, daß du nicht mit der Liebe zu dir selbst umgehen kannst, geschweige denn damit, daß dich ein anderer liebt, nicht wahr? Du kannst beruhigt sein, Geliebter. Wir haben noch von keinem gehört, der an zuviel Liebe gestorben ist.

F: Ich sollte das also jetzt auf die Reihe kriegen, damit ich diese Konferenz ernsthaft planen kann, nicht wahr?

P'taah: Es geht darum, daß du entscheidest, was du dir in deinem Herzen wünschst. Das ist alles. Sonst nichts.

F: Und daß ich auch akzeptiere, wenn es diesmal nicht klappt?

P'taah: Richtig, wünsch es dir, ohne Erwartungen an das Resultat zu knüpfen. Und wisse, daß das Ergebnis, ganz gleich, wie es ausfällt, eine von deiner eigenen Seele manifestierte Perle ist, damit du zu umfassenderer Bewußtheit, zu größerer Weisheit gelangen kannst. Damit du das Urteil erkennst, das seiner Erschaffung zugrunde liegt. Sehr gut, Lieber. Es ist sehr gut.

F(F): Hallo, P'taah. Ich habe eine Kassette über Joshua Ben Joseph gehört, und da wurde gesagt, vielleicht habe ich es mißverstanden, daß es nicht Joshua war, der gekreuzigt wurde. Kannst du mich darüber aufklären?

P'taah: So ist es.

F: Er wurde nicht gekreuzigt?

P'taah: Nun, Liebe, spielt das eine Rolle?

F: Nein, es interessiert mich nur.

P'taah: Es ist von großem Interesse, weil der, den ihr als Joshua Ben Joseph anseht, nichts mit dem Ideen-Konstrukt der Realität dieses Moments zu tun hat, das sich mehr oder weniger im Laufe von 1992 Jahren eurer Zeit durch Abermillionen von Anhängern dieses Wesens herausgebildet hat. Wir wollen euch folgendes sagen: Joshua Ben Joseph durchwanderte die zivilisierte Welt seiner Zeit. Er beendete seine Tage nicht im physischen Alter von dreiunddreißig Jahren. Aber schaut, wenn es nicht die Geschichte von der Kreuzigung, von Christus, der für eure Sünden gestorben ist, gegeben hätte, hätte es keine Versklavung geben können, weil sich *eure christliche Religion auf den Tod gründet. Joshua Ben Joseph sprach über das Leben.*

F: P'taah, wie kam dieser Wirrwarr in die Geschichte? Hatte die Menschheit den Wunsch, die Menschheit zu versklaven?

P'taah: Aber natürlich, Liebe. Es war ein Machtspiel. Es ging nicht um Spiritualität, aber oft um den materiellen Besitz eines Landes, um großen Reichtum und so weiter. Nun, es war ein Instrument weitreichender Versklavung, aber es war eine Co-Kreation. Niemandem ist hier die Schuld zu geben. In eurer heutigen Zeit sind die Kirchen, und nicht nur eure christliche Kirche, große Macht-Makler. Und wenn jeder einzelne von euch seine Souveränität erlangt, ist das eure Wahl. Dann wird es keine Versklavung mehr geben. Was da geschehen ist, hat seine Gültigkeit, und daraus wird für die Menschheit große Weisheit erwachsen, verstehst du?

F: P'taah, befindet sich Joshua Ben Joseph noch immer auf diesem Planeten und schenkt uns Liebe und Licht?

P'taah: Aber natürlich, Liebe. Er ist eine von den vielen Lichtwesen-Energien, wie ihr sie nennen könnt. Die physische Verkörperung stellt nur einen Aspekt dar. *In jedem einzelnen von euch ist Joshua Ben Joseph.* Warum, glaubst du, sage ich euch, daß ihr in das Christus-Bewußtsein eintretet? In Wirklichkeit seid ihr schon da.

F: P'taah, noch eine Frage: Die Sonne ist ein Ausdruck des Göttlichen. Leben Lichtwesen auf der Sonne oder in der Sonne?

P'taah: In einem Teil der Sonne. Aber das ist nicht die Sonne, wie ihr sie versteht. Hier wird eine Erklärung sehr schwierig für mich, weil wir euch einen Gedanken auf vielen Bewußtseinsebenen zu übermitteln versuchen. Da gibt es die physische Sonne, wie ihr sie versteht. Das ist ganz ähnlich wie bei dem Versuch, euch die Wesen im Innern eurer Erde zu erklären. Die Wissenschaftler werden sagen, daß im Erdinnern unmöglich Wesen existieren können. Und sie werden auch sagen, daß unmöglich Leben auf der Sonne existieren kann. Und doch schwingt die Sonne in Resonanz mit göttlichen Wesen von einer so hohen Frequenz – diese Begriffe beschreiben es nicht wirklich –, daß man sagen kann, sie befinden sich in Resonanz. Das heißt also nicht, daß es Wesen gibt, die in der Sonne leben, so, wie ihr es versteht, sondern daß es Wesen gibt, die sich in Resonanz mit der Sonne befinden und die Sonne und alle Galaxien bewohnen.

F: Sind Lichtstrahlen denn Lichtwesen? Ein Teil des Geistes Gottes? Haben sie ein Bewußtsein?

P'taah: Liebe, alles hat Bewußtsein, aber die Lichtwesen, wie ihr sie nennt, sind sozusagen eine Energiekonzentration sowohl von sich selbst als auch von allem anderen. Man kann das nicht auf ein einziges Ding beschränken. Das ist eine Angewohnheit von euch. Ihr seid Teil der Lichtexistenz, des Licht-Seins. Es ist nur eine Sache der höheren und immer noch höheren Frequenz – bis ins Unendliche.

F: Ich glaube, ich muß darüber nachdenken.

P'taah: Mach dir keine Gedanken darüber, Geliebte. Tauch in Gefühle darüber ein, damit du verstehst, daß du ebenfalls ein Teil dieses Licht-Seins bist. In Wirklichkeit gibt es nichts, wovon du nicht Teil bist, und *es gibt nichts, was nicht Gott ist.* Je mehr ihr darüber nachdenkt, desto mehr grenzt ihr es ein; und eines seid ihr wirklich *nicht*, ihr seid nicht Begrenztheit. Ihr seid der Gott/die Göttin, die sich in der Menschheit, im menschlichen Sein ausdrückt, und *was ihr seid, ist ehrfurchtgebietend.*

Nun, Geliebte, das reicht für heute abend. Geht in Freude, ihr Lieben. Schaltet den Verstand aus, schaltet das Herz ein und das Lachen, damit euch die Resonanz mit euch selbst, mit dem Planeten und allem, was sich auf ihm und in ihm befindet, in Übereinstimmung bringt. Geht in Liebe und wißt, daß ihr, ob es euch bewußt ist oder nicht, eine Ausdrucksform von Liebe seid. Es gibt nichts zu *tun*, ihr Lieben, es gilt nur zu *sein* in jedem Moment des Jetzt in seiner ganzen Fülle. Das ist alles. Dann werdet ihr tatsächlich einen unvergleichlichen Reichtum erfahren.

So, ihr Geliebten meines Herzens, wir freuen uns schon darauf, euch bald wiederzusehen. Guten Abend.

Siebte Übermittlung

29. Januar 1992

P'taah: So, wir freuen uns wie üblich auf eure Fragen.

F(M): P'taah, kannst du mir sagen, wie sich die verschiedenen Nahrungsmittel auf uns auswirken? Kräutertees zum Beispiel entspannen uns, Pilze können unter Umständen Halluzinationen hervorrufen, Zucker kann einen Adrenalinstoß auslösen.

P'taah: Nun, vieles davon ist natürlich durch eure Glaubensstrukturen bedingt. Grundsätzlich ist es so, daß der Körper über eine gewisse Sensitivität verfügt, die auf emotionale Unterdrükkung oder emotionales Unwohl-Sein reagiert, und jedes wie auch immer beschaffene emotionale Unwohl-Sein wird im Körper registriert. Die Menschen drücken je nach ihrer Art dieses Unwohl-Sein auf verschiedene Weise aus. Manche in Form einer Allergie, andere durch eine Mutation der Zellen und so weiter. Die Wirkstoffe in den Nahrungsmitteln, zum Beispiel in den Pilzen, oder die Eigenschaften von Marihuana oder anderer natürlicher bewußtseinsverändernder Substanzen sind alle vorhanden, um je nach Wunsch genutzt zu werden. Möchtest du noch mehr Informationen?

F: Ja. Ich dachte eher an solche Reaktionen wie Übelkeit oder Hautrötungen, wenn wir bestimmte Beeren essen oder mit bestimmten Pflanzen in Berührung kommen. Warum reagiert der Körper auf diese Weise, wenn wir uns doch, bevor wir zum Beispiel die Beeren aßen, der Konsequenzen gar nicht bewußt waren?

P'taah: Aha, aber schau, Lieber, die Eigenschaften der Pflanze haben nichts mit der Tatsache zu tun, daß du sie angezogen hast. Du ziehst etwas an, um es zu betrachten. Doch, ihr Lieben, wir möchten euch wie immer sagen: Es muß nicht beschwerlich sein.

F(M): Ich grüße dich, P'taah. Gestern habe ich eine Schar Lorikeets* beobachtet, die absolut synchron dahinflog, was an sich nichts Unverständliches ist. Doch dann geschah etwas (und das mag vielleicht komisch klingen): Sie pupsten alle gleichzeitig. Ich frage mich, was das für eine Art von Bewußtsein ist und wie wir uns darin einklinken können. Ich meine diesen Fluß, diese Bewegung im Einklang mit allem und dieses absolute Einvernehmen, dieses absolute Verständnis füreinander.

P'taah: Nun, Lieber, du hast dich mit deiner Beobachtung bereits in Kontakt damit gebracht. Das menschliche Bewußtsein arbeitet in gleicher Weise, nur bemerkt ihr das normalerweise nicht. *Wenn ihr die Dinge von höherer Warte aus überblicken könntet, würdet ihr sehen, daß eure innerste Glaubensvorstellung von eurer Realität einen Verhaltensmodus schafft, dem zufolge jeder auf die gleiche Weise re-agiert,* das heißt alle die, die sich in dieses Bewußtsein einklinken. Aus dieser übergeordneten Perspektive könntet ihr auch Gezeiten, Ebbe und Flut, im Bewußtsein wahrnehmen und sehen, daß sich die Bewegungen der Menschheit mit denen eines Fischschwarms oder einer Vogelschar vergleichen lassen. Allein schon der Wunsch, zu einem solchen Wahrnehmungsvermögen zu gelangen, erhöht bereits deine Gewahrseinsebene.

F: Es geht also darum, jede ankommende Energie zuzulassen, gleich, ob sie gut oder schlecht ist?

P'taah: Energie ist Energie, Geliebter. Nur deine Bewertung bezeichnet sie als gut oder schlecht. Es ist alles bloß Energie.

F(M): P'taah: Ich habe Freunde in der Bewegung zur Befreiung der Tiere, die Gewaltanwendung für gerechtfertigt halten, um ihre Ziele zu erreichen.

P'taah: Die Anwendung von Gewalt hat ihre Gültigkeit, ist aber nicht die optimale Vorgehensweise. Es gibt immer einen anderen Weg. Mit Sicherheit sind an Tieren begangene Grausamkeiten eine Co-Kreation, damit die Menschheit zum Mitgefühl gelangen kann. Sie berühren das menschliche Herz stärker als mißhandelte Menschen. Es kommt häufig vor, daß normalerweise überaus friedfertige Menschen, wenn es um leidende Tiere geht, derart aufgebracht sind, daß in ihren Herzen die Bereitschaft zur Gewalt-

* Eine australische Papageienart.

tätigkeit entsteht. Wenn jedermann verstünde, daß und warum es sich um eine Co-Kreation handelt, würden alle erkennen, daß Gewalt unnötig ist. Du hast in jedem Augenblick die Wahl, wie du eine Emotion betrachten und wie du auf sie reagieren möchtest, Geliebter. Natürlich kannst du dir auf einer Ebene sagen, daß die Anwendung von Gewalt nie notwendig ist; daß sie nicht erwünscht ist. Wenn du davon ausgehst, daß der Wunsch der Menschheit Friede und Harmonie und allseitige Liebe ist, würde man, um dieses Ziel zu erreichen, unter keinen Umständen Gewalt anwenden. Doch Gewalt hat ihre Gültigkeit, Geliebter, denn sie IST. Es würde sie in ihrem ISTSEIN nicht geben, wenn sie nicht ihre Gültigkeit hätte.

F(M): P'taah, in der letzten Sitzung hast du gesagt, daß Joshua nicht gekreuzigt wurde. Jani meint, daß du in einer anderen Sitzung einmal sagtest, daß er gekreuzigt wurde. Könnten wir bitte eine klare Antwort auf die Frage erhalten, ob Joshua physisch gekreuzigt wurde oder nicht?

P'taah: Eine Antwort ja oder nein? Nun, wir werden wohl in eine längere Erörterung einsteigen müssen. Schaut, ihr Lieben, hier geht es um folgendes: «Würde der echte Joshua Ben Joseph bitte aufstehen.» Als Ideen-Konstrukt ist er das, was die der christlichen Kultur angehörenden Menschen als Joshua Ben Joseph, der für die Sünden der Menschheit gekreuzigt wurde, geschaffen haben. Und das ist real, Lieber. Das ist real. Das muß unmißverständlich klar sein. Das, was ihr im menschlichen Kollektivbewußtsein erschaffen habt, ist eine Realität, und im Laufe all der Jahrhunderte wurde aufgrund der darauf gerichteten Energie etwas Größeres und klarer Definiertes daraus, als es das Original war. Nun, Joshua Ben Joseph, der Mann, wurde ans Kreuz genagelt. Er wurde dadurch nicht vernichtet. Wir sprechen von dem, was sich gemäß der Vorstellungen der Menschen danach ereignete: Da waren der Tod, die Auferstehung und die Himmelfahrt. Da war auch die Rückkehr. Nun gibt es viele Mythen über das Leben des Joshua Ben Joseph. Wir möchten euch sagen, daß er ein glücklich verheirateter Mann mit Familie war, der in Wahrheit ein ziemlich normales Leben nach der Art seiner Zeit führte. Und seine Mutter war eine ganz normale Frau ihrer Zeit, eine sehr begabte und in ihrer Gemeinde ziemlich berühmte Frau – die wohl sehr verwundert gewesen wäre zu hören, daß aus ihr eine Isis wurde. Und der Mann Joshua Ben Joseph wäre wahrscheinlich entsetzt gewesen, hätte er gewußt, in welchem Ausmaß das, was er der Menschheit mitzuteilen hatte, in den kommenden Jahrhunderten pervertiert werden würde. Aber, ihr Lieben, das alles ist eine Co-Kreation. Unterm Strich spielt es keine Rolle. Es gibt viele Geschichten. Jede hat ihre Gültigkeit. Doch die machtvollste Realität ist der Mythos, den die Menschheit geschaffen hat. Er ist konkret und sehr viel größer als das ursprüngliche Ereignis.

F: Ich danke dir. Mir ist durchaus klar, daß uns die historischen Fakten dem Gott im Innern nicht um ein Jota näherbringen, aber wir sind unser ganzes Leben lang mit einer bestimmten Wahrheit aufgewachsen und durch sie geprägt worden…

P'taah: Ganz recht, und wir verstehen euren Wunsch, euch sicher sein zu können, daß das, was wir sagen, Gültigkeit hat, und das ist in Ordnung. Das, Lieber, nennt man Scharfblick und Urteilskraft.

F(M): Was war das für ein Stern, der die drei weisen Männer leitete?

P'taah: Es war kein Stern, es war ein Schiff. Und Bethlehem ist der Name eines Schiffes.

(Der Mann befragt P'taah weiterhin zu biblischen Ereignissen.)

P'taah: … Du gehst davon aus, daß die ganze Geschichte mit eurem Buch (der Bibel) ihren Anfang nahm. Das ist nicht der Fall. Vor diesen geschichtlichen Aufzeichnungen geschah mehr als danach. Die biblische Geschichte war nur die Sache einer winzigen Zivilisation. Es gab großartige Zivilisationen auf euren anderen Kontinenten, die weitaus älter waren als diese. Du konzentrierst dich auf diesen kleinen Abschnitt, weil er euer kulturelles Erbe beinhaltet. Es ist Zeit, daß ihr dieses Erbe erweitert.

F: Kannst du mir den Vorgang des Zungenredens erklären?

P'taah: Ich habe keine Ahnung. Es schien mir immer ein sehr außergewöhnliches Phänomen zu sein.

F: Mir auch.

P'taah: Lieber, in gewisser Weise ziehe ich dich ein bißchen auf.

Was immer existiert, hat seine Gültigkeit. Wenn es sich gut anfühlt, mach es, wenn nicht, dann mach es nicht. So einfach ist das. Man muß nicht unbedingt auf dem Boden liegen und Zungenreden, aber es hat ebenso seine Gültigkeit wie der Aufenthalt in deinem Garten. Wenn du dich mit deinem Garten beschäftigst, erfährst du ganz sicher Gott. Wenn jemand aus dem Gärtnern ein Dogma zu machen wünscht, hat das ebenso seine Gültigkeit, wie wenn man aus dem Zungenreden ein Dogma macht oder aus dem Verbot, am Freitag Fleisch zu essen, oder daraus, daß man all seine Sünden einem Mann beichtet, der als dein Mittelsmann zu Gott fungiert. Alles hat seine Gültigkeit, was es auch sei.

F(F): Ich grüße dich, P'taah. Ich bin im Moment wütend. Ich dachte, ich hätte das für mich geklärt, muß nun aber feststellen, daß mich dieses Reden über die Christen heute abend in Wut versetzt.

P'taah: Aber natürlich, Liebe. Es bringt Erinnerungen hoch, wie? Und sie gehören auch zu diesem Leben.

F: Ich habe das Gefühl, daß sich alles gleichzeitig abspielt. Ich komme nicht über die Wut hinaus, um zu dem dahinterliegenden Schmerz zu gelangen, worin immer er auch besteht.

P'taah: Das ist in Ordnung. Es gibt viele, die diese Wut über die Ungerechtigkeit, die Versklavung und dieses «Schau dir an, was diese Scheißkerle mir angetan haben» empfinden, nicht wahr? Warum hast du dir das überhaupt geschaffen?

F: Um das Gefühl zu fühlen.

P'taah: Richtig. Um die Dichotomie von Trennung und Einheit zu erfahren. Wir haben zu euch von Vergebung gesprochen. Wenn es keine Schuldzuweisung gibt, wenn ihr die Verantwortung übernehmt im Wissen, daß ihr es um der Weisheit willen geschaffen habt, könnt ihr den Zorn, die Wut und den zugrundeliegenden Schmerz akzeptieren und zulassen. Und ihr werdet erkennen, daß es das ist, was euch hierhergebracht hat. Verurteilt euch nicht dafür, daß ihr nicht alles auf einmal umwandeln könnt.

F: Was die Urteile über uns selbst angeht, so habe ich ein paar Affirmationen für meine Tochter entwickelt, die sich selbst stark verurteilt. In dem Gefühl, daß sie ihr helfen könnten, bat sie mich, diese Affirmationen auf ein Tonband zu sprechen. Ich möchte wirklich gerne, daß sie ihr von Nutzen sind. Ich empfinde immer noch Schmerz und große Schuldgefühle ihr gegenüber. Kannst du etwas über Affirmationen sagen und darüber, wie sie uns durch unsere Vorstellungen von uns selbst geleiten?

P'taah: Liebe, wir verstehen. Viele Menschen halten die Affirmationen für einen Zauberstab. Das können sie auch durchaus sein. Wenn du mit Affirmationen arbeiten möchtest, wirst du unter Umständen feststellen, daß dir die Wiederholungen den Weg zum Wissen bahnen, daß ein Gedanke, mit dem du dich mehr und mehr vertraut machst, Bestandteil deiner Glaubensstruktur wird. So gesehen können Affirmationen eine große Unterstützung sein. Und alles, was dir eine Stütze ist, ist wunderbar. Wenn du dich also wohl damit fühlst, mach es. Es ist in Ordnung.

F (M, *hustend*): Meine Frage bezieht sich auf dieses Husten, und wahrscheinlich ist sie ein bißchen albern. Ich glaube, daß sich das, was sich in unserem Geist abspielt, auch im Äußeren zeigt, in unserem Körper. Ich habe nun diesen hartnäckigen kleinen Husten seit Wochen und das Gefühl, daß er mich ein bißchen durchschütteln und sagen will: «He, schau dir was an, oder mach was, oder sag was», aber ich bin mir nicht sicher, woran ich es festmachen oder worauf ich reagieren soll.

P'taah: Es geht darum, daß du aussprichst, was dich stört und beunruhigt.

F: Alles, was mich stört?

P'taah: Wenn du es für angemessen hältst, Geliebter.

F: Der Husten wird also so lange andauern, bis ich mich damit befasse? Oder wird er andauern, wenn ich glaube, daß er das tut?

P'taah: Sehr wahrscheinlich. Du erschaffst dir deine Realität, Geliebter, nicht ich. Ich habe dir nur einen Vorschlag gemacht.

F: Wenn ich das Gefühl hätte, daß es gar nichts gibt, womit ich zu Rande kommen müßte oder das ich durchzuarbeiten hätte, dann würde sich die Notwendigkeit für diesen Husten erübrigen, oder?

P'taah: In der Tat. Nur ein bißchen damit rumspielen, wie? Du kannst dich fragen, welchen Lebensbereich du wirklich fördern möchtest.

F: Hat die Tatsache etwas zu besagen, daß ich fünf oder sechs Stunden lang nicht huste, wenn ich allein bin, daß der Husten aber sofort anfängt, wenn das Telefon klingelt oder jemand an die Tür klopft, ich also Kontakt mit einer anderen Person aufnehme?

P'taah: Was sagt sie dir?

F: Daß ich nicht kommunizieren will?

P'taah: Genau. Daß du dich verpflichtet fühlst, dich mit anderen Leuten abzugeben, zu kommunizieren, und daß du dann vielleicht nicht das sagst, was du eigentlich sagen möchtest, nämlich unter Umständen auch, daß sie «verdammt noch mal verschwinden sollen», nicht wahr?

F: Sollte ich mal eine Zeitlang für mich allein sein?

P'taah: Sehr wohl möglich, Geliebter.

F(M): Eine Freundin von mir ist Hellseherin. Sie weiß sehr interessante Dinge über die Zukunft zu sagen. Mir ist bewußt, daß sie ihre Gültigkeit haben, da sie an sie glaubt. Wenn ich ihnen Macht verleihe, werden sie auch für mich Gültigkeit haben; aber wieviel Macht kann man diesen Dingen geben?

P'taah: Soviel du willst, Geliebter. Siehst du, eine Hellseherin ist eine Person, die in eine wahrscheinliche Zukunft blickt. Nun, du kannst diese Zukunft verändern. Wenn du eine Hellseherin aufsuchst und sie dir etwas sehr Schönes erzählt, wirst du es meist nicht ändern wollen. Vielmehr wirst du beglückt diesem Gedanken Macht verleihen. Das ist in Ordnung, Lieber. Wenn es sich um eine schöne Sache handelt, magst du ihr Macht verleihen, aber es kann auch sein, daß die Vorhersage nicht exakt ist. Deshalb werden dir viele Wissenschaftler sagen, daß an der Sache nichts dran ist. Sie werden dir vorhalten, daß dies und dies nicht eintrat, obwohl es vorhergesagt wurde. Wir möchten nur, daß ihr euch darüber im klaren seid, daß es sich um eine *wahrscheinliche* Realität handelt, die ihr gemäß eurer Entscheidung an jedem Punkt der Wahl verändern könnt. Wenn du diese Hellseherin nicht aufgesucht und keine Ahnung hättest, was da für dich geplant ist, wärst du trotzdem derjenige, der jede Entscheidung trifft. Du würdest fragen: «Ist es immer noch eine wahrscheinliche Realität?» Verstehst du? Von Kindheit an, wenn du aufgrund von emotionalen Wünschen, Re-Aktionen und so weiter Entscheidungen zu fällen beginnst, triffst du bis an dein Lebensende ständig eine Wahl, entscheidest du dich für eine Situation im Gegensatz zu einer anderen. Und dadurch, daß du deine Gedankenkraft und Wunschvorstellung auf die andere Wahlmöglichkeit gerichtet hast, hast du ihr ihre eigene Realität verliehen, die nun ebenso wirklich und gültig ist wie die, auf die du dich schließlich konzentrierst. *Wenn du dann erwachsen geworden bist, existieren viele wahrscheinliche Realitäten, und jede davon ist so real wie diese hier.*

Es ist also nur so, daß sich jemand in eine künftige wahrscheinliche Realität einklinkt und du dann, wenn es sich um etwas Unheilvolles handelt, wählen kannst. Du brauchst dich nicht für diese angesprochene Realität zu entscheiden, du kannst dir etwas ganz anderes wünschen.

F: Es ist erstaunlich, daß sie Dinge aus der Vergangenheit sah, von denen sie keinerlei Kenntnis haben konnte.

P'taah: Lieber, das ist nichts anderes. Es geschieht alles zur gleichen Zeit. Es ist alles da.

F(M): Wenn ich dich richtig verstanden habe, haben wir uns dafür entschieden, zu einem bestimmten Zeitpunkt, oder viele Male, auf die Erde zu kommen, um unterschiedliche Erfahrungen zu machen.

P'taah: Das ist richtig.

F: Wir wählen also die Dinge, die uns im Leben passieren?

P'taah: Das tut ihr.

F: Wenn ich also die Wahl treffe, als Krüppel zur Welt zu kommen, werde ich als Krüppel geboren?

P'taah: Ganz recht. Um der Erfahrung willen.

F: Und wenn ich dann eine Erfahrung satt habe und sie verändern möchte, kann ich sie verändern, nicht wahr?

P'taah: Aber natürlich.

F: Wie? Indem ich es mir wünsche?

P'taah: Indem du weißt, daß du es kannst.

F: Wenn ich krank bin, kann ich es ändern, indem ich meinen Grips gebrauche und bestimmte Dinge tue?

P'taah: Als erstes mußt du wissen, was die Krankheit verursacht hat.

F: Die physischen oder emotionalen Ursachen?

P'taah: Lieber, *es sind ausschließlich emotionale Ursachen.* Wir sprechen hier nicht von einer Entscheidung, vor der Geburt, für einen behinderten Körper; wir sprechen vom Unwohl-Sein, das im Laufe des Lebens im Körper geschaffen wird. Es ist immer die Emotion, die es erschafft, weil *alles ein Spiegelbild ist.* Der Körper spiegelt nur den Energiezustand der Person wider.

F: Ich kann also durch eine Veränderung meiner Emotionen den Krankheitszustand ändern?

P'taah: Du mußt das akzeptieren, was den Schmerz schafft.

F: Es lieben.

P'taah: Aber natürlich. Und du mußt auch das Unwohl-Sein lieben. Und das kannst du tun, wenn du begreifst, daß du das alles erschaffen hast, um zum Nicht-Getrenntsein, um zur Erkenntnis zu gelangen, wer du bist. Erfahren, Lieben, Sein – so kannst du alles, was in deinem Leben unharmonisch ist, in Liebe, in Licht, in ein Leben im Gotteslicht verwandeln.

F: Es geht also um das Akzeptieren und Lieben, egal, was sonst ist.

P'taah: Ganz recht. Aber es geht darum, das Selbst zu lieben – *alles davon.* Unwohl-Sein entsteht aus einem Mangel an Selbst-Liebe, denn wenn du das Selbst liebtest, befände sich der Körper in wunderbarem Frieden und Harmonie.

Wir möchten euch bitten, für den Moment eure Fragen zurückzustellen, wir machen eine Pause. Wir danken euch, ihr Lieben, und kehren bald zu euch zurück.

Nach der Pause:

F(F): Wie komme ich aus dem Teufelskreis meines Lebens heraus? Ich fühle mich in der Falle. Ich habe keinerlei Motivation, fühle mich nur frustriert. Wie kann ich mich selbst finden?

P'taah: Nun gut, Liebe, wir wollen dir als erstes eine Übung mitgeben. Sie ist für alle von euch, die sich ebenso fühlen. Beim Aufwachen am Morgen stellt ihr euch die Frage: «Was wünsche ich mir für diesen Tag?» «Was bringt mir Freude?» Und erkennt euren Wunsch an, ihr Lieben, selbst wenn er euch völlig unmöglich erscheinen sollte. Ihr könnt euch sagen: «Ich will gehen und das tun, was mein Herz zum Singen bringt.» Versteht ihr? Damit erkennt ihr an, daß ihr die Macht habt, zu erschaffen, was immer ihr wollt. Nun, ihr mögt sagen: *«Ich wünsche, daß der Gott/die Göttin meines Seins Freude hervorbringt, Liebe hervorbringt, und ich verstehe, daß ich die zentrale Sonne meines Universums bin. Ich kann haben, was immer ich mir wünsche.»* Und, Liebe, du mußt wissen, daß du auf niemanden zu hören brauchst, außer auf dich, denn in deinem Innern kennst du alle Antworten; wenn du andere Leute fragst, so sind sie gewöhnlich ebenso verwirrt wie du. Du hast jede Antwort in deinem Innern, und, Liebe, Angst hat in der Tat ihre Gültigkeit. Du hast deine Realität gegenwärtig so erschaffen, daß du zu der Erkenntnis gelangen kannst, wie du die Polaritäten der Angst und Liebe annehmen, wie du das Nicht-Getrenntsein des Selbst vom SELBST erfahren kannst. Auf diese Weise wirst du dazu kommen, die, die du bist, zu lieben und zu ehren. Wenn du dir vor dem Spiegel das Haar bürstest, dann schau in deine Augen und wisse, daß du in die Augen des Gottes/der Göttin, des ALLES, WAS IST, blickst, die sich in der dritten Dichte ausdrücken. Liebe, du hast dich hier erschaffen. Du hast das um der Erfahrung willen getan, und du hast die Wahl, wie die Erfahrung aussehen soll. Du bist sehr machtvoll. Die Menschen verstehen ihre eigene Macht nicht. Du mußt wissen, daß du, wenn du dich machtlos fühlst, nur die Erfahrung einer Polarität machst. Wo das eine existiert, existiert auch das andere. *Es existiert nicht, um verurteilt zu werden. Es existiert, um bereitwillig angenommen zu werden.* Du mußt wissen, daß du dir, wenn du Angst hast, diese Angst gleichsam wie dein inneres Kind vorstellen kannst. Du kannst dieses Kind in den Armen halten, es beruhigen, es trösten und ihm sagen: «Es ist alles in Ordnung. Ich werde nie zulassen, daß du allein bist. Ich liebe dich.» Damit wird die Angst akzeptiert und in Liebe verwandelt. In dieser Liebe wirst du die Macht erkennen. Hilft dir das, Liebe? Gut so.

F(F): P'taah, hat die Aufnahme von chemisch behandelter und von Menschen fabrizierter synthetischer Nahrung ebenso ihre Gültigkeit wie die natürlicher Nahrungsmittel?

P'taah: Das hat sie, Liebe.

F: Ich begreife nicht, wie sie gleichwertig sein kann.

P'taah: Ich habe nicht «gleichwertig» gesagt. Ich sagte, sie hat ihre Gültigkeit. Nun willst du sicher vernünftigerweise darauf achten, was du deinem Körper zuführst, hm? Da gibt es das, was ihr mit eurer Mutter, der Erde, gemeinschaftlich erschaffen habt; die freigiebige Natur, die da ist, um euch zu unterstützen und zu ernähren. So sollt ihr tatsächlich aller Nahrung, die ihr aufnehmt, Liebe und Dankbarkeit entgegenbringen. Und ihr solltet, wo immer möglich, natürliche Nahrungsmittel und das, was euer Auge und eure Sinne erfreut, zu euch nehmen, aber in Wirklichkeit spielt es keine Rolle. Nun, das wollen wir euch etwas ausführlicher erklären. In Wahrheit *braucht ihr eigentlich für eure Existenz keine Nahrungsmittel*, aber ihr glaubt, daß ihr sie braucht, und deshalb sterbt ihr auch tatsächlich, wenn ihr nichts eßt. Aber wie wir euch bereits sagten, gibt es unter euch Menschen, die sich mit dem Wissen in Einklang gebracht haben, daß der Körper vom Gotteslicht aufrechterhalten wird. Von eurer Licht-Wesenheit. Und daher ist es tatsächlich nicht nötig, daß ihr materielle Substanzen zu euch nehmt. Den meisten Menschen bereitet das Essen großes Vergnügen. Das Essen, die Farben, der Geruch, der Geschmack, es ist eine Kunstform. Ist es nicht so, Liebe? Also genießt eure Kunstform. Genießt euer Essen. Es ist wundervoll. Du hast ganz sicher eine Glaubensstruktur in bezug auf das, was sich auf deinen Körper auf diese oder andere Weise auswirken wird und was nicht, und natürlich ist es so, wie du glaubst.

F: Würde man, wenn man ausgeglichen ist, sich in Balance befindet, die Auswirkungen von Drogen wie Haschisch oder Pilzen verspüren?

P'taah: Tatsächlich würden sie keine nachteiligen Auswirkungen haben. Nun haben sicher viele eurer chemischen Stoffe physische Konsequenzen. Vieles hängt vom Warum ab. Für viele Menschen sind Drogen ein Fluchtmittel. Manche würden alles tun, um ihrem Lebensschmerz zu entfliehen. Manche nehmen Drogen wegen des Nervenkitzels, aus Neugier, und das ist in Ordnung. Und dann gibt es Menschen, die Drogen zur vermeintlichen Bewußtseinserweiterung einsetzen, um auf dem «spirituellen Weg» zu sein. Nun, wir möchten sagen, daß es keine Wegabkürzung gibt. All das hat seine absolute Gültigkeit. Wir verurteilen nicht, aber wir möchten sagen, daß es vernünftig ist, Urteilskraft walten zu lassen. *Ihr werdet keine erleuchteten Meister dadurch, daß ihr Drogen nehmt.* Und wenn sie sich physisch nachteilig auswirken, ist es vernünftig, sie nicht zu nehmen.

F(M): In den letzten paar Monaten bin ich sehr lärmempfindlich geworden. Ist das normal?

P'taah: Es ist das, was du als ein Nebenprodukt der Feineinstimmung bezeichnen könntest. Wenn du zu einem erhöhten Wahrnehmungsvermögen gelangst, kannst du laute Geräusche als unharmonisch empfinden. Das ist in Ordnung. Wenn das für dich nicht in Ordnung sein soll, wirst du feststellen, daß du noch empfindlicher wirst, und dann kann die Sache für dich sehr ärgerlich werden. Du wirst oft merken, daß du sensible Bereiche in deinem Körper entwickelst, auch Allergien und so weiter. Und so wirst du, während du immer besser verstehst, wie du in diesem Universum agierst, dir nur immer schneller Situationen schaffen, die du akzeptieren sollst.

F: Klingt wundervoll.

P'taah: Du wirst es in solchen Momenten für nicht so wundervoll halten, aber ich kann dir versichern, daß es schließlich in Ordnung sein wird.

F: Existiert auf diesem Kontinent ein multidimensionales Tor*?

P'taah: Das gibt es in der Tat.

F: Wo befinden sich diese Tore?

P'taah: Es gibt neue Tore, die im Grunde eine Erweiterung der bereits existierenden Tore darstellen. Aber wie du weißt, verändern und verlagern sich die Energien, und sie haben keinen geographischen Ort, wie ihr es nennen würdet. In den nächsten Jahren eurer Zeit werden diese Tore immer breiter und breiter werden, und die Ausdehnung wird immer rascher vonstatten gehen. Dies ist Bestandteil der allgemeinen Veränderung. Die elektromagnetische Energie der Erde verändert sich, und damit verändern sich auch die Tore. In gewisser Weise handelt es sich um Wirbel elektromagnetischer Energie.

* Ein ätherisches Energietor oder eine Energiepforte.

F(F): Ich schaue auf eine Person, und äußerlich scheint alles ruhig zu bleiben, sogar meine Katze, aber innerlich stellen sich mir alle Stacheln auf. Mir scheint, daß ich kein negatives Urteil über die Person gefällt habe, wenn sich eine solche Reaktion einstellt.

P'taah: Bist du dir da ganz sicher, Liebe? Weißt du, es muß sich nicht unbedingt äußerlich zeigen, wenn du im Grunde innerlich ganz genau weißt, wie es sich verhält. Hm? Das sich im Äußeren darstellende Urteil ist ein Spiegelbild, um dir zu zeigen, was innerlich stattfindet. Wenn du es weißt, brauchst du das Spiegelbild nicht. Und ich denke, du weißt sehr gut, was in deinem Innern los ist.

F: Ja. Ich bin den Kompromiß des Zulassens eingegangen.

P'taah: Liebe, es geht nicht um den Kompromiß und das Zulassen im Äußeren. Es geht um das Zulassen im Innern. Und es muß kein Kompromiß sein, weißt du. Ein Kompromiß bedeutet immer, daß du deine Macht abgibst. Du mußt keinen Kompromiß eingehen. Doch wenn es dein Wunsch ist, «Frieden zu bewahren», dann ist das stets deine Wahl, wie du weißt. Gefällt es dir nicht, wie es ist, dann ändere es.

F: Sind die australischen Ureinwohner Sternensaat?

P'taah: Aber natürlich, Liebe. Die australischen Ureinwohner haben eine Mythologie, die sich auf ihre Verbindung mit den Sternenwesen bezieht. Doch wurde dies, wie die meisten Wahrheiten, die zur Mythologie wurden, so verhüllt, daß aus diesem Faktum nur eine weitere wunderschöne Geschichte wurde. Die Menschheit ist Sternensaat, und in den Äonen vor eurer Zeit wurde viel mit Gentechnik gearbeitet. Es gab Veränderungen und viel Kommen und Gehen, woraus dann eure schönen Geschichten von den Göttern und Göttinnen entstanden. Es ist auch so, daß noch keine Überbleibsel von den Zivilisationen vor eurer geschichtlichen Überlieferung gefunden wurden. Das wird sich jedoch ändern, denn künftig werden einige Artefakte dieser Zivilisationen ans Licht kommen. Dann werden eure Wissenschaftler ganz schnell ihre Meinung ändern.

F(M): Kannst du uns etwas über die Regenbogenschlange der australischen Ureinwohner sagen?

P'taah: Sie ist ein Symbol für das frühere Wissen der Ureinwohner, daß Energie etwas Greifbares ist. Sie erinnert noch daran, daß diese Rasse die Energie in einer Weise manipulieren konnte, die die Menschheit nun vergessen hat. Sie konnten Energie materialisieren und sie in eine greifbare Form bringen. Daraus ist diese wunderschöne Geschichte entstanden. Die Regenbogenschlange hat viele Bedeutungsebenen, und sie steht auch für die verschiedenfarbigen Schichten der Dichte. Sie besagt, daß die Menschen simultan in Multidimensionen leben. Dieses Verständnis von Energie, dieser schöpferische Umgang mit Energie heißt, sich in die Multidimensionalität des Menschen einklinken.

F(M): Wann ging diese Fähigkeit der Ureinwohner, Energie materialisieren zu können, verloren?

P'taah: Etwa zur selben Zeit, als sie auch dem Rest der Menschheit auf eurem Planeten abhanden kam. Aber es gibt natürlich auch heute Menschen, die von Natur aus diese Fähigkeit besitzen. Menschen, die man Meister nennt. Das ist ein wunderbares Lehrstück. Es zeigt den Menschen ihre Möglichkeiten auf. Das ist das innere Wissen, daß alles möglich ist, daß ihr wirklich alles erschaffen könnt und daß ihr durch bloße Gedankenkraft binnen eines Augenblicks Materie erschaffen und bewegen könnt. Viele von euch besitzen die Fähigkeit der Telekinese, wissen, wie man Gegenstände bewegt, ohne sie physisch zu berühren. Es gibt also viele Dinge, zu denen ihr befähigt seid. Bei unserer letzten Zusammenkunft sprachen wir über außersinnliche Wahrnehmung und das sogenannte Paranormale. Ihr sollt verstehen lernen, daß das alles ganz normal ist. Diese Fähigkeiten werden immer verbreiteter werden. Und in dem Maße, wie ihr euch eurer Möglichkeiten immer bewußter werdet, werdet ihr auch die entsprechenden Fähigkeiten entwickeln.

F: Ich sah in einer Fernsehdokumentation etwas, das wie Ruinen von verlassenen Städten im Norden Australiens aussah. Kannst du mir sagen, wann diese Städte bewohnt wurden?

P'taah: Wir sprechen von der Zeit Lemurias, Lieber.

F(M): Vor vielen Jahren wurde ich in eine balinesische Selbstverteidigungsmethode eingeführt. Wenn jemand mich anzugreifen versuchte, sprach ich bestimmte Worte und machte bestimmte Gesten, und der Angreifer, der mit einem Satz auf mich zusprang, schien gegen eine Energiewand zu prallen und fiel zu Boden, ohne mich berührt zu haben. Kannst du mir sagen, wie das funktioniert?

P'taah: Lieber, ganz genauso, wie Menschen über glühende Kohlen gehen können, ohne sich zu verbrennen. Es entsteht daraus, daß man weiß, daß es so ist.

F: Du meinst, aus dem Innern?

P'taah: Aber natürlich, Geliebter. *Es ist nur das Wissen.* So machst du alles. So schaffst du dir tagtäglich deine Existenz – durch das Wissen. Dein Körper hat dieses Wissen in jeder seiner Zellen, besitzt zellulare Integrität, und so verhält es sich auch in DIR.

F: Das verleiht uns wirklich in kurzer Zeit ein unglaubliches Potential.

P'taah: Geliebter Mann, *die Menschen von heute können sich euer Potential noch nicht einmal in ihren kühnsten Träumen vorstellen. Ihr seid eigentlich grenzenlose,* wunderbare, machtvolle Wesen. Durch diese Übungen, bei denen ihr das tut, was logisch gesehen unmöglich zu sein scheint, zeigt ihr euch immer und immer wieder selbst, daß ihr keine begrenzten Wesen seid.

(Ein Herr fragt P'taah nach bestimmten hieroglyphischen Zeichen, die in Australien gefunden wurden.)

P'taah: Es sind tatsächlich die gleichen, die ihr auch in den ägyptischen Pyramiden findet. Wißt ihr, in eurer Vorgeschichte fand ein reger Wissensaustausch von Kontinent zu Kontinent statt. Das damalige Australien lag dem Kontinent von Lemuria sehr nahe, und es gab Landbrücken, die alle Kontinente auf eurem Planeten miteinander verbanden. Man reiste auch mit Raumschiffen von einem Planeten zum anderen, eine Transportmethode, die es künftig wieder geben wird. Die Hieroglyphen stammen ursprünglich auch von den Sternenwesen. Diese Gegend eures Landes war tatsächlich ein Ort der Macht und eine große Ausbildungsstätte. Die Menschen kamen dorthin, so wie sie auch nach Ägypten gingen, um die großartigen Schulen zu besuchen. Es existieren ein paar Artefakte, die noch nicht entdeckt wurden, und wenn sie einmal gefunden werden, werden sie euren Wissenschaftlern große Rätsel aufgeben.

F: Um auf die australischen Ureinwohner zurückzukommen: Warum haben sie die Fähigkeit, zu materialisieren, verloren?

P'taah: Nicht nur sie konnten das, sondern die ganze Menschheit. Die Menschen haben es einfach vergessen. In gewisser Weise war es auch die Entscheidung für eine andere Erfahrung: *In die Trennung einzutreten, um die Nicht-Trennung zu verstehen.* Das Wissen war schon lange verschwunden, bevor die Europäer den Fuß auf euren Kontinent setzten. Das gleiche trifft auf die schamanische Magie und das Wissen der Indianer zu. Einst war es allgemeines Wissensgut. Es existiert nicht mehr, obgleich große Anstrengungen unternommen werden, dieses Wissen wiederherzustellen. Und dasselbe geschah mit den Druiden und dem Wissensgut vieler alter Orden. Es ist nicht mehr vorhanden. Seht ihr, dieses Wissen geht immer dann verloren, wenn es geheimgehalten, wenn es zurückgehalten und als Machtinstrument und Mittel der Versklavung eingesetzt wird. Das passiert nun auf eurem Planeten auch mit Regierungen. Dort, wo Macht und Wissen auf unangemessene Weise benutzt werden, werden sie aufhören zu existieren, weil es nicht im Sinne der Harmonie ist, nicht dem universellen Wohl dient. In vergangenen Zeiten ging das Wissen überall dort verloren, wo es geheimgehalten wurde, um andere zu versklaven, um Menschen in Knechtschaft zu halten, wo es zur Sache von Geheimgesellschaften wurde. Es bleiben noch Spuren, sehr verlockende Mosaiksteinchen von Wissen, die die Menschen zusammenzufügen versuchen. Gegenwärtig werden in Kreisen eurer Regierungen und Wissenschaftler Informationen in bezug auf technologische Fortschritte streng geheimgehalten. Doch das ist in Ordnung, ihr Lieben, denn *ihr werdet nie versklavt werden, wenn ihr im Innern frei seid.* Es spielt keine Rolle, was sie tun. Das Wissen wird nun nicht mehr zurückgehalten werden. Ihr werdet zu diesem Wissen gelangen. Die Macht der Menschen wird eine unaufhaltsame Kraft sein. Die Macht der in Liebe und im Wunsch nach Frieden und Harmonie vereinten Menschheit; vereint im

Wunsch nach technologischen Kenntnissen, die nicht der Kriegführung und Versklavung und der Ermächtigung kleiner Gruppen von Leuten dienen. Ihr seid nicht mehr aufzuhalten.

F(M): Worin besteht der Unterschied zwischen Tagträumen und nächtlichen Träumen?

P'taah: Der Unterschied ist nicht besonders groß. Das, was ihr für eure nächtlichen Träume haltet, ist ganz gewiß eine Realität. Diese Realitäten sind wirklich ganz phantastisch. Ihr erlebt Abenteuer und begebt euch auf Reisen und lernt auf vielen Ebenen und in vielen Dimensionen der Realität. Dagegen sind eure Tagträume ein gemächlicher Ausflug der Phantasie. Verstehst du?

F: Manchmal sind die Träume lächerlich, irreal.

P'taah: Von all diesen Träumen bringst du eigentlich nur Fragmente in dein Bewußtsein mit. Die Träume sind in Wirklichkeit überhaupt nicht lächerlich, sind nicht weit hergeholt. Wenn du dich in der Wirklichkeit der Traumzeit aufhältst, ist dies hier der Traum. Dieses Leben, das du als das reale Leben begreifst, ist viel eher ein Traum. Wenn du zu einem umfassenderen Verständnis gelangst, wird die Trennung zwischen Realität und Nicht-Realität allmählich aufgehoben. Dann wirst du wirklich begreifen, was es heißt, in vielen Dimensionen zugleich zu existieren. Das wird in der Tat ein großartiges Abenteuer werden.

F(M): P'taah, gestern befand ich mich in einer Situation, die mir das Gefühl gab, total übers Ohr gehauen worden zu sein. Ich bekam sofort eine gewaltige Wut, und dann habe ich es plötzlich akzeptiert. Was ist da passiert?

P'taah: Du hast die Verantwortung akzeptiert, Geliebter.

F: Ich habe einfach diese schreckliche Situation angenommen und gesagt: «Das ist alles meine eigene Schöpfung.»

P'taah: Ganz recht, und siehst du, was sich ereignet hat, seit du zum erstenmal von diesem Grundgedanken gehört hast? Du hast die Aussage «du erschaffst dir absolut deine eigene Realität» gehört und dir gesagt: «Was für ein ausgemachter Blödsinn!» Damit möchte ich sagen, daß ihr, wenn ihr euch diese Konzeption wirklich zu eigen gemacht habt, die einsetzende Veränderung gar nicht bemerkt, bis sich eine Situation wie diese ergibt, wo in früheren

Fällen Blut geflossen wäre, wie du sagst. Nun weißt du, was es heißt, die Verantwortung zu akzeptieren. Es ist deine Schöpfung. Es ist wunderbar. Ich gratuliere dir, Geliebter. Auf diese Weise hast du dir selbst gezeigt, wie weit du in einer, deinem Ermessen nach, sehr kurzen Zeit gekommen bist; du hast dir gezeigt, daß du zu einem neuen Verständnis gelangst, zu einer erweiterten Wahrnehmung, zu einem Bewußtseinswandel. So soll es sein, und es kann auf sanfte Art vonstatten gehen. Es brauchen keine harten Lektionen zu sein. Ihr alle mögt euch selbst sagen, daß ihr den Wunsch habt, eure Erfahrungen auf sanfte Weise zu machen. Es ist nicht nötig, daß Blut fließt. Ihr müßt euch nicht selbst in die Mangel nehmen und durch den Fleischwolf drehen.

Sehr gut, ihr Lieben. Das reicht für heute abend. Wir danken für diesen Austausch.

(P'taah dankt dem Gastgeberpaar.)

So, ihr Lieben, ganz allmählich stellt ihr die Veränderungen her. Wir wollen euch daran erinnern, daß es wirklich ganz einfach ist. Wenn ihr aus dem einen oder anderen Grund diese großartigen intellektuellen Übungen kreiert, so ist das in Ordnung, aber wir möchten euch daran erinnern, daß es in Wahrheit einfach ist.

Ich liebe euch. Guten Abend, ihr Lieben.

Achte Übermittlung

5. Februar 1992

P'taah: Seid willkommen. Wie geht es euch heute abend? Wir erklären das Forum für eröffnet, und ihr könnt eure Fragen stellen.

F(F): Zwei Jahre lang folgte ich dem Weg eines indischen Meisters, der sagte, daß man über das Verstandesbewußtsein hinausgelangen, das Ego auflösen muß. Ich habe an mir beobachtet, wie beherrschend und manipulativ mein Verstand ist und wie er alles Glück zerstört. Und auf die Liebe wirkt er sich ganz sicher zerstörerisch aus. Ich folgte also dem Weg des Loslassens, des Zulassens; ich bemühte mich, keine aktive Rolle zu spielen. Doch ein Aspekt in mir verurteilt diesen Weg und sagt, daß ich auf diese Weise nicht die volle Verantwortung übernehme. Wo ist die Linie zu ziehen zwischen dem bewußten Erschaffen der eigenen Realität und dem Verhindern, daß der Verstand dazwischentritt? Ich scheine nicht erfolgreich manifestieren zu können. Wenn ich zum Beispiel den Entschluß fasse, eine bestimmte Pizza essen zu wollen, ist garantiert die Kneipe geschlossen oder diese spezielle Pizza von der Speisekarte gestrichen. Warum ist das so?

P'taah: Liebe, was glaubst du, woran es liegt?

F: Meinem Gefühl nach liegt es am Verurteilen.

P'taah: Ganz recht. Nun, das Ich, das die Persönlichkeit ausmacht, muß nicht aufgelöst werden. Es soll angenommen werden, und durch dieses Annehmen und Nicht-Verurteilen kommt ein Ausgleich zustande, und dann gibt es auch keinen Kampf. Dein Verstand ist dein Diener. *Dein Ego ist dein Diener.* Wenn du nur passiv sein möchtest, dann soll es so sein, aber schau, in Wahrheit bist du ein großartiges kreatives Wesen. Wenn du glaubst, daß sich alles, was du zu manifestieren versuchst, in Asche verwandelt, dann, geliebte Frau, wird es auch so geschehen.

Doch soll auch gesagt werden, daß die Lektion für alle Menschen in der Erkenntnis besteht, daß sie Wesen des SEINS sind und nicht MENSCHLICHES TUN sein sollen. Trotzdem kannst du, wenn du einen Wunsch hast, deine Absicht bekunden. Das ist in Ordnung, aber du solltest dich nicht auf das Resultat «versteifen». Denn schau, Geliebte, wenn du dich auf das Resultat versteifst, gerätst du stark ins Verurteilen, wenn es nicht präzise so ausfällt, wie du es dir vorgestellt hast. Verstehst du? Das heißt nicht, daß du unbedingt nur ein re-agierendes Wesen sein sollst. Du bist in der Tat personifiziertes Handeln, selbst wenn du nur dasitzt und nichts tust. Dein Körper ist ein überaus wunderbarer, aktiver und kreativer Organismus, vergleichbar mit zahlreichen Galaxien, die in jeder Mikrosekunde schöpferisch tätig sind. Dasselbe gilt für das Gehirn. Es soll nie abgeschaltet werden, niemals. Ihr sollt diese Geschäft-ig-keit des Geistes *zulassen*. Wenn ihr sie verurteilt und euch angestrengt darum bemüht, sie abzustellen, wird damit nichts erreicht. Laßt los. Es ist ein rühriges Gehirn. Laßt das für euch okay sein. Euer wie auch immer beschaffenes Bewußtsein kann simultan mit der Geschäftigkeit des Verstandes existieren. Selbst wenn ihr schlaft, ist euer geistiges Bewußtsein nach wie vor beschäftigt. Der Zustand des Seins und der Zustand des Tuns sind Polaritäten. Das heißt nicht, daß das eine richtig und das andere falsch ist. Ihr sollt beides akzeptieren. Wir haben bemerkt, daß sich die Menschen sehr langweilen, wenn sie nicht irgend etwas tun. Also freut euch an dem, was ihr tut. Haben wir euch nicht gesagt, daß ihr das tun sollt, was euer Herz zum Singen bringt? Verurteilt das Tun also nicht. Und wenn ihr sozusagen am Tun seid, sollt ihr in der Freude des Augenblicks SEIN. So gibt es keine Vergangenheit und keine Zukunft, nur das *wesentliche Sein*. Es ist nicht erforderlich, daß ihr nur auf eurem Hintern sitzt und nichts tut. Geht los und tanzt! Ist die Sache für dich jetzt klarer, Geliebte?

F: Ich will eigentlich nicht irgend etwas TUN, aber ich stelle fest, daß ich stagniere. Ich habe kein Interesse an irgendeiner Aktivität.

P'taah: Dann ist das in Ordnung, wenn es dein Herz zum Singen bringt.

F: Das Problem ist, daß ich meinen Lebensunterhalt verdienen muß. Im Moment habe ich noch etwas Geld, aber das wird in drei Monaten verbraucht sein.

P'taah: Fels und hartes Gestein, wie?

F: Könntest du etwas über den kontrollierenden und manipulierenden Aspekt in uns sagen?

P'taah: Liebe, solange du den Aspekt in dir verurteilst, der kontrolliert und manipuliert, verstärkst du ihn immer noch mehr. Dein Kontrollieren und Manipulieren hat seine Gültigkeit, weißt du. Es ist ein göttlicher Aspekt, sonst gäbe es ihn nicht. Aber er braucht dein Leben nicht zu beherrschen. Durch deine Angst vor ihm, dadurch, daß du ihn ablehnst, ihn wegdrängst, gibst du ihm nur noch mehr Energie und ziehst ihn an.

F: Könntest du über Dualität sprechen? So wie ich das verstehe, gründet sich der Geist auf Dualität; deshalb ziehe ich, wenn ich sage, daß ich das Licht erfahren will, automatisch die Dunkelheit an.

P'taah: Liebe, euer ganzes Multiversum, so wie ihr es versteht, besteht aus Polarität. Das ist euer Universum. Ihr sollt beide Polaritäten annehmen, damit sie *ins* Licht gebracht werden können. Es ist nicht so, daß das eine richtig und das andere falsch ist. Beides hat seine Gültigkeit. Ohne das eine würde das andere nicht existieren. Ihr seid Polarität. Ihr seid männlich/weiblich, ihr seid positiv und negativ geladene Ionen. Ihr seid alle Dinge. Ihr seid Liebe, und ihr seid Angst.

F: Ich würde gerne wissen, warum ich zu neunzig Prozent Unglückseligkeit in meinem Leben manifestiert habe.

P'taah: Liebe, glaubst du, daß du die einzige bist? Würden die zehn Prozent bitte aufstehen? Siehst du, Liebe, jeder Mensch manifestiert Schmerz und Qual. Warum, glaubst du, sagen wir euch, daß die Menschen an gebrochenem Herzen sterben? Das muß nicht so sein. Wir geben euch ein Instrument an die Hand, damit ihr imstande seid, die von euch gewünschte Änderung in eurem Leben zu erschaffen. Wir sind das, was ihr einen Rezeptgeber nennen würdet. Wenn wir ein Kochbuch schreiben würden, würde es ein Bestseller werden. Wir geben euch das Rezept – wie ihr dann kocht, ist eure Sache. Das ist in der Tat das Wunderbarste an der Kreativität, über die ihr gegenwärtig verfügt. Darum seid ihr hier. Ihr habt euch an diesem Ort zu dieser Zeit erschaffen, damit ihr miterleben könnt, was die sogenannte Dualität, was Polarität, was Veränderung ist. Und so, wie es sich in eurem Innern ereignet, beobachtet ihr es im Außen, da alles, was ihr außerhalb eurer selbst beobachtet, nur ein Spiegel ist. Eine Widerspiegelung. Außerhalb dessen, was ihr als eure eigene Wesensnatur wahrnehmt, existiert nichts, was nicht ein Spiegel wäre. NICHTS. Und deshalb sagen wir dir, Liebe, daß du dir keine Sorgen über die Art und Weise deiner Wahrnehmung machen sollst. Es gibt zwei Ausdrucksformen: Liebe und Angst. Du hast in jedem Moment die Wahl, wie du es betrachten willst, wie du leben möchtest. Du kannst dich in Angst verkriechen, und du kannst ins Licht tanzen. Und ich will dir sagen: Die Zeit wird kommen, wo dich dieses Leben in Angst außerordentlich langweilen wird, diese Angst, die dich in Wahrheit so paralysiert, daß es «kein Leben» ist. Eines Tages, Geliebte, wirst du die Augen aufschlagen und sagen: «Heute trete ich ins Licht.»

F: Es scheint, daß ich das nicht durch einen Willensakt tun kann. Es scheint, daß es nur geschieht, wenn der richtige Moment da ist. Darin besteht die Verwirrung. Das ist die Verurteilung. Wie mach ich das also?

P'taah: Liebe, ich habe es dir schon gesagt. Es geht darum, daß du dieses Verurteilen in Ordnung sein läßt, gleichzeitig aber weißt, daß es ein Verurteilen ist; verdräng es nicht, sondern nimm es bereitwillig an. Darin besteht das Ausrichten, das Ausgleichen. Wir werden noch weiter mit dir darüber sprechen, wenn du es wünschst.

F(M): *Namaste*, P'taah. St. Germain hat über das Gen der Isis und die Stimulierung der Zirbel- und der Hirnanhangdrüse gesprochen. Wie machen wir das? Womit stimulieren wir sie? *(Großes Gelächter)*

P'taah: Mit dem Licht des Herzens, Geliebter. In Wirklichkeit wird der Kanal, die kristalline Struktur, die aktiviert werden muß, damit ihr ins Superbewußtsein eintreten könnt, durch das bereitwillige Annehmen stimuliert. Ihr habt also in jedem Moment die Wahl, ob ihr eine Stimulierung zulassen wollt oder nicht. So einfach ist das.

F: Die Stimulierung liegt also in dem, was ich jeweils denke?

P'taah: Lieber, du triffst in jedem Moment deines inneren Lebens eine Wahl, und was wählst du? Liebe oder Angst? Annehmen oder Ablehnung? Verstehst du?

F: Oh, ja. Es ist ganz einfach.

P'taah: Aber natürlich, Geliebter. Wir sagen euch das ständig.

F(M): Die junge Dame von vorhin sprach davon, daß sie bald kein Geld mehr hat. Ich möchte nur etwas für mich klären: Solange sie sich Sorgen macht, daß ihr das Geld ausgeht, so lange wird es ihr auch ausgehen. Ist das richtig?

P'taah: So ist es.

F: Weil sie ihre Energien …

P'taah: … auf das «Nicht-Haben» richtet. Ganz recht.

F: Der andere Teil ihrer Frage betraf das Zulassen. Sollten wir unsere Energien nicht vielmehr darauf richten, daß die Dinge geschehen?

P'taah: So ist es, Lieber. Das ist es, was mit «die Absicht bekunden» gemeint ist. Wenn du dir etwas wünschst, kannst du deine Absicht zeigen, daß es bereits in deiner Realität existiert.

F: Für mich hörte sich das eher so an, daß die Dame erwartet, daß alles geschieht, ohne daß sie selbst etwas dazutut. Mir scheint, man kann es mit dem Zulassen auch ein bißchen übertreiben.

P'taah: Das ist nicht übertrieben, Geliebter, denn wenn unsere liebe Dame wirklich weiß, daß es nichts zu tun gibt und für *alles* gesorgt wird, und wenn sie sich in *Freude* hinsetzt und nichts tut, dann ist das in der Tat sehr kreativ. Was wir meinen, ist, daß es sich, wenn du wie paralysiert bist, im Grunde um eine Lähmung aus Angst handelt. Wenn du also sagst: «Ich wünsche eine Veränderung», mußt du bekunden, daß die Veränderung bereits geschehen ist. Das kann zum Beispiel heißen, daß du deinen Körper dem Sonnenlicht aussetzt und dem Gesang der Vögel lauschst, daß du hinausgehst und das Gras unter deinen Füßen spürst. Verstehst du? Damit bezeugst du die Absicht der Veränderung. Und mit diesem Bezeugen wird die Veränderung bereits erschaffen. Das ist die Dichotomie.

F: Letzte Woche stellte jemand eine Frage zum Absperren des

Fahrrads, zum Vertrauen ins Universum. Aber es ist ja nicht das Universum, in das wir kein Vertrauen setzen. Es geht um all die Diebe da draußen, die das Fahrrad stehlen.

P'taah: Aber schau, Lieber, so ist das nicht. Wenn du in dem Wissen verankert bist, daß alles sicher und geschützt ist, wird es eine Co-Kreation. Du bist in keiner Weise vom Rest deines Universums isoliert.

F: Aber wie krieg ich die Botschaft zu den Fahrraddieben rüber?

P'taah: Lieber, es ist so, daß das Fahrrad oder Fahrzeug sich nicht im Bereich des Bewußtseinsfeldes jener befindet, die stehlen wollen. So einfach ist das.

F *(die Dame, die nur schwer irgendein Interesse an äußerlichen Aktivitäten entwickeln kann)*: Dazu würde ich gern ein Erlebnis beisteuern, denn ich habe großes Vertrauen entwickelt. Am Abend des Tages, an dem wir den Workshop hatten, fuhr ich auf dem Rückweg den Berg von Kuranda hinunter und hatte das Gefühl, daß ich allem vertrauen kann und alles aus Liebe besteht. Das Auto, die Straße, die Bäume, alles bestand aus Liebe, und es gab wirklich überhaupt nichts, was ich hätte tun müssen. In diesem Moment nahm ich, ohne darüber nachzudenken, die Hände vom Lenkrad. Ich sah aus dem Autofenster und fuhr den Berg hinunter und näherte mich einer Kurve. In diesem Augenblick war ich bereit, lieber zu sterben, als in einem Zustand der Angst oder mit dem Gefühl zu leben, daß das Universum sich meiner nicht annähme. In gewisser Weise war es ein Test, aber ich unternahm ihn nicht bewußt. Es passierte einfach. Etwa fünf Sekunden lang war ich völlig unbekümmert. Ich sah aus dem Fenster und vertraute einfach darauf, daß sich der Wagen von allein um die Kurve steuern würde. Und genau das geschah auch. Ich fuhr etwa fünf Sekunden lang um die Kurve, und dann sah ich nach vorn. Ich kam wieder zur Besinnung und packte das Lenkrad. Irgendwie habe ich wirklich das Gefühl: Je weniger wir tun, um so besser ist es. Es ist tatsächlich möglich.

P'taah: Natürlich ist es möglich, Geliebte, und wenn du sagst, daß du lieber sterben würdest, dann im Wissen, daß der Tod die größte aller Illusionen ist. So etwas wie den Tod gibt es in Wahrheit nicht. Wir danken dir, daß du uns das mitgeteilt hast. Wenn ihr absolut wißt, daß ihr euch in einem sicheren Universum befindet, ist es auch so – immer.

F(M): Ich glaube, mir ist es nicht wirklich wichtig, daß ich zur Erleuchtung gelange. Ich will nur immer, oder wenigstens ab und zu, Vertrauen zu mir haben.

P'taah: Mach stetig den Versuch, Geliebter. Denk praktisch – plane ein Wunder. Du willst nicht erleuchtet werden? Was, glaubst du, bedeutet es, im Licht des Wissens, wer du bist, zu sein? Das ist doch gewiß das, was ihr höchstes SELBST-Vertrauen nennt, hm?

F: Nicht übel. Es ist also dasselbe?

P'taah: Weißt du, Erleuchtung, das, womit ihr alle auf die eine oder andere Weise so beschäftigt seid, ist das, *was ihr* bereits *seid*. In euch ist bereits Erleuchtung. In euch ist bereits totale Liebe. Daß ihr die Polarität, daß ihr alles andere mit einschließen könnt, ist wunderbar.

F: Es geht also darum, alles anzunehmen.

P'taah: Aber natürlich.

F: Ich sollte mich also nicht darum kümmern, was passiert und ob es gut oder schlecht ist. Im Grunde ist alles dasselbe.

P'taah: Aber ja, es ist im Grunde alles dasselbe. Nur durch eure Wahrnehmung, durch euer Urteilen wird es zu etwas Gutem oder Schlechtem, Richtigem oder Falschem.

F: Dann sollte ich ein besseres Urteilsvermögen entwickeln, nicht wahr?

P'taah: Warum nicht das Urteilen aus dem Fenster werfen und sich statt dessen im Unterscheidungsvermögen üben?

F: Unterscheidungsvermögen bedeutet, daß ich erkennen kann, was was ist?

P'taah: Richtig. Ohne Werturteil.

F(M): Um das Thema zu wechseln: Die gegenwärtige Theorie über die Entstehung des Universums besagt, daß es mit dem sogenannten «Urknall» begann. Mit anderen Worten, mit einer Energieexplosion, die in einer, anscheinend endlosen, Ausdehnung gipfelt. Dagegen erklärt eine andere Theorie, daß es sich dann wieder zusammenzieht. Kannst du dazu etwas sagen?

P'taah: Du könntest es den Atem der Urquelle nennen.

F: Philosophisch gesehen, ja. Und man sagt auch, daß der Atem die elementarste Analogie darstellt. Einströmen und Ausströmen. Auf der Mikroebene von uns menschlichen Geschöpfen symbolisiert der Atem das Einströmen und Ausströmen der Makroebene. Wie sich das Ganze auf der mathematischen Ebene darstellt, ist eine Sache. Etwas auf der Gefühlsebene einsehen ist etwas anderes.

P'taah: Natürlich, Geliebter. Denn schau, du kannst jede mathematische Gleichung nehmen und höchst elegante Entwürfe vom Anfang und Ende der Universen kreieren – das einzig Wichtige aber bist du. *Du bist die zentrale Sonne deines Universums, und das Gefühl ist es, das dich in jedem Moment erschafft.*

F: Was uns in jedem Moment erschafft, ist nicht nur universeller, sondern auch konstanter Natur. Es hält alle Manifestationen in jedem vorstellbaren Kontext aufrecht.

P'taah: Aber natürlich, Lieber. Doch schau, über all das andere weißt du nichts. Du weißt noch nicht einmal über dich selbst Bescheid. Und wir sprechen nicht nur von dir, Geliebter, wir sprechen von allen Menschen. *Wenn ihr wißt, wer ihr seid, wenn ihr fühlt und liebt, werdet ihr alles wissen.* Dann werdet ihr das Makrouniversum verstehen, weil ihr das Mikrouniversum versteht. Wahrlich, das eine kennen heißt das andere kennen.

F: Wie du oft gesagt hast, wir WISSEN es, aber nicht in seiner Relativität.

P'taah: Für dieses Wissen gibt es keine Worte, Geliebter, und wenn du wirklich wüßtest, wer du bist, säßest du nicht hier. Es ist das Wissen, daß ihr erleuchtete Meister seid, daß ihr alle Dinge wißt, aber ihr werdet euch in dieses Wissen nicht einklinken, solange ihr nicht total annehmt, was ihr seid.

F(F): Ich grüße dich, P'taah. Nachdem ich mir ein Leben lang etwas vorgemacht habe, muß ich mir nun schließlich eingestehen, daß ich mir am allermeisten eine Liebesbeziehung, so wie in einem wunderbaren Märchen, wünsche, aber ich scheine nicht imstande zu sein, sie zu erschaffen. Vielleicht kannst du mir da ein bißchen helfen.

P'taah: Ja, Liebe, wir würden dir mit größtem Vergnügen helfen. Nun, du kannst die wunderbarste Liebesaffäre erschaffen, die in der Tat die Grundlage aller Märchen bildet, aber schau, Geliebte, erst mußt du sie mit *dir* haben.

F: Und wie kann ich das erreichen?

P'taah: Wie du dich selbst lieben kannst?

F: Ich denke, ich habe angefangen, mich selbst zu lieben.

P'taah: Das hast du in der Tat.

F: Aber ich glaube, ich bin die einzige, die mich liebt.

(Die Zuhörerschaft ist amüsiert und angerührt zugleich.)

P'taah: Ah, Liebe, das ist nicht so. Du weißt, daß ich dich liebe, doch das nützt dir nicht viel. *(Großes Gelächter)* Das wärmt dein Bett ganz sicher nicht. Geliebte, die, die du bist, ist wunderschön, der Liebe zutiefst wert, aber schau, du begreifst noch nicht wirklich, daß du der Liebe wert bist.

F: Das dachte ich mir.

P'taah: Geliebte, du bist aller Dinge wert. Du bist der Liebe wert. Du bist es wert, geliebt zu werden, aber du mußt dir Tag für Tag zeigen, wie sehr du dich selbst liebst, wie sehr du die ehrst, die du bist; du mußt im Umgang mit dir selbst integer sein, dann kannst du die wunderbarste Romanze haben.

F: Ich will nicht nur eine Romanze, ich will alles.

P'taah: Und das kannst du haben. Wirklich. Haben wir je zu dir gesagt, Geliebte, daß du nur ein kleines bißchen haben kannst und nicht alles? Wir haben zu dir gesagt: «Du kannst alles haben.» Ja, darauf bestehe ich.

F(F): Ich grüße dich, P'taah. In Regressionen bin ich bis zum Anfang meiner spirituellen Reise zurückgegangen, um zu sehen, was ich gewesen bin, und ich stimme mit dir überein. Ich war eine Göttin, ich bin immer noch eine. Aber was hat mich dazu gebracht, mich davon abzuwenden und in einen so elenden Zustand zu geraten, in dem ich von meinem SELBST getrennt bin? War es ein Ego-Trip? Was hat mich abgeschnitten?

P'taah: Was hat alle von euch abgeschnitten? Denn alle von euch, ihr alle, wart und seid noch immer Götter und Göttinnen. *Nun, man könnte sagen, daß die Urquelle in ihrem Wunsch, sich selbst zu erfahren, die Trennung erschaffen hat.* Und das gilt auch für jeden einzelnen von euch. Es ist wirklich ein phantastisches Spiel. Du hast nur die Regeln vergessen. Du hast vergessen, daß es, wie wir schon sagten, nur eine Filmrolle ist. *Dein* Film, Geliebte. Du bist diejenige, die sagt, daß alles «Scheiße» ist. Das nennt man Verurteilung. Du könntest auch sagen, daß es die wunderbarste Art und Weise ist, sich mit den himmlischen Juwelen des Wissens der Göttin zu schmücken. Es hängt völlig davon ab, wie du es betrachten willst.

F: Ich möchte eine letzte Bemerkung dazu machen. Nachdem ich gesehen hatte, was ich gewesen war, weinte ich eineinhalb Stunden lang. Es war ein Trauern. Ich trauerte um meinen Verlust, und dann stieg aus der Tiefe meiner selbst das Wissen auf, daß ich wieder werde, was ich gewesen bin. Ich werde zurückkommen. Ich genieße jetzt das, was ich bin, aber zu sehen, was ich verloren hatte, war schrecklich.

P'taah: Ja, es ist ein Trauern, aber schau, es war ein Trauern um die ganze Menschheit. Das meinen wir, wenn wir sagen, daß die ganze Menschheit an gebrochenem Herzen stirbt, Geliebte.

F(M): P'taah, du hast über Angst gesprochen, aber ich habe eine so große Ekstase erlebt, daß ich fast darum bitten mußte, daß sie aufhört. Fürchten wir uns auch davor, unser ganzes Königreich in Empfang zu nehmen?

P'taah: Aber natürlich, Lieber. Auf diese Weise kommt es scheibchenweise daher. Weißt du, das aufzugeben, was ihr so gut kennt, ist in gewisser Hinsicht sehr schwierig. Es ist fast so, als könnten die Neuronen die Ladung nicht verkraften.

F: Ja, ich schien fast am Punkt der Auflösung zu sein, und doch war es so ekstatisch.

P'taah: Richtig, und wenn du dich darauf eingelassen hättest, wärest du ein aufgestiegener Meister.

Nun wollen wir eine Pause machen, ihr Lieben. Wir bitten euch, während des Übergangs still zu sein, und wir werden sehr bald zurückkehren.

Nach der Pause.

P'taah: Und nun, ihr Lieben, könnt ihr Fragen stellen.

F(M): P'taah, könntest du zu uns über die Erdveränderungen

sprechen, die in den kommenden zehn Jahren stattfinden werden, und uns sagen, ob es für die, die in den nächsten zehn Jahren in ihrem Körper bleiben möchten, günstig wäre, sich während dieser Zeit hier im Atherton-Tafelland aufzuhalten?

P'taah: Nun, Lieber, wir haben euch in diesen Monaten viele Informationen über die Erdveränderungen gegeben, und ich würde vorschlagen, daß du das, wenn dich die Details sehr interessieren, nachliest. Das Material ist dir zugänglich. Doch wir wollen folgendes sagen: Die künftigen Erdveränderungen sollen ganz gewiß nicht als Katastrophe betrachtet werden, obgleich sie sich für viele Menschen als solche ausnehmen werden. Wie wir schon sagten, gibt es immer den Moment der Wahl, wie ihr das künftige Geschehen wahrnehmen wollt. *Wenn ihr davor Angst habt, spielt es keine Rolle, wo ihr wohnt. Und wenn ihr euch nicht davor fürchtet, spielt es ebenfalls keine Rolle, wo ihr wohnt.* Doch dieser Ort, dieser Bereich eures Kontinents, ist tatsächlich wunderbar, und er strahlt, wie wir schon sagten, eine sanfte, heilende und nährende Energie aus. Und wir haben auch schon jene Menschen beglückwünscht, die aus einem Herzenswunsch heraus in dieser Gegend wohnen möchten, nicht nur im (Atherton-)Tafelland, sondern im ganzen nördlichen Bereich eures Landes.

F(M): Ebenfalls zu diesem Thema: Ich lebe nun seit über zwanzig Jahren in dieser Gegend und habe stets ein Gefühl, das ich im Grunde nicht beschreiben kann. Meist sage ich zu den Leuten: «Hier ist es» oder «hier wird es sein», doch eigentlich weiß ich nicht, was es ist, aber es ist es. Weißt du, wovon ich rede? Denn ich weiß es nicht. *(Gelächter)*

P'taah: Du sprichst die Worte, die auch unsere Frau äußert, und so ist es auch. Man könnte sagen: «Das ist es, wo es ist», nicht wahr?

Vieles hat auch damit zu tun, daß diese Gegend ständig von Sternenwesen besucht wird. Deshalb werden viele von euch – ich spreche nicht unbedingt von den hier Anwesenden – von dieser Gegend angezogen, ohne zu wissen, warum. Sie möchten sich in der Nähe der Sternenwesen aufhalten. Und man könnte sagen, daß dieser Ort mit seinen Energie-Leylinien seine eigenen Energiewirbel erzeugt. So kommen also Menschen hierher, die hier gar nicht zu leben beabsichtigten und dann feststellen, daß sie, ohne den Grund dafür zu kennen, nicht wieder wegwollen. Dieser Ort ist magisch, Lieber. Er strahlt einen Zauber aus. Die Energien in euren Regenwäldern, die Naturgeister, wie ihr sie nennt, sind in der Tat sehr rege. Es ist eine Gegend der Wachstumsfülle, voller Fruchtbarkeit, und die Menschen hegen eine große Liebe zu ihrem Land. Die Menschen, die in den riesigen Städten leben, lassen für sich keine enge Verbindung mit der Göttin zu. Gleiches zieht Gleiches an. Verstehst du?

F(M): P'taah, ich würde gern etwas erzählen. Als ich in Sydney lebte, fühlte ich mich sehr zur Sunshine Coast hingezogen, und ich wohnte dort auch eine Weile. Dann besuchte ich eines Tages den Norden hier und wußte, daß ich auf die eine oder andere Weise hier leben mußte. Letztes Jahr zog ich nach Tully, aber selbst dort fühlte ich mich nicht zu Hause. Ich wußte, ich mußte an irgendeinen Ort hinter Cairns ziehen. Und jetzt wohne ich in der Tat nördlich von Cairns und habe das Gefühl, das dies mein Platz ist, obwohl meine Freunde an der Sunshine Coast gerne möchten, daß ich dorthin zurückkehre.

P'taah: Ja, es ist sicherlich so, daß sich die Energie nördlich von eurer Stadt intensiviert. Obwohl man sagen kann, daß sie südlich von eurer Stadt in einer Gegend namens Tully ihren Anfang nimmt und nördlich davon immer stärker wird.

F(F): Ich nehme zum erstenmal an einer Zusammenkunft wie dieser teil. In den letzten paar Jahren begann ich mir einige Fragen zu stellen und fing an zu suchen. Nun werden die Dinge ein bißchen verwirrend für mich. Ist es vernünftig, jemanden um ein Zeichen zu bitten, das mir bestätigt, daß es irgend etwas nach dem Tod gibt oder ein Geistleben?

P'taah: Das ist absolut vernünftig, liebe Frau. Weißt du, du brauchst eigentlich nicht jemand anderen darum zu bitten, du kannst dich selbst fragen. Dein größeres Selbst wird sich glücklich schätzen, mit dir zu kommunizieren. Auf diese Weise kannst du dir der Antworten sicher sein.

F: Wie macht man das?

P'taah: Du kannst dich an einen Ort der inneren Stille begeben und einfach fragen. Das ist alles. Du sollst wissen, daß du ganz gewiß Antwort bekommst.

F: Was wäre, wenn ich dich fragen würde?

P'taah: Aber sicher, du kannst mich alles fragen, was du möchtest.

F: Gut, das Zeichen, das mir die Bestätigung dafür liefern würde, daß es noch eine andere Ebene oder Dimension gibt, wäre, daß du mir den Kosenamen nennst, den mir mein verstorbener Mann gab. Wenn mir jemand den sagen kann, würde ich glauben.

P'taah: Liebe, weißt du, wenn du eine genaue Erklärung abgibst, wie die Dinge zu sein haben, wirst du ein Nichts bekommen, weil du mit deiner vorgefertigten Erwartung eine Million Wahrscheinlichkeiten ausschließt. Du wünschst zu wissen, ob es wirklich etwas jenseits dieser dritten Realitätsdimension gibt. Aber schau, eigentlich weißt du, daß es so ist. Kannst du denn deiner Betrachtungsweise von deiner eigenen dreidimensionalen Realität nicht vertrauen?

F: Ich weiß nicht.

P'taah: Doch, du weißt es sehr wohl. Ihr alle wißt es. Denn wenn du ihr vertrauen könntest, wärst du nicht hier. Du wärst keine Suchende. Du würdest sagen: «Es existiert nichts außer dem, was ich berühren, riechen, hören und mit eigenen Augen sehen kann.»

F: Genau diese Ansicht habe ich bis vor kurzem vertreten.

P'taah: Es funktioniert nicht, weil dein größeres Selbst weiß, daß es mehr gibt. Du magst dies ableugnen, aber dann fragt sich, warum du dich, wenn es nicht so ist, auf die Suche begibst.

F: Ich weiß nicht.

P'taah: Nun, ich will es dir sagen. Das, was die Menschheit sucht, nennt man Erfüllung, und nichts außerhalb dessen, was ihr seid, wird dieses grauenhafte Loch in euch füllen. Ganz gleich, wie befriedigend eure Beziehungen sind, sie sind nie befriedigend genug. Großer Reichtum bringt es auch nicht. Auch nicht ein Investieren eures Lebens in eure Kinder und auch nicht ein euch beanspruchender Beruf. Da ist immer noch der Schmerz der inneren Leere. Die Leere, dieser Schmerz, ist die Trennung, und es ist die Trennung des Selbst vom größeren SELBST, von der Quelle. Es ist das Un-Verständnis davon, daß das, *was ihr seid, die Quelle IST, die sich in dieser Dimension der Realität zum Ausdruck bringt.* Ihr habt den Kontakt zu eurer Macht verloren. In dieser Leere der Trennung sitzen dieser intensive Schmerz und die Qual und die Sehnsucht, weil alle Menschen wissen, daß da mehr ist und immer noch mehr. Das Wissen, daß da mehr ist, nennt man Intuition. Ein tiefsitzendes Wissen – es belügt euch nicht. Es ist in Wahrheit das einzige, worauf ihr vertrauen könnt, denn auf eure äußeren Sinne könnt ihr euch gewiß nicht verlassen.

F: Ist dies ein Wissen oder eine Hoffnung?

P'taah: Da sind viele, die behaupten, daß die sogenannte spirituelle Suche Unsinn ist, und die euch glauben machen möchten, daß sie nur eine Hoffnung und die Spiritualität eine Krücke ist. Wie oft hast du das gehört?

F: Ziemlich oft.

P'taah: Ganz recht. Aber schau, Liebe, es gibt den «Beweis für den Pudding». Wenn du allmählich verstehst, was wir sagen – und nicht nur wir sagen es, es gibt viele, die gegenwärtig auf dem Planeten lehren –, und wenn du nach dieser Veränderung und nach dem Wissen verlangst und dir sehnlichst wünschst, in das Nicht-Getrenntsein einzutreten, geben wir dir ein Rezept. Wenn du das, was wir dir vorschlagen, zu üben und zu praktizieren anfängst, wirst du große Veränderungen in deinem Leben erfahren. *(P'taah wendet sich an einen Herrn im Publikum, der aufgrund einer tiefgreifenden Veränderung seines Verständnisses große Veränderungen in seinem Leben erfährt.)* Ist es nicht so, Lieber?

F: Sicher.

P'taah: Und wenn du diese Veränderung erlebst und merkst, daß sie mehr Freude, mehr Lachen, mehr Freiheit schafft, und wenn du langsam zur Liebe zum SELBST gelangst, wenn du den Grundgedanken erfaßt, daß alles außerhalb deiner selbst eine Widerspiegelung darstellt – wenn du zu der Einsicht gelangst, daß du in Wahrheit ein Mikrokosmos der Multiversen bist –, dann wirst du wissen, daß es nichts gibt, wovon du nicht Teil bist, daß du in der Tat der Atem des ALLES, WAS IST, daß du eine multidimensionale, machtvolle Frau bist. Du und alle Frauen der Menschheit machen sich tatsächlich auf den Weg zu einem großen Abenteuer, das das Erkennen der Göttin im Innern ist, die Verwirklichung der eigenen Macht und Souveränität. Und das, Geliebte, nennt man einen Beweis.

F *(wieder die Dame)*: Ich höre, was du sagst, bin mir aber nicht sicher, daß ich es ganz verstehe.

P'taah: Das ist in Ordnung, Geliebte. Es gibt viele neue Auffassungen und Vorstellungen, mit denen du dich vertraut machst, und wenn du weiter vorangehst, wirst du es in deinem Innern *wissen*. Und schau, wir sind keine Wahrsager. Der Menschheit gilt einzig das als Beweis, was sie sich selbst beweist. Weißt du, wir könnten paranormale Wunder bewirken, und die Menschen würden sagen: «Gib uns mehr – zeig's uns, zeig uns unsere Macht.» Aber schau, Liebe, *ich komme nicht, um meine Macht zu zeigen. Ich komme, um euch eure Macht zu zeigen. Ich komme, um euch zu zeigen, wer IHR seid. Ich komme in Hochachtung vor der Menschheit, in Liebe zu ihr – und wir lieben euch wirklich. Wir kommen, um euch zu zeigen, wie ihr zur Erkenntnis eures Gotteslichts gelangen könnt. Und ihr werdet in der Tat die Galaxien erleuchten.*

F: Ich habe noch eine weitere Frage: Ich habe seit ein paar Monaten Probleme mit meinem Hals. Wodurch wird dieser Reizzustand verursacht, und kannst du mir helfen?

P'taah: Der Hals hat mit Kommunikation zu tun. Du mußt dir gestatten, das mitzuteilen, was du wirklich mitzuteilen wünschst. Weißt du, diese Kommunikation betrifft nicht nur die Kommunikation im Außen oder nach außen hin. Du mußt dir auch erlauben, aufzumachen und den Mitteilungsprozeß zu akzeptieren. Hör auf die innere Stimme, Liebe, dann muß es dir nicht die Kehle zuschnüren. Du kannst dich entspannen und zu der Einsicht gelangen, daß du dich vor nichts zu fürchten brauchst; nicht vor dem Gedankenaustausch in deinem eigenen Innern, wie immer er deinem Wunsch nach ausfallen mag, und auch nicht vor dem, was du zu hören bekommst, ganz gleich, was es ist.

F(M): Die Aborigines in dieser Gegend bekommen im Moment eine Menge Publicity, und das scheint die Diskussion anzuheizen. Man redet immer von den letzten zweihundert Jahren, seit die Weißen diesen Kontinent entdeckt haben. Ich sprach mit Aborigines, die hundert Jahre alt waren und ein von der weißen Zivilisation abgesondertes Leben geführt haben. Diese alten reinrassigen Aborigines sind durchaus imstande, sich mit uns Weißen zusammenzuschließen und zu verständigen. Sie zeigen keine

Feindseligkeit. Da findet sich keine Aversion wie bei denen, die der weißen Bevölkerung ausgesetzt waren. Vor fünfundachtzig Jahren waren sie noch okay. Dann bekamen sie allmählich Probleme. Der Grund dafür ist derselbe wie bei allem anderen: Man kann keinen anderen lieben, solange man sich nicht selbst liebt. Meiner Ansicht nach ist dies am stärksten bei den Mischlingen der Fall, und nicht bei den reinrassigen Aborigines.

P'taah: Damit hat es nichts zu tun. Es handelt sich um eine Co-Kreation, und es bedeutet, daß die Verantwortung nicht übernommen wird. Es ist das Gefühl des Nichtwertseins.

F: Woher kommt es, daß die alten Menschen über genügend Selbstwertgefühl verfügen?

P'taah: Aber schau, sie sind noch mit ihrem Stammeserbe verwurzelt. Die jüngeren Ureinwohner haben kein Stammeserbe mehr. Sie gehören nirgendwohin. Von Geburt an sind sie mit dem Makel behaftet, nichts wert, nicht gut genug zu sein. Sie können nirgendwohin, sie haben keinen Ort, an dem sie sich verstecken können. So haben sie natürlich kein Selbst-Wertgefühl in dem Sinne, daß sie wüßten, wer sie sind. Auch begreifen sie gegenwärtig nicht, daß sie die Mitschöpfer ihrer Realität sind. Wenn sie die Verantwortung übernehmen, können sie die von ihnen erwünschten Veränderungen schaffen. Solange sie die Verantwortung nicht übernehmen und in den Europäern den Grund für all ihre Übel sehen, wird sich für sie nichts ändern. Die Probleme werden nur noch weiter zunehmen. Wenn sie die Verantwortung übernehmen und erkennen, daß sie in der Tat die Situation miterschaffen haben, können sie zum Wissen gelangen und eine Veränderung herbeiführen.

F(M): P'taah, können wir auf einen umfassenden und raschen Abbau des amerikanischen nuklearen Waffenarsenals hoffen, oder müssen unsere Raum-Brüder dem amerikanischen Militär erst einen ordentlichen Tritt in den Hintern verpassen?

P'taah: Es ist anzunehmen, daß die Regierungen zu der Einsicht gelangen werden, daß mit Waffen nichts zu gewinnen ist.

F(F): Guten Abend, P'taah. Ich möchte gerne deine Ansicht über Angst als dem Wunsch, einer Bedrohung zu entfliehen, hören.

Denn darum geht es meiner Meinung nach bei der Angst. Und das verbraucht viel Energie und verschleißt den Körper.

P'taah: Ganz recht. Du könntest sagen, daß alles, was nicht Liebe ist, Angst ist. Sie hat viele Ausdrucksformen. Doch die Emotion der Angst im Körper bringt diesen dazu, verschiedene Arten von Adrenalin auszuschütten. Wenn es keine physische Entlastung von der Flucht vor der Angst gibt, entstehen Krankheit und Leiden, wie man an dem klassischen Syndrom eures Krebses sehen kann, aber es manifestiert sich auch auf vielerlei andere Weise. Doch gleich, wie es sich manifestiert, es ist immer die Folge von Angst.

F: Das führt, so wie ich das sehe, zu einem Teufelskreis. Meine Form von Flucht besteht darin, daß ich ständig an die Zukunft denke und versuche, sie so zu planen, daß ich mich in Sicherheit wiegen kann. Das hindert mich an der Erfahrung der Gegenwart. Wenn mich diese Gedanken nicht beschäftigen, kann ich die Schönheit der Gegenwart wahrnehmen, aber ich werde mir auch meines Körpers und der physischen Manifestation meiner Fluchtversuche bewußt. Es scheint also ein Teufelskreis zu sein.

P'taah: Absolut, Liebe. Ich habe das mit großem Interesse viele Hunderte eurer Jahre beobachtet.

F: Wie kommen wir aus diesem Kreis heraus?

P'taah: Immer durch die Wahl im Moment des Jetzt. Du verstehst wenigstens, was da abläuft, und das kannst du als sehr positiven Schritt betrachten. Verurteile deinen Fluchtwunsch nicht, geliebte Frau. Die Angst muß angenommen werden, man darf nicht vor ihr wegrennen, sie nicht verdrängen, sie nicht für nichtig erklären. Es geht darum, zu sagen: «Es ist vollkommen in Ordnung, Angst zu haben.» Und wenn du es dahin bringst, daß sie «vollkommen in Ordnung» ist, hast du schon deine Wahl getroffen.

F: Aber die Angst ist nach wie vor der Wunsch zu entfliehen.

P'taah: Wenn du die Angst bereitwillig annimmst, hast du nicht den Wunsch zu entfliehen.

F(F): Die Angst bereitwillig anzunehmen heißt also, nicht den Versuch zu machen, sie zu besiegen?

P'taah: Schau, Geliebte, wenn du versuchst, etwas zu besiegen, dann, weil du Angst hast, besiegt zu werden. Wenn du also versuchst, die Angst zu besiegen, dann, weil du Angst hast, von der Angst überwältigt, von ihr gelähmt zu werden. Und so verhält es sich mit allen manipulativen Versuchen, mit allen Wünschen, Kontrolle auszuüben. Verstehst du?

F: Ja, weil ich mir erlaubt habe, die Angst stundenlang zu fühlen.

P'taah: Aber natürlich, und das ist in Ordnung. Wenn du verstehst, was du machst, kannst du dich das nächste Mal für etwas anderes entscheiden. Geliebte, habt nie Angst, daß ihr keine weitere Chance kriegen könntet. *(Gelächter)*

F(F): Wenn ich an meinem inneren stillen Ort bin, kann ich fühlen, wie sich meine Energie bewegt. Wie läßt sich das definieren?

P'taah *(sanft)*: Wir geben dir einen kleinen Tip, Liebe: Definiere es nicht. Kannst du mir nun sagen, warum?

F: Weil es einfach nur zugelassen werden sollte.

P'taah: Ganz recht. Und was geschieht, wenn du es definierst und mit einem Etikett versiehst?

F: Verurteilung.

P'taah: Einschränkung. Ihr Lieben, wir kommen Woche um Woche zu euch und sprechen Worte über Worte, und damit schränken wir euch ein. Die Worte sind eigentlich Beschwichtigungshäppchen für euren Intellekt. Ihr könnt euch das, was wir sagen, als kleine, am Rand eines Abgrunds herumtanzende Lichtfünkchen vorstellen – eine Leere des Nichts, die alles enthält. Ich versuche euch Grundgedanken zu übermitteln, die in Wahrheit nicht gelehrt werden können. Wir versuchen, in eurer Brust ein Gefühl zu aktivieren. Euch ein wenig zu dehnen, damit ihr allmählich verstehen könnt, daß ihr grenzenlos seid. Ihr müßt nicht notwendigerweise über jede eurer Erfahrungen sprechen. Ihr müßt nicht unbedingt jedes Gefühl definieren. Ihr könnt es gar nicht. Das geht über die Worte hinaus. Eure kurzen Erfahrungen von Einssein lassen sich nicht in Worte fassen. Worte können dieses Gefühl von Nicht-Getrenntsein nicht übermitteln. Es gibt keine Worte, um den Gott/die Göttin, die Urquelle, zu beschreiben. Und wenn wir zu euch über Energie sprechen, «bringt es das» im Grunde auch nicht. Wir möchten euch also nur ganz einfach daran erinnern, daß ihr wirklich grenzenlos seid. Gefühle sind Gefühle. Sie zu bewerten ist nicht nötig. Ich weiß, daß ihr, wenn ihr ein Meßgerät hättet, herumsausen und jeden eurer Gedanken und jedes eurer Gefühle messen würdet. *(P'taah blickt in ein amüsiertes Publikum.)*

Nun, das ist ja alles ganz gut und schön, aber schaut, es bringt euch dem Gott/der Göttin nicht näher. Und laßt uns das schließlich nicht aus den Augen verlieren, Geliebte. Es ist der einzige Grund, warum ihr hier Woche um Woche auf eurem Hintern sitzt und unserem unentwegten Geplapper zuhört. Der Grund ist allein der, daß ihr der Quelle dessen, was ihr seid, näher sein, daß ihr in eurem eigenen Gotteslicht leben wollt. Ihr möchtet leidenschaftlich gern eure eigene Macht und Souveränität verstehen, und vor allem wollt ihr Liebe. Und das kann kein anderer für euch bewirken. Es spielt keine Rolle, wie sehr euch jemand liebt; es ist nie genug. Wenn ihr euch allein fühlt, kann dies keiner wirklich für euch ändern, einzig ihr habt die Macht dazu. Wißt ihr, ich bin wahrlich ein fabelhafter Zauberer, aber ich bin nicht machtvoller als ihr.

Das reicht für heute, ihr Lieben. Wir sind nicht weiter als euer nächster Gedanke von euch entfernt. Wir möchten nur, daß ihr euch daran erinnert, daß ich wirklich liebe, was ihr seid. Ich wünsche mir für euch, daß auch ihr liebt, was ihr seid. Und so, ihr Lieben, freut euch, laßt euer Gotteslicht zu. Wir erwarten, daß ihr tanzt. *(Scherzhaft:)* Wer es nicht tut, wird in die letzte Reihe verbannt.

Ich liebe euch. Guten Abend, Geliebte.

Neunte Übermittlung

4. März 1992

P'taah begrüßt das Publikum in seiner üblichen Weise, geht umher und macht sich mit jedem Gesicht vertraut. Dann beginnt er.

P'taah: Euer Universum besteht seiner Natur nach aus dem, was man Polaritäten nennt. Alles ist eine Polarität. Ihr, jeder von euch, die ganze Menschheit fällt ein Urteil über diese Polaritäten; verurteilt das, was ihr als negativ anseht. Und wir möchten euch daran erinnern, daß das, *was ihr als Erleuchtung betrachtet, nur das Annehmen beider Polaritäten bedeutet, um Licht zu erschaffen.* So einfach ist das. Und nun möchten wir euch sagen, daß es Zeit ist, Fragen zu stellen. Sollte es keine Fragen geben, freue ich mich sehr, und wir trinken eine Tasse Tee, und dann verabschiede ich mich.

F(M): In den letzten Tagen erlebte ich zwei Beispiele sofortiger Manifestierung. Von einem möchte ich gerne berichten. Vor kurzem unternahm ich eine Reise in die Vereinigten Staaten und stieß dort auf einen bestimmten Wein, einen Zinfandel*, um genau zu sein, von dem ich sehr angetan war. Als ich wieder in Australien war, versuchte ich diesen Wein zu bekommen, doch der Mann in der Weinhandlung hatte noch nie davon gehört. Wir standen in einem Gang zwischen Hunderten von Flaschen verschiedenster Weinsorten, und er versuchte, mir statt dessen einen anderen Wein zu verkaufen. Ich sah über die Schulter des Mannes und blickte direkt auf ein Etikett, auf dem «Zinfandel» zu lesen stand. Und siehe da, es war genau dieselbe Marke, die ich in den Vereinigten Staaten zu kosten bekommen hatte. Nun, ich weiß, daß diese Dinge passieren, wenn man mit sich in Frieden und Einklang ist, aber wie sie genau passieren, wie dieser Prozeß abläuft, ist mir schleierhaft.

* Als Zinfandel bezeichnet man in den Vereinigten Staaten Weine aus der ersten Traubenpressung.

P'taah: Nun ja, du weißt es doch sehr gut. Du weißt, daß es keine Zufälligkeiten gibt.

Deinem Wunsch entsprechend ordnet sich das ganze Universum neu, um deinen Wunsch zu erfüllen. Ich hoffe, daß du auch eine Flasche für mich gekauft hast.

F: Sicher, unser größeres Selbst ist allwissend, aber technisch gesehen muß es auch über so winzige physische Details Bescheid wissen, daß es uns genau zu der Stelle führen kann, wo der Wein gelagert ist.

P'taah: Lieber, nur du bist es, der etwas als klein oder groß bewertet. Weißt du, in den Begriffen der Energie, in den Begriffen des Universums spielt das keine Rolle – es ist alles dasselbe. Dein größeres Selbst weiß alles; *es weiß alles.* Was du als den wichtigsten Faktor in deinem Leben betrachtest und worauf du viel Energie verwendest, um es deinem Wunsch entsprechend zu manifestieren, braucht nicht mehr Energie als das, was du für unbedeutend hältst und erschaffst, ohne auch nur darüber nachzudenken. Steckt da nicht eine kleine Lektion für dich drin?

F(M): P'taah, es wird gesagt: «Trachtet als erstes nach dem Reich Gottes im Innern, dann wird euch alles andere dazugegeben.» So steht es in der *Bhagavad-Gita**, und die Bergpredigt sagt dasselbe. Andererseits heißt es auch: «Bittet, und euch wird gegeben werden», und «Was immer ihr euch wünscht und glaubt, daß es das Eure sei, das sollt ihr haben.» Besteht da nicht irgendwo ein Widerspruch? Ist es in Ordnung, einen Wunsch zu haben?

P'taah: Aber natürlich, Lieber. Hast du nicht jeden Tag deines Lebens Wünsche? Glaubst du, daß das falsch ist?

F: Nein, ganz bestimmt nicht.

P'taah: Da besteht kein Widerspruch. *Erkenne dich selbst, und du erkennst Gott.* Das heißt, wenn du weißt, wer du bist, wenn es in deinem Leben keine dir unbekannten und von dir nicht akzeptierten Bereiche gibt, wenn alles von dir ohne Verurteilung anerkannt wird – in eine harmonische Beziehung gebracht wird –, dann bedeutet das, daß du das größere SELBST erkennst und

* *Bhagavad-Gita:* ein Hauptwerk hinduistischer religiöser Dichtung, das um 500 v. Chr. entstand.

verstehst. Auf diese Weise wird alles manifestiert. In der Zwischenzeit erschaffst und erschaffst und erschaffst du von Augenblick zu Augenblick. Du erschaffst deine Existenz in jeder Mikrosekunde. Du hältst deinen Körper zusammen und erneuerst jede Zelle. *Du erschaffst deine Realität.* Und dabei hast du die Wahl, wie du sie gestalten willst. Wenn du dir etwas wünschst, mußt du diesen Wunsch nur kundtun, und er wird sich noch in diesem Augenblick manifestieren; allerdings wirst du wahrscheinlich auf der Physikalitätsebene eine Zeitverzögerung erleben. Wenn du mit dieser Vorstellung von Kreativität vertrauter geworden bist, wirst du feststellen, daß diese Zeitverzögerungen immer seltener auftreten. Also besteht da faktisch kein Widerspruch.

F(M): P'taah, du sagst, daß, gleich, ob eine Person eine aus der Intuition oder dem Intellekt geborene Entscheidung trifft, das Universum ihr zu Hilfe kommt, sofern sie nur genügend Verlangen oder Wunschkraft ins Universum schickt. Wo hat denn da die Intuition ihren Platz? Ich dachte, es sei besser, seine Entscheidungen auf die Intuition zu gründen.

P'taah: Nun, das eine schließt das andere nicht aus. Du kannst in jedem Moment ausschließlich aus der Intuition heraus handeln. Es wäre sehr gut, wenn jeder Mensch das täte. Nichtsdestoweniger gibt es Zeiten, in denen du sagst: «Ich habe diesen Wunsch.» Es kann sehr gut sein, daß dein Wunsch, wenn er sich auf die Intuition gründet, rascher in Erfüllung geht, als wenn du dich anstrengst, nicht auf deine Intuition hörst und mit Hilfe der Willenskraft deinen Wunsch zu manifestieren versuchst. Wir wollen dir ein Beispiel geben: Sagen wir, du wünschst dir sehnlichst, im nächsten Monat eine Reise zu unternehmen. Dein Reiseziel ist sehr weit entfernt, und die Reise kostet viel Geld, das du im Augenblick nicht hast. Doch du hast diesen tiefen Wunsch und sagst: «Das ist mein Wunsch. Ich wünsche mir, daß diese Reise stattfindet.» Dann sagst du: «Nun muß ich viel arbeiten, um das nötige Geld zu verdienen.» Deine Intuition sagt dir hingegen: «Arbeite nicht. Sei unbesorgt.» Du sagst: «Ich kann nicht unbesorgt sein, denn dann werde ich das Geld nicht haben.» Also arbeitest du und arbeitest und arbeitest, und dann gibt es da diese nette Tante, die sagt: «Lieber, ich habe gehört, daß du gerne diese

Reise machen möchtest. Wir geben dir das Geld, hab eine schöne Zeit.» So hast du also das Geld auf diese Weise manifestiert, und deine Intuition sagte dir: «Arbeite nicht so hart. Du wirst das Geld manifestieren.»

F: Wenn mir nun meine Intuition sagen würde: «Nein, der nächste Monat ist nicht die richtige Zeit, um Urlaub zu machen», aber der Reiseprospekt sieht gut aus...

P'taah: Lieber, wenn dir deine Intuition sagt, daß du nicht reisen sollst, dann reise nicht.

F: Aber wird das Universum es dahin bringen, daß die Reise zu einem Erfolg wird, auch wenn mir meine Intuition sagte, daß ich nicht reisen soll?

P'taah: Lieber, was glaubst du? Wenn dir deine Intuition sagt, daß die Zeit nicht reif für die Reise ist, und du reist trotzdem, wirst du in der Tat feststellen, daß die Zeit nicht reif war und du besser zu Hause geblieben wärst.

F: Aber wenn ich genügend Energie hineinstecken würde, dann...

P'taah: Lieber, du hörst nicht zu. Das nennt man «Willensstärke». Es ist schön und gut, wenn du den Wunsch hast, aber du mußt unbedingt wissen, daß er sich auf eine Weise manifestieren wird, welche deinem höchsten Wohl dient. Wenn du einen Wunsch hast und dann der Gedanke in dir aufblitzt, dir deine Intuition sagt: «Nein, nein, nicht zu diesem Zeitpunkt», wer, glaubst du, sagt dir das? Man nennt es das größere SELBST. Das Selbst weiß, was dem höchsten Wohl dient. Nun gibt es in Wahrheit keine falsche Entscheidung. Doch du kannst die Dinge in deinem Leben auf die leichte Tour angehen oder die längere Route nehmen, hm? Ist das nun klarer?

F: Wenn sich etwas nicht gut anfühlt, dann wird es auch nicht funktionieren?

P'taah: Wir haben euch immer gesagt: «Geht in Übereinstimmung mit eurem Gefühl vor.» *Die Intuition irrt sich nie*, weißt du. In dem Moment, in dem ihr euch etwas wünscht und ein Zweifel entsteht, habt ihr einen Querschuß drin. In dem Moment, in dem ihr eine bestimmte Erwartung hegt, wie und wann etwas geschehen soll, habt ihr die Millionen von Wahrscheinlichkeiten eingeschränkt. Mit anderen Worten, ihr erstickt eure Kreativität.

F(M): P'taah, vor einiger Zeit sagtest du, daß die Ausbildung der Kinder künftig ganz anders aussehen wird als heute. Kannst du in groben Zügen darstellen, wie das sein wird?

P'taah: Nun gut. Die Menschen werden vermehrt in Gemeinschaften leben. Wir sprechen nicht von Kommunen, so wie ihr sie kanntet. Es wird Kindergruppen geben, die verstärkt in «kreativem Sein» unterwiesen werden. Auch wird das Bewußtsein der Eltern ein anderes sein, Lieber. Das heißt, daß es in der häuslichen Umgebung, in jedem Zuhause, einen sehr viel stärkeren Sinn für Harmonie geben wird. Die Eltern werden ihren Kindern mehr Kreativität im Alltagsleben einzuräumen wissen, ohne sie den Zwängen des Gesellschaftsbewußtseins mit seinen Verboten zu unterwerfen. Die Kommunikationszentren, die Computer sozusagen, die allerdings nicht ganz so aussehen werden, wie ihr sie heute kennt, werden über Informationen verfügen, die den Kindern in den frühen, formativen Jahren auf andere Weise zu lernen gestatten; sie werden nicht mehr von einem Lehrer in einem Klassenzimmer mit einer Tafel unterrichtet, wo sie nach «Papageienart» lernen. Mit anderen Worten, das Lernen wird ein breiteres Spektrum aufweisen. Die Kinder werden auf kreative Weise lernen, wer sie sind und wie ihre Beziehung zu ihrem Universum beschaffen ist. Es wird eine technologische Erweiterung geben, die das Ganze in einer Weise wachstumsförderlicher macht, als ihr im Moment verstehen könnt; der ganze Lernprozeß wird kein Schulunterricht im gegenwärtigen Sinn sein, sondern ein spielerisches Lernen. Es wird Kinder geben, die die Materie manipulieren können, und das Spielen mit Klang und Farbe wird zu einem höchst kreativen Prozeß werden. Auf diese Weise werden die Kinder lernen, daß zwischen den Menschen, zwischen der Menschheit und der Flora und Fauna eures Planeten und auch allen anderen Planeten eine Harmonie und grundlegende Gleichheit besteht. Das Lernen wird zur vertikalen statt zu einer horizontalen Angelegenheit.

F: P'taah, wie schützen wir uns vor den Mikrowellen, der Strahlung, der Elektrizität und den anderen Formen elektromagnetischer Energie, die sich auf unsere Zellen schädlich auswirken?

P'taah: Lieber, solange du Angst hast, daß sich all diese euch umgebende Energie bösartig auswirkt, wird es auch so sein. Du sollst wissen, daß es natürlich für deinen Körper, so wie er gegenwärtig beschaffen ist, besser ist, wenn du darauf achtest, daß er nicht überladen wird. Doch an sich möchten wir nicht so gern darüber sprechen, weil die Leute sonst losstürzen und total paranoid werden, wie ihr euch ausdrückt, und das ist unnötig. Ihr müßt nur wissen, daß ihr euch mit euren sogenannten Mikrowellen, Elektrizitätswellen, Radiowellen, Fernsehwellen und all den anderen zahllosen Wellen, von denen ihr gegenwärtig Kenntnis habt, in Harmonie befinden könnt. Euer Universum besteht aus Wellen, und so möchten wir euch sagen, daß ihr all eure wunderbaren Praktiken beibehalten könnt, das «Nutzen» von Energie, das «Bewahren» von Energie, das Kreisenlassen von Energie, das ist alles sehr gut. Tatsächlich ist dies alles von großem Nutzen, aber schaut, es ist nicht das, worum es letztlich geht. Letztlich geht es darum, daß ihr den Schmerz in eurem Leben verwandelt. *Letztlich geht es darum, daß ihr zur Anerkennung und Liebe zum SELBST gelangt.* Und wißt ihr, ihr Lieben, falls es euch allmählich langweilt, uns das ewig sagen zu hören, möchte ich euch darauf hinweisen, daß ihr sonst möglicherweise bei eurem Sturm auf die Erleuchtung pfuscht. Ihr könnt jeden Trick, wie er im Buche, ja, in Millionen von Büchern steht, ausprobieren, und das mag ein wunderbares Abenteuer werden und überaus unterhaltsam sein, und das ist sehr gut. Doch unterm Strich geht es darum, daß ihr die Verantwortung für *alles* übernehmt, was ihr euch in eurem Leben erschafft, daß ihr die Verurteilung ausgleicht, daß ihr das Gefühl fühlt, daß ihr in der Tat eine phantastische Liebesaffäre mit eurem eigentlichen Selbst habt.

F: Und daß wir die Präsenz der Liebe vertiefen.

P'taah: Lieber, das geschieht automatisch. Du *bist* Liebe. Du *bist* Licht. Du *bist* der Gott/die Göttin. Etwas anderes gibt es nicht.

F: Ja, ich weiß.

P'taah: Nun, wir würden uns wünschen, daß ihr alle das wirklich wißt. Wir verstehen, daß ihr alle wunderbare Momente der Einsicht habt. Und das *ist* phantastisch. Und ihr werdet feststellen, daß das durch ein offenes Herz erlangte Wissen, daß ihr ES seid, länger und länger anhalten wird. Und die schwarzen Löcher, in die ihr nach diesen Momenten der Erkenntnis fallt, werden immer seltener werden.

F: P'taah, in unserem gegenwärtigen Leben haben wir die Institution der Ehe und Gesetze und Systeme. Was wird, wenn die Veränderung eintritt, mit diesen Gesetzen geschehen? Kannst du uns das in groben Zügen schildern?

P'taah: Nun, Lieber, die Ehe ist eigentlich nur «eine Unterschrift auf einem Stück Papier» und gehört zum System eures Staatswesens und eurer Religion. *Die echte Ehe hat nichts mit einem Stück Papier zu tun.* Sie hat ausschließlich mit der Beziehung zu einer anderen Person in diesem Moment zu tun. Wenn diese Momente Jahr für Jahr fortdauern, ist das wunderbar. Wenn nicht, ist es auch wunderbar. Wenn man ausgeglichen ist und eine Ehe auseinanderbricht, trennt man sich nicht deshalb, weil die Liebe nicht mehr vorhanden ist oder man einen heftigen Streit hatte. Die Beziehung gründet sich auf die Liebe zum SELBST, und *wo die wahre Liebe zum SELBST existiert, gibt es keine Eifersucht, keinen Besitzanspruch, kein Kämpfen um Besitztümer oder gar den Besitz von Kindern.* Die Menschheit wird verstehen, daß jedes Kind im Universum euch allen gehört, da diese Zugehörigkeit eine Liebe ohne Besitzrecht bedeutet. Und somit wird kein Kind vernachlässigt werden, sondern alle Personen werden sich um alle Kinder kümmern; und ein Kind ist eine Person wie jede andere, ist nur eine andere Seele, wenn auch mit einem kleineren Körper. Und die Menschheit wird auf die barbarischen Umstände dieser gegenwärtigen Kultur zurückblicken und großes Mitleid mit euch allen haben. Wißt ihr, wenn ihr wirklich eine Liebesbeziehung zu eurem eigentlichen Selbst habt, habt ihr eine Liebesbeziehung zur ganzen Welt. Und wenn ihr nicht mehr mit einem Menschen beisammen seid, mit dem ihr zuvor zusammengelebt habt, dann vielleicht deshalb, weil ihr andere Straßen des Lebens erkunden wollt; doch die Trennung wird in Harmonie und nicht im Mißklang erfolgen.

F: P'taah, ich war mehr in Sorge, ob die Kinder noch wissen, wer ihre Eltern sind, und ob die Eltern und Kinder dieses neue System anerkennen.

P'taah: Glaubst du denn, die Kinder werden verloren sein und weder ihre Mutter noch ihren Vater kennen?

F: Nein. Das neue System wird aber so viele Veränderungen mit sich bringen.

P'taah: Lieber, das ist jetzt auch nicht anders. Wie hoch ist der Prozentsatz eurer Leute, die heiraten, Kinder haben und sich dann binnen sehr weniger Jahre unter großen Streitigkeiten scheiden lassen? Die Kinder sehen ihren Vater nicht, sehen unter Umständen ihre Mutter nicht, leben sehr oft weder beim Vater noch bei der Mutter, sondern bei Verwandten oder in einer Institution, die sich um die Seele des Kindes überhaupt nicht kümmert. Hältst du dieses System für besser? Findest du den Übergang zu einem System grauenhaft, in dem die Menschen in einer Gemeinschaft leben, in der alle Kinder absolut geliebt werden, ganz einfach nur deshalb, weil sie wunderbare Wesen sind? Wo es keine Mißklänge und keine Kämpfe zwischen Mutter und Vater gibt? Wir verstehen eigentlich deine Frage nicht, Geliebter.

F: Ich weiß, daß wir in unserem gegenwärtigen System Probleme haben, aber in dem neuen System werden sich so viele Dinge ändern.

P'taah: Lieber, die Kinder werden nach wie vor Eltern haben.

F: Wir werden Kinder in ähnlicher Weise haben wie jetzt?

P'taah: Die Kinder werden sich nicht verändern; sie werden nach wie vor kleine Wesen sein, die eine vollentwickelte Seele haben, die souverän sind, ganz genauso wie jetzt.

F(F): Auch wenn das ein bißchen zu vereinfacht und nach Schubladendenken klingt: Wenn sich alles auf diese Bewegung «hinauf» in die vierte Dimension konzentriert, und es scheint so, daß JEDERMANN da «hinauf»-kommt, dann möchte ich dich gerne sozusagen in fleischlicher Gestalt sehen.

P'taah: Das amüsiert uns sehr, und dazu wollen wir folgende Geschichte erzählen: Meine geliebten Freunde sprachen darüber, was sich ereignen wird, wenn die Realität der dritten Dichte in die vierte Dichte übergeht. Einer unserer geliebten Freunde fragte: «Glaubt ihr, daß jeder, P'taah eingeschlossen, um eins nach ‹oben› rückt?» Unsere Frau sagte: «Das ist ein sehr beunruhigender

Gedanke. Da denkst du, du langst endlich dort an, und dann, oh, Scheiße, sind sie auch eins nach ‹oben› gerückt, und wir sind wieder um eins hintendran.» *(Gelächter im Publikum)* Schau, Liebe, wenn diese Veränderung eintritt, wirst du zwischen den Dimensionen hin- und herflitzen können, also mach dir da keine Gedanken.

F(M): Die Leute reden so, als stünde dieser Übergang kurz bevor. Gibt es Menschen, die ihn bereits bewerkstelligt haben?

P'taah: So ist es.

F: Und sie treten nach wie vor in dieser Gestalt der dritten Dimension auf, und ich könnte ihnen auf der Straße begegnen?

P'taah: Manche tun das.

F: Ich vermag das nicht recht zu beurteilen – ich kann nicht in die Zukunft schauen –, aber ich sehe nicht, daß sich die Welt so rasch erweitern wird, daß wir diesen physischen Zustand ablegen. Ist das die vierte Dimension?

P'taah: Das ist sie nicht.

F: Vielleicht verstehe ich nicht, was mit diesen Begriffen gemeint ist.

P'taah: Das macht nichts, alle anderen verstehen es eigentlich auch nicht. Weitere Dimensionen im Zusammenhang mit den künftigen Veränderungen bedeuten nicht eine fehlende Physikalität. Sie bedeuten, daß eure physische Schwingung eine höhere Frequenz, eine geringere Dichte, aufweist.

F: Was heißt, daß wir nicht auf die dritte Dimension beschränkt sind?

P'taah: So ist es. Ihr werdet wissen, wie man Materie manipuliert. Ihr werdet Kenntnis von einer umfassenderen Technologie im Zusammenhang mit intergalaktischem Reisen haben. Ihr werdet nicht auf den Körper beschränkt sein. Das heißt, ihr werdet imstande sein, sowohl ohne euren Körper als auch, in einem großen Raumschiff, mit eurem Körper zu reisen. *(P'taah wirft einen Blick hinüber zum Gastgeber und fügt, da er dessen intimste Phantasievorstellung kennt, mit einem Augenzwinkern hinzu:)* Manche machen schon Pläne für ihr eigenes Raumschiff. Die vierrädrigen Vehikel werden durch kleine Raumfahrzeuge ersetzt werden.

Es ist also nicht so, Lieber, daß ihr in einer Rauchwolke verschwindet und alles hinter euch laßt. Es wird sich nur eure Wahrnehmung der Realität verändern, *weil sich die Schwingungsfrequenz, aus der ihr besteht, verändern wird.* Ihr werdet Zeit und Raum anders verstehen und erleben.

F: Wird das innerhalb der Gemeinschaft zu einer Spaltung führen?

P'taah: Es wird in der Tat eine ziemliche Spaltung entstehen, denn die sogenannte große Verlagerung, wenn ihr sie erreicht habt, bedeutet nicht, daß die dritte Dichte nicht mehr existiert. *Sie bedeutet nur, daß sie für euch nicht mehr existiert, obgleich ihr sie wahrnehmen könnt.* Weißt du, Lieber, wenn wir darüber sprechen, ist das in gewisser Weise so, als ob wir einem Fötus im Mutterleib das Leben nach seiner Geburt oder euch das Leben nach dem Tod beschreiben würden. Ich könnte auch, was den Sinn angeht, den es für euch ergibt, hier stehen und ein komplettes Kauderwelsch von mir geben, denn euch fehlt die Erfahrung. Das wirkliche Wissen wird nach der Erfahrung erworben, nicht davor.

Wir wollen nun eine Pause machen, ihr Lieben. Wir bitten euch um Stille während des Übergangs und werden euch sehr bald wiedersehen.

Nach der Pause.

F(F): P'taah, kommst du aus eigenem Antrieb, weil du das Gefühl hast, daß wir dringend etwas Beistand brauchen?

P'taah: Weißt du, in gewisser Hinsicht muß man sagen, daß die Menschheit gar nichts braucht. Und es ist auch so, daß alles, was wir sagen, schon viele, viele Male zuvor gesagt wurde. Sicher hat die Verständigung ihre Grenzen, da wir notwendigerweise innerhalb der Schranken eures Bewußtseins mit euch kommunizieren. Doch hat unser Beisammensein mit euch zwei Gründe: Es ist mir eine Herzensfreude. Und es ist auch nicht nur eine persönliche Entscheidung, sondern geht über das hinaus, was «ich» bin. Man könnte sagen, es war eine Entscheidung des «Aufsichtsrats», daß lediglich Hilfestellung gegeben werden soll. Ob ihr euch nach dem, was da übermittelt wird, richten wollt, ist die Entscheidung eures Herzens. Da ist in keiner Weise irgendein Zwang dabei. Wir zwingen euch zu nichts, denn damit würden wir euch eure Souveränität absprechen. Und wenn wir eure Souveränität in Abrede stellen würden, würden wir uns damit auch die unsere absprechen. Verstehst du? Man könnte also in gewisser Weise sagen, daß diese Kommunikation Freude, Spaß und das, was mein Herz zum Singen bringt, bedeutet. Ihr seid für mich ein Geschenk. Und indem ich euch kennenlerne, lerne ich auch das, was ich bin, in seiner ganzen Vielfalt kennen. Beantwortet das deine Frage, Geliebte?

F: Das tut es, und ich muß dir ein Kompliment machen. Du bist das einzige Wesen, bei dem ich, als du mir einmal ein paar Sekunden lang in die Augen schautest, erlebte, daß ich keine Fragen mehr hatte und gleichzeitig Wärme spürte, physische Wärme.

P'taah: Liebe, die Zeit kommt, in der du diese Erfahrung mit jedermann machen wirst. Und du wirst sie im besonderen dann machen, wenn du in den Spiegel blickst, in deine eigenen Augen, denn dort wirst du äußerste Schönheit widergespiegelt finden. Schaut, ihr Lieben, ihr *seid* absolute Schönheit. Ihr seid Göttlichkeit. Ihr seid unvergleichlich wunderbar. Ihr erkennt das bislang einfach noch nicht, aber ihr werdet es tun.

F(F): Ich habe kürzlich gelesen, daß die Erscheinungen in Fátima ein holographisches Insert waren und daß die Kirche der Menschheit die darin übermittelte Botschaft vorenthalten hat. Kannst du uns sagen, worin diese Botschaft bestand?

P'taah: Du hast diese Botschaft schon viele Male gehört, Geliebte. Und schaut, ihr Lieben, nichts wird auf Dauer verborgen bleiben. Dies ist die Zeit, in der alle Geheimnisse enthüllt werden. Es spielt keine Rolle, welche Versuche eure Regierungen unternehmen, was eure religiösen Führer vor euch zu verbergen suchen, es wird nichts im dunkeln bleiben. Ihr kennt bereits den Zeitrahmen der sich ereignenden Veränderungen, wißt, welche Veränderungen eintreten werden. Wir haben mit euch ausführlich darüber gesprochen. Nicht nur wir, sondern auch viele andere Wesenheiten. Tatsächlich wurde im Laufe des Jahrtausends diese Information wiederholte Male übermittelt. Es war nur so, daß diese Information, die von Sternenwesen in verschiedenster Gestalt übermittelt wurde, als für die «armen, gewöhnlichen Menschen», die nicht den Hierarchien angehören, ungesund erachtet wurde. Sei unbesorgt. Die Botschaft beinhaltet nichts, was du nicht wüßtest.

F: Eine andere Frage: Was ist der Zweck der ultravioletten Strahlen, die die Erde umgeben?

P'taah: Sprichst du vom violetten Strahl?

F: Vom ultravioletten Strahl.

P'taah: Ultraviolett ist etwas anderes. Da sind auch der Photonenring und andere wunderbare Phänomene, die alle die kommenden Veränderungen ankündigen. Aber schau, die Veränderungen der Erde und die Bewußtseinsveränderungen – und eines geschieht nicht ohne das andere – werden sich nicht binnen eines Augenblicks vollziehen. Die Dinge sind schon in Bewegung, diese letzte Phase hat bereits vor ein paar Jahren eurer Zeit begonnen. Und man könnte sagen, daß die Erde und die Menschheit nun Jahr für Jahr in eine «zunehmende Beschleunigung» eintreten. Versteht ihr? Einerseits habt ihr den Eindruck, daß alles sehr langsam geschieht, andererseits fällt es euch schwer, mit all den Veränderungen Schritt zu halten, allein schon was eure ganze Telekommunikation angeht. Es wird immer mehr Desorientierung in bezug auf das eigentliche Wesen von Zeit geben. Und in den Jahren vor und nach der Jahrtausendwende werdet ihr das Gefühl haben, still zu stehen und dabei sehr schnell zu rennen. Nichts passiert, und alles passiert so rasend schnell, daß ihr es im Grunde nicht begreifen könnt. Es wird also diese große Verzerrung geben, und das auch in vielen anderen Bereichen eures Bewußtseins; das Gefühl großer Hochstimmung, das Gefühl von Depression; das Gefühl, daß die Veränderungen in eurem eigenen Leben wie auch die, die sich für eure Institutionen, eure sozioökonomische Lage ergeben, außer Kontrolle geraten sind. Deshalb sagen wir, daß das alles für viele Menschen quälend und bedrückend sein wird, es sei denn, sie begreifen das Was, Warum und Wie des Ganzen. Es muß nicht chaotisch ablaufen, und wenn ihr wißt, wer und was ihr seid, und jeder einzelne von euch immer mehr in die ganze Weite eures Bewußtseins vordringt, dann seid ihr in dem verankert, was ihr seid. Ihr werdet nicht wie ein Blatt im Wind umhergetrieben werden, ihr werdet verstehen, daß ihr selbst eure eigene Realität erschafft. Ihr Lieben, es werden viele Ereignisse auf eurem Planeten stattfinden, derer ihr erst hinterher gewahr werdet. Sie werden ganz einfach eurem Bewußtseinsbereich entzogen sein. Und tatsächlich wird es viele Situationen geben, die ihr überhaupt nicht wahrnehmt, nicht währenddessen, und auch nicht hinterher. Das wird also für euch sehr kurios sein, und tatsächlich geschieht es bereits. Wir wissen, daß sich viele von euch insofern selbst überraschen, als ihnen das, was sich für andere Leute als entsetzliche Katastrophe ausnimmt, gar nicht so wichtig erscheint. *Ihr sollt nie das Mitgefühl für andere Menschen verlieren, die nicht über euer Verständnis verfügen.* Dies hat seine absolute Gültigkeit. Es hat seine absolute Gültigkeit, daß Menschen die Wahl treffen, *nicht* weiterzugehen. Ihr Lieben, es hat seine absolute Gültigkeit, wenn *ihr* die Wahl trefft, nicht voranzuschreiten. Es gibt keine Verurteilung. Eure Gelegenheiten werden euch von Moment zu Moment präsentiert. Was ihr daraus macht, ist eure Entscheidung. Und bei keiner Entscheidung gibt es ein Richtig oder Falsch.

F(F): P'taah, ich habe mich entschieden, weiterzugehen, und mein Schmerz gilt einigen meiner Kinder, die vielleicht nicht diese Wahl treffen, obwohl das momentan eine Verurteilung bedeutet, aber die Möglichkeit, daß sie nicht…

P'taah: Ja, Liebe. Nun, bei euch allen besteht eine gewisse Furcht, daß die, die ihr liebt, zurückgelassen werden könnten. Aber wir sagen euch, daß keine der von euch geliebten Personen zurückgelassen werden. Liebe, auf manche eurer Kinder kommen bestimmte Lernerfahrungen und damit einhergehend ein Wissen zu, denn sie tragen eigentlich dieses Wissen schon in sich. Weißt du, Menschen sind äußerst eigensinnige Wesen. Es ist sehr leicht, beim bereits Bekannten zu bleiben, selbst wenn dieses Bekannte und Gewohnheitsmäßige Schmerz und Angst und Mißklänge schafft. Aber all das ist euch bestens vertraut, und manchmal fallt ihr wieder in äonenalte Gewohnheiten zurück, und das ist in Ordnung. Wenn ihr das einmal macht, heißt das doch nicht, daß ihr es immer machen müßt. Und wenn ihr das mehr oder weniger ständig macht und abgleitet, ist das auch in Ordnung. Es war ja nur eine weitere Gelegenheit. Die Gelegenheiten werden sich euch endlos weiter bieten. Verurteilt euch also nicht, wenn ihr wieder in eure alten Muster verfallt. Es ist in Ordnung. Auf diese

Weise lernt ihr. *Wenn ihr merkt, daß ihr in ein altes Muster verfallt und euch nicht verurteilt, habt ihr das Muster bereits verändert.* Seht ihr, ihr Lieben, die Dichotomie funktioniert nach beiden Seiten hin.

F(M): Du hast vorhin gesagt, daß die Intuition immer richtig liegt. Nun, ich glaube, daß ich die Dinge auf intuitive Weise mache, aber gelegentlich klappt das nicht. Was geht da schief?

P'taah: Das ist keine Intuition. Das klingt zwar wie eine platte Feststellung, ist aber tatsächlich so. Sehr oft sagt dir deine Intuition, daß du irgend etwas tun sollst, aber bei der Durchführung setzt du dann den Willen ein. Du hast das ganz bestimmte intuitive Gefühl, auf etwas «losgehen» zu sollen, und während du darauf «losgehst», veränderst du es. Wenn du intuitiv handelst, passiert es leicht, daß du den Intellekt die Sache in die Hand nehmen läßt.

F: Du meinst, ich lasse zu, daß der Intellekt mir die Sache ausredet?

P'taah: Manchmal läßt du zu, daß dir der Intellekt die Sache ausredet. Manchmal läßt du aber auch zu, daß er sich der anfänglichen Antriebskraft bemächtigt. Sehr oft lenkt der Intellekt, der logische Verstand, den Kanal in eine andere Richtung, oder du setzt, statt es einfach fließen zu lassen, den Intellekt ein, um die Sache in eine andere Richtung oder einen festgelegten Kanal zu drängen. Verstehst du? Denk an die Situationen in deinem Leben, in denen es um dein Geschäft ging, denn in diesem Bereich warst du sehr intuitiv. Nun, du brauchst es nicht jetzt gleich zu tun, aber blick mal in den nächsten Tagen auf die Momente zurück, in denen du eine «Eingebung» hattest, etwas Bestimmtes zu tun. Und schau, ob du den Punkt ausmachen kannst, an dem du den Intellekt die Führung übernehmen ließest und die ganze Sache dadurch sozusagen «vermasselt» wurde. Du wirst überrascht sein. Schreib auf, wie sich das Ganze abgespielt hat, und du wirst sehr genau erkennen, wie du vorgehen und die Dinge zu deinem Vorteil verändern kannst.

F: Ich glaube, ich weiß das, denn es passiert in der Tat, daß ich intuitiv Entscheidungen treffe, die zur Erschaffung von Fülle führen, und dann der Intellekt dazwischentritt und ich bei der Armut lande.

P'taah: Ganz recht, und wir wollen dir auch sagen, Lieber, daß *Armut zur Gewohnheit werden kann.*

F: Sie hat aber auch ihr Gutes.

P'taah: Alles hat sein Gutes. Das, was ihr Armut nennt, beinhaltet eine großartige Lektion für die Menschheit, vor allem deshalb, weil sie niemand von euch wirklich will und dazu viele von euch den Gedanken hegen, daß materieller Reichtum nichts Spirituelles ist. Dieses Thema hat viele Variationen, über die wir schon mit euch gesprochen haben. Wir wollen euch noch einmal sagen, daß Armut, Mangel an Fülle von was auch immer, zur Gewohnheit wird und ihr sie euch Tag für Tag selbst einredet. Tag für Tag bestätigt ihr euch, daß ihr arm seid, und so wird daraus natürlich ein Kontinuum. Wir wollen uns gar nicht erst auf den Punkt des «Verdienens von Reichtum» einlassen, da die meisten von euch ohnehin nicht glauben, daß sie irgend etwas verdienen.

F(F): P'taah, was kann ich tun, um aus der Stagnation herauszukommen? Ich versuche, ein sinnvolleres Leben zu führen, stelle aber fest, daß ich irgendwo blockiert bin und da nicht herauskomme.

P'taah: Ja, Liebe. Das nennt man nicht «fähig sein» oder es nicht «wert sein». Nun, geliebte Frau, was würdest du tun, wenn ich dir sagte, daß ich dir ermögliche, alles zu tun, was du willst? Worum würdest du mich bitten?

F: Vielleicht darum, daß du diesen Block wegräumst. Daß ich mehr Selbstvertrauen bekomme.

P'taah: Nein, Liebe. Wenn ich zu dir sagen würde: «Du kannst haben, was immer du dir in diesem Leben wünschst. Du kannst gehen, wohin du willst. Ich werde es dir ermöglichen. Du brauchst nichts zu tun. Ich mache es möglich.» Was würdest du gerne tun, wenn du dieses Vertrauen, das wir dir natürlich geben würden, hättest?

(Die Dame hält inne und denkt über P'taahs Frage nach.)

P'taah: Welche Veränderung soll ich in deinem Alltagsleben schaffen? Du kannst alles haben. Was möchtest du?

F: Mehr Mut. Ich kann es irgendwie nicht beschreiben.

P'taah: Sehr gut. Aber wenn du mehr Mut hättest, was würdest du damit anfangen? Wohin würdest du gehen? Was würdest du in dein Leben einbringen, was du jetzt nicht hast? Sag es mir.

(P'taahs Beharrlichkeit in bezug auf diese Dame fasziniert das ganze Publikum.)

F: Mehr Wissen.

P'taah: Gut. Was noch würde dein Herz zum Singen bringen?

F: Daß ich mein Wissen für die Menschheit einsetze.

P'taah: Bekümmere dich nicht um die Menschheit, Geliebte. Was ist mit *dir*? Was könnte ich tun, damit sich dein ganzes Leben ändert? Was könnte ich dir geben, das du dir von Herzen wünschst? Es geht um deine Person.

F: Vielleicht, daß ich mich selbst akzeptiere.

P'taah: Nun gut. Was ist mit den «äußerlichen» Dingen? Willst du Reisen unternehmen? Willst du deinen Lebensstil ändern? Willst du einen Geliebten? Mehr Freude? Was ist es? Ich gebe dir alles. Willst du alles davon?

F: Nun, ich will etwas bescheidener sein. Vielleicht ein bißchen mehr Geld.

P'taah: Mehr Geld?

F: Ja. Und vielleicht die richtige Person, um es mit ihr zu teilen.

P'taah: Gut. Einen wunderbaren Geliebten.

F: Ja. Einen Geliebten. Eine Person, mit der ich in Harmonie leben kann. Jemanden, der mich versteht.

P'taah: Gut, und viel Freude und Lachen?

F: Ja.

P'taah *(sanft)*: Nun, geliebte Frau. *Ich gebe dir das alles. – Es gehört dir.* Wenn das dein Wunsch ist, kannst du das alles haben. *In diesem Wissen wirst du es erschaffen, und du brauchst nichts dazu zu tun.*

F: Ich danke dir. Das bringt mein Herz zum Singen – daß ich nichts zu tun brauche. Ich bin ungeduldig. Danke.

P'taah: Ich bin das, was man eine gute Fee nennt, Liebe. *(Gelächter im Publikum)* Es ist wahr.

(P'taah, noch immer sehr sanft:) Aber du, geliebte Frau, bist eine Göttin. Wer ist mächtiger? Du bist es. Also mach dich auf in Freude. Es ist alles deins, so ist es.

F(M): P'taah, du sprachst davon, daß Armut zur Gewohnheit wird. Ist irgend etwas falsch daran, wenn man sie genießt?

P'taah: Lieber, was immer dir Freude macht, ist wunderbar. Wenn Leute ihr Leben mit oder ohne Geld genießen, ist das wundervoll. Und es kommt selten vor.

F: Noch vor einiger Zeit wäre ich mit einem Mangel an Geld nicht zurechtgekommen.

P'taah: Kein Geld zu haben war für dich eine großartige Lektion. Da hattest du dann auch keine Verantwortung. Wie immer die Situation auch aussehen mag, sie ist in Ordnung, Geliebter, solange sie dir Freude macht. Und wenn du es dir anders überlegst und sie dir keine Freude mehr macht, kannst du sie ändern.

F: Im Grunde sind das ganz gute Umstände, weil dich die Leute dann nicht «ausnehmen» können. Sie können dir nicht wegnehmen, was du nicht hast, und im Moment genieße ich diese Situation.

P'taah: Lieber, die Angst, daß du «ausgenommen» oder «dir das Fell über die Ohren gezogen» werden könnte, zeugt nicht gerade von Harmonie. Dir kann, was Geld angeht, im Moment nicht «das Fell über die Ohren gezogen» werden, aber in anderer Hinsicht schon, nicht wahr?

F: Wie?

P'taah: Sag du es mir, Lieber. Es ist dein Leben. Wir würden meinen, daß du in letzter Zeit genau dieses Gefühl hattest, und es hatte nichts mit Geld zu tun.

F: Ja, ich verstehe.

P'taah: Geld ist nur ein Etikett für Bewußtsein, Lieber. Es ist nur ein Etikett für Energie. Es ist ein Ausdruck für etwas. Es drückt aus, wie du dich in deinem Leben *fühlst*. So ist es. Wenn du Angst hast, «ausgenommen» zu werden, dann wird es so kommen, und wenn es nicht Geld ist, dann etwas anderes. Es geht um das gleiche wie bei der Frage zu den Dieben und dem Fahrrad. Wenn du Angst davor hast, wird es ganz bestimmt passieren. Wenn du absolut weißt, daß es sicher ist, daß dir niemand wirklich etwas wegnehmen kann, wird es nicht geschehen. Verstehst du? Dasselbe Prinzip, nur ein anderes Etikett.

F: Das heißt nicht, daß wir alles leicht zugänglich machen müssen, oder?

P'taah: Lieber, laß uns die Sache nicht ins Lächerliche ziehen. Du tust, was immer dich in den Zustand der Harmonie bringt, und wenn du jemandem etwas anbieten möchtest, und sei es dein Herz, wirst du, wenn du es nicht befürchtest, auch nicht «ausgenommen» werden. Wenn du es aber befürchtest, dann wird dir dein Herz herausgerissen werden, Geliebter. Es ist immer deine Wahl.

Ihr Lieben, das reicht für heute. Guten Abend.

Zehnte Übermittlung

11. März 1992

P'taah: Guten Abend, ihr Lieben. Nun gut, bei einer so geringen Anzahl gibt es kein Entkommen. *(Es haben sich an diesem Abend achtzehn Leute versammelt. P'taah geht herum und begrüßt jede Person.)* Und nun könnt ihr eure Fragen stellen. Wir werden euch wie immer mit größtem Vergnügen das zurückspiegeln, was ihr bereits wißt. Wenn es keine Fragen gibt, bleibe ich hier sitzen, und ihr könnt ein kluges Gespräch miteinander führen.

F(M): P'taah, kann sich eine Seele, wenn sie sich zum erstenmal inkarniert, sofort in eine entwickelte Zivilisation begeben, oder muß sie in einer «primitiven» Gesellschaft anfangen?

P'taah: Was ist das erste Mal, Lieber?

F: Na, sie muß ja irgendwo anfangen.

P'taah: In der Tat, aber so etwas wie eine neue Seele gibt es im Grunde nicht. Eine Energie kann um der Erfahrung willen im vollen Wissen ihrer eigenen Göttlichkeit in die Physikalität eintreten. Manche Energien wünschen sich nur eine einmalige Erfahrung. Seid allerdings versichert, daß ihre Anzahl nicht groß ist. Wir möchten euch daran erinnern, daß sich viele überhaupt nicht auf der physischen Ebene inkarnieren. Wir möchten euch auch ins Gedächtnis rufen, daß die, die ihr seid, in vielen Realitätsdimensionen zugleich leben; daß ihr in gewisser Weise volle Kenntnis von eurer eigenen Göttlichkeit habt. Die Seele, wie ihr sie versteht, ist keine begrenzte Wesenheit, die sich nur in einer Dimension oder innerhalb eines Zeitsystems zum Ausdruck bringen kann. Wie wir schon sagten, findet alles, was ihr als lineare Zeit und als Inkarnation anseht, gleichzeitig statt. Schon allein das vermittelt euch eine gewisse Vorstellung von eurer Größe.

Ihr besitzt in eurem Innern alles Wissen, und wenn ihr bewußt erkennt, wer ihr seid, wenn ihr euch total akzeptiert, wenn ihr zur Liebe zu euch selbst findet, wird sich euch dieses ganze Wissen offenbaren. Und damit werdet ihr euch nie wieder einsam oder isoliert fühlen. Ihr erlebt eure Einsamkeit, den Trennungsschmerz, nur in einer Dimension der Realität, nämlich dort, wo ihr von eurer eigenen Größe abgeschnitten seid.

F(M): Ist es möglich, daß eine in einer anderen Dimension gemachte Erfahrung das Erleben in dieser Dimension beeinflußt?

P'taah: Natürlich, da ihr nicht wirklich getrennt seid. Ihr glaubt nur, daß ihr es seid.

F: Es könnte also sein, daß gewisse Impulse und ein bestimmtes Verlangen einer anderen Realität entstammen?

P'taah: In gewisser Weise ist es so. Man könnte sagen, daß es sich auch um die latente Möglichkeit der Kreativitätsentfaltung handelt, die sich in deiner Erfahrung wie ein Faden von einem Leben zum anderen durchzieht.

F: Ist es, wenn ich eine bestimmte Angst oder ein bestimmtes Problem habe, die möglicherweise aus einem vorherigen Leben herrühren, sinnvoll, zu versuchen, der Sache auf den Grund zu gehen?

P'taah: Es ist ein Abenteuer, nicht wahr? Eigentlich ist das nicht unbedingt nötig, weil ihr alles, was ungelöst ist, was ihr nicht bereitwillig angenommen habt, was immer noch Angst und nicht Liebe bedeutet, immer und immer wiedererschaffen werdet, bis ihr schließlich gezwungen seid, es euch anzusehen. Das ist in Ordnung. Wißt ihr, die Menschen sind sehr, sehr eigensinnig und schauen sich im allgemeinen nicht gern die Bereiche an, die sich nicht im Licht befinden. Ihr habt ganz wunderbare Ausreden, um es nicht zu tun. Ihr sagt: «Ich brauche es nicht zu tun, denn da ist nichts.» Ihr sagt: «Wir konzentrieren uns nicht auf das Negative, wir konzentrieren uns auf das Positive.» Ihr sagt: «Nun, ich habe diesen ganzen Scheiß gelöst.» Und auch: «Da, wo ich bin, ist die Mitte, und ich sehe alles, was außerhalb ist.» Ihr verfügt alle über zahlreiche Vermeidungstaktiken, um euch das, was schmerzlich ist, das, was ihr wirklich nicht ans Licht bringen wollt, nicht anzuschauen. Auf diese Weise wird das Eintauchen in ein früheres Leben und vorherige Inkarnationen zum Abenteuer, zu einer Entdeckungsreise, zur Möglichkeit, bewußt mit diesem inneren Faden in Berührung zu kommen. Ihr Lieben, wie wir euch schon sagten, müßt ihr wissen, daß es jedesmal, wenn ihr eine Rechtfertigung, ein «aber» zur Verteidigung eures Tuns vorbringt, etwas zu erforschen gilt. Da gibt es wirklich kein Entkommen. Seid ihr entschlossen, die zu werden, die ihr seid, so müßt ihr wissen, daß alles vor euch selbst Verborgene euch von eurer eigenen Göttlichkeit, von eurem eigenen Gotteslicht abhält. Ihr mögt alle anderen zum Narren halten, doch euch selbst könnt ihr nichts vormachen. Wir haben diese Dichotomie der Seele beobachtet, dieses Wesen, das so verzweifelt gerne «wissen» möchte, und je größer die Verzweiflung, desto stärker der Abwehrmechanismus. In diesem Sinne sagen wir: «Ergebt euch.» Ihr sollt euch nicht einem anderen ergeben. *Ihr sollt euch dem ergeben, wer und was ihr seid.* Bei eurer Geburt, wenn ihr in die Physikalität gebracht werdet, wenn ihr euch in dieser dreidimensionalen Realität erschafft, besitzt ihr bereits das ganze Potential dessen, was ihr werden könnt. Es ist alles in euch enthalten. Es ist nichts außerhalb von euch. Eure Glaubensstrukturen formen eure physische Realität, und wenn ihr erst einmal erkennt, daß sie nur eure Glaubensvorstellungen *über* die Realität sind und daß alles außerhalb eurer selbst ein Spiegelbild ist, ein Geschenk, damit ihr erkennen könnt, wer ihr seid, dann werdet ihr feststellen, daß sich eure Glaubensstrukturen verändern und ihr aufblüht.

F(M): P'taah, ich habe eine Frage zu den Glaubensstrukturen und der Realität. Wenn Leute glauben, daß es keine Reinkarnation gibt, und daß sie, wenn sie erst einmal tot sind, tot sind, und das war's ...

P'taah: Sie werden bestimmt eine gewaltige Überraschung erleben.

F: Wie können sie einem Glauben anhängen, der so weit von der Realität entfernt ist?

P'taah: Geliebter, seit wann glaubst du, daß es so etwas wie Reinkarnation gibt?

F: Seit zwei oder drei Jahren.

P'taah: Da du deine Überzeugung geändert hast, hast du dir in dem Wissen, daß du bei weitem großartiger bist, als du bislang angenommen hast, unzählige Möglichkeiten eröffnet, um zu erkunden, wer du bist. Was die Menschen angeht, die nicht an so etwas wie Reinkarnation glauben, so werden sie, falls sie der

Überzeugung anhängen, daß es nach dem Tod nichts mehr gibt, ein Weilchen eben genau das vorfinden, da das Bewußtsein nach dem Übergang, nachdem ihr den Körper abgestreift habt, weitergetragen wird. Sie werden sich für kurze Zeit in einem «Nirgendwo», in einem «Nichts» wiederfinden. Dann werden sie den Wunsch haben, etwas anderes zu erleben. In dem Moment, in dem dieser Wunsch im Bewußtsein Ausdruck findet, haben sie bereits die Veränderung bewirkt. Diejenigen, die an den Himmel glauben, werden genau das vorfinden: einen Himmel mit Engeln oder ein irdisches Paradies. Dann werden sie zu der Erkenntnis gelangen, daß es noch sehr viel mehr gibt.

F(M): P'taah, wie wissen wir, wann wir bereit sind, die Toten auferstehen zu lassen?

P'taah: Lieber, wenn du die Möglichkeit dazu hast, wirst du es wissen.

F: Sie wurde mir ganz entschieden bei der Reintegration eines Krebspatienten präsentiert, der vor seinem Verscheiden sein ganzes Leben zu integrieren vermochte. Er gab seinen Körper in meine Hände. Reicht es, an diesem Punkt zu sagen: «Wir haben das getan»?

P'taah: Unter anderen Umständen wäre es so gewesen, Geliebter. Wenn du weißt, wer du bist, kannst du mit jemandem arbeiten, der sich dasselbe wünscht. Wir möchten vorschlagen, daß du dir gegenwärtig nicht allzu viele Gedanken über das Auferstehenlassen von Toten machst. Wie wir bereits sagten, Geliebter, ist es wichtiger, daß du dein eigenes Wesen zuläßt.

F: Das verstehe ich, aber in solchen Situationen fragt man sich doch, ob man genug getan hat.

P'taah: Warum hältst du das für deine Verpflichtung, Geliebter? *Du kannst niemanden heilen.* Das ist die Entscheidung der betreffenden Person. Das hat wirklich nichts mit dir zu tun. Wenn sich jemand im Bewußtsein seines Seins wahrhaftig wünscht, seine physische Situation zu verändern, sich nicht von der Physikalität zu verabschieden, dann braucht er keinen anderen dazu. Wenn nun jemand um Beistand bittet, ist das wunderbar, aber es liegt nicht in deiner Verantwortlichkeit. Du kannst nur aus deinem eigenen Wissen heraus «handeln», Geliebter. Und dein eigenes

Wissen besteht darin, daß du nicht weißt, wer du bist. Du hast eine Vorstellung, wie es sein könnte, richtig? Du sollst also kein Schuldgefühl haben, sollst nicht meinen, versagt zu haben. Es ist nicht an dir, die Verantwortung für das Leben oder Sterben eines anderen zu übernehmen. Verstehst du? Der Körper ist nur ein Spiegelbild. Krankheit, Unwohl-Sein spiegeln nur das Innere der Persönlichkeit wider. Krankheit bietet dir lediglich die Gelegenheit, nachzuschauen, was in dir los ist. Das ist alles. Der Körper wird dir, zunächst ganz sanft, sagen, daß nicht alles zum besten steht. Wenn du dich weigerst hinzuschauen, wird er dir immer größere Lektionen erteilen, und die letzte Lektion ist die, die man den Tod nennt. Weißt du, Lieber, der Tod ist keine große Sache. Er ist eine Illusion.

F: Für mich existiert der Tod gar nicht.

P'taah: Warum sprichst du davon, die Toten auferstehen zu lassen, wenn er für dich gar nicht existiert?

F: Weil andere Menschen in diesen Begriffen reden. Wie kann ich, wenn ein Krebspatient eingesehen hat, daß der Körper ihm Lektionen erteilt, die er zu lernen hat, ihm dann seine Schmerzen so weit nehmen, daß er die Lektion aufnehmen kann?

P'taah: Lieber, wir vermitteln euch jede Woche Methoden zur Verwandlung von emotionalem oder physischem Schmerz.

F: Willst du damit sagen, daß wir nichts unternehmen sollten, wenn sich ein Patient nicht selbst von seinen ständigen Schmerzen befreien kann? Das möchte ich von dir hören.

P'taah: Lieber, wir sprechen Woche um Woche, Monat für Monat über Transmutation zu euch.

F: Das geht für mich in Ordnung, aber was ist mit denen, die nichts über Transmutation wissen?

P'taah: Lieber, das geht für dich NICHT in Ordnung, denn wenn es so wäre, würdest du sie sich in deinem eigenen Leben ereignen lassen. Dann würdest du zu einem leuchtenden Beispiel, und dein Gotteslicht würde sich auf alle deine Mitmenschen auswirken. Wie wir schon sagten, *ist ein «Heiler» eine Person, die sich verzweifelt gerne selbst heilen möchte.* Nun kommt dazu, daß du Krankheit als etwas Negatives betrachtest. Und solange du Krankheit als etwas Negatives ansiehst – als nichts Gutes –, wirst du nicht heilen.

F: Und was tue ich sonst alles nicht?

P'taah *(sanft)*: Weißt du, wenn du wirklich verstehen würdest, wärest du vielleicht kein «Heiler». Wir sprechen zu *dir.* Wir sagen nicht, daß am Heilen etwas falsch ist. Wir sprechen zu *dir*, geliebter Mann, zu deinem höchsten Wohl.

F *(ein Neuankömmling)*: Du hast heute abend darüber gesprochen, daß wir uns selbst erkennen müssen. Ich würde mich gerne selbst besser kennenlernen. Kannst du mir einen Rat geben, wie das möglich wäre?

P'taah: Nun, wir haben dir heute abend schon einen Hinweis gegeben, als wir von der Abwehrhaltung sprachen.

F: Dann habe ich wohl den Kern der Sache nicht mitgekriegt.

P'taah: Sehr gut, wir werden es wiederholen. Ich muß sagen, daß es hier niemanden gibt, der nicht davon profitieren würde. Die Menschheit lebt in einem Universum der Dualität, der Polarität von positiv/negativ, was von euch als gut/schlecht, richtig/falsch, männlich/weiblich, schwarz/weiß und so weiter beurteilt wird. Nun, *die Ursache für all den Schmerz, all die Angst ist in eurem Verurteilen zu suchen, darin, wie ihr euch selbst bewertet.* Seit Äonen erschafft ihr euch selbst, Leben um Leben, und jedesmal gibt es Bereiche in eurem Leben, die ihr weiterführt – die nicht nur diesem Leben entspringen –, und gewisse Aspekte des Selbst verurteilt ihr als «nicht gut». Ihr lebt in Angst vor Entdeckung, fürchtet, daß man euch «ertappen» könnte. Warum fürchtet ihr euch, ihr Lieben? Ihr fürchtet euch, weil ihr glaubt, nicht mehr geliebt zu werden, sobald jemand herausfindet, wer ihr wirklich seid. *Eure Grundangst besteht darin, nicht gut genug, nicht der Liebe und des Liebens wert zu sein.* Und so kehrt ihr von Anfang an alles sorgsam unter den Teppich, was eurem Urteil nach «nicht so gut» ist. Und so werden im Laufe eures Lebens, in dem ihr Herabwürdigung, Zurückweisung, Verrat, Demütigung und Verlassenwerden erlebt, die von euch aufgebauten Mauern, hinter denen ihr euch versteckt, immer höher und höher. Und eure Abwehr nimmt immer mehr zu.

Da gibt es nun die, die viel gelesen und viele Workshops besucht haben und allmählich begreifen, wie wohltuend es ist, die

Verteidigungsmechanismen aufzugeben und zu sagen: «So bin ich.» Auf diese Weise bringen sie ans Licht, was sie als die «ungeliebten Aspekte», die «verängstigten Aspekte» verurteilen, um sie anzunehmen, anzuerkennen, damit sie Teil des Gotteslichts werden können. Sie sollen nicht mehr verleugnet, verdrängt, unterdrückt, unter den Teppich gekehrt werden. Vielen fällt es sehr schwer, in diese so überaus verborgenen Bereiche vorzudringen. Da waren so viele Jahre des Versteckens. Und so geben wir euch einen kleinen Hinweis: Wovor fürchtet ihr euch, wenn euch jemand angreift und ihr euch verteidigt? Was verteidigt ihr? Was versteckt ihr? Hm? Versteht ihr? Auf diese Weise könnt ihr ausbuddeln, wovor ihr euch versteckt habt. Ihr habt es irgendwo in einer verborgenen Nische eures Bewußtseins vergraben, aber es bettelt um Licht. Wir möchten euch allen in Erinnerung rufen: *Ihr erschafft euch eure eigene Realität, ABSOLUT. Ihr erschafft persönlich euer ganzes Universum – es gibt innerhalb eures Wahrnehmungsbereichs nichts, was ihr nicht erschafft. Ihr seid verantwortlich.* Eine Situation, für die ihr euch nicht bewußt entscheiden, die ihr ablehnen würdet, bietet einen weiteren Hinweis. *Es gibt keinen Zufall.* Wenn ihr euch eine Situation erschaffen habt, die euch Schmerzen bereitet, habt *ihr* sie geschaffen, um etwas zu lernen, zu *eurem* Wohl, nicht zu dem eines anderen, obwohl sie in Wahrheit immer dem Wohle aller dient, da es sich um eine Co-Kreation handelt. Im Grunde ist es für alle Beteiligten stets eine Situation, in der es nur Gewinner gibt, wenn ihr es nur erkennen und zulassen könntet. Geliebte, unterm Strich bedeutet das: IHR HABT DAS ALLES GETAN.

F(M): P'taah, vorhin hast du von den Verteidigungssystemen gesprochen und das Wort «ergeben» gebraucht. Heißt dieses «Sichergeben» in einer Situation, die man nicht mag, daß man sozusagen «das Handtuch wirft»?

P'taah: Lieber, wir sagten euch, daß es nicht bedeutet, daß ihr euch einem anderen ergebt, sondern daß ihr euch dem ergebt, was ihr seid.

F: Heißt das, daß man eine Situation nicht so akzeptieren muß, wie sie ist?

P'taah: Wenn dir eine Situation absolut nicht schmeckt, bedeutet das einfach, daß du etwas auf die Reihe bringen, daß du etwas ausgleichen mußt. Jedwelches Geschehen befindet sich entweder in Übereinstimmung mit dem universellen Gesetz oder der universellen Wahrheit, oder aber nicht. Wenn es sich in Übereinstimmung mit der universellen Wahrheit befindet, schwingst du in Resonanz mit deinem Universum, und dann nimmst du ein Strahlen, Freude und Lachen wahr. Wenn du Mißklang, Kummer und Schmerz registrierst, dann, weil du dich in einem Zustand des Nicht-Zulassens, des Verurteilens befindest. Wenn wir also vom Ergeben sprechen, meinen wir eigentlich das Zulassen, damit ihr die Verurteilung ausgleichen und in Einklang mit eurer eigenen universellen Wahrheit bringen könnt. *Es bedeutet nicht, daß ihr euch einem anderen ergeben sollt. Es bedeutet, daß ihr euch euch selbst ergeben sollt.* Schaut, Geliebte, wenn ihr euch wirklich in Einklang befändet, entstünde die Frage, ob ihr euch einem anderen ergeben sollt, gar nicht. Eine solche Situation würde einfach nicht eintreten. Wie könnt ihr etwas Gegebenes aufgeben?

F: Hängt davon ab, was gegeben wird. Wenn einem eine harte Zeit beschert wird...

P'taah: Lieber, das ist deine Wahrnehmung. Warum ist es eine harte Zeit? Weil du Angst hast; weil du dich nicht in Einklang befindest. Du verurteilst sie als «schlecht». *Verurteilung bedeutet Nicht-Zulassen.*

F: Aber sie kann doch schlecht sein, oder?

P'taah: Lieber, hör mir zu. *Hör mit deinem Herzen.* Wenn du dich in einer «schlechten» Situation befindest, dann, weil du sie aus Angst verurteilst. Wenn du keine Angst hast, gibt es kein Gut oder Schlecht, es IST einfach, und in diesem ISTSEIN kannst du die Freude entdecken.

Gut, ihr Lieben, wir machen eine Pause zur Erfrischung des Körpers.

(Nach der Pause.)

P'taah: Machen wir also weiter, ihr Lieben.

F(M): P'taah, ich habe eine Frage. Kannst du uns kurz erläutern, wie das Leben auf den Pleiaden aussieht?

P'taah: Ich werde mich sehr kurz fassen, Lieber. Hm?... Harmonisch.

F: Ich dachte mir schon, daß du dich so kurz fassen würdest.

F(M): P'taah, wie kann ich auf mitfühlende Art einer anderen Person helfen, die mentale Ängste hat?

P'taah: Zeig ihr, daß du sie liebst.

F: Ich habe das Gefühl, daß sich eine solche Person fast wünscht, daß man sich in ihre Angst hineinbegibt, um ihr zu zeigen, daß man sie liebt. Müssen wir das tun? Oder wäre es, wenn man ihr wirklich helfen will, besser, ihr ganz kurz die eigene Meinung zu ihrer Situation mitzuteilen und dann zu gehen?

P'taah: Lieber, du solltest nur aus deinem Herzenswissen heraus sprechen. Du kannst in Liebe und Mitgefühl und im Rahmen deines eigenen Wissens sprechen. Da man sicherlich wissen muß, daß jeder absolut seine eigene Realität erschafft, und da du dies weißt, kannst du es auch sagen. Doch muß man auch dazusagen, wie sie sich verändern läßt. Das bedeutet nicht, daß du dich in die Geschichte einer anderen Person «einhaken» mußt; du brauchst nur Liebe und Mitgefühl zu zeigen, ihr Unterstützung zukommen zu lassen. Wenn jemand verwirrt ist, kannst du sagen: «Geliebte, du hast diese Situation erschaffen, um davon zu profitieren, und du weißt, wie.» Wie wir schon sagten, werden Schmerz und Angst durch Verurteilung verursacht.

F: Mit «Unterstützung zukommen lassen» meinst du, für sie dazusein?

P'taah: Wenn das dein Wunsch ist. Wir wollen sagen, daß es weder dir noch der anderen Person nützt, wenn du dich in ihre Geschichte verhakst.

F: Ich erkenne nun, daß ich die Sache nicht aus der Perspektive des Ego betrachten darf, sondern sagen soll, was ich fühle; daß ich mich nicht darum kümmern soll, was ich für einen Eindruck mache; daß ich mir keine Sorgen darüber machen soll, daß ich, falls ich nicht in einer bestimmten Weise auftrete, als nicht liebevoll oder gleichgültig verurteilt werden könnte. Damit lande ich wieder bei meinen Verlustängsten.

P'taah: Glückwunsch, Glückwunsch, mein Lieber. Es ist wunderbar, daß du zu dieser Erkenntnis gelangt bist, denn sehr oft orientieren sich die Menschen in ihrem Denken und Handeln an der öffentlichen Meinung. Sie haben Angst, daß sie nicht geliebt werden, wenn sie sich nicht in einem guten Licht darstellen, wenn sie nicht gut angesehen sind. Wenn du den liebst, der du bist, ist eine solche Betrachtungsweise null und nichtig. Es geht darum, daß du dem Herzen folgst, und wenn du wirklich von Herzen Beistand leisten möchtest, kannst du das dadurch tun, daß du zeigst, daß du wirklich liebst und dich bekümmerst, daß du Mitgefühl hast.

F: Jede Situation kann anders aussehen.

P'taah: Lieber, es spielt keine Rolle, um welche Geschichte es sich handelt. Die Menschen befinden sich in einem Getrenntsein des Selbst vom SELBST und voneinander, und in Zeiten des Stresses, des Schmerzes und der Angst fühlen sie sich noch mehr isoliert. Dann ist es wunderbar, wenn du hingehst und sagst: «Du bist wirklich nicht allein. Du liegst mir aufrichtig am Herzen, und ich liebe dich.» Das bedeutet nicht, daß du dich «vereinnahmen» läßt. Wenn du dich vereinnahmen läßt, läßt du dich auf die Unverantwortlichkeit ein. Nur wenn die Menschen die Verantwortung übernehmen, werden sie allmählich verstehen, wie das Universum funktioniert und wie sie problemlos darin agieren können. Wenn du dich anderen Leuten bei ihren Schuldzuweisungen, in der Bestätigung der Opferhaltung, anschließt, erweist du ihnen keinen Dienst. Und du erweist ihnen auch einen schlechten Dienst, wenn du nur handelst, um das Ego eines anderen zu befriedigen oder um die Bedürfnisse deines eigenen Ego zu befriedigen oder um der öffentlichen Meinung zu entsprechen. Es spielt keine Rolle, welche Worte du verwendest, *das Herzenswissen ist größer als das Verstandeswissen.* Wenn man etwas aus Pflichtgefühl tut oder zur Besänftigung des eigenen Ego, merkt der andere das ganz bestimmt auf einer tieferen Wissensebene.

F *(ein Neuankömmling)*: Ich habe ein paar Fragen. Erstens: Habt ihr auf eurem Planeten eine physische Gestalt?

P'taah: Ja.

F: Kannst du beschreiben, wie ihr ausseht?

P'taah: Hm... Wir sind sehr schön. Man könnte sagen, wir haben eine humanoide Gestalt, aber eine andere Schwingung, weshalb unsere Körper, aus eurer Perspektive betrachtet, nicht so dicht, so solide wirken wie die menschlichen Körper auf diesem Planeten. Aber... sehr schön... wie ihr auch. Nächste Frage.

F: Okay. Ich habe eine Frage zur Vorstellungskraft. Ich frage mich, wieviel Gültigkeit sie hat. Kann ich dir ein Beispiel geben? Wenn ich zu George hier sage: «Stell dir vor, du befindest dich auf dem Mars und blickst in eine bestimmte Richtung. Sag mir, was du siehst.» Und ich mache gleichzeitig dieselbe Übung. Würden wir dann beide vor unserem geistigen Auge dieselbe Szene sehen?

P'taah: Das ist sehr gut möglich. Die Vorstellungskraft besitzt Gültigkeit. Euer ganzes Universum wird aus der Imagination heraus erschaffen. In eurer physischen Realität kann nichts geschaffen werden, ohne daß es zuerst ein Gedanke war. Und Imagination ist ein Gedanke ohne Materie. Sogar ein Krieg muß erst in Gedankenform existieren, bevor er in der physischen Realität manifestiert wird. Die Vorstellungskraft ist also mit Sicherheit «real». In ihr kann es nichts geben, was «nicht» ist.

F: Ich verstehe, daß etwas, das ich mir vorstelle, in Gedankenform existiert, aber bedeutet das, daß es auch irgendwo eine physische Realität hat?

P'taah: Das kann so sein, aber die Tatsache, daß es nicht physisch existent ist, bedeutet nicht, daß es nicht real ist. Glaubst du, daß zwei Menschen, die dieselbe Szene betrachten, dasselbe sehen?

F: Physikalisch gesehen, ja, aber die Deutung würde unterschiedlich ausfallen.

P'taah: Aber wo ist der Unterschied? *Sie sehen unterschiedlich.* Und so verhält es sich auch, wenn ihr mit der Vorstellungskraft arbeitet. Wenn ihr eine imaginierte Szene vorgebt und jede Person sie anders sieht, kann es sein, daß die eine ein anderes Zeitsystem oder eine andere Realitätsdimension vor sich sieht, und das bewirkt den Unterschied. Es kommt häufig vor, daß sich Menschen praktisch «dasselbe» vorstellen. Die Menschen klinken sich sehr oft ins Kollektivbewußtsein ein. Weißt du, *es gibt «da draußen» nichts zu entdecken, was nicht bereits existieren würde.* Es IST schon, ihr habt es nur noch nicht gesehen. Richtig? Und allein schon dadurch, daß ihr darüber nachdenkt, vertieft und erweitert ihr euer Vorstellungsvermögen über die normalen Grenzen hinaus. Das sogenannte Denken ist nicht auf euer Kopfinneres beschränkt. Sobald eine Gedankenform entstanden ist, wird sie ins Universum ausgesandt. Deshalb gibt es in Wahrheit auch keine Geheimnisse, auch nicht eure «tiefen, dunklen Geheimnisse». Ich versichere euch, sie sind gar nicht so geheim.

F: Ich danke dir. Ich habe noch eine weitere Frage. Sie hat mit Karma zu tun. Ich weiß eigentlich nicht, wie es funktioniert.

P'taah: Was stellst du dir denn unter Karma vor?

F: Eine ausgleichende, ausbalancierende, erzieherische Kraft. Wenn ich etwas Schlechtes austeile, kriege ich irgendwann einmal etwas Schlechtes zurück, wenn es meiner Entscheidung nach etwas Schlechtes sein soll.

P'taah: In der Tat, so ist es. Du verstehst, daß im Universum nichts als gut oder schlecht bewertet wird. Wir wollen also folgendes sagen: Wie bei der Inkarnation triffst du auch hier nur die Wahl, etwas anderes zu erfahren als das, was du bereits erlebt hast. Karma ist in keiner Weise als Bestrafung zu betrachten, sondern du machst nur die Erfahrung der Polaritäten, um sie bereitwillig anzunehmen. Wenn du also in einer früheren Inkarnation ein Mörder warst – und das warst du –, wirst du auch erleben, was es heißt, ermordet zu werden, weil das die Polarität ist. *Es geht darum, beides anzunehmen.* Das ist die Lektion, aber es ist keine Lektion im Sinne einer Strafe; und es gibt thematische Stränge, die du in dieser Weise von einem Leben ins andere mitnimmst. Das ist alles.

F(F): P'taah, ich war bislang mit meinem Intellekt sehr zufrieden, merke aber in letzter Zeit, daß ich mich nicht mehr auf ihn verlassen kann. An dem Tag, als ich eine neue berufliche Laufbahn einschlug, bekam ich schreckliche Nackenschmerzen. Mein Verstand lieferte mir alle möglichen Erklärungen für diesen Schmerz, was aber nichts half. Nach Behandlungen beim Chiropraktiker und Massagen legte ich mich schließlich hin, atmete in den Schmerz hinein, kam bis auf den Grund, und dann verging er. Da scheint in mir eine außerordentliche Abgetrenntheit zu bestehen.

P'taah: Sie besteht immer. Wenn diese Abgetrenntheit nicht existieren würde, wäre da kein Schmerz. Schmerz ist Widerstand. Du legst dich hin und atmest, andere machen vielleicht einen Spaziergang in der Natur oder tauchen ihren Körper ins Wasser oder *lassen einfach nur die Stille zu*, um den Widerstand zu segnen. Wenn du ihn segnest, kommt alles in Einklang.

F: Ich kann das nie über den Verstand tun.

P'taah: Das kann niemand. Wir sprechen hier von Transmutation, egal, ob auf emotionaler oder physischer Ebene. Wir haben euch schon gesagt: Übernehmt die Verantwortung für die Erschaffung des Schmerzes, gleicht die Verurteilung aus, setzt euren Kopf ab und nehmt ihn unter den Arm, und *fühlt das Gefühl*. Vergeßt nicht, daß euer Intellekt euer Diener ist. Er ist da, um euch zu Diensten zu sein. Er ist nicht da, um euch zu beherrschen. *Auch das Ego ist euer Diener; es soll nicht verprügelt, nicht unterjocht oder abgelehnt, sondern bereitwillig angenommen werden, damit es euch dienen kann.*

F: Darf ich dich fragen: Du hast vorhin gesagt, daß ich nach etwas suche, das mir entgeht. Was ist dieses mir nicht Greifbare?

P'taah: Was möchtest du in dein Leben einbringen, Liebe?

F: Ich bin gegenwärtig mit vielen meiner Lebensbereiche völlig zufrieden, aber ich sehne mich nach einem Geliebten.

P'taah: In der Tat. Und was haben wir dir gesagt, Geliebte? Solange du angestrengt nach ihm suchst, du ganz bedürftig und verzweifelt bist, wird sich dir dieser Geliebte entziehen. Wenn du dich in den Zustand der Einwilligung, der Nicht-Erwartung, der Nicht-Bedürftigkeit versetzt, kannst du haben, was immer du dir wünschst. Das gilt nicht nur für einen Geliebten. Das gilt für alles.

F: Eine letzte Frage zu den Geliebten: Was bringt uns dazu, uns in eine bestimmte Person zu verlieben? Welche Chemie ist im Spiel, wenn da tausend Männer in allen möglichen Gestalten und Größen und mit den mannigfaltigsten Charakteren herumlaufen? Was ist der Grund dafür, daß der Puls rast, die Knie weich werden und du das Gefühl hast, gleich ohnmächtig umzusinken? Das geschieht nicht willentlich. Da scheint dann alles außer Kontrolle geraten zu sein.

P'taah: Und es macht ja so großen Spaß, wie? *(Brüllendes Gelächter im Publikum)*

F: Kannst du dann verstehen, wie schwierig es ist, nicht nach dieser Erfahrung zu streben? Natürlich will ich wieder einmal dieses Gefühl haben.

P'taah: Der göttliche Wahnsinn.

F: Was du Anstreben nennst – ich genieße es. Darüber nachzudenken, es mir vorzustellen. Aber ich möchte es auch auf physischer Ebene erleben.

P'taah: Geliebte, wir haben nicht gesagt, daß du dir nichts vorstellen sollst. Wir haben nicht gesagt, daß du nicht fühlen sollst. *(Auf die Dame zugehend, fügt P'taah sehr sanft hinzu:)* Oder?

F: Komm mir nicht zu nahe. Du bist ein solches Kraftwerk. *(Das Publikum lacht.)* Wenn du mir nahe kommst und mir in die Augen schaust, ist da eine solche Kraft, daß es mich fast umhaut.

P'taah: Wir werden sachte mit dir umgehen. *(Inzwischen ist der ganze Raum von Gelächter erfüllt.)* Ihr alle kennt diesen göttlichen Wahnsinn, wie? Diese Sehnsucht des Herzens, aus sich herauszugehen und sich zu vereinen – es ist wunderbar. Man nennt es auch die Suche nach der Einheit und der Erregung, die du in dir selbst nicht gefunden hast. Wenn du mit einer solchen Erregung auf dich selbst blicken kannst, Geliebte, werden wir uns vor dir verbeugen. Verurteile es nicht. Es ist wundervoll – geh in Freude, aber laß die Worte ab und zu deinen Hinterkopf kitzeln; dann kannst du dich vielleicht in bezug auf das Wie und Wann des Geschehens in den Zustand der Einwilligung und der Nicht-Erwartung versetzen. Dann wirst du in der Tat das manifestieren, was du dir wünschst.

F(F): P'taah, es wurde gesagt, daß Liebe eine konvertierbare Energie ist. Kannst du erklären, warum es einem Menschen, der Schmerzen hat, tatsächlich hilft, wenn man ihm Liebe zuteil werden läßt? Kannst du ein bißchen ausführlicher darauf eingehen?

P'taah: Nun gut. Wir haben euch gesagt, daß Gedankenformen sich nicht auf eurer Kopfinneres beschränken. Die machtvollste Energie im Universum, die, die uns alle «ticken» läßt, ist Liebe. Liebe ist das, worauf alle Menschen und auch alle Dinge reagieren – sogar die, die ihr für unbelebte Gegenstände haltet, und auch die Flora und Fauna. Alles antwortet auf Liebe. Ohne sie gibt es kein Wachstum. Ohne sie gibt es keine Heilung. Wenn ihr also Liebe, in einer Gedankenform, aussendet, gleicht sie einem Projektil. *Niemand kann ihr widerstehen.* Und so wird sie assimiliert. Gegen die Liebe lassen sich keine Barrieren aufbauen. In dieser Weise kann sie das Gotteslicht in einer Person bestärken, kann sie dieser helfen, ihr eigenes Wissen, das Liebe ist, zu integrieren, um die Heilung zu bewirken.

F(M): P'taah, Menschen können sich doch aber bestimmt der Liebe verweigern?

P'taah: Lieber, du sprichst vom Bewußtsein. Das Gotteslicht der Menschen und aller Dinge übersteigt das Bewußtsein. Es existiert jenseits aller Dinge. Es kann nicht verweigert werden.

F: Also gelangt die Liebe in die Aura und wartet auf ihre Realisierung?

P'taah: Es ist nicht notwendigerweise ein bewußter Prozeß. Wenn jemand auf der anderen Seite des Globus krank ist und *du diese Person visualisierst und ihr Liebe schickst, geschieht dies augenblicklich. Liebe wird in dem Moment empfangen, in dem sie zur Gedankenform wird. Das SELBST empfängt sie, gleich, ob dies nun bewußt wahrgenommen wird oder nicht.*

F(M): Was nützt es einer Person, wenn das Bewußtsein die Liebe nicht registriert?

P'taah: Nun, es ist nicht unbedingt das Bewußtsein, das die Krankheit überhaupt erschaffen hat. Es ist so, daß das Bewußtsein nicht bemerkt hat, was sich unterhalb seiner Schwelle oder außerhalb des Bewußtseins ereignet hat. Wenn du das, was die Störung in deinem Körper bewirkt, versteckst, mag dein Verstand sagen: «Ich begreife nicht, warum ich mich so unwohl fühle. Es muß das Wetter sein.» Hm? Doch außerhalb des Bewußtseinsbereichs ist da das SELBST, das sagt: «Wach auf und hör zu.» Das größere SELBST weiß um die Liebe. Verstehst du?

F: Wenn das größere SELBST ganz Liebe ist...

P'taah: Wir sprechen hier von Ebenen. Das größere SELBST weiß alle Dinge, kennt auch alle Dinge aller Universen. Und da gibt es diesen geschichteten Energiefokus, den ihr in Bewußtsein, Unterbewußtsein und das Unbewußte unterteilt habt. Aber in Wahrheit gibt es keine Trennung, und wir spiegeln euch in gewisser Weise das Wissen zurück, daß es keine Trennung gibt, wenn ihr nur darin einwilligen wollt. Das sogenannte Unterbewußtsein ist mit Sicherheit der Dinge gewahr, die jenseits dessen liegen, was ihr auf bewußter Ebene zulaßt.

Lieber, wenn du ein Zimmer betrittst und jemanden zum erstenmal triffst, hast du ein sofortiges Wissen. Manchmal sagst du dann: «Ich fühle mich von dieser Person äußerst angezogen und weiß gar nicht, warum.» Oder du hast das Gefühl, daß du diese Person nicht magst. Mit anderen Worten, dein Unterbewußtsein hat schon sein Urteil gefällt und entschieden, wie es laufen soll, gut oder schlecht. Wenn dich jemand mit Liebe im Herzen anschaut, hast du ein Wissen davon. Manchmal sickert es ins Bewußtsein ein. Manchmal auch nicht, und dennoch wird dir warm ums Herz werden, ohne daß du weißt, warum du dich so gut fühlst.

F(F): Wenn ich jemandem Liebe schicke, der verletzt ist – ich muß zugeben, daß ich immer noch daran festhalte, diesem Verletztsein ein Ende bereiten zu wollen; inwieweit befördert das Senden von Liebe die Person in ihrer Fähigkeit, ihr Gewahrsein zu öffnen und sich zu heilen?

P'taah: Es ist eine Art Bestärkung. Wenn da ein kleines Kind ist, das vernachlässigt wird, das keine Liebe erfährt, dann wird es nicht gedeihen, ungeachtet der Tatsache, daß es drei Mahlzeiten am Tag erhält, im Winter warme Kleider bekommt und so weiter; wo einem Kind aller physischer Komfort geboten wird, es aber keine Herzensliebe bekommt, welkt es dahin – es kann nicht gedeihen. Das ist nichts, was man mit der Hand berühren könnte, aber man sieht mit Sicherheit die Auswirkungen. Wo Liebe im Menschen ist, schafft sie Stärke; du übernimmst also nicht die Verantwortung für das Wohlsein eines anderen Menschen, sondern bestärkst nur das Ideen-Konstrukt von physischer oder emotionaler Gesundheit. Die Tatsache, daß du dich da eingehakt hast, hat nichts mit der Liebe zu tun. Die Liebe bringt es zuwege. Deine Verhakung ist *deine* Angelegenheit. Du weißt, daß du Gotteslicht bist. Wenn du Liebe schickst, kommuniziert Gotteslicht mit Gotteslicht. Und so kannst du alles und jedes manifestieren, was du dir in dieser Realität wünschst.

Wir haben euch gesagt, daß ihr auf der Ebene der physischen Realität durch den Gedanken im Verein mit dem Wunsch und dem Wissen, daß es bereits IST, manifestiert. So kommuniziert ihr im Grunde mit dem Gotteslicht. Wenn ihr euch etwas wünscht, das euch zukommen soll, zieht ihr das Gotteslicht zu euch heran. Wenn ihr einen Wunsch habt, gleich, ob es sich nun um etwas

Materielles handelt oder nicht, dann visualisiert das Ding, das ihr euch wünscht; schickt den Wunsch zusammen mit der Visualisierung und dem emotionalen *Wissen* von seinem Gotteslicht aus; dann wird die physische Gestalt des Bildes verschwinden, und es bleibt das Gotteslicht. Das zieht ihr zu euch heran. Dies nennt man ein Rezept, Geliebte.

F(F): Du hast gesagt, daß keiner eine andere Person heilen kann, aber was ist mit dem Wunsch einer Person, einem anderen Menschen in Mitgefühl helfen zu wollen, wenn sie ihn leiden sieht?

P'taah: Ja, und du schickst Liebe, hm? Das ist das Gotteslicht, das mit dem Gotteslicht spricht.

F: Das heißt, daß die ganze Sache mit dem Handauflegen gar keine Wirkung hat?

P'taah: Liebe, das mag sein. Das ist nur eine Methode. Es ist nicht notwendig. Es ist in Wahrheit nicht einmal nötig, daß man sich in der Nachbarschaft aufhält.

Sehr gut, ihr Lieben, das reicht für heute. Wir danken euch, die Unterhaltung war uns eine Freude. Geht in eurem Gotteslicht. Laßt es scheinen. Seid die Leuchtkraft, die ihr seid. Seid die Freude, die ihr seid. Seid das Lachen, das ihr seid, denn, in der Tat, alles das seid ihr. Guten Abend.

Elfte Übermittlung

18. März 1992

P'taah: Guten Abend, ihr Lieben. Willkommen. In der letzten Woche sprachen wir über das Manifestieren und über das Herbeirufen des Gotteslichts, das mit dem Gotteslicht spricht. Und wir gaben euch ein Rezept. Die Sache ist wirklich außerordentlich einfach. Nun, an diesem Abend machen wir es einmal anders. Heute zeigt ihr mir euer eigenes großes Wissen, und ich stelle euch Fragen. Dabei werdet ihr ganz gelassen bleiben, denn es wird so sein, als sprächet ihr mit euch selbst. Es würde mir großes Vergnügen bereiten, wenn ihr euer Wissen in einigen Bereichen mit mir teilt. Da wir in der letzten Woche über das Manifestieren sprachen, möchten wir vielleicht dich, Lieber *(P'taah wendet sich an einen bestimmten Herrn im Publikum)*, bitten, mir zu sagen, wie es funktioniert.

F(M): Es funktioniert aus dem absoluten Wissen heraus, daß ich das GÖTTLICHE BIN, DAS ICH BIN, wobei ich die absolute Verantwortung für die jeweils gegebene Situation übernehme und meine Seele in ihrer Ganzheit zum Ausdruck bringen möchte. In meiner Bewußtheit vom ICH BIN wünsche ich mir das und das, und ich weiß, das ES IST.

P'taah: Sehr gut, und nun werden wir nach dem Rezept in bezug auf eine bestimmte Sache in eurem Leben fragen. Wenn ihr Geld haben wollt und es nicht habt, warum, glaubt ihr, habt ihr es nicht?

F(F): Vielleicht ist der Wunsch nicht stark genug, oder vielleicht arbeite ich nicht dafür.

P'taah: Ah. Nicht dafür arbeiten? Denkst du, du mußt dafür «arbeiten»?

F: Daran glaube ich immer noch bis zu einem gewissen Grad.

P'taah: In der Tat. Das ist in Ordnung. Wenn du also begreifst, daß dies eine Glaubensvorstellung von dir ist, wie veränderst du sie?

F: Ich sollte glauben, daß es in Fülle vorhanden ist.

P'taah: Es gibt kein «sollte», Geliebte. Wie würdest du sie verändern? Wie veränderst du eine Glaubensstruktur, die zwischen dir und deinem bewußten Wunsch steht?

F: Ich muß mich ändern.

P'taah: Aber wie?

F: Ich muß nur akzeptieren, daß sie da ist.

P'taah: In der Tat. Aber was beinhaltet es für dich, wenn du sagst, du «mußt» dich ändern, du «solltest» dich ändern? Was fühlst du angesichts der Tatsache, daß du glaubst, daß du arbeiten mußt, um an Geld zu kommen? Du hast gesagt, daß es dieser Glaube ist, der zwischen dir und dem Geld steht. Nun hast du dir das angeschaut und festgestellt, daß dieser Glaube besagt: «Ich muß arbeiten.» Was *fühlst* du jetzt in bezug auf diesen Glauben? Hast du das Gefühl, daß du ihn haben solltest?

F: Nein.

P'taah: Was heißt das, wenn du denkst, daß du diesen Glauben nicht haben solltest? Heißt das, daß du ihn verurteilst? Merkt ihr, wohin das führt? Schaut, wenn ihr einer Glaubensvorstellung anhängt, die der Manifestierung eines bewußt gehegten Wunsches nicht förderlich ist, dann sagt: «Dieser Glaube dient mir nicht länger.» *Wenn ihr ihn verurteilt, gleicht ihr ihn nicht aus.* Wenn ihr ihn verurteilt und sagt, daß es völlig in Ordnung ist, ihn zu verurteilen, und wenn ihr ihn umarmt, wie ihr ein Kind umarmen würdet, dann habt ihr den Ausgleich. Versteht ihr? Und so könnt ihr euch alle Glaubensvorstellungen anschauen, die euch in dieser Weise nicht dienlich sind.

(P'taah wendet sich an einen Mann, der in den Sitzungen immer sehr still ist:) Nun mußt du etwas sagen, mein Lieber, nicht wahr?

F *(kichernd)*: Guten Abend, P'taah. Reicht das?

P'taah: Diesmal haben wir dich. Kein Entkommen. Wie ist dein Leben?

F: Wundervoll im Moment.

P'taah: Warum findest du dein Leben wundervoll, Lieber?

F: Weil ich es so haben will, und ich bin bereit, es zu akzeptieren.

P'taah: Weil du bereit bist, zu akzeptieren, was immer da kommt?

F: Ich weiß, daß es so sein muß, und es ist großartig, wie auch immer es ist.

P'taah: Du bist wirklich ein Weiser. So kannst du das Gotteslicht in dir sich ausdehnen lassen. *(P'taah hält inne und fügt dann zärtlich hinzu:)* Du bist uns überaus lieb.

An eine Dame gewandt: Fühlst du dich wie in der Schule? Alle zittern bei dem Gedanken, die Antwort nicht zu wissen?

F *(lachend)*: Ja.

P'taah: Das ist in Ordnung. Weißt du, es gibt im Grunde keine richtige Antwort. Was ist das Schwierigste für dich, Geliebte?

F: Zu wissen, was ich auf physischer Ebene mit meinem Leben tun soll. Mein spirituelles Leben ist bestens.

P'taah: Wir sehen da keinen Unterschied. Du bist dein spirituelles Leben. Was gibt es sonst noch?

F: Das Leben, dem ich jetzt folge. Ich habe es gewählt. Entscheidungen treffen …

P'taah: Ah. Entscheidungen treffen, was für eine Plage. Sag mir, was wäre eine falsche Entscheidung?

F: Ich weiß, es gibt keine falschen Entscheidungen.

P'taah: Also?

F: Manchmal weiß ich nicht, wie ich herausfinden soll, wo das Gute bei meinen Entscheidungen liegt.

P'taah: Wie wäre es mit: Was macht mehr Spaß?

F: Dem Wunsch des Herzens folgen? Tun, was mein Herz singen läßt?

P'taah *(in gespielter Empörung)*: NICHT DOCH. Also von heute an sagen wir bei jeder Entscheidung, die du treffen mußt: «Zur Hölle mit dem Geld. Welche Wahl macht mehr Spaß?» Kannst du so mutig sein, Geliebte?

F: Ich werde es bestimmt versuchen.

P'taah: Versuch es nicht.

F: Nicht versuchen. Nicht versuchen; es erlauben?

P'taah: Dir erlauben, Spaß zu haben? Sehr gut. Wir empfehlen es absolut. Ja doch.

Nun, wißt ihr, wenn wir mit euch sprechen, ist das, was wir sagen, im Grunde sehr einfach. Wenn wir diese Fragen stellen, ist es für euch sehr leicht, eine intellektuelle Antwort darauf zu geben. Ihr habt alle Bücher gelesen, alle Workshops mitgemacht, und doch hört ihr mich nicht. Das ist in Ordnung. Manchmal denken wir, daß wir uns euch gegenüber nicht klar genug ausdrücken. Doch wenn ihr euch in der Starrheit eurer Abwehrsysteme, eures kostbaren und so überaus geliebten Ego, befindet, spielt es an sich keine Rolle, wie klar wir uns ausdrücken. An eurem Ego ist nichts falsch. Es ist ein wunderbarer, gültiger, göttlicher Aspekt von euch. Er soll nicht ausgelöscht werden, aber ihr müßt euch darüber im klaren sein, daß dieser wunderbare Diener namens Ego die Herrschaft in eurem Leben übernehmen und sich zu eurem Herrn aufschwingen kann. Er ist äußerst trickreich.

Nun seid ihr euch häufig eurer Abwehrmechanismen nicht bewußt. *Diese Abwehrmechanismen halten euch von eurem Gotteslicht fern.* Ihr Lieben, ihr müßt nichts tun, um erleuchtete Meister zu werden. Ihr seid es bereits, und es geht nur darum, daß ihr den Schleier ein wenig beiseite schiebt und euch erlaubt, einen Blick auf das Licht zu werfen, das ihr seid. Und wenn ihr diesen kurzen Einblick habt, öffnet sich der Vorhang ein bißchen mehr; euer Einblick wird umfassender, das Wissen wird größer, und der Vorhang geht noch ein bißchen weiter auf. Es ist nicht schwierig. *Da ist nichts zu TUN.* Ihr könnt euch ruhig zurücklehnen und zuschauen, wie das Ego seine kleinen Tricks aufführt. Und ihr könnt sagen: «Das ist in Ordnung. Es hat nur Angst, beraubt zu werden. Das ist alles.»

(P'taah wendet sich an einen Mann im Publikum.) Was machst du also mit einem Kind, das Angst hat, Lieber?

F: Wenn es um meine eigenen Kinder geht, nehme ich sie in die Arme und tröste sie.

P'taah: Genau. Und genau das ist es auch, was ihr mit eurem Ego machen könnt. Nehmt es in die Arme, und tröstet es, und sagt: «Geliebtes, wir gehen nicht weg. Wir trennen uns nicht, du und ich. Aber wenn du erlaubst, werden wir zusammen ein wunderbares Abenteuer erleben, und niemand und nichts wird dir Schaden zufügen. Du und ich, wir werden gemeinsam ins Licht treten.» Ist doch ziemlich einfach, nicht wahr?

(P'taah geht zu einem Mann hinüber, der das Mikrophon hält.) Da du

den Apparat in der Hand hältst, Lieber: Wie erkennst du, wann dir das Ego in die Quere kommt? Nicht daß es sehr oft passiert.

F *(lacht)*: Zu oft für mich.

P'taah: Verurteile dich nicht. Wir sprechen ziemlich im Ernst, weißt du.

F: Ich weiß, daß mir mein Ego in die Quere kommt, wenn ich nur noch den einen Wunsch habe, verdammt noch mal da rauszukommen, wo ich gerade drin bin.

P'taah: Ganz recht. *(Er geht auf eine Dame zu.)* Und du, geliebte Frau, wie erkennst du, wann du durch dein Ego von etwas «abgehalten» wirst? Hast du da eine Erkenntnismethode?

F: Ja, wenn ich nicht in der Lage bin, mich selbst zu lieben.

P'taah: Ah, aber das ist ziemlich oft. Nicht nur bei dir, sondern bei allen Menschen. Wir sprechen hier aber von den Alltagssituationen, wenn ihr am Re-Agieren seid. Wenn jemand etwas Unangenehmes zu dir sagt und das Ego ins Spiel kommt, wie erkennst du es?

F: Entweder werde ich wütend, oder ich will mich zurückziehen.

P'taah: Ganz recht. Hat noch jemand eine Antwort?

F(M): Ich schau in mich hinein und registriere ein Gefühl mangelnder Zufriedenheit, von Unglücklichsein.

P'taah: Das ist nicht unbedingt das Ego, Geliebter. Wenn es das wäre, wären die Qualen und Schmerzen der Menschheit ganz einfach zu heilen. Hat noch jemand einen Kommentar?

F(F): Ich fühle mich dann angespannt. Das würde ich mit Angst in Verbindung bringen.

F(F): Wenn eine Situation zur Disharmonie führt, würde sich das Ego melden.

P'taah: Was würde das Ego tun?

F: Es hätte Angst, es würde sich verteidigen.

P'taah: Verteidigen. Das ist das Stichwort. Verteidigung. All die anderen Dinge sind auch richtig, aber wenn ihr euch verteidigt, dann wißt ihr, daß ihr euch etwas anschauen müßt. Diese Worte: «Aber ich ...» Manchmal denken wir, daß dieses «Aber ich ...» ein anderes Wort für Ego ist. Wir hören es wirklich häufig genug.

F(M): Vor etwa fünfzehn Jahren machte ich eine Zeit durch, in der ich von Angst erfüllt war. Und wenn es nichts gab, wovor ich hätte Angst haben müssen, erschuf ich mir etwas. Ich kam da erst raus, als ich schließlich für die Erfahrungen dankbar war und mich ihnen ergab. Das schien die Probleme zu lösen.

P'taah: Ah, und was ist hier deiner Meinung nach das Zauberwort?

F: Ergeben. Du mußt dich ergeben. Es gibt keine andere Möglichkeit.

P'taah: In der Tat. Ergeben. Man nennt es die Haltung Christi. Ergeben: die höchst weibliche, negative Energie. Einfach? Ergeben. *Da ist nichts zu tun.* Nichts zu TUN. Und da befindet ihr euch nun, meine geliebten Freunde, alle auf der Folterbank eures verzweifelten Strebens nach Erleuchtung. *Das Rezept für die Transmutation ist das einzige Rezept in eurem Universum, bei dem ihr nichts zu TUN braucht, um Resultate zu erzielen.* Das Rezept der Transmutation. Wißt ihr, ihr vergeßt die Transmutation jede Woche wieder. Ihr vergeßt sie. Wir haben versucht, sie in euer Herz einzuschreiben, aber wir stellen fest, daß wir mit unsichtbarer Tinte schreiben. *(Alle kichern bei dieser Feststellung.)* Transmutation: die elementare Alchimie der Seele. Ihr braucht nichts zu tun. Wißt ihr, eure Magier arbeiteten in alten Zeiten überaus hart an der Verwandlung von Blei in Gold, und ihr könnt das Blei in Gold verwandeln, ohne irgend etwas zu tun. Ein einfaches Rezept:

1. ÜBERNEHMT VERANTWORTUNG. Wie auch immer die Situation sein mag, IHR habt sie erschaffen. Niemand sonst.
2. GLEICHT DAS URTEIL AUS. Das heißt einfach, segnet alles; segnet die beteiligten Menschen. Segnet die Situation; segnet euch selbst dafür, daß ihr die Situation erschaffen habt, um die Perle der Weisheit im Innern zu finden.
3. FÜHLT DAS GEFÜHL. ERGEBT EUCH. Ergebt euch, und wenn ihr euch ergebt, offenbart sich das Gefühl, das sich hinter dem Widerstand des Schmerzes verbarg, plötzlich als neutrale Energie, die dann vom Solarplexus zum Herzen aufsteigen kann.

Übernehmt Verantwortung – gleicht das Urteil aus – ergebt euch. Fühlt das Gefühl. *(Und sehr ruhig:)* Was wäre einfacher?

F(F): Ich habe ein Problem mit diesem Sichergeben. Auf intellektueller Ebene ist es kein Problem, ist alles glasklar. Ich möchte diesen Herrn gerne fragen, wie er es gemacht hat. Du sagst, daß man nichts zu tun braucht. Doch was sagt man zu einem Menschen, der völlig verängstigt ist, überall Gespenster sieht, der paranoid ist, der in jeder Minute Angst vor dem Sterben hat? Wie kann ich ihm sagen, daß er sich ergeben und das Gefühl fühlen soll? Wird er das verstehen?

P'taah: Du mußt ihm erklären, daß er sich seine eigene Realität erschafft, Geliebte. Aber weißt du, du magst es zwar erklären, und die Leute hören es vielleicht auch, aber solange sie nicht die Verantwortung übernehmen, ist es «in den Wind gepißt». Ich liebe diese Seemannsausdrücke.

Verstehst du? Schau, ihr seid alle eurem Schmerz und euren Ängsten so verfallen, daß es für euch ein leichtes ist, ein Opfer zu sein. Auf diese Weise braucht ihr die Verantwortung nicht zu übernehmen. In Selbstmitleid zu versinken ist sehr einfach. Auch das heißt, die Verantwortung nicht zu übernehmen: Wehe mir. Schau, was «sie» mir angetan haben. Es hat seine Gültigkeit. Es ist ein göttlicher Aspekt. Das einzige Problem ist, daß er euch keine Freude bringt. *Jedesmal, wenn ihr einem anderen die Schuld gebt, übernehmt ihr keine Verantwortung. Jedesmal, wenn ihr euch selbst leid tut, weil euch das Leben eine Gemeinheit zugefügt hat, übernehmt ihr keine Verantwortung.*

F *(eine junge australische Ureinwohnerin, die P'taah zum erstenmal besucht)*: Guten Abend, P'taah. Ich möchte gerne mit dir über dieses Sichergeben und Übernehmen von Verantwortung im Zusammenhang mit den Aborigines sprechen. Letzte Woche nahm ich an einer Konferenz teil, bei der es um die Zukunft unseres Träumens ging. Als wir noch unser traditionelles Leben führten, haben die Männer das Land «besungen» und unsere Geschichten erschaffen, und darin lag die Stärke des Stammes. Nun singen die Stammesältesten und die Männer nicht mehr die gleichen Lieder wie früher. Ich habe Angst um die Menschen, die nur teilweise Aborigines sind und von der Gesellschaft deklassiert werden. Ich arbeite in einer Schule und kann sehen, daß diese Kinder genauso leiden, wie meine Mutter und meine Großmutter es taten. Den Aborigines widerfährt solche Ungerechtigkeit. *(Die Frau senkt den Kopf und weint.)* Bei dieser Konferenz gab es eine neue Bewegung, die sich Aboriginal Provisional Government («Provisorische Regierung der Aborigines») nennt. Ich möchte gerne wissen, P'taah, ob dies der Weg ist, auf dem die Aborigines zu einer neuen Identität finden und ihre eigene Kultur wiedererschaffen können, so daß sie nicht zu einer aussterbenden Rasse werden? Das ist es, was ich mich frage, denn da liegt meine Energie. Ich habe das Gefühl, daß ich in dieses Leben kam, um dieser Bewegung zu helfen, um Teil dieser Bewegung zu sein, um den jungen Menschen zu helfen, sich wieder mit ihrer Herkunft und Kultur identifizieren und sie am Leben erhalten zu können.

P'taah: Nun ja. Weißt du, wie du das am besten tun kannst?

F: Nun, ich glaube, daß diese provisorische Regierung der richtige Weg sein könnte, denn dies bedeutet, daß sich die Aborigines in ihrer Lebensweise nicht von der Bundesregierung und den Weißen abhängig zu machen brauchen.

P'taah: Ganz recht, und das ist wunderbar, Geliebte. Doch möchten wir dir folgendes sagen: Du wirst dann ein Leitstern für dein Volk sein, wenn du in deinem Träumen zu dem Verständnis gelangst, daß es die Göttin in dir ist, die das Land erschafft. Und du sollst wissen, daß, kommst du zum Licht der Göttin in dir, dies das großartigste Träumen allen Träumens ist. Wenn deine Leute verstehen, daß jeder und jede von ihnen souveränes Gotteslicht ist; und daß dieser Traum gar nicht davon handelt, wie es für euer Volk *gewesen ist*, denn sie werden einen Traum verwirklichen, der in diesem Moment noch nicht einmal geträumt ist. Sie werden hervortreten und sein, was sie in vergangenen Zeiten waren, bevor die Zivilisation entstand. Sie werden sein, was sie waren, als sie keine Trennung kannten. Jedes Atom ihres Seins und jedes Atom ihres Planeten – ihre wunderbare Göttin – waren all-eins. Weißt du, die Geschichten vom Träumen, die Lieder vom Träumen waren im Grunde nur das Feiern dieses ganzen Wissens. Sie waren keine kulturspezifische Angelegenheit. Sie wurden aus einem großartigen Wissen geboren. Begreifst du den Unterschied? Kultur beinhaltet Vorstellungen und Traditionen, die weitergegeben werden. Das Wissen ist das Erkennen und Erfahren des Gotteslichts im Innern, ist die Souveränität, die Einheit, das Einssein des Selbst mit allen Dingen. Es bedeutet, wirklich zu wissen, daß der Gott/die Göttin, ALLES, WAS IST, im Innern lebt und Teil aller Dinge ist, die im Äußeren existieren. Und euer Volk kannte die

Sternenwesen. Damit will ich also in gewisser Weise sagen: «Kümmere dich nicht» um die Kultur. Der neue Traum ist um so vieles großartiger.

F: Schlägst du vor, daß ich meine Energie in das neue Träumen stecke?

P'taah: Liebe, mach, was immer du willst, aber *wisse*, daß die Veränderungen erst dann eintreten werden, wenn DU dein eigenes Gotteslicht als Leitstern aufleuchten läßt, der deine Leute zu dir hinzieht. Und dies gilt nicht nur für dich, dies gilt für alle Menschen, die sich sehnlichst eine Veränderung wünschen. Die Veränderungen werden sich nur aus dem Innern heraus ereignen. Es ist gut und schön, wenn deine Leute sagen, daß sie eine andere Regierung brauchen, ihre eigene Regierung, aber, Liebe, was veranlaßt euch zu glauben, daß diese Regierung besser sein wird als die jetzige? Wir wären sehr glücklich, auch nur eine einzige Regierung auf diesem Planeten zu sehen, die irgend etwas Wesentliches tut, um eurem Planeten, um den Menschen zu helfen, um die Hungersnöte zu reduzieren, das Morden zu vermindern. Was tun sie denn wirklich? Sie tun nichts, weil sie nichts wissen. *Eure Regierung hat nichts mit der SEELE zu tun!*

F: Genau das erhoffte ich mir von der Regierung der Aborigines, daß es dabei um die Seele geht.

P'taah: Ja doch. Und das wird auch gewiß so sein, wenn die Menschen sich schließlich gestatten, zu wissen, wer sie wirklich sind. Und das, was sie wirklich sind, ist *nicht* ihr «Aboriginestum». Was sie wirklich sind, das ist der Gott/die Göttin, die sich in der dritten Dichte zum Ausdruck bringen. Das ist es, was die Menschen sind. Also, mach dich auf, und genieße den großen Kampf. Aber wisse, daß du die Veränderung dann erschaffst, wenn du die Veränderung im Innern erschaffst. Recht so, Liebe?

F: Recht so. Ich bin bereit. Es geschieht.

P'taah: Sehr gut.

F(M): Was die Abwehr und den Wunsch, anderen die Schuld zu geben, angeht: Ich habe gewisse Lehren studiert, wonach in der Vergebung der Schlüssel zur Freiheit liegt. In mir selbst stieß ich auf eine tiefe Quelle der Wut und des Zorns, die aus meiner Kindheit und dem Erleben von physischem Mißbrauch herrührt.

Ich habe ein Buch von einer Frau gelesen, die eine Menge Erfahrung damit hat, und sie meint, daß es okay ist, nicht zu vergeben, weil es helfen kann, diese Energie in sich freizusetzen.

P'taah: Sehr gut. Nun, dies nennt man eine Übergangsphase, um der Wut Ausdruck zu geben, und das hat seine Gültigkeit. Weißt du, das Ausdrücken der Wut ist nur das polare Gegenstück zur Unterdrückung der Wut.

F: Ich will an der Wut nicht festhalten. Ich will nicht unversöhnlich sein, und doch schütze ich mich damit selbst.

P'taah: Aber natürlich, Lieber. Jetzt kannst du dich frei fühlen, deine Wut zu äußern. Wenn du das für dich zu etwas Unrechtem machst, verleihst du ihm Macht.

F: Wenn ich meine eigene Wut zu etwas Unrechtem mache?

P'taah: Richtig. Verstehst du?

F: Ja. Es ist sehr wichtig, daß ich meine Wut zulasse. Deshalb treffe ich die Wahl, im Moment nicht zu vergeben.

P'taah: Nun, wenn du «nicht zu vergeben» sagst, ist das die Polarität von Vergeben.

F: Unter «Vergebung» wird in *Ein Kurs in Wundern* das Auflösen von Dingen verstanden, an denen ich festgehalten habe, und das scheint nicht so leicht zu sein.

P'taah: Aber ist das nicht so, weil du zu zerstören versuchst, was in dir ist?

F: Nun, ich erkenne, daß ich etwas sehr Spirituelles getan habe, indem ich demütig war und die Dinge, wie sie in meiner Kindheit waren, akzeptierte, aber ich habe einen sehr hohen Preis dafür bezahlt.

P'taah: Wer sagt, daß es spirituell war?

F: Nun, es war insofern spirituell, als es Demut und ein Sichergeben in das Geschehen jener Zeit beinhaltete.

P'taah: Ein einem anderen Sichergeben.

F: Ein der Irrationalität eines anderen Sichergeben.

P'taah: Nun, Geliebter, wir werden dir folgendes sagen: Es hat dich hierhergebracht.

F: Das weiß ich. Und ich bin sehr dankbar dafür.

P'taah: So ist es. Nun, du hast das alles erschaffen. Du erschaffst dir alles. In deiner Realität existiert nichts, wofür du nicht verantwortlich bist.

F: Ich kann nur frei werden, wenn ich diese Verantwortung total akzeptiere?

P'taah: Richtig, aber weißt du, du hast dir selbst einen unvergleichlichen Schatz beschert.

F: Hm. Eine Perle der Weisheit.

P'taah: Wir möchten dir vorschlagen, daß du sehr bald nachliest, was an diesen Abenden übermittelt wurde. Es könnte dich zu einem umfassenderen Verständnis bringen. Hm? So soll es sein. Es wird dir Spaß machen. Nun, es ist so, daß viele Menschen in ihrer Kindheit unglaubliche Horrorgeschichten erlebt haben. Aber ich will dir sagen, Lieber, daß die Geschichte an sich keine Rolle spielt. Der Schmerz ist für jeden der gleiche.

F: Das habe ich lange Zeit geglaubt. Jeder hat sein Kreuz zu tragen, und ich bin nichts Besonderes.

P'taah: Schmerz ist Schmerz. Du bist etwas ganz Besonderes. Du bist eine einzigartige Facette in der göttlichen Krone des Lebens. Niemand im Universum ist wie du, und ohne dich wäre das Universum nicht dasselbe. Du bist etwas ganz Besonderes. Eines der Dinge, die an euch so besonders sind, und ich könnte viele aufzählen, ist die Tatsache, daß *es keine andere Spezies gibt, die den Schmerz, den ihr alle so gut kennt, überleben könnte.* Aber noch wunderbarer ist eure unbegrenzte Fähigkeit, zu lieben und sich zu freuen. So ist es.

Wir werden nun eine Pause machen.

(Nach der Pause)

F(F): P'taah, in mir gehen ziemlich dramatische Veränderungen vor, aber da ist immer noch ein Rest von Festhalten an der Angst. Ich kann sehen, daß das überaus lächerlich ist. Du hast mir das letzte Mal gesagt, daß ich die Angst lieben und annehmen soll. Das ist immer noch ein Problem für mich. Ich denke, wir sind total konditioniert, uns für unliebenswert zu halten. Ich weiß, es ist ein Irrtum, aber es ist so schwierig, mit dem Grundgedanken zurechtzukommen, daß ich der Gott bin, der ich bin; daß wir Liebe sind und liebenswert. Kannst du mir nicht einen Schubser in Richtung Transmutation geben?

P'taah *(zärtlich)*: Ich liebe dich. Weißt du, du hörst all die Worte. Jedesmal, wenn du dich umdrehst, prasselt ein weiteres Bombardement von Worten über das, wie es «sein sollte», auf dich nieder. Das Köpfchen hört nicht auf zu arbeiten: «Ich weiß, ich sollte mich selbst lieben. Ich weiß, ich bin der Gott, der ich bin, und so weiter.» Nun, alles das ist wahr. Du bist die Göttin, aber außerdem bist du ein verängstigtes kleines Mädchen. Das ist in Ordnung. Dieser Raum hier ist voll von verängstigten kleinen Mädchen und Jungen. Und auch sie wissen eigentlich nicht, daß das in Ordnung ist. Wie gelangst du von deinem Kopf zu deinem Herzen? Wie umarmst du die Angst?

F: Da ist ein kleines Problem. Soll ich nun die Angst umarmen, die Bedrohungen, die die Angst verursachen, oder nur die physische Manifestation?

P'taah: Alles das. Du sagst, daß du dir bewußt bist, dies alles erschaffen zu haben.

F: Ja. Ich übernehme die volle Verantwortung dafür, daß ich dies alles erschaffen habe.

P'taah: Das bedeutet, sehr dankbar zu sein. Eine Krankheit besagt nur, daß dein Körper dir eine Geschichte erzählt. Wenn dir also dein Körper eine Geschichte erzählt, geschieht das zu deinem Nutzen. Das heißt, ihr sollt sie segnen; aber es ist in Ordnung, wenn kleine Jungen und Mädchen vor dem Unwohl-Sein Angst haben, wenn sie sich vor dem Tod fürchten. Das ist vollkommen in Ordnung. Wenn du versuchst, das zu ändern, weil du glaubst, daß du nicht auf das «Schicksal» wütend sein solltest, daß du kein «Opfer» sein solltest, daß du keine Angst haben solltest, daß du in der Lage sein solltest, dies und das zu *tun*..., dann setzt du dich selbst ins Unrecht, erklärst du deine Ängste für falsch. Sie sind nicht falsch. Das bereitwillige Annehmen kann man auch als Zulassen bezeichnen. Laß die Angst zu. Wir haben schon gesagt, daß es da in bezug auf die Angst und das Ego einen kleinen Trick gibt: Wenn du dir vorstellst, daß die Angst eigentlich nur ein «Baby-Aspekt in dir» ist, und wenn du dich hinsetzt und dich an diesen stillen Ort in dir begibst und dort ein verängstigtes kleines Kind siehst, kannst du dieses kleine Mädchen aufheben, umarmen und es an dich drücken. Sag ihm, daß du es liebst, halt es fest, sag ihm, daß du nie zulassen wirst, daß ihm ein Leid geschieht, und laß es einfach nur SEIN; drück es an dich. Wenn die Angst ein kleines Kind wäre, würdest du sie nicht von dir stoßen, oder? Du würdest nicht versuchen, sie zu vernichten, du würdest sie einfach nur in die Arme nehmen. Du brauchst nichts zu TUN, nur in diesem Zulassen zu SEIN, geliebte Frau. Ist dir das eine Hilfe? Gut. Ich möchte gerne jeden von euch fragen, wovor ihr euch am meisten fürchtet.

F(M): Kann ich eine Minute darüber nachdenken?

P'taah: Nein.

F: Vor dem Erfolg.

P'taah: Wovor fürchtest du dich am meisten?

F(M): Ich weiß nicht. Ich weiß es wirklich nicht.

F(F): Vor dem Alleinsein, glaube ich.

F(M): Vor dem Versagen.

F(F): Davor, für dumm gehalten zu werden und es nicht mitzukriegen.

F(F): Nicht das zu erreichen, was ich mir vorgenommen habe.

F(M): Meine Seelengaben nicht zum Ausdruck gebracht zu haben, bevor es Zeit ist, die Erde zu verlassen.

P'taah: Sehr gut, Lieber.

F(M): Vor dem Alleinsein und dem Tod.

F(F): Von den Menschen abgelehnt zu werden.

F(M): Vor der Angst selbst und vor dem Tod.

F(F): Vor dem Alleinsein.

F(M): Ich weiß nicht.

F(F): Möglicherweise vor den Männern.

P'taah: Sehr gut.

F(M): Daß ich nicht genug für die Menschheit tue.

F(F): Daß mein Fahrrad gestohlen wird.

(Kreischendes Gelächter, da die Zuhörerschaft mit der ewigen Fahrradstory dieser Dame bestens vertraut ist.)

P'taah: Warum?

F: Weil es eine knifflige Sache ist, wie ich schon sagte.

P'taah: Warum hast du Angst, daß dein Fahrrad gestohlen wird?

F: Es würde mich verunsichern.

P'taah: In bezug worauf?

F: In bezug auf mich selbst.

P'taah: Und in welcher Hinsicht?

F: Daß ich allgemein kein Vertrauen habe. Ich habe keinen Witz gemacht. Ich habe das Fahrrad aus einem bestimmten Grund erwähnt. Es steht für etwas.

P'taah: Ich verstehe, Geliebte. Ich möchte gerne, daß du genau begreifst, wofür es steht. Worin besteht diese Unsicherheit?

F: Dieses Vertrauen ist etwas Neues für mich. Ich bin vertrauensvoll in einen neuen Bereich eingetreten und fühle mich immer noch ein bißchen unsicher. Ich schließe auch das Haus über Nacht nicht ab.

P'taah: Du möchtest nicht an der Gültigkeit deiner eigenen Macht zweifeln.

F: Deshalb habe ich es dir gegenüber erwähnt. Ich brauche immer noch diese Unterstützung.

P'taah: Ja, absolut.

F(F): Ich möchte den richtigen Ehemann finden.

F(M): Am meisten fürchte ich mich im Grunde vor der Angst selbst. Wenn wir wirklich wüßten, daß wir alles haben, was wir brauchen, gäbe es keine Angst.

F(M): Nicht genug Zeit zu haben, alles zu erreichen, was ich mir vorgenommen habe.

P'taah: Du hast Angst, nicht alles zu erreichen, was du dir vorgenommen hast, bevor du stirbst? Willst du das damit sagen?

F: Ich denke, ja.

F(F): Bis vor kurzem war es die Angst, nicht gut genug zu sein, doch damit habe ich mich jetzt auseinandergesetzt. Also ... ich habe im Moment eigentlich keine.

P'taah: Gut. Wie interessant das alles ist. Wovor ihr Angst habt und was ihr euch verzweifelt vom Leibe halten wollt, das zieht ihr an. Wenn ihr es in Ordnung sein lassen könnt, wenn ihr das, wovor ihr Angst habt, zulassen könnt, habt ihr eure Welt verändert. Fragen?

F: Wie können wir, wenn die von uns wahrgenommene Welt ein Spiegelbild von uns ist, das, was wir als äußeres Geschehen beobachten, wieder in unser Inneres bringen, damit wir uns selbst umfassender kennenlernen?

P'taah: Es ist alles ein Spiegel. Wie oft sagen wir euch das, und wie oft sagt ihr: «Oh, nein, das ist kein Spiegel. Da gibt es nichts für mich zu sehen.» Jedesmal, wenn auf eure Knöpfe gedrückt wird, seht ihr in den Spiegel. Nun, ihr könnt das ableugnen; ihr könnt euch verteidigen, ihr könnt euch selber eine wunderschöne Geschichte erzählen, und das ist bestens, nur, es funktioniert nicht. Jedesmal, wenn ihr jemanden anprangert, jedesmal, wenn ihr «oh, Scheiße» sagt, schaut ihr in einen Spiegel, Geliebte. Ihr seid am Verurteilen, ganz gleich, was für einen hübschen Namen ihr ihm gebt. Das ist in Ordnung. Das ist vollkommen in Ordnung. Es ist ein gültiger Aspekt, sonst gäbe es ihn nicht, aber er trennt euch von dem, was ihr seid. Also müßt ihr ein Spielchen der Ehrlichkeit mit dem Selbst spielen, hm? Das heißt, wenn ihr wirklich wissen wollt, wer ihr seid; wenn ihr bereit seid, den *bullshit* aufzugeben. Der Ausdruck gefällt mir. Wir sind oft ziemlich erstaunt darüber, wie viele «weise Gurus» auf eurem Planeten herumwandern und damit beschäftigt sind, jedermann Ratschläge zu erteilen, aber nicht gern allzu genau in ihr eigenes Inneres blicken wollen. Wir möchten euch sagen, Geliebte, daß auch der Guru ein Spiegel für euch ist, der Weisheiten von sich gibt und sich sehr viel wohler dabei fühlt, Worte auszuspucken, als dabei, Gedanken in sich aufzunehmen.

F: Der Spruch gefällt mir.

P'taah: Das dachten wir uns.

F: Ich verurteile mich so häufig, und vielleicht tun das alle anderen auch ...

P'taah: Darauf kannst du dich verlassen.

F: ... und ich stelle fest, daß Ehrlichkeit sich selbst gegenüber das Allerschwierigste ist.

P'taah: Und weißt du, Liebe, warum das so ist? Ihr alle wart euer ganzes Leben lang Herabsetzungen und Entkräftungen ausgesetzt. Ihr habt alle schreckliche Angst, nicht zu genügen, unliebenswert zu sein. Euch allen ist gesagt worden, wie die Dinge sein sollten, und ihr versucht alle verzweifelt, eurem eigenen Ideal zu entsprechen und dem, wie die anderen euch eurer Meinung nach sehen, und dem, wie ihr wollt, daß sie euch sehen. Das macht es sehr schwer, dem Selbst gegenüber ehrlich zu sein. Doch schaut, ihr Lieben, was wollt ihr wirklich? Was ihr alle wirklich wollt, ist, daß ihr ein in seinem ganzen Potential *verwirklichtes menschliches Wesen* seid, das in seiner vollen Souveränität dasteht, das weiß, daß es der Gott/die Göttin ist, das ALLES, WAS IST, das sich in der dritten Dichte zum Ausdruck bringt. Und in diesem Wissen werdet ihr alle Dimensionen der Realität erfahren und kennenlernen. *Du wirst also alle Dinge wissen*, Lieber.

F(M): Es ist ein Privileg, heute abend bei dir zu sein. Ich hatte auch das Privileg, Zeit bei einer anderen gechannelten Wesenheit namens Ramtha zu verbringen, und ich stelle zwischen euch beiden große Ähnlichkeiten fest. Kannst du das erklären?

P'taah: Lieber, wir gehören demselben Aufsichtsrat an. *(Gekicher im Publikum)*

F: Du gleichst in deiner Wesensart und in deinem Auftreten so sehr Ramtha, daß ich, wenn du nicht einen anderen Namen hättest, sagen würde, daß hier Ramtha über einen anderen Körper durchkommt.

P'taah: Ach, tatsächlich! Aber schau, wir heißen nicht Ramtha, wir heißen P'taah.

F: Ist Ramtha einer von euch, da du das Wort «wir» gebrauchst? Bist du auch Ramtha?

P'taah: Wir sagen bloß, daß es einen Aufsichtsrat gibt, Geliebter. Unsere Frau sagt: «Da sitzt dieser Aufsichtsrat da oben, diese Bastarde, und organisiert mein Leben.» Und dann sagt sie: «Ich mach nur Spaß», damit ich nicht sauer auf sie werde. *(Das Publikum ist äußerst amüsiert.)* Wenn sie das morgen hört, wird sie sehr wütend sein. Ich werde «versohlt» werden.

F: Wie bringt uns das zu Ramtha zurück?

P'taah: Gar nicht. Das Wie und Was, Geliebter, geht dich nichts an. – *(Sanft:)* Ich necke dich nur.

F(M): P'taah, ich denke, die meisten von uns können die wunderschöne Perle entdecken, die in dem steckt, was du uns lehrst, und in dem, was wir im Lauf der Jahre aus Büchern, von Gurus und durch Meditationen gelernt haben. Wir wissen das alles auf intellektueller Ebene. Und doch sind wir noch nicht wirklich «da». Kannst du uns einen Vorschlag machen, worauf wir uns konzentrieren sollten, um die Perle deutlicher sehen zu können?

P'taah: Sag mir, was steht zwischen dir und der Erleuchtung?

F: Nichts. Ich bin Erleuchtung.

P'taah: Ja. Wir werden sehr glücklich sein, wenn du das wirklich weißt. Was steht zwischen dir und deinem Wissen, daß du ein großer erleuchteter Meister bist?

F: Ich suche nach einer Antwort und kann sie nicht finden. Ich weiß, da ist etwas.

P'taah: Wie wäre es mit Verurteilung?

F: Ja?

P'taah: Ja? Ist es nicht einfach? Das einzig Wichtige ist, daß die ganze Information, die durchkommt, immer dieselbe Botschaft beinhaltet, gleich, mit welchen phänomenalen Mitteln dies geschieht. Sie besagt: LIEBE, WER UND WAS DU BIST. ERKENNE DICH SELBST, UND ERKENNE DEN GOTT/DIE GÖTTIN, DAS ALLES, WAS IST.

F: Okay. Kommen wir auf meine Angst zurück, daß ich nicht genügend Zeit haben könnte. Wenn das weiterhin meine Angst bleibt, heißt das, daß ich tatsächlich nicht genug Zeit haben werde.

P'taah: Darauf kannst du wetten.

F: In letzter Zeit habe ich das Gefühl, etwas zu erreichen. Dinge, vor denen ich Angst hatte, fürchte ich nun nicht mehr.

P'taah: Worin bestünde, wenn wir dir sagen würden, daß du morgen stirbst, deine Angst?

F: In nichts.

P'taah: Ich sag dir was: Dein Wunsch, etwas zu erreichen, würde sich sofort verflüchtigen. Ja, wirklich. Ihr alle könnt jeden Tag so leben, als wäre es euer letzter. *Es gibt kein Morgen.* Wir haben es euch schon viele Male gesagt, es gibt kein Morgen. Es gibt nur das Heute, denn das, was ihr als eure Zukunft betrachtet, baut sich auf diesem Moment des Jetzt auf, und wenn sich euer Leben um das Geschehen von morgen dreht, wird das, was ihr euch diesbezüglich wünscht, stets morgen sein. *(P'taah wendet sich an einen Herrn, der auch Angst vor dem Tod hat.)* Nicht wahr, Lieber?

F(M): Du hast gerade meine Frage beantwortet.

P'taah: Wirklich? Wie außergewöhnlich.

F(M): P'taah, mir scheint, daß eine der größten Ängste nicht erwähnt wurde, nämlich die Angst vor dem Leben.

P'taah: Lieber, diese große Angst, vor der du für alle sprichst, ist *deine* Angst. Die Lebensangst ist das größte Leiden und der größte

Killer der Menschheit. Doch wir freuen uns, sagen zu können, daß sich das ändert, Geliebte. Wißt ihr, ihr seid wirklich ganz wunderbar. Ihr seid einfach erstaunlich, erstaunlich schön, erstaunlich mutig, und ich spreche euch meine Hochachtung aus.

F(M): P'taah, könntest du uns noch etwas mehr über den Aufsichtsrat sagen?

P'taah: Lieber, das ist eigentlich nicht nötig. Es gibt nur eines, was ihr wirklich wissen müßt, nämlich, daß die Menschheit in jeder Dimension geliebt und geschätzt wird. Die Anzahl und die Benennungen der Dimensionen spielen keine Rolle. Sie sagen euch nichts. Es hat nur eines für euch Bedeutung, und das ist euer eigenes Herz, eure eigene Seele, euer eigenes Bewußtsein, euer eigenes Potential, eure eigene Schönheit. Deshalb schickt euch der Aufsichtsrat Botschaften; er möchte euch an etwas erinnern, was ihr eigentlich schon wißt, nämlich, daß IHR GOTT SEID. Etwas anderes gibt es nicht. Viele Menschen möchten Informationen über Technologie und Methodik erhalten, aber was bedeutet das schon für euch? Es ist eine Form der Unterhaltung, denn für euch ist einzig wichtig, daß ihr wißt, wer ihr seid. Das ist alles. Wenn ihr wißt, wer ihr seid, werdet ihr auch alles andere wissen.

(Die junge australische Ureinwohnerin wendet sich nochmals an P'taah.)

F: Geliebter P'taah, ich habe vorhin von der Angst gesprochen, nicht den richtigen Mann zu finden. Ich habe dieses Wissen in mir, daß mein Mann und meine Kinder Aborigines sein sollten. Ich frage, ob dies die richtige Wahl ist.

P'taah: Nun, das ist eine sehr gute Frage. Die wichtigste Liebesaffäre deines Lebens wird die sein, die du mit dir selbst hast. Sie ist äußerst wichtig für dich. Den Menschen scheint ungeheuer daran gelegen zu sein, loszusausen und einen Gefährten zu finden, und das ist in Ordnung, aber das ist nicht die wirklich wesentliche Liebesaffäre, denn eigentlich sucht ihr die Einheit. Diese Einheit läßt sich nur an einem einzigen Ort finden, geliebte Frau. Und wir können dir versichern, daß du, wenn du sie dort findest, keine

Sorge mehr zu haben brauchst, einen Liebhaber zu finden. Und was deine Wahl angeht, so gibt es keine falsche. Es gibt nur den Wunsch des Herzens. Verwechsle den Herzenswunsch nicht mit Pflichtgefühl. Dein heutiger Herzenswunsch mag sich morgen schon ändern, und das ist vollkommen in Ordnung. Okay?

F: *(Sie kichert.)* Ja. Ich danke dir.

P'taah: Ihr Lieben, das reicht für heute. *(P'taah bedankt sich bei dem Gastgeberpaar.)* Selbe Zeit, selber Ort. Es wird derselbe Kanal sein, also schaltet euch ein. Geht in Freiheit und Souveränität, geliebte Leute, erhellt euren Weg mit eurem Gotteslicht, und wißt, daß euch nichts Schaden zufügen kann. Ich liebe euch alle. Guten Abend.

ZWÖLFTE ÜBERMITTLUNG

25. März 1992

P'taah *(sehr dynamisch)*: Guten Abend. Wie geht es euch?

Nach der entsprechenden Reaktion aus dem Publikum geht P'taah im Raum herum, schaut sich jede Person an und spricht gelegentlich jemanden in einer persönlichen Angelegenheit an.

P'taah: «Warum?» ist eine der häufigsten Fragen, die die Menschen aus tiefstem Herzen stellen. Manchmal lautet die Frage: «Warum ich, Gott?» Aber selbst wenn es sich nicht um einen qualvollen Aufschrei des Herzens handelt, existiert doch gewiß eine Neugier im Menschen. Die Menschen wollen wissen, «warum» und «warum jetzt», und dieses «warum jetzt» bedeutet eine Wahl, hervorzutreten und die Erfahrung der Veränderung zu machen. Nun, *jedes eurer Leben bedeutet eine Wahl.* Bei jeder Inkarnation wählt ihr eure Situation und eure familiären Bindungen, je nachdem, was ihr in eurem Leben hervorzubringen wünscht. Laßt uns das ganz klar und unmißverständlich sagen, ihr Lieben: Es bedeutet eine Wahl und alles, was sie impliziert; hauptsächlich Verantwortung. Es gibt gegenwärtig Menschen auf eurem Planeten, die sich in der Tat dafür entschieden haben, in eine Gegend großer Unruhen hineingeboren zu werden. Gegenden, in denen Krieg herrscht, Hungersnot und Versklavung durch Regierungen und so weiter. Nun, in den letzten fünfzig Jahren eurer Zeit war die Menschheit Zeuge großer Veränderungen. Gewaltiger Veränderungen im Bereich der Technologie und einer großen Bewußtseinsverlagerung. Ihr Lieben, dies wird nicht aufhören, es wird sich zunehmend steigern. Und ihr werdet dies nicht nur auf globaler Ebene beobachten, sondern auch in eurem persönlichen Leben. Da gibt es kein Entkommen.

Wir haben in diesen Wochen, ja, in diesen Monaten, über euer persönliches Trauma gesprochen. Im weiten Sinne ist es das Trauma der ganzen Menschheit. Wir haben euch gesagt, daß die Menschen an gebrochenem Herzen sterben.

Nun, da gibt es überall auf diesem Planeten die unter euch, und das gilt gewiß auch für die hier Anwesenden, die aus Neugier auf der Suche sind, die sich der Veränderungen bewußt sind und daran teilhaben wollen. Und die Menschheit nimmt daran teil, ob sie will oder nicht; wir sprechen hier jedoch speziell von denen, die willens sind, ganz bewußt in die Angst vor dem Unbekannten einzutreten, um das Kommende bereitwillig anzunehmen, und dies zeigt sich bereits in eurem Leben. Allgemein gesprochen gibt es Grundängste, von denen niemand frei ist. In diesen Monaten haben wir einige von euch privat und andere im Rahmen dieser Zusammenkünfte auf ihr persönliches Trauma angesprochen. Wir haben euch ein ganz konkretes Rezept zur Herbeiführung einer Veränderung gegeben. Wir wollen euch folgendes sagen: In dem Maße, in dem ihr immer mehr Wissen erlangt, könnt ihr dem, was ihr Tag um Tag, Woche um Woche ans Licht bringt und bislang noch nicht gelöst habt, nicht mehr entkommen. Dies ist die Zeit, in der nichts mehr verborgen bleibt. Das betrifft nicht nur eure Regierungen, eure wissenschaftlichen Gremien und die Skandale im Zusammenhang mit euren gesellschaftlichen und ökonomischen Strukturen. Wir sprechen im Moment insbesondere von eurem eigenen Leben. Nichts wird verborgen bleiben. In dieser Zeit werdet ihr das ans Licht bringen, was außerhalb von euch selbst bemerkt und wahrgenommen werden soll, damit ihr zu der Erkenntnis gelangt, daß alles Äußere nur eine Widerspiegelung des Inneren darstellt. Es gibt nichts außerhalb von euch. Niemand hat euch etwas angetan. *Ihr seid keine Opfer – ihr seid souveräne Wesen.* Wir können das gar nicht genug betonen. Wenn ihr die Verantwortung für jede eurer Schöpfungen übernehmt – ganz gleich, wie schrecklich sie euch erscheint –, dann wißt, daß es nur eine von euch erschaffene Geschichte ist, damit ihr erkennen könnt, wer ihr seid; damit ihr annehmt, wer und was ihr seid, damit ihr erkennt, daß ihr der Gott/die Göttin, daß ihr in der Tat souveräne und machtvolle Wesen seid.

Wenn ihr euch nicht jeder Situation verantwortungs-bewußt stellt, wird sie sich euch nur immer und immer wieder präsentieren, bis ihr endlich begreift, daß es kein Entkommen gibt. Ihr werdet erkennen, daß es kein Verstecken gibt. *Dies ist die Zeit.* Ihr tretet in eine wundersame Zeit ein. Ihr könnt nichts tun, um sie aufzuhalten, und ihr könnt auch nichts tun, um sie zu beschleunigen. Es ist in Wahrheit alles ganz einfach. Wir wissen, daß euer Intellekt es liebt, die Dinge äußerst kompliziert zu machen. Und zu dieser Kompliziertheit gehört das, was man Verstecken nennt. Also macht ihr es. Und auf eines könnt ihr euch verlassen, ihr Lieben, nämlich, daß ihr alles immer und immer wieder erschafft, bis ihr es kapiert. Also könnt ihr eure Angst, nicht zu kapieren, als einziger «in der ganzen Stadt» die Prüfung nicht zu bestehen, ablegen. Fragen?

F(M): Kannst du mir bitte sagen, wie ich erkennen kann, aus welchem Grund ich mir eine bestimmte Situation erschaffen habe?

P'taah: Schau dir die durch sie hervorgerufene Emotion an.

F: Ich nehme also einfach bereitwillig die Emotion an?

P'taah: Ganz recht. Was ist das Rezept, Geliebter? Was ist das Rezept für Transmutation? Übernimm die Verantwortung dafür, daß es deine Schöpfung ist. Niemand hat es dir angetan. Du hast es, was immer es ist, in gemeinschaftlicher Schöpfung kreiert, um die innere Perle der Weisheit zu finden. Schritt eins. Worin besteht Schritt zwei?

F: Habe ich vergessen.

P'taah: Gleiche die Verurteilung aus. Ich würde mich sehr freuen, wenn sich alle von euch das aufschreiben würden. Gleicht die Verurteilung aus. Wie macht ihr das, wenn ihr euch eigentlich nur das Messer ins Herz stoßen wollt?

F: Es bedeutet, die Verurteilung okay sein zu lassen. Ist das Ausgleichen?

P'taah: Nun, das ist der Versuch, euch selbst dazu zu überreden. Sehr gut. Die Verurteilung auszugleichen heißt, wirklich zu verstehen, daß alle involvierten Menschen mit euch zusammen an dieser Co-Kreation beteiligt waren; diese hatten *ihre* Gründe dafür, taten es *ihrer* Lektionen wegen, ihr aber habt sie ganz speziell aus euren eigenen Gründen erschaffen. Es ist nur eine Geschichte. Ihr habt sie erschaffen, und ihr sollt wissen, daß das Selbst sie erschuf, damit ihr die Perle im Innern erkennen könnt. Das Ausgleichen beinhaltet, daß ihr die an eurem Drama beteiligten Menschen segnet; daß ihr euch selbst segnet und euch dafür dankt, daß ihr das erschaffen habt; daß ihr euch für die ganze

Situation bedankt. Dann sollt ihr euch dieses Verurteilen anschauen, diesen Fluch des neuen Zeitalters: Ihr wißt, ihr «solltet nicht» verurteilen, und dann verurteilt ihr das Verurteilen, und damit steckt ihr in einer Zwickmühle.

Ihr sollt wissen, Geliebte, daß jeder eurer Aspekte seine Gültigkeit hat, ein göttlicher Aspekt von ALLEM, WAS IST, ist, auch das Verurteilen. Es gilt also, die Verurteilung zu segnen. Zieht alles an euch; nehmt sie bereitwillig an, und bringt sie ans Gotteslicht derer, die ihr seid. Auf diese Weise wird die Verurteilung, die den Schmerz erzeugt – der Schmerz wird einzig durch die Verurteilung verursacht –, ausgeglichen, die Eisenkrallen des Widerstands, den ihr Schmerz nennt, lösen sich in eurem eigenen Licht auf. Was zurückbleibt, ist eine neutrale Energie im Solarplexus, die dann ungehindert vom Solarplexus zum Herzen und so zum Scheitelpunkt aufsteigen kann. Erinnert euch stets daran, daß das nicht etwas ist, das ihr TUN könnt.

F: Es einfach zulassen.

P'taah: Ganz recht, und das kommt die «menschlichen Tunlinge» überaus hart an, wie? Ihr sollt menschliche Wesen des SEINS in diesem Moment sein, richtig?

F(M): Könntest du mir bitte etwas zu den Walen sagen?

P'taah: Aber mit Freuden. Laß uns dich fragen, was du über dieses wunderbare Wesen, den Wal, weißt.

F: Ich weiß nicht, was ich weiß, ich sehe da nur etwas.

P'taah: Und was ist das, Lieber?

F: Sie sind schön.

P'taah *(sehr sanft)*: Das sind sie wirklich. Sie sind ein Spiegelbild deiner eigenen Schönheit, weißt du.

Nun, das, was man Wale nennt, sind großartige und wunderbare Meister – nicht nur Meister dieses Planeten. Wale sind auch sogenannte Überseelen der Delphine, und Wale und Delphine nennt man in eurer Sprache *Cetacea. Sie haben genau die gleiche Seelenenergie wie die Menschen.* Die Delphine spiegeln euch die Freude und Spontaneität wider, die Liebe und das Spielen der Kinder und so vieles mehr an den Kindern, was ihr eigentlich nicht den Kindern zuschreibt. Der Wal ist auch der Historiker eures Planeten. Die Wale kommunizieren mit den Sternenwesen und haben das immer getan. Es gab keine Zeit, in der sie nicht in bewußter Verbindung mit den Sternenwesen standen. Die *Cetacea* verbindet auch eine große Liebesaffäre mit der Menschheit, und ihr fangt gerade an, das zu erkennen. In ihrem Zulassen, ihrem Sichergeben in das, was sie sind, und in ihrer bedingungslosen Liebe spiegeln sie euch allen großartige und wunderbare Lektionen zurück. Das ist es, was sie sind, Lieber.

F(M): Könnte man mit ihnen kommunizieren, indem man nur an sie denkt und sie bittet, mit uns zu kommunizieren?

P'taah: Richtig. Es ist sehr einfach. Die *Cetacea* würden mit Vergnügen mit euch kommunizieren, wenn ihr es zuließet. Es ist eine Gelegenheit, die viel Freude macht.

F(M): Kann ich dir eine ähnliche Frage zu den Vögeln stellen? Ich trage die Verantwortung für ein paar dieser Geschöpfe. *(Der Mann meint damit den Papagei, der auf seiner Schulter hockt.)* Ich frage mich manchmal, wer sie sind und ob meine Beziehung zu ihnen angemessen ist.

P'taah: Wie lautet deine Definition einer angemessenen Beziehung, geliebter Mann?

F: Ich frage mich in diesem Zusammenhang, ob sie in dieser Beziehung so glücklich sind, wie sie es in der freien Natur wären, oder ob ich ihnen dadurch, daß ich sie als Haustiere halte, einen schlechten Dienst erweise.

P'taah: Wie fühlst du dich dabei?

F: Oh, ich liebe sie.

P'taah: Ja, das tust du. Was gibt dir das für ein Gefühl, daß du gegenwärtig eine Spezies bei dir hast, die sich normalerweise in den Wäldern aufhält?

F: Ich mache mir Sorgen. Eigentlich möchte ich sie fliegen lassen, aber da sie domestiziert sind, sind gewisse Gefahren damit verbunden, denen ich sie nicht aussetzen möchte, und deshalb halte ich sie ein wenig zurück.

P'taah: Richtig. Nun, auch Haustiere haben ihre Realität gewählt. Sie sind im Grunde gar nicht so hilflos. Zudem sind die Geschöpfe der zweiten Dichte auch als eine Lektion für euch da. Wißt ihr, wenn eure Haustiere euch lieben, ist es wirklich bedingungslose Liebe.

Eure Haustiere erteilen euch in der Zeit, die ihr miteinander verbringt, viele Lektionen. Und ihr könnt sie auch lieben, ohne Angst haben zu müssen, verletzt zu werden. Dann ist da das Trauma, wenn ihr sie verliert. Aber alles, *alles* in eurem Leben, gehört einer von zwei möglichen Ausdrucksformen an. Die eine nennt man Liebe, die andere Angst. Etwas anderes gibt es nicht. Wenn ihr also liebevoll seid und liebt, sind es diese Geschöpfe, die euch zeigen, wie es wahrhaft sein kann. Schau, Lieber, wenn du mit deinen geliebten Geschöpfen zusammen bist, mußt du nichts zurückhalten. Du kannst sie auf absolute Weise lieben. Du bist sicher, du gehst kein Risiko ein.

F: Kann ich dich fragen, P'taah, wer diese Papageien in bezug auf ihre Intelligenz und die «Höhe» des Geistes sind? Ich meine, in dem Sinn, wie du auf die Frage nach den Walen geantwortet hast.

P'taah: Nun, Lieber, sie haben nicht die gleiche Schwingungsfrequenz wie die Menschen. Wir möchten auch sagen, daß du, aus der Perspektive der Überseele betrachtet, die Wahl treffen kannst, als ein Fragment der Seelenenergie Erfahrungen in Gestalt einer Kreatur zu machen, aber was ihr allgemein als eure Vögel und sonstigen Tiere anseht, hat nicht die gleiche Schwingungsfrequenz wie die Menschen oder die *Cetacea*. Sie ist anders. Sie ist nichts Geringeres. Nichts ist geringer, nur anders.

F: Mir erscheinen sie als sehr hochstehend, so wie Licht.

P'taah: In der Tat. Vögel dienten der Menschheit als Symbol. Die Freiheit zu fliegen, der großartige Phönix, der in den Flammen umkommt und zu Asche zerfällt, aus der er dann neu aufsteigt. Was du da auf deiner Schulter sitzen hast, Geliebter, ist wirklich von großartiger Symbolik.

F: Ich mache mir insofern Sorgen wegen meiner Beziehung zu dem Vogel, als die Tatsache, daß ich ihn nicht fliegen lasse – und das zu seinem Wohl, wie ich meine –, besagt, daß ich mich in gewisser Weise auch selbst davon abhalte. Diese Beziehung spiegelt mir quasi wider, daß mir irgend etwas nicht erlaubt, frei zu sein, aber ich kann diese Vögel nicht freilassen, weil sie in Gefangenschaft geboren wurden.

P'taah: Eine etwas verzwickte Situation, wie? Doch wir wollen dir folgendes sagen, Geliebter: Du bist da zu einer sehr tiefen Einsicht gelangt, und das ist sehr gut. Dieses Wissen und dieses

Verstehen, und daß du auch weißt, daß es gütiger ist, diese domestizierten Geschöpfe bei dir zu behalten, da sie sonst sterben würden. Das hat auch seine Gültigkeit, aber es ist ausgezeichnet, daß du erkennst, was für eine Beschränkung du dir selbst auferlegst, und aus dieser Einsicht heraus kannst du das ändern.

F(M): Soweit ich weiß, haben die Indianer dem Geist der Tiere, die sie töteten, immer gedankt, und es bestand eine sehr enge Beziehung zwischen den Indianern und den Tieren, und sie haben nie nur so zum Spaß getötet.

P'taah: Genau. So war es auch in diesem Land. Tiere und Bäume – sie wissen, wer ihr seid. Da ist keine Trennung. Ihr habt genau dieselbe Struktur. Wir haben dir gesagt, Lieber, daß die wahre Verständigung zwischen Gotteslicht und Gotteslicht stattfindet. Das heißt, von den subatomaren Partikeln bis hin zu dem sehr großen Organ in eurem Innern, das ihr Herz nennt, und wir sprechen vom Herzenslicht, nicht wahr?

Ihr alle kommuniziert in dieser Weise mit allem. Tiere sind sehr sensitiv, aber auch eure Bäume und Pflanzen und Blumen wissen, wer ihr seid. Es ist ein anderes Wissen, aber doch ganz gewiß ein Erkennen. Wenn du dich in deinem Garten aufhältst, bist du für sie eine vertraute Erscheinung.

F: Noch eins: Vor etwa fünfzehn Jahren machte ich etwas durch, was man die dunkle Nacht der Seele nennt. Ich hatte immer einen guten Garten und die Dinge gediehen prächtig, aber als ich mich da unten im Abgrund der Hölle befand, wuchs nichts mehr. Kannst du mir erklären, wie es kam, daß die Dinge, die so gut wuchsen, einfach aufhörten zu wachsen?

P'taah: Lieber, muß ich dir das wirklich erklären? Du hast es dir bereits selbst erklärt. Wenn du in einem solchen Zustand der Nicht-Liebe zum Selbst bist, stößt das alles ab. Es ist ein absolutes Spiegelbild dessen, wie du mit dir selbst umgehst. Es gibt nichts außerhalb von dir, was nicht dein Spiegelbild wäre.

F(M): Guten Abend. Ich möchte dir zwei grundsätzliche Fragen stellen. Die erste hat mit unserem spirituellen Leben zu tun, und die zweite mit dem, was du den Skandal unseres sozioökonomischen und politischen Lebens nennst.

Worin siehst du das Ziel unseres spirituellen Lebens? Ich beziehe mich da auch auf eine bestimmte Äußerung von dir, als du über das Aufsteigen der neutralen Energie vom Solarplexus zum Scheitelpunkt sprachst. Könntest du diesen Vorgang erläutern?

Die zweite Frage: Welche fundamentalen Prinzipien sollten wir uns deiner Ansicht nach künftig als Basis für eine neue sozioökonomische und politische Struktur zu eigen machen?

P'taah: Ah, ich werde mit Vergnügen darüber sprechen. Das ist das, was ihr einen Brocken nennt.

Nun, das spirituelle Ziel des Menschen besteht darin, der verwirklichte Gott/die verwirklichte Göttin zu sein, alles zu sein, was ihr nach Möglichkeit sein könnt. Es besteht im Ausschöpfen des Potentials, das schon immer da war. *Letztlich besteht das Ziel darin, die verwirklichte Gottheit zu sein.* Wie klingt das für dich?

F: Es klingt wunderbar.

P'taah: Es ist in der Tat wunderbar, und es ist das, was faktisch passiert. Es war ein langer Zyklus, und er ist fast am Ende angelangt.

Was wir über die Bewegung der Energie gesagt haben, nennt man Transmutation, und es ist ein Rezept ähnlich dem Rezept der alten Alchimisten zur Verwandlung von Blei in Gold, zur Verwandlung von Qual in Ekstase. Pein und Schmerz sind Widerstand gegen das Fühlen. *Ekstase ist das Einssein mit ALLEM, WAS IST,* und wir haben euch ein sehr einfaches Rezept gegeben, das ihr jedesmal anwenden könnt, wenn ihr euch in einer Situation befindet, die euch das Herz zu brechen droht.

Das, was das Gefühl ausmacht, wird als gut oder schlecht, als positiv oder negativ bewertet, aber eigentlich ist es nur Energie, eine, ohne diese Bewertung, neutrale Energie. Wird eine Situation als freudvoll beurteilt, fließt die Energie ungehindert. Wenn ihr aus dem Bauch heraus lacht, strömt sie vom Solarplexus zum Herzen, und das macht euch große Freude. Beurteilt ihr eine Situation so, daß ihr glaubt, durch sie verletzt zu werden, fast an ihr zu sterben, so entsteht sofort Widerstand gegen die Energie, und das nennt ihr Schmerz.

Was eure sozioökonomischen Strukturen angeht, haben wir dafür kein unmittelbares Rezept. Doch wir wollen euch sagen, daß sich das in künftiger Zeit alles ändern wird, denn wenn sich die Menschheit im Zustand des Nicht-Getrenntseins, in einem

Zustand der Einheit befindet, ist das eine Situation, in der es nur Gewinner gibt. Jedermann gewinnt. Es gibt keine Verlierer, was gegenwärtig ungewöhnlich ist. Die Strukturen, wie ihr sie kennt, wird es also nicht mehr geben. Ihr könnt bereits sehen, was sich global ereignet. *Man nennt es gewaltige Scherereien für die Macht-Makler und Politiker.*

Nun, das ist nur eine Polarität dessen, was ihr als positives Geschehen beurteilen mögt. Wie wir schon sagten, wird euer Planet tiefer und tiefer in die Krise geraten, nicht nur, was die Strukturen der Bürokratie, von Regierungen und militärischen Organisationen angeht, die große Mühe haben werden, bei all den Veränderungen, die mit der Erde selbst vorgehen, den Laden zusammenzuhalten. Das hat bereits begonnen und wird sich steigern. Es wird sich wie der Versuch ausnehmen, Löcher zu stopfen und immer breiter werdende Risse zuzukleistern. Doch wir haben schon viele Male gesagt, daß dies wahrlich nicht als das Ende der Erde anzusehen ist. Es ist in Wirklichkeit keine große Katastrophe. Es ist kein Holocaust. Es kann dazu werden, wenn ihr es wünscht, doch ihr sollt wissen, daß sich, wenn alle diese Veränderungen auftreten und es den *Anschein* hat, daß die «Bösewichter» gewinnen, nur die entgegengesetzte Polarität zeigt. So, wie das Bewußtsein eine Erweiterung erfährt und Christus aufersteht – die aufsteigende kristalline Energie im sich erweiternden Bewußtsein der Menschheit –, wird auch das Negative sich erheben. Das Positive und das Negative steigen als Gespann auf, bis ALLES im Licht aufgenommen ist, denn Dunkelheit ist nur die Abwesenheit von Licht. Auf diese Weise wird wahrlich eine Situation für die Menschheit entstehen, in der es nur Gewinner gibt. In Ordnung, Lieber?

Ihr Lieben, es ist Zeit für eine Pause. Ihr könnt eure Körper erfrischen und dem Computer in eurem Kopf etwas Ruhe gönnen. Sehr gut, ihr Lieben, wir bitten nun um Stille.

(Nach der Pause)

P'taah: So, ihr Lieben, laßt uns weitermachen.

F(F): Guten Abend, P'taah. Letzte Woche hast du unsere Ängste angesprochen. Würdest du bitte noch weiter darauf eingehen und erläutern, wie wir uns durch sie durcharbeiten können?

P’taah: Nun, Liebe, welche spezielle Angst hast du im Sinn?

F: Muß man nach einem speziellen Aspekt Ausschau halten? Du sagtest, daß wir unsere Ängste anziehen. Das tue ich ganz gewiß nicht …

P’taah: Wir sagten nicht, daß du die Angst anziehst, Geliebte. Wir sagten, daß du Situationen anziehst, die die Angst widerspiegeln. Da besteht ein Unterschied.

F: Ich sehe den Unterschied.

P’taah: Tatsächlich? Man kann sagen, daß die Angst dein Selbst-Gefühl widerspiegelt. Nun, ein Grundproblem der Menschen besteht darin, daß sie sich nicht würdig, daß sie sich unwert fühlen, und dieses Gefühl des Unwertseins manifestiert sich auf verschiedenste Weise. Es kann als Bestätigungsbedürfnis auftreten. Es kann als Besitzgier, als Eifersucht, als Selbstverherrlichung, als Rechthaberei in Erscheinung treten. Denn schau, Liebe, wenn du das Bedürfnis hast, recht zu haben, dann aus Angst, im Unrecht zu sein. Wenn du im Unrecht bist, bist du nicht würdig. Wenn du eifersüchtig bist, dann aus Angst, daß du nicht gut genug bist. Wenn du besitzergreifend oder besitzgierig bist, dann aus Angst vor Verlust. Wie immer es sich manifestieren mag, es läßt sich auf ein Kernthema zurückführen. Du kannst diesem Thema immer weiter nachgehen. Es ist wie das Schälen einer endlosen Zwiebel, wie unsere Frau sagen würde.

Nun haben die Menschen auch die Angst, daß jeder in der Stadt es «kapiert und weiterkommt» und daß die eigenen tiefen, dunklen Geheimnisse schlimmer, daß diese Aspekte der eigenen Persönlichkeit bei weitem schrecklicher sind als die aller anderen. Kein anderer kann so gemein sein, so ein Lügner, so ein Dieb, so ein Betrüger. Oder: «Ich bin ein Mörder, und niemand sonst ist einer.» Verstehst du? So kommt es zum Komplott des Ego, um dich vor dem Schmerz zu schützen. Am Ego ist nichts falsch, wie wir schon viele Male sagten. Es ist das, was du als einen Diener bezeichnen könntest, der dich ausnutzt, der sich zum Herrn aufschwingen möchte und es oft genug auch tut. Das ist in Ordnung. Das ist nur eine Fehlfunktion, die von der Angst vor Auslöschung herrührt. Das Ego soll nicht verstoßen, soll nicht unterjocht oder abgewertet, nicht unterdrückt oder verdrängt werden. Es soll bereitwillig angenommen werden. Du kannst mit ihm so umgehen wie mit der Angst, das heißt, du gibst dem Ego, oder der Angst, dein eigenes Kindergesicht und umarmst dann das Kind, damit es weiß, daß ihm kein Leid geschehen wird. Hilft dir das, Liebe?

F: Ja, ich danke dir, P'taah.

P'taah: Möchtest du, daß wir noch weiter darüber sprechen?

F: Ja.

P'taah: Nun, wir haben festgestellt, daß ihr zu Papier und Bleistift greifen und euren logischen Verstand einsetzen könnt, um Detektiv zu spielen. Wenn ihr auf eine Situation emotional mit Wut, mit Abwehr und so weiter reagiert, dann steckt Angst dahinter, wie ihr wohl wißt. Es mögen bloß der Ärger und die Frustration sein, daß ihr nicht tun könnt, was ihr wollt, daß euch jemand daran hindert, zu tun, was ihr eurem Wunsch nach tun wollt. Das schafft bestimmt ein Gefühl von Ärger und Frustration. Dann müßt ihr euch anschauen, was ihr da wie erschaffen habt. Schreibt auf, was euch in dieser Situation davon abhält, das zu tun, was ihr tun wollt. Schreibt auf, was ihr in dieser Situation zu tun gezwungen seid. Schreibt auf, wann ihr eurer Erinnerung nach zum erstenmal ein solches Gefühl hattet. Ihr werdet dann begreifen, daß es sich nur um eine Wiederholung handelt, um etwas, das ihr euch immer und immer wieder in eurem Leben erschaffen habt. Es ist nichts Neues. Leider gibt es sehr wenig Neues in eurem Leben, Geliebte. Es ist immer die gleiche alte Seifenoper, hm? Wenn ihr dann an dem Ort angelangt seid, an dem ihr dieses Gefühl zum erstenmal hattet, kommt ihr an die Gräten. Dann könnt ihr das Kernproblem ausmachen und es umwandeln.

F: Also sind alle Erfahrungen wie eine Zwiebel?

P'taah: Es gibt viele Kernprobleme. Theoretisch wäre es möglich, sie alle auf einen Schlag zu lösen.

F: Das würde ich gerne tun.

P'taah: Richtig, das würdet ihr alle gern. Bingo. Geschafft. Himmelfahrt im Nu. Wir nehmen diese praktischen Übungen, die durchaus übliche Praxis sind (wir erzählen euch nichts, was es nicht bereits gäbe), auf, wir «fangen sie auf» und übermitteln sie euch, damit ihr sie euch zunutze macht. Wir haben in den letzten Jahren herausgefunden, daß die Arbeit mit dem logischen Verstand und mit Papier und Bleistift euch sehr förderlich sein kann. Sie ist nicht immer notwendig, Liebe, aber wenn du ein Problem hast, kann dir dies helfen.

F(M): Um auf die Wale, Delphine und Vögel zurückzukommen: Wir haben Navigationsmethoden, bei denen wir uns nach den Sternen richten, und ich möchte dich fragen, ob die Wale, Delphine und Vögel auch eine sich am Himmel orientierende Navigationsmethode benutzen?

P'taah: Lieber, was du eine sich am Himmel orientierende Navigationsmethode nennst, unterscheidet sich sehr von der Technologie der Sternenwesen. Die Wale verfügen über ein bewußtes Verständnis des elektromagnetischen Systems des Planeten, wie ihr es nennen könntet, dieser sogenannten Gitterstruktur. Bei ihnen ist das anders als bei den anderen Arten, da sie sich eines anderen Orientierungssystems bedienen. Sie haben auch ein bewußtes Wissen, das das gegenwärtige bewußte Wissen der Menschheit bei weitem übersteigt. Bei den anderen Tierarten, zum Beispiel bei den Vögeln, vor allem bei den Zugvögeln, ist das anders.

Ihre Methode bildet sich im Kontext der morphogenetischen Resonanz heraus. Durch die Reiserouten, die zahllose Vogelgenerationen auf ihren langen Wanderungen über Tausende von Kilometern hinweg benutzen, wird ein Muster etabliert, und zwar nicht in ihrem physischen Gehirn, sondern innerhalb der morphogenetischen Resonanz der jeweiligen Vogelart. Verstehst du? Wir haben mit euch über die morphogenetische Resonanz, das kollektive Bewußtsein, gesprochen. Sie ist nicht im Körper angesiedelt, wie auch eure genetische Struktur nicht in der physischen DNS steckt. Die physische DNS aller Geschöpfe ist eine Darstellung des Lichtkörpers auf physischer Ebene.

F: Ich möchte noch ein bißchen über diese Vögel sprechen. Ich habe sie im Flugzeug über die Bass-Straße transportiert, und dann ließ man sie bei so lausigem Wetter fliegen, daß wir noch nicht einmal Tasmanien finden konnten.

P'taah: Und dann fanden sie auf magische Weise den Weg nach Hause.

F: Geradewegs zurück in ihren kleinen Verschlag. Bei den

Sturmtauchern ist es das gleiche. Sie finden jedes Jahr zum selben kleinen Erdloch zurück.

P'taah: Ganz recht. Sie finden aufgrund der elektromagnetischen Energie ihr Zuhause. Es hat nichts mit einer am Himmel orientierten Navigationsmethode zu tun. Und schon gar nicht, wenn das Wetter so schlecht ist, daß sie die Sterne nicht sehen können, wie du selbst erzählt hast. Wale legen zum Beispiel viele Kilometer zurück, ohne die Sterne sehen zu können, und finden doch auf magische Weise ihren Weg.

Nun, am leichtesten läßt sich das erklären, wenn wir sagen, daß der Vogel, wenn er sein Zuhause verläßt, bereits einen mit der elektromagnetischen Energie verbundenen Heimkehrmechanismus in Gang setzt und auf diese Weise seinen Weg findet. Wenn eine Verlagerung der elektromagnetischen Energie stattfindet, erzeugt das eine Störung, die dazu führt, daß sich die Tiere verirren. Wir sprechen hier nicht so sehr von Vögeln, sondern von den Anomalien des Strandens und so weiter. Ich möchte euch auch sagen, daß dies eine etwas vereinfachte Antwort ist, denn was dieses Stranden der *Cetacea* angeht, gehört dies einer anderen Dimension an, die mit der Beziehung zwischen den *Cetacea* und den Menschen zu tun hat.

F: Ich dachte mir, daß es so etwas sein muß, denn während eine Taube nur vierundzwanzig Stunden lang weg ist, kehrt der Sturmtaucher zwölf Monate später zu seinem Loch zurück. Er kann die Stelle nicht markieren wie ein Hund.

P'taah: Aber er hat sie schon markiert, nur auf andere, physisch nicht ersichtliche Weise.

F: James Michener erzählt in seinem Buch *Hawaii* von den Polynesiern, die in ihrem Kanu unterwegs waren und nur aufgrund ihres Gefühls und der Muster der Wellen und des Wassers wußten, in welcher Richtung das Land lag und wie weit es entfernt war. Könntest du ein bißchen darüber sprechen, denn ich glaube, wir besaßen da etwas, das wir verloren haben.

P'taah: Oh, Lieber, darauf kannst du wetten. *(Entzücktes Gelächter im Publikum)* Wie, glaubst du, haben die kleinwüchsigen Menschen in Afrika und die Menschen dieses Kontinents, diese großartigen und wunderbaren Meister, überlebt? Wie kommt es, daß sie ihr Land bis in all seine Feinheiten hinein kennen? Diese großartigen Seefahrer, die in vergangenen Zeiten den Pazifischen Ozean befuhren, hatten nicht das, was ihr einen äußerst regen Intellekt nennen würdet. Sie wußten, daß sie ein Ausdruck von Göttlichkeit waren. Sie wußten, daß es in Wahrheit kein Getrenntsein zwischen ihnen und der Erde gab, zwischen ihnen und ihrem Meer, zwischen ihnen und ihren Tieren, zwischen ihnen und ihren Bäumen und Blumen und Vögeln. Sie wußten, daß sie Teil von allem waren, und in diesem Wissen war offenes Zulassen, so daß eine Brise, die an ihre Wange rührte, eine Botschaft mitbrachte. Eine ihr Schiff schaukelnde Welle war eine Botschaft. Und wenn ein Jäger ein Grasbüschel betrachtete und den Geruch des Windes wahrnahm, wußte er Bescheid und rief die Nahrung für den Kochtopf herbei. *Er bat darum*, Geliebte, und in diesem Zulassen kam das für den Kochtopf bestimmte Geschöpf, und seine Verzehrung war Anlaß zu Dankbarkeit auf beiden Seiten und zu Tanz und Feiern und Freude und Danksagung. Und wenn die Navigatoren und Seeleute mit ihrem Schiff ein Land verließen und in einem anderem landeten, sprachen sie der großen Wesenheit namens Ozean und der großen Göttin namens Erde ihren Dank aus. *Alles lebte ineinander. Im Innern.* In Ordnung?

F(F): Ich würde gern auf den sozioökonomischen Aspekt zurückkommen. Ich möchte dich fragen, wie das auf eurem Planeten funktioniert, und ob wir auf eine ähnliche Struktur hinarbeiten?

P'taah: Alle lächeln hier, weil wir eigentlich nicht darüber sprechen, was sich irgendwo anders ereignet. Es reicht schon, wenn ihr versteht, was sich hier abspielt. Doch um kurz darauf zu antworten: Es ist ganz anders und funktioniert so, daß es nur Gewinner gibt. Niemand wird mißachtet. Es existieren keine sogenannten niederen Schichten. Tatsache ist, daß man nicht einmal den Begriff «sozioökonomisch» verwenden kann. Es ist sehr anders. Wir können keine genauen Aussagen darüber machen, wie es für euch im einzelnen sein wird, weil wir von wahrscheinlichen Realitäten sprechen. Wie es dann sein wird, hängt von euch ab. Wir sind keine Wahrsager. Wir möchten euch jedoch bitten, über folgendes nachzudenken: Das, was ihr das Gesetz eurer Regierung nennt, bezieht seinen Stellenwert aus der Angst vor der Gesetzlosigkeit. Ökonomische Sanktionen, und ihr könntet eure Einkommenssteuer als solche bezeichnen, entspringen der Angst, kein Geld zu haben. Und schaut, Geliebte, die Menschen verstehen nicht wirklich, daß *Geld nur Bewußtsein ist.* Es ist nur ein Symbol für Energie. Für sich selbst genommen sind diese Papierfetzen wertlos. Es ist also ein Symbol, und man könnte sagen, daß es eine Wesenheit ist, weil es ein Ideen-Konstrukt ist. *Wenn die Menschen eures Planeten dies wirklich verstehen, wird es nie mehr Armut geben.* Stellt euch also vor, wie es auf einem Planeten aussehen würde, auf dem es keine Armut gibt. Wo Fülle für alle Menschen vorhanden ist, und dann werden wir euch um eine Beschreibung eurer künftigen sozioökonomischen Strukturen bitten.

F(M): P'taah, welche Worte wären für den Grabstein meiner Tochter geeignet? Ich weiß und fühle, daß es so etwas wie den Tod nicht gibt. Ich würde gern etwas haben, das alle lesen und woraus sie eine Botschaft beziehen können.

P'taah: Sie ein bißchen zum Nachdenken anregen, wie? Geliebter, wir glauben, daß das eine wunderbare Übung für dich wäre, wollen dich jedoch bitten, dich kurz mit uns darüber zu unterhalten. Sprich mit unserer Frau. Sag ihr, daß ich dich eingeladen habe, mit mir zu reden, wenn du deine Botschaft formuliert hast. In Ordnung?

F: Absolut. Einladung angenommen.

P'taah: Gut.

F: P'taah, wäre es möglich, daß du im Zusammenhang mit der sozioökonomischen Thematik, die uns alle zu bewegen scheint, etwas über die von dir erwähnten «Bösewichter» sagst?

P'taah: Ah – weißt du, das, was wir «Bösewichter» nennen, eure Macht-Makler ...

F: Die sich im Verborgenen aufhalten.

P'taah: Ah, sie werden nicht mehr lange im Verborgenen sein, Lieber. Das können wir dir versichern. Die Machtgier ist – was?

F(F): Die Angst vor fehlender Macht?

P'taah: Ja, es ist die Angst, macht-los zu sein. Nun, es ist ein gewaltiger Ringkampf, hm? Da gibt es die, die verzweifelt die

Macht wollen, um die Herrschaft über die Menschen auf dem Planeten auszuüben, die alles Geld haben wollen, die alle versklavt sehen möchten. Nun, das ist in Ordnung. Sie können es sich wünschen, *aber es wird nicht geschehen*, weil es sich nicht im Einklang mit der Universellen Wahrheit befindet. Es ist nicht harmonisch. In der Zwischenzeit wird es mit Sicherheit den Zusammenbruch der ökonomischen Struktur und eine Menge sozialen Aufruhr geben. Ihr habt sich dies schon in den osteuropäischen Ländern und im Mittleren Osten ereignen sehen.

F: Sprichst du von Rußland oder von der arabischen Welt?

P'taah: Von beiden, Lieber. Selbst in Westeuropa wird es künftig viel sozialen Aufruhr geben, *aber wir möchten auch sagen, daß all das zur Bedeutungslosigkeit verblassen wird, wenn eure Göttin sich streckt und regt, um ihre Energie wieder auszurichten.* Dann werden sich eure Macht-Makler fragen, worüber sie eigentlich noch Macht haben. Es sind also eigentlich keine grauenhaften Umstände. Ihr braucht überhaupt nicht zu bangen und zu zittern. *Ihr lebt in Wahrheit in einem sicheren Universum.* Es erscheint euch als Widerspruch, wenn wir sagen, daß alles um euch herum zusammenbrechen wird und ihr dennoch in einem sicheren Universum lebt, wie? Nun, was kann euch denn Schaden zufügen? Was kann euch schlimmstenfalls zustoßen?

F: Tod? Unerfülltheit?

P'taah: Nehmen wir den Tod. Ihr müßt ohnehin sterben.

F: Mein Körper wird eines Tages sterben.

P'taah: Das ist für euch kein fröhlicher Gedanke, wie? *So denkt ihr.* In dem Augenblick, in dem ihr geboren werdet, beginnt ihr zu sterben. Aber ihr wißt, daß der Tod eine Illusion ist. Er ist eine große Illusion. Und warum, glaubt ihr, will sich jedermann gegenwärtig inkarnieren? Jedermann will dabeisein. Jedermann will die Spannung und das Aufregende an diesem Umschwung miterleben. Jemand fragte uns neulich: «Wo kommen all diese neuen Seelen her?» Wir sagten darauf: «Es gibt keine.» Der Überseele eines jeden einzelnen ist mehr als nur ein Versuch auf einmal möglich.

F(F): Darüber weiß ich nichts.

P'tah: Nun, das wird sich bald ändern. Was weißt du nicht, Liebe?

F: Ich weiß nicht, ob meine Seele ewig lebt. Ich weiß es einfach nicht.

P'taah: Deshalb haben die Menschen Angst vor dem Tod.

F: Ich glaube, wenn ich meine Tochter verlieren würde, würde mich das völlig niederschmettern.

(Mit dieser Bemerkung bezieht sich die Dame auf den Herrn im Publikum, der seine fünfjährige Tochter verloren und nach einem Spruch für ihren Grabstein gefragt hatte.)

P'taah: Du kannst dich mit diesem Mann unterhalten. Er hat seine Tochter verloren. Es *war* äußerst niederschmetternd, aber weißt du, es war eine wunderbare Co-Kreation, und dadurch ist er zu einem wunderbaren Wissen gelangt. Wir sprechen hier nicht von einer intellektuellen Übung, Geliebte, wir sprechen vom Herzenswissen.

F: Ich habe Angst, so etwas zu erleben.

P'taah: Aber natürlich, Liebe. Glaubst du, du bist die einzige? Das ist die Angst der Menschen: Auslöschung, daß da nichts weiter ist, daß es nichts mehr gibt, daß alles nur ein Hirngespinst, ein Märchen ist.

F: Ich weiß nicht, wie ich mir klarmachen soll, daß das alles eine Illusion ist. Ich weiß es einfach nicht.

P'taah: Nun, jeden Tag zeigst du dir selbst, wie du manifestierst. Tatsächlich hast du sehr oft darüber gesprochen. Jeden Tag schaust du dir Spiegelbilder an.

F: Diese Kleinigkeiten zählen nicht wirklich.

P'taah: Oh, sie zählen nicht, Geliebte? Wir haben euch gesagt, daß ihr ein Makro-Molekül der Multiversen seid. Ihr tragt in euch das Muster eures ganzen Universums. Und wenn du dir jeden Moment deines Alltagslebens wirklich anschaust, wirst du in den Widerspiegelungen *deiner* Universen *dich* erkennen. Nun, wir wollen auch folgendes sagen: Es gibt kein anderes Leben, keine anderen Wesen da draußen, wie? Keine Sternenwesen, keine Lichtwesen? Es ist einfach nicht logisch. Nicht wissenschaftlich. Es ist nicht in euren Wahrscheinlichkeitsüberlegungen enthalten; von euren Physikern mit euren magischen Zahlen nicht beweisbar. Als eure Wissenschaft euch sagte: «Da ist nichts» und «Spiritualität ist ein Mythos – es gibt nur die Wissenschaft», haben die «fortschrittlichen» Europäer ihr Haupt vor dem Gott namens Wissenschaft gebeugt und gesagt: «Ah, so ist es. Religion ist Unsinn, es existiert nur das, was wissenschaftlich beweisbar ist. Ein Hurra für die Wissenschaft!» Und nun beweisen euch eure Wissenschaftler, eure Quantenphysiker, mit ein bißchen Hilfe von ihren Freunden, daß ihr unmöglich die einzige Spezies im All sein könnt; daß ihr unmöglich nur ein Leben haben könnt; daß es unmöglich ist, daß keine Sternenwesen existieren. *Aber schaut, ihr Lieben, ihr seid so wirkungsvoll programmiert, einer Gehirnwäsche unterzogen worden, so voller Angst, daß ein Zulassen dieser Möglichkeiten euch nun mit Furcht und Schrecken erfüllt.* Deshalb sagen wir euch manchmal, daß es um einen phantastischen Glaubenssprung geht. Man nennt es «Quantensprung», und eure Bewußtseinserweiterung kann sich nur durch das Zulassen der Möglichkeiten und das totale Zulassen von Angst vollziehen. Wenn ihr die Angst zulaßt, könnt ihr sie auch annehmen. Könnt sie umwandeln. Ihr könnt die Molekularstruktur verändern. Sehr spannend, wie? Ja, wirklich.

Nun, ihr Lieben, das reicht für heute abend. Wir bedanken uns. Es ist uns eine Freude und Ehre, uns auf diese Weise mit euch auszutauschen. *(P'taah bedankt sich beim Gastgeberpaar.)*

Ihr Lieben, geht in eure Ängste hinein, und nehmt sie mit Freuden an. Wißt, daß es in Wirklichkeit keine Zukunft gibt. *Es gibt nur das Jetzt.* Lebt also in der Fülle eines jeden Moments des Jetzt, und laßt das Morgen für sich selber sorgen.

Ich liebe euch. Guten Abend.

Dreizehnte Übermittlung

1. April 1992

P'taah: Guten Abend, ihr Lieben. Was für eine schöne Versammlung. Wie schön ihr alle seid. Nun, laßt uns über euer Jetzt sprechen. *(Sich an eine Dame wendend.)* Wie ist dein Jetzt?

F: Wenn ich in ihm wäre, wüßte ich es, aber ich befinde mich sehr selten in meinem Jetzt.

P'taah: Wirklich sehr weise Worte. Wäre es nicht wunderbar, wenn ihr alle in eurem Jetzt sein könntet? Eure Vergangenheit wäre tatsächlich vergangen und eure Zukunft könnte sich aus der ganzen Fülle des Jetzt entfalten. Wenn ihr einen an einer langen Kette befestigten Anker nehmen, die Kette um euren Hals wikkeln und dann ins Meer springen würdet, würdet ihr ertrinken. Nun, genau das macht ihr alle. Ihr hängt am Anker eurer Vergangenheit, ertrinkt in der Emotion von etwas, das schon lange vorbei ist. So gefesselt, lebt ihr jeden Augenblick in Re-Aktion. Aus der Umkettung eurer Vergangenheit strebt ihr nach eurer Zukunft, und eure Zukunft besteht nur aus vergangenen Momenten des Jetzt, die ihr Tag um Tag, Monat um Monat, Jahr um Jahr wiedererschafft. So muß es nicht sein.

Wir sagen, daß ihr keine Zukunft habt. Es gibt keine Zukunft. Es gibt nur das Jetzt. Und was ihr als Zukunft anseht, sind grenzenlose Möglichkeiten. Ihr seid grenzenlose Wesen.

Das sagen wir euch ständig, aber ihr glaubt uns nicht wirklich. Ihr seid grenzenlos, und über die Wahrscheinlichkeiten und Möglichkeiten der Zukunft wird im Jetzt entschieden. Von daher macht es keinen Sinn, sich um die Zukunft zu sorgen. Ihr werdet die Vergangenheit, ungelösten Schmerz, ungelöste Probleme, Traumata, immer und immer wieder erschaffen, bis ihr die, die ihr jetzt seid, umarmen, akzeptieren und mit sich in Einklang bringen könnt. Und dieses Erlernen der Lektionen des Ausgleichens, des in Übereinstimmungbringens muß sich für euch nicht als großes Drama und Trauma vollziehen. Es kann sanft ablaufen. In dieser

Sache gibt es wirklich kein Entkommen. Ihr werdet alles, was nicht ausgeglichen ist, ans Licht bringen. Ihr werdet eure, wie auch immer gearteten Begriffe von der Realität wiedererschaffen. Ihr werdet eure, wie auch immer gearteten Glaubensvorstellungen von eurer Welt und euch selbst wiedererschaffen, um eben diese Glaubensstruktur zu bestärken. Und so habt ihr in jedem Moment des Jetzt die Gelegenheit zum Ausgleich. Wenn ihr das tut, wenn ihr euch selbst und die Tatsache akzeptiert, daß ihr in eurem Äußeren einen Spiegel erschaffen habt, der diese Glaubensstrukturen reflektiert, dann werdet ihr eure Zukunft verändern. Wenn ihr akzeptiert, wer ihr seid, gelangt ihr zu eurer höchsten Macht. Dann werdet ihr wissen, was es heißt, ein souveränes Wesen zu sein, machtvoll, schöpferisch. Ihr werdet verstehen, daß es keine Trennung gibt, daß jedes Atom und jedes Molekül, aus dem sich euer Wesen zusammensetzt, dasselbe ist, woraus sich auch alle anderen Wesen und Dinge zusammensetzen, die ihr in eurer Welt wahrnehmt. Es ist sehr einfach, meine Lieben. Ihr macht es mit Wonne äußerst kompliziert. Aber es ist nicht kompliziert, es ist einfach. Ihr seid fundamental der Gott/die Göttin. Ihr seid grenzenloses Potential, das man Menschheit nennt. Ihr seid unbändig kreativ, und wir hören euch sagen: «Aber wir wissen nicht, wie wir dieser Kreativität Ausdruck geben können.» Ihr Lieben, schaut euch eure Körper an. Ist das nicht allerwunderbarste Kreativität? Und sie ereignet sich JETZT. Ihr seid ein Kraftwerk, JETZT. Alles, was ihr in eurer Vergangenheit wart, ist, was ihr JETZT seid. Es ist in Ordnung. Ihr seid IN ORDNUNG. Ihr seid alles, was ihr nach Möglichkeit in diesem Moment sein könnt. Ihr seid glorios, und wenn ihr dies wirklich akzeptieren könnt, welche Morgen, glaubt ihr, werdet ihr dann erschaffen? Sehr gut. Fragen?

F(F): Du hast einmal über die in der eigenen Wunschvorstellung erschaffene Kindheit gesprochen, die man sich zusammenphantasiert und mit der man die Realität, die zu schmerzlich war, um sie sich anschauen zu können, zudeckt. Du hast gesagt, daß diese imaginierte Kindheit ihre eigene Gültigkeit hat, «ihre eigene Realität». Einige Leute fragten mich: «Was ist mit den Affirmationen?» Man geht zurück und erinnert sich daran, wie die Eltern sich anbrüllten, und das verursacht Schmerz. Dann malt man sich aus, wie die Eltern liebevoll miteinander umgehen, und das verändert die Realität. Mir scheint, daß die Leute dies für eine Methode zur Veränderung der Dinge halten, statt daß sie willens sind, sich auf den Schmerz über die sich anbrüllenden Eltern einzulassen und ihn umzuwandeln. Könntest du dazu etwas sagen?

P'taah: In der Tat, liebe Dame. Und wir haben gesagt, daß sich, wenn der Schmerz zu unerträglich wird, ein Schutzschild darüberstülpt, so daß sich das Bewußtsein nicht mehr daran erinnert. Und daß in der Phantasie eine wunderbare Schöpfung entsteht, die dem Herzenswunsch aller Kinder entspricht und die, ihr Lieben, auch jetzt noch im Herzen der Kinder zu finden ist, die ihr eigentlich seid. Sie hat ihre Gültigkeit. Sie besitzt ihre eigene Realität, weil ihr euch nichts denken oder vorstellen könnt, das nicht seine Gültigkeit und eigene Realität hat. Das ist in Ordnung. Doch wir haben auch gesagt, daß ihr in Wahrheit die Vergangenheit nur dadurch verändern könnt, daß ihr den Schmerz in Ekstase umwandelt. Auf diese Weise verändert sie sich *wirklich*. Warum verändert sie sich durch Transmutation wirklich, Geliebte?

F: Meiner Erfahrung nach wird dadurch eingeschlossene Energie freigesetzt, die dann für uns Lebensenergie werden kann.

P'taah: So ist es. Nun, wir haben so oft darüber gesprochen, warum Transmutation Veränderungen schafft und einen Wandel in der Molekularstruktur des Körpers bewirkt. Für viele von euch mag sich das nach einer «wilden Behauptung» anhören, doch möchten wir euch bitten, folgendes in Betracht zu ziehen: Wenn ihr nun einigermaßen versteht, daß alles physische Unwohl-Sein durch emotionales Unwohl-Sein entsteht, dann begreift ihr auch, daß ihr mit der Emotion zugleich die Physikalität verändert. Wenn ihr einen Tumor in gesunde Zellen verwandelt, bedeutet das eine Veränderung auf molekularer Ebene. Dieses Moment führt auch dazu, daß Hormone im Körper ausgeschüttet werden und Jugend und Vitalität erzeugen. Das ist Freude. Das ist es, was sich in euch ereignet, wenn ihr euch freut. Was ist diese Vitalität, Geliebte, wenn ihr vor Freude tanzen möchtet? Was läßt euer Herz singen? Freude verwandelt alles. Sie schafft physische Veränderung. Wir sagen, daß sie die Vergangenheit und die Zukunft verändert. Und sie verändert gleichermaßen das, was ihr vergangene und künftige

Leben nennt, weil nichts voneinander getrennt ist. Nichts. Die Trennung findet nur in eurem Bewußtsein statt. Doch viele von euch sind allmählich mit veränderten Bewußtseinszuständen vertraut, in denen ihr verstärkt in eure Traumzeit eintaucht und Einblicke in andere wahrscheinliche Realitäten, andere Leben habt. Alles ereignet sich simultan. Ohne diese Trennung wirkt sich das, was sich für euren Fokus und euer Bewußtsein *jetzt* ereignet, auf eure Seelenenergie aus und beeinflußt dann wiederum jeden eurer Aspekte. Liebe ist der Faden und auch der Klebstoff, der eure Universen und eure Leben zusammenhält. Liebe ist die Energie, die euren Körper im Fluß, ihn lebendig hält, wachsen läßt, sie ist der göttliche Faden. In Anbetracht dessen finden wir es ziemlich ungewöhnlich, daß ihr nicht wirklich versteht, daß ihr ein Ausdruck des Göttlichen seid. Ohne das Göttlichsein würdet ihr nicht existieren. Wenn ihr nicht existiertet, existierte das Universum nicht. Ihr seid ES. *Ihr* seid die zentrale Sonne eures Universums. Und wenn ihr die zentrale Sonne eures Universums seid, Geliebte, könnt ihr auch begreifen, daß ihr unmöglich nicht in Ordnung sein könnt. Ihr schaut nicht zur Sonne auf und sagt: «Mit der stimmt irgend etwas nicht. An der ist etwas faul, weil sie heute nicht scheint.» Ihr sagt auch nicht zum Mond: «Wir mögen dich nicht, weil du heute abend nicht rund und voll bist.» Ihr seht, ihr Lieben, ihr könnt das Göttliche in allen Dingen durchaus erkennen, außer in euch selbst. Ist das nicht töricht? Nun, das ist in Ordnung. Und ihr werdet bald begreifen, daß die Urteile, die ihr über euch selbst fällt und die ihr dann nach außen projiziert, weil der Blick ins Innere zu schmerzlich ist, einem Kindergartenwissen entstammen. Es ist jetzt an der Zeit, daß die Menschheit zu einem Erwachsenendasein heranreift. Es ist euer Leben, geliebte Leute. Ihr erschafft es von Augenblick zu Augenblick, jeden Teil davon. Es ist eine wunderbare Schöpfung, und es liegt wirklich völlig bei euch, wie ihr es in jedem Moment des Jetzt gestalten wollt. Ihr habt in jedem Augenblick die Möglichkeit, es in seiner ganzen Fülle, in seiner Freude zu leben, und ihr könnt euch selbst dann, wenn ihr euch und die Situation verurteilt, sagen: «Dies ist die Gelegenheit, die ich mir in meiner Weisheit erschaffen habe, das Juwel im Innern zu entdecken.» Wir möchten euch bitten, beim nächsten Mal daran zu denken, wenn ihr mit euren Bürokratien, euren Beamten, euren Nachbarn, mit euren Kindern und so weiter herumstreitet, weil sie euren Wünschen nicht entsprechen wollen. Ihr habt das alles erschaffen. Das war eine lange Antwort auf deine Frage, wie? Ist dir das jetzt klar, Geliebte?

F(M): Geliebter P'taah, könntest du bitte im Zusammenhang mit dem Jetzt, von dem du sprachst, etwas dazu sagen, daß «unseren Bedürfnissen entsprochen werden wird», denn dies würde den mit der Zukunft verbundenen Druck von uns nehmen.

P'taah: Ist das dasselbe wie «du lebst in einem sicheren Universum», Lieber?

F: Natürlich.

P'taah: Nun, du erschaffst dir absolut deine eigene Realität. Wenn dir nun deine Glaubensgrundsätze, die ja deine Realität erschaffen, sagen, daß es keine Fülle gibt, daß das Leben ein Kampf ist, daß alle Bürokraten Schweinehunde und nur darauf aus sind, dich dranzukriegen, und daß du für deinen Lebensunterhalt sehr hart arbeiten mußt, dann wird es für dich genau so sein.

Nun, *(frotzelnd)* wir sprechen so oft darüber, daß wir überrascht sind, daß es euch nicht schon grauenhaft langweilt. *Dein Universum ist deine Schöpfung.* Warum solltest du dir ein Universum erschaffen, das dich nicht unterstützt und ernährt? Wenn du das tun willst, ist das in Ordnung. Wenn du dir aber Fülle wünschst, ist das auch in Ordnung. Und so soll es sein. Weißt du, du brauchst eigentlich nichts, weil du alles hast. Was sagt dir das, Lieber?

F: Daß ich sicher bin.

P'taah: In der Tat. Und es sagt dir auch, was du nicht glaubst. Wenn du bedürftig bist, weißt du nicht, daß du alles hast. Das Wissen ist es, das es erschafft. Weißt du das, Lieber?

F: Ja.

P'taah: Sehr gut. Darum habt ihr solche Probleme mit dem Manifestieren, ihr Lieben. Ihr habt einen Wunsch und versteht bei diesem Wünschen nicht, daß ihr es bereits habt. Wie der Gedanke, so die Manifestation.

F(M): Ich habe in mir eine Angst in bezug auf das Schaffen von Gedankenformen. Wenn ich mit meinem Motorrad fahre, steigt in mir manchmal ein Bild auf, und ich sehe, wie ich herunterfalle und mich verletze. Das ist kein Wunsch von mir. Ich möchte das nicht manifestieren. Und je mehr ich darüber nachdenke, desto mehr glaube ich, daß diesem Gedanken die Tat folgen wird, also denke ich mir da einen Weg heraus, um mich zu schützen.

P'taah: Nun, es ist so, daß du das nicht unbedingt auf physischer Ebene zu erleben brauchst. Alle hier anwesenden Frauen, die nicht irgendwann einmal Angst vor Vergewaltigung hatten, mögen die Hand heben. Drei. *(Drei Frauen haben die Hand gehoben.)* Schau, wenn du vor etwas Angst hast, wirst du es mit Sicherheit anziehen. Angst ist kein müßiger Gedanke. Wenn du dir ausmalst, wie du vom Motorrad fällst oder verstümmelt im Graben liegst, wenn du das wie einen Tritt in den Magen fühlst, mußt du in der Tat etwas in Ordnung bringen, etwas ausgleichen. Wenn es nur ein müßiger und emotionsloser Gedanke ist, ist er nicht aufgeladen und angeschlossen. Verstehst du?

F: Ich denke schon. Könnte man sagen, daß es mir dienlich wäre, wenn ich den Gedanken einfach als eine Polarität akzeptieren und dann loslassen würde?

P'taah: Absolut. Das kannst du tun. Ihr habt alle manchmal ziemlich düstere Phantasien. Ja, wirklich. Ich weiß, daß es so ist. Das ist in Ordnung. Wenn ihr in Angst lebt, ist es gut, wenn ihr die Angst ausgleicht, dann braucht ihr sie nicht auf der Ebene der Physikalität auszuleben. Versteht jemand nicht, was wir sagen?

Und wie gleichst du Angst aus, Lieber?

F: Ich akzeptiere sie. Ihr ergebe mich ihr völlig.

P'taah: Richtig, und auf diese Weise löst sich die Energieblockade auf, und die Energie kann vom Bauch zum Herzen fließen und so eine Veränderung bewirken. Sehr einfach.

F: Wir könnten also sagen, daß uns unsere Glaubensvorstellungen unter Umständen davon abhalten, unsere Angst zu akzeptieren.

P'taah: Sehr oft ist es so. Jetzt kannst du fragen: «Bedeutet das, daß ich, wenn ich keine Angst vor einem Unfall habe, auch keinen Unfall haben werde?» Nun, es gibt keinen zufälligen Unfall. Wenn du einen Unfall erschaffst, mußt du dir das Warum anschauen.

F(M): Guten Abend, P'taah. Würde man, wenn man Vertrauen zu seinen Fähigkeiten hat, wenn man Selbstvertrauen besitzt und sich selbst liebt, keinen Unfall bauen?

P'taah: Wenn du mit deinem Auto fährst oder mit deinem Motorrad oder wenn du mit einem Flugzeug fliegst und Vertrauen in deine Fähigkeiten hast, kommt ein sogenannter Unfall in deinen Gedanken nicht vor. Aber du bist nicht allein auf der Straße. Es ist möglich, daß da ein anderer ist, der dir eine großartige Lektion erteilt, die nichts mit deiner Zuversicht oder deinen Fahrkünsten zu tun hat. Du würdest dann lediglich eine Situation anziehen, die du dir anschauen sollst. Es ist wunderbar, wenn ihr vertrauensvoll und zuversichtlich seid. Ohne dieses Vertrauen würdet ihr euch nicht ans Steuer setzen. Und wenn ihr noch weniger Vertrauen hättet, würdet ihr euch nachts nicht auf die Straßen eurer Städte wagen oder in euren Meeren schwimmen. Die Menschen haben von Natur aus Vertrauen. Wir sagen nur, daß es für einen «Unfall» verschiedene Gründe geben kann.

F(M): Ich grüße dich, P'taah. Worin besteht die Ursache von sexuellen Schuldgefühlen? Eine Menge Leute scheinen sie zu haben.

P'taah: Eure ganze Kultur hat dieses Problem, Lieber. Muß ich wirklich erklären, woher sie kommen?

F: Eigentlich ja.

P'taah: Sie sind Bestandteil eurer Kultur. «Sexualität ist unanständig, ist geradezu etwas Sündhaftes.» Nicht wahr?

F: Ist das die einzige Erklärung?

P'taah: Wir haben mit euch über die morphogenetische Resonanz eurer Kultur gesprochen, über das Kollektivbewußtsein. Wir haben mit euch über die Sexualität des Menschen gesprochen. Wir haben in diesem Bereich vieles übermittelt. Die christliche Kirche würde es vorziehen, wenn der Mensch keine Genitalien hätte. Ihr wäre es lieber, wenn ihr euch auf andere Weise fortpflanzen könntet. Also wird den Kindern schon sehr früh beigebracht, daß ihre Genitalien etwas Unanständiges sind und es gewisse Dinge gibt, die man mit ihnen nicht tun darf, auch nicht im Austausch mit anderen Personen. Nach eurer Geburt zapft ihr das kollektive Bewußtsein eurer Kultur an. Und wenn ihr dann erwachsen seid – na, jedenfalls das Erwachsenenalter erreicht habt – und auf intellektueller Ebene begreift, daß es absolut okay ist, wenn ihr mit euren Genitalien macht, was ihr wollt, existiert diese Glaubensstruktur bereits in euch. Dann habt ihr da die Struktur der Ehe, in der die Sexualität als Waffe der Machtausübung, der Rache eingesetzt wird. Und schaut euch die größte Epidemie eurer Zeit an. Einstmals gab es die Beulenpest, die nichts mit den Genitalien zu tun hatte. Die Pest dieser Zeit hingegen hat in der Vorstellung der Leute alles mit den Genitalien zu tun. Dabei hat es natürlich gar nichts mit den Genitalien zu tun – euer AIDS.

Schuldgefühle sind eine Lektion, die noch nicht gelernt worden ist.

F: Ja, das wissen wir.

P'taah: Schuldgefühle in bezug worauf auch immer. Jegliche Lektion bedarf nur der Akzeptanz, des Ausgleichens, um gelernt zu werden. Wenn ihr letztlich die Verantwortung für etwas übernehmt, das ihr getan habt, und wenn ihr nun Schuldgefühle habt, dann sagt: «Ich habe es getan, weil ich die Erfahrung machen wollte.»

F: Manchmal weiß man nicht, warum man sich schuldig fühlt. Da ist nur einfach ein Schuldgefühl. Was macht man dann?

P'taah: Ich schlage vor, du versuchst, es herauszufinden.

F: Oh, oh.

P'taah: Komm, komm. Wenn eine Re-Aktion da ist, dann frag dich, warum.

F: Es hat wahrscheinlich etwas mit dem zu tun, was man gerade fühlt.

P'taah: Nicht doch. Das glaubst du doch nicht wirklich, oder? Da IST nur das Jetzt, Geliebter. Wenn du dich JETZT in Re-Aktion befindest, frag dich: «Warum? Warum bin ich wütend? Warum habe ich Schuldgefühle?» Wenn du wütend bist, dann, weil du Angst hast. Hinter der Wut verbirgt sich Schmerz. Wenn du Schuldgefühle hast, sagst du damit: «Ich hätte es nicht tun sollen.»

F: Ich verstehe. Es ist so einfach.

P'taah: In der Tat.

F(F): P'taah, seit dreizehn Jahren befinde ich mich in einem Zustand permanenter Übelkeit. Ich habe alles versucht. Mir ist klar, daß es nichts mit dem Essen zu tun hat, sondern mit Emotionen.

Ich habe herauszufinden versucht, ob das Grundgefühl Angst, Wut oder Verwirrung ist.

P'taah: Geliebte, es gibt nur eine Grundemotion, nämlich die Angst. Du könntest bis in die Zeit zurückgehen, in der du diese Übelkeit nicht verspürtest. Wir werden gerne ein andermal mit dir reden, wollen aber folgendes sagen: Zu welcher Zeit hast du sie nicht verspürt, und was war, als du sie zum erstenmal verspürtest? Wir möchten dich bitten, dich in diese Situationen zurückzuversetzen, soweit du dich bewußt daran erinnern kannst. Das heißt, sich nicht nur die physischen Begebenheiten, sondern auch die Gefühle ins Gedächtnis zu rufen, denn die Gefühle werden dir einen Hinweis für die Selbsterkenntnis liefern. Es ist die Angst vor deinem Universum, Geliebte, die Angst, nicht die Kontrolle zu haben. Die Angst vor dem Handeln, die Angst, etwas falsch zu machen, wenn du handelst. Aber du mußt wirklich zu dem Gefühl kommen, denn du hast dir bereits selbst einen Hinweis gegeben. In Ordnung, Liebe?

F: Soweit ich weiß, habe ich alles, was du erwähnt hast, mein ganzes Leben lang gefühlt.

P'taah: So ist es.

F: Wo ist also der Hinweis?

P'taah: Wir sagten, du sollst dich an die Zeiten erinnern, in denen du diese Übelkeit nicht verspürtest.

F: Ich weiß, es gab Zeiten, in denen ich glücklich war. Im Grunde ist es Unglücklichsein.

P'taah: Aber natürlich ist es das, Geliebte.

F: Ich habe mich in die Zeiten zurückversetzt, in denen ich glücklich war und die Übelkeit für eine Weile verschwand, aber dann setzt sie wieder ein. Ich weiß nicht, wie ich sie auf Dauer aus meinem Leben verbannen kann.

P'taah *(sanft)*: Nun, als erstes mußt du sie in Ordnung sein lassen, denn schau, ihr alle verurteilt massiv das Unwohl-Sein. Verstehst du? Wenn du es zu etwas Unrechtem und Falschem machst und dich angestrengt bemühst, es zu ändern, kannst du die Angst nicht ausgleichen, die es verursacht hat. Wir möchten dich bitten, dir deine Angst vor dem Handeln anzuschauen. Die Angst vor deinem Universum, deine Befürchtung, du könntest keinen Platz darin haben. Wenn du dich auf deinem Weg zur Erleuchtung auf einer Achterbahn befindest, dann, weil du Angst hast, nicht zu genügen.

Sehr gut, ihr Lieben. Wir machen eine Pause. Wir bitten euch, zwei Minuten lang still zu sein.

(Nach der Pause)

F(F): P'taah, du hast beim letzten Mal über zwei Themen gesprochen, über die ich gern noch mehr gehört hätte. Das eine betraf den Phönix, der aus der Asche steigt, und das andere das Stranden der Wale.

P'taah: Und was haben wir über den Phönix, der aus der Asche steigt, gesagt, geliebte Frau?

F: Ich habe das Gefühl, daß ich auf eine Transformation zusteuere, die mit dieser Art von Energie zu tun hat, aber ich bin mir nicht sicher, was es ist. Die ganze Woche über kam mir immer wieder der Gedanke, daß ich dich danach fragen muß.

P'taah: Nun, der Übergang ist dein ganz persönlicher, es ist aber auch ein Übergang für die ganze Menschheit. Du kannst dir die Menschheit und das Menschheitsbewußtsein in gewisser Weise zyklisch vorstellen. Du kannst dir vorstellen, daß es bereits großartige und wunderbare Zivilisationen gab, ein großartiges und wunderbares Wissen und den kommunikativen Austausch mit den Sternenwesen; zwischen den Sternenwesen und dem, was ihr als die Menschheit anseht, gab es keine Trennung; und es gab auch keine Trennung zwischen den Erdenmenschen und jedwelchen Tieren und Pflanzen und Bäumen und Grashalmen auf eurem Planeten. Alle achteten und ehrten in absoluter Weise die Göttlichkeit des anderen. So war es nicht nur einmal auf eurem Planeten. Und so kann man sagen, daß die Menschheit eine lange, dunkle Nacht der Seele durchlebt und das Rad sich gedreht hat. Im Herzen aller Menschen brennt eine tiefe Sehnsucht nach dem, was ihr einst hattet, was ihr verloren habt. Die Dinge wandeln sich also nicht nur aufgrund der eintretenden zyklischen Veränderungen, nicht nur auf physischer Ebene, sondern auch, weil ihr sie erschafft. Man kann sagen, es handelt sich um eine multidimensionale Veränderung. Und so, wie sich der Umschwung im Herzen der Menschen ereignet, wird er sich auch in eurem Universum widerspiegeln. Du könntest auch sagen, daß eure Göttin namens Erde der aus der Asche aufsteigende Phönix ist. Aus augenscheinlich großen erdgeschichtlichen Katastrophen und Umwälzungen, großen Erdveränderungen, wird eine neue Erde geboren werden. In Ordnung, Liebe? Verstehst du?

F: Ja, ich denke. Ich hatte Ahnungen, aber der logische Verstand begreift sie nicht. Das hier *(das Herz)* versteht sie.

P'taah: So ist es.

F: Es ist so, als wäre ich im Innern ganz Teil der Menschheit, könnte aber nicht nach außen reichen, um Teil der Menschheit zu sein.

P'taah *(sehr zärtlich)*: Ah, das ist der wunde Punkt, wie? So geht es allen Menschen, geliebte Frau. Nicht nur du fühlst diese Trennung und Isolation. Das nennt man die Qual der Menschheit. Das, was das brennendste Verlangen in deinem Herzen ist, wird die Veränderung verursachen. *(Die Dame ist sehr bewegt und weint still.)*

(P'taah spricht nun sehr ruhig und langsam, die Zärtlichkeit in seiner Stimme berührt jedes Herz in der Zuhörerschaft.) Und dies gilt für euch alle: Vereinzelt und isoliert in eurem Kummer, in eurer Qual, in eurer Angst, in eurem Schrecken über das Geschehen in eurer Vergangenheit, in diesem und in euren anderen Leben, werdet ihr ins Licht treten, ins Gotteslicht eures wahren Selbst. Und wir haben euch gesagt, daß keine andere Spezies eure Angst und Qual überleben könnte. Wir möchten euch daran erinnern, daß, wenn ihr euch euer schreckenerregendes Universum anschaut, das mit jedem Tag immer noch fürchterlicher zu werden scheint, wo alles, worauf ihr euren Blick richtet, ein Spiegelbild der Qual und Seelenangst der Menschheit ist, dies, geliebte Leute, in der Tat nur die Polarität dessen ist, was sich sonst noch ereignet. Was ihr in eurem brennenden Verlangen erschafft, ist etwas so Wundervolles, so Außergewöhnliches, so Wundersames, daß ihr voller Erstaunen auf dieses Leben, auf diese Zeiten und auf eure eigene Geschichte zurückblicken werdet. Es wird euch sehr verblüffen, daß die Menschheit in all diesen Jahren nicht erkannte, wie einfach alles eigentlich ist, denn ihr werdet in Wahrheit wissen, ihr Lieben, daß ihr der Gott/die Göttin seid.

Der Wal, wie ihr ihn nennt, hält der Menschheit einen großartigen Spiegel vor. Der Delphin liebt die Menschheit bedingungslos. Ihr sollt kein Urteil über die augenscheinliche Qual der Wale fällen. Sie haben aus der Liebe heraus ihre Wahl getroffen, und sie verurteilen die Menschheit nicht.

(Das Publikum ist für einen langen Augenblick still – dann stellt eine junge Dame eine Frage.)

F: Guten Abend, P'taah. Ich frage mich, warum es soviel Böses und solchen Haß in der heutigen Welt gibt. Woher kommen sie? Warum zerstören sie alles?

P'taah: Weißt du, Liebe, was du als böse und was du als zerstörerisch verurteilst, war schon immer da, aber nun ist die Zeit gekommen, da sich nichts mehr verbergen läßt. Diese Situationen, die unharmonisch sind, nicht in Einklang mit dem universellen Gesetz stehen, werden auf eurem Planeten erschaffen, damit ihr begreifen könnt, daß es sich um einen «Kampf für das Leben» handelt. Du weißt, was in eurer Geschichte «Kampf bis zum Tod» war? Was sich nun ereignet, ist ein Kampf für das Leben. Siehst du, wie die ganze Sache nur durch den Gebrauch anderer Worte ein ganz anderes Gesicht bekommt? Alles in eurem Universum ist positiv/negativ. Ohne dieses Positiv/Negativ wäre euer Universum nicht euer Universum. Zum Beispiel wird euer elektrisches Licht dadurch erzeugt, daß die positive Ladung die negative Ladung aufnimmt, und dasselbe geschieht nun in eurem Universum. Es ist nicht wirklich so, daß das Negative und das, was du als das Böse verurteilst, gegenwärtig größer ist, aber es reflektiert mit Sicherheit seine Polarität, nämlich das Licht. Denk daran, daß so, wie sich das Bewußtsein der Menschen erweitert und zum Licht hin wächst, auch das Gegenteil mehr und mehr sein Gesicht zeigt. Die Menschen erkennen allmählich, daß sie sich vor ihrem wahren Selbst nicht verstecken können. Keiner von euch. Da gibt es kein Entkommen, Geliebte. Ihr werdet alle zu der Einsicht gelangen, daß ihr nur durch die Erkenntnis, wer ihr tatsächlich seid, die Veränderung bewirken werdet. *Erkenne dich selbst, und erkenne Gott.* Das spiegelt sich in allem außerhalb von euch selbst wider. All die ganzen Jahre haben eure Regierungen und Macht-Makler Wissen und Kenntnisse verborgen gehalten. Sie haben im geheimen gearbeitet, um die Menschen zu beherrschen. *(Jetzt sehr dynamisch und kraftvoll:)* Nun nicht mehr. Es wird nicht länger irgend etwas verborgen bleiben. Eure Macht-Makler werden nur Macht haben, wenn ihr es zulaßt. Und ihr laßt es nicht mehr zu, ihr eignet euch eure Souveränität wieder an. Ihr braucht ihnen nichts anzutun. Ihr werdet nichts ändern, indem ihr dagegen ankämpft. Durch Unterdrückung oder Verdrängung werdet ihr nichts ändern. Wohl aber dadurch, daß ihr euch in eurer Selbst-Achtung, in eurer Selbst-Schätzung ändert; in eurem Wissen von euch selbst. Euere Kraft-Quelle liegt in eurem wahren Selbst.

F: Wie weiß ich, wer ich bin? Wie finde ich das heraus?

P'taah: Schau es dir jedesmal an, wenn du jemanden oder etwas außerhalb deiner selbst verurteilst, und wisse, daß es ein Spiegelbild von dir ist. So wirst du erkennen, wer du bist. Geliebte, du sollst die, die du bist, nicht verurteilen. Du sollst nur *erkennen*. Akzeptiere, wer und was du bist, liebe, wer und was du bist, und wisse, daß du in Wahrheit ein leuchtendes Licht bist und dir nichts Schaden zufügen kann. Du wirst wirklich geliebt.

(Das Mädchen schluchzt leise.)

Wenn ihr die liebt, die ihr seid, werdet ihr den Wandel in eurem ganzen Universum bewirken. Euer Universum ist von euch abhängig, geliebte Leute. Ihr seid von nichts und niemandem getrennt. Es gibt keinen einzigen isolierten Gedanken. Wie ihr da draußen seid, so seid ihr im Innern. Nichts davon existiert separat. Die ihr als böse verurteilt, sind nur ein Spiegelbild. Wie könntet ihr sie wahrnehmen, wenn sie nicht ein Teil von euch wären? Aber ihr müßt auch wissen, daß ihr ebenso all das Schöne seid, das ihr seht.

F(F): Ich halte mich an sich für eine moderne Frau, aber ich verfiel wieder in den alten Mythos von der keuschen Jungfrau, die auf den Ritter in weißer Rüstung wartet. Sie wartet zehn oder zwanzig Jahre, oder auch ihr ganzes Leben lang. Ich traf also die Entscheidung, nichts zu manipulieren, selbst wenn das bedeuten sollte, daß ich den Rest meines Lebens ein Single bleibe.

P'taah: Geliebte Frau, DU bist der Ritter in weißer Rüstung. Verstehst du das? Ihr alle wartet auf den wundervollen Geliebten, der auf einem weißen Pferd angeritten kommt, aber dieser Ritter seid IHR. Deshalb sagen wir euch immer: Wie könnte denn, wenn ihr diese wunderbare Liebesaffäre mit euch selbst habt, sich irgend jemand *nicht* in euch verlieben? Versteht ihr? Dann entstehen die Liebesaffären nämlich nicht aus der Bedürftigkeit und Verzweiflung heraus. Sie entstehen aus der Souveränität und der Hochachtung, der Integrität, dem Respekt, und ihr wißt, daß nichts und niemand euch schaden kann, weil ihr euch nicht selbst schaden könnt. Dann gibt es keine Angst. Dann könnt ihr lieben, ohne besitzergreifend zu sein.

F: Diese Liebe, die ich für einen bestimmten Mann empfinde, ist eine Liebe ohne Eifersucht und Besitzanspruch. Kein Sehnen, kein Schmachten, sie ist einfach nur da. Was mich angeht, so war Liebe auch mit sinnlicher Begierde und Leidenschaft verbunden.

P'taah: Sie ist auch mit Schmerz verbunden. Ihr alle setzt Liebe mit Schmerz gleich. Das ist ein Muster, das ihr nicht nur in diesem, sondern auch in anderen Leben aufgebaut habt. Dann gibt es da eure Glaubensstruktur hinsichtlich der Beziehungen. Wenn ihr wirklich die liebt, die ihr seid, wird sich die «Liebesaffäre» in ihrer ganzen Bedeutung ändern. Ihr werdet wirklich wissen, daß ihr die zentrale Sonne eures Universums seid. So sei es.

F(F): P'taah, alles besitzt Energie. Wenn wir nun in einem Haus leben, dessen Mobiliar und Ausstattung anderen Leuten gehört, oder wenn wir umziehen und Möbel und Dinge mitnehmen, die sich mit unseligen Situationen verbinden, bringen dann diese Gegenstände diese unglückseligen Schwingungen mit? Ich habe Dinge in meinem Haus, die noch aus meiner Kindheit und aus meiner früheren Ehe stammen. Wirkt sich das auf mich aus?

P'taah: Das hängt von deinen mit der Kindheit und der Ehe verbundenen Gefühlen ab. Da diese Gefühle weitgehend nicht besonders freudvoll sind, möchten wir vorschlagen, daß du dein Mobiliar und deine Gegenstände mit deinen Wünschen in bezug auf das Jetzt in Einklang bringst.

F: Mir kam der Gedanke, daß sie mich emotional an der Vergangenheit festhalten lassen und am Leben im Jetzt hindern.

P'taah: Nur, wenn du es zuläßt. Du bist das Kraftwerk, geliebte Frau. Du erschaffst dir deine eigene Realität. Energie ist nicht etwas so Dingliches.

F: Es ist also ganz einfach.

P'taah: Oh, das ist es. Weißt du, auf welche Weise du beeinflußt werden kannst?

F: Würdest du es mir erklären?

P'taah: Wenn du mit Gegenständen lebst, die einem anderen Leben, deine Vergangenheit genannt, angehören, und wenn diese Zeit keine glückliche war, kann es tatsächlich sein, daß du durch diese Objekte ständig daran erinnert wirst, und Erinnerung ist auch Energie. Du kannst also die Veränderung in der Energie bewirken. Erkenne es an. Gleiche es aus.

F: Ja, das kann ich tun. P'taah, letzte Woche hast du auch gesagt, daß du mit unsichtbarer Tinte in unsere Herzen schreibst. Warum?

P'taah: Ich sagte, daß ich mir wünsche, euch die Weisheit so einzuprägen, daß ihr sie nicht vergeßt, daß ihr hört, was ich euch sage. Aber es scheint, so sagte ich, daß ich mit unsichtbarer Tinte schreibe, weil ihr mich nicht hört. Wir sagen nicht, daß ihr gar nichts hört, Geliebte.

F: Was hindert uns am Hören?

P'taah: Die Begrenzung, die ihr euch auferlegt. Eure Glaubensstrukturen. Euer eingeschränktes Verständnis von euch selbst. Euer Wunsch, recht zu haben. Eure Angst, unrecht zu haben. Eure Angst, es nicht zu «kapieren».

F: Danke, P'taah. Ich verstehe.

P'taah: Wißt ihr, all die Worte, die wir in der ganzen Zeit zu euch gesprochen haben, drücken in Wahrheit die allereinfachsten Grundgedanken und Ideen aus. Und schaut, ihr wollt es kompliziert haben. «Wie könntet ihr sie denn nicht schon früher begriffen haben, wenn sie nicht kompliziert wären?» Bei all euren Belehrungen war es immer kompliziert, war der Sinn verborgen. Wenn wir dann mit euch sprechen, sagt ihr: «Nein. Es kann nicht so einfach sein.»

Wie einfach ist es denn, hm? Im ganzen Universum gibt es keine Verurteilung. Das, was ihr Gott nennt, verurteilt euch nicht. Die Gott/Göttin-Energie IST einfach, und ihr auch. Wenn ihr die liebt, die ihr seid, verändert ihr euer Universum. Ihr könnt Seelenqual in Ekstase umwandeln, um das EINSSEIN und Nicht-Getrenntsein zu erfahren. Wir haben euch dafür ein Rezept gegeben. Es gibt keine Trennung im Universum. Ihr seid von nichts und niemandem getrennt. Alles Wissen liegt in euch selbst. Eure Molekularstruktur ist nur ein Spiegelbild der Universen. Wir haben gesagt, daß ihr ein Makro-Molekül der Multiversen seid. Alles existiert in euch. *Erkennt, wer ihr seid, und erkennt Gott, weil ihr SEID.* Da gibt es kein Wenn, Aber oder Vielleicht, sondern nur einfach das IST, und das könnt ihr im ISTSEIN des JETZT erleben und erkennen.

Alles, was wir euch gesagt haben, ist einfach, und diese Einfachheit birgt das Wissen der Multiversen in sich, denn ihr seid die Multiversen, geliebte Leute. Es gibt keine Trennung. Es gibt KEINE Trennung. Was ihr seid, IST ALLES UND JEDES.

Wie könnt ihr in der Nicht-Fülle sein? Ihr habt alles in euch. Wie könnt ihr euch im Unwohl-Sein befinden? IHR SEID GOTT.

Dies ist kein Märchen. Das, was verborgen war, wird sich nun offenbaren. Wenn das ein Märchen ist, sollten eure Quantenphysiker anfangen, Science-fiction zu lesen statt Märchen. Jetzt ist die Zeit gekommen, in der eure Wissenschaftler euch Menschen zu der Einsicht verhelfen werden, daß ihr im Nicht-Getrenntsein lebt, weil in eurer Kultur die Wissenschaft Gesetz geworden ist. Wenn euch eure Wissenschaftler erzählen, daß es keine Trennung gibt, wenn sie euch all die Dinge erzählen, die ich euch erzähle, dann «müssen wir recht haben».

Schaut, ihr Lieben, es wird kein Entkommen geben. Einst haben sich eure Wissenschaftler und Intellektuellen vom GEIST abgewandt und gesagt: «Man kann es nicht beweisen. Es ist alles Quatsch.»

Und was passiert jetzt? Jetzt sagen die Wissenschaftler: «Da ist mehr, als das nackte Auge zu erkennen vermag, und weit mehr, als das Spektrum erfassen kann.» Wir werden euch also auf die eine oder andere Weise schon dahin bringen. Oh, es ist wirklich gut.

Sehr gut, meine Lieben, das reicht für heute. *(An die Gastgeber gerichtet:)* Wir danken euch, Liebe.

Geliebte, ihr braucht nichts zu TUN. *Es gibt nichts zu tun.* Keine Vergangenheit, keine Zukunft, nur das Jetzt. Wenn es ein bißchen stürmisch für euch wird, dann denkt daran, wie es in diesem

Moment für euch ist, denkt an die Freude und an die gehobene Stimmung. Ich liebe euch alle sehr. Geht in Liebe, Geliebte.

Guten Abend.

Vierzehnte Übermittlung

8. April 1992

P'taah: Guten Abend, ihr Lieben. Es ist eine Freude, euch alle wiederzusehen. Dieser Abend stellt sozusagen eine Zusammenfassung dar. Diejenigen von euch, für die das hier eine neue Erfahrung ist, können all die wunderbaren Worte der Weisheit nachlesen; und dabei könnt ihr sie in euren inneren Computer einspeichern, was aber noch wichtiger ist: Ihr könnt ihre Wahrheit in eurem Herzen erklingen lassen. In künftigen Zeiten werdet ihr euch alle wunderbare Dramen erschaffen, und das ist keine große Sache, wißt ihr. Wir möchten euch bitten, daran zu denken, daß dieses wundervolle und kostbare Leben ganz das eure ist. Ihr habt es erschaffen. Ihr habt es gewählt. So soll jeder von euch mit ganzem Herzen ins Leben eintauchen. Nun ist es so, daß ihr alle diesem flüchtigen Ding namens Glück, namens Freude, Friede und Heiterkeit nachjagt. Das könnt ihr sicherlich haben, wenn es euer Wunsch ist, aber ihr müßt auch wissen, daß ihr zugleich das Gegenteil erschafft: Mißklang, Schmerz, Angst und Qual. Aber, geliebte Leute, ihr erschafft das, um das Juwel im Innern zu finden.

Wir sprechen nicht von irgendeinem Hirngespinst. Ihr sollt euer Leben nicht allzu ernst nehmen. Das Leben ist zur Freude da, um des Spaßes willen. Und wenn ihr einen dieser Momente durchmacht, in denen ihr euch fragt: «Warum, zum Teufel, bin ich eigentlich hier?», dann wißt, daß ihr das alles erschaffen habt. Wir möchten darauf drängen, daß ihr auf Balance achtet. Das, was ihr als schlecht, was ihr als nicht wünschenswert in eurem Leben verurteilt, ist nur eine Polarität dessen, was ihr als äußerst wünschenswert beurteilt. Und wenn ihr einen Schritt zurücktreten und die Polarität erkennen könnt, dann könnt ihr beides annehmen, die Harmonie und die Disharmonie. Ihr sollt wissen, daß alle Dinge ihre Gültigkeit haben, daß alle Dinge göttlicher Wesensnatur sind, sonst würden sie nicht existieren. Es ist so einfach, es ist wirklich so einfach. Euer Leben ist absolut eure Schöpfung.

Da gibt es nichts zu reparieren. Ihr könnt die von euch erwünschten Veränderungen herbeiführen, indem ihr einfach das, was jetzt ist, akzeptiert, gleich, wie es sich für euch ausnimmt. Wenn ihr vor dem Schmerz davonrennt, wenn ihr euch unverwundbar macht, wenn ihr den Kopf in den Sand steckt, wenn ihr euch vormacht, nicht in Schmerz zu leben – wenn ihr so tut, als gäbe es nichts in eurem Leben, das euch Qual bereitet, werdet ihr nur weiterhin das anziehen, was den Schmerz verursacht.

Ihr seid so schön, ihr seid so machtvoll, und wir haben den glühenden Wunsch, daß ihr erkennt, wer ihr seid. Ihr wunderschönen Leute, laßt euer Leben ein einfaches Leben sein. Seid auf das Lachen aus – seid auf die Freude aus; doch wenn es nicht so ist, wie es eurer Ansicht nach sein sollte, dann macht trotzdem das Beste daraus. Wenn ihr wütend werdet, SEID wütend, wenn ihr traurig werdet, SEID traurig, aber *seid es aus ganzem Herzen*, und wenn ihr es schließlich satt habt, dann wißt, daß es in Ordnung ist. Es ist einzig erforderlich, daß ihr das Gefühl fühlt, das ist alles. Sehr gut, ihr Lieben, nun ein paar Fragen.

F(M): P'taah, könntest du etwas zu den Kornkreisen und dem Schlüssel zu ihrem Verständnis sagen?

P'taah: Das werde ich nicht tun. *(Der überwiegende Teil des Publikums applaudiert heftig im Wissen um P'taahs unerschütterlichen Willen, jeden Versuch, vom Hauptthema Transmutation abzulenken, zu ignorieren.)* Du wirst das tun.

F: Das war zu erwarten. Da tritt jedoch eine neue Form in Erscheinung, eine Herzform, und ich frage mich, ob ihr Pleiadier in diese rätselhaften Zeichen eingeweiht seid. Müssen wir das alles ganz allein herausfinden?

P'taah: Oh, das wird nicht lange dauern. Ihr könntet diese Zeichen in euren Kornfeldern im Moment bloß als überaus hübsche Muster ansehen. Und ihr werdet, wenn ihr sie so betrachtet, feststellen, daß sie die Menschen zu Ideen anregen. Wir möchten euch nicht den Spaß verderben, geliebte Leute. Nein, das werden wir nicht tun, aber wir danken dir für die Frage, Lieber.

F: Ich möchte hinzufügen, daß diese Kornkreise nun auch in der Region von Tully* aufzutreten scheinen.

P'taah: Es hat schon begonnen, Lieber. Das ist nicht neu. Wir haben euch bereits gesagt, daß diese Gegend** eures Kontinents mit sogenannten Visitationen gesegnet ist.

F: Sprechen wir hier über Abdrücke von Raumschiffen oder von durch geistige Kräfte bewirkten Mustern?

(Das Publikum bricht wieder in wohlwollendes Gelächter aus, diesmal in vollem Verständnis für die Beharrlichkeit, mit der der Mann diese Fragen stellt.)

P'taah: Geliebter, wie würde deiner Ansicht nach eine multidimensionale Antwort darauf ausfallen?

F: Es könnte sich um Zeichen des Agierens multidimensionaler Wesen handeln, in die wir uns einklinken sollen.

P'taah: Ah, wie außergewöhnlich. Ich danke dir, Geliebter.

F(F): Könntest du mir bitte sagen, wie sich die Pleiadier ernähren?

P'taah: Du weißt, daß wir eigentlich nicht hier sind, um über die Pleiadier zu sprechen, meine Liebe. Wir sind hier, um über die Menschen zu reden. Das ist viel wichtiger. Wir möchten dir sagen, daß wir nicht zu eurer Unterhaltung hier sind. Wir sind hier, damit ihr erkennen könnt, wer ihr seid.

F: Sollte das nicht auf Gegenseitigkeit beruhen?

P'taah: Liebe, wenn der rechte Zeitpunkt gekommen ist, werdet ihr nicht nur Kenntnis von den Wesen auf den Pleiaden, sondern auch von den Wesen in anderen Sternsystemen haben. Schau, Geliebte, wir haben bereits sehr oft gesagt, daß wir euch in eurem begrenzten Bewußtseinszustand unmöglich den sogenannten Übergang von der dritten zur vierten Dichte beschreiben können. Und daher wurde im «Aufsichtsrat» der Beschluß gefaßt,

* Ein kleines Städtchen südlich von Cairns im Norden von Queensland, das hauptsächlich vom Zuckerrohranbau lebt.

** Damit ist der tropische Norden von Queensland gemeint, speziell die Gegend zwischen Tully und Cooktown, das Große Barriereriff eingeschlossen. Der gechannelten Wesenheit St. Germain zufolge wurde das als Bermudadreieck bekannte Gebiet in seiner Funktion als interdimensionale Pforte geschlossen. Diese Funktion hat nun das Gebiet des Großen Barriereriffs inne.

mit euch zu sprechen, damit ihr nachdenken und erkennen könnt, wer ihr seid. Denn, geliebte Frau, wenn du weißt, wer du bist, wirst du alle Fragen beantworten können. In Ordnung?

F(F): Guten Abend, P'taah. Wie komme ich dahin, alles zu wissen, was du weißt?

P'taah: Wie du die universelle Weisheit anzapfen kannst? Erkenne, wer du bist! Denn ALLES Wissen ist in dir enthalten. Wirklich alles Wissen.

F: Das letzte Mal hast du gesagt, daß jedesmal, wenn wir einen anderen verurteilen, dieser andere unser Spiegelbild ist. Reicht das aus, um mich völlig in meinem Selbst zu erkennen?

P'taah: Ist es nicht erstaunlich einfach?

F: Ja. Nur will ich jetzt zu allem Wissen gelangen.

P'taah: Da bist du nicht die einzige, Geliebte. Das ist eine Sehnsucht im Herzen aller Menschen, und deshalb ist es möglich, daß es sich jetzt ereignet. Es ist möglich, daß du binnen eines Wimpernschlags dazu gelangst, aber es ist nicht sehr wahrscheinlich. Aber seht, ihr Geliebten, ihr seid in euer Leben, so wie es momentan ist, total verliebt, weil ihr es spannend findet. Das ganze Drama, all dieses Sehnen, all dieser Schmerz – es ist ein wundervolles Theaterstück. Und wenn ihr anerkennt, daß ihr in Wahrheit all das erschaffen habt, wenn ihr echte Verantwortung übernehmt, dann werdet ihr wirklich Verantwortung für euer Leben übernehmen; und dann werdet ihr eine kleine Veränderung in eurem Drama erfahren. Und so geschieht es Stück um Stück. Wenn ihr euch vom «Beziehungsscheiß» in eine Beziehung hineinentwickelt, werdet ihr erkennen, daß sie letztlich ein Spiegelbild eures Umgangs mit euch selbst darstellt. Und wir möchten euch daran erinnern, daß es nichts außerhalb von euch selbst gibt, was nicht ein Spiegelbild ist. Nichts. Gar nichts. Ihr seid die zentrale Sonne eures Universums. Das ist der Anfang und das Ende der Geschichte. Wenn ihr begreift, daß ihr die zentrale Sonne eures Universums seid, und wenn ihr wißt, daß alle Dinge in euch enthalten sind, daß es alles eure Verantwortung und eure Schöpfung ist, wenn ihr anerkennt, daß euer Urteil über eure Mitmenschen das Spiegelbild von dem ist, was ihr seid, werdet ihr in der Tat wunderbare Veränderungen bewirken. So einfach ist das.

F(F): Geliebter P'taah, ich habe ein Juwel entdeckt. Dein Rat, zu tun, was mein Herz singen läßt, veranlaßt mich oft zur Überprüfung dessen, was ich im Moment tue. Ich habe also herauszufinden versucht, was mein Herz zum Singen bringt. Auch ein vorübergehendes Vergnügen oder etwas Aufregendes bringt es nicht wirklich zum Singen. Ich habe entdeckt, daß nichts mein Herz zum Singen «bringt». Mein Herz singt, oder es singt nicht. Wenn es singt, dann singt es, ganz gleich, was, und der Hindernisse ungeachtet. Das Lied mag eine andere Klangfarbe haben, aber das Herz singt trotzdem.

P'taah: Ihr seht, geliebte Leute, ihr werdet Herz-Süchtige. Was hier geschieht, ist folgendes: Wenn ihr die Umschwünge und Veränderungen in eurem Innern erschafft, wenn ihr euch auf diese Abenteuerreise zur Entdeckung, wer und was ihr seid, einlaßt – wenn ihr euch allmählich öffnet, um diese wunderbare Liebesaffäre mit euch selbst zu haben, stellt euch nichts anderes mehr wirklich zufrieden. Warum, glaubt ihr, haben viele Menschen heute keine sogenannte Beziehung, keine «Zweierbeziehung»? Es ist so, daß sich viele von euch die Suche nach dem SELBST erkämpfen, um zu einem umfassenderen Bewußtsein zu gelangen. Diese neuen Entdeckungen in eurer Welt zu machen ist das Aufregendste, was euch je passiert ist, und ich will euch folgendes sagen: Diese Entdeckungsreise wird nicht weniger spannend werden. Während wir in diese Zeit wirklich großer Veränderungen eintreten, bereitet ihr euch in eurem, von Augenblick zu Augenblick gelebten Leben auf einen harmonischen Umschwung vor. Ihr seid wirklich wunderbare Wesen, daß ihr euch selbst zu dieser Zeit und an diesem Ort erschaffen habt – ihr seid wirklich wundervoll. Wir sind keine Wahrsager, keine Zigeunerin mit Tuch und Kristallkugel, und wir sprechen mit euch im Grunde nicht über das, was ihr als eure Zukunft erachtet; aber so, wie ihr euch jetzt versammelt habt, steht euch ein sehr hübscher Ritt in eurem Karneval namens Leben bevor, ein sehr spannender Ritt. Und so kann ich euch in aller Unparteilichkeit sagen, daß ich euch allen wirklich meine Hochachtung ausspreche. Ihr begreift nicht eigentlich, wie wichtig ihr seid – jede und jeder einzelne von euch, denn ihr seid es im Rahmen eures Lebens, eurer Kultur gewohnt, euch in einem Zustand der Herabsetzung, der Minderwertigkeit zu sehen. Niemand hat euch je gesagt, wie wunderbar ihr eigentlich seid, wie machtvoll und wie wichtig jede und jeder einzelne von euch für euer Universum ist. Wir verstehen, wie es kommt, daß ihr sagt: «Wie kann denn eine einzelne Person irgendeinen Unterschied ausmachen?» Besonders schwierig wird es, wenn ihr euch in der «Opferhaltung» befindet, die Einstellung habt, daß «sie es euch angetan haben». Wenn ihr nicht die Verantwortung für euer Leben übernehmt, könnt ihr nur sehr schwer verstehen, wie wichtig jeder von euch ist. Wenn es euch nicht gäbe – und wir sprechen hier auf vielen Bedeutungsebenen –, würde euer Universum nicht so existieren, wie es jetzt für euch zu existieren scheint. Es wäre einfach nicht dasselbe Universum. Ihr versteht nicht, was für eine wundervolle Tapisserie ihr erschafft, wenn jede und jeder von euch, in den sogenannten Zeitspannen eurer Leben, einen physischen Körper annimmt und das Leben nach bestem Vermögen lebt, was immer dies sei; eine wundervolle Tapisserie, Leben genannt. Ihr wißt, was passiert, wenn ihr einen großartigen Wandteppich habt, aus dem die Fäden herausgezogen werden. Es ist nicht mehr dasselbe Bild, und so verhält es sich auch mit euch. Jede und jeder von euch ist ein kostbares, einzigartiges Juwel.

F(M): Ich habe ein Problem damit, daß alles ein Spiegelbild ist. Wie erkenne ich, was ich mir da anschaue? Oft sehe ich etwas und frage mich: «Habe ich das erschaffen?» Wie begreife ich, was ich daraus lernen soll? Durch das Gefühl?

P'taah: Es gibt nur das Gefühl, Geliebter. Wie *fühlt* es sich für dich an? Wie wir schon sagten: Ihr seid Vorstellungskraft und Gefühle. Etwas anderes gibt es nicht. Wenn du dir also ein Bild außerhalb deiner selbst anschaust, das du erschaffen hast, dann frag dich: «Wie fühlt es sich an, und wann hatte ich dieses Gefühl schon einmal?» Es gilt, den Auslöser zu finden und zu erkennen. Ihr seht, wir lernen all diese wunderbaren therapeutischen Begriffe von unserer Frau und ihren geliebten Freunden.

F: Es kommen so viele Gefühle hoch. Ist das eine ganz spezielle Zeit, wenn alles auf einmal hochzukommen scheint?

P'taah: Absolut. Es ist die Zeit, in der ihr euch befindet, und es wird mehr und mehr so sein. Ihr werdet im Öffnen eures Herzens, im Verletzlichwerden und Zulassen eurer Gefühle sehr versiert werden, und dann wird der umfassendere Teil eures wahren Selbst sagen: «Sehr gut, Liebes – und jetzt versuch's damit.» Wir möchten also sagen, daß es wirklich kein Entkommen gibt. Wenn ihr erst einmal einen Fuß in den Zug gesetzt habt, hält er bis zu eurer Himmelfahrt nicht mehr an. Nun, wir ziehen euch jetzt ein bißchen auf – ein durchgehender Vorortzug zur Himmelfahrt.

F(F): P'taah, du hast mir kürzlich gesagt, daß ich mich gegenwärtig in der Blüte meines Frauseins befände und daß ich alles haben könne, und das so lange, wie ich wolle. Ich würde gerne mehr darüber wissen.

P'taah: Was möchtest du wissen? Es ist dein Leben – deine Wahl. Hol's dir.

F: Ich habe nur nicht alle Implikationen verstanden.

P'taah: Nun, Liebe, du bist diejenige, die das Skript deines Lebens schreibt. Und du weißt, daß du zu deiner eigenen Blüte gelangst. Du gelangst zur Verwirklichung deines Potentials, dem GOTT, DER ICH BIN, in dir; zum Erkennen des Gottes/der Göttin. Es ist also eine Sache des Zulassens, und wir haben mit dir über das Annehmen, das Umarmen der Leere, der Göttin, gesprochen. Man nennt es Zulassen, Einwilligen, Hingabe, Sichergeben, Verletzlichkeit. Es bedeutet, daß du sagst: «Das ist, wer ich bin.» Es bedeutet ein Zulassen deiner Vorstellungskraft, deines Gefühls. Man nennt es die Leere der Schöpfungskraft. Es gibt nichts zu fürchten.

F: Das klingt zu gut, um wahr zu sein.

P'taah: Nun, Geliebte, wir halten dich nicht zum Narren. Wir erzählen keine Märchen.

F: Nein, das weiß ich natürlich.

P'taah: Und wenn wir dir dies und jenes sagen, sind wir unparteilich und gelassen. Wenn du dich dafür entscheidest, es nicht zu glauben, ist das dein gutes Recht. Wenn du je das Gefühl hast, daß wir nicht die Wahrheit sagen – dann möge es so sein. Dann ist es nicht deine Wahrheit, und das ist in Ordnung.

F: Das habe ich nicht gemeint.

P'taah: Das weiß ich. Was gibt es also sonst noch zu wissen, geliebte Frau? Geh in Freude – es ist dein Leben.

F: Die einzigen Beschränkungen sind also die, die ich mir selbst auferlege?

P'taah: Liebe, die einzige Beschränkung der ganzen Menschheit liegt in der Begrenztheit eurer Glaubensstrukturen. Das ist das einzige, was zwischen euch und eurem machtvollen Gott, eurer machtvollen Göttin steht. Dies gilt für alle Menschen. Wir reden nicht nur so daher, wenn wir sagen, daß ihr überaus machtvoll seid. *Es gibt nichts, überhaupt nichts, was ihr nicht sein könnt.* Euer Potential, euer Potential als Spezies, ist ehrfurchtgebietend. Eure Größe ist euch gegenwärtig unvorstellbar. Ihr seid wirklich mächtige Wesen. Warum sollten wir kommen, wenn es nicht so wäre?

F(M): Geht diese Macht zu Lasten anderer?

P'taah: Geliebter, haben wir nicht viel Zeit darauf verwandt, über eine Situation zu sprechen, in der es nur Gewinner gibt? Ich habe das ausführlich noch nicht einmal ganz allgemein, sondern mit dir diskutiert. *(Nun mit starker und dynamischer Stimme:) Macht hat nichts mit der Ausübung von Macht über andere Wesen zu tun.* Sie hat mit der Kenntnis von deiner eigenen Macht, GOTT zu sein, zu tun, denn das ist es, was ihr seid; also laßt uns nicht darüber sprechen. Eine Situation, in der es einen Gewinner und einen Verlierer gibt, ist keine Situation des Gottestums, es ist eine Situation der Angst.

F: Vor einer Woche habe ich Macht ausgeübt, wie ich es in diesem Maße nie zuvor erlebt habe, und ich glaube, daß das auf Kosten einer anderen Person ging. Aber ich habe mich dabei gut gefühlt. Ist das in Ordnung?

P'taah: Warum fragst du mich, ob das in Ordnung ist? Wenn es dir ein gutes Gefühl gibt, ist es in Ordnung. Alle Dinge haben ihre Gültigkeit. Es gibt keine Verurteilung. Das haben wir euch ebenfalls schon viele Male gesagt. Ich bin nicht der Gott im Himmel mit langem Bart, der über euch richtet und sagt: Das war richtig oder falsch, gut oder schlecht. Warum fragst du also mich – ich bin nicht dein Richter!

F: Ich bat nur um eine Bestätigung.

P'taah: Du willst nicht der «Schweinehund» sein?

F: Richtig.

P'taah: Nun, ich will dir etwas sagen, Geliebter. Solange du nicht die Tatsache akzeptieren kannst, daß du ein Schweinehund bist, wirst du nicht erkennen, daß du auch Gott bist. Dies, weil du alle Dinge bist. Ihr alle seid ALLE Dinge. Wenn es nicht so wäre, würdet ihr nicht in einem anderen den Schweinehund erkennen. Es käme euch gar nicht zu Bewußtsein. Ihr seid alle Dinge. Wenn du ein Schweinehund zu sein wünschst und wenn es dir in diesem Augenblick Freude macht, dann hat das absolut seine Gültigkeit. Aber schau, wenn du Freude empfindest und wenn in dieser Freude Angst steckt, versickert die Freude. Erschafft ihr nicht genauso Tag um Tag euer Leben? Warum sonst lebt ihr nicht allzeit in Freude?

(Sanft:) Wir werden nun eine Pause machen. Geliebte, wir bitten euch, einen Moment Stille zu schaffen. Wir werden bald zurückkehren.

(Nach der Pause:)

P'taah: Und nun stellt eure Fragen, ihr Lieben.

F(M): P'taah, du sagst, daß du kein Wahrsager bist. Ist das so, weil du nicht kannst oder weil du nicht willst?

P'taah: In Wahrheit ist es so, daß wir wahrscheinliche Realitäten – das, was ihr als eure Zukunft betrachtet – nicht zementiert haben möchten. Die Menschen schaffen sich durch ihre Glaubensstrukturen und das, was sie für unvermeidlich halten, schon genug Begrenzungen. Schaut euch die Dinge in eurem Leben an, die ihr in bezug auf eure Gesundheit, in bezug auf den sogenannten Tod, in bezug auf die, eurer Ansicht nach, unabänderlichen wissenschaftlichen Gesetze für unvermeidlich haltet, was es in Wahrheit gar nicht ist. Versteht ihr? Wenn wir also von dem sprechen, was man Erdveränderungen nennt, reden wir in gewisser Weise ganz sicher von dem, was als eure Zukunft und die Zukunft eures Planeten betrachtet wird. Doch handelt es sich bei dieser Zukunft um eine zyklische Veränderung. Wie ihr sie erlebt, ist in gewisser Weise eure Sache. Versteht ihr, Geliebte? Von daher wünschen wir uns, daß ihr euch auf die Nicht-Begrenztheit konzentriert, daß ihr versteht, daß sie wahrlich grenzenlos ist, daß ihr versteht, daß ihr eure Zukunft ändern könnt. Sie steht nicht ehern fest. Und wir sprechen mit euch nicht über eure persönliche Zukunft, da es wünschenswert ist, daß ihr eure eigene Macht beim Erschaffen eurer eigenen Realität begreift und daß ihr zu einem Verständnis wahrscheinlicher Realitäten gelangt. Daß aber alles, wie immer es auch sei, seine Gültigkeit hat, real ist, die sogenannten Träume, die Imagination eingeschlossen, damit ihr eure Zukunft so erschaffen könnt, wie ihr sie euch wünscht. In Ordnung, Liebe? Ja? Ihr seid grenzenlos.

F(M): Wie kann man sich, wenn man ein Problem am Horizont auftauchen sieht, am besten darauf vorbereiten? Oder wie kann man zu innerem Frieden gelangen, um diese Situation zu handhaben, noch bevor sie entsteht? Ich versuche nicht, das Problem wegzuschieben oder zu unterdrücken, weil ich weiß, daß es sein Haupt immer und immer wieder erheben wird, aber was ist die beste Herangehensweise...?

P'taah: Nun, was glaubst du? Wie, glaubst du, wird es sein, wenn du eine Situation sich manifestieren siehst und zu dir selbst sagst: «Mmmm, das wird etwas Schönes werden»?

F: Sollte ich mich einfach entspannen und die ganze Sache so cool wie möglich angehen?

P'taah: Sei kaltblütig.

F: Es einfach nehmen, wie es kommt?

P'taah: Wie wär's damit, daß du weißt, daß du sie erschaffen hast, und daß es ums Zulassen geht. Laß es zu, sei offen, sei verletzlich.

F: Und ich soll mir einfach nur eingestehen, daß es schmerzlich ist, falls es schmerzlich ist?

P'taah: Und wenn du bangst und dich fürchtest, Geliebter, wenn du siehst, daß da etwas auf dich zukommt, dann frag dich: «Warum habe ich es erschaffen, und wovor habe ich Angst?»

F: Und wenn ich mir erklären kann, wovor ich Angst habe?

P'taah: Dann sollst du dir sagen, daß es in Ordnung ist, sollst du es zulassen, verletzlich sein, und wenn du dich in deiner Verletzlichkeit befindest, gibst du der Göttin Ausdruck.

F: Und ich soll akzeptieren, wie andere Leute die Situation interpretieren?

P'taah: Lieber, das ist ihre Geschichte. Das liegt nicht in deiner Verantwortung.

F: Und wenn ich das Gefühl habe, daß da nichts zu tun ist, dann soll ich auch nichts tun.

P'taah: Absolut. Wie ein anderer die Situation betrachtet, ist dessen Angelegenheit.

F: Ich glaube, ich habe mich selbst in eine Lage gebracht, in der ich gerne als Herr der Situation gesehen werden würde und daher ein Nicht-Handeln unangemessen erscheint, aber das ist mein Problem, oder?

P'taah: Ganz recht, und wir haben schon darüber gesprochen, daß ihr in bestimmter Weise gesehen werden wollt. Und das kommt von der Angst, nicht zu genügen, nicht wahr? Sich nach der öffentlichen Meinung zu richten und so weiter.

F: Ich weiß, das spielt eine sehr große Rolle.

P'taah: Ja, für alle von euch. Es geht darum, daß ihr zulaßt, daß ihr sagen könnt: «Im Grunde ist es Angst. Und ich habe Angst, daß man mich für unwürdig, für nicht gut genug hält – daß ich den Anschein erwecke, daß ich die Dinge nicht unter Kontrolle habe.» Nun, das ist in Ordnung. Es ist zulässig, daß ihr Angst habt, aber dann heißt es, in die Angst einzutauchen, sie existieren zu lassen, und dann – puff – ist sie verschwunden. Und plötzlich seid ihr zu einem Verständnis von eurer eigenen Macht gelangt.

F: Das heißt mit anderen Worten, daß wir uns alle Probleme nur erschaffen, um dieses spezielle Gefühl zu fühlen, aus diesem einzigen Grund, und wenn wir es dann gefühlt haben, besteht dafür keine Notwendigkeit mehr.

P'taah: Wenn du deine Lektion gelernt hast, Geliebter, ist es nicht nötig, daß du die Situation noch einmal erschaffst. Und du mußt auch wissen, daß, solltest du genau dieselbe Geschichte wieder erschaffen, sie plötzlich nichts mehr für dich bedeutet. Dann entsteht keine Reaktion. Sie ist ein Nichts.

F: Somit ist alles, was ich erschaffe, nur da, um die Erfahrung von Angst oder die Erfahrung von Liebe zu machen.

P'taah: Ganz recht.

F: Es geht also nur darum, etwas anderes ist nicht zu gewinnen?

P'taah: Was gibt es sonst noch, Geliebter? Es gibt nur das Gefühl, und du kannst es fühlen, oder du kannst es unterdrücken. Du kannst dich davor verstecken, und wenn du die Angst unterdrückst, erlebst du Schmerz, und wenn du die Situation verurteilst, erschaffst du den Widerstand, den man Schmerz nennt. *Schmerz wird nur durch eines verursacht: durch Verurteilung.*

F(M): Öffentliche Meinung, das Bewußtsein der Allgemeinheit – diese Betonmauer beschränkten Denkens, die wir um uns errichtet haben –, siehst du da, auf globaler Ebene, aus deiner Perspektive, ein paar Risse im Gemäuer?

P'taah: In der Tat. Sie sind sehr wohl sichtbar. Überall. Ihr habt eure Zeitungen. Ihr seht, was sich in eurer Welt ereignet, Lieber, Tag für Tag, und wir haben euch bereits gesagt, daß dies die Zeit ist, in der sich nichts mehr verbergen läßt. Und was, glaubst du, passiert, wenn nichts mehr versteckt werden kann? Man nennt es Risse in den Betonmauern des Bewußtseins der Allgemeinheit, denn wenn du bloßgestellt wirst, fühlst du das ganz bestimmt, da kannst du deine Stiefel drauf wetten. Das passiert nun sowohl im persönlichen menschlichen Bereich wie auch auf globaler Ebene mit den Regierungen eurer Welt, mit euren Institutionen, mit euren Religionen und euren großen Wirtschaftsorganisationen.

F(F): P'taah, deine Worte machen großen Eindruck auf mich, ganz besonders heute abend. Sie machen mir klar, daß ich immer noch um den Brei herumschleiche, und das deshalb, weil da immer noch Überreste von Angst sind, und diese Angst ist die Angst vor meiner eigenen Macht.

P'taah: Ganz recht.

F: Und nun die Frage, die ich mir nicht selbst beantworten kann: Warum sollte ich Angst vor meiner eigenen Macht haben?

P'taah: Geliebte, in eurer historischen Zeit wurde die Frau versklavt und in Ketten gelegt wegen der Macht. Frauen haben große Angst, weil im Verlauf eurer Geschichte Frauen, die über Wissen und Macht verfügten, dafür sterben mußten. Weißt du, wenn du geboren wirst, klinkst du dich automatisch in die morphogenetische Resonanz deines Geschlechts ein, in die morphogenetische Resonanz jeder Frau oder jedes Mannes, die jemals auf eurem Planeten gelebt haben – und in noch mehr. Du existierst also nicht in einem isolierten Raum. Nie ist einer Person auf diesem Planeten irgend etwas passiert, was sich nicht auf alle anderen Personen auswirkte. *Was ihr euch selbst und was ihr einander antut, erzeugt kleine, die Zeitbarrieren durchbrechende Wellen. Nichts und niemand bleibt unbeeinflußt.* Es gibt keine Trennung, geliebte

Leute. Selbst eure physische Struktur, die ihr als solide Masse, getrennt vom Rest eures Universums, empfindet, ist nichts Vereinzeltes; eure Molekularstruktur verändert und tauscht sich in jedem Moment eurer Zeit aus. Wie könntest du getrennt sein, vom Gott/der Göttin abgeschnitten? Wie könntet ihr denn in Wahrheit völlig isoliert voneinander existieren?

In diesen Monaten haben wir mit euch über den Schmerz gesprochen, über den Schmerz der Menschheit und wie er sich wiederspiegelt. Wir haben auch gesagt, daß ihr, wenn ihr Schönheit und Freude seht, euer wahres Selbst betrachtet. Wenn ihr jemanden anschaut und denkt, daß diese Person sehr schön ist, und wenn ihr voller Bewunderung seid – wen, glaubt ihr, seht ihr an? Ihr seht euch an! Es gibt keine Trennung. Jeder eurer Atemzüge ist eine Kommunion. Mit jedem Einatmen atmet ihr das Göttliche in euren Körper ein. Mit jedem Ausatmen schickt ihr eure eigene Göttlichkeit in euer Universum. Ihr seid nicht getrennt.

F(M): P'taah, du sagst, daß wir alle eins sind. Wir haben alle vom «Hundersten-Affen-Syndrom» gehört. Würde das heißen, daß wir, wenn eine Person zur Erleuchtung gelangt, alle erleuchtet werden?

P'taah: Absolut. Die Menschen klinken sich in das ein, was man morphogenetische Resonanz, kollektives Bewußtsein, nennt; wenn also die Menschheit zu einem bestimmten Verständnis gelangt, werden mehr und mehr Menschen diese Kenntnis haben. Dies erzeugt eine Energie, und die Energie wird zu einer Masse, die sich auf jedermann auswirkt. Das funktioniert mit Sicherheit auf individueller Ebene. Wenn du nun das Phänomen des hundertsten Affen erwähnst, so ist das wunderbar, denn auf diese Weise könnt ihr euch erklären, daß vor hundert Jahren eurer Zeit die Menschen noch nichts vom Computer und der Kristalltechnologie verstanden. Doch wenn eure Kinder heute in die Schule kommen, wissen sie bereits Bescheid. Sie mögen noch das Mechanische erlernen, aber das Wissen ist bereits Teil ihres Wesens geworden. Richtig? Die Menschen in eurer Kultur fahren Auto, und die Kinder wissen im Grunde bereits, wie man ein Auto fährt, nicht wahr? Und so ist es auch mit diesem künftigen Wissen. Ihr alle baut die Resonanz auf, um den Zustand der Menschheit zu verändern.

F: Wunderbar!

P'taah: Das ist es wirklich.

F(F): P'taah, ich und auch andere haben technische Fragen gestellt, die du nicht beantworten wolltest, und das hat mich manchmal frustriert, und andere vielleicht auch. Ich habe festgestellt, daß ich dadurch, daß du sie immer wieder an uns zurückgibst, gezwungen wurde, mit mir selbst in Kontakt zu kommen.

P'taah: Richtig. So ist es. Und wenn ihr Entertainment wünscht und wenn ihr eine Frage zur Technologie der Sternenwesen beantwortet haben wollt, dann gibt es andere Energien, die diese Informationen übermitteln.

Das könnt ihr sicher als Einschränkung und in gewisser Weise als kalte Dusche für eure Neugier ansehen, aber eigentlich sagen wir euch damit, Geliebte, daß *ihr* die Antwort seid. Wenn ich euch die Antwort gebe, geliebte Leute, versteht ihr auf intellektueller Ebene, was es mit dem sogenannten Übergang, mit den Sternenwesen, mit den multidimensionalen Realitäten auf sich hat, aber ihr lebt euer Leben nun mal nicht im Kopf. *Das einzige von Bedeutung ist euer Herz.*

Was seid ihr? Ihr seid Schwingungsfrequenz. Ihr seid mit Göttlichkeit versehene und betriebene Energie. *Eure Realität wird durch eure Vorstellungskraft im Verein mit Emotion erschaffen.* Etwas anderes ist da nicht. Also seid IHR natürlich die Antwort. Da ist nichts anderes. IHR, IHR. Wie erkennt ihr eure eigene Macht? Wie erkennt ihr eure eigene Souveränität? Wie erfahrt ihr, was es heißt, in Ehrerbietung und Hochachtung vor dem SELBST, in der Integrität, in der Ganzheit eurer Seelenwesenheit zu leben? Das erfahrt ihr nicht über euer Gehirn. Das erfahrt ihr nicht über euren Intellekt. Das erfahrt ihr nur mit eurem Herzen. Das erfahrt ihr nur, wenn ihr verletzlich seid. Das erfahrt ihr nur, wenn ihr sagt: «Ich habe das getan.» Das ist mein Leben. Ich habe es erschaffen. Ich bin der Gott/die Göttin, ALLES, WAS IST, die sich in dieser Dimension der Realität zum Ausdruck bringen. Ich bin von nichts und niemandem getrennt. Ihr seid die Antwort, geliebte Leute. Sonst ist da nichts.

F(F): Warum sind wir hier?

P'taah: Ihr seid hier, weil das euer Wunsch war, aber ihr seid auch ein Traum von ALLEM, WAS IST, ein Traum Gottes, wenn ihr so wollt. Schau, Geliebte, darauf gibt es eigentlich nicht nur eine Antwort. Darauf gibt es so viele Antworten, wie es Wesen auf eurem Planeten gibt, und dann noch mehr und mehr. So unermeßlich seid ihr, denn schaut, ihr seid eigentlich großartige und multidimensionale Wesen, die in jeder Dimension der Realität Erfahrungen machen. Es ist nur so, daß ihr gegenwärtig euren Fokus auf diese eine Realitätsdimension gerichtet habt, und das ist wunderbar. Euer Bewußtsein kann sich jedoch erweitern und mehr als nur diese kleine Realität erfassen. Das ist euer Potential. So ist es, Geliebte.

F(M): P'taah, was das Treffen von Entscheidungen für die Zukunft angeht, so weiß ich, daß du immer sagst, wir sollen im Augenblick leben. Mir scheint es aber doch so zu sein, daß wir immer wieder meinen, Pläne für die Zukunft schmieden zu müssen.

P'taah: Das ist in Ordnung. Solange du verstehst, daß du eine im Moment des Jetzt getroffene Entscheidung jederzeit wieder ändern kannst. Ein Plan ist nichts Festzementiertes.

F: Ja, das ist mir klar. Doch zwischen dem Tun dessen, was das Herz in diesem Moment zum Singen bringt, und dem Tun dessen, was das Herz vielleicht später zum Singen bringt, scheint es einen Konflikt zu geben; so mag zum Beispiel ein kleines Opfer jetzt mein Herz später mehr zum Singen bringen, also bin ich bereit, dieses Opfer jetzt zu bringen.

P'taah: Sehr gut, Geliebter, ich will dir folgendes sagen: Wenn du darauf wartest, daß du morgen glücklich sein wirst, wird es immer morgen sein. Es ist gut und schön, wenn ihr Pläne macht. Wir verstehen, daß das so funktioniert, und so habt ihr eine Finanzplanung, eine Ausbildungsplanung, eine Eheplanung, eine Kinderplanung, und so weiter und so fort. Nun, das ist in Ordnung.

Ihr müßt nur wissen, daß ihr, wenn ihr in der Erwartung lebt, wie etwas sein wird, unter Umständen sehr enttäuscht werdet. Wenn ihr in dieser bestimmten Erwartung lebt, beschränkt ihr damit all die unzähligen Möglichkeiten. Wir sagen nicht, daß ihr keine Pläne machen sollt. Wir sagen, daß ihr im Moment leben sollt, und wenn ihr in diesem Moment sagt: «Jetzt werde ich einen Plan machen», ist das in Ordnung. Und wenn ihr dann morgen sagt: «Jetzt habe ich alles geändert», ist das auch in Ordnung. Das nennt man im Moment leben. Pläne sind nichts Festzementiertes. Sie werden nicht aus Eisenstäben geschmiedet, richtig? Aber wenn du darauf wartest, daß du glücklich wirst, wirst du immer darauf warten. Ich werde glücklich sein, wenn ich verheiratet bin, ich werde glücklich sein, wenn ich einen wunderbaren Liebhaber gefunden habe, ich werde glücklich sein, wenn ich eine Million auf der Bank habe. Nun, auf diese Weise wirst du das immer noch sagen, wenn du bereit bist, dich aus diesem physischen Leben zu verabschieden. Verstehst du?

F: Ja, im Prinzip schon. Für den Alltag übersetzt heißt das: Heute ist mir danach zumute, daß ich den ganzen Tag lang tanze. Morgen ist mir danach zumute, daß ich den ganzen Tag lang tanze, und ebenso den nächsten und den nächsten.

P'taah: Tanzen ist sehr gut.

F: Habe ich Angst davor, daß ich mich als faul verurteile, wenn ich jeden Tag tanze?

P'taah: Hast du?

F: Ich würde mich wahrscheinlich als faul verurteilen.

P'taah: Und? Hat das etwas mit deiner Glaubensstruktur zu tun, die besagt: Ich muß sehr hart arbeiten, um Geld zu verdienen? Und die Leute werden mich für einen Gammler halten, wenn ich nicht arbeite, hm? Das ist alles in Ordnung, nur sei dir darüber im klaren, daß man das das Bewußtsein der Allgemeinheit und öffentliche Meinung nennt, und darüber haben wir ausführlich gesprochen, nicht wahr? Es hat alles seine Gültigkeit. Wenn dir deine Glaubensstrukturen nicht dienlich sind, wenn sie dir keine Freude bringen, kannst du sie ändern.

F: Was ist, wenn man dem entgegenarbeitet, was einem das Herz schwer macht?

P'taah: Dann schaust du dir besser an, worum es dabei geht. Gehst du in deinem Leben auf Nummer Sicher? Bist du heute ein guter Junge, damit du morgen nicht leiden mußt? Wie nennt man das? Göttliche Vergeltung? Wenn du aufgrund einer heute getroffenen Wahl morgen nicht glücklich bist, handelt es sich nur um eine weitere kleine Schöpfung, damit du die Angst akzeptieren lernen kannst.

F: Wenn man also etwas tut, um sich nicht schuldig fühlen zu müssen, ist das die falsche Einstellung?

P'taah: Lieber, es ist nicht falsch. Es gibt kein Falsch. Es ist dir nur nicht so sehr dienlich. Wenn du dich mit dir nicht wohl fühlst, schau dir das Warum an. Das ist alles. Wenn du dich nicht gut fühlst und etwas ändern willst, dann verlege dich auf dein Gefühl. Es ist so einfach. Sei, wer du jetzt bist. Es gibt keine Verurteilung, nirgendwo, außer in dir selbst. In Ordnung? Recht so. Es ist alles sehr einfach, ihr Lieben. Einfach.

(P'taah geht zum Gastgeber und küßt ihn zärtlich auf die Stirn.)

Geliebter Mann, wir danken dir für das, was du in dieser Zeit erschaffen hast. Wir sind noch nicht am Ende, richtig? Es kommt noch mehr. Nicht in diesem Augenblick, aber doch bestimmt irgendwann. *(An die Gastgeberin gewandt:)* Geliebte Frau, wir danken dir. Es war uns eine Ehre, bei dir zu sein.

F *(der Gastgeber)*: P'taah, nur ein einfaches herzliches Dankeschön an dich und den Aufsichtsrat.

P'taah: Lieber, die größere Freude ist auf seiten des Aufsichtsrats. Du bist der, der mein Herz zum Singen bringt, und das, was man einen auf diese Weise stattfindenden Energieaustausch nennt, ist unvergleichlich wunderbar. Es war ein höchst erfreuliches Privileg, und dies ist kein Lebewohl. Ich liebe dich.

(Wieder an das Publikum gewandt:) Ihr seid der Liebe wert. Ihr seid alles Wunderbare wert. Ihr seid sensationell. Ich spreche euch allen meinen Dank aus. Geliebte, geht im Licht derer, die ihr seid. Lebt in Freude. Gute Nacht.

Dank

Ich möchte euch, Carol und Peter Erbe, meine immerwährende Liebe und Dankbarkeit für eure Unterstützung, eure Vision und eure Freundschaft aussprechen. Und auch herzlichen Dank, Peter, für die scheinbar endlosen Stunden, die du P'taahs Material gewidmet hast.

Mein Dank gilt auch Cheryl Laizans, die von Anfang an für mich da war und noch immer für mich da ist; und Gitanjali, deren Ehrlichkeit und Fürsorge mich die mageren Zeiten hat durchstehen lassen – ich liebe euch beide.

Und ich danke meiner «Familie» im fernen Queensland. Wo wäre ich ohne euch alle?

Und nicht zuletzt danke ich meinem geliebten P'taah und allen eurer Art – mögt ihr, auf irgendeine Weise, für den Rest der Reise bei mir sein.

Jani King,
Hawaii, Juli 1992

Wirksame Techniken für die Kontaktaufnahme mit einer höheren Welt

Sanaya Roman / Duane Packer
Das Praxisbuch des Channelns

288 Seiten
ISBN 3-7787-7120-5

Ansata